CHARLES MAURRAS

ŒUVRES & ÉCRITS
VOLUME VII

INSCRIPTIONS SUR NOS RUINES

1941-1954

Charles Maurras
(1868-1952)

Œuvres & écrits
Volume VII

Inscriptions sur nos ruines
1941-1954

Publié par
Omnia Veritas Ltd

www.omnia-veritas.com

FRANÇAIS, AIMONS-NOUS NOUS-MÊMES 9
   Annexe La Mort de Chauvin d'Alphonse Daudet 18
INSCRIPTIONS SUR NOS RUINES 22
JEAN-JACQUES « FAUX PROPHÈTE » 28
JEUNES ET VIEUX 34
LE PAIN ET LE VIN 42
LA FIGUE-PALME 51
LA POLITIQUE DE RONSARD 60
LE GOÛT DE LA VÉRITÉ 71
   Le Goût de la vérité 72
LES HUMANITÉS VIVANTES 79
   Les Humanités vivantes 80
LETTRE-PRÉFACE À *JACQUARD DE LYON* DE M. FRANÇOIS
PONCETTON 89
L'ALLEMAGNE ET NOUS 93
   Introduction 95
      Mon instinct anti-germaniste 95
      À Paris 97
      Le Tzar à Paris 98
      Les deux Athènes (1898) 99
      L'Affaire Dreyfus (1897) 99
   I. L'Allemagne intellectuelle et l'Action française 101
      L'anniversaire de Fustel de Coulanges 102
      Monarchie et démocratie 103
      La guerre et la paix 105
   II. L'Action Française et l'autre guerre 106
      La provocation allemande Kiel et Tanger 106
      La réorganisation Hommes et armements (1905–1914) .. 107
      L'Union sacrée (1914) 110
      L'armistice du 11 novembre et le mauvais traité 113
   III. Vingt ans d'alarme de Varsovie à Munich 115
      De la Ruhr à Mayence 118
      L'épée d'Hitler (1930) 120
      Mein Kampf 121
      Montée de l'Hitlérisme (années 1934–1935) 122
      La seconde avant-guerre (1934–1935–1939) 124
      Renversement du pacifisme (1938) 124
      Nos quatre règles 129
      La Russie (août 1939) 131
      Nos adjurations : le sursis ! 132
      L'imprudence de Daladier 133
      La guerre est déclarée 135

  À Poitiers et à Villefranche-de-Rouergue......................................*138*
 IV. Prise de position au lendemain de nos désastres.......142
  L'armistice de 1940..*143*
  Sens de l'armistice : les deux armistices................................*145*
  L'Angleterre..*146*
 V. Le parti Laval Le parti allemand L'armistice pour tout livrer..149
  Le parti franco-allemand et Montoire....................................*160*
  Le renvoi de M. Laval, le 13 décembre 1940...........................*171*
  La question américaine (1941)...*175*
  Le retour au pouvoir de M. Laval..*176*
  Départ des travailleurs français pour l'Allemagne................*180*
  Instigateurs, milice, réfractaires, cours martiales.................*181*
 VI. Le « parfait accord avec le Maréchal »....................189
  L'interviouve aux journalistes américains L'arrestation......*194*
  Récapitulons..*197*
  L'Allemand roulé : son aveu..*198*
  Je ne serai pas dupe..*201*

TRAGI-COMÉDIE DE MA SURDITÉ 211
 I. Caractère du mal physique..214
 II. Fable d'un malevolus poeta 218
 III. Mes bons anges 224
 IV. Paris...228
 V. Les voitures..232
 VI. Début de vie publique...236
 VII. Le geôlier...243

LE PARAPLUIE DE MARIANNE 245
POUR UN RÉVEIL FRANÇAIS.. 261
 I..263
 II...270
 III..276
 IV 285
 V...293

UNE PROMOTION DE JUDAS 297
PRIÈRE À DEUX VOIX LE LAI D'ARISTOTE 312
 Prière à deux voix 313
 Le Lai d'Aristote Vieux thème médiéval...........................314

LE MONT DE SATURNE 316
 Première partie Le rêve 319
  I...*319*
  II..*322*
  III...*326*
  IV...*329*

- V..339
- VI..341
- VII...346
- DEUXIÈME PARTIE La vie..353
  - I...353
  - II..361
  - III...369
  - IV...373
  - V..374
  - VI...376
  - VII..379
  - VIII...381
  - IX...388
  - X..396
  - XI...400
- TROISIÈME PARTIE La mort 403
  - I...403
  - II..403
  - III...406
  - IV...409
  - V..409

LES AVENTURES DE MONSIEUR WLADIMIR ET DE MADAME LA PRINCESSE...413
- I..414
- II...415
- III..417
- IV..419
- V...420
- VI..424
- VII...426
- VIII..430

JARRES DE BIOT..432
- Du babélisme 438
- Le législateur à sa place 442
- Le grand mal vient d'ailleurs...443
- Un bienfait pour le peuple 468
- Le trésor provençal..474

NI PESTE NI COLÈRE...486
- Ni peste ni colère..488

LETTRES À M. VINCENT AURIOL..490
- Lettre de Charles Maurras à M. Vincent Auriol....................................491
- Touchés...494

Contre la liquéfaction dans l'erreur. La Fable et l'Imposture	497
Les pro-boches et nous	498
La dissidence gaulliste	499
Nos « dénonciations » furent des plaintes	500
Morceaux choisis	502
La demande d'enquête	503
Échange de bons procédés	505
Enseignons M. Teitgen sur la Résistance	506
Contre un triple memento	508
La note de M. Rougier	511
L'AVENIR DU NATIONALISME FRANÇAIS	**515**

Français,
aimons-nous nous-mêmes

1941

Ce texte a paru dans Candide *le 9 octobre 1941 et a été repris dans le recueil* Inscriptions sur nos ruines.

Juste au milieu de l'autre guerre, plus d'un quart de siècle écoulé !, un de mes amis fit un livre, aujourd'hui introuvable, où, voulant peindre l'atmosphère morale des trente années précédentes, il les résuma dans ce titre : *Quand les Français ne s'aimaient pas*.[1]

Mais ce qu'il voulait exprimer était tellement loin de l'esprit de tous ses lecteurs, que ceux-ci firent aussitôt un contresens unanime ; ils se figurèrent qu'il allait leur parler du temps où les Français ne s'aimaient pas entre eux et, divisés les uns des autres, luttaient les uns contre les autres...

Certes, l'union nécessaire manque, beaucoup et trop, en France. C'est pourquoi son image y est toujours comprise et désirée, appelée et même fêtée. On aime à répandre des plaintes tout à fait légitimes sur les outrances des partis, leurs passions et leurs injustices ; on élève de grands soupirs vers la plus urgente et la plus légitime des concordes. Pieux désirs ! Valant ce qu'ils valent, ils sont courants.

En revanche, notre pays ne donne pas grande attention à ce dont parlait le livre. Nous passons, sans y prendre garde, sur la plus triste et la plus fâcheuse de nos habitudes d'alors, d'aujourd'hui, de toujours : les Français ne s'aiment pas eux-mêmes, comme Français. Ils ont peu d'affection et peu d'estime pour la nature de leur peuple, pour ses traits distinctifs et pour sa figure constante. Et s'ils y pensent, c'est pour regretter, pour déplorer ou même accuser le tempérament national : « Nos Français ! Vous les connaissez ! Tous les mêmes ! » Et en avant, notre légèreté, notre versatilité, notre manque de sérieux, de patience ou de profondeur ou encore de force...

---

[1] Maurras s'amuse ici à parler de lui-même comme « un de mes amis ». Paru en 1916, le recueil d'articles réunis sous le titre *Quand les Français ne s'aimaient pas* eut plusieurs pages blanchies par la censure. Les « trente ans » n'en font en réalité que dix, le sous-titre de l'ouvrage étant *Chronique d'une renaissance 1895–1905* ; il faudra attendre la réédition de 1926 pour que le lecteur puisse accéder au texte complet. Cette fois les trente ans y sont, depuis le début de la décennie concernée ; d'ailleurs une nouvelle préface parut à part, à la même date, sous le titre *Après dix ans*. La première édition, censurée, était sans doute sinon introuvable, du moins difficile à trouver en 1941. Ce qui n'était pas le cas de la seconde ; mais, la censure étant revenue, cette fois allemande et non française, Maurras préférait sans doute commencer par quelques précautions de style.
Les notes sont imputables aux éditeurs.

Vieille maladie qui fut grave. On l'avait crue guérie par l'exemple extraordinaire des quatre années consécutives tenues dans les tranchées, au long d'héroïques batailles. Mais à peine nos provinces frontières étaient-elles dégagées, le même mauvais refrain a recommencé de courir.

De hautes autorités morales ont bien raison de prêcher, comme elles en ont le devoir, aux Français, nés Gaulois, plus de charité réciproque, moins d'acrimonie dans leurs rapports sociaux, un goût moins vif de la querelle et de la dissension, Mais quoi ! c'est la nature humaine, l'homme n'a pas fini d'être pour l'homme un loup. Ce qui est redevenu l'indice commun du Français, c'est un étalage de modestie excessive et même de véritable humilité toutes les fois qu'il s'agit de la valeur et du rang de notre nation. Le Français moderne est toujours prêt à s'effacer devant la première nation venue, en s'inclinant, en lui disant : *Après vous, après vous, s'il vous plaît...* Beaucoup comptent prendre un air distingué. Ils croient se dépasser en s'élevant, non au-dessus d'eux-mêmes, mais de leur peuple et de leur pays.

Bref, comme au temps du vieux livre, les Français sont encore nombreux à ne pas s'aimer, comme tels, à ne rien aimer qui soit de leur main ni de la main de leurs ancêtres, livres, tableaux, statues, édifices, poésie, philosophie, sciences ; il n'est pour eux de grands savants qu'en Amérique, de beaux châteaux qu'en Angleterre, de beaux jardins qu'en Italie, de belles églises qu'en Espagne ou au Portugal. À les entendre, si Descartes est allé chercher la mort en Suède, c'est que les royaumes du Nord sont les seuls berceaux légitimes de la « pensée ». Les littérateurs à la mode que les journaux interrogeraient sur leurs habitudes d'esprit feraient la même réponse qu'il y a cinquante ans ; ils doivent tout ce qu'ils aiment de la musique à leurs voisins de l'Est et leur peinture favorite vient de ceux de l'Ouest. Tels de nos anarchistes estiment que la patrie, pure expression géographique, est à la semelle de leurs souliers ; mais ils ont grand soin de spécifier que la nôtre est certainement la dernière, et la pire, et la moins avouable de toutes...

Parfois aussi cette rage de nous haïr et de nous mépriser est remplacée par une telle atonie, par une telle indifférence, que l'on regretterait le temps où un imbécile fameux[2] publiait, sans risquer les trognons de choux ni les

---

[2] Il s'agit d'Edmond Demolins (1852–1907), chartiste, disciple de Frédéric Le Play et fondateur de l'École des Roches. Nommé directeur et gérant de la revue leplaysienne *La Réforme sociale* en 1884, il y publia son dernier article en novembre 1885, avant de faire sécession et de créer avec une partie de l'équipe une organisation rivale. Maurras l'attaquera de nouveau dans *Le Pain et le Vin*. Il est possible qu'à travers Demolins, Maurras exprime ici toute sa rancœur vis-à-vis des dissidences qui ont scandé l'histoire de l'Action française, et

œufs pourris, le misérable petit libelle intitulé : *À quoi tient la supériorité des Anglo-Saxons ?* (Eh ! parbleu, elle tenait à ce qu'ils n'étaient pas Français !)

Car enfin, l'absurde fureur d'autrefois put contenir un reste d'amour filial, comme un ressouvenir des anciennes fraternités ; ce rappel en nous-mêmes, à nous-mêmes, nous accordait encore une ombre d'importance. Le détachement d'aujourd'hui semble effacer jusqu'au simple souci d'une valeur dite française.

N'en discutons pas. Mesurons la folle imprudence de cet état d'esprit, en nous rappelant ce qu'ont fait, depuis cent ans, tous les petits et les grands peuples de l'Europe et du monde. Ils ont passé leur temps devant le miroir à s'exciter sur leur beauté et sur leur puissance, à reconnaître leurs passions, à les légitimer, à chanter sur tous les tons leurs vertus et même leurs vices. Or c'est pendant le même temps que la grande masse de Français de toutes les classes, de toutes les catégories, de toutes les cultures se rabâchaient confusément, sans se douter du sacrilège, quelque variante des nostalgiques propos du Fantasio de Musset :

> Ah ! que je voudrais être de ce grand ou de ce petit peuple qui passe ! Que ne suis-je cet Illyrien ! Ou ce Scandinave ! Voyez comme il est bien, voyez comme il est beau ! Ce peuple qui passe est charmant. Ses vêtements sont pittoresques ; ses chants populaires, originaux ; tout comme son théâtre qu'il a tiré tout entier de son propre fonds. Il n'est pas à la remorque des Grecs et des Romains, lui ! Il a des penseurs, lui ! Des poètes, lui ! Il a des maîtres dans tous les arts...

Et si, par hasard, auprès de ces romantiques désorbités, quelque innocent, quelque insolent osait murmurer un acte de charité ou d'amitié pour le génie de la patrie commune, la réponse du spirituel Fantasio était prête, il faisait la caricature du patriotisme français ; il dessinait le bon Chauvin, le brave Chauvin[3], il dévouait à un ridicule immortel quiconque

---

peut-être contre le principe de la dissidence elle-même, acte d'orgueil et d'aventurisme, nécessairement promis à l'échec, dont tout le monde sort perdant. L'ouvrage de Demolins sur la supériorité des Anglo-saxons date de 1897.

[3] *Chauvin* était à l'origine un surnom donné aux plus braves, aux plus dévoués et en même temps aux plus simples d'esprit des soldats napoléoniens. Il y eut ensuite, dans la littérature d'après l'Empire, plusieurs *Chauvin*, de différents auteurs, dont Musset put avoir connaissance. Mais il est vraisemblable que Maurras pense plutôt à un Chauvin très postérieur

tenterait de regimber contre les modes étrangères ou de manifester quelque fierté du nom français... L'orgueil national n'a pas survécu à notre victoire. Il est retombé à plat. La défaite va-t-elle le relever ?

On peut l'espérer à lire les bonnes nouvelles que notre René Benjamin nous a rapportées des Camps de Jeunesse.

Élan, franchise, résolution, simplicité, énergie, goût du labeur, dévouement à l'œuvre bien faite, fierté de sa perfection, ces vertus, ces merveilles sont bien de chez nous. Comment ne pas les reconnaître, les saluer, les applaudir ? Laissons les grincheux s'en prendre à je ne sais quelle absence de « doctrine », si la plainte leur fait plaisir ; j'avoue, pour ma part, que j'aime assez l'esprit d'insouciance joyeuse avec lequel un chef du jeune mouvement endosse, d'après notre ami, ce petit trou de la « doctrine ». Ce que l'on entend de nos jours par une doctrine est un habit tout fait, cousu vite et sans réflexion. Les uns veulent y faire concurrence à la religion. D'autres présentent la « doctrine » comme la fondation, l'escalier ou le toit de quelque noble édifice moral qui fait riche dans leur cervelle.

D'autres encore prétendent trouver en ces profondeurs arbitraires un ensemble de préceptes propres à régenter la vie de la France. Or, ils renversent les facteurs. C'est à la France elle-même qu'appartient ce rôle de direction : à la France éternelle. Il ne faut pas permettre qu'elle soit l'objet de prospections, de fantaisie, dérivées de théorèmes nébuleux dont on ne saurait montrer la raison, ni le droit, ni même le sens.

On me dira :

— Alors, il faut tout accorder au libre jeu des bons sentiments ? La fabrication de corps robustes, l'exaltation de bons cœurs, la correction des cœurs et des corps déviés, voilà, pour vous, les seuls objets de l'éducation nationale ?

Mais non ! Rien n'égale, certes, la nécessité d'un bon moral français, ce moral est plus précieux que le physique, puisqu'il le fait, mais il ne peut pas exister sans sa cause. Elle s'appelle le mental, et c'est tout autre chose que « la doctrine ». Les esprits ne seront ni illuminés, ni réglés, ni organisés au moyen des vagues contenus d'un manuel civique. Mais il leur faut, pour monter droit, une méthode.

à Musset : celui dont Alphonse Daudet décrit, dans les *Contes du lundi*, la triste fin sous les balles de la Commune, et dont nous publions le texte en annexe.

Il leur faut l'art de mettre les choses à leur place, la charrue derrière les bœufs, l'action après la connaissance, l'avenir après le passé et la France avant les Français.

Il faut aux Français la méthode et la direction de la France.

Ce qui ne signifie point de simples exercices de patriotisme. L'amour de la Patrie est un effet. D'où naît-il ? De la Patrie elle-même, la patrie connue, si l'on commence par le commencement, qui est d'initier les jeunes Français à la notion de la France, à leur dette envers elle, à la haute valeur de tout ce que leur a donné cette mère de leur chair et de leur esprit, à ses honneurs, à ses bienfaits, à sa gloire et à ses trésors, à la bonté de sa terre, la plus vieille terre d'Europe, le charme de ses arts, de sa langue et de son esprit.

« La France est peut-être de tous les pays de la terre celui qui jouit au plus haut degré de toutes les faveurs de la Providence : sol, climat, productions, elle possède tout. » Qui dit cela ? William Pitt, qui fut un de nos plus grands ennemis, au Parlement de l'Angleterre. On ferait des volumes et des volumes avec les hommages de même valeur rendus à la France depuis les premiers linéaments de son unité. Dante, qui ne nous aimait pas plus que Pitt, parle comme lui, même quand il flétrit le mauvais plant de nos Capétiens fondateurs.

La faveur d'être nés Français compose une bonne fortune incomparable.

— Mais je n'ai rien, je ne possède rien en France, disait un intellectuel qui, en effet, n'était pas riche.

On lui répondit :

— Pardon ! vous possédez en France. Quoi ? Votre culture, votre langue, vos traditions, votre goût, et vous n'avez rien fabriqué ni mérité de ces biens. Ils vous ont tous été donnés gratuitement, avec quantité d'autres qui font de vous un privilégié de la mappemonde, et ce privilège immatériel vaut plus cher que le grand domaine ou les gros sous dont vous ne savez pas faire votre deuil.

Ce n'est pas la faute des Français s'il leur est aujourd'hui difficile de surmonter quelque mauvaise humeur. Un siècle et demi de démocratie, de règne de l'argent, les a dressés officiellement à l'envie, instruits à la jalousie, entraînés à toutes les bassesses inhérentes au régime individualiste des *ôte toi de là que je m'y mette*. En revanche, on a beaucoup servi les vertus contraires, la fierté, la générosité, l'honneur, quand on a détruit le régime qui les favorisait à rebours. Reste seulement à savoir si on les favorisera beaucoup par des *prêchi, prêcha* trop directs ? « Soyez généreux ! Soyez magnanimes ! »

Eh ! pourquoi l'être ? Si l'on n'en sent pas les raisons, il y manquera l'essentiel qui est leur fleur de spontanéité naturelle. On ne fait pas naître un rosier en plantant une rose par sa tige dans le gazon. La semence d'abord ! Et puis de l'eau ! De l'engrais ! Du soleil ! Le soleil des esprits et des âmes sera ici la vue de belles choses de la Patrie, leur connaissance exacte et leur méditation secrète. Ainsi, non autrement, peut être donnée une formation et, comme disent les paysans, une façon sérieuse à l'amour naturel du pays ; le nationalisme sera d'autant plus enthousiaste qu'il sera plus conscient.

C'est pourquoi l'Histoire, ici, importe plus que la géographie. Le plus brillant géographe du plus beau royaume qui soit sous le ciel, Michelet, par sa folle histoire, nous a brouillés pour longtemps avec nos ancêtres, et le corps de la Patrie porte encore les cicatrices de son erreur, car cette erreur, servant l'intérêt d'une secte religieuse et politique, a été répandue et défendue longtemps au prix de bien des efforts et des peines. Mais justice est faite. Malgré la résistance officielle des Gabriel Monod, des Buisson, des Steeg, des Pécaut, des Jaurès, l'autorité de Fustel de Coulanges s'est établie enfin, il n'y a plus qu'à suivre cette grande pensée dans laquelle la science scrupuleuse et désintéressée vient couronner les vœux du patriotisme et de l'esprit politique. Cette histoire, conforme à la règle de « chasteté », histoire Vraie, histoire pure, devient le recueil et l'album des innombrables beautés souvent parfaites qui, d'âge en âge, ont illustré la pensée, l'art et la vie héroïque de la Patrie, et leur vaste harmonie, honneur du monde et de l'homme, forme la conscience d'un capital moral immense, qui nous assure d'un point de départ sans pareil.

Les malheureux qui chantaient : « Du passé faisons table rase », ne savaient pas ce qu'ils disaient... Ils s'obstinaient à partir de zéro quand ils étaient nés à cent ou à mille ! Ils voulaient noyer dans l'oubli ou dans quelque sommeil frère de la mort, ces sentiments de haute supériorité native qu'ils avaient trouvés dans la pourpre de leur beau sang.

L'utile réaction est venue, ou elle vient, et les puissances d'enthousiasme de la jeunesse ne sont pas inférieures à la noble lumière qui lui est proposée. Elle y trouvera deux bienfaits ; la claire vue d'une belle route, découverte de haut, les rythmes naturels et les stades logiques de sa propre action.

Entre toutes les révélations de la France, il ne faudra pas oublier le merveilleux langage que nous avons reçu en naissant. *Langue d'amour*, dit Mistral de notre langue d'oc, *Langue d'amour*, a redit de la langue d'oïl tout l'univers civilisé.

Veut-on avoir idée des justes passions amoureuses que le français a méritées ? Vers le commencement du XXe siècle, les Canadiens français, pourtant loyaux sujets de la reine d'Angleterre, défendaient avec âpreté le trésor venu de leurs pères, mais ils avaient affaire à forte partie. Les Canadiens de langue anglaise ne badinaient pas sur l'article ; malgré toutes les concessions légales ornées de signatures historiques, ils usaient de tous les moyens pour étendre la domination de leur propre idiome. Le sport en était un. Qui s'intéresse aux jeux du sport par tout le monde habité se condamne à parler anglais. Or, que firent nos Canadiens ? Patiemment, méthodiquement, ils se mirent à traduire dans le pur et beau français de chez eux, qui est si jeune d'archaïsme, l'immense vocabulaire sportif, à commencer par le mot *sport* lui-même, qui n'est que la moitié de notre vieux *desport*.

Il y a quelques années, des lecteurs de là-bas eurent la bonté de me faire parvenir ce beau travail. À mon tour, je le communiquai à notre cher ami regretté Lucien Dubech. L'exemple l'enflamma. Il se mit à l'école des Canadiens, s'appliqua au même effort de traduction. Il y réussit et, tant que Dubech a vécu, le vocabulaire sportif fut, dans une large mesure, épuré de ridicules anglicismes. Quelques faux sages ont profité de son départ prématuré pour revenir au vomissement, qu'ils trouvent facile et commode. Facilité ! Commodité ! C'est ce dont on crève fort bien !

Pour le même amour du français, une autre bataille a été livrée dans le voisinage du Canada, à la corne est de la Nouvelle-Angleterre, où beaucoup de paroisses américaines se sont peuplées d'émigrés canadiens, gens sérieux qui veulent que l'on prêche et que l'on chante en français dans les églises. Au début, ce fut dur. L'épiscopat irlandais, si hostile au britannisme en Europe, demeure en Amérique fidèle partisan de « ceux qui parlent anglais ». Peu à peu, la situation s'est modifiée, éclaircie. En 1937, un évêque irlandais du Massachusetts ou du Maine, Mgr Hough, en est venu à déclarer publiquement qu'il est salubre et sain d'user de la langue française. Notre ambassadeur à Washington a vérifié, l'an dernier, l'émouvante fidélité linguistique, religieuse et morale de nos bons nationaux lointains.

Est-ce que, par ici, on ne pourrait pas s'inspirer de si dignes exemples ?

On nous fait parler anglais à chaque instant de notre vie, sans la moindre nécessité. Est-ce que notre langue, ou ses patois, ou ses argots ne trouverait pas facilement un plus joli mot que *girl* pour désigner des jeunes filles de théâtre un peu dévêtues ? J'avoue que je n'ai pas pu me plier encore à séparer les membres d'une dépêche télégraphique par la syllabe anglaise *stop*. Pourquoi *stop* ? Est-ce qu'un point, une virgule, un tiret (comptés, comme *stop*, pour un mot), ne suffiraient pas ?

Rien ne me fera oublier une très belle après-midi d'une de ces dernières années, sur l'étincelante plage de Fos. De jeunes Provençales étaient là, toutes jolies, belles ou charmantes, types purs et fidèles du génie hellénolatin. Elles causaient, riaient, assises ou allongées dans le sable d'or. Tout à coup, la conversation me parut devenir plus grave ; je me rapprochai et demandai à savoir pourquoi.

— Il s'agit, me dit une baigneuse, de mon *short*.

— Pardon, Madame ou Mademoiselle, pourquoi ne dites-vous pas *my short* ?

— Mais je suis Française, je parle français !

— Mais *short* n'est pas français !

— Voudriez-vous que je dise *mon court* ?

— En effet, *mon court*, avouai-je, peut manquer de grâce, mais est-il impossible de chercher autre chose ? Voyons ! Après tout, pourquoi pas : *mon bref* ? Le mot dit tout ce qu'il doit dire. Il est noble, il est vieux, il est frais. On a Pépin le Bref, Mistral a son « Bref de sagesse ». Pourquoi n'aurions-nous pas un *Bref* de beauté et d'amour ?

Pourquoi pas ? La trouvaille fut loin de déplaire. Il fut question de l'adopter et de la propager. Sont-ce les malheurs de la patrie qui y mirent obstacle ? Ou la mode des plages n'a-t-elle pas tourné ? Le dernier accessoire de bain qui y ait été arboré par les dames portait, si j'ai bonne mémoire, un nom japonais.

> Ah ! si l'on savait m'entendre !
> Ah ! si l'on voulait me suivre !

Ah ! si seulement quelques patriotes le voulaient bien, l'article de Paris lui-même finirait, peu à peu, par retrouver des noms français, et qui sait ? notre Dictionnaire, dans le cas où la lettre B ne sera pas épuisée et dépassée quand toute l'Académie sera rentrée à Paris, portera une ligne nouvelle pour définir un nouveau sens du mot *Bref*...

Mais la condition, le *si seulement* prime tout. Il faut d'abord que nos Français et nos Françaises veuillent, sachent s'aimer, dans leur titre et leur qualité de fils et de filles de la France, en tant qu'ils parlent français et qu'ils sont légataires et bénéficiers d'un naturel, d'un art, d'une histoire, d'une pensée que rien n'a jamais surpassés ni même valus.

On demande, parfois, aux optimistes d'où provient leur confiance dans l'avenir. On vient de le voir ; elle tient au passé, elle vient de l'acquis, et de cette force secrète qui dort dans nos tombeaux, qui sont tous des berceaux. C'est ce qu'il faut comprendre, c'est ce qu'il faut répandre et, ma foi, dans la mesure du possible, ce qu'il faut oser imposer.

ANNEXE
LA MORT DE CHAUVIN D'ALPHONSE DAUDET
dans les *Contes du lundi*

C'est un dimanche d'août, en wagon, dans tout le commencement de ce qu'on appelait alors l'incident hispano-prussien, que je le rencontrai pour la première fois. Je ne l'avais jamais vu, et pourtant je le reconnus tout de suite. Grand, sec, grisonnant, le visage enflammé, le nez en bec de buse, des yeux ronds, toujours en colère, qui ne se faisaient aimables que pour le monsieur décoré du coin ; le front bas, étroit, obstiné, un de ces fronts où la même pensée, travaillant sans cesse à la même place, a fini par creuser une seule ride très profonde, quelque chose dans la tournure de bonasse et de ratapoil, par-dessus tout, la terrible façon dont il roulait les *rr* en parlant de la « Frrance » et du « drapeau français »... Je me dis : « voilà Chauvin ! » C'était Chauvin, en effet, et Chauvin dans son beau, déclamant, gesticulant, souffletant la Prusse avec son journal, entrant à Berlin, la canne haute, ivre, sourd, aveugle, fou furieux. Pas d'atermoiement, pas de conciliation possible. La guerre ! il lui fallait la guerre à tout prix.

— Et si nous ne sommes pas prêts, Chauvin ?...

— Monsieur, les Français sont toujours prêts !... répondait Chauvin en se redressant.

Et, sous sa moustache hérissée, les *rr* se précipitaient à faire trembler les vitres... Irritant et sot personnage ! Comme je compris toutes les moqueries, toutes les chansons qui vieillissent autour de son nom et lui ont fait une célébrité ridicule !

Après cette première rencontre, je m'étais bien juré de le fuir ; mais une fatalité singulière le mit presque constamment sur mon chemin. D'abord au Sénat, le jour où M. de Gramont vint annoncer solennellement à nos pères conscrits que la guerre était déclarée. Au milieu de toutes ces acclamations chevrotantes, un formidable cri de « Vive la France ! » partit des tribunes, et j'aperçus, là-haut, dans les frises, les grands bras de Chauvin qui s'agitaient. Quelque temps après, je le retrouvai à l'Opéra, debout dans la loge de Girardin, demandant le Rhin allemand, et criant aux chanteurs qui ne le savaient pas encore : « Il faudra donc plus de temps pour l'apprendre que pour le prendre !... » Bientôt ce fut comme une obsession. Partout, à l'angle des rues, des boulevards, toujours perché sur un banc, sur une table, cet absurde Chauvin m'apparaissait au milieu des tambours, des drapeaux flottants, des *Marseillaises*, distribuant des cigares aux soldats qui partaient, acclamant les ambulances, dominant la foule de toute sa tête enflammée, et si bruyant, si ronflant, si envahissant, qu'on aurait dit qu'il y avait six cent mille Chauvins dans Paris. Vraiment c'était à s'enfermer chez soi, à clore portes et fenêtres pour échapper à cette vision insupportable.

Mais le moyen de tenir en place après Wissembourg, Forbach et toute la série de désastres qui nous faisaient de ce triste mois d'août comme un long cauchemar à peine interrompu, cauchemar d'été fiévreux et lourd ? Comment ne pas se mêler à cette inquiétude vivante qui courait aux nouvelles et aux arches, promenant toute la nuit sous les becs de gaz des visages effarés, bouleversés ? Ces soirs-là encore, je rencontrai Chauvin. Il allait sur les boulevards, de groupe en groupe, pérorait au milieu de la foule silencieuse, plein d'espoir, de bonnes nouvelles, sûr du succès, malgré tout, vous répétant vingt fois de suite que « les cuirassiers blancs de Bismarck avaient été écrasés jusqu'au dernier... »

Chose singulière ! Déjà Chauvin ne me semblait plus si ridicule. Je ne croyais pas un mot de ce qu'il disait, mais c'est égal, cela me faisait plaisir de l'entendre. Avec tout son aveuglement, sa folie d'orgueil, son ignorance, on sentait dans ce diable d'homme une force vive et tenace, comme une flamme intérieure qui vous réchauffait le cœur.

Nous en eûmes bien besoin de cette flamme pendant les longs mois du siège et ce terrible hiver de pain de chien, de viande de cheval. Tous les Parisiens sont là pour le dire ; sans Chauvin, Paris n'aurait pas tenu huit jours. Dès le commencement, Trochu disait :

— Ils entreront quand ils voudront.

— Ils n'entreront pas, disait Chauvin.

Chauvin avait la foi, Trochu ne l'avait pas. Chauvin croyait à tout, lui, il croyait aux plans notariés, à Bazaine, aux sorties ; toutes les nuits il entendait le canon de Chanzy du côté d'Étampes, les tirailleurs de Faidherbe derrière Enghien, et ce qu'il y a de plus fort, c'est que nous les entendions, nous aussi, tellement l'âme de ce jocrisse héroïque avait fini par se répandre en nous.

Brave Chauvin !

C'est toujours lui qui, le premier, apercevait dans le ciel jaune et bas, rempli de neige, la petite aile blanche des pigeons. Quand Gambetta nous envoyait une de ses éloquentes tarasconades, c'est Chauvin qui, de sa voix retentissante, la déclamait à la porte des mairies. Par les dures nuits de décembre, quand les longues queues grelottantes se morfondaient devant les boucheries, Chauvin prenait bravement la file ; et grâce à lui tous ces affamés trouvaient encore la force de rire, de chanter, de danser des rondes dans la neige...

Le, lon, la, laissez-les passer, les Prussiens dans la Lorraine, entonnait Chauvin, et les galoches claquaient en mesure, et sous les capelines de laine les pauvres figures pâlies avaient pour une minute des couleurs de santé. Hélas ! tout cela ne servit de rien. Un soir, en passant devant la rue Drouot, je vis une foule anxieuse se presser en silence autour de la mairie, et j'entendis dans ce grand Paris sans voitures, sans lumières, la voix de Chauvin qui se gonflait solennellement :

« Nous occupons les hauteurs de Montretout ». Huit jours après, c'était la fin.

À partir de ce moment, Chauvin ne m'apparut plus qu'à de longs intervalles. Deux ou trois fois je l'aperçus sur le boulevard, gesticulant, parlant de la revanche — encore un *rr* à faire vibrer ; mais personne ne l'écoutait plus. Paris gandin languissait de retourner à ses plaisirs, Paris ouvrier à ses colères, et le pauvre Chauvin avait beau faire ses grands bras, les groupes, au lieu de se serrer, se dispersaient à son approche.

— Gêneur, disaient les uns.

— Mouchard ! disaient les autres...

Puis, les jours d'émeute arrivèrent, le drapeau rouge, la Commune, Paris au pouvoir des nègres.

Chauvin, devenu suspect, ne put plus sortir de chez lui. Pourtant, le fameux jour du déboulonnage, il devait être là, dans un coin de la place Vendôme.

On le devinait au milieu de la foule. Les voyous l'insultaient sans le voir.

« Ohé, Chauvin !... » criaient-ils. Et lorsque la colonne tomba, des officiers prussiens, qui buvaient du champagne à une fenêtre de l'état-major, levèrent leurs verres en ricanant :

« Ah ! ah ! ah ! Mossié Chaufin... » Jusqu'au 23 mai, Chauvin ne donna plus signe de vie. Blotti au fond d'une cave, le malheureux se désespérait d'entendre les obus français siffler sur les toits de Paris. Un jour enfin, entre deux canonnades, il se hasarda à mettre le pied dehors. La rue était déserte et comme agrandie. D'un côté, la barricade se dressait menaçante avec ses canons et son drapeau rouge ; à l'autre bout, deux petits chasseurs de Vincennes s'avançaient en rasant le mur, courbés, le fusil en avant : les troupes de Versailles venaient d'entrer dans Paris...

Le cœur de Chauvin bondit : « Vive la France ! », cria-t-il en s'élançant au-devant des soldats. Sa voix mourut dans une double fusillade. Par un sinistre malentendu, l'infortuné s'était trouvé pris entre ces deux haines qui le tuèrent en se visant. On le vit rouler au milieu de la chaussée dépavée, et il resta là, pendant deux jours, les bras étendus, la face inerte.

Ainsi mourut Chauvin, victime de nos guerres civiles. C'était le dernier Français.

Inscriptions sur nos ruines

1941

S'il est vrai que la paix soit le plus grand des biens, c'est qu'il est le plus rare et le moins naturel de tous, le plus difficile à réaliser. Nous n'y prenons point garde par habitude de distinguer et de dissocier les effets d'avec les causes, sans trop nous aviser que tous les états un peu arrêtés et définis de l'existence des hommes sortent directement de crises sanglantes et ne font qu'en prolonger les antagonismes secrets, parfois les perpétuer. Nous prenons pour des trêves les hostilités couvertes, entretenues par dessous et dans lesquelles nous continuons à vivre en acteurs et en générateurs de nouveaux conflits, qui ne tardent pas à paraître et à s'irriter. C'est notre faute ! nous écrions-nous quand nous nous en apercevons. Mais faute qui est souvent imposée ! Faute née de notre humaine nature et des ressorts mêmes de notre vie. Ni vice ni vertu. Ni haine ni amour. Le simple fait que nous sommes nous-mêmes une guerre éternelle. Si nous pouvions nous donner la paix, il y a des siècles que nous nous serions fait ce présent. Nous l'avons longtemps demandée au Seigneur, et nous la lui redemandons. C'est qu'il l'a. Nous n'en avons même pas l'image ni l'idée. Nous n'en connaissons pas le moyen. Elle pleut du ciel, comme le Juste. Elle n'est pas fabriquée de la terre.

Dans cet égorgement des nations, dans ce tremblement des continents, des grandes et des petites îles, qu'y avait-il de neuf, ces derniers matins ? Eh bien, en France, de nouvelles dispositions légales prises à l'égard des chefs militaires qui auront capitulé en rase campagne. En Allemagne, la centralisation du commandement et, en considération d'initiatives anciennes, prises par Hitler en Pologne, en Norvège, aux Balkans, en Crète, en Afrique du Nord, le transfert au chef politique de toutes les attributions de chef militaire ; nouveau petit caporal, nouveau petit maréchal des logis-chef ! En Amérique, le principe et les premiers essais de construction d'un commandement interallié qui sera sans précédents historiques à la suite du voyage inouï de M. Churchill. Au bord du Pacifique, la plus violente des ruées qui se soient jamais élancées d'une race relativement petite, mais tendue et forte, à la conquête de vastes espaces riches, peuplés, vivants, mais distendus et, dans une certaine mesure, ouverts, offerts. En Afrique, le retour d'ondes offensives, égales en énergie à leur retraite d'il y a six mois. En Russie, une fausse stabilité sous laquelle se multiplient les disputes et les arrachements du terrain. Partout, sous toutes les formes les plus diverses, pas un des vastes mouvements ainsi engagés ne peut signifier autre chose que le perfectionnement, l'aiguillon, la puissante amplification du même fléau détesté. Le désir de la paix peut exister ou plutôt *stagner* partout. Ce qui vit et veut être avec une véritable passion, c'est la faim et la soif d'une avide bataille. Ne disons pas seulement que ces passions enflamment ; elles règlent et meuvent tout. La seule loi présente, ces passions la font. En plongeant dans ce tourbillon furieux, le genre humain recouvre quelque chose comme l'aspect vrai, le sentiment exact de sa réalité éternelle : un masque est tombé, une hypocrisie est dissoute, et voilà tout.

Cinq ou six semaines ont passé depuis une promenade poignante à ce tragique plateau de l'Avarage sur lequel reposent notre classique Mur Grec et ses vingt-cinq siècles chargés des mystères de la première Provence hellène, déterrés en 1934 par notre ami Henri Roland.[4] Nous venions de longer les 800 mètres de belles pierres blondes, admirablement taillées, dignes sœurs de celles qui soutiennent encore l'Acropole d'Athènes. Par un admirable après-midi de soleil, la double solitude de la terre et de l'air étendait ses arceaux de lumière stratifiés sur les couches vert sombre de kermès et de genévriers alternant avec le rocher nu. Au bas de la falaise, reposaient dans leur pourpre et leur aigue-marine les quatre étangs salés, Lavalduc, Engrenier, Citis, plus loin la Stouma et, toute dorée, la grande mer latine dont nous séparait une langue de terre, sous le château de Fos ; vaste monde immobile où la végétation comptait peu, où l'homme était à peine discernable, et qui offrait, avec son cœur, la pure et simple image du repos que rien ne trouble, *pacem, solitudinem*, la paix, la solitude, comme dans Tacite...[5] Mon compagnon ne se défendit pas de ce qui devait pénétrer de douleur toute mémoire humaine :

— Quelle paix ! dit-il. Et, là-bas... !

Oui ! Là-bas ! Quels massacres ! Mais pourquoi s'y massacre-t-on, sinon parce qu'on y est en nombre ? Pourquoi, ici, ce calme, ce silence, cette plénitude et cette profondeur du repos, sinon parce que l'homme n'y est presque rien ?

Presque plus rien !

---

[4] Henri Rolland (1887–1970) et non Roland (contrairement au texte, que nous avons respecté), archéologue provençal, membre de diverses sociétés savantes et ami de Maurras. Il est notamment à l'origine de l'exhumation du « mur grec » de Saint Blaise.
Les notes sont imputables aux éditeurs.
[5] Allusion à un passage célèbre du discours de Galgacus, dans la *Vie d'Agricola*, XXX :
« *Auferre, trucidare, rapere, falsis nominibus, imperium, atque, ubi solitudinem faciunt, pacem appellant.* » Soit : « Enlever, massacrer, piller, voilà avec des mots trompeurs ce qu'ils appellent l'empire, et là où ils font un désert, ils l'appellent la paix. »

Car enfin, ce désert a été populeux. Pas une anfractuosité de cette côte, pas une embouchure de ces étangs[6] , qui n'ait possédé ville, citadelle, entrepôt ou comptoirs. D'Arles à Marseille, l'*Itinéraire d'Antonin* compte toutes sortes de postes et d'habitats, et il faut bien que des échanges importants y fussent faits, puisque cette voie littorale était doublée d'une autre route, intérieure, également frayée par la jeune Rome, et qui suivait, entre Aix et l'Étang de Berre, à peu près le même tracé qu'aujourd'hui la grande ligne de Paris-Lyon-Méditerranée. Et c'était aussi l'époque où Gaulois, Ligures, Grecs, Romains, sans parler des anciens habitants des factoreries phéniciennes, vidaient leurs longues querelles séculaires, incorporant aux besoins de leur vie la verve inexorable de l'éternel combat. Sur l'horizon couchant, brille le seuil de Galéjon d'où partaient, jusqu'au pied des Alpilles, les canaux et les galères de Marius, qui s'y était retranché contre le premier flot germain.

On ne peut regarder cette plane étendue des terres et des eaux sans évoquer le mouvement perpétuel des populations, descendant sur la rive quand les corsaires arrêtaient d'y promener la dévastation, remontant à la hâte vers les hauteurs et s'y fortifiant dès que les barques suspectes réapparaissaient à l'horizon. Voilà, au loin, le Fort de Bouc. Il a été construit par Vauban. C'est seulement au XVIIe siècle qu'une tour solide a mis nos étangs à l'abri des Barbaresques ; encore s'y remontrèrent-ils de temps à autre tant qu'Alger ne fut pas conquise. En 1830, c'est d'hier.

Ici, sur le plateau des ronces et des roches on peut faire le compte des constructions et des destructions. Aucun vestige punique n'y a été relevé sans doute. Peut-être un habitat ligure, dont le nom d'Avarage et, plus loin, Varège a gardé la trace. Ensuite, la grande ville grecque attestée par cette Acropole, derrière laquelle aucune fouille n'a percé jusqu'à présent ; ville innomée encore (si ce n'est la première Marseille), à laquelle succède une ville latine, probablement *Maritima Avaticorum*, dont Martigues, là-bas, dans la plaine, fut la « colonie ». Puis, un oppidum bas-latin ou du haut moyen âge, *Castellium Vetus*, avec ses rondes tours barbares, couronnant le Mur Grec de leur suite presque continue et qui se retrouve encore un peu au-delà, sous le nom de Castel Veyre... Castel Veyre a été saccagé au XIVe siècle par les bandes du vicomte de Turenne.[7] Mais la vie ne s'est pas éteinte,

---

[6] Littéralement : les bouches des étangs.
[7] Raymond de Turenne (1352–1413), personnage considérable de l'époque de la Papauté d'Avignon. Suzerain d'un domaine couvrant une grande partie de l'actuel Sud-Ouest de la

elle y subsiste dans un village appelé Saint-Blaise, couronné d'une chapelle du XIIe siècle, réparée en 1614, et qui se trouve dédiée, comme par hasard, à Notre-Dame de Vie ! Qu'en reste-t-il ? Un pèlerinage, tous les 8 septembre, une procession, avec des vêpres en plein air qu'on chante sous les pins... Voilà sur un territoire si bref ce qui florit durant deux mille ans, murs écroulés l'un sur l'autre, remparts renversés près de leurs merlons, et sous lesquels, au-delà de longues nécropoles creusées dans la roche vive, il faut bien situer des guerriers sans lesquels on n'imagine point les places où se sont entassés tous ces monuments ! La guerre ! L'homme ! L'homme ! La guerre ! Il faut que l'homme se retire, tranchons le mot, qu'il meure, pour que la paix recommence à rayonner. Tant qu'il est là, tantôt il prépare la lutte, tantôt il la répare. Mais il ne se décolle pas de l'une ou de l'autre nécessité. Les Sages de Grèce disaient[8] : la guerre est la mère de tout. Encore faut-il observer que la paix la moins boiteuse et la moins mal armée est celle qu'auront imposée ceux qui auront le mieux guerroyé. C'était leur récompense. Elle restait parfois acquise à ceux qui avaient su maintenir les causes de leur victoire, quiconque s'en déprenait ou s'en désintéressait étant condamné au sort très prochain de vaincu...

Ce ne sont que des inscriptions ajoutées à nos ruines. Pour les comprendre un peu, il faut se rappeler la page de Phédon[9] qui dit que, en de pareilles difficultés, l'homme ne peut se tirer d'embarras, il ne réussit point à passer le gué difficile ni à franchir le bras de mer dangereux, qu'avec l'assistance d'un Dieu. Tout ce que peuvent faire les plus sages d'entre nous est de n'en pas désespérer. Gardons d'édulcorer ce qui est : l'avenir est cruel, car, si l'humanité ne s'accorde déjà plus sur l'intérêt du partage des choses humaines, il y a bientôt quatre siècles que l'accord est perdu sur les choses divines, et ce n'est même pas un Islam fraternel, comme au VIIIe siècle, c'est le Monde Jaune, radicalement différent, qui apparaît à l'horizon du XXe et semble bien présager à une Chrétienté divisée, lacérée et ensanglantée quelques nouveautés inouïes, uniformément assez sombres, au-delà desquelles ne peuvent surnager que les plus inconnus des soleils.

France, son orgueil et sa rigidité d'esprit l'amenèrent, par respect de la lettre du droit féodal, à ravager la Provence au cours de la dernière décennie du quatorzième siècle.

[8] « Le conflit, père de toutes choses. »

[9] Voir *L'Amitié de Platon*, texte écrit par Maurras en 1933 en préface d'une traduction du *Banquet* et du *Phédon*.

Lesquels ? Et sur quoi reposer un regard ?

Sans prétendre rien trancher, il ne me semble pas possible d'envisager une autre réponse que celle-ci : *sur ce qu'il y a de plus fort et de plus faible au monde, sur le cœur de l'homme, quand il est grand !*

Volume VII – Inscriptions sur nos ruines

Jean-Jacques « faux prophète »

1942

Henri Guillemin[10] a repris dans la *Gazette de Lausanne*[11] sa violente offensive en faveur de Rousseau. Il m'a mis en cause deux fois. La première m'a laissé silencieux, pensant qu'il valait mieux, en ce moment, que deux Français ne donnent pas le spectacle de leur dispute par-dessus la frontière, devant un public en partie étranger. M. Henri Guillemin revient à la charge. Allons-y.

M. Guillemin veut que la *raison profonde* de mon « aversion pour Rousseau » tienne à ce qu'il « apportait Dieu ».[12] Ces mots sont la couronne de son article, c'en est le plus bel ornement. Ce n'est qu'un ornement. Car ou bien Dante et Bossuet n'apportaient pas Dieu, ou bien j'ai Dante et Bossuet en aversion. Les deux invraisemblances devraient faire réfléchir M. Henri Guillemin.

Je hais dans Rousseau le mal qu'il a fait à la France et au genre humain, le désordre qu'il a apporté en tout et, spécialement, dans l'esprit, le goût, les idées, les mœurs et la politique de mon pays. Il est facile de concevoir qu'il ait dû apporter le même désordre sur le plan religieux.

Mais, dit-on, les matérialistes de l'Encyclopédie l'ont détesté et persécuté parce qu'il avait des « principes religieux ». Soit. Il en avait par rapport à eux. Mais l'immense majorité de la France catholique du XVIIIe siècle voyait dans sa doctrine ce que les théologiens appellent le Déisme : une immense diminution de leur foi, et, de ce point de vue, ce qu'il avait de plus ou de mieux que d'Holbach et que Hume se chiffre par un moins et un pis par

---

[10] Henri Guillemin, 1903–1992, fut au sortir de l'École normale supérieure, où il se lia avec Jean-Paul Sartre, le secrétaire de Marc Sangnier. À ce titre Maurras et lui, après l'âpre et longue polémique entre l'Action française et le Sillon, n'étaient pas des inconnus quand en 1942 Guillemin fuit la France pour s'installer en Suisse. C'est de Neuchâtel que Guillemin écrit plusieurs articles auxquels Maurras répond par notre texte dans *L'Action française* du 16 avril 1942. Ce texte a ensuite été introduit en 1944 dans le recueil *Poésie et Vérité* d'où nous le reprenons. (n.d.é.)

[11] Journal d'orientation libérale, il commence à peine durant la guerre à devenir l'institution que sa rubrique culturelle fera de lui jusque dans les années soixante. (n.d.é.)

[12] *Soyons reconnaissants à Ch. Maurras, écrivait M. Guillemin, de n'avoir point dissimulé, quant à lui, dans les premiers temps de sa carrière, la source la plus profonde de l'exécration qu'il porte à Rousseau. Jean-Jacques possédé d'une « rage mystique », « aventurier nourri de révolte hébraïque », apparut parmi nous « comme un de ces énergumènes qui, vomis du désert... promenaient leurs mélancoliques hurlements dans les rues de Sion » (A. F. 15 octobre 1899). Énergumène ? C'était bien ainsi que Voltaire, en effet, s'exprimait sur le compte de Jean-Jacques dans sa* Guerre de Genève *: « ...sombre énergumène, cet ennemi de la nature humaine ». « Il leur apportait Dieu — disait Victor Hugo en parlant de Gwynplaine chez les Lords. Qu'était-ce que cet intrus ? »* (Gazette de Lausanne, *12 avril 1942.)*

rapport à cette foi générale d'un grand peuple ou l'incrédulité n'était qu'à la surface d'un petit monde très limité.

On ajoute que Rousseau ralluma le sentiment religieux. Ici ? Ou là ? Cela a été possible ici, mais non là ; car là, il l'affadit, l'amollit, le relâcha, le décomposa. M. Henri Guillemin reproche aux ennemis de Rousseau leurs contradictions, il néglige celles de son client. Quand la contradiction est dans les choses et dans les hommes, il faut bien que ce que l'on en dit la reflète.

Ce n'est la faute de personne si la liberté est le contraire de l'oppression, et si néanmoins l'individualiste liberté des Droits de l'Homme mena tout droit à la Terreur : le jacobin ne fut qu'un libéral, heurté et irrité par la résistance de la nature des hommes, lesquels, dès lors, ne lui semblèrent que des monstres à guillotiner.

Ce n'est pas la faute du bien s'il est le contraire du mal, et si pourtant un homme qui est ivre ou fou d'optimisme et de philanthropie devient, au premier heurt de la nature ou de la société — du Réel, un misanthrope atrabilaire.

Ce n'est la faute de personne si, la Tradition étant le contraire de la Révolution, Rousseau s'est montré tour à tour traditionnel et révolutionnaire, car tantôt il suivait le faux brillant de ses imaginations, et tantôt un autre caprice de sa fantaisie lui faisait parler le langage de tout le monde : mais ce ne sont pas ses propos de sens commun qui ont agi sur son siècle, c'est le *Contrat social*, c'est le *Discours sur l'inégalité des conditions*, c'est toute la partie de son œuvre ou l'absurdité la plus dangereuse est codifiée.

« Au commencement de ma carrière », d'après M. Guillemin (exactement, en effet, dans un article de 1899), j'ai comparé Rousseau et les roussiens aux prophètes juifs. J'ai eu tort. J'aurais dû dire : aux faux prophètes. Un quart de siècle plus tard, réimprimant le même morceau — page 6 de la préface de *Romantisme et révolution*[13] parue en 1923 — j'ai écrit « faux prophètes ». Cette correction traduisait beaucoup mieux ma pensée. Ce que je voulais ainsi montrer dans Rousseau c'était le cas-type de l'insurgé contre toutes les hiérarchies, le cas essentiel de l'individualisme anarchique. Les vrais prophètes poursuivaient de leurs invectives le sacerdoce, la royauté et principalement tous les pouvoirs constitués, sociaux et moraux, mais ils le faisaient par une inspiration directe du Roi des rois et de la Puissance

---

[13] *Romantisme et Révolution*, volume qui reprend en fait *L'Avenir de l'intelligence* et *Trois idées politiques*, vaut surtout par cette préface. (n.d.é.)

suprême. Au contraire, les faux prophètes (et le diable sait s'ils furent nombreux en Israël !) exprimaient contre les pouvoirs réguliers leurs passions, leurs fantaisies, leurs intérêts ou leurs pitoyables raisonnements, tout comme Rousseau, avec qui leur ressemblance est constante, quant à la frénésie, aux rêveries, aux révoltes, tout l'esprit révolutionnaire de l'Orient. Sans doute, ces contrefacteurs se prévalent-ils aussi de la divinité, mais les caractères qu'ils lui donnent sont d'une qualité sur laquelle il est difficile de se tromper : ce n'est pas Dieu.

Je finirai par deux signes d'un étonnement profond.

Premier point. Comment l'expérience du roussisme depuis 200 ans n'a-t-elle pas illuminé l'unanimité des Français ? Que Rousseau ait été tout ce qu'on voudra, il n'est pas niable qu'il est à l'origine de notre première Révolution, celle qui a emporté tous nos premiers remparts, bouleversé notre premier fond national. Qu'il n'en ait pas été le seul inspirateur, nul ne le conteste. Mais son apport fut le décisif : son tour sentimental, son accent de vertu fut capable d'accréditer beaucoup de choses suspectes et d'en inspirer d'autres plus pernicieuses et plus vicieuses encore. Son trouble génie multipliait le trouble hors de lui. C'est là ce qui fit sa plus grande puissance pour le mal. Napoléon n'aurait point fait tant de mal non plus, avec tout son génie et toute son énergie, sans le mélange de son esprit constructeur avec l'héritage révolutionnaire : aussi bien, disait-il lui-même, que, peut-être, eût-il mieux valu que Rousseau et lui n'eussent jamais existé. Encore un coup, ce jugement devrait faire réfléchir tous les Français. En vérité, au degré ou voilà le pays déchu, ce n'est pas le moment de ramener qui que ce soit à l'école de Rousseau ni de réhabiliter celui-ci 5.

Second point. Seconde stupeur. Comment des hommes de mœurs irréprochables et même sévères et pures — comment des maîtres de la jeunesse peuvent-ils honorer l'auteur d'un livre comme les *Confessions* ?

5Depuis que ces lignes ont été écrites, M. Henri Guillemin a confié à J. L. Ferrero que son sentiment sur Rousseau s'était modifié. « D'emblée, avec chaleur, écrit M. Ferrero, M. Guillemin répond avec rapidité aux questions et objections que lui posent à bâtons rompus ses interlocuteurs. C'est d'abord une amende honorable : s'il avait à refaire sa conférence sur Rousseau, il n'en prononcerait plus le même panégyrique. Certaines découvertes l'ont fait déchanter. Le cas Rousseau apparaît plus complexe encore qu'il ne croyait. En l'occurrence, il s'agit de lettres à Mme d'Houdetot, des années 1756–57. Années cruciales pour Jean-Jacques. »

Ainsi se perd-on et se reperd-on dans le détail. L'essentiel seul importe. Un personnage comme le héros des *Confessions* ? Et l'esprit de ce livre où l'humilité même sent l'orgueil ou sent la révolte ! Il m'a toujours donné un malaise affreux. Peu suspect de bégueulerie et au risque d'être traité de renchéri et de coquebin, je dois dire que l'épisode de Mme de Warens me lève le cœur ; ni le nom de « maman » qu'il donne à sa maîtresse, ni le trépas odoriférant de la dame initiatrice, ni le récit de tout cela, écrit, signé et publié, ne peut manquer de m'administrer, à chaque lecture, un égal sentiment de l'odieux, du ridicule et du dégoût. Ai-je assez blasphémé ! Et maintenant, voici ma tête, cher Monsieur Henri Guillemin.

Dans le moment où M. Guillemin poussait sa pointe, une occasion m'était donnée, en Suisse même, de préciser ma pensée sur Jean-Jacques.

Au cours d'une réception au Cercle des Arts de Genève qui avait suivi ma conférence sur Maurice Barrès, M. Albert Rheinwald, président du Cercle, rappela délicatement que Barrès lui envoyant, en 1917, la plaquette contenant le discours prononcé à la Chambre le 11 juillet 1912 contre l'octroi des crédits pour la célébration du deuxième centenaire de Jean-Jacques, avait ajouté : « En jugeant durement Jean-Jacques, je juge et condamne une partie de moi-même. » Et M. Rheinwald s'adressant à moi, poursuivait : « Selon vous, pour restaurer l'ordre français, il faudra s'inspirer de l'ordre grec... Hélas, je vois bien qu'alors ce genevois Rousseau n'aura plus droit au chapitre. Oserai-je dire que ce sera dommage ? Car enfin s'il faut éliminer Rousseau, c'est Chateaubriand et Lamartine et c'est Hugo qu'il faut éliminer aussi. Et c'est encore Delacroix... Pourquoi ne pas voir ce qu'il y a de sagesse dans le romantisme éternel ? »

À cette double interrogation et en remerciant mon aimable interlocuteur d'avoir si bien senti et dit comment un grand poète, doublé d'un grand citoyen, avait été capable de condamner une « part de lui-même » sur les exigences de l'ordre français, je ne me sentis point gêné d'avoir à ajouter que, si un tournoi sur le Romantisme et la Grèce excédait les mesures de la soirée, je tenais à ne pas refuser celle rencontre sur Rousseau. « Là, soulignais-je, il faudrait d'abord bien savoir ce que l'on veut débattre de précis. On nous objecte quelquefois que Rousseau donna d'excellents conseils politiques et les plus traditionnels du monde aux Corses et aux Polonais. Mais ce ne sont pas ces conseils qui ont agi sur nos Constituants ni sur Robespierre... Ce n'est pas avec ces conseils-là que Rousseau pesa sur son siècle, ni qu'il troubla l'ordre français. Quant à reconnaître une part de soi-même dans ce que l'on condamne, c'est le sort commun : je pourrais, tout indigne, vous réciter par cœur des tirades de La Nouvelle Héloïse... *Qu'est-ce que cela prouve ? Le talent littéraire de son auteur. Bossuet a fait deux grands élèves au XVIIIe siècle, Buffon et Rousseau. Les erreurs et les fautes de la pensée sont séparables de la beauté des cadences. Il importe en toute chose de distinguer pour ne pas confondre, sans quoi nous résorberions au chaos primitif, et l excellence de cette liqueur russe [c était un petit verre que mes hôtes m avaient versé] nous ferait aimer les bolchevistes, à moins que leur méchanceté ne nous fasse haïr cet excellent kummel... Préservons nos pays de ces confusions, vraies mères des querelles et des révolutions ; gardons l esprit libre et critique, notre goût, notre sens de l amitié des hommes, et surtout honorons la grâce, en vérité, suprême et toute nationale, avec laquelle un Français de génie sut inventer les plus délicates formules pour exprimer un dissentiment, l atténuer et, quand il le fallait, soit l ennoblir, soit le faire oublier. »*

(15 avril 1942.)

Jeunes et Vieux

1942

Cet article est paru dans Candide *du 18 novembre 1942 puis fut repris dans le recueil* Inscriptions sur nos ruines *en 1949.*

Est-ce que les jeunes gens ne sont pas un peu ennuyés de toutes ces enquêtes sur « la » jeunesse ? De mon temps, l'on incorporait d'office à la tribu des vieilles barbes les camarades qui répondaient trop sérieusement aux avances de courtisans intéressés.

Car, que pensions-nous de nous-mêmes ? À vrai dire : rien. Nous aimions mieux penser à autre chose, par exemple à ce que nous ne connaissions pas, pour le découvrir, ou que nous n'avions pas, pour l'avoir.

— Oui, mais, nous demandaient les mêmes bons enquêteurs, qui ressemblaient comme des frères à ceux d'aujourd'hui, qu'est-ce que vous voulez avoir ?

Nous répondions : « Tout », et leur souhaitions le bonjour.

Les dispositions ne doivent pas être bien différentes pour le quart d'heure, et les rares phénix qui consentent à scruter leur moi et à donner en longueur, largeur et profondeur les mesures de leur nombril finissent bien par sentir qu'on leur tend là de pauvres pièges.

Voyons ! Est-ce qu'une société se compose : 1o d'une enfance ; 2o d'une adolescence ; 3o d'une jeunesse ; 4o et 5o d'âge mûr et de vieillesse, parqués en des secteurs pavoisés d'étiquettes multicolores et non communicants ? Dans la vie, tout cela est mêlé, brassé. Grands et petits, anciens et nouveaux, arrivants et partants ne cessent de se rencontrer, de s'unir, de se séparer, pour se coudoyer, se croiser de nouveau sur les mêmes chemins. Seule une abstraction artificieuse les sépare et les distribue, pour former de petits paquets discordants, comme ceux entre lesquels on partage ouvriers et patrons, urbains et ruraux, industriels et commerçants. Ces catégories ne sont ainsi stabilisées que pour aboutir à des rivalités et à des concurrences telles qu'une guerre sociale en doive sortir. À supposer que l'inégalité naturelle des âges ne produise pas les besoins les plus variés, avec la nécessité d'y mettre chacun du sien, on finirait par obtenir la même petite guerre entre les générations. Est-ce très souhaitable ?

Certes, il est un terrain qui a toujours appartenu, de droit naturel, aux rassemblements de jeunesse. C'est le terrain des jeux. À peine y est-il besoin de quelques maîtres et moniteurs au-dessus du bel âge ; encore les vrais jeux, ceux où l'on s'amuse, ont-ils cela de bon qu'il n'est pas besoin de les enseigner. Ils s'apprennent tout seuls.

Mais on ne joue pas du matin au soir. Vient l'heure de l'étude et du travail. Quand cette heure grave de la vie sonne, il faut avoir le cœur de contredire le préjugé courant. Un proverbe éculé prétend que qui se ressemble s'assemble. Point du tout. Nous disons qu'il faut rassembler ce qui ne se ressemble pas. On fera quelque chose avec les esprits et les corps qui sont dissemblables, la femme près de l'homme, le riche près du pauvre, le prêtre près du guerrier. Raison : ils se complètent et se multiplient.

Si l'on accumule au même endroit les mêmes dons et les mêmes ressources, les mêmes qualités et les mêmes défauts, le double emploi suivra la stérile addition. Ce sont les complémentaires qui se recherchent et se fécondent.

Osons donc dire à la jeunesse :

— Vous êtes jeunes, nous sommes vieux. C'est pourquoi venez avec nous. Vous débordez d'allant, de vigueur, de confiance, d'enthousiasme, vous disposez d'un potentiel vital qui nous quitta depuis longtemps. Ah ! oui, nous avons besoin de vous. Mais, vous aussi, de nous. Les trois quarts du temps, nous savons ce que vous ignorez. En vous l'apprenant, nous le rendrons enfin utile. À vous la fraîcheur des cerveaux et la vigueur des muscles, à nous, sous nos rides profondes, les profonds replis de la réflexion, la richesse des souvenirs, le calcul des prévisions justes. Vieillesse ne peut pas ? Jeunesse ne sait pas ! Mettons en commun nos pleins et nos vides, nos forces et nos faiblesses, nos manques et notre avoir. Nous ferons quelque chose de dense et de complet. Il faut de tout pour faire un monde, dit un autre proverbe qui mérite d'être entendu ; toute la lumière des uns et toute la ferveur des autres.

Oh ! nous ne nous forgeons pas de chimères, nous ne nous dissimulons pas les bousculades de l'histoire : les « place aux jeunes » y sont de tous les temps. Il est gai de faire l'insolent envers les devanciers ; il est doux de tirer le nez aux bonzes et de jeter par la fenêtre les bustes poussiéreux. J'ai, pour ma part, sur la conscience la confusion d'avoir écrit un beau petit entrefilet de révolte qui se terminait par cette apostrophe à l'adresse d'importuns radoteurs : « Nous prions les cadavres de nous laisser tranquilles. » Était-ce tapé, non ? Ce n'était pourtant pas tout à fait sincère, car, vers la même époque, un de nos grands aînés me reprochant de paraître me plaire chez les compagnons de son âge plutôt que parmi ceux du mien, je répondais : « *J'en viens. Qu'est-ce qu'ils m'ont appris ?* » Cela non plus n'était ni tout à fait juste, ni pleinement vrai. Car les amitiés juvéniles sont extrêmement riches de sens, elles aussi ! Mais trop souvent elles se limitent à d'interminables confrontations de deux ou trois natures voisines, trop parentes. Leurs « moi » latents ainsi tirés au jour font que l'élan multiplie l'élan. Ne le gênent-ils pas aussi ? Plus le jeune homme éprouve une vie ardente et lucide, mieux son instinct lui fait rechercher des conseillers qui soient des anciens. Entre tous ces novices, les plus sûrs d'eux-mêmes et de leur objectif vital sont aussi les plus âpres à quêter l'avis des pilotes qui écumèrent la mer où ils vont se lancer. Ni cartes ni portulans ne peuvent suffire ; ils aspirent à l'initiation orale, au témoignage audible et tangible de l'expérience parlée. Ils sentent qu'un dépôt, un beau dépôt est là, exposé à périr avec ceux qui sont près du terme. Il est riche, puissant, fertile. C'est le dépôt des germes qu'on ne veut pas laisser dissoudre en vain ; c'est le capital que convoite dignement un digne héritier.

Une exception peut être faite. Pour le très petit nombre des seuls parfaits. On a vu des natures humaines qui sont accomplies à vingt ans. Rien ne leur manque. Elles sont mûres, prêtes, mais souvent pour une autre vie. Aussi étonnent-elles à leur passage, éblouissent-elles par la précoce divination de tout le secret de la vie ; personne ne le leur a révélé, et c'est à peine si le temps leur est donné de l'apprendre à d'autres en transmettant leur souffle et leur sang... Il faut, ici, penser à la lettre d'un lieutenant de vaisseau, orphelin de l'autre guerre et assassiné par les Anglais à Mers-el-Kébir ; il écrivait, en mai 1940 :

> *Ma chère maman,*
> *Je suis sûr de moi et des autres, je suis sûr de vous, je suis sûr des frères et des sœurs, je suis sûr et fier de ma femme et de mon fils. Que voulez-vous qu'il nous arrive de mal ? Nous sommes au-dessus de cela.*

Aucun maître n'avait pu dicter à ce héros de telles certitudes. Il n'avait pu apprendre à vivre ainsi au-dessus des temps et des hommes. Il n'avait presque plus de commune mesure avec eux. La Mort le lui a fait bien voir.

Fors ces rares destins « hors-série », la transmission du dépôt magistral détenu par les vétérans est une nécessité de l'ordre physique. L'enseignement du maître en est une autre. Mais le maître peut être bon ou mauvais. Ou il donne ce qu'on attend de lui, ou il le refuse. Ou il comprend, devine, prête main-forte, ou il trompe et déçoit. On ne jugera point équitablement de la jeunesse française si l'on ne fait la part de tant de déceptions contre lesquelles elle a dû frapper de véritables coups d'État personnels, dans l'immense effort qu'elle a dû tendre et coordonner pour s'évader des lieux infernaux où on l'avait laissée ou même enfoncée.

— Qui, *on* ?

— Le maître.

Tantôt par la carence et l'omission, tantôt même directement par suggestion ou persuasion.

Assez récemment, un jeune homme m'a fait des confidences que je n'oublierai pas :

> On nous reproche, disait-il, d'avoir au fond de nous-mêmes un certain mépris des idées. Croyez-vous ? À l'extérieur, et en apparence, peut-être. Au fond, c'est elles que nous cherchons, mais il nous les faut nettes, claires, distinctes et vivaces. Aussi avons-nous passé par des alternatives de dilettantisme absolu et de nihilisme radical. Tantôt nous aimions tout, tantôt nous ne tenions à rien. Nous répudiions en bloc ce que, la veille, nous avions respiré voluptueusement. Puis, revenait le grand vertige des hauts désirs qui nous animaient ; comprenez-le bien ! Désir de l'ordre, besoin de discipline et de hiérarchie, aspiration à un choix raisonné et au juste départ entre les principes en discussion. Certaines vues fondamentales nous étaient naturelles ; nous les tenions de nos familles, de nos milieux, souvent de notre propre expérience secrète, mais elles étaient quelquefois contrariées à angle droit par telle et telle théorie livresque provenant de penseurs qu'une habile propagande nous avait présentés comme le *nec plus ultra* de la raison moderne. Leur action nous scandalisait. La réaction ne traînait pas. Et, quelquefois, c'étaient nos corrupteurs qui la provoquaient.
>
> Exemple ? Oh ! c'est bien simple. Dans une grande école, tel de nos anciens professeurs de philosophie, un Juif, nous disait : « Je me suis marié parce que le divorce était permis... » Voilà le bizarre docteur qui était chargé d'enseigner la patrie et l'honneur à de futurs officiers. Quelques propos du même genre finirent par porter leur fruit. Le bonhomme fut mis à la porte de sa classe où il ne remit plus les pieds. Ainsi, l'imagination incertaine nous faisant flotter au milieu d'abstractions ennemies, notre jugement (la plus mystérieuse des facultés) n'étant point encore formé, la vue claire et sensible d'une

honte vivante nous déterminait malgré nous. L'action, l'épreuve, la vie apportaient en nous leur moralité avec leur purification. Au fait, pourquoi nous étions-nous découvert une vocation militaire ? Obscur besoin de règle extérieure et d'ordre profond ! Pourquoi tant d'autres se sont-ils tournés vers la foi ? Aspiration obscure aux lumières de l'unité ! Le nombre de nos camarades croyants n'a cessé d'augmenter depuis dix ans et ce sont des croyants complets ; ils ne se contentent pas de pratiquer pour eux-mêmes, ils sont apôtres, ramenant vers l'église, le dimanche matin, soit un père, soit un frère, soit un ami...

En recueillant de cette bouche de vingt ans ces confessions datées de 1942, il était impossible de ne pas me reporter aux années lointaines où, s'interrogeant de même dans Paris à vingt ans, le jeune Maurice Barrès décrivait ses hésitations entre la Science, la Foi, l'Action, et terminait une espèce de prière à cette trinité par l'émouvante invocation à son dieu inconnu : « *Qui que tu sois, ô Maître, Axiome, Religion ou Prince des hommes !* » D'autres pages du même livre y préfiguraient ce qu'on vient de lire.

De tous les mauvais maîtres, le pire appartient certainement à l'espèce des stérilisants qui se dispensent de renseigner la jeunesse sur ce qu'ils ont appris du passé pour lui raconter que le monde est né de la pluie d'hier et que d'imprévisibles nouveautés ne manqueront pas de sortir de la pluie de demain ; qu'il n'y a ni routes, ni phares, ni baromètres ; qu'il n'existe pas une expérience, lumière des hommes ; qu'on n'a rien vu de ce qui arrive et qu'on n'aura rien su de ce qui va arriver ; qu'enfin le progrès fatal du bel et juste avenir sortira sans qu'on y songe d'un ordre de choses inouïes, toujours vertes, toujours nouvelles, qui ne cesseront de placer l'homme en présence de quelque nouveauté absolue ! Le *magister* qui chante cette fable n'a plus qu'à déchirer tous ses livres et à se passer sa férule au travers du corps.

Non. Peu de choses sont nouvelles. Beaucoup le paraissent et ne font que ressasser de l'ancien. Et c'est l'ancien qu'il faut connaître ou reconnaître pour juger quelle confiance faire au nouveau ! Toutefois, dès que pointe une de ces fleurs dont la racine est vieille et la couleur née du matin, il se trouve quelque officieux journaliste accourant d'un pied léger chez tous les gens connus pour avoir leur avis sur la percée de ce bouton sans précédent. C'est ainsi qu'un beau jour quelqu'un s'est rencontré pour me venir questionner sur l'évolution de « la » jeune fille moderne. Comme ce n'était plus de mon âge, je conseillai au visiteur d'aller interroger des jeunes gens qui fussent entre la vingtaine et la soixantaine, car la jeunesse d'à présent tient jusque-là.

— Mais enfin, insista mon confrère, si les jeunes filles ne vous concernent plus, leur évolution peut être objet d'étude comme un myriapode ou un papyrus. Comment n'en seriez-vous frappé ? Cela est clair, criant. Cette allure ! cette certitude ! ce goût des études abstraites ! ce jugement tranché ! cette démarche militaire ! n'est-ce pas le point de départ d'un monde féminin inattendu et vraiment jamais vu ?

— Non, cette allure nouvelle de la jeune fille moderne n'est pas du tout le fait de l'Évolution. Et d'abord, votre Évolution, je n'y crois pas du tout. Pas plus qu'à la courbe continue d'une prétendue loi de l'histoire. Il ne s'agit pas d'un départ pour quelque chose de tout neuf comme votre Déesse l'aurait voulu, c'est l'oscillation perpétuelle qui éloigne les fils des pères et les filles des mères, mais qui rapproche les uns et les autres des bisaïeux, des trisaïeux. Ce que l'on prend pour une invention inédite est, au contraire, une constante de notre vieille vie. Ces demoiselles ne différeront de leurs mères et grand'mères que par retour au type de leurs arrière-mères-grands. Aux romanesques, musiciennes, éprises de rêverie et de poésie, succèdent les dernières nées, positives, qui bûchent leurs langues anciennes, font de la mathématique, du droit, du sport. Mais Jeanne d'Arc, Jeanne Hachette, Philis de la Tour du Pin, sans oublier Clorinde et le peuple amazone, étaient aussi sportives qu'elles. Les grandes dames du XVIIIe siècle se passionnaient pour les théorèmes de d'Alembert. Celles du XVIIe savaient autant de latin qu'homme du monde !

Quant au grec, sans remonter aux Précieuses, qui embrassaient les gens rien que pour ça, souvenez-vous de Mme Dacier[14] ; ses traductions d'Homère tiennent encore. Exceptions ? Allons donc ! Ou rarissimes exemples de hautes élites très retranchées ? Mais non ! Détrompez-vous ! Les originales ont toujours été très imitées. Les modes de l'esprit ressemblent à celles des jupes. Il a toujours suffi d'une demi-douzaine de savantes à Paris pour en recruter des centaines dans les provinces. Cela s'est vu et se verra.

Badinage à part, ce qui a manqué aux maîtres de la jeunesse et ce en quoi ils lui ont le plus manqué de nos jours, c'est le sentiment et l'enseignement

---

[14] Anne Dacier, 1647-1720, femme de lettres d'une grande érudition qui joua un rôle central dans la Querelle des Anciens et des Modernes. Sa traduction de l'*Iliade* a été publiée en 1711, et celle de l'*Odyssée* en 1716. (n.d.é.)

du durable, du stable, de ce qui est co-éternel au genre humain. Grâce à eux, la fausse Déesse dont nous nous moquions tout à l'heure avait profondément déséquilibré nos prédécesseurs. Sans y croire autant qu'eux, nos contemporains en sont encore les dupes inquiètes, troublées.

Bien peu, surtout ceux qui enseignent, ont osé revenir à concevoir le type naturel d'une vie sociale dont les cadres existent et font leur affaire. Ceux qui se raidissent vers un progrès utopique et menteur n'ont pas encore compris à quel point l'on est tangent à la perfection et à la synthèse lorsque des êtres différents, étant pourvus des droits et des devoirs correspondants, les exercent en s'aidant de l'harmonie de leurs disparités, et se confortent et se concilient de manière à créer, pour le groupe, la force et, pour l'individu, le bonheur.

On n'a rien trouvé de mieux, néanmoins ! On peut défier les plus savants réformateurs de mieux faire. Pour naître, durer et grandir, le nouveau-né dans son berceau a besoin de géants qui soient autour de lui capables de le nourrir, de le vêtir et de l'élever. L'adolescent veut des adultes qui lui enseignent la vie et ses mœurs, ses métiers et ses arts. Quand il aura grandi, les rôles se renverseront ; on lui demandera sa force, il pourra rejeter, mais il pourra aussi, s'il le veut bien, accepter la grâce merveilleuse des longs tâtonnements où se sera consommé l'effort de l'ascendant ; ainsi s'instruira-t-il à savoir où aller sans se perdre en hésitations qui l'épuiseraient. Chacun donne et reçoit, apporte et emporte à son tour. Comment des mécanismes naturels aussi beaux peuvent-ils être méconnus ou défigurés par l'imagination de quelques pédants ?

Volume VII – Inscriptions sur nos ruines

Le Pain et le Vin

1942

Ce texte est paru dans Candide *en 1942, puis a été repris en volume aux éditions du Cadran en 1944.*

Ainsi l'on nous convie aux économies héroïques. Sans quoi l'on ne pourrait pas faire la soudure, nous risquerions de manquer de pain et de vin pendant plusieurs mois.

Le pain ! Le vin ! Un bon Français n'est pas, comme le veut le méchant propos international, « un monsieur décoré qui ne sait pas la géographie », c'est le monsieur, ou l'homme, qui mange beaucoup de pain et, non content de boire du vin, le connaît, le juge, le chante.

Ces deux signes réunis ne peuvent tromper, ce sont nos marques naturelles retrouvées de temps immémorial. Si les historiens enseignent que la vigne a été importée d'Italie ou de Grèce, sa conquête du sol gaulois a été très rapide, elle a couru tout de suite du Midi au Nord, d'où elle semble avoir un peu reculé seulement à la fin du siècle dernier. Paris et, dit-on même, l'Artois, eurent de beaux vignobles. Cette flamme a baissé et meurt. Cependant, à parcourir les rares provinces où le cidre et la bière lui font parfois échec,

> De la marche normande au pays angevin,
> Où la pomme est gaulée, où fermente le vin,

une suprême coquetterie fait que la vigne s'y couronne d'un nouveau charme : angevine, alsacienne, elle se livre à tant de provocations enivrantes que l'on n'a presque plus moyen de soutenir la comparaison avec elle, et le houblon demande grâce, et la pomme merci. Il faut avouer que voilà le centre vivant de toute la verve française. On n'y comprendrait rien sans les vertus du vin. Cela peut se dire sans honte, car la liturgie elle-même associe et égale la divine liqueur au pain sacramentel.

N'ai-je pas lu, dans une belle page d'un très bon livre, que le pain était quelque chose de « simple » ? Simple, le pain ! De tout ce qui nourrit, rien n'est plus compliqué. Sauf le vin, peut-être. Mais non. C'est bien dans le pain que se trouve le type du plus complexe sous la plus faible dose de simplicité et de naturel.

D'abord, où est le pain, dans la nature ? Voulez-vous me dire où vous en avez vu le dépôt ? Il ne pousse pas au bord d'une rivière ni d'une mer : non seulement il se vend chez le boulanger, mais je me suis laissé dire que l'on avait perdu la piste du blé natif, du blé sauvage. Il a dû exister sous une forme ou une autre, au temps jadis. On ne le retrouve plus. Tous les blés connus ont été manipulés, traités, perfectionnés par le savoir de l'homme. Ils sont les produits d'une industrie agricole riche d'efforts séculaires et millénaires. Le blé est le fruit le plus avancé d'une civilisation très ancienne. Et, regardez ! du blé au pain, quelle distance encore ! Le lit de terre meuble prédestiné à l'honneur de le recevoir a été préparé, travaillé, engraissé. Le grain qui doit fermenter a été l'objet de sélections pleines d'art. Le voilà qui pousse, verdoie, et ondule à perte de vue, ce n'est rien : de combien de façons va-t-il être tourmenté sur l'aire sous les pieds des chevaux, sous le rouleau de la machine, et dans le van, et sous la meule qui le rendra farine et qui tourne par le poids des eaux asservies, à moins que ce ne soit par la vapeur ou par le courant électrique ?

Mais ce n'est rien auprès de son martyre dans le pétrin et dans le four ! L'eau, le feu, le ferment corrupteur et régénérateur, et les mains dures du mitron ou de la ménagère ! J'en passe, mais, on le voit bien, la Nature fournit tout autre chose que la belle mie blanche et la noble croûte dorée. En sus de nos courages, il y faut tous les mécanismes de l'esprit humain : on y voit le chœur réuni des inventions les plus raffinées de cet animal raisonnable dont l'éternelle idée fixe est de renouveler la face de la terre. Pour en arriver à *pétrir*, à *pasta*, comme disaient nos paysannes, l'homme se superpose à la nature si complètement que celle-ci, après sa première mise, semble être retirée et évaporée de l'œuvre final : il n'y reste plus que l'ouvrier et l'héritier d'une multitude de métiers humains. Notre pain quotidien les sous-entend à peu près tous.

Cela est un peu moins exactement répété du côté du vin, puisqu'il reste, en forêt, de la vigne sauvage ; et l'honneur des bouteilles paraît tenir d'un peu plus près, sans doute, à la gloire de nos coteaux qu'aux travaux de nos mains artistes, exception dûment faite pour ce qui est champagnisé. Et, pourtant, partout, que de soins ! Quel art consommé ! Quelle docte et profonde industrie ! Quelle science du subtil et du parfait ! Que de vivantes recettes héréditaires incluses dans la conduite de chaque vin ! Tout y glorifie l'homme, sa volonté, son savoir, son esprit, ses goûts, et leur transmission régulière : ce qui présuppose la famille, le foyer et la maison, puis le rempart, la loi et l'État. Un malheureux sociologue anglomane, nommé Demolins, voulait que la culture de la vigne nous eût irrémédiablement ensemencés d'esprit révolutionnaire ! Il n'avait pas réfléchi à tout ce qu'elle impose de vie sociale hiérarchisée, ni au vif témoignage qu'elle doit rendre aux profondeurs de l'ordre et du génie humain. Personne ne peut être plus anticommuniste que le vigneron conscient et organisé. Il sait que son vin ne se trouve pas plus que le pain à l'état de nature. *Il faut le faire*. Il faut donc en passer par les grandes lois de l'action.

Qui voudra réfléchir avec liberté d'esprit à ces choses antiques en retrouvera de plus vénérables encore, et celles-ci pourront lui en révéler d'assez neuves.

Après tout, le pain et le vin concentrent et résument dans un double cas très voyant un fait universel. Qu'est-ce donc que l'homme trouve, dans la nature, qui soit tout fait ? Quelques divagateurs croient répondre en disant :

— *Parbleu ! C'est que nous avons pris de mauvaises habitudes. C'est que la Société nous a gâtés. Autrefois, la Nature était beaucoup plus généreuse !*

— Oui, de glands. Et tous n'étaient pas mangeables. D'autres étaient trop haut perchés, ou perdus dans l'herbage. Il fallait dresser des enfants ou des animaux pour les recueillir et c'était un premier commencement de travail humain, donc social, et déjà divisé !

Voilà donc un des rares points où nos anciens auteurs se soient trompés. Poètes, philosophes, juristes, assurent que, primitivement, tout était commun entre les hommes. Quoi, « tout » ? Ce « tout » faisait bien peu de choses ! Des matières premières et extrêmement éloignées de ces produits demi-finis, sur lesquels s'acharnent les efforts, les labeurs, les espoirs de créer du comestible et du combustible utile. Ce « tout » primitif ne ressemblait en rien à ce qu'est l'herbe pour la brebis ou la brebis elle-même pour le loup. De tels animaux, oui, l'on peut dire qu'ils jouissent en communauté de premières proies naturelles, à s'ingérer telles quelles, immédiatement. L'homme, non. Tous les véritables biens de l'homme ont commencé par sortir de lui, fabriqués par lui, profondément marqués à son seing et à son image.

Avant que l'homme y eût mis sa main, il existait des matières confuses, que personne ne disait siennes, que personne ne désirait, ne disputait. Après le passage et l'ouvrage de cette savante main, une carrière nouvelle s'ouvre, l'objet sorti de la nature est entré dans l'humanité, où il est devenu objet d'amour et de trafic, objet de désir et de lutte. On lui monte la garde pour l'employer ou l'échanger, ou le conquérir ou le disputer au conquérant. La conquête à main armée naît de la production ouvrière et marchande, bien loin de lui être opposée comme l'on cru les nigauds du marxisme. Si la nature produisait des biens qui leur fussent communs, les hommes ne se battraient pas entre eux. Est-ce que les loups le font ? C'est que les loups ne peuvent pas se disputer des produits qu'ils ne fabriquent pas.

Cette fable socialiste et communiste est donc la plus fausse du monde. Mais personne ne la mettait en doute hier. On y croyait. On croyait même que l'homme ouvrier, maître de son âme, de son travail, de ses outils, n'avait désormais plus à se soucier d'aucune activité combattante, que ce fût pour lui ou contre lui...

L'expérience a prononcé. Elle est dure. Non seulement l'industrie mère putative de la Paix, est devenue le premier propulseur de la guerre, mais elle qui approvisionne les champs de bataille nous refuse formellement cet aliment parfait, ce breuvage supérieur qui la mobilisait et la réquisitionnait tout entière. Ni pain, ni vin ! C'est le coup le plus dur et le plus direct. Nous en souffrons un déshonneur qui atteint plus loin que nos corps. En deviendrons-nous plus sensibles au sens mystérieux de nos lois naturelles ?

Au risque de revenir sur nos pas, entr'ouvrons un vieux livre trop peu connu pour que l'on craigne de l'exhumer quand cela peut servir.

« Qu'est-ce que mange l'homme quand il mange du pain ? Il mange de l'homme.

« Que boit l'homme dans le vin ? De l'homme encore. L'homme mange l'homme sans cesse, et *seulement de l homme*. Son anthropophagie ancestrale n'a pas décru ni disparu. Elle s'est transformée. À la chair humaine elle a substitué du travail humain. Hormis l'air que nous respirons, nul aliment n'est absorbé qu'arrosé de sueurs et de larmes humaines. C'est seulement à la campagne que l'on peut approcher d'un ruisseau ou d'une source et boire l'eau du ciel que notre terre a distillée dans ses antres ou ses rochers. Le plus sobre des citadins boit l'eau *verdunisée* que l'on a soumise à un traitement général où toute la police urbaine est intervenue après de grands frais de captage et d'adduction. Beaucoup exigent même d'une eau particulière mise en bouteille, cachetée, transportée et ainsi témoignant du même effort que le plus précieux élixir. Retournez aux champs, cueillez cette grappe ou ce fruit : la souche, l'arbre ont demandé d'interminables cultures, la tige a été greffée, la semence, par les sélections qui la classent, porte dans son secret un tel capital de labeurs successifs qu'en mordant à la pulpe vous mordez à même la chair et le suc de myriades d'êtres humains.

« Les races d'animaux ont été apprivoisées et domestiquées pour fournir à la table et au vêtement. Ce n'est pas la Nature qui nous les donne, la Nature ne nous contente jamais. C'est contre elle que rêve notre tristesse et qu'elle invente apprêts sur apprêts. Il ne suffit pas de tondre la laine, elle devra, être tissée par la ménagère, la servante, la machine : il ne suffit pas d'abattre le bétail et de le découper : sans parler de l'immense royaume de la *chaircuiterie*, la viande fraîche doit passer par le feu. Une époque d'histoire qui n'est pas très récente est celle d'Attila : on estimait ses guerriers grotesques, bruts, barbares, parce qu'ils mangeaient leur viande crue ; les habitants de l'extrême-nord américo-européens sont moqués par le surnom de mangeurs de poisson cru. Ces dérisions donnent à penser qu'il est jugé inadmissible qu'on ne fasse pas cuire son gibier de terre et d'eau. Ni animal ni végétal, presque rien ne compte sans les préparations de la flamme. La terre même est construite, fabriquée, humanisée aussi ; ses prairies, ses vergers, ses jardins et ses champs traités par les engrais et les assolements. Partout s'interpose le même médiateur, le travail des hommes, entre la nature lointaine et les corps qu'il faut nourrir, abreuver, couvrir, d'un habit ou d'un toit.

« Une conséquence s'ensuit :

« La nature est immense, ses ressources infinies. Mais on voit abonder infiniment moins ce que l'homme ouvrier réussit à fabriquer et à offrir ainsi à l'usage de l'homme. Toute la difficulté vient de là ! Et ce n'est rien dire que d'objecter que le café soit jeté à la mer par les Brésiliens ou le blé par les Argentins, quand il s'agit de satisfaire les gens de Clermont-Ferrand, de Nice et de Lyon.

« Les produits utiles sont définis par les besoins, les habitudes, les commodités, les désirs. Les produits naturels n'y correspondent que dans une mesure infime. Restent les artificiels. Plus rares ! C'est pourquoi on se les dispute. De là, entre les hommes, un esprit de rivalité et de concurrence. Le festin est étroit : tout convive nouveau sera regardé de travers, il verra du même œil les personnes déjà assises.

« Le consommateur qui survient, apporte un appétit de plus. Il est redouté, en sus, comme un être de proie et conquérant éventuel. L'homme passe sa vie à craindre d'être dépouillé ; celui qui n'est pas dépérédateur de carrière garde l'idée de rapine inscrite dans ses entrailles et le génie de la conquête dans son sang.

« L'homme qui regarde l'homme l'imagine conquérant ou conquis, vainqueur ou vaincu. Il ne serait pas social s'il n'était pas industrieux. Mais le fruit de son industrie lui paraît si beau, si rare, si nécessaire qu'il limite sa société et qu'il en interdit le seuil, l'épée à la main. La défense de ses biens ou leur pillerie, c'est toute l'histoire du monde »

Non, ce n'en est que la moitié, réplique le même vieux livre[15] que je résume ou paraphrase : il importe très peu d'en renier l'auteur : c'est moi-même.

Il ajoute :

« L'industrie peut expliquer les haines féroces entre nos pareils. Mais elle explique également leurs concordes, leurs amitiés, leurs affections. Quand Robinson vit le premier pied humain imprimé sur le sable, il eut peur, il pensa : *voilà celui qui mangera mon bien et qui me mangera*. Quand il eut découvert le faible Vendredi, pauvre sauvage inoffensif, il se dit : *voilà mon collaborateur, mon client et mon protégé*. Je n'ai rien à craindre de lui. Il peut tout attendre de moi. Je l'utiliserai.

« Et Vendredi devient utile à Robinson qui le plie aux travaux les plus variés, il lui rend des services infiniment supérieurs à ce que coûte son entretien. Le solitaire de la veille s'enrichit de son acquisition et tous deux, l'un par l'autre, s'élèvent, se cultivent, se civilisent.

« Cette rencontre et cet accord de deux individus adultes, pour fonder une société, n'est qu'un rêve de « société par contrat » comme on en inventait au XVIIIe siècle. En fait, c'est la famille qui a été la première société. Mais l'industrie a beaucoup servi à fixer la famille. Autour des enfants engendrés de lui, le chef voit accourir des fugitifs, des suppliants faibles et dénués, qui viennent offrir leurs bras et leur travail ou même leur personne entière, en échange d'une protection, d'un abri, pour ne pas mourir. Ces adoptions naturelles valurent généralement ; elles accrurent la famille. Mais il lui vint un autre genre d'accroissement par le moyen de la guerre. La guerre, qui fait dire que *l'homme* est un *loup* à *l'homme*, finit par renverser le dur aphorisme : ceux qu'elle ne tue pas sont sauvés, ceux qui sont sauvés sont asservis, et ce cérémonial qui institue théoriquement cette servitude marque l'immense prix que l'homme barbare peut attacher, lui-même, à l'être, à la vie, au labeur de son frère enchaîné.

« Tu m'étais un loup tout à l'heure, mais, quand j'ai vaincu le loup, je le tue, car il pourrait me porter de nouveaux préjudices. Or, toi qui es un homme que j'ai couché et blessé sur le sol, tu ne m'es plus un loup, tu m'es comme un dieu maintenant. Que me ferait ta mort ? Ta vie peut devenir une source de biens. Lève-toi, je te panserai. Guéris-toi et je t'emploierai.

---

[15] Il s'agit de *Mes idées politiques*. (n.d.é.)

« Moyennant quelques précautions prises contre un retour de tes forces et contre les souvenirs de ta liberté, je te traiterai bien pour que ton inestimable travail me soutienne, et pour qu'il me devienne une force, et pour qu'il soit inscrit et figuré entre mes meilleurs biens.

« Ainsi, aux âges les plus rudes — et les portes mêmes de la mort à peine évitées — il se fait une ébauche de réciprocité de services ! Combien dès lors cette même réciprocité devra être forte et saine au cœur de la vraie famille laborieuse ou de ces groupes de vraies familles que forment les États naissants ! Là, l'ordre du labeur primordial, qui permet de semer le blé et de tailler la vigne, commence par imposer une forme d'amitié qui s'appelle justice : elle donne à chacun ce qui lui revient et elle se termine par une charité où l'on traite autrui comme soi-même, où l'on oublie de distinguer entre le tien et le mien. Là, toute guerre est reléguée au-delà du rempart : plus la guerre est violente à l'extérieur, plus la camaraderie veut être étroite et généreuse à l'intérieur. Enfin, là naît, grandit et devient peu à peu consciente la fraternité historique des jeunes nations... »

Faut-il épaissir et colorier les lignes d'un maigre schéma ? Faut-il spécifier ce que ce trait d'histoire du monde, simple chaîne de causes et d'effets, ne prétend rien justifier, mais exposer et expliquer ? Sans dire : *cela est bien ni mal*, on dit : *voilà ce qui est*. Entendez et amplifiez les merveilles de la petite nation, cité antique ou médiévale, formez-en de vastes empires, la règle dégagée restera la même : ni moisson, ni vendange ne sont tranquilles, et le pain n'est pétri, et le vin n'est tiré qu'à la condition d'une communauté qui les enveloppe, d'une amitié qui retienne et unisse ses membres et d'un rempart que l'ennemi du dehors n'ait pu démolir.

Il peut bien arriver, quelque jour, que des esprits fantasques édifient un rempart pour l'amour du rempart sans lui donner rien à défendre. Mais l'inverse n'existe pas : un bien fragile et précieux, une richesse digne d'agression, un travail productif qui peut être troublé et rançonné, cela ne s'est jamais vu que défendu, gardé, abrité ou bien détruit, capté, enlevé. Si donc, l'homme est naturellement confiant et ami de l'homme, si Dieu comme dit Bossuet, a mis premièrement dans son cœur la bonté, il a aussi ses raisons d'être misanthrope, défiant et amer. Sa destinée semble l'avoir soumis à des précautions laborieuses et défensives, faute desquelles il ne mange pas, pas même de pain sec, toujours trop cher et vite hors de prix. Il ne boit même pas une eau pure sans la payer des mêmes peines et des mêmes efforts. Telle est ce que l'on peut appeler en termes politiques sa Constitution. Peut-on la réviser ? Je le crois. Mais au Parlement des Planètes.

LA FIGUE-PALME

1943

Ce texte est paru le 29 septembre 1943 dans Candide *sous le titre « Apologue sous un figuier » Il est repris en 1949 dans* Inscriptions sur nos ruines, *sous le titre* La Figue-Palme.

On dit que cette année de guerre universelle est aussi une année de figues, et personne ne veut parler des figues martiales que le bailli de Suffren expédiait, par la bouche de ses canons, aux Anglais de la mer des Indes :

Qu'ils tâtent d'abord des figues, d'Antibes !...

Ces figues de la chanson, nées du figuier de Barbarie, sont cuirassées d'une écorce dure, elle-même hérissée et comme barbelée d'un velours de poils très piquants. Elles n'ont rien de commun avec le doux fruit sans défense qui aujourd'hui abonde sur nos tables disgraciées. Sur cette figue véritable, que d'histoires ont été faites, et que de poésie !

Vers la fin du Premier Empire, un ancien capitaine de vaisseau qui s'appelait aussi Suffren, moins la gloire, avait couché par écrit la nomenclature et la description de toutes les figues de Provence, d'Espagne, des États de Gênes, et bien que la mort l'eût empêché d'étendre son travail au sud de l'Italie, à la Grèce, à la Syrie, à l'Inde, il n'en dénombrait pas moins de 366 espèces, dont 122 pour la Provence, 67 pour les seuls arrondissements d'Aix, Arles et Marseille ! Toutes ces « qualités » d'autrefois survivent-elles ? ou s'en est-il perdu ? Il y a cent ans, les compétences juraient que, depuis une certaine date fatidique et critique, 1739, le bel arbre des figues a commencé à dépérir ou à dégénérer. Sa taille est devenue modeste, elle s'est même rabougrie, elle qui atteignait à la hauteur du chêne ! Cependant, ses racines n'ont pas perdu la propriété d'aller chercher à de grandes profondeurs leur eau ou même leur fumure. Et puis, les troncs peuvent mourir du froid des mauvais hivers, une sève vivace n'arrête presque jamais de jaillir en nouveaux rejets. Et voici le plus beau : les nobles espèces ont maintenu leur privilège de donner deux récoltes par an, la commune vague d'automne est précédée au printemps, pour la Saint-Jean, d'une avant-garde, de figues-fleurs, les bien nommées, longues, grasses, fondantes, mêlant à leur sucre de miel on ne sait quel poivre secret que notre air de mer leur distille.

Toutes ces figues sont classées tant bien que mal dans ma vieille *Statistique des Bouches-du-Rhône* de l'an 1824, selon le principe de leurs couleurs, *alpha* les figues blanches, *bêta* les colorées, *gamma* les noires ou noirâtres. Mais cette botanique bon enfant oublie le moins possible les curieux noms que ces figues ont reçus de traditions vieilles ou nouvelles ; à côté de la *Sextius* qui prospéra dans les jardins consulaires de M. Gibelin, à Aix, ou de la *Tonnelle* qui, voilà cinq bons quarts de siècle, fut l'honneur des vergers de MM. Audibert frères, à Tarascon, on mentionne leurs sobriquets immortels, on cite la *Trompe-Chasseur* que sa couleur verte confond dans le feuillage et qui peut échapper ainsi aux maraudes, ou la *Franche-Paillarde*, dont les mauvaises mœurs sont effrontément célébrées. Mais il y est aussi question de la *Figue-Datte*. Celle-là, je l'ai connue sous un nom plus brillant, je ne la dégraderai pas.

Car je l'ai toujours entendu nommer la *Figue-Palme*. C'est le vrai mot, qui ne sort pas d'un vieux bouquin. C'est celui qui m'a été dit depuis le jour où j'ai cueilli, goûté, savouré, regretté, redésiré la chose, la douce et belle chose, suivant l'ordre et la fuite de nos saisons. Personne autour de moi, parents, maîtres, bonnes, paysans, n'en parlait d'une autre manière.

Certes, le vert frais de sa peau, près du pédoncule, la dégradation de la panse, du mordoré au bronze, évoquent bien la tonalité propre à l'or brun de la datte, comme, au surplus, le goût, si l'on peut se fier à l'imagination des folles papilles de nos langues et de nos palais, ce goût d'ambre aérien allie et rapproche ma figue de la datte... Mais il y a bien autre chose ici, et l'évocation de la palme lui ajoute on ne sait quel arôme supérieur, qui emportait au-delà de la figue et de la matière du fruit ; nous voyions notre figue pendre et trembler dans le régime, à la naissance des longs et flexibles rameaux qui battent les rythmes du ciel. Palmes ! palmes ![16] Paul Valéry doit donner raison au vocabulaire local ; cela sort du commun des fruits de la terre, cela nous emporte en d'autres espaces plus beaux.

Le paradis des *Figues-Palmes* s'éleva, s'exhaussa, et même s'agrandit au fur et à mesure que nous prenions des années, mon jeune frère et moi, et

---

[16] *Palme* est le poème qui clôt le recueil des *Charmes*. La répétition, en finale de la première strophe, ne porte pas sur le mot « palme » mais sur le mot « calme » :
    Calme, calme, reste calme !
    Connais le poids d'une palme
    Portant sa profusion !
Comme celle-ci, les notes suivantes sont des notes des éditeurs.

découvrions les Lettres humaines, avec leur poésie divine, bercés, mais non trompés, par la musicale magie d'un mot et d'une image.

À la suite d'Homère, c'était Chénier qui nous chantait :

> Un palmier, don du ciel, merveille de la terre[17],

à peu près comme devait le faire plus tard Moréas :

> Jeune tige pareille à ce noble palmier
> Que, dans l'âpre Délos, Ulysse vit un jour.[18]

Mais notons ici une bonne chose. C'est à la palme des poètes, aux belles palmes toujours vertes du grand Malherbe, que nous en avions. Et d'elles seules était rapprochée notre figue. Le palmier véritable ne nous importait pas. Son essence n'est pas très naturelle à notre coin de Provence. C'est un arbre de luxe introduit par fraude et artifice dans quelques jardins. Un palmier qui s'était mêlé de pousser entre mes cyprès et mes myrtes ne m'inspirait ni confiance, ni intérêt, ni considération. C'était un intrus, presque un étranger, un métèque. Assurément, je ne l'aurais point abattu, mais quand il finit par mourir, je ne le pleurai point et ce fut pour mon paysage un véritable soulagement.

Il n'y eut jamais rien de commun entre lui et l'arbre aux *Figues-Palmes*. Nos Anciens avaient eu leurs raisons pour élever son fruit dans l'échelle des nomenclatures sublimes, et nous la respections, et nous en ressentions plaisir et gloire sans partage. Il ne nous était pas non plus désagréable de penser que le figuier vulgaire avait aussi ses lettres de noblesse. Nous les avions lues chez Racine dans son prétendu exil à Uzès (personne ne peut être exilé à Uzès). Jean Racine écrivait à sa cousine, Melle Vittard, pour l'intéresser à ses mélancolies de jeune garçon :

> J'irai parmi les oliviers,
> Les chênes verts et les figuiers

---

[17] *L'Aveugle*, cinquième strophe.
[18] Tiré du recueil *Œnone au clair visage*. Le thème du palmier de Délos est associé aussi bien à la naissance d'Apollon qu'à la rencontre d'Ulysse et de Nausicaa.

Pour chercher un remède à mon inquiétude.[19]

Magnifiques réminiscences ! Il s'y ajoutait pour nous un autre plaisir, tiré de l'exercice d'un droit auguste qui découle du plus vénérable coutumier rural ; comme chacun le sait, la récolte du voisin s'arrête strictement à la rive de sa propriété, et tout fruit que la force et l'élan de la branche peuvent bien jeter au-delà, tout fruit qui vient à pendre hors de son verger sur la terre du mien tombe, de soi, dans mon domaine, je peux le cueillir à cœur joie, mon droit sur ma terre sacrée comprenant tout l'air et le ciel qui la couvrent jusqu'aux étoiles, tout ce qu'elle recouvre elle-même jusqu'aux enfers. Or, vous étant remis dans l'esprit de nos lois, figurez-vous que les *Figues-Palmes* de notre enfance provenaient, toutes, d'un tronc unique planté juste à la limite de notre bien, mais en dehors, ne manquant jamais de lancer à chaque saison de longs bras de ramures appesanties de fruits. Nous les cueillions en conscience, sans rien ajouter ni rabattre en ce juste prélèvement. Jamais nous n'y faillîmes, qu'au jour funeste où, je ne sais comment, ce roi des figuiers sécha et mourut, comme pour nous apprendre que tout finit, les joies et les délices, les droits et les honneurs.

Homme, déjà vieil homme, et par conséquent plus sensible à tous les malheurs, cela me fut un coup très dur. J'allai trouver mon riverain, qui était mon ami, ami héréditaire, royaliste d'Action française comme moi, et le suppliai de me dire s'il ne connaissait point un verger, un jardin ou n'importe quel lieu de notre canton, qui portât des figuiers-palmes, où l'on m'en vendît la récolte, en y joignant, s'il était possible, des boutures, des graines, de quoi renouveler le bel arbre que nous pleurions.

Il répondit brièvement que c'était inutile ; le défunt n'avait pas son pareil. D'un regard assez torve, il appuya le bon conseil de me consoler avec quelque figue d'une autre espèce. Il y en avait de délicates et de très fines, comme la douce petite « marseillaise » ; si je lui trouvais le tort d'être un peu vulgaire, que dirais-je de celle, plus rare, plus distinguée, qui va vêtue d'un léger « rayé » blanc et vert, ou de l'incomparable grise, qui tire un peu sur le violet, ou de la noire-noire dont le cœur est rouge comme le sang !...

Mon ami se payait ma tête. Je coupai court :

---

[19] Racine, lettre à Melle Vittard datée d'Uzès le 15 mai 1662. L'« exil » de Racine, c'est son séjour en 1661-1662 chez son oncle Antoine Sconin, vicaire général d'Uzès. Le « jeune garçon » a alors vingt-deux ans.

— Voyons, Goirand, on ne se console pas de la Figue-Palme avec d'autres ! Vous aviez l'arbre tout à vous ; moi, ma petite part de fruits, réunissons nos infortunes...

— Et puis, après ? Qu'est-ce que nous en ferions ?

— Après ? Eh bien, chercher, courir, battre le pays, comme l'on bat le diable pour n'en pas être battu. À deux, nous trouverons peut-être.

— Nous ne trouverons rien. Ce qui est mort est mort. Vous chercherez, vous ! mais pas moi, et vous vous donnerez beaucoup de peine pour rien.

Il dit. Je soupçonnai mon riverain de ressembler à beaucoup de maris comblés. L'arbre lui avait trop appartenu ; il n'en connaissait pas le prix !

Grognon, un peu dolent, je le quittai, fis quelques démarches, les manquai toutes et tentai de n'y plus penser. Le beau fruit chargé de délices, avec son nom qui réveillait des vers de grands poètes, continua de se balancer sur la branche obscure de mes songes et de mes regrets, avec sa pelure verte et dorée, ses reflets de coucher de soleil du Lorrain[20] ; et son parfum, aigu et doux, renaissait de lui-même chaque fois qu'il m'arrivait de traverser l'air embaumé et piquant de l'ombre chaude du plus vulgaire figuier. L'étrange et secrète saveur des sucs du terroir et des souvenirs qu'il ranime m'exprimait un de ces deuils légers qui finissent par faire l'ornement de la vie, tel qu'on peut se flatter de l'emporter chez les Mânes.

Depuis lors, il se fit bien des révolutions, des séparations, des adieux. Mon voisin émigra. Puis, il vendit son champ. Il mourut. Bien d'autres, plus près de moi, tombèrent à leur tour ; en attendant le mien au bord de leurs fosses, je songeais, de temps à autre, à la destinée identique des arbres et des hommes dont les générations jonchent le même sol. Il arrivait alors que le *Figuier-Palme* reverdissait en moi, pour me distribuer ses fruits imaginaires et magnifiques. Mais quelle ne fut pas ma stupeur, un certain soir, que, sur le plateau du dessert, m'apparut un beau et bon lot de *Figues-Palmes*, des *Figues-Palmes* de chair et d'os, si l'on peut dire, épanouies tranquillement, qui me faisaient le plus naturel des sourires !

— D'où sortent-elles ? demandai-je.

— C'est le paysan qui vous les envoie.

— Quel paysan ?

— Mais le vôtre !

— Où les a-t-il cueillies ?

---

[20] Claude Gellée, dit le Lorrain (1600-1682). Les références de Maurras à la peinture ne sont pas fréquentes.

— Là, dans le champ !

Je courus au champ. Là, en effet, un robuste petit arbre auquel je n'avais pas pris garde dépliait ses feuilles. Et quels fruits ! Là, et remarquez bien, à la meilleure place. Il n'était pas du tout établi, comme aurait dû le faire le simple surgeon du tronc paternel, sur la rive et frontière de ma propriété. Non, il était au beau milieu ! À l'abri de toutes les rapines légales. Pour mes seules commodités, à la seule portée de mes mains ou de celles de mes fondés de pouvoirs. Et cet extraordinaire bien de fortune poussait dans moi depuis longtemps. Et cette intervention de volontés, de faveurs ou de grâces inconcevables, quelle marcotte ensorceleuse l'aurait bien pu diriger sous terre au-delà d'un fossé profond, pour venir me faire plaisir ? Une graine plutôt ? Une graine envolée sans doute ? Le vent qui la poussa a soufflé juste dans la direction qu'aurait souhaitée mon désir ; or, le plus fréquent de tous nos vents, le mistral, donne en sens inverse, il y faut supposer un vent du sud ou du sud-est, le vent de la pluie, bien plus rare ! À moins qu'un insecte ne s'en soit mêlé, un de ces moucherons dont parle Théophraste ou Pline, et qui passèrent pour grands fécondateurs ou, disait-on, beaux greffeurs et civilisateurs du figuier.

Apports de graines, vols de semences, reptations ténébreuses de racines lointaines, quelque conjecture qu'on fasse, il faut bien que des décisions directrices aient été prises et que des concours très divers aient joué entre les petits dieux du sol et de l'air, après une incubation ignorée, pour conduire mon arbre là où il est, où il fallait qu'il fût et comme il le fallait jusqu'à sa fructification merveilleuse et jusqu'au coup de théâtre éclatant qui fit pleuvoir cette moire de bronze et d'or, du milieu de mon champ, en bénédicité de mon petit dessert !...

Il n'est pas nécessaire d'avoir une oreille bien fine pour discerner ici ce que l'on murmure :

— Qu'est-ce que vous nous racontez là ? et où voulez-vous en venir ? Votre histoire doit être un conte pour nous moraliser et votre *Figue-Palme* une fable ésopique où nous attendons toujours la vieille finale. Cette fable montre que...[21]

— Vous l'attendrez longtemps. Ma fable est historique et elle n'aurait point de sens hors de l'avantage d'être scrupuleusement vraie. J'ai vu, touché, tâté, goûté et puis perdu, et finalement retrouvé ma chère *Figue-Palme* dans les prodigieuses conditions de légende dorée que je viens de dire,

---

[21] « *O muthos deloi oti...* » — « cette fable montre que... »

et je ne pousse point la fatuité jusqu'à rêver que, du fond des cieux éternels, le Seigneur Dieu m'ait voulu récompenser d'une fidélité trop facile à la plus douce de ses créatures. Il n'y a point l'ombre d'un mérite dans mon cas. Je n'y ai point agi. J'ai été agi par les choses. Mais, en fin de compte, par de bonnes choses. Si la retrouvaille du beau fruit eût procédé de l'effort de quelque labeur, j'en pourrais déduire à voix haute : « Voilà ! Nulle âpre volonté n'est déçue ! Par sa force, tout peut renaître, elle peut tout nous ramener... » Mais, dans l'affaire, je suis resté les bras croisés et même sans espérance. La prétendue récompense m'eût été donnée gratuitement pour le plus gracieux des surcroîts.

Ceci, j'espère, dissipera l'appréhension de ceux que peut inquiéter ma Morale, plus spécialement ma Morale politique, avec son conseil et son précepte d'agir, parce que toute action porte en soi un profit caché, proche ou lointain, mais un profit. Non, non, cette histoire-ci est sans point de contact avec ces hautes vérités.

Néanmoins, il y a quelque chose à y voir au-delà des choses vues. Après tout, n'est-il pas bon, heureux et même moral de recevoir ce que l'on n'a pas gagné ? N'est-il pas admirable de récolter sans peine ce dont on désespérait et qu'on n'a même pas semé ? Et dès lors, l'aventure ne porte-t-elle pas une obscure petite leçon pour nos tristes jours ?

Quand le ciel, et la terre, et la mer, sont si noirs, il n'est peut-être pas mauvais de savoir nous dire que, par-delà ou par dessous ce feu, ce sang, ces cendres, subsiste et, malgré tout, circule l'élément fraternel et propice, comme une âme amie enfoncée aux entrailles de notre monde, qui nous est bienveillante, et ne nous oublie pas ? Oh ! nous n'y pouvons rien. Ou si peu de chose ! Les plus atroces barbaries tiennent le haut du ciel et l'empire supérieur. Toutefois, les bontés circulent par en bas et des charités peuvent se faire jour. Leur sourire peut scintiller, quelque chose qui n'est que grâce (car tout est grâce, au fond) se faire jour en faveur du misérable peuple des hommes. Le fait qui s'est vu de tout temps doit se revoir du nôtre, et c'est peut-être pour cela que jamais nos Anciens n'ont perdu l'espérance. Ils s'appuyaient sur leur instinct, lui-même issu de notre terre, jailli de notre sang. Alors : si eux, pourquoi pas nous ?

Veut-on faire le bel esprit ou l'esprit fort, et demande-t-on : POURQUOI NOUS ? je ne ferai qu'une réponse :

— Ceux qui disent que ce qui est mort est mort, ne sont pas sûrs de leur affaire. Il semble bien que ce qui meurt ne meurt pas de mort naturelle et qu'il y eut toujours quelque recoin obscur réservé à l'espoir. Demandez à votre curé, il en sait plus long, croyez-moi. Et peut-être répondra-t-il par le verset du Décalogue selon les Septante : *Honorez vos père et mère[22] afin de vivre longuement sur cette bonne terre que le Seigneur Dieu vous donna !*

Bonne ? Hum ! Hum ! mais elle a du bon comme le montre assez l'histoire de ma Figue-Palme, où l'on voit tant de bénédictions imméritées répandues sur quelqu'un qui n'avait même pas su la replanter ni même la retrouver !

---

[22] Dans la première version du texte, Maurras ajoute ici entre parenthèses : « et votre patrie ; et le Maréchal ! » Nous sommes fin septembre 1943...

LA POLITIQUE DE RONSARD

1943

Nous avons lu comme il convenait, avec délices, les deux chapitres de « Ronsard, poète de la France » que notre vieil ami Henri Longnon a publiés dans la *Revue universelle*.[23] Mais pourquoi diable ne s'est-il pas résigné au plus facile des partages entre Ronsard et Malherbe, celui-ci grand poète lui aussi, moins grand que Ronsard, très grand tout de même ? Il est le poète de l'État, Ronsard celui de la Nation, de ses idées, de ses mœurs, de sa foi, de son roi.

Henri Longnon relève d'abord chez le poète de Marie et d'Hélène un don de clairvoyance et de prévoyance politique, dérivé je crois bien, de son humanisme. La culture antique lui a fortement inculqué le sens de la causalité à laquelle sont soumis tous les peuples. Longnon écrit par exemple :

> S'il avait fallu l'urgence de la défense des églises et du culte pour jeter Ronsard aux camps, et celle de la défense de la paix publique pour le tirer de sa retraite studieuse, et lui faire élever la voix en faveur du corps de la France assassinée et démembrée, ce n'était cependant pas la première fois que le poète envisageait la gravité de la question religieuse et s'inquiétait du péril que les dissensions issues d'elle faisaient courir à la paix et à la patrie.
>
> En 1560 déjà, l'*Élégie à Guillaume des Autels* et le *Discours à Louis des Masures*, le premier catholique, le second protestant, avaient témoigné de ses alarmes avec une éloquence égale à celle des *Discours* ou de la *Remontrance*.
>
> Dans l'*Élégie* déjà, en particulier, la situation réciproque de l'Église et de la Réforme, l'inefficacité des mesures de répression violente à l'égard de l'hérésie, l'insuffisance surtout de la défense intellectuelle et morale du catholicisme à l'égard de la propagande protestante, lui étaient clairement apparues. Aussitôt il dressait et préconisait à son ami un plan, non plus de discussion défensive, mais de riposte offensive, sur le terrain qui était le sien, celui des lettres ; ce n'est plus par les armes, c'est par raisons, par vives raisons, qu'il faut répondre à l'adversaire. Ainsi, avait-il écrit, dès 1560, dans l'*Élégie à des Autels :*
>
> Ainsi que l'ennemi par livres a séduit
> Le peuple dévoyé qui faussement le suit,
> Il faut, en disputant, par livres lui répondre,

---

[23] « Pierre de Ronsard et la Réforme » in *Revue universelle*, tome XV, no 14 daté du 15 octobre 1923. *Comme celle-ci, les notes suivantes sont des notes des éditeurs.*

> Par livres l'assaillir, par livres le confondre.
> « Si ne vois-je pourtant », ajoutait-il,
> Si ne vois-je pourtant personne qui se pousse
> Sur le haut de la brêche et l'ennemi repousse,
> Qui brave nous assault ; et personne ne prend
> La plume, et par écrit notre loi ne défend.

En effet, autant la propagande protestante, qui se fait par charretées bien camouflées de vifs libelles et de pamphlets allègres, signés d'esprits actifs, instruits, rompus à la dispute et mordants, était ardente, prompte, insaisissable, autant la riposte catholique était pesante, pédante ou bien molle, languissante et sans portée. Les docteurs de Sorbonne, des bêtes théologiques comme le pesant Béda et le traînant Pierre Doré, semblaient s'en être jalousement réservé le monopole. Et c'était bien peu, contre l'institution chrétienne[24], modèle de prose française claire et éloquente, qu'un traité dogmatique en latin *Adversus clandestinos lutheranos* ; bien moins encore, qu'un *Anti-Calvin* latin à opposer à cette foison de pamphlets insinuants ou satiriques, à ces *Boucliers* ou *Bâtons de la Foi*, à ces *Marmites* ou ces *Anatomies*, tous en français, qui semblaient sourdre de tous côtés. C'était à croire, vraiment, que toute vigueur intellectuelle se fût retirée de l'Église catholique.

> « Las ! » disait Ronsard à Guillaume des Autels,
> Las ! des Luthériens la cause est très mauvaise
> Et la défendent bien ; et, par malheur fatal,
> La nôtre est bonne et sainte, et la défendons mal.

On permettra à un écrivain de mon âge, témoin de tant de crises aujourd'hui révolues, de marquer qu'il en fut à peu près de même aux débuts de la révolution dreyfusienne vers 1897. Notre cause était bonne. On la défendait mal. On faisait des émeutes, non des livres, non des brochures. On laissait quelques pesants juristes disputer autour de M. Méline ou de M. Charles Dupuy, et personne (ou si peu !) ne montrait l'absurdité de la position dreyfusarde. C'est aux dreyfusiens, c'est au dreyfusianisme, c'est à l'école des Droits de l'homme qu'il faut nous attaquer, répétaient les futurs

---

[24] *L'Institution de la religion chrétienne*, de Jean Calvin, en latin, publiée en 1536 et traduite en français par l'auteur en 1541.

fondateurs de l'Action française. Et Barrès fut le premier, longtemps le seul, à les entendre et à les comprendre, au point d'écrire un jour (lui, l'ennemi juré de toutes les généralités abstraites) qu'il ne voyait aucune possibilité de restaurer la chose publique sans une doctrine... C'était reprendre en d'autres mots le vers de Ronsard :

> ... et personne ne prend
> La plume, et par écrit notre loi ne défend.

Henri Longnon poursuit :

> Cette défense nécessaire, il prit sur lui de l'improviser. Il fallait frapper vite et fort, attaquer l'adversaire dans ses propres lignes, et, puisqu'il multipliait les pamphlets en français, lui répondre par des pamphlets en français, que le peuple lirait comme il lisait ceux des huguenots. Il sonna le rappel de la Brigade, réveilla Baïf, réveilla Belleau, réveilla des Autels et Daurat. Et, tout le premier, il prit l'offensive. Coup sur coup, il publie donc, après l'*Élégie à des Autels*, les deux *Discours des misères de ce temps*, *La Remontrance au peuple de France* et, après les ripostes de l'adversaire, la *Réponse aux injures et calomnies de je ne sais quels prédicants et ministres de Genève*, c'est-à-dire les chefs-d'œuvre en notre langue du tocsin patriotique, de la satire politique et de l'invective raisonnée.
>
> L'intelligence n'était donc pas tout entière du côté de la Réforme ? « L'espoir changea de camp, le combat changea d'âme » ; les catholiques intimidés reprirent confiance en soi. Ils avaient Ronsard à leur tête.
>
> Si pressant cependant qu'ait retenti à son cœur l'appel de la Patrie, il n'en est pas moins certain que, par son entrée dans la bagarre politique, le poète compromettait délibérément sa sécurité, sa popularité et jusqu'à son légitime prestige de grand poète et de poète savant. Abnégation généreuse, s'il en fut. Mais l'idée même que, le premier en France, il avait été à se faire de la Poésie l'y prédestinait et l'y entraînait. Idée sublime du Poète et de sa mission, qu'il avait puisée dans sa formation grecque. Homère, Pindare surtout peut-être, considérés non seulement comme artistes, mais comme maîtres de « vertu », avaient été ses initiateurs.

Dans son entrée en lice, épisode hautement significatif, comme nous le verrons, de la lutte de l'Humanisme et de la Réforme, certains voudront peut-être voir un exemple historique de ce qu'ils ont appelé la « trahison des clercs ».[25] Ronsard peut mépriser leur jugement ; il a derrière lui Homère, Pindare, Virgile et toute l'Antiquité. Édifier et servir était toute la doctrine qu'il tenait de ses maîtres. Il les eût reniés et se fût renié lui-même si, de la plume qu'il leur devait, il n'eût fait une épée.

À l'apparition de la Ligue de la Patrie française, fruit des efforts de Barrès, de Spronck et des futurs fondateurs de l'Action française, Amouretti, Vaugeois, Pujo, moi-même, il devint clair que « l'intelligence n'était donc plus tout entière » du côté de la révolution.

Ronsard fut impartial envers ce qu'il y avait de juste dans la Réforme, dénonciation des abus ecclésiastiques, appel à la réforme spontanée de l'Église par l'Église... ; mais ce qui l'emporte dans ces discours, c'est un admirable accent de piété pour la terre de France :

> De Bèze, je te prie, écoute ma parole...
> La terre qu'aujourd'hui tu remplis toute d'armes,
> Y faisant fourmiller grand nombre de gens d'armes...
> De Bèze, ce n'est point une terre gothique,
> Ni une région Tartare ni scythique ;
> C'est celle où tu naquis, qui douce te reçut,
> Alors qu'à Vézelay ta mère te conçut,
> Celle qui t'a nourri et qui t'a fait apprendre
> La science et les arts, dès ta jeunesse tendre.

Et plus loin :

> L'autre jour en pensant que cette pauvre terre,
> S'en allait, ô malheur ! la proye d'Angleterre,
> Et que ses propres fils amenaient l'étranger
> Qui boit les eaux du Rhin, afin de l'outrager,

---

[25] Allusion de Longnon à *La Trahison des clercs*, ouvrage de Julien Benda, paru initialement en 1927 et qui sera réédité en 1946 avec une longue préface de l'auteur qui en aggrave le sens anti-nationaliste.

> M'apparut tristement l'idole de la France...
> Comme une pauvre femme atteinte de la mort.

Au temps où se brassent en certains cerveaux tant de théories politiques purement spéculatives, où Hotman et Bodin écrivent l'un sa *Franco-Gallia*, l'autre sa *République*, où chez les Protestants, s'ébauche la conception de l'individualisme libéral, Ronsard, lui, garde une idée réaliste de la politique.

> ...Je m'ébahis des paroles subtiles
> Du grand Platon, qui veut régir les villes,
> Par un papier et non par action ;
> C'est une belle et docte invention,
> Qui toutefois ne saurait satisfaire ;
> Elle est oisive, il faut venir au faire.

Une idée réaliste, particulièrement, de la constitution naturelle de la France. Il estime que, chez nous du moins, instituer une antinomie idéale, moins encore, une simple distinction pratique entre le peuple et la royauté, c'est méconnaître la tradition nationale. Bien plus, ce qui est plus grave, la nature des choses ; et qu'à vouloir y pousser, et à opposer l'un et l'autre, on court à la ruine de l'État et de la Nation. Et, là-dessus, il a un grand mot :

> Peuples et Rois ne sont qu'un même corps.

Aphorisme de profond politique, image de grand poète (c'est tout un en l'occasion) qui ne veut pas seulement dire cette banalité qu'il n'y a pas plus de peuple sans roi que de roi sans peuple, mais signifie d'un trait vivant que sans un roi, une nation n'existe pas plus que n'existe un organisme humain sans une tête.

Aussi ne s'étonnera-t-on pas de l'entendre conseiller ainsi Charles IX dans une de ses *Églogues :*

> Jamais, si tu m'en crois, ne souffre par la tête
> De ton peuple ordonner tes statuts, ni tes lois ;
> Le peuple variable est une étrange bête,
> Qui, de son naturel, est ennemi des rois.

Comme dit Henri Longnon, Ronsard était foncièrement antidémocrate.

À ces grandes pages s'en ajoutent d'autres qui, touchant aux mystères de la beauté et de la poésie, abordent d'autres problèmes de l'histoire dont ils rétablissent la véritable nature.

C'est une tradition à l'Action française d'avoir toujours protesté contre l'opposition routinière du Moyen Âge et de la Renaissance (le Moyen Age étant lui-même une suite de renaissances, dès les palais carolingiens) ou contre les assimilations de la Renaissance avec la Réforme qui sont, au contraire, des antagonistes évidents, malgré la rencontre des époques ou plutôt en raison de cette rencontre. Henri Longnon nous peint le prince de la Renaissance française, et son plus haut poète, bataillant à la manière de Bossuet et au nom de l'esprit classique, de l'esprit platonicien le plus pur, contre l'opinion ou le sens propre dans cette « théogonie mythologique audacieuse et saisissante » :

> On dit que Jupiter, fâché contre la race
> Des hommes, qui voulaient par curieuse audace
> Envoyer leurs raisons jusqu'au ciel, pour savoir
> Les hauts secrets divins que l'homme ne doit voir
> Un jour, étant gaillard, choisit pour son amie
> Dame Présomption, la voyant endormie
> Au pied du mont Olympe ; et, la baisant soudain,
> Conçut l'Opinion, peste du genre humain.
> Cuider en fut nourrice, et fut mise à l'école
> D'Orgueil, de Fantaisie et de Jeunesse Folle.

L'orgueil, la vanité, l'absence de jugement, la passion sont donc les traits essentiels de ce monstre intellectuel.

Plus loin, de forts panégyriques de la Raison rendent le même témoignage de la même liberté d'esprit... Notre ami le souligne :

> Chose infiniment remarquable, cette distinction de la Science et de l'Opinion est précisément un lieu commun de la dialectique et même de la métaphysique de Platon. Que ce soit dans la *République*, le *Banquet*, le *Cratyle*, le *Phèdre*, ou le *Philèbe*, le Maître y revient incessamment. Dans le Cratyle en particulier, la Science, *épistêmè*, est le soin que prend toute âme noble d'adhérer aux principes éternels

des choses, sans jamais s'en séparer ; tandis que l'Opinion, *doxa*, n'est que le mouvement de toute âme vide de savoir, qui part à la poursuite des objets, sous quelque apparence qu'ils se présentent. D'où il suit que la Science exprime directement ce qui repose sur l'immuable vérité, tandis que l'Opinion n'a d'autre fondement que la possibilité, la vraisemblance, la supposition. Ainsi a-t-on pu dire que la Science suit la vérité, tandis que l'Opinion en est encore à la chercher.

Le rapprochement est lumineux et la conséquence hors de discussion ; c'est à sa formation d'humaniste sous Daurat[26] et Lambin[27] que Ronsard doit la distinction dialectique de la Science et de l'Opinion. Cela ne saurait nous surprendre. Mais, comme il était poète, et poète mythique de la lignée d'Hésiode et de Platon lui-même, cette dialectique ne pouvait, en sa pensée, demeurer une notion scholastique ; elle devait se faire image, elle devait devenir une personne animée, marchante, combative. Et de cette allégorie il tira le mythe du monstre Opinion peste du genre humain. On était loin avec lui du train-train de l'apologétique sorbonnale !

Il sied donc de considérer la polémique de Ronsard avec les libellistes huguenots comme un épisode représentatif du conflit intellectuel, avoué par tous les Protestants du XVIe siècle, entre l'Humanisme et la Réforme.

On ne saurait exagérer l'importance de cette polémique dans l'histoire des idées et dans celle de la politique. Et peut-être apparut-elle plus grande encore aux contemporains qu'elle ne nous apparaît ; et plus encore aux protestants qu'aux catholiques.

Quel qu'ait été le service rendu par lui, on craindrait d'exagérer le mérite de Ronsard et son prestige sur ses contemporains, en lui faisant honneur de cette borne mise à la propagation des idées nouvelles. Tel n'était cependant pas l'avis des huguenots eux-mêmes. Un de leurs libellistes, François de l'Isle, pouvait écrire vers 1580, que l'échec de la Réforme en France était imputable à « Ronsard, Jodelle, Baïf et autres vilains poètes ».

---

[26] Jean Daurat, 1508–1588, humaniste, engagé comme précepteur du jeune Baïf, Ronsard profita aussi de ses leçons. Daurat devint en 1547 principal du célèbre collège de Coqueret.
[27] Denis Lambin, 1516–1572, humaniste, éditeur, considéré comme l'un des plus grands érudits de son temps. Le verbe *lambiner* ferait référence à sa manière particulièrement lente de prononcer les discours et leçons.

> L'Humanisme et la Poésie ont donc été, à l'aurore des troubles cruels qui désolèrent la France de la seconde moitié du XVIe siècle, la ligne de défense et de contre-offensive non seulement du catholicisme, mais de l'unité nationale, de l'ordre public et de l'ordre intellectuel. Ce n'est pas là une simple rencontre ; le salut de la Foi, de l'État, des Mœurs, des Arts et de la Pensée ne peut être qu'œuvre de Raison et de Tradition, qui ne font elles-mêmes qu'une, n'étant que deux aspects différents de la même Idée. Il n'en est pas moins piquant de remarquer, à la barbe de ceux qui se plaisent un peu naïvement à opposer le « paganisme » de la Renaissance au « christianisme » du moyen âge, que c'est au plus « païen » des poètes de cette Renaissance que le catholicisme et la patrie française ont dû leur salut.

Henri Longnon dit bien. Ça, faisons-leur la barbe ! Mais hâtons-nous de noter, comme il le fait peu après, que le « vilain poète », en sa qualité de « collaborateur des rois », se mit à la tête des défenseurs de la paix intérieure, de la tolérance et de la réconciliation nationale. Ainsi :

> Aucune gratitude ne le put jamais résoudre à approuver un acte royal qu'il condamnait. De l'impulsion à laquelle, en un jour de terreur folle, savamment suggérée, céda Charles IX de massacrer tous les protestants, il n'a pas soufflé mot ; l'horreur du sang versé eût suffi à l'en empêcher, si la honte d'avoir vu son Roi manquer au premier devoir d'un Roi n'eût tout commandé de haut.

Et puis, quand l'heure de parler, en politique, en prud'homme et en bonhomme va sonner, Ronsard court au-devant d'elle, il est d'une douzaine d'années en avance sur les auteurs de la *Satire Ménippée*, il est des premiers partisans d'Henri IV...

> Tant que la lutte resta indécise entre catholiques et protestants, tant qu'il lui parut que, par la plume, les édits et les armes (ainsi pensaient, d'ailleurs, aussi bien les Huguenots que les Ligueurs) on pouvait espérer défendre et sauver la communion religieuse et politique, ardemment il lutta pour cette unité de foi qu'il jugeait,

ainsi que ses adversaires, le fondement naturel et normal de la société chrétienne et française.

Mais quand enfin il vit que :

> Ni prison, ni exil, ni la fière menace
> De la corde et du feu, ni la loi ni la face
> De Sénat empourpré,

n'intimidaient les consciences protestantes, et, qu'à vouloir faire des martyrs des deux côtés, on ne faisait que creuser davantage le fossé qui divisait les Français, qu'approfondir un abîme où la France elle-même finirait par s'engloutir, il estima que l'expérience suffisait. La cause était jugée : il fit son deuil de l'unité de foi abolie et, en bon patriote, il ne songea plus qu'à sauver ce bien supérieur : l'unité nationale. Désormais, il réprouve la politique de répression politique, et ce ne sont plus, uniquement, que des conseils de mesure et d'amour qu'il donne aux ministres du Roi :

> Il faut, pour gouverner un peuple divisé,
> Avoir, comme tu l'as, l'esprit bien avisé,
> Non pas à faire pendre ou rompre sur la roue,
> Jeter un corps au feu, dont la flamme se joue,
> À faire une ordonnance, à forger un édit,
> Qui souvent est du peuple, en grondant, contredit,
> C'est la moindre partie où prétend la Justice.
> La Justice, crois-moi, c'est d'amender le vice,
> Se châtier soi-même, être juge de soi,
> Être son propre maître et se donner la loi.

Au temps où il écrit ces vers, 1581, Ronsard est donc rallié à ce groupe d'esprits réfléchis qui devait, douze ans plus tard, se définir dans la *Satire Ménippée* ; à ce parti, composé avant tout de patriotes, protestants ou catholiques, qui, désespérés de voir le pays se déchirer pour des questions de dogme et de discipline, fraya le chemin du trône à Henri IV, restaurateur de la Patrie.

En ce temps-là, Ronsard a déjà fait adhésion à la politique de tolérance.

Désormais, il met tout son espoir dans l'avènement au trône de France du légitime héritier : Henri de Bourbon, duc de Vendôme et roi de Navarre, de qui, à titre de Vendômois, il était né vassal :

> Je l'ai connu dès sa première enfance,
> Comme ayant pris mon être et ma naissance
> Dans le pays qui fléchit à sa loi,
> Rien n'est meilleur, rien plus doux que ce Roi ;
> Rien plus humain, rien n'est de plus affable ;
> Ce n'est qu'amour, il n'est rien de semblable !

Sully seul, qui, dès son enfance, avait été attaché au Prince, eût pu parier de lui avec autant d'autorité.

En bon platonicien qu'il était, le dernier mot de la sagesse politique de Ronsard, fut un acte de Foi dans les destinées de la France, la vertu de la Monarchie, et la grandeur de Henri IV :

> De vivre un jour vassaux de sa grandeur
> Ô Nicolas, nous serions trop pleins d'heur.

Ronsard avait bien raison : les Poètes (non pas tous ! les grands seulement) sont Prophètes de Vérité.

C'est que le grand poète était un poète classique et l'on ne saurait mieux expliquer ce terme qu'en l'appliquant aux belles et sereines pages qu'on vient de citer. Elles méritent d'être apprises par cœur par beaucoup de jeunes Français.[28]

---

[28] Ce texte est paru en deux fois dans *L'Action française* des 24–25 et 27 avril 1943. Il a été ensuite repris en volume dans le recueil posthume *Critique et Poésie*.

Le Goût de la vérité

1943

Ce texte a paru dans Candide *du 26 mai 1943. Il a été repris dans le recueil* Inscriptions sur nos ruines.

LE GOÛT DE LA VÉRITÉ

C'est ce qui passe... Mais oui ! C'est un goût qui s'en va. Les gens se sont laissé tellement tympaniser[29] par la nécessité d'une « mystique » ou la beauté des « mythes » ! Ils en oublient que le mystère des « mystiques » ne sert pas à grand-chose s'il ne vient pas de la lumière et n'y retourne pas. Ils ne se disent pas que mythe veut dire fable, c'est-à-dire invention qui peut cacher la vérité, mais qui la contient en un fonds secret.

Dans le débordement d'imaginations gratuites et de rêveries arbitraires, on se redit, avec un plaisir toujours accru, que deux hommes ont existé, dont l'un survit, qui ont surveillé leur langue et leur plume au point de ne jamais se permettre l'erreur de fait ; l'un fut notre vieux maître, mort et enterré depuis longtemps, Sainte-Beuve, qui, quoique journaliste et ainsi plus exposé que personne à ce genre de péché, s'arrangea toujours pour ne rien écrire de contraire aux réalités contrôlées, et l'autre, le maréchal Pétain : relisez ses Messages, ses Actes, ses Discours, vous serez étonné de l'étonnante solidité de ses propos. Ce qu'il n'a cessé d'appeler à son secours est la vérité, la vérité connue et reconnue. Les hommes ennemis, les esprits infidèles peuvent se coaliser bassement, sa confiance suprême, son esprit de foi dans la France peuvent être déçus par d'indignes collaborateurs ; pour tout ce qui est, qui demeure, qui tient, jamais cette mémoire, jamais cet esprit n'a faibli. Le Maréchal y est aussi imbattable que Sainte-Beuve. Ce qu'il évoque, ce qu'il invoque, est toujours le vrai, et, comme disait précisément son précurseur imprévu, « le vrai seul ».

On n'a jamais autant prétendu raisonner qu'aujourd'hui. Surtout, l'on n'a jamais autant rêvé d'appeler les gens du passé au témoignage et à l'arbitrage des conflits du présent. Les citations, les citateurs croissent à l'envi. La presse nous met au courant d'un tas de réunions plus doctes les unes que les autres où tout ce qu'il y a de savants et de sages sont censés venir

---

[29] Ce verbe a habituellement en français le sens de ridiculiser, de harceler de moqueries. Maurras l'emploie ici d'une manière plus proche de l'étymologie grecque, *tambouriner*, au sens d'une inlassable répétition qui finit par produire un effet de conviction.
Les notes sont imputables aux éditeurs.

au secours du simple et de l'ignorant. De beaux résultats ont été marqués, pense-t-on ; dans les Alpes, disent les uns, et, disent les autres, au Plateau Central. Je serais bien surpris que nos belles Pyrénées en soient délaissées. Partout, partout, sont donnés des rendez-vous et organisés des colloques entre hommes de science ou de sagesse, ou, plus simplement, de ceux qui aiment ces deux disciplines et que l'antiquité appelait philosophes. Il est curieux de voir ce que l'on recueille des échos de ces réunions ; une orgie de mots ou, si l'on veut, leur ballottage au fond de quelque chapeau pointu ! Je dis : les mots les premiers venus, et les plus éloignés des choses.

Exemple : des discuteurs se mêlent de tirer une objection à je ne sais quel principe, du caractère individualiste de la littérature du XVIIe siècle. Diable ! Diable ! L'individualisme de l'auteur d'*Horace*, fanatique de la Patrie, ou de l'auteur de *Bérénice*, obsédé des majestés de l'Empire qu'il égale aux royautés de l'amour ! L'individualisme de l'auteur d'*Iphigénie*, la Jeanne d'Arc de l'hellénisme devant les murailles de Troie ! L'individualisme de Bossuet ! L'individualisme des plus sociaux et des plus communautaires (c'est le mot à la mode) de tous les moralistes connus !... Il y a mieux. Un pieux critique vient d'humilier la « poésie profane » ou « païenne » du même XVIIe siècle, et proprement de Racine, pour exalter je ne sais quel olibrius contemporain. Quelque chose me dit qu'il oublie quelque chose. Quoi ? Peuh ! *Esther* ! Peuh ! *Athalie* !... On a envie de se demander si les mots de la langue ont changé de sens ou si les gens font exprès de les employer à rebours. Et l'on se dit : voilà devant quelles rêveries on fait « sécher » de bons jeunes gens ! C'est là-dessus qu'on les embarque pour disserter sur les révolutions de l'histoire ou les principes « uniques » dont l'usage est prescrit aux nations, comme « vitaux » : excusez du peu !

Vous me direz que *individualisme* et *anti-individualisme*, « *paganisme* » ou « *non-paganisme* » sont affaire de jugement personnel.

Je ne le crois pas. Admettons-le pour vous faire plaisir. Mais enfin, il y a le fait, le fait cru. Nu et cru. Et c'est contre les points de fait que l'on voit, tous les jours, éclater comme d'énormes pâtés d'encre noire ou violette, l'offensive la plus certaine et la plus directe. J'en prends à témoin quiconque a quelque souvenir de ce que l'on peut appeler la mémoire courante de l'esprit humain... Il n'est pas un propos historique qui, de mois en mois, ne soit repris, plus ou moins déformé, et attribué aux gens les plus différents. Je me suis amusé à compter à combien de « sages » ou de « sophistes » de la

Grèce ancienne on a attribué couramment le joli mot de Bias[30] : *Omnia mecum porto*, je porte tout mon bien avec moi ! Peut-être n'ai-je moi-même si bien retenu le nom de Bias que parce que les maîtres provençaux qui me firent la classe s'étaient amusés à noter que ce Bias n'emportait même pas de *biasso*, c'est-à-dire la besace, à laquelle son nom, dans notre langue, semblait le prédestiner... La méprise n'a guère plus d'importance que n'en aurait l'attribution exacte. Ce qui en a, c'est l'insouciance absolue, la royale indifférence pratiquement proférée à cet égard. Pauvre, pauvre, ce journaliste que je connais bien et qui se mordit les doigts de longs jours pour avoir attribué à Eugène Lautier[31] le siège de la Guadeloupe quand son mandat législatif lui était venu de la Guyane dorée ! Le coupable est content de pouvoir en demander aujourd'hui pardon publiquement à ses victimes qui s'en moquent bien. Mais elles ne peuvent se moquer de savoir que la plus simple et la plus connue des histoires anecdotiques soit altérée à chaque instant sans scrupule ni pudeur.

Vous me direz que ça n'y fait rien. Ça n'y fait rien en effet. C'est une babiole. Voulez-vous du grave ? En voici.

Nous avons tous dénoncé et même détesté chez Kant le fondateur de la morale indépendante, c'est-à-dire d'une règle de mœurs tout à fait libérée de motifs supérieurs qu'inspirent les commandements de Dieu avec les récompenses et les châtiments qui en découlent. Ce stoïcien moderne que Musset appelait un « chrétien allemand » a, sans conteste, beaucoup contribué (en France du moins), par les soins de la brigade républicaine mobilisée par Jules Ferry (Ferdinand Buisson, Pécaut, Steeg père, Monod et autres déjà nommés) à la division des esprits et au relâchement consécutif des mœurs. Leur kantisme plus ou moins dilué a été le mauvais démon de notre école primaire. On n'en saurait penser trop de mal. Mais, enfin, il est ce qu'il est ! Et Kant n'est pas le contraire de Kant ! Or j'ai eu l'autre jour la surprise de voir (ou plutôt, hélas ! de revoir), sous des signatures qui n'étaient nullement de primaires, cette énormité que Kant avait inventé une morale « sans obligation ni sanction ». Kant, qui fait tout reposer sur l'obligation morale, Kant qui édifie ou réédifie sur le fondement de cette certitude (la

---

[30] Bias de Priène, philosophe et légiste grec du vie siècle. Le mot célèbre dont il est question ici aurait été prononcé lors de l'invasion de la province de Priène par les Perses du roi Cyrus. Alors que chacun s'était enfui en emportant la plus grande quantité possible de ses biens, Bias n'avait rien pris avec lui, son plus grand bien étant sa pensée.

[31] Eugène Lautier (1867–1935), journaliste (au *Temps*, puis au *Figaro*) et homme politique (libéral et anti-clérical). Il fut député de Guyane de 1924 à 1932.

seule qu'il admette), et sur ses corollaires, l'existence certaine de la vie, de l'âme, du monde extérieur et même de Dieu ! Bref, il reconstruit tout, mais tout, sur l'obligation et sur la sanction ! Que l'une et l'autre, chez lui, soient fragiles, c'est une autre question. Qu'elles ne tiennent pas, je serai le premier à le dire. Je ne nie même pas qu'il se soit trouvé un lointain disciple ou censeur, nommé Guyau[32], qui, en fait, parla comme on le fait parler, lui. Mais ce n'était pas lui ; Kant, tout de même, est Kant. Il existe. Il survit à l'auteur d'une *Esquisse d'une morale sans obligation ni sanction*. Ce titre de livre est tout ce qu'on a retenu de ce Guyau, philosophe rhétorique et biologique dans le genre de Bergson, qui a, en somme, effacé sa trace.

Peut-être garde-t-on aussi de lui (faisons bonne mesure) quelques vers éloquents et une page non moins éloquente sur une plante, l'agave d'Amérique[33], qui meurt en donnant sa fleur... Ajoutons qu'il était le beau-fils d'un professeur nommé Fouillée.[34] Rien de tout cela ne permet de le confondre avec Kant, qui l'a précédé de plus d'un siècle.

Mais laissons Kant. Voulez-vous en venir à sainte Jeanne d'Arc ? C'est encore plus fort.

Le romantisme et l'esprit révolutionnaire ont beaucoup « accommodé » Jeanne d'Arc, et je ne suis pas certain que la coiffure de tous ces Figaros lui aille très bien, ni lui eût convenu si elle avait été consultée. Car, à force de la faire naître du « peuple », on finissait par lui enlever toute éducation nationale et morale. L'arbre des fées et les voix suffisaient à tout. Je veux bien. Mais Jeanne avait en elle plus que le suffisant. Elle surabondait de qualités, de vertus, de mérites et de ces traits de haute dignité qui ne s'accordent pas avec le petit esprit de plèbe dont on la gratifiait sans raison. Qu'est-ce que cette « enfant de rien » que l'on veut nous montrer ? Sa grand'mère avait fait le pèlerinage à Rome et y avait probablement rencontré sainte Catherine de Sienne. Il y avait des traditions assises à son foyer.

Nous sortons peu à peu de cette convention, aussi dangereuse que fausse. La Libératrice du territoire n'était même pas la pastoure de profession que

---

[32] Jean-Marie Guyau (1854–1888). Son *Esquisse d'une morale sans obligation ni sanction*, parue en 1885, aurait influencé Nietsche. Il mourut précocement de la tuberculose.
[33] L'évocation de cette plante et de « sa fleur qui la tuera » est fréquente chez Maurras. Voir en particulier l'explication donnée dans *L'Étang de Berre* en note des *Trente Beautés de Martigues*.
[34] Alfred Fouillée (1838–1912) épousa en secondes noces Augustine Tuillerie, mère de Jean-Marie Guyau et par ailleurs auteur du *Tour de France de deux enfants* sous le pseudonyme de G. Bruno.

représente une imagerie fausse. Quand les juges de Rouen lui demandèrent si elle conduisait des troupeaux : « Oui, répliqua-t-elle, ceux de mon père. » C'est que Jacques Darc n'avait rien de commun avec un prolétaire. Il était le doyen et le chef des hommes du village. À leur tête, il avait défendu Domremy contre les Anglais. Un « mistère » joué à Orléans, peu après le bûcher de Rouen, lui donnait même du gentilhomme. Sans être noble, Jeanne était de bonne maison.

Siméon Luce[35], le grand érudit, a compté l'avoir, terre et cheptel, de la famille Darc. Elle n'était pas pauvre. Écrivant à la fin du XIXe siècle, l'historien, qui mourut en 1892, fixait les revenus des Darc à 5 000 francs d'alors, des francs Germinal. Combien cela aurait-il fait de francs Poincaré ? et de francs Auriol ? et de nos tristes francs à nous ? Je ne voudrais pas habiller sainte Jeanne d'Arc en ploutocrate capitaliste, mais il faut avouer que les additions et les multiplications nous conduisent à passer de beaucoup la centaine de milliers de francs annuels. Le rang social extrêmement humble auquel on dépose la Pucelle inspirée n'a donc rien d'historique. Elle ne savait pas écrire ? Soit. Mais lire ? On en discute. Cela est au moins très probable. Et l'éducation des filles d'alors comportait autre chose que le *b-a ba*. Toujours devant ses juges de Rouen, elle défiait filles ou femmes de filer aussi bien que le lui avait appris sa mère ! Il faut nous résigner à la classer dans un Tiers État rural que surélevaient alors la religion, l'honneur, les vertus de fidélité, les dons de sagesse traditionnelle, tout ce qui donna tant de pointe et de mordant à ses réparties, soit au Conseil du roi, soit à Reims, soit dans les affreuses perspectives de son supplice. Une fille de France, dans son vrai naturel hérité, inné et affiné par tous nos vieux génies de Champagne et de Lorraine ! Ne la comparons pas à ces fades et ridicules figurations de bergerette presque sans famille et sans nom, car Jeanne avait un nom : Darc était un nom de fanion, de bannière. Et prenons en pitié les complaisances d'une misérable littérature.

Sur quoi l'on objecte : « Et le Ciel ? Et Dieu ? Et les Voix ? » Mais il ne semble pas que le Ciel ni Dieu aient exclusivement communiqué avec les prolétariats et les plèbes. Quand il s'est agi d'une incarnation divine,

---

[35] Siméon Luce (1833–1892), professeur à l'École des Chartes et spécialiste du Moyen-Âge. Maurras s'est plusieurs fois référé à ses travaux sur Jeanne d'Arc ; il en développe en particulier les arguments dans *Pour un réveil français*, dont l'écriture est contemporaine de cet article. Il apparaît déjà dans *Trois Idées politiques*, qui date de 1898 ; à la huitième note en annexe, Maurras évoque l'œuvre de Siméon Luce, expliquée par Funck-Brentano, pour démolir l'image que Michelet donne de Jeanne d'Arc.

l'élection de la royale fille de David a peut-être préfiguré le choix de Jeanne d'Arc, que motivaient ses vertus et les vertus des siens.

Il est vrai, les inventeurs d'une Jeanne démagogique le faisaient exprès. Ils ne se trompaient ni par mégarde, ni pour le plaisir de se tromper. On aperçoit au net et au vif le désir de dénaturer le passé pour en décorer un présent assez vilain ; il s'est agi de flatter la démocratie.

Mais les fabrications intentionnelles, les mensonges voulus, auraient été moins faciles si l'on avait moins répudié l'habitude d'un certain goût de la vérité désintéressée. Tout a été perdu, tout a été livré du jour où l'on s'est mis à tout avaler, bouche bée, de ce qui peut être dit et écrit. Personne n'a plus réfléchi, ni vérifié, ni protesté. Il n'y eut presque plus de critique littéraire, mais des éreintements et des panégyriques, les uns et les autres commandés par quelques intérêts, quelque rivalité ou affaire de clans. On a laissé courir tous les propos en l'air.

Il s'en est ensuivi que deux maux se sont aggravés l'un par l'autre. Le mal du gouvernement parlementaire s'est enflé de toutes les inepties menteuses que l'on débitait obligatoirement sous son vocable et en son honneur. Au mal de l'indifférence sur le vrai ou le faux s'ajoutaient les mauvaises mœurs engendrées de la « maladie démocratique », le *morbus democraticus* de Sumner Maine[36] et que cette maladie tutélaire couvait et encourageait.

Sommes-nous au bas de la pente ? Sera-t-il possible de rouler plus bas ? C'est une question sans doute. Mieux vaudrait ne pas la poser ainsi.

Mieux vaudrait que tous les Français dignes de ce nom prissent une résolution solennelle, celle de ne plus laisser passer de fictions, innocentes ou criminelles, intéressées ou non, et qu'ils jurassent de leur donner, tous les jours de leur vie, une chasse hardie, directe et violente. Cette chasse aux erreurs, aux mensonges, aux nuées, pourrait gêner la commodité de quelques publicistes féconds. Cela les obligerait à se surveiller et à se tenir. Peut-être cela les améliorerait-il ! Et ils auraient plus tard à s'en féliciter.

Quand on traverse quelque défilé buissonneux, l'ancienne sagesse disait qu'il ne faut pas laisser flotter au vent sa tunique, mais bien plutôt donner à sa ceinture un double ou triple cran. La France ne roule pas sur une grande route unie et spacieuse. Beaucoup de choses y menacent d'accrocher, tout comme dans le classique défilé. Ne nous laissons pas déchirer par ces piqûres

---

[36] Henry Sumner Maine (1822–1888), philosophe et historien du droit. Ses travaux et notamment sa critique de la démocratie ont fortement influencé le jeune Maurras, comme il s'en explique dans son texte en forme de confession *Comment je suis devenu royaliste*.

empoisonnantes, le faux ne vaut plus rien dans notre cas. Suivons le vrai, le vrai seul !

Les Humanités vivantes

1943

Article paru dans Candide *le 3 novembre 1943.*

Les Humanités vivantes

Il arrive de rencontrer, dans des milieux exceptionnellement élevés, et sur les plus hauts postes, des hommes qui déçoivent. Ils ne manquent ni d'instruction ni, au sens courant, d'éducation. Ils ne s'expriment point mal. Il leur arrive de raisonner droit et de se conduire à peu près bien. Cependant, parfois, ils étonnent par le brusque raccourcissement de leurs vues. On dirait que le présent immédiat colle à leur rétine. Le sentiment des accumulations du passé et celui des reculs mouvants de l'avenir leur sont également étrangers. On leur en parle. Autant chanter ! On essaye de leur indiquer l'importance de choses un peu lointaines, mais visibles, parfois éclatantes, ils en ont à peine l'idée. Et cependant, le courant de leurs propos semble révéler des espaces assez cultivés. On se demande avec une espèce d'angoisse : « Que leur manque-t-il donc ? »

Un homme de beaucoup d'expérience et de jugement me répond :

— Il leur manque d'avoir décliné *rosa*, la rose.

C'est une explication. S'applique-t-elle à tous les cas ? Il doit y avoir des exceptions de part et d'autre. Des hommes qui ont beaucoup décliné *rosa* ont pu glisser à l'inertie d'esprit et au machinal. D'autres qui ne l'ont jamais déclinée sont parvenus à boucher ce trou et à le réparer à force d'intelligence et de réflexion. D'ensemble et en moyenne, il faut l'avouer, rien n'est plus apparent que le mal causé par l'absence d'une vraie culture classique. On le voit, on le touche comme un défaut capital, non de l'âme, mais de l'esprit, au point qui sert de guide et de lumière à l'âme.

Je n'ignore aucune des plaisanteries auxquelles ont pu prêter déclinaisons, conjugaisons et pédagogues. Plus on est bel esprit et plus on les ressasse. Des normaliens comme Frary[37] en eurent la spécialité. Leurs insanités, bien alignées, n'empêchent point la langue française d'être une langue aristocratique dont les racines ne sont pas toutes à fleur de sol et tiennent à ses langues-mères. N'importe qui ayant quelques notions du grec

---

[37] Raoul Frary (1842–1892), agrégé de lettres et journaliste, fut l'un des principaux adversaires de l'enseignement du latin dans les collèges. Le titre de son ouvrage *La Question du latin*, paru en 1885, fut repris l'année suivante par Guy de Maupassant pour une nouvelle dans laquelle il met en scène un professeur de latin qui se reconvertit dans l'épicerie. *Les notes sont imputables aux éditeurs.*

et du latin la comprend et la parle mieux pour la simple raison qu'il possède le sens des mots. L'ignorance de cette science élémentaire est peut-être ce qui a fait le plus de dégâts chez les porte-parole politiques et sociaux de ce peuple vif, intelligent, plein d'esprit, mais depuis cent cinquante ans abandonné aux charlatanismes des tribunes foraines ; il suffit de se reporter aux innombrables débats auxquels a donné lieu le mot de « démocratie » devant des publics peu lettrés ou mal lettrés ; autant il y avait de bavards et de scribouillards, autant de sens étaient donnés à un terme qui ne peut vouloir dire que le gouvernement du peuple par le peuple, mais qui en venait à vouloir signifier toutes les formes de l'amour et de la charité ! Un jour, il y a quarante ans et plus, pour apaiser cette querelle, nous nous figurâmes, mon ami Henri Vaugeois et moi, avoir fait une trouvaille sans prix en inventant le mot de « démophilie », qui est l'amour du peuple. C'était clair. C'était net. Les passions et les intérêts étaient trop forts. Ils ne pouvaient pas renoncer à se servir du son des mots dans l'obscurité du langage...

On me dit, non sans raison :

— Vous oubliez les femmes. Comme elles parlent bien ! Combien, parmi elles, écrivent divinement... Et cependant, fort peu d'entre elles se sont mises au latin comme La Fayette ou la Sévigné...

Il y aurait beaucoup de choses à dire, quelques-unes assez comiques... Depuis que ces dames ont adopté nos gros mots, et que les plus charmantes et les plus gracieuses en usent à tout bout de champ, elles sont bien attrapées et bien penaudes, souvent plus furieuses encore que confuses, quand on se permet de leur en révéler les racines inconvenantes. Informées, elles jurent qu'on ne les y prendra plus. Mais enfin, elles ne savaient pas ! Elles aussi, le mystère de la langue les égarait là-dessus. Pourquoi ne les égare-t-il pas ailleurs ? Et comment se fait-il qu'il ne soit point de langage si vif, si naturel, ni plus juste que celui des Françaises qui n'ont reçu que la formation ordinaire ? Comme elles trouvent toujours le mot propre sans le chercher ! Comme leur vocabulaire est un miracle de pertinence ! Comme leur parole se tient si proche de l'objet qu'il n'y a pas moyen de s'y tromper jamais ! Ce n'est pas seulement parce que le monde où l'on se meut avec elles est justement le leur, celui du sentiment, de la sensation, de la vie courante autant et plus que celui des idées générales. Car, dans ce dernier domaine, bien des équivoques et des contre-sens seraient possibles. Précisément, ils n'y ont pas lieu, en fait. Encore un coup, pourquoi ?

Il faut tenir compte de l'église où elles vont plus que les hommes. L'Église catholique, du moins couramment, ne prie pas en français.[38] L'habitude du livre de messe et de ses chants sacrés a plus d'action sur elles qu'on ne le croit. Lorsque leurs yeux agiles vont de la traduction au texte et du texte à la traduction, l'exercice n'est pas sans fruit. Mais la raison essentielle est que la femme tient, de sa nature même, un don de vie intérieure infiniment supérieur au nôtre et qui fait que son usage des mots, sa sensibilité à l'idée, à son rapport avec les choses, sont chez elle l'objet d'une analyse spontanée et perpétuelle, qui se complète, se corrige, se rectifie d'elle-même, sans qu'elle ait à y penser. Le choix, cette partie divine de tous les arts, le goût qui en est la mesure supérieure, la volonté passionnée d'être comprises et d'être entendues, donne au verbe des femmes une vitesse, un vol, une puissance d'expression que le sexe laid n'atteint pas. Restent certaines cimes, les plus difficiles, de l'abstraction. Mais comme, jusqu'ici du moins, les grosses querelles dogmatiques de la cité et de la société ne leur sont déférées qu'au second degré et comme par écho, à leurs titres d'épouses ou de filles, d'amies ou de sœurs, il ne reste guère que deux cas : ou bien les maladresses du vocabulaire viril, effleurant à peine leur véritable vie d'esprit, n'y marquent absolument rien, ou bien leur puissance d'assimilation, qui est immense, intervient aussitôt que l'on sait pour elles, autour d'elles, assez de *rosa* la rose pour se préserver des confusions courantes. Alors, le bon langage que l'on tient devant elles, elles le parlent mieux que nous.

Cependant, un mouvement très vif s'est fait dans le monde féminin français, et le latinisme les gagne. Partout où ce n'est pas simple bachotage ou pure course aux emplois masculins, le progrès social et moral n'en sera pas nié.

On ne peut comparer cette avance précieuse qu'à celle des instituteurs primaires qui, après de longues années d'une postulance énergique, ont obtenu pour leurs jeunes camarades l'entrée au lycée et l'accès aux Humanités gréco-latines. On a voulu les en détourner en leur disant des bêtises, par l'exemple qu'il suffirait de quelques bonnes listes d'étymologies bien apprises pour leur donner tous les « sens » français qui pouvaient leur manquer. Comme si c'était la question ! Elle serait réglée par les petites feuilles roses de notre Larousse chéri. Mais un ancien instituteur en convient : ce serait de l'instruction, ce ne serait pas de la culture ! La culture

---

[38] Rappelons que ce texte date de 1943, vingt ans avant Vatican II. L'édition de 1968 le précise également, alors que l'abandon du latin dans la messe était encore chose toute récente.

classique est un état produit par des habitudes, des mœurs, qui ont lentement imprégné la vie de l'esprit, qui l'ont pétri et repétri, jusqu'au point de lui rendre sensible et vivant le lien qui nous rattache à nos antécesseurs, leur présence au milieu de nous et leur influence sur nous.

Six ans, sept ans, huit ou neuf ans même, passés dans le commerce de la langue, des institutions, de l'histoire et de la pensée des Anciens, ajoutent à la valeur de la fameuse « personne humaine » celle de la civilisation qui l'a formée. Elle y découvre enfin son rang et sa qualité d'héritière. Elle prend conscience et ainsi possession de son patrimoine natal.

Un des effets du romantisme a été la diffamation de l'antiquité, et son opposition au moyen âge, ce qui n'est que folie. Le moyen âge était à l'affût de l'antiquité ; saint Augustin se nourrissait de Platon, saint Thomas d'Aristote, et les plus minces autorités romaines, celle d'Ovide par exemple, y étaient reçues comme des bénédictions de Dieu. Les grands docteurs du XVIe et du XVIIe siècles se gardaient d'opposer l'humanisme à la religion. Ils en cherchaient les harmonies.

Quant aux tares certaines du monde antique, est-ce que le monde moderne s'est regardé ? Et si la vie put être dure en ce temps-là, est-ce que la nôtre, avec ses plaintes séculaires du pauvre laboureur, ses revendications d'ouvriers rationalisés et taylorisés, n'aurait pas de comptes à rendre ?

De maladroites mains ont fait un bloc grossier de tout ce que le monde antique a laissé de choquant, et l'on nous dit : Voilà !... Ainsi, voilà : l'antiquité a méprisé le Travail. Ce n'est cependant pas un poète moderne qui sonna le sublime encouragement :

Labor omnia vincit improbus[39]

« le travail peut tout surmonter s'il est opiniâtre ». Ce n'est pas non plus un moderne qui a consacré les quatre plus beaux poèmes de toute son œuvre au travail des champs. Il s'appelait Virgile, et ses *Géorgiques* ne louent pas la fainéantise. Si le travail servile a certainement trouvé sa plus grande efficacité dans la construction des Pyramides d'Égypte, on ne devrait pas oublier que l'Égypte n'est pas la Grèce : l'Acropole de Périclès et son Parthénon sont le fruit du travail d'hommes libres, tout esclave en était exclu. Si le travail antique était noté comme une peine, comment tant de merveilles en sont-elles sorties, depuis les chefs-d'œuvre de la poterie peinte et décorée,

---

[39] Locution latine tirée des *Géorgiques* de Virgile, I, 145–146.

jusqu'aux monuments qui allient à la magnificence la plus exquise délicatesse ? Ce qui en reste sous-entend des idées de gloire et d'amour assez claires, assez belles pour ne pas nous laisser piper à des doctrines d'Ostrogoths.

Une page fameuse de Sainte-Beuve, amusante et maligne, interpelle presque nommément ses contemporains. Elle demande à chacun d'eux : *Lisez-vous Homère ?* Il faudrait interpeller les nôtres sur un autre livre de lecture excellente : *Lisez-vous Térence ?*

Et s'ils le lisaient, ils y verraient sans embellissement ni satire, une antiquité très vivante, peinte d'après une Athènes revenue des grandes ambitions, mais abandonnée au charme des mœurs les plus humaines. La perfection n'est pas dans l'ordre du monde, mais ses parcelles sont précieuses, et celles-ci sont des plus rares ; que de sentiments exquis, quelle douceur et quelle grâce ! On comprend que nos ancêtres aient été fous de Térence et qu'il ait été pris pour maître par les plus grands : La Fontaine, Racine. Le « stupide XIXe siècle » l'a oublié. Sauf Anatole France et Frédéric Plessis, je n'y vois personne qui l'ait fréquenté. Un poème de Baudelaire : *L'Heautontimoroumenos*, « l'homme qui se frappe lui-même », qui fut le titre d'une pièce de Térence, a achevé d'en faire oublier jusqu'au sens et au sujet. Cet homme est, dans Térence, un père qui se désole d'avoir été trop sévère pour son enfant, et qui s'inflige les travaux les plus durs afin d'expier son erreur. Je demande si cette idée peut appartenir à une civilisation dénuée de douceur et de charité. Une autre pièce, *l'Hécyre*, nous présente un type de belle-mère (mais oui, de belle-mère !) dont les bontés raffinées, et envers sa bru, s'il vous plaît, défient toutes comparaisons sur tous les théâtres du monde. On accordera que cela n'a rien de commun avec des combats de gladiateurs. Mais on tient à mêler époques et lieux, choses et gens, pour confondre toutes les idées.

Comme il est naturel, c'est dans l'ordre des arts, plus encore que des mœurs, que les humanités contribuent à perfectionner la vie, l'esprit, la main de l'homme. Les romantiques (eux toujours ! eux partout), croyaient à la supériorité naturelle des ouvrages spontanés, sortis d'esprits incultes, de têtes illettrées. L'expérience des poètes ouvriers ou paysans n'a pas confirmé ce bobard. L'un d'eux pourtant eut du génie. Mais ceux qui l'ont connu, Charles Rieu[40] du Paradou, n'ignorent pas qu'il était nourri de l'humanisme

---

[40] Charloun Rieu (1846–1924), poète provençal, ami de Mistral, qui vécut toute sa vie durant au village du Paradou.

de ce Mistral (que Lamartine seul pouvait prendre pour un berger) et, Rieu s'étant mis en tête de traduire l'*Odyssée*, il le fit !

Non seulement la Vie avec un grand V n'est pas en opposition avec ce qu'il y a de plus docte et de plus subtil dans les Arts, mais c'est au confluent de leur science et de la vie que tous les chefs-d'œuvre sont nés. Pour en prendre un exemple sur mille, le seul poème valable sorti de nos armées de 14-18 est de Jean-Marc Bernard.[41] Jean-Marc Bernard qui était avant la guerre un jeune renaissant de l'école de Moréas, qui savait la leçon des plus grands maîtres, et qui avait écrit de délicieuses odelettes ronsardisantes :

> Tristan, verse dans mon verre
> La légère
> Mousse de ce vin doré...

On admirait ces rimes, on louait ce goût, on les rapprochait des ancêtres de qui ils procédaient. Vint l'épreuve. Vint la tourmente. Eh bien ! quand ce cœur fut brisé, ce fut de cette tête affinée et ainsi prête à traduire toutes les commotions que jaillit le fameux *De Profundis* si naturel et presque brutal dans sa douleur et son espoir :

> Du plus profond de la tranchée
> Nous élevons les mains vers vous,
> Seigneur...
> Éclairez-nous dans ce marasme,
> Réconfortez-nous et chassez
> L'angoisse des cœurs harassés.
> Ah ! rendez-nous l'enthousiasme.

Rien de plus simple, mais il fallait savoir sa langue, son métier, son art sur le bout du doigt.

Autre cas. Nul n'ignore qui est le plus grand, le plus énergique, le plus direct et le plus violent des poètes flétrisseurs et justiciers de la Révolution dite française ? Mais, comme il le dit lui-même, André Chénier avait « douze ans, en secret, dans les doctes vallées, cueilli le poétique miel ».[42] Il vivait de

---

[41] Tué au front le 4 juillet 1915.
[42] *Iambes*, « Sa langue est un fer chaud ».

la Grèce antique. L'*Anthologie* de Brunck[43] ne quittait pas sa table. Il savait du reste par cœur tout ce que les grands poètes de tous les temps avaient pu dire d'hymnes et de chansons. Artiste, théoricien, philosophe, il vivait tous les siècles à la fois. Mais, quand on l'obligea à vivre le sien, qui était ignoble, quand il dut saisir et flageller « les bourreaux barbouilleurs de lois »[44], qui devaient lui répondre en le guillotinant, sa langue, son rythme étaient prêts en même temps que sa foudre et que ses lanières. On sait qu'il y alla sans y mettre de perruque ni de gants. Il resta cependant l'Homéride et le Musagète. Celui de ses poèmes qui abonde le plus en atroces cris de vindicte, celui-là même où fleurit et flamboie le mot que Cambronne ne voulait pas avoir prononcé, commence par ce distique le plus beau peut-être de notre langue :

> Diamant ceint d'azur, Paros, œil de la Grèce
> De l'onde Égée astre éclatant,[45]

et c'était la haute synthèse de tout ce qu'une heure bien moderne lui donnait de poignant, et de tout ce que la plus noble antiquité avait fait chanter sous son noble front !

L'autre jour, j'ai rouvert mon « Virgile », pour y retrouver les premiers mots de l'hexamètre du vie chant où Anchise loue le très grand Fabius, d'avoir tout sauvé en ne précipitant rien :

> *Unus qui nobis cunctando restituit rem...*[46]

Mais en le feuilletant, je ne pus m'empêcher de m'attarder aux premières églogues. Et puis je fus pris, saisi, happé par la première. Quel coup au cœur ! Tous nos malheurs, toutes nos douleurs concordaient et chantaient dans ces vers éternels !

---

[43] Richard François Philippe Brunck (1729–1803), érudit qui publia entre 1772 et 1776 une monumentale anthologie de textes grecs anciens.
[44] *Dernières Poésies*, « Comme un dernier rayon, comme un dernier zéphyre ».
[45] *Iambes*, « Ils croyaient se cacher dans leur bassesse obscure ».
[46] « Lui seul, en temporisant, a restauré pour nous l'État » : Fabius Maximus Cunctator (le Temporisateur), après le désastre du lac Trasimène, décida de ne rien précipiter et de rétablir le bon fonctionnement des institutions, préparant ainsi la revanche de Rome sur Hannibal. Virgile reprend à un mot près un vers d'Ennius, également repris par Cicéron, et cité ensuite par de nombreux auteurs, tant cet épisode a marqué l'histoire romaine.

L'émotion des exodes de la Patrie ! leur désordre et leur misère le long des routes ignorées ! les discordes des citoyens ! les moissons gaspillées ou livrées, *Barbarus has segetes !*[47] l'hospitalité charitable des simples, consacrée, dominée par un beau cri de gratitude à l'intervention d'un sauveur à demi-divin. Mais *vlan !* un petit trait m'arrêta. C'était, en plein sublime, quatre ou cinq vers trop convenus, le retour à un thème usé et banal, que Virgile n'a certainement pas inventé et que des centaines de poètes ont repris après lui ; pour exprimer l'étendue de sa reconnaissance, le poète se déclare tout aussi incapable d'oublier son bienfaiteur que le cerf de voler dans l'air, le poisson de marcher sur la terre, le Parthe de boire dans la Saône, et le Germain de s'abreuver dans le Tigre… Trouver à cet endroit cette variation concédée au goût des écoles, bien qu'en très beaux vers, me fit murmurer et même blasphémer un moment. Mais, un souvenir éclaircit ma mauvaise humeur, je pensai à *Mireille*[48], et l'ouvris à l'endroit où le toucheur de bœufs, Ourrias, vient faire la cour à la jeune reine du mas des Micocoules. Comme elle est déjà amoureuse de son beau Vincent, elle se défend. D'abord à mots couverts. Comme Ourrias vante sa Camargue :

— Jeune homme, répond-elle, au pays des bœufs, les jeunes filles meurent d'ennui.

— Belle, quand on est deux, il n'est pas d'ennui, répond-il. Mais elle :

— Jeune homme, qui s'aventure dans ces contrées lointaines boit, dit-on, une eau amère et le soleil lui brûle le visage.

— Non, belle, sous les pins vous vous étendrez à l'ombre.

— Oui, mais vous avez des serpents…

— Ils sont mangés par nos flamants et par nos hérons, répond le prétendant tenace.

Elle n'y tient plus.

— Jeune homme, écoutez, que je vous interrompe, ils sont trop loin de vos pins mes micocouliers.

Il ose une impertinence :

— Belle, prêtres et jeunes filles, dit le proverbe, ne savent jamais où ils iront un jour manger leur pain.

Ce coup de fatuité la fâche :

— Pourvu que je le mange avec celui que j'aime, jeune homme, je ne souhaite rien de plus, pour me sevrer de mon nid.

---

[47] « Un étranger [possédera] ces emblavures ! » Virgile, *Bucoliques*, I, 71.
[48] L'œuvre de Frédéric Mistral.

Enhardi par l'échec certain, l'autre va tout prétendre :

— Belle, s'il en est ainsi, donnez-moi votre amour. Alors, Mireille lance le cri de son cœur :

— Jeune homme, vous l'aurez, mais auparavant ces nénuphars porteront des raisins, auparavant votre trident jettera des fleurs, ces collines s'amolliront comme de la cire, et l'on ira par mer à la ville des Baux.

Le poète n'a même pas à dire qu'Ourrias s'en alla sans demander son reste. Tant le congé est bien donné ! Tant le thème scolaire est vert et vif, agissant, dramatique, comme au temps du premier qui l'avait inventé, Homère, ou quelqu'un d'avant lui.

Il est difficile de penser qu'en faisant chanter à Mireille ses terribles « auparavant », Mistral n'ait pas songé à Virgile. Rien n'autorise à penser qu'il eût écrit ces vers sans le souvenir du Parthe, du Germain, des cerfs et des poissons virgiliens. Mais sa pensée ne faisait qu'une avec la pensée de Virgile, et, de Virgile, le bon, le moins bon, le meilleur vivant en lui, la double alchimie du génie et de l'art lui tirait naturellement, de ce vaste fond rassemblé, l'élément de trésors nouveaux ou de trésors anciens dont il multipliait la valeur.

Les humanités sont un héritage. Plus l'héritier vaut, mieux il le fait valoir. Un bien si magnifique ne peut être refusé que par des pauvres d'esprit qui tiennent à leur pauvreté.

Lettre-préface à *Jacquard de Lyon* de M. François Poncetton

1943

Mon cher confrère, il faudrait être de la Ville de Jacquard et de son Métier pour traiter dignement d'un livre où sa ville et son métier sont si noblement célébrés. Par bonheur, vous parlez aussi beaucoup de sa personne mortelle, et ce que vous en dites est si curieux, si vif, si tendre, si humain qu'un Barbare — et même un double Barbare — se sent accueilli de plain-pied, et il peut se permettre comme moi de rêver autour de ce portrait, avec une admiration et une gratitude qui vont croissant, quand on vous relit.

Plus d'une fois vous laissez voir que, par-delà votre héros de chair et d'os, au-delà même de son invention, l'idée générale et l'archétype de l'inventeur ont beaucoup retenu votre attention et l'ont même récompensée par d'intéressantes conclusions psychologiques sur la nature essentielle et permanente de l'obsession à laquelle Jacquard fut en proie. En vous complaisant à décrire et à faire briller devant nous les pages d'une belle vie, vous faîtes voir qu'elle signifie bien la fameuse *pensée de la jeunesse réalisée dans l'âge mûr*, trop mûr peut-être, puisque ce fut après le milieu de la vie que put être construit le métier à la Jacquard, son métier, qui était bien à lui, car vous le dégagez des diffamations et des calomnies. Mais justement, rien n'accentue son droit d'auteur et son titre de vrai propriétaire comme cette durée du long colloque silencieux qu'a soutenu le poète de l'industrie avec l'Arachné, ou l'Athéné, ou cette Muse inspiratrice, qui, presque enfant, l'avait frôlé d'un pan de sa robe immortelle. Il vivait, il trimait, courant de ci de là, s'arrêtant tout d'un coup, se remettant en route, il lui arrivait même d'aimer et de se marier ; mais l'Idée était toujours là, sous son front, pour le tourmenter ou l'apaiser, le stimuler encore « dans le bruit familier, éternel, aimé de tous les Lyonnais, *bist en claque*, *pan*, ou le *patintaque* qui, de la Croix-Rousse à Fourvières, était le bruit symbolique de l'Art de la Soie ».

Il ne désirait ni la gloire ni la richesse. Tout au moins ses désirs, modestes, étaient retenus sous le joug d'une opiniâtre volonté majeure, toujours la même : construire la machine que l'on substituerait au travail inhumain du tireur de lacs.

Les lacs ! Les fils ! La machine ! Savez-vous que pendant une bonne moitié de votre livre, j'ai, quant à moi, non tiré les lacs, mais la langue, en me demandant si vous alliez vous décider à nous donner quelques éclaircissements sur tous ces mystères. Ô homme rusé ! Biographe malin ! Vous vouliez allumer notre curiosité. Vous vouliez nous faire languir et même un peu désespérer. J'en étais là, quand est venu enfin le bienheureux chapitre qui nous renseigne abondamment sur la chaîne et sur la trame, sur la navette, le chariot, les tissus. Là on respire, parce que l'on comprend. Et l'on se rend compte du prix très satisfaisant de la victoire de Jacquard lorsqu'il fut parvenu à arrêter, à supprimer ce dur travail « épuisant par la monotonie, accablant par la pose qu'il exigeait » de ses « esclaves », souvent des « femmes ou de très jeunes adolescents ». Comme on comprend votre tendresse pour cet inventeur plein de charité. Quelle merveille que le bon cœur de ce vieux petit homme, tout fondé sur l'amour !

L'existence du philanthrope aux nobles idées fixes a coïncidé avec la plus terrible des crises de la Nation française. Vous nous en faites admirer la première phase classique ; comme tous les honnêtes gens de l'époque, le bon Jacquard a été pris d'enthousiasme pour les principes de l'ordre nouveau, qui n'était qu'un infâme désordre. En 1789, il fut, vous dites bien, républicain comme le Roi. Puis, devant les horreurs qui en résultèrent, les instincts, la droiture, la probité, le bon sens se révoltèrent en chœur ; voilà votre héros devenu constitutionnel. Il est enrôlé, en fait, dans l'armée contrerévolutionnaire de Précy[49] ; grave risque ! Mais, troisième phase, il cherche et il découvre abri et refuge là où les retrouvaient alors tous les bons Français : aux armées. C'était le seul point demeuré sacré et sûr dans un corps social cruellement rongé, plus profondément menacé. Mais avec la France, il s'en tire, tout au moins provisoirement, et cela permet à Jacquard de retourner dans les bras de sa chère Claudine, dans le rêve divin de son cher métier à tisser. Quelles nouvelles féeries il avait en tête ! « Il nouait des ficelles, organisait des poulies, agrafait des crochets... sait-on ? » dites-vous. On ne sait pas. On sait seulement ce que vous savez nous faire voir : « un canut sans culture, perspicace, intelligent, avide de se former, dédaigneux de tout ce qui n'est pas de son rêve », ainsi capable et (entre tant de compétiteurs) seul capable de donner « le coup de pouce du magicien à cette mécanique de son rêve éternel ».

Résultat, d'abord contesté entre les ouvriers de la soie : « Jacquard a éliminé de chaque métier un individu, outil grossier nommé tireur des lacs ; mais après cette élimination, il reste encore cinq fois plus d'ouvriers qu'autrefois employés au façonné. » Ce n'est donc pas seulement l'industrie de la soie, et sa capitale qu'il aura servies, ce sont bien ses frères de travail,

---

[49] Louis-François Perrin, comte de Précy (1742–1820), commandant général de la résistance lyonnaise face aux conventionnels, de juin à novembre 1793. Il parvint à s'échapper et à fuir à l'étranger, laissant Lyon, devenue *Ville-Affranchie*, en proie à une atroce répression. (n.d.é.)

c'est tout un monde et, comme on dit, toute une classe. Voilà la force de sa vie, la figure et la récompense de son bonheur. C'est pourquoi, « quand le vieux animateur mourut dans sa solitude d'Oullins, les tisseurs en laine de Rouen apprenant la nouvelle » (oui, à Rouen, au pays des Volsques[50]), « placèrent sur leurs métiers des nœuds de crêpe ». L'hommage était « simple et sublime », vous le dites bien.

Et, tout de même, il me semble que vous le dites mieux encore, cher confrère et ami d'esprit, lorsque vous vous arrêtez un instant à l'existence de la génération qui avait précédé celle de Jacquard, à l'époque où un ordre corporatif qui ne datait pas des Établissements de saint Louis, mais de ceux de Colbert, pourvoyait à la solidité et à la durée de familles industrielles et graduait ses travailleurs qualifiés, maîtres, ouvriers, compagnons, apprentis, où l'on se succédait de père en fils, comme dans le royaume, où les filles apportaient en dot à leurs maris le droit des garçons, où, en sa qualité de Maître, le père de Jacquard se promenait les dimanches, et souvent les lundis, en habit noir, une petite épée au côté, « tel étant le privilège d'une sorte d'aristocratie au travail » instituée par les rois de France et sur laquelle veillait, avec ses commis et ministres, le Consulat de Lyon, appuyé sur sa Chambre de Commerce.

Ainsi sont nés nos arts, il faut le rappeler ici. Ainsi ont-ils grandi ; à l'abri du sceptre nommé « main de justice » ; sous la protection de la forte épée... Ainsi nous avez-vous aidé à sentir la forte harmonie de la vie de nos pères et contribuez-vous à nous faire désirer un retour dans leur Ordre comme le plus sérieux et le plus sensé des Progrès. Oh ! ce désir serait bien platonique, s'il n'était assisté d'une belle espérance. Mais au fond de l'abîme ne la sentez-vous pas qui revient ? Grâce à vous, il me semble que je la vois. Merci.

---

[50] Référence *a priori* étrange. Les Volsques étaient un peuple italique ; aucune peuplade celte ayant vécu autour de l'embouchure de la Seine ne porte ce nom. Alors pourquoi parler de Volsques à propos de Rouen ? Le hasard nous a fait découvrir, dans une lettre privée antérieure de quelques années, une phrase où Maurras utilise ce nom de *Volsques* pour désigner des gens lointains, *a priori* étrangers à l'affaire dont on s'occupe. On peut donc penser qu'il a pris cette expression chez un auteur latin décrivant la Rome des premiers âges, quand les autres peuples d'Italie y étaient encore des puissances lointaines et mal connues. (n.d.é.)

L'ALLEMAGNE ET NOUS

1945

« Il vous est reproché d'avoir favorisé les entreprises de l'ennemi. »

(Note du Juge d'instruction.)

INTRODUCTION

MON INSTINCT ANTI-GERMANISTE

Je parle d'abord de ce qu'il y a en moi d'instinct profondément anti-germaniste.[51] Je suis né le 20 avril 1868, en Provence, à Martigues (Bouches-du-Rhône), un peu plus de deux ans avant la guerre de 1870, bien loin de son théâtre, mais la répercussion en fut immense en moi et autour de moi. Tous mes lecteurs habituels savent que les souvenirs de ma petite enfance remontent très loin. Je suis sûr, ici, de n'être dupe d'aucun mirage. Je vois encore dans le bureau de mon père les portraits de l'empereur, de l'impératrice et du petit prince. Ce ne pouvait être qu'avant le mois de mai 1871 où l'on m'emmenait à la campagne ; au retour, après le Quatre-Septembre, je ne revois plus ces portraits. Dans le trajet, il me souvient parfaitement d'avoir traversé Marseille, par un jour d'émeute sur la Plaine Saint-Michel ; mon père était venu nous chercher précipitamment à Roquevaire, ma mère et moi, afin d'être tous réunis en cas de désordre. Les semaines suivantes, je vois mon père rapporter de la Mairie les mauvaises dépêches, et mon père et ma mère, front contre front, les yeux en larmes, suivre sur la carte les progrès de l'invasion, dans un atlas brun que j'appelais *« Le Live des Pussiens »*.

---

[51] Nous sommes au cours de la première journée du procès intenté contre Charles Maurras et Maurice Pujo, le 24 janvier 1945. Maurras a déjà tenté de lire sa déclaration, qui tient en un peu plus de 130 feuillets dactylographiés, mais la conduite des débats ne lui revient pas. Après avoir longuement traité du « témoignage » de Paul Claudel, puis évoqué les rapports entre l'Action française et la Milice, le président lui ouvre une porte en lui posant une question d'ordre général :
— Une dernière question sur ce sujet. Ne croyez-vous pas que, pour votre propagande, vous avez porté et que vous porterez la responsabilité d'un très grand nombre d'actes de trahison ?
Maurras répond par les mots suivants avant d'attaquer sa lecture :
— Jamais de la vie ! Encore une fois, c'est une pure calomnie, une calomnie qui est faite par ceux qui, précisément, sont responsables de tous nos malheurs. Encore une fois, laissez-moi exposer la généralité de ma pensée. J'ai posé une question préalable. Monsieur l'avocat de la République ne m'a pas répondu. Son silence est une négation. Il veut maintenir une espèce de confusion, ce chaos faussement légal contre lequel je proteste. Alors maintenant, je vous demande la permission d'exposer toute ma politique. (n.d.é.)

Je vois, au-delà du canal, sur le Cours, la garde nationale faisant ses exercices, commandée par mon parrain, le professeur d'hydrographie, et dont le commis de mon père, nommé Corneille, était le clairon.

Je vois un peu plus tard, à la maison, la halte des mobiles que l'on embarquait pour réprimer l'insurrection algérienne et je me vois touchant avec respect les shakos, les gibernes et les ceinturons dénoués.

Ces souvenirs m'ont obsédé. Ils sont les seules tristesses de ma petite enfance, entourée, turbulente et gaie. Ce coin est bien le seul qui fût voilé d'un crêpe qui a pesé sur toute ma vie. En 1943, devant les sentinelles allemandes aux fusils braqués sur nos ponts, je disais à mes concitoyens :

— Voilà réalisé le cauchemar de mon existence. J'ai toujours redouté qu'ils ne viennent en Provence, jusqu'à Martigues.

L'antagonisme des Français et des Allemands a dominé ma jeunesse.

Dans les familles les plus paisibles, on ne donnait pas à un marmot de sabre de fer blanc qui ne fût destiné à planter le drapeau français sur les murs de Berlin.

Arrivé à Aix pour y commencer ma huitième, j'eus un vrai coup de foudre en apprenant que mon professeur allait être un Lorrain, le propre beau-frère de l'abbé Wetterlé qui, lui-même, un peu plus tard, devait venir surveiller nos études et nos cours de récréation pendant quelques mois.

Des Lorrains !... Et qui avaient opté pour la France !...

Dans la maison où nous avions loué le premier étage, une famille de Messins, réfugiés pour la même raison, habitait le second et le troisième. Leur contact nous émut par la dignité du foyer, sa gaîté charmante et simple, son esprit religieux et national, son ardente fidélité au paradis perdu. Le vieux père, la vieille mère, leur fille, leur fils, se ressemblaient par les mêmes traits ; il fallait les voir réunis, un jour entre les jours, graves, sombres, commémorant la capitulation de leur belle ville inviolée ; on tirait d'un petit coffret certain objet mystérieux, enveloppé d'étoffe précieuse, et qu'on démaillottait avec respect ; un morceau de « pain du siège » apparaissait, tout noir. Après six ans, sept ans, il était devenu plus dur que la pierre. La relique sacrée !... On la prenait en main, chacun la saluait et la caressait, les femmes avec des larmes, les hommes avec le dur accent d'un regard plein de foi... Car toutes les années qui suivirent, ce fut aussi, dans notre escalier, au temps des congés militaires, le même gai fracas des sabres contre l'éperon de Saint-Cyr ou de Polytechnique annonçant l'avenir des fils, tous officiers.

Je me destinais à l'École Navale. Devenu sourd à quatorze ans, il y fallut renoncer. Le plus dur fut, il m'en souvient bien, de quitter mon vieux rêve d'aller canonner quelque port allemand et traquer, dans la mer du Nord ou en Baltique, cette entrée du canal de Kiel que l'on commençait à construire avec les milliards de notre indemnité !

Vers 1882, quand Jules Ferry conseilla de ne pas nous hypnotiser sur « la ligne bleue des Vosges », ce fut un scandale que les adolescents de mon âge ressentirent très vivement. Quoique riverains de la mer, ils étaient contre la politique coloniale, pour la politique de recueillement, en vue de la reprise des provinces perdues. L'Alsace-Lorraine avant tout !... Ce fut le mot d'ordre général.

J'emportai à Paris ce bagage moral.

À Paris

J'ai publié un certain nombre de volumes de prose et de vers, essais critiques, littéraires et philosophiques, études politiques et sociales, d'où l'on a tiré un *Dictionnaire politique et critique* en cinq grands in-octavo et on y pourra lire avec fruit l'article « Allemagne ».

Entre d'autres ouvrages, plusieurs sont consacrés presque entièrement aux relations franco-allemandes : *Kiel et Tanger*, *Quand les Français ne s'aimaient pas*, *Devant l'Allemagne éternelle*. Il y a deux ans, je publiai encore, en Provence, *Sans la muraille des cyprès*, allégorie du rempart nécessaire de la Patrie.

En 1888, j'eus dix-huit ans. C'était le boulangisme. Tant que Boulanger n'est qu'un soldat démagogue et radicalisant, je suis anti. Quand il prend la figure populaire du Général Revanche, je deviens boulangiste, et, tout jeune écrivain, je rejoins mon ami Maurice Barrès, qui s'était déjà déclaré en 1888. J'ai vingt ans. En 1889, ce sont les élections. Je suis majeur. Quoique antisémite, je vote, par discipline, pour le candidat juif Naquet.

Dès l'époque de mes premiers articles politiques, je cite beaucoup la remarquable formule de Robert de Bonnières[52] que « l'idée de revanche tient longtemps le rôle d'une Reine de France », en ce sens qu'elle maintient l'unité politique de la Nation, fait l'union des citoyens, s'impose à tous les partis, fait (ou faisait) voter les crédits militaires à l'unanimité. J'ai tant cité

---

[52] Robert de Bonnières (1850–1905), poète et critique littéraire, auteur notamment de contes en vers. (n.d.é.)

la phrase qu'on me l'a attribuée parfois, bien que je l'aie presque toujours accompagnée du nom de son auteur ou mise entre guillemets. Un parti de la revanche me parut, en 1940, être la garantie de toute revanche française. Quand Laval et Déat insultèrent cette idée, je réagis contre eux, automatiquement.

En 1894, Barrès fonde *La Cocarde*. J'y suis son bras droit. Inutile de dire dans quels sentiments je collabore avec lui et le socialiste Gabriel, député de Nancy. Le sentiment de ces hommes de l'Est correspondait très exactement au mien.

Toute ma vie politique a d'ailleurs été en contact permanent et étroit avec des hommes de l'Est, dévoués à l'idée de revanche : le général Mercier, à qui nous devons le canon de 75, les frères Buffet, le commandant Picot, qui avait battu Jules Ferry dans les Vosges aux élections de 1885, etc., etc. C'est dans leur atmosphère que se situait pour moi la véritable orientation de la politique extérieure française.

Jusqu'ici, la France avait été presque unanime sur cette direction. Les instituteurs publics se signalaient par leur ardeur patriotique et leur esprit de revanche. Pas un n'eût été capable de dire, comme fit l'un d'eux, vingt-cinq ans plus tard, dans une réunion électorale de 1914 :

— Nous aimerions mieux être Allemands que de voir nos fils faire trois ans de service militaire.

La politique coloniale de Ferry n'avait pas encore mordu sur le sentiment national anti-allemand. Mais déjà, en 1892, il y avait eu un fait nouveau.

LE TZAR À PARIS

Ce fait nouveau, c'était l'Alliance Russe que tous nos bons badauds croyaient dirigée contre l'Allemagne et qui, tout au contraire, travaillait en sa faveur.

Suivant l'expression européenne, Saint-Pétersbourg se faisant « l'honnête courtier de Berlin », organisait, le 18 juin 1895, la rencontre de nos vaisseaux avec la flotte allemande dans le canal de Kiel qui venait d'être ouvert.

L'année suivante, le Tsar et la Tsarine se faisaient acclamer à Paris. Rédacteur au *Soleil*, je refusai absolument de faire un seul article en l'honneur des souverains russes, et je dis pourquoi. Mon directeur, M. Édouard Hervé, de l'Académie française, me fit dire et vint me dire lui-même que l'avenir pourrait bien me donner raison. L'avenir... Deux ans plus tard (1898), la tentative de coalition franco-germano-russe se brisa sur l'écueil désertique de Fachoda.

À partir de ce moment-là, l'idée de Revanche perd du terrain ; le peuple français, à qui l'on montre deux ennemis au lieu d'un seul, ne sait plus où donner de la tête. Puis, il écoute trop les socialistes ; à leur suite, au chant de Pottier[53], « Crosse en l'air et rompons les rangs », l'anti-militarisme et l'anti-patriotisme, masques du pacifisme, font de terribles progrès.

LES DEUX ATHÈNES (1898)

Je fais l'une de mes premières courses hors de France pour les Jeux olympiques d'Athènes, et constate quatre choses :
1. combien toutes les nations, sauf la nôtre, deviennent de plus en plus nationalistes ;
2. combien l'alliance russe nous a fait de tort dans l'Orient grec, latin et même turc ;
3. combien l'importance matérielle de la France a baissé dans ces pays du Levant autrefois tout à nous ;
4. je commence à me représenter toute la décadence que la démocratie a imposée à la France depuis cent ans.

L'AFFAIRE DREYFUS (1897)

Partie d'Angleterre, en réponse à la mission Congo-Nil[54], « l'Affaire » est vite devenue une manœuvre de l'espionnage allemand pour se dégager du contre-espionnage français, une manœuvre de l'armée allemande contre l'armée française, devenue inquiétante. Paris sait ce que fait Berlin qui ne sait pas ce que fait Paris. Paris a pu se pourvoir d'un mystérieux nouveau canon, le 75, sans être aperçu de Berlin. L'affaire Dreyfus n'est pas une affaire judiciaire, c'est un cas de salut

---

[53] Eugène Pottier (1816–1887) fut bien l'auteur des paroles de *L'Internationale* en 1871. Mais il ne s'agit que d'une référence mythique, car la musique fut composée après sa mort, et le chant associé au souvenir de la Commune ne fut adopté par l'Internationale ouvrière qu'au début du XXe siècle, dans les années dont parle ici Maurras. (n.d.é.)

[54] Première appellation de la Mission Marchand. Le triste épisode de Fachoda se déroula de juillet à novembre 1898. (n.d.é.)

public. Bainville, dans son *Histoire de France*, a relevé un de mes aphorismes :

— Si Dreyfus est innocent, qu'on le fasse Maréchal de France, mais que l'on fusille douze de ses principaux défenseurs.

Je fais donc une campagne anti-dreyfusarde violente qui ne s'arrête pas de dix ans, et dont le résultat a été enregistré par un critique républicain peu suspect, Albert Thibaudet :

> Politiquement, les dreyfusards furent vainqueurs sur toute la ligne. Moralement, intellectuellement, ils ont été vaincus. Ce sont leurs adversaires qui l'ont emporté ; les idées des Droits de l'Homme, de la démocratie, etc., ont été battues au profit du nationalisme.

Fidèle à Dreyfus, le noble Péguy se rattrapa sur Jaurès qu'il accabla, dans un livre fameux, d'invectives et de sarcasmes.

I. L'Allemagne intellectuelle et l'Action française

En 1899, je rejoins les fondateurs de *L'Action française*, Vaugeois et mon admirable ami Pujo. Il y a donc quarante-cinq ans que je suis le collaborateur de mon co-accusé.

Or, l'objet de *L'Action française* n'était pas seulement politique, il était intellectuel. *L'Action française* tenait tête à la *Revue blanche* des frères Natanson et de Blum, qui était ardemment judéo-germaniste. Notre mouvement tendait à combattre l'influence allemande dans les Arts, les Lettres, l'Histoire, la Philosophie. Oh ! Nous avons tenu compte de ce qu'il y a d'humain dans l'Allemagne. Les énormes défauts de ce peuple, constatés par des témoignages millénaires, sa perfidie (« *genus mendacio natum* »[55]), sa rapacité (« *Germani ad praedam* »[56]) ne nous faisaient pas méconnaître la part qu'il a prise à la civilisation, ses savants, ses artistes, ses philosophes, au temps où il ne s'était pas entièrement enfermé et perdu en lui-même, ni déclaré le maître et le Dieu du genre humain. Nous avons honoré, parmi les modernes, des hommes comme Leibnitz, Goethe, Schopenhauer, même Nietzsche, dont on oublie trop la violente critique de l'esprit allemand et l'éloge de la civilisation classique et méditerranéenne.

Mais nous avons attaqué, jusque dans la racine, ce germanisme qui a fait de l'Allemagne le synonyme, la mesure, de Vérité, de Bonté, de Beauté, et qui remplace l'humanité par la germanité (*All Mann*, tout l'homme, disait Fichte, dans son premier *Discours*). L'Allemand suffit à tout. Il est tout. Rien n'est ni ne vaut hors de lui. Ainsi se retranche-t-il de l'humanité, ou s'oppose-t-il à elle.

Ce schisme semble bien avoir commencé à Luther (l'homme allemand, disait Fichte). Puis, sous l'action de la défaite d'Iéna, Fichte, Schelling, Hegel et leurs disciples élaborèrent, développèrent, propagèrent leur évangile du « moi » allemand qui fut le grand moteur, en Allemagne, de

---

[55] Velleius Paterculus, *Histoire romaine*, livre II, chapitre 118 : « les Germains, un peuple né pour le mensonge ». (n.d.é.)
[56] Tacite, *Histoires*, livre IV, chapitre 78. Dans le texte original, *Germanos ad praedam* : « Les Gaulois se battent pour la liberté, les Bataves pour la gloire, les Germains pour la rapine. » (n.d.é.)

l'unité, et dont l'hitlérisme est un simple dérivé adapté à des temps nouveaux ou à peine renouvelés.

Car on connaît mal l'hitlérisme si l'on ne tient pas compte de cette racine « Fichtéenne », sur laquelle aucun écrivain n'aura écrit plus que moi pour attirer l'attention des Français. Dès 1894, avant l'existence de *L'Action française*, quand le capitaine Philippe, de l'année coloniale, publia la première traduction séparée des *Discours* de Fichte *à la Nation allemande*[57], je fis, dans la *Revue encyclopédique Larousse*, un article, ardemment motivé, sur ce livre révélateur des vrais sentiments allemands et du genre de bien qu'ils nous désirent.

En me remerciant, le traducteur m'écrivait (j'ai sa note) que le Conseil municipal de Paris, alors radical bon teint, avait été ému par mon article et avait fait acheter 200 exemplaires de son ouvrage. Mais il aurait fallu en acheter 200 000 pour que les Français fussent mis en garde et au courant. Ils étaient si en retard quant à la vérité sur l'Allemagne !... Ils le restèrent si longtemps, du fait de leurs mauvais bergers ! mais on le vit plus tard, par *Mein Kampf*...

Telle était la position des fondateurs de *L'Action française* à l'égard de l'Allemagne, et cela datait, pour moi, de 1894. Ils y ont été fidèles.

L'ANNIVERSAIRE DE FUSTEL DE COULANGES

Dix ans plus tard, dix ans après 1895, en 1905, ils organisaient la célébration du soixante-quinzième anniversaire de la naissance de Fustel de Coulanges parce que :
1. cet historien avait ramené à sa juste mesure la part de l'élément dit « germain » dans les invasions barbares du Ve siècle, la formation du composé français et la genèse des institutions de la France ;
2. ce grand patriote avait signalé en termes éclatants la différence dans la manière d'écrire l'histoire en France et en Allemagne, nationale là-bas, et anti-nationale chez nous ;
3. dans ce puissant réquisitoire, Fustel de Coulanges montrait les conséquences morales, sociales et politiques du libéralisme des

---

[57] Chez Delagrave.

écrivains français et du nationalisme, toujours militant en tout et partout, des écrivains allemands ;

4. dans ces deux tableaux, Fustel de Coulanges mettait en relief le double devoir : pour le savant, celui d'être impartial et objectif, et pour les citoyens, celui de servir, d'aimer, d'honorer leur patrie, non seulement dans son étendue territoriale, mais dans son espace historique, dans son passé.

« Qui détruit le passé détruit la Patrie ». C'est un axiome essentiel de Fustel de Coulanges.

Cette célébration de Fustel de Coulanges nous fit nous heurter à l'offensive passionnée de toutes les Gauches, de *L Humanité* au *Journal des Débats*. Jaurès, germanomane dans l'âme, était déchaîné. On trouvera tous les détails de cette échauffourée dans ma brochure *La Bagarre de Fustel*, recueillie en 1937 dans mon livre *Devant l Allemagne éternelle*.

On achèvera de connaître les caractères de notre position devant l'Allemagne intellectuelle quand on saura que, le lendemain du jour où notre revue devint journal (1908), nos premières batailles de rues se produisirent entre nos étudiants et le petit groupe qu'un professeur socialiste[58] avait emmené en Allemagne pour lui faire oublier le grand deuil alsacien-lorrain.

MONARCHIE ET DÉMOCRATIE

En 1900, je fais mon *Enquête sur la Monarchie* et conclus que la Monarchie (traditionnelle, héréditaire, anti-parlementaire et décentralisée) est de salut public.

Pourquoi cette conclusion ? Non en vertu de sentiments de fidélité personnelle ou de principes généraux déduits du droit divin ; je n'étais pas né royaliste. Rien ne me liait aux Princes, je ne les connaissais pas. Quand j'avais pris la plume pour eux, mes uniques raisons étaient tirées de ce que, depuis la chute de ses rois, la Patrie française, qui était née et qui avait grandi par eux, n'a plus cessé d'être exposée, rongée, menacée par l'étranger, effet naturel des incapacités de la Démocratie.

Mes raisons, développées dans un volume qui compte aujourd'hui près de mille pages, y sont tirées des seuls besoins de la Patrie, de sa vie et de sa grandeur. Il faut ajouter que ces raisons n'ont cessé de croître en valeur

---

[58] Charles Andler. Celui-ci revint de son erreur un peu avant la guerre de 1914. (Note des éditeurs de 1945.)

depuis quarante-quatre ans. Je ne me plaignais alors que des cinq invasions allemandes depuis 1792 : 1792, 1793, 1814, 1815, 1870. Il y a eu depuis celle de 1914 (jusqu'à Noyon) et celle de 1940 (jusqu'à Saint-Jean-de-Luz). Or, aucun règne bourbonien n'avait été envahi dans ces proportions. La dernière pointe étrangère, celle de 1636, n'avait pas dépassé Corbie !... Les choses ont bien changé depuis 1792 où les républicains de la Gironde déclarèrent une guerre qui dura vingt-trois ans et qui, après des gloires magnifiques et épuisantes, se termina à Trafalgar, Leipzig et Waterloo.

Dans mes réquisitoires contre la démocratie, mon grief, tiré du tort qu'elle a fait à la France, l'est aussi des agrandissements dont elle a fait cadeau à l'Allemagne.

Plébiscitaire ou parlementaire, républicaine ou couronnée, la démocratie, par les Girondins, par Napoléon, par les libéraux du XIXe siècle, a été la plus grande artisane extérieure de l'unité allemande. Jacques Bainville l'a démontré péremptoirement dans *Bismarck et la France*, et surtout dans *L'Histoire de deux Peuples*, qui sont les deux Bibles de *L'Action française* pour la politique extérieure, ainsi que l'incomparable plaquette de Pierre Lasserre, *Le Germanisme et l'Esprit humain.*[59]

Les responsabilités de la démocratie sont plus graves encore. On peut dire qu'elle n'a pas pu défendre les frontières de la Patrie, puisqu'elle les a laissé éventrer sept fois en cent cinquante ans. C'est qu'elle était, d'une part, selon le mot de Renan, le grand dissolvant de notre organisation militaire et que, d'autre part, nos « tumultes gaulois » nous ont lancés quatre fois dans des entreprises inconsidérées. Seule la monarchie, de 1815 à 1848, aura, pendant trente-trois ans, trouvé la méthode de politique raisonnable et forte qui nous gardait de la guerre aux autres et qui faisait qu'on ne nous la déclarait point. Le même patriotisme qui nous faisait désirer pour l'Allemagne le « retour aux Allemagnes » et à leurs « républiques de Princes » nous commandait de réclamer un roi, un chef unique et héréditaire pour notre Patrie qui y avait trouvé son principe générateur, agrandisseur et sauveur.

On trouvera aux annexes de l'*Enquête sur la Monarchie*, dans un document intitulé *Dictateur et Roi*, quelques notes en faveur de « l'armée de métier », à laquelle personne ne songeait alors, et que M. de Gaulle devait reprendre trente ans plus tard, vous savez avec quel succès.

---

[59] Document édité chez Champion en 1915. (n.d.é.)

Mais continuons à descendre le fil de ma vie politique.

LA GUERRE ET LA PAIX

Nous sommes en 1904. Mais les beaux esprits du commencement du siècle ne s'intéressaient pas du tout aux questions nationales ou militaires. Une invasion ? Il n'y en aurait plus. Le Progrès moderne avait rendu cette antiquaille impossible. Une guerre ? Plus de guerre non plus.

Ils songeaient à la paix perpétuelle par l'accord spontané des peuples, spécialement par l'Internationale ouvrière. C'était le grand « dada » de Jaurès.

Et l'Allemagne ? Eh bien ! l'Allemagne serait la première à imposer la paix, car l'ouvrier allemand ne marcherait jamais contre nous pour ses princes... Malheureusement Jaurès lui-même aurait pu s'éclairer là-dessus dans les séances du Congrès socialiste d'Amsterdam auquel il prit part en août 1904, et il aurait pu comprendre que les socialistes allemands s'étaient montrés très nationalistes, très dévoués à leur empereur, pleins de mépris pour sa République, et sans grande estime pour sa propre personne ; ce qui fut vérifié en 1914, où les socialistes de l'Empereur remplirent à Paris et ailleurs toutes les missions publiques ou secrètes que Guillaume II voulut bien leur confier. C'est ce que nous avions prévu.

Pendant les dix ans qui précédèrent 1914, L'Action française n'avait pas arrêté de montrer à Jaurès l'étendue de son erreur sur l'Allemagne. On sait que, toute l'après-midi du 31 juillet 1914, cet incurable optimiste ne voulait pas croire à la guerre et compulsait les dictionnaires pour trouver la signification la moins alarmante du mot « *Kriegsgefahrzustand* ».[60]

S'il eût regardé le monde avec les yeux clairs d'un esprit libre, il eût vu que le temps n'était pas à la paix. Que de guerres, en effet, depuis que j'en avais vu apparaître les premières cornes dans le stade panathénaïque de 1896 !... Turco-grecque en 1899, hispano-américaine en 1898, transvaalienne en 1899, russo-japonaise en 1903-1904, la guerre n'avait cessé de rôder autour de nous. Nous disions tous les jours qu'elle se rapprochait. Nous le disions, et on se moquait de nous.

---

[60] Littéralement, *état de danger de guerre*. (n.d.é.)

II. L'Action Française et l'autre guerre

La provocation allemande *Kiel et Tanger*

On a vu tout à l'heure comment la politique coloniale franco-russo-allemande, commencée à Kiel, et dirigée contre l'Angleterre, s'était brisée à Fachoda (1898). C'est que la démocratie nous avait laissés sans marine contre la plus puissante flotte du monde...

L'amiral Bénard, ministre de la Marine, avait dit[61] :

— Nos matelots sauront mourir.

On ne déclare pas une guerre pour faire mourir des matelots. Il faut avoir, tout de même, de quoi résister à l'ennemi.

La République retourna alors sa politique étrangère. Elle s'entendit cordialement avec l'Angleterre contre l'Allemagne. Mais la démocratie venait de diviser et d'affaiblir perfidement notre armée au moment d'engager la lutte contre la plus puissante armée du continent. Il a donc suffi d'un discours de l'empereur Guillaume à Tanger et d'un froncement de sourcils de Sa Majesté à Berlin, pour faire renvoyer notre ministre des Affaires étrangères, M. Delcassé. C'est ce que M. André Tardieu devait appeler « l'humiliation sans précédent ».

Ces deux affaires, de Kiel et de Tanger, furent pour moi un trait lumineux, aigu et dur. Je les analysai au fur et à mesure du développement de la seconde crise dans une série d'articles de la Gazette de France, qualifiant les périls auxquels on venait d'échapper et suivant le progrès de la menace allemande. L'année suivante, le jeune éditeur qui publiait *Bismarck et la France*, de Jacques Bainville (ce livre capital, je l'ai dit), me demanda de tirer de mes articles un volume. Je le fis. On le composa. Je le relus en épreuves et reculai d'effroi. Avais-je le droit d'alarmer mon pays à ce point ? J'estimai que non, je remboursai l'imprimeur et remis dans mon tiroir l'épreuve de sinistre augure. Les années 1907, 1908, 1909, s'écoulent. Les gouvernants, quand ils crânent, comme Clemenceau à Casablanca, ne se rendent pas compte de l'immensité du péril. On a réduit le temps du service militaire, on n'a même pas su organiser les périodes d'instruction des réservistes et des

---

[61] Armand Bénard, ministre de la Marine du 28 janvier au 1er novembre 1895, puis du 29 avril 1896 au 28 juin 1898. (n.d.é.)

territoriaux, l'incapable général Picquart est ministre de la Guerre... Un autre général, celui qui lui succède au même poste[62], dit matin et soir : « De guerre, il n'y en aura plus, il n'y en aura jamais ». Le patriote Clemenceau lui-même humilie l'armée en supprimant ses préséances telles que les avait organisées le décret de Messidor : un colonel aura droit, désormais, à moins d'honneur et de respect qu'un sous-préfet !... Décidément, il faut à tout prix avertir la France. Je reprends mon livre et le donne à composer. Il paraît en juillet 1910.

Je dois reconnaître que l'effet fut sérieux. La question que je voulais poser fut posée. Le régime pourrait-il sauver la France d'une guerre désastreuse ? C'était, disait le socialiste Marcel Sembat, un immense point d'interrogation que j'avais inscrit au tableau noir. Sembat écrivait, réponse ou conséquence, son livre *Faites un roi, sinon faites la paix*. C'est à cette occasion qu'il appela la République d'une façon si irrévérencieuse et si scandaleuse pour vous, Monsieur l'Avocat de la République, « la femme sans tête ». Il y avait de quoi donner ce surnom.

On m'a accusé, à ce propos, et à d'autres, d'avoir découragé les démocrates de la démocratie. Non ; je les ai éclairés, je les ai sauvés d'une euphorie dangereuse, je les ai obligés à penser, malgré les nuages de la doctrine, à l'évidence de leur Patrie en danger.

Kiel et Tanger collabora énergiquement au réveil national qui poussa au Ministère et à la Présidence Poincaré, mais, hélas, sans convaincre ni Jaurès, ni les socialistes, ni les radicaux de l'espèce de M. Caillaux, qui prétendaient que l'Allemagne était notre meilleure amie.

LA RÉORGANISATION
HOMMES ET ARMEMENTS (1905–1914)

Ce loyal mais timide essai de renouveau nationaliste dont nous avions, avec Barrès, été les promoteurs, prouve que mes collaborateurs et moi n'avons jamais été pour la politique du pire. En attaquant le régime, nous avons toujours servi et défendu le pays.

Mais sait-on en quel état moral nous avions trouvé le pays au début du siècle ? Environ ma trentième année, les milieux intellectuels étaient surtout

---

[62] Le général Jean Brun (1849–1911). (n.d.é.)

contaminés par l'esprit cosmopolite, le défaitisme butor, le pacifisme désarmeur. Des enfants revenaient du lycée en disant :

— Papa, est-ce vrai que, pour être intelligent, il ne faut pas être patriote ?

D'autres disaient :

— N'est-ce pas, maintenant, la plus grande nation, c'est l'Allemagne ?

Des processions officielles conduisaient les enfants des écoles publiques de la Ville de Paris pour défiler devant la statue d'Étienne Dolet[63] et aller ensuite entendre, que dis-je, applaudir, *La Marseillaise de la Paix* :

> Vivent les nobles fils de la grave Allemagne...
> ... Déchirez ces drapeaux ! Une autre voix vous crie
> L'égoïsme et la haine ont seuls une patrie,
> La fraternité n'en a pas.

Des comédiennes de théâtres subventionnés venaient réciter ces horreurs sous le patronage d'hommes politiques connus. Telle était la doctrine officielle du régime. M. Gabriel Monod disait que l'Allemagne était « la seconde patrie de tous les hommes qui étudient et qui pensent ». La doctrine officielle de l'Université, dénoncée par notre Pierre Lasserre, faisait chorus.

Cette anarchie tenait la rue comme l'État.

Il faudrait ici plus que des lignes, des pages pour montrer comment Maurice Pujo imprima à ses Camelots du roi, à ses Étudiants d'Action française, aux fonctionnaires d'élite de nos Ligues, ce magnifique esprit national, civique, militaire, qui fit reflamber dans la nouvelle jeunesse une âme de patriotisme combattu et pur. Avec Marius Plateau et Maxime Real del Sarte, on peut dire que, de 1908 à 1914, six années de batailles de rues et de prétoire, six années de prison et de triomphe, restaurèrent le moral national de toutes les classes de la nation, car les jeunes ouvriers, les jeunes employés, étaient aussi nombreux dans leurs rangs, plus nombreux peut-être, que les jeunes bourgeois. Le vieux sang français se réveillait, de tous les purs sangs de ses hérédités, mais roulant des métaux d'une vaillance et d'une générosité inconnues. Le nom de Jeanne d'Arc, son oriflamme, sa devise, les fleurs que l'on apportait à ses statues, comme à des autels, restent le symbole historique de cette époque de feu.

---

[63] Cette statue, érigée en 1889 place Maubert à l'endroit où Étienne Dolet fut brûlé en 1546, a été détruite pendant la guerre. (n.d.é.)

Mais on avait commencé par punir Thalamas, on finissait, comme il le fallait bien, par soutenir le Gouvernement qui tenait le drapeau et l'épée de la France.

Quand M. Barthou fit voter la loi de trois ans, il disait :

— Cela n'aurait pas été possible sans les Camelots du roi.

C'est-à-dire l'Action française. Tous tinrent en respect l'anarchie révolutionnaire.

Ces belles épreuves de force au-dedans nous permettaient de restaurer l'espérance et la confiance à l'extérieur.

En 1904, le vieux général de Galliffet criait partout :

— Il ne nous faudrait pas une guerre maintenant. Ah non ! Nous serions foutus.[64]

À l'automne de 1913, nous nous adressions à nos jeunes amis les conscrits qui rejoignaient leurs corps. Nos orateurs avaient tous fait leur devoir et dénoncé la guerre que tous sentaient venir. Je me permis, quant à moi, d'annoncer aussi la victoire, en leur communiquant les raisons de ma foi.

Tout cela a été écrit, publié, imprimé en son temps. On le retrouvera quand on voudra.

À ce moment-là, ce n'étaient pas seulement les hommes qui manquaient. L'armement avait subi, depuis quinze ans, un terrible retard. Trois séances historiques du Sénat et de la Chambre, à la mi-juillet 1914, un rapport non moins historique de Charles Humbert, ont établi que, d'après un circuit régulier, les bureaux de la Guerre demandaient un certain nombre de millions pour le matériel ; le conseil des ministres le réduisait, la Commission parlementaire en rabattait ensuite encore, souvent dans des proportions fantastiques, et cela depuis 1900.

C'est seulement à la fin de 1912 que s'était arrêtée cette cascade d'imprudentes folies. Il était difficile de se rattraper en deux ou trois ans.

Mais pendant que *L'Action française* menait la campagne nécessaire pour le réarmement, les socialistes faisaient élire je ne sais combien de députés sur le programme de la folie des armements : « Pourquoi acheter des obus au lieu de livres de classe ? »

On saurait bien repousser les Boches à coups de dictionnaires et de bancs d'écoliers.

---

[64] Les pudeurs typographiques du temps inscrivent ici « f...tus ». Nous rétablissons. (n.d.é.)

Je n'étais pas seul à l'ouvrage. Parallèlement à mes études, Jacques Bainville, avec son étonnant esprit de précision, montrait dans les articles qui ont formé son livre *Le Coup d'Agadir et la Guerre d'Orient*, combien M. Caillaux, qui croyait avoir calmé l'Allemagne en lui cédant notre Congo, la mettait en plus grand appétit ; et Léon Daudet menait, contre l'espionnage allemand, cette longue et perspicace campagne qui devait figurer à l'éternel dossier de la défense française et dont il a tiré cette *Avant-Guerre* d'avant l'autre-guerre, où sont même préfigurées quelques-unes des méthodes boches de 1939, celles dont le caractère était de s'appuyer à certaines puissances de l'État français.

Les prophéties de Daudet eurent contre elles toutes les forces officielles plus ou moins gangrenées par le pro-bochisme ambiant la presse gouvernementale, la presse « bien-pensante », l'administration, la magistrature, le Parlement, presque toutes les autorités. Toute la France légale s'abandonnait, ou presque toute.

Les hommes de L'Action française ont sonné, presque seuls avec Barrès et Déroulède, le réveil français contre les menaces des gens qui refusaient de voir, ou qui voulaient dormir, ceux dont l'aveuglement était si fort que, le 14 juillet 1914, Jaurès, dans un congrès socialiste, osait conseiller la grève générale devant l'ennemi. Jules Guesde lui répondit avec raison que ce serait un acte de trahison contre la nation la plus socialiste, c'est-à-dire la France. On fut surpris de voir *L'Action française* applaudir Jules Guesde.

— Ne voyez-vous pas, répondîmes-nous, qu'il est du parti de la France ? Et cela semblait un bien extraordinaire parti !...

À la fin du mois de juillet 1914, Briand disait :

— La guerre ? Allons donc !... Ils ne sont pas fous, les Allemands !... Ils raisonnent, les Allemands !... Non, ils ne feront pas la guerre.

Deux jours après, c'était la rupture, c'était l'invasion.

L'UNION SACRÉE (1914)

Remontons quelque peu. Dans le mouvement d'indignation qui accueille le scandaleux acquittement de Mme Caillaux, qui avait assassiné Calmette, le Paris national frémit.

Or, que faisait *L'Action française* ?

Pendant que M. Jaurès parle ainsi de grève générale, elle recommande le calme. Elle interdit à l'innombrable et ardente jeunesse qui l'écoute, la suit, aucun mouvement pouvant troubler l'ordre ; la crise européenne nous fait, déclare-t-elle, un devoir de paix intérieure et d'absolu sang-froid.

L'Action française est obéie. Mais la guerre éclate. Qui donne alors les premiers gages de l'Union sacrée ? L'Action française. Qui demande l'institution d'une censure de la presse ? *L'Action française*, par la voix de Bainville. Et qui, sur les grands boulevards, fait rosser la bande anarchiste d'Almereyda qui voulait troubler la mobilisation ? L'Action française, toujours.

Lorsque, le second ou le troisième jour de la guerre, nous recevons de notre bien-aimé prince le duc d'Orléans, une lettre disant :

— Plus de politique, au drapeau !

nous avons la satisfaction de lui répondre :

— Monseigneur, c'est fait.

À preuve, le témoignage qu'en a porté, en 1917, M. Poincaré, celui que je vous ai lu, contre le faux témoignage de Paul Claudel :

« Dimanche, 28 octobre 1917... Depuis le début de la guerre, Léon Daudet et Charles Maurras ont oublié leur haine contre la République et les républicains, pour ne plus penser qu'à la France. » (Extrait des *Mémoires* de Poincaré, *Au service de la France*, tome IX, *L'Année trouble*.)

Il serait trop long d'analyser l'œuvre de L'Action française pendant l'autre guerre. Il est indispensable de marquer qu'elle y a perdu des milliers de combattants de première valeur, à peu près tous les membres de ses cadres qui étaient en état de porter les armes.

Ces morts glorieux que nous pleurons encore sont à classer parmi ces quarante ou cinquante mille jeunes Français qui, selon le mot du républicain Georges Lecomte, ont donné l'exemple du premier élan et dont le sacrifice volontaire a sauvé le reste de la Nation. Ceux que l'âge, la santé ou l'infirmité ont retenu à l'arrière, se sont fait un devoir d'y allumer le feu sacré et d'y entretenir un moral intact.

Et d'abord, ils ont soutenu sans réserve tous les gouvernements, même celui de Briand, même après qu'il eût perdu leur confiance lors de sa lâche et louche attitude du 1er décembre 1916, après le massacre de nos matelots dans Athènes.[65] Nous avons souhaité à Briand la durée, la stabilité. Nous avons soutenu tous les ministres, dis-je, hormis ceux qui trahissaient leur

---

[65] Officier du Sauveur de Grèce, je renvoyai cette décoration au ministre de Grèce à Paris. (Note de Charles Maurras.)

devoir, comme cela a été jugé pour Malvy, que Léon Daudet a fait condamner par la Haute Cour de la République.[66]

Jacques Bainville ne se relâchait pas de montrer, dans la constance séculaire de l'agression germanique, un des plus sérieux motifs de renforcer l'ordre et l'unité. Son incomparable *Histoire de deux peuples* (1915) agit si puissamment par le charme irrésistible de sa clarté que le président de la Chambre, Paul Deschanel, futur président de la République, en appuya tous les thèmes dans un article mémorable du *Manuel de l'Instruction primaire*, adressé aux instituteurs publics. Un peu après Bainville, je publiai, de mon côté, le recueil d'études *Quand les Français ne s'aimaient pas* (1916), où je faisais honte à mes compatriotes de déserter l'esprit de la France pour courir toutes les fades prétentaines de l'inquiétude étrangère, spécialement germanique. La censure de Briand et son cher Théodore Tissier[67] craignaient qu'un tel livre n'entraînât des polémiques.

— Pas un ne bougera, leur répliquai-je.

Personne n'a bougé. Les mauvais conseillers et les mauvais bergers ne furent pas pressés de crier : « coucou, c'est nous. » Ils n'avaient rien à répondre. Mais la confusion des anciens serviteurs de l'Ennemi aida à reconnaître de nouvelles raisons d'aimer et d'honorer la Patrie.

De même, aussi, pour les mêmes raisons d'ordre public, dénonçons-nous ceux qui le troublaient encore, comme le misérable Almereyda, ceux que Barrès appelait la « canaille du Bonnet rouge ».

L'antimilitarisme de Clemenceau m'avait un peu porté à la réserve à son égard. Je finis par lui faire confiance lorsque, éclairé par Léon Daudet, Clemenceau eut à son tour dénoncé la trahison et l'espionnage. Tout a été subordonné à la nécessité de vaincre les Allemands et d'unir les Français.

Nous aurions voulu que cette « union sacrée » survécût à la guerre. Ce n'est pas nous qui l'avons rompue. Aux approches des élections de 1919, ce fut Millerand qui voulut bien avoir un « Bloc national », mais républicain. C'est de ce mot fatal, prononcé à la Paix, qu'est venue une grande partie du mal intérieur.

---

[66] Cette condamnation a été prononcée le 6 août 1918, alors que la lettre accusatrice de Léon Daudet avait été lue à l'Assemblée le 4 octobre 1917. Louis Malvy fut condamné à cinq années de bannissement. (n.d.é.)

[67] Théodore Tissier (1866-1944), haut fonctionnaire plusieurs fois directeur de cabinet d'Aristide Briand. (n.d.é.)

L'ARMISTICE DU 11 NOVEMBRE ET LE MAUVAIS TRAITÉ

À la fin de 1918, l'armistice avait causé dans le pays une joie bien naturelle. Bien qu'il fût un peu précoce, prématuré de le dire, Clemenceau essaya d'en rejeter la responsabilité sur Foch. Mais il en avait été le premier auteur quand il refusa de donner, dès septembre, au maréchal de France déjà victorieux, des indications pour la paix.

Au moment où l'armée Pétain-Castelnau allait descendre sur le Rhin, envelopper l'armée allemande en Belgique et la réduire à capituler en rase campagne, au moment où Franchet d'Espèrey marchait sur Vienne et menaçait Berlin, l'armistice du 11 novembre 1918 limitait et mutilait la victoire. *L'Action française* est le seul journal français qui ait laissé voir, ces jours-là, son malaise et sa déception. Dans la joie du triomphe à laquelle nous nous associions de tout cœur, nous fûmes bien forcés, Bainville, Daudet et moi, de laisser voir nos inquiétudes, puis nos alarmes, relatives aux imprudences politiques, diplomatiques, financières que l'on accumulait. L'occupation, magistralement commencée par le grand Mangin, appliquait toutes les méthodes traditionnelles de la France révolutionnaire et royale. Mais son autorité était minée ; dès l'automne 1919, il était muté de Mayence où personne ne pouvait le remplacer dans son prestige, ni l'égaler dans sa fonction.

Le traité se négociait en dépit du bon sens, sans égard ni aux travaux de la commission préparatoire qui avait fonctionné pendant la guerre sous la présidence de M. Charles Benoist, ni aux sages conseils de M. Jules Cambon.

Personne ne voulait avoir égard à la constitution fédérative de l'Empire de Guillaume II. On mutilait, on irritait l'Allemagne, mais on en resserrait l'unité. Et c'est tout juste si, sur les instances et les menaces de *L'Action française*, encore, il lui était interdit de réunir l'Autriche à son grand corps renforcé au centre, dangereusement égratigné aux extrémités. Autant, disions-nous, couper la queue d'un tigre et l'essoreiller, en lui administrant des toniques et des fortifiants. Ces absurdités étaient tous les jours signalées, discutées par Bainville, Daudet et moi.

Quand ce « mauvais traité » fut apporté au Parlement, Jules Delahaye[68] vint arrêter chez nous les termes d'une protestation très mesurée, mais très

---

[68] Jules Delahaye (1851–1925), chartiste, fut le premier parlementaire à dénoncer le scandale de Panama. Député du Maine-et-Loire (puis sénateur) à partir de 1907, il s'abstient lors du vote sur l'armistice. (n.d.é.)

nette, devant laquelle les législateurs de gauche quittèrent leur rang pour n'avoir ni à l'appuyer, ni à la contester. Mais, dans les couloirs, Clemenceau prit à partie Jules Delahaye :

— Il ne faut pas, dit-il, que la France puisse douter de la paix.

— Il faut l'avertir de la guerre, répondit Jules Delahaye.

La guerre, en effet, est revenue, à petits pas, mais à pas sûrs.

III. Vingt ans d'alarme de Varsovie à Munich

Après que nous eûmes ainsi protesté, par personne interposée, à la tribune de la Chambre, je peux ajouter que les vingt ans qui suivirent, de 1918 à 1938, se passèrent à avertir les Français de la guerre que préparait l'escamotage de la victoire par le traité.

Tout homme cultivé doit avoir lu, sur ce sujet, le livre classique de Jacques Bainville : *Les Conséquences politiques de la paix*. Tout ce qui est sorti de cette paix y est annoncé, y compris le commencement de la guerre et le point par lequel elle devait commencer.

Sur le point névralgique de la Pologne, ce recommencement avait failli se produire en 1920, lors de la marche des Russes sur Varsovie. Les Allemands guettaient le moment où, maîtres de la Pologne, leurs alliés les Soviets, à qui ils avaient facilité la révolution de mars et d'octobre 1917, viendraient grossir leur propre armée, et marcher avec eux de l'Est à l'Ouest. Cette fois encore, *L'Action française* fut la voix, la haute voix de l'inquiétude nationale. Bainville était malheureusement en vacances. Je le suppléai tant bien que mal. Mes appels répétés chaque matin collaborèrent dans l'opinion à la démarche de Lyautey, qui décida Millerand à envoyer la mission Weygand à Varsovie. Tout le monde sait de quelle haute efficacité furent les conseils de l'illustre lieutenant de Foch, le coup d'arrêt direct qu'en subit l'invasion moscovite.

Les espoirs allemands étaient déçus, mais pas pour longtemps.

En 1921, l'Allemagne reprenait l'offensive par un autre biais. Briand revenait aux Affaires Étrangères, et recommençait son terrible jeu d'arrangeur dissolvant. La France avait bien déposé déjà quelques-unes des armes que lui avait laissées le Traité. Nous avions renoncé à bien des réparations. Briand se mit à l'œuvre pour liquider le reste. Il avait, dès mars 1921, démobilisé, remobilisé, re-démobilisé, une partie de notre armée. Il s'était ainsi placé dans l'impossibilité pratique de la rappeler de nouveau sous les drapeaux. Il fit ensuite le voyage de Washington pour livrer notre marine présente et future aux décisions d'une assemblée internationale[69], aux débats

---

[69] La conférence navale de Washington se tint à partir de novembre 1921, pour aboutir le 6 février 1922 au Traité naval de Washington qui limitait le tonnage de la marine de guerre des États-Unis, de l'Angleterre, du Japon, de la France et de l'Italie. (n.d.é.)

de laquelle nos représentants prenaient à peine part car l'Anglais était la seule langue employée.

Enfin, de nouvelles déperditions étaient envisagées dans une nouvelle conférence, quand la motion des 249, dont Léon Daudet, alors député de Paris, avait pris l'initiative, rappela Briand de Cannes et le mit dans l'obligation de donner sa démission.

Ce nouveau triomphe de L'Action française semblait annoncer la reprise et la rectification de nos abandons à l'Allemagne. M. Poincaré succédait à Briand. M. Poincaré qui avait défini le traité « une création continue » ! Promesse de vigueur, qui nous a bien déçus ! Ce Poincaré, affaibli, vieilli, surtout honteux d'apparaître une créature de la Droite, en tout singulièrement hésitant... En 1919, il n'avait pas su, malgré ses promesses, maintenir Mangin à Mayence. En 1922, 1923, 1924, il n'osa pas reprendre la politique de Mangin. Elle était toujours possible. À l'automne 1923, Barrès, visitant Spire, entendait un vieux chanoine, ami de la France, lui dire :

— Monsieur Barrès, ici, nous sommes en train de défaire l'œuvre de Bismarck et de Luther.

Mais ce beau travail rhénan avait besoin d'être appuyé par l'épée et l'esprit de Paris. Le Gouvernement, très velléitaire, gardera son esprit indécis, son épée au fourreau. Au milieu de 1922, la plus haute autorité militaire avait conseillé, si l'on voulait faire quelque chose, de le faire pleinement et rapidement : pénétrer en Allemagne par Mayence et la rive du Main, chercher l'armée allemande, si elle existait, la battre, entrer à Berlin, et dicter de là de nouvelles conditions.

Alors la plus forte puissance militaire de l'Europe, nous étions assez forts pour le faire. M. Poincaré ne l'a pas osé... Il a préféré la partie au tout, la Ruhr à Berlin. Nous nous sommes résignés à la Ruhr, et l'appui donné à cette expédition nous valut l'assassinat de Marius Plateau[70] par une fille de

---

[70] Secrétaire général des Camelots du Roi et de la Ligue d'Action française, héros de la guerre où son attitude à Port-Fontenoy lui valut d'être appelé le « Décius français ». Marius Plateau fut assassiné à Paris le 22 janvier 1923. Son assassin fit appel, pour sa défense, à tout ce que les gauches comptaient d'anti-patriotes. Elle déclara avoir voulu protester contre les campagnes de l'Action Française qui demandaient l'exécution par l'Allemagne des clauses du Traité. (Note des éditeurs de 1945.)

police, et le meurtre, plus cruellement raffiné, d'un enfant de quatorze ans et demi, Philippe Daudet, le propre fils de Léon Daudet.[71]

Mais ces deux crimes impunis trouvaient M. Poincaré aussi glacé qu'il devait l'être devant les crises extérieures. Avant que la Ruhr n'eût donné le gros résultat financier escompté et lorsque cette occupation commençait seulement à payer, M. Poincaré la lâchait. Entre deux efforts, il avait choisi le plus faible, et en ratiocinant, il s'en désintéressait à moitié chemin.

---

[71] Philippe Daudet fut assassiné à Paris le 21 novembre 1923. Cette affaire, par plusieurs aspects et notamment par la participation aux deux meurtres d'un indicateur de police nommé Le Flaoutter, est liée à l'assassinat de Marius Plateau. Les assassins voulaient venger les traîtres que les campagnes de Léon Daudet menèrent durant la guerre devant les conseils de guerre, et ils espéraient faire taire le père meurtri. (Note des éditeurs de 1945.)

De la Ruhr à Mayence

Enhardis, les Allemands envoyèrent, en février 1924, des cars chargés d'assassins armés jusqu'aux dents, qui, dans Pirmasens et Kaiserslautern, assiégèrent leurs compatriotes amis de la France, les brûlèrent vivants et retournèrent en triomphe dans leur pays sans être inquiétés. Barrès était mort en décembre précédent. Il ne vit pas cette catastrophe de l'honneur. Tous ceux qui l'ont connu disent que, lui vivant, Poincaré eût éprouvé les réactions de la conscience nationale ; mais, seul, sans conseil, ou assailli de mauvais conseils, Poincaré ne connut que la timidité, le respect humain et la fausse terreur des partis de la Gauche pro-allemande.

C'était pourtant l'heure psychologique. Hitler venait de se manifester pour la première fois dans l'émeute munichoise, aux côtés du quartier-maître général Ludendorff. Il était temps de mettre le pied sur la mèche allumée du pangermanisme reviviscent. Mais la démocratie ne songeait qu'à préparer les élections du 11 mai 1924, le « dimanche noir ». Les partis de l'Étranger faisaient son jeu, car le premier pas accompli alors par Herriot, doublé de son « cher Blum », fut fait pour inquiéter dans leurs croyances les catholiques d'Alsace. Là encore, ils nous trouvèrent devant eux, et une immense réunion populaire à Strasbourg obligea le Cartel à rebrousser chemin. Nouvelle victoire de L'Action française pour la Patrie.

Les pages qui précèdent ont l'aspect d'un résumé d'histoire générale. Elles font la table des matières sur laquelle s'est exercée notre activité, soit de protestation, soit de correction et de ralliement. Il n'était pas de jour où nous n'eussions à expliquer comment Briand, qui revint vite au quai d'Orsay, recommençait son éternelle et fatale politique de concessions réelles en échange de mots écrits ou dits.

Nos réparations étaient sacrifiées, mais non pas nos dettes à l'étranger qui faillirent même être exigées. On laissait l'Allemagne se réorganiser et même réarmer. Quand ce réarmement était signalé à Briand, « Rangez, classez ces dossiers », disait-il. Il laissait Stresemann raconter aux princes d'Allemagne qu'il avait fait des capitulations de forme, mais qui n'étaient que des « finasseries ». Le pacte Briand-Kellog n'avait-il pas mis la guerre au ban des Nations ? Et ne parait-il pas à tout ?

C'est pourquoi, en août 1929, à La Haye, intervenait un grave arrangement qui désagrégeait tout : l'évacuation de Mayence. « Mayence, la ville la plus importante d'Europe », disait Napoléon. Mayence, par laquelle on tenait l'Allemagne sous le canon français. Mayence qui signifiait la possibilité d'une marche foudroyante de nos armées. Mayence qui représentait encore la possibilité d'une supériorité de terrain pour un peuple de trente-neuf millions d'âmes soumis à la nécessité d'en contenir et d'en maîtriser soixante-cinq millions.

Tout notre hiver, à *L'Action française*, se passa à dénoncer la folie de cet arrangement monstrueux dont l'exécution était annoncée dans un semestre : Mayence ! Mayence !

Un peu rechignant devant les perspectives de l'évacuation de Mayence, Tardieu, qui avait succédé à Briand, ne laissait aucune espérance.[72]

C'était fait, réglé, signé, disait-il. Le malheureux ! Un véritable homme d'État, ainsi mis en rapport avec des nécessités vitales pour son pays, eût trouvé dix moyens juridiques et cent raisons politiques pour échapper à cette

---

[72] Le temps passe et la nuit est tombée. Le président interrompt alors Maurras :
« Lorsque vous aurez terminé ce chapitre, vous voudrez bien vous arrêter.
— Je vous propose de terminer, répond Maurras ; j'entre dans un autre ordre d'idées. » La séance est alors levée, et reprend le lendemain 25 janvier 1945.
Au début de l'audience, Maurice Pujo demande la parole pour rectifier un incident de la veille. Il s'agit d'un problème de dates concernant le soutien de la Milice à la Waffen-SS. Le président écoute un moment puis interrompt Pujo :
« Je vous interrogerai le moment venu ; vous pourrez me donner toutes ces explications. Monsieur Maurras a la parole. »
Maurras commence par quelques mots de recadrage :
« Monsieur le Président, Messieurs les jurés, avant de reprendre l'exposition d'hier, je vous demande la permission de vous apporter d'abord mes excuses pour la longueur de cet exposé. Mais il est absolument nécessaire de vous faire connaître l'essentiel et les accessoires de mon accusation. Par ailleurs je me permets d'insister pour obtenir de vous le maximum d'attention possible, car outre qu'il est, je crois, difficile de juger avant de connaître, il me semble que ce n'est pas seulement dans l'intérêt de l'accusé que je fais cette insistance, c'est aussi parce qu'il s'agit d'une question nationale qui vous est soumise en même temps que mon cas particulier. Vous savez que je ne suis pas un partisan de la démocratie, mais je suis un grand ami du peuple de France. Je veux que ce peuple soit mis au courant des circonstances de tout ce procès. Je l'ai caractérisé hier comme une véritable fumisterie, il ne faut pas qu'il soit une forfaiture. »
Puis Maurras reprend la lecture de son texte, non à l'endroit où il l'avait laissée, mais quelques paragraphes plus haut :
« Les pages qui précèdent ont l'aspect d'un résumé d'histoire générale. Elles font la table des matières sur laquelle s'est exercée notre activité, soit de protestation, soit de correction et de ralliement. Il n'était pas de jour où nous n'eussions à expliquer comment Briand, qui revint vite au quai d'Orsay, recommençait son éternelle et fatale politique de concessions réelles en échange de mots écrits ou dits... » (n.d.é.)

échéance cruelle. Il n'en fut rien. Nous multipliâmes les moyens d'avertissement. Un de nos collaborateurs, aviateur de guerre, qui était notre secrétaire de rédaction, inonda Paris de feuilles volantes adjurant les Français de ne pas consentir à la destruction de leur sécurité. Rien ne servit ; pas même l'avertissement que, les premiers et longtemps seuls, nous avions donné d'après des informations de source hollandaise sur les progrès cachés du parti hitlérien. Les renseignements donnés à Maurice Pujo, utilisés par lui, ne laissaient pas de doute ; ils étaient sûrs.

Une fois Mayence évacuée, le grand parti hitlérien se démasqua. L'évacuation est du 30 juin 1930 ; au bout de dix semaines, le 15 septembre suivant, cent dix députés nazis étaient élus au Reichstag. Stupeur de Paris, de la France, du Monde. Seuls les lecteurs de *L'Action française* ne furent pas surpris.

L'ÉPÉE D'HITLER (1930)

Nous avons eu l'occasion de dire ce qu'était, dès son origine, la doctrine d'Hitler : celle de Fichte, celle du germanisme au XIXe et au XXe siècles. Mais il convient d'ajouter ce qui la doublait ; bien plus qu'un parti, autre chose : il y avait le Grand État-Major de l'armée allemande.

On a vu Hitler faire ses premières armes à Munich auprès de Ludendorff. Que l'on se rappelle maintenant la manière dont le vieux maréchal Hindenburg accepta de céder la place à Hitler. Et que l'on n'oublie pas les traits significatifs rapportés par M. Benoist-Méchin dans la première édition, non remaniée, de son livre *L'Armée allemande* quand, en pleine révolution de 1918, un ancien ouvrier sellier, Ebert, était président du Reich et téléphonait tous les jours au même Grand État-Major pour lui rendre des comptes ou pour lui demander des ordres ; cela fait entrevoir à l'arrière-plan de l'hitlérisme quelque forte tête militaire qui inspirait l'essentiel de son jeu et du jeu de son parti.

Ce parti est pangermaniste avant tout. Il est religieusement et historiquement convaincu de la supériorité raciale de l'Homme Allemand sur tout autre représentant de l'espèce humaine. Mais ce parti ne peut ignorer qu'il ne règne que par l'épée forgée par Blücher, Moltke et leurs pareils. En épargnant à leur armée la débâcle par l'armistice du 11 novembre 1918, en la faisant défiler sous des arcs de triomphe et des guirlandes de fleurs, en traitant ces vaincus de *victuri* (ceux qui vaincraient), le Grand État-Major exploitait à coup sûr les deux forces physiques de l'instinct allemand : rage de la défaite, volonté de la réparer. Nous ne sommes pas assez amis de l'Allemagne pour lui rendre le service de méconnaître ce qu'elle a de qualités militaires connues de tous ses ennemis ; elle est trop bête, ou, si l'on veut, trop bestiale pour savoir user de cette puissance, mais c'est là que vivent les sources de ses fortunes. Hitler et son parti ne sont pas mariés à la haute armée allemande, mais j'ai toujours conseillé aux bons esprits de ne pas compter trop facilement sur le triomphe fatal de l'antagonisme entre le Parti et l'Armée, entre Hitler et les Généraux. Leur union se défera certainement, comme l'unité allemande ; produits fragiles et cassants, ils ne se casseront pas tous seuls. Il aura fallu les casser.

Mein Kampf

Électorale et émeutière, parlementaire et militaire, la victoire nazie avait besoin de prendre des racines dans l'esprit public allemand. De là l'extraordinaire diffusion du livre de Hitler, ce *Mein Kampf* (*Mon Combat*), qui est donné d'office à tout couple qui se marie, comme la pierre d'angle de ce nouveau foyer. Mais ce livre comporte plusieurs pages pleines de haine et de menaces contre le peuple français. Il y avait le plus grand intérêt à faire connaître ce livre de ce côté du Rhin, d'autant que l'inquiétude commençait à gagner notre gouvernement et les partis qui le dirigeaient. Un jeune éditeur, Fernand Sorlot, fit faire une traduction de *Mein Kampf* et la mit en vente. On vit alors une chose inouïe : de Berlin, Hitler fit défense à la librairie française de vendre son livre et lui intenta un procès, procès qui fut plaidé devant nos tribunaux comme un procès de mur mitoyen sur on ne sait quelle législation de commerce international. Et Hitler gagna ce procès ! Et le Gouvernement n'intervint pas ! Et le Gouvernement de la démocratie ne vint pas dire qu'il s'agissait là d'un fait politique et national, question de salut public sur laquelle notre peuple souverain avait le droit de savoir exactement ce qui s'imprimait contre lui ! La traduction de *Mein Kampf* disparut des étalages, elle fut ensevelie dans les caves de l'éditeur et toutes les protestations que nous élevâmes n'y firent rien. Nous donnâmes un florilège dans nos Échos. Nous demandâmes une traduction complète officielle pour les écoles, tirée à des milliers d'exemplaires, pour apporter un peu de vérité au peuple français. Peine perdue ! Les Français restèrent condamnés à ignorer ce qui les menaçait de si près.

Déjà pourtant l'on se disait tout bas dans les « sphères » que la guerre des démocraties contre Hitler était fatale ; seulement le peuple qui devait en faire les frais n'était pas mis au courant des mauvais desseins de son ennemi.

Montée de l'Hitlérisme (années 1934-1935)

Dans l'opinion démocratique du pays, demeurée inquiète, on n'osait pourtant pas (habitude briande) avouer qu'il y eût menace de l'Allemagne. On disait menace hitlérienne, nazie, volontiers fasciste.

Mais le fascisme servait aussi à désigner les non-démocrates, les nationalistes français, comme alliés naturels de l'Internationale blanche, les « antifascistes » étant ou se croyant les alliés naturels d'une Internationale rouge en raison de leur similitude de doctrine ou, comme ils le disaient, d'idéologies.

Or, il faut faire ici trois observations.

1. L'Internationale rouge a déçu les démocraties : en 1914, quand les socialistes allemands marchèrent avec leur empereur, et en août 1939, quand les révolutionnaires russes marchèrent avec les hitlériens berlinois.

2. La similitude de doctrine entre hitlérisme, fascisme et nationalisme français serait ensuite à reconsidérer. Dans une certaine mesure, le fascisme italien, anti-capitaliste, anti-électif, anti-républicain (jusqu'à 1943) offre certains rapports avec nos idées. Rapports très limités : le fascisme mussolinien est profondément étatiste et centralisateur. Nous sommes le contraire. Pendant près de vingt ans, notre grand ami regretté, le marquis de Roux[73], en faisait de nombreuses et profondes critiques dans notre page économique et sociale du samedi. Si les idées de l'Action française comportent un État autoritaire, il est concentré dans des fonctions d'État, et il laisse leur champ naturel aux initiatives privées, à celles des communes, des provinces, des professions, des corps, compagnies et communautés ; la doctrine de

---

[73] Le marquis de Roux a réuni dans sa brochure *Nationalisme français, Fascisme, Hitlérisme*, les conférences qu'il donna à l'Institut d'Action française sur ce sujet. (Note des éditeurs de 1945.)

l'Action française veut le roi, mais elle veut sous le roi, « les républiques », car elle est profondément décentralisatrice. Ces différences sont si graves qu'elles ne nous ont jamais permis d'admettre aucune identification sérieuse entre notre plan constitutionnel et les réalisations de Mussolini.

Les différences sont encore plus fortes entre nos idées et celles d'Hitler. On ne prend pas garde qu'il a vaincu en grande partie par l'élection au suffrage universel, car, en Allemagne, grâce à la doctrine fichtéenne et à l'éducation germaniste, la démocratie de 1930 était beaucoup plus nationaliste qu'en France ; le socialisme n'y a jamais été anti-patriote et anti-militariste comme chez nous.

3. Enfin, nous n'avons jamais cru que les États et les peuples dussent fatalement s'allier sur les similitudes de leurs statuts intérieurs. Il n'est rien de plus faux. Le roi très chrétien François Ier s'alliait au Grand Turc, les cardinaux de l'Église romaine, comme Richelieu et Mazarin, s'alliaient aux petits princes protestants d'Allemagne.

Au fort des diatribes démocratiques contre le fascisme, le vrai fascisme, le fascisme italien, nous avait rendu, en juillet 1934, un fier service lorsque Mussolini avait massé 60 000 hommes sur le Brenner contre Hitler et les hitlériens et avait ainsi arrêté leur marche sur Vienne.

Une Française patriote, la comtesse Joachim de Dreux-Brézé, se trouvait à ce moment en Tyrol autrichien dans un gîte estival tenu par des hitlériens qui l'avaient fait assister aux téléphonages et retéléphonages annonçant l'élan, le succès, puis l'arrêt, puis le recul de leur vague viennoise. Mme de Dreux-Brézé raconta ces heures dramatiques dans des pages d'une objectivité lumineuse et vivante. Notre *Revue universelle* les publia ; *L'Action française* l'appuya ; elles parurent en volume *Chez les nazis d'Autriche*. J'eus le très grand honneur d'en écrire la préface, mais pas un des organes officiels préposés à la direction morale du pays ne daigna prêter attention à cet avis fulgurant.

Quelque opinion qu'on eût de l'Italie, le fait attestait l'importance de ce pion sur l'échiquier européen. L'homme qui gouvernait l'Italie montrait de l'allure et de la décision. Il était de notre intérêt de le garder avec nous, de le garer d'un possible retour contre nous, de ne pas le jeter dans les bras de notre ennemi. Cela valait bien une distinction entre fascisme et nazisme.

Ah, *ouiche !* On se moquait bien des alliances et des rivalités. C'était le moment où nous fatiguions la Belgique par le décousu de notre politique.

Allait-on faire de même avec l'Italie ? Non, tout l'abord. M. Laval faisait le voyage de Rome pour offrir et pour livrer à l'Italie cent mille kilomètres carrés de terre française dans le Tibesti africain. Mais ce cadeau sans contrepartie ne donna pas une grande idée de son sérieux ! Le don fait, l'accord conclu, M. Laval se hâta de le rendre stérile : pour l'affaire d'Abyssinie qui nous regardait si peu, il lâchait l'Italie et courait l'Angleterre, tout en faisant mine de lâcher l'Angleterre pour l'Italie, et tout en proposant à l'une et à l'autre une cote mal taillée comme il s'en fait dans un couloir de Parlement. Ni l'un, ni l'autre n'en fut satisfait et M. Laval dut aller s'asseoir le cul entre deux selles sur le parquet glissant de ses accords avec M. Hoare.

LA SECONDE AVANT-GUERRE (1934–1935–1939)

Devant cette prodigieuse accumulation de sottises, une certaine alarme devenait sensible : cet Hitler que l'on n'avait pas osé démasquer devant le pays, on le redoutait avec raison. L'aventure de Vienne avait montré qu'il était riche en mauvais desseins. Les gouvernants allaient-ils mettre leur conduite d'accord avec cette défiance ? Pas du tout ! Hitler n'eut que la peine de proclamer qu'il suffirait de lui rendre la Sarre, on n'aurait pas de meilleur voisin que lui. On le crut sans difficulté. Nous acceptâmes les conditions extravagantes dans lesquelles eut lieu le plébiscite sarrois et cette petite épaule de hauteurs, qui défendait encore un peu notre victoire, fut abandonnée. Heure grave ! Dès lors rien ne nous sépara plus du « vaincu », un vaincu près de deux fois plus nombreux que nous ! La collection de *L'Action française* pourrait montrer comment y furent soulignés les énormes périls de la situation.

La démocratie n'en tint aucun compte.

RENVERSEMENT DU PACIFISME (1938)

À la vérité, le mur Maginot se construisait ; mais il ne pouvait faire le point de départ d'une offensive (à moins que de lui mettre d'inimaginables roulettes).

Or, écoutez-moi bien. Écoutez ce que *L'Action française* fut seule à signaler alors.

C'est au milieu de cette année cruciale où l'on abandonnait la Sarre que l'idée de faire la guerre, et une guerre offensive, est venue aux partis démocratiques français.

L'idée de faire la guerre avait été considérée jusque-là par tous leurs Briand et leurs sous-Briand comme une impiété monstrueuse, aussi longtemps que nous avions eu les moyens de faire puissamment cette guerre grâce à l'occupation rhénane et grâce à Mayence, tant que l'on pouvait encore entrer en Allemagne, même tant que l'on commandait du haut de la Sarre un coin de la frontière allemande.

Ces éléments de force et de victoire nous permettaient alors de faire une guerre heureuse, ils nous le permettaient, et nous nous l'interdisions. Mais dès qu'on les eût perdus, on se mit à vouloir faire la guerre, à risquer la guerre malheureuse, comme si l'on eût désiré d'être battus.

La paix ! la paix ! bêliez-vous quand vous étiez forts.

Depuis que vous étiez faibles, vous hurliez : *la guerre ! la guerre !*

Une des plus ardentes campagnes de *L'Action française* fut donc menée contre ces anciens pacifistes tournés en boute-feux qui, dès septembre 1935, réclamaient la guerre à l'Italie ; dès juillet 1936, la guerre à l'Espagne blanche ; dès 1938 et 1939, à l'Allemagne, c'est-à-dire, pendant trois ans entiers, une bataille sur trois fronts. Dans l'année 1936, l'idée de guerre fait des progrès immenses. Une partie du Parlement y est acquise, c'est l'aile marchante du pays légal républicain. Cent quarante députés socialistes, radicaux-socialistes ou démocrates-chrétiens demandent par écrit des sanctions contre l'Italie, la bataille sans plus tarder.

Eh bien, ainsi placé sur cette pente roide de la guerre, sait-on quel est en 1936 le premier soin du Gouvernement responsable ? À propos d'une écorchure infligée à l'oreille de Léon Blum par des agents provocateurs policiers, le cabinet Sarraut, le 13 février, dissout toutes les ligues patriotiques et nationales. Admirable moyen de réchauffer l'énergie combattive du pays. Nouvelle édition, très originale, de la vieille « union sacrée ».

Le mois suivant, mars 1936, les Allemands violent le Traité, passent le Rhin en armes, s'établissent dans la zone qui leur était interdite. M. Sarraut lance de vains cocoricos. S'il en avait eu le moyen, il eût agi, mais que faire sans une armée ? Parler !

Il chante ! Il crie ! Il savait comme tout le monde qu'on ne fait pas la guerre à la veille des élections générales. Après, tout ce qu'on voudra ! Pas avant ! L'Assemblée Législative de 1792 était élue quand elle a déclaré sa grande et longue guerre le 20 avril. Napoléon III avait en poche les résultats du plébiscite quand il déclara la guerre en juillet 1870. M. Blum était d'humeur à guerroyer une fois sa majorité réunie. Ni lui, ni M. Sarraut n'étaient fichus de s'aliéner les urnes par des préparatifs de combat. Les Allemands s'installèrent donc où ils voulurent, comme ils voulurent. Ce fut une nouvelle position perdue, après la Sarre, après Mayence. Ce n'est pas notre faute si tout le monde vit alors quel fond l'on pouvait faire sur la politique républicaine et sur son énergie. La « femme sans tête », toujours !

Au mois suivant, élections de 1936 ! En exécution du serment juré le 14 juillet 1935 entre tous les partis qui comptaient parmi leurs chefs quelques complices de la grande escroquerie Stavisky, les communistes, les socialistes, les radicaux-socialistes, les démocrates-chrétiens, allèrent au scrutin la main dans la main et cela composa une très belle majorité, et un ministère encore plus beau, celui de l'aventurier dénommé Léon Blum qui avait dit aux Français « Je vous hais ». On sait quels furent les ravages de cette révolution sèche du Front populaire, mais l'impuissance y fut encore supérieure aux dégâts.

Fin octobre 1936 fut exécuté dès qu'il fut définitif, sans une heure de sursis, le jugement qui me condamnait à la prison pour avoir voulu empêcher de faire la guerre à notre ancienne alliée italienne qui venait de nous rendre un tel service sur le Brenner. Je ne me plains pas d'avoir fait les deux cent cinquante jours de prison qui me valurent la couronne civique décernée à *Magic-City*[74] au milieu d'un Paris beaucoup trop bienveillant. Je me servis immédiatement de ma liberté pour multiplier articles, réunions, conférences, où je dénonçai à la France les cruelles extrémités du bellicisme fou qui coïncidaient avec notre pitoyable affaiblissement.

Je ne me bornais pas à comparer nos évacuations de Mayence et de la Sarre à la libre occupation militaire du Rhin. Je montrais combien l'organisation de notre armée avait été systématiquement réduite par les gouvernements avancés qui s'étaient succédé après 1924, comme après 1932.

« Les gauches arrivent ! » avait alors crié le monde de Genève. Mais cette arrivée des Gauches, après avoir signifié le désarmement de la France, la plaçait sur la pente de la folie guerrière sans natalité, sans armée, sans alliance

---

[74] Le *Magic-City* était un vaste espace d'attractions foraines situé sur la rive gauche, face au pont de l'Alma. Diverses réunions politiques de masse s'y sont tenues. (n.d.é.)

continentale assurée ! La guerre d'une armée polarisée tout entière sur la défensive, alors qu'il s'agissait d'aller protéger nos alliés de la Petite Entente[75], surtout qualifiés alors par le nombre et la gravité de leurs mésententes ou par la facilité avec laquelle ils avaient relâché leurs liens avec nous. Au surplus, pour les Polonais comme pour les Tchèques, que pouvions-nous ? Où était la grande armée de choc indispensable pour crever le mur Siegfried ? Mais surtout, ni l'état moral du peuple français, déçu par la *der des der*, ni sa population, après une saignée de deux millions d'hommes en quatre ans, n'autorisaient les effusions nouvelles d'un sang raréfié, ni des sacrifices nouveaux en vue de chimères. Alors, à quoi bon cette guerre ? On ne le voyait pas.

On voyait moins encore d'où venait cette métamorphose de moutons pacifistes en taureaux va-t-en guerre. Ces questions, portées aux quatre coins du territoire, n'ont jamais reçu de réponse de personne, jamais. J'ajoute que pour une fois, la presse officieuse, de l'Ordre à l'Aube, m'injuriait tant qu'elle pouvait ; jamais cette presse, dis-je, n'a complété ses outrages et ses menteries par une réponse directe à ma question : *Vous aviez votre armure et vous vouliez la paix ; vous êtes désarmé et vous voulez la guerre ?* Nul de leurs écrivains n'a pu expliquer pourquoi ils avaient tant tenu à ne point user de leur ancienne puissance et pourquoi ils nous ont poussés, lancés et précipités dans la guerre dès que nous avons été impuissants. Folie ? Trahison ? L'Histoire répondra.

Nous ne bêlions pas à la paix quant à nous. Nous montrions seulement son extrême nécessité pour la France d'alors ; nous analysions objectivement la situation, nous démontrions qu'il nous était impossible d'intervenir pour le moment. Mais, connaissant l'Allemagne, nous concluions à la nécessité de précautions rapides pour un proche avenir.

Aussi chaque démonstration était-elle suivie d'une exhortation qui se résumait en un mot trois fois écrit en un caractère différent : *Armons ! Armons ! Armons !* Comment nous répondaient les partis de gauche ? Par des tracts de propagande accusant le budget de la Marine et de l'Air de rogner celui de l'École et des hôpitaux, ou en faisant grief aux gouvernants (pauvres gouvernants !) de marchander les grèves, les loisirs et les facilités, pendant que de jeunes attachés aux cabinets ministériels, comme ce Marceau Pivert[76],

---

[75] La Petite Entente associait la Tchécoslovaquie, la Roumanie et la Yougoslavie. (n.d.é.)
[76] Marceau Pivert (1895–1958), figure historique de l'aile gauche de la SFIO. (n.d.é.)

menaient en certains arrondissements parisiens de furieuses campagnes contre la défense passive ! En pleine élaboration de la guerre !

Toujours le désarmement ; toujours le programme des socialistes de 1914 sur « la folie des armements » !

Cependant, en septembre 1938, notre campagne énergique, affermie et secondée par l'opinion parisienne, avait obtenu le coup nul de Munich, ce qui était tout bénéfice pour le pays car alors nous étions encore moins prêts que nous ne devions l'être en 1939.

Mais peu après Daladier mollissait. Il finissait par grogner à son bonnet de nuit que la guerre était inévitable.

Or, au même moment, il se mettait personnellement au travers de nos campagnes pour l'armement.

Voici dans quelles circonstances :

C'était en juillet 1939. Je rentrais d'Algérie, ayant aperçu beaucoup de mauvais augures sur le ciel, la terre et la mer. Trois nécessités m'obsédaient à ce retour :

1. prouver à l'Italie fanfaronne notre fermeté en occupant Cheik-Saïd dans la mer Rouge, face à son Érythrée ;
2. prouver notre désir d'arrangement avec elle en lui faisant des offres susceptibles de l'intéresser dans l'Adriatique par une diplomatie capable de se faire écouter mieux que le vain ambassadeur que nous y avions envoyé ;
3. enfin, remédier en vitesse à notre éclatante infériorité aérienne.

J'avais d'ailleurs trouvé Paris ému de cette dernière et triste vérité partout affirmée, que nous n'avions pas assez d'avions.

— Alors, disais-je, fabriquons-en.

— C'est trop long, était-il répondu.

— Achetons-en...

— Nous n'avons pas d'argent.

— Alors, organisons une grande souscription nationale...

Et je lançai, en tête de *L'Action française*, l'idée de réunir de gros capitaux en vue d'assurer la liberté du ciel français. J'eus aussi l'idée de proposer cet appel à tous nos confrères, à nos confrères de toutes les couleurs, pour ne pas en rester aux quelques pauvres millions qu'aurait obtenus notre seul effort, afin d'obtenir en vitesse tous les milliards nécessaires. Or, le même Gouvernement qui déclarait la guerre inévitable, le Gouvernement qui savait mieux que nous notre infériorité aérienne, fit demander à tous les syndicats de presse de ne point adhérer à cette proposition. Était-ce parce que nous étions royalistes ? L'intérêt national aurait dû limiter l'esprit de parti. En tout cas, il était facile de faire reprendre la même proposition par quelque frère ou ami. Nous aurions applaudi et adhéré de grand cœur.

Le premier semestre de 1939 se passa en adjurations inutiles. J'avais eu l'occasion de dire et d'écrire, à plusieurs reprises, qu'Hitler était « l'ennemi numéro 1 ». Alors, me disaient les écervelés ?

Alors, répliquais-je, il suffirait de se connaître un ennemi numéro 1 pour lui courir sus ? Tout droit ? Comme ça ? sans s'embarrasser ni s'enquérir des temps, des lieux et des moyens ? L'histoire des années 1940-1944 nous a montré depuis que des pays aussi vastes, riches, peuplés que les États-Unis et l'Empire Britannique ont mis de longues années à mettre sur pied leurs moyens d'action proportionnés à l'objectif ; pendant de longues saisons, on les a vus résister aux instances de Moscou les sommant de créer un second front *hic et nunc !* Il n'était pas besoin de cet exemple de fait ; le plus simple bon sens, la plus grande raison auraient dû faire comprendre que l'on n'entreprend pas une guerre avant d'en avoir assemblé le personnel et le matériel.

Quant au risque d'être mis soi-même dans la nécessité de se défendre, mieux valait aussi le courir et attendre l'attaque de pied ferme en profitant du bénéfice moral de cette agression. En 1914, notre mobilisation fut enthousiaste parce que nous étions envahis. Les paysans auraient sauté sur leurs fourches pour repousser l'envahisseur. Chacun savait pourquoi il allait au front. La mobilisation de 1939, masquée de démonstrations superficielles, fut à peine correcte parce que l'on ne savait pas pourquoi ni contre qui l'on partait. Hitler ? Inconnu au corps ! On ne l'avait même pas laissé se faire connaître chez nous par son livre écrit contre nous. Le fascisme ? Le nom était honni des politiciens braillards, mais les politiciens ne font pas la guerre, et ceux qui la font ne sont pas des politiciens. Enfin, la « guerre des démocraties » n'enchantait personne, attendu qu'en France la démocratie décevait tout le monde, et quant à ce qu'elle était ailleurs, à Londres et à Washington, on n'en savait à peu près rien.

Cela résume des colonnes et des colonnes de discussions que nous soutenions pour l'amour de la paix.

Nos quatre règles

Au fur et à mesure que les choses se gâtaient, nos positions étaient prises plus fermement.

Je les ai formulées à plusieurs reprises, en août 1939, en quatre propositions faciles à suivre ; on le vérifiera quand on le voudra.

1. Il ne faut pas faire la guerre.
2. Si elle nous est imposée ou si, malgré nos conseils, elle éclate par la faute du Gouvernement, faisons-la et faisons-la bien, à fond, de toutes nos forces. Gagnons-la. Pour la gagner : *Armons ! Armons ! Armons !*
3. Et si nous la gagnons. Ah ! alors pas de bêtises, arrangeons-nous pour mettre définitivement l'Allemagne hors d'état de nuire, c'est-à-dire usons des procédés qui l'y ont réduite autrefois. Car ce ne sont pas d'imbéciles conventions militaires comme celles d'après Iéna ou d'après 1918 qui seront efficaces, elles ont toujours échoué. Ce ne sont pas les grosses contributions que l'Allemagne finit par ne jamais payer, ni d'exaspérantes occupations sans objectifs bien déterminés. Commençons par renoncer énergiquement à ces nuées modernes, leur inefficacité a été flagrante. Usons de la méthode qui a donné un siècle et demi de tranquillité au peuple de France, et même à l'Allemagne jusqu'à Frédéric II : la méthode des traités de Westphalie, la destruction de l'unité allemande, le retour aux Allemagnes, la paix de Jacques Bainville, en un mot.
4. Pour arriver à ce résultat, au bon usage de la victoire, à l'obtention de la victoire, donnons à la guerre un objectif national, c'est-à-dire en dehors d'un anti-hitlérisme incompris et d'un esprit démocratique bien périmé : proclamons que nous visons la décomposition politique de l'ennemi.

Et, pour ces derniers mots, nous recevions de nouveaux paquets de sottises. Quoi ? Découper l'Allemagne ? avec un couteau de cuisine ? Il s'agissait d'utiliser les forces centrifuges dont elle est animée, le particularisme qui lui est naturel, mais on disait que nous allions irriter les Allemands ! Comme si on ne les irritait pas davantage en leur tirant des coups de fusil ! On nous accusait d'empêcher les savantes manœuvres qui allaient séparer le parti d'Hitler du reste de l'Allemagne, comme si le parti hitlérien, né du fichtéisme, n'était pas le même que celui de l'unité et de la plus grande Allemagne ! Nous allions, disait-on encore, blesser ce qu'il y a de plus sensible au cœur de l'Allemand, comme si notre solution était capable de faire du mal à la moindre mouche allemande ! Comme si nous ne savions pas très pertinemment qu'il y avait en Allemagne de très nombreuses traces d'esprit particulariste et de séparatisme total ! La circonstance était favorable, car l'exclusion des Juifs d'Allemagne avait privé le parti unitaire d'un grand nombre de partisans dévoués : n'étaient-ils pas, avant 1914, citoyens et électeurs du grand Reich, mais sans l'être des divers *Landstags* des États particuliers ?

Il suffisait de lire nos paroles. Elles tenaient compte de tout ce que nos bellicistes insensés oubliaient ou niaient sans raison.

LA RUSSIE (AOÛT 1939)

Au milieu de ces discussions, éclate, véritable trait de foudre, un événement qui aurait pu illuminer l'opinion des pires crétins : le traité du 22 août avouant l'alliance de l'Allemagne et de la Russie. Nous n'avions pas cessé de dire que cette alliance était latente mais tenait toujours (renseignement particulier d'un Alsacien patriote), que le traité de Rapallo (1922) avait été plusieurs fois renouvelé à Berlin et qu'au surplus il fallait se souvenir du nom que donnait Bainville à la Pologne : il l'appelait le trait d'union entre les deux grands empires du Centre et de l'Est. Tant que la Pologne ne serait pas de nouveau partagée entre eux, il fallait prévoir leur accord. Après ? ce serait autre chose ! Pour le moment, l'union était fatale. Et voilà cette fatalité qui éclatait, qui se vérifiait, qui foudroyait nos contradicteurs. Conséquence immédiate : toute possibilité théorique d'un grand allié de l'Est disparaissait. Ceux des partisans de la guerre à qui restait un atome de bon sens avaient professé jusque-là que, sans cette grande alliance, la guerre devenait impossible, la Pologne n'étant pas assez armée, son armée n'étant pas assez mécanisée, ses cinquante régiments de cavalerie ne pouvant faire face à un ennemi bardé de chars et d'avions, elle serait vite mise hors de cause et nous aurions à supporter seuls tout le poids aggravé de l'Allemagne accrue, renforcée et enivrée de sa victoire. Mais ces demi-sages se turent ou ils oublièrent leur demi-sagesse. Plus l'idée de la guerre devenait folle, plus ses partisans étalaient d'aveuglement et de fureur, d'aveuglement contre le bon sens, de fureur contre nous qui n'arrêtions pas de le leur rappeler.

Nos adjurations : le sursis !

Il importe de concentrer ici quelques-uns des derniers avis qui furent donnés par *L'Action française* entre le 23 août et le 3 septembre 1939.

Le 26 août 1939, nous transcrivions l'avis d'un chef militaire « aussi réfléchi qu'informé », montrant que ce que nous entreprendrions sur le Rhin coûterait très cher, nous affaiblirait cruellement et ne servirait de rien à la Pologne.

C'est exactement comme si quelqu'un prétendait enfoncer avec sa tête un mur solidement maçonné pour secourir quelqu'un que l'on égorgerait de l'autre côté de ce mur. Conclusion : surseoir ! Surseoir !

Tout ce qui est de cet ordre crée le répit, donne le délai, permet de recueillir et de réorganiser nos forces ; tout ce qui sursoit au stupide va-tout des impulsifs et des passionnels crée une supériorité manifeste en faveur des armes de la Patrie. Est-ce que l'on va rejeter au gouffre ces puissances de l'avenir ?

Et l'avis avait commencé comme il finissait :

Qu'on se hérisse de défenses, qu'on mobilise ou qu'on remobilise, qu'on se trouve sur tous les points. C'est naturel, c'est nécessaire. Il serait criminel de ne pas faire là-dessus tout ce que recommande l'information lucide et le calcul exact. Mais marcher avant que l'on ait marché sur nous, c'est une autre affaire.

Et trois jours après, le 28 août 1939, nous recommandions le parti « d'armer, de réarmer, de surarmer et d'attendre l'arme au pied ». Nous émettions la crainte « qu'une offensive inopportune nous casse les reins pour cent ans »... J'ajoutais notamment qu'il ne fallait pas souhaiter à la France « une nouvelle hécatombe ».

Entre le parti de laisser durer ou grandir la plus dangereuse des Grandes Allemagnes et le parti du massacre auquel on nous rue, je suis d'avis de laisser courir les délais.

Mourons, certes. Il convient de mourir pour la Patrie après avoir vécu pour elle, mais, comme le disait le très beau mot du général de Castelnau aux manœuvres d'avant-guerre en 1913, il faut « mourir puissamment » et tout beau trépas doit servir.

Le trépas sans puissance est d'inanité pure et de pure imbécillité, le trépas de Gribouille ne peut pas comporter d'honneur.

Tel a été le ton et le sens de nos adjurations des suprêmes minutes. Le sursis ! Le temps de s'armer ! Le temps qu'ont su prendre depuis l'Angleterre et l'Amérique, mais que nous n'avons pas pris nous, parce que nos politiciens n'y réfléchirent pas.

L'imprudence de Daladier

Pendant ce temps, nos bellicistes soutenaient qu'Hitler jouait au poker, faisait du *bluff*, n'avait en vue qu'une politique de prestige sans réalité. M. Chamberlain déclarait qu'il ne ferait la guerre ni pour Dantzig, ni pour la Pologne, mais pour les principes supérieurs, pour sa religion, pour son idéal, dans le genre de la guerre de propagande révolutionnaire où la France s'est épuisée de 1792 à 1815.

M. Daladier ajoutait à cette guerre de principes, une guerre de prétendu réalisme ; honneur de notre parole, secours nécessaire à donner à nos alliés, alors qu'il savait bien ou devait bien savoir que les moyens matériels de ce secours nous échapperaient comme ils nous échappèrent en effet.

Il n'était pas armé. Il n'armait pas. En 1915, on avait stimulé l'armement ; des improvisations fructueuses avaient l'inconvénient d'enrichir bien des intermédiaires marrons, de susciter de mauvais nouveaux riches, mais aussi l'avantage de faire abonder les armements. On avait du moins des canons et des munitions. C'est en 1939, toujours désuni et désarmé par le Front Populaire, que le Gouvernement Daladier eut l'idée bouffonne de limiter tant qu'il le pourrait les gains, et, par conséquent, la production des industries de guerre. Mais, pas de gain, pas de produits guerriers. Un très grand industriel, fort peu intéressé à susciter des concurrences, mais Français avant tout, M. de Wendel, monta à la tribune du Sénat pour démontrer combien de telles limitations étaient stupides et funestes. Il aurait aussi bien fait de chanter. Encore si le travail officiel normal eût suivi un cours régulier ; mais les usines nationalisées raréfiaient et amoindrissaient leur rendement.

Pour mesurer quelle fut l'imprudence de M. Daladier, il faut se rappeler que l'état précaire de notre aviation ne fut officiellement discuté et reconnu que six mois après la guerre déclarée, à la séance du comité secret de la Chambre du 9 février 1940 à laquelle M. Fernand Robbe[77] vint dire :

---

[77] Député radical de Seine-et-Oise. (n.d.é.)

« L'Allemagne a 4 000 avions en première ligne, 3 500 avions en seconde ligne. Nous, combien ? 800. » Le ministre Guy La Chambre soutint que nous en possédions 2 300. Ce calcul était plein de petites ruses et de grosses tromperies. En admettant son chiffre, il restait que l'ennemi avait 7 500 avions, cinq mille deux cents de plus que nous. Encore faut-il supposer que de septembre 1939 à février 1940 nos fabrications d'aéronautique avaient dû faire quelques progrès sur leur chiffre au jour de la déclaration de guerre. Quel était alors ce chiffre ? Personne ne put le dire. Il ne pouvait qu'être inférieur même au chiffre de 800 donné par M. Robbe.

Telles sont les négligences, les présomptions, les ignorances et les imprudences que nous combattions de toute notre âme en nous opposant à la déclaration de guerre de 1939.

Décidé à passer outre à nos adjurations répétées, Daladier fit son possible pour les étouffer.

1. Le 27 ou le 28 août, M. Meyer, chef de la police judiciaire, fit appeler mon cher ami, Maurice Pujo, pour lui dire que Daladier l'avait chargé, lui, Meyer, de faire une démarche auprès de lui pour arrêter ma campagne à moi. Pujo répondit que nous assumions toutes nos responsabilités. Que le Gouvernement prenne les siennes, et s'il veut arrêter la liberté de la presse, qu'il rétablisse la censure.
2. Daladier rétablit alors la censure, et son premier soin fut de caviarder toute la page de *L'Action française* où je renouvelais mes instances afin qu'il attendît, qu'il armât, qu'il rétablît nos alliances.
3. Or cette censure précédait la déclaration de guerre. En 1914, la presse était restée maîtresse de penser ce qu'elle voulait sur la guerre et sur la paix. En 1939, nos boute-feux claquaient des dents à la pensée de se voir arracher leur chère *guéguerre*. Nos journaux, s'ils avaient été libres, auraient suffi à parer le malheur, nous y étions décidés. Enchaînés, l'instrument nous manqua et Paris ne put être alerté comme il l'eût fallu.

Devant l'immensité de malheurs variés qui, depuis cinq ans, se sont abattus sur la France, il n'y a pas au monde un patriote raisonnable qui puisse contester le bon sens de notre opposition, la justice de nos réserves et refuser de regretter qu'on ne les ait pas écoutés, et qu'on n'ait pas aussi redoublé les préparatifs, en armant, réarmant, surarmant. Une véritable usurpation du pouvoir exécutif brusqua les choses ; la guerre fut déclarée le 3 septembre 1939.

La guerre est déclarée

La première des quatre règles que nous nous étions imposées tombait donc par force majeure. Nous ne pouvions plus l'observer.

Nous mîmes en vigueur la règle n°2, en continuant de penser aux règles no 3 et 4.

Règle n°2 : il faut gagner la guerre, donc aider à tout ce qui peut y aider en soutenant, en affermissant le moral du pays :

— Faire confiance au Gouvernement quel qu'il fût.
— Le presser de réagir contre toutes les insuffisances de la démocratie.
— Réprimer le sabotage communiste.
— Veiller aux intrigues des partis.

Nous avons été avec le Gouvernement toutes les fois qu'une question s'est posée entre lui et les partis.

Mais, en vertu même de ce soutien généreux et gratuit que nous lui donnions, nous l'avertissions cordialement des points faibles.

Il avait compté sur l'enthousiasme de la guerre contre l'hitlérisme. Il avait été déçu. L'Allemagne pouvait inquiéter les Français ; le nazisme ne leur faisait ni chaud ni froid. De même, répétons-le, la fameuse « guerre des démocraties », ce refrain ; les combattants n'étaient pas démocrates et les politiciens démocrates ne combattaient pas spontanément ou fort peu, ou fort mal, et beaucoup, comme les communistes, désertaient ou sabotaient. Il a fallu quatre ans d'occupation rigoureuse et tyrannique pour réveiller la flamme de l'esprit, de l'action et du langage patriotique dans les partis de gauche.

Il fallait donc alors, de toute nécessité, rappeler, de temps en temps, nos règles no 3 et 4 pour donner à la guerre un objectif national, intelligible à tous les nationaux : la destruction de l'unité allemande. Là-dessus, les idées de Daladier étaient sans cohérence. Pendant que nous nous occupions de faire de la propagande à cette idée en Angleterre au moyen d'Anglais amis, Daladier passait sans raison d'une idée à l'autre. Un jour, il faisait caviarder mes éclaircissements sur l'unité allemande ; un autre jour, il donnait l'ordre de me laisser faire. Je n'ai pas cessé de lui crier : *si vous faites la guerre, faites-la bien, et, pour la gagner, donnez-lui un objectif français, accessible aux Français. Les vôtres n'émeuvent qu'un nombre insignifiant de nos combattants.*

Il ne faut pas que cette guerre soit faite seulement par devoir de notre côté, mais par passion comme elle l est du côté allemand.

Daladier et ses hommes n'ont jamais compris cela. Ils n'ont pas compris non plus notre suggestion initiale et perpétuelle : *Pétain ! Pétain !* La guerre doit être faite par des gens qui savent la faire ; même à l'État-Major, ni Pétain ni Weygand ne furent employés à temps.

Quand, en 1940, Paul Reynaud succéda à Daladier, il ne se montra pas plus intelligent que lui sur l'objectif de la guerre, mais nous le louâmes d'avoir enfin appelé le maréchal Pétain, et M. de Gaulle pour les mêmes raisons.

Pour donner une idée du loyalisme national avec lequel j'ai soutenu alors le Gouvernement, et sur les points les plus délicats, il faut retenir un fait :

Quand les malheurs de mai 1940 commencèrent à montrer notre évidente infériorité en matériel, sur la terre comme aux cieux, en tanks comme en avions, je n'ai pas démordu de ma campagne que l'espérance était militaire. Je citais tous les bruits que je pouvais recueillir sur la façon dont il était possible, par des moyens de fortune, de balancer les engins allemands, d'arrêter leur pointe rapide en les cernant sur leurs ailes. J'écrivais entre autres choses, en tête de ma « Politique », le 9 juin 1940, au moment où tout allait mal :

Ce qui sauve et sauva

Les caractères de la bataille de France participent de deux difficultés qui tiennent au nombre et au terrain. Le terrain : nous sommes envahis. Le nombre : il essaie de nous submerger.

Un troisième facteur était escompté par l'ennemi : les machines. Mais, plus rapidement que ne l'avait prédit l'ennemi, si l'on n'a pu opposer char à char, ni aile à aile, des mécaniques analogues out été trouvées et mises en place qui ont réparé exactement et parfois annulé notre infériorité théorique.

De toute évidence, les lacunes de préparation n'ont pu être suffisamment comblées par l'habile détour d'improvisations merveilleuses. Il n'est point de baguette de fée qui supplée au temps et à l'effort continu, et notre vieil *Armons ! Armons ! Armons !* n'a point trouvé d'écho durant plus de quinze ans, mais les choses guerrières ne sont pas tellement assujetties à la royauté du matériel qu'on n'y puisse créer en vitesse ces équivalents efficaces auxquels l'homme ajoute son multiplicateur, et qui le multiplie lui-même. Quand on racontera l'essentiel des journées de mai dernier où le 75 et l'artillerie lourde purent intervenir au secours de certaines déficiences, on connaîtra une belle page de l'histoire militaire de la patrie, et l'on aura de plus un trait de lumière éclatante sur la manière dont les choses humaines sont quelquefois menées par ce qu'il y a de plus humain dans l'homme : l'Esprit.

Charles Maurras.

De telles pages de résistance et d'espérance invincible nous ont valu, depuis, pendant quatre ans, de longs fleuves d'injures vomies par la presse pro-allemande de Paris.

Je n'ai pas cessé d'en être très fier. L'écrivain ne se bat pas. Son rôle n'est pas d'affaiblir le moral des armées ou des populations, mais, au contraire, de le fortifier en portant au plus haut point la foi, le courage, la volonté de vaincre et en donnant aussi soi-même l'exemple d'une imperturbable fidélité. En 1914, quand von Klück approchait, je refusai de quitter Paris parce que Galliéni avait déclaré devoir le défendre jusqu'au bout. Un des compagnons du Gouvernement d'alors, dans sa fuite à Bordeaux, m'ayant conjuré par écrit de le suivre parce que Paris allait être réduit en cendres, je répondis que j'aimais mieux être dessous que dehors.

En 1940, nous n'avons quitté Paris qu'absolument assurés que Paris ne serait pas défendu.

À Poitiers et à Villefranche-de-Rouergue

En quittant Paris, le 10 juin 1940, nous étions allés imprimer le journal à Poitiers ; il y eut six numéros. L'avant-dernier était encore consacré à la rubrique « l'Espérance est militaire. » En voici le texte :

> L'espérance est militaire
> Ce titre n'est pas d'aujourd'hui.
> *L'Action française* le récrit en ce 12 juin 1940, du rocher de Poitiers, où elle a dû se transporter, mais il avait été inscrit il y a vingt-deux ans, en mars 1918, dans une de ses éditions parisiennes, sous la menace d'une première émigration presque décidée.
> Le moment était dur, en effet. Anglais et Français venaient d'être coupés par une terrible ruée allemande, qui se dirigeait sur Paris. À peine savions-nous qu'au même instant, il se tenait à Doullens une réunion de chefs tout à fait décisive ; l'unité de commandement allait être constituée, Foch prenait le commandement général. Dans notre ignorance de ces deux grands bonheurs suprêmes et sous les coups de la fatalité prétendue dont on prétendait nous accabler, notre raison et notre cœur s'accordaient à répondre qu'une seule pensée devait y faire face : la pensée de l'Armée, de notre confiance en elle, et de ce que cette confiance avait d'exclusif. Elle, oui, mais seule. Hors de l'Armée française et de la victoire qui emporterait tout, tout était perdu, la guerre, la paix, tout, disions-nous, ou bien l'Armée allait tout sauver.
> L'espérance était donc militaire à ce moment-là.
> Elle l'est très exactement de même aujourd'hui (1940).
> Et j'ose dire plus encore.
> Car nous avions affaire, en 1918, à un empereur romantique avec lequel il n'eût pas été tout à fait absurde ni fou d'imaginer, peut-être, dans un vague peut-être, quelque système de composition et d'arrangement de paix et d'accord plus ou moins susceptible d'être tenu.
> Ici, rien de pareil. Ni pacte, ni traité, rien, rien : le joug. Nous avons devant nous une horde bestiale et, menant cette horde, l'individu qui en est la plus exacte et la plus complète expression.

Nous avons affaire à ce que l'Allemagne a de plus sauvagement barbare, c'est-à-dire une cupidité sans mesure et des ambitions que rien ne peut modérer, des visées politiques, sociales, morales dont nous avons à peine une idée. Les biens, les personnes, les libertés, les vies sont également menacées par cette horde et son système d'un nivellement tel que rien, rien, rien ne saurait en rester ni libre, ni sauf. Cette maison, ce jardin, cette chemise, ce travail, ce chant, cette idée, tout doit être volé, interdit, arraché, broyé. Si nous cessions de mettre notre espoir dans notre armée, on ne verrait plus ni force naturelle, ni médiation morale à quoi se confier, femmes, enfants, vieillards exposés aux mêmes exactions, aux mêmes violences que les propriétés. Ce qui s'est vu dans la Roumanie en 1918 et dans la Pologne en 1939 se reverrait dans la France de 1940 et des années suivantes si notre armée était vaincue ; chacun devrait désespérer également de tout et d'abord de tout ce qu'il croit posséder et de ce dont il se figure pouvoir disposer. Il n'est plus pour nous libérer que les armes telles qu'elles sont maniées par la partie armée de notre peuple et par ceux qui l'instruisent au plus noble des arts : cet art de protéger la seule garantie de la vie civile.

Ceux qui connaissent l'Allemagne hitlérienne, ceux qui voient les progrès du germanisme essentiel, savent que je n'exagère rien. Le malheur de mes paroles, ces temps derniers, n'est certainement point d'avoir poussé les choses au noir, c'est que leur vérité, si exacte fût-elle, n'ait pas été admise par la légèreté et le scepticisme courants. Il y a des années que nous poussions ce cri d'alarme qui n'a guère été cru que d'un petit nombre d'esprits prévoyants et réfléchis. Nous voilà au bord d'un abîme. Qu'est-ce qui nous en sépare ? L'armée. Telle est notre seule espérance. Notre espérance est militaire. Elle seule, répétons-le.

On peut se fier à nous là-dessus. Personne n'a été plus opposé que nous à la guerre.

Quelque prétexte qui fût invoqué depuis 1935 et de quelque doctrine juridique et morale qu'elle fût coloriée, nous avons passé des mois, des saisons, des années à crier et à recrier : *Non, non et non !* Je feuilletais hier le dossier de nos articles d'août 1939 ; ce sont, à la lettre, de longs aboiements pour la paix.

Mais nous prenions soin d'ajouter :

Attention, cette guerre, si elle vient, que nous l'imposions ou qu'on nous l'impose, il faudra (mais il faudra absolument) la faire jusqu'au bout et jusqu'à la victoire, ou (refrain) tout sera perdu de tout ce qui peut être récapitulé de nos libertés, de nos biens et de nos personnes, comme de la sûreté de nos vies.

De manière ou d'autre, la guerre est venue. Et, telle quelle, il faut la faire dans ces conditions précises. Nul avenir ne nous est permis que dans le bonheur de nos armes. Nous n'avons de garantie qu'en nos magnifiques soldats et dans leurs grands et admirables chefs.

Charles Maurras.

Soit dit en passant, un des documents de l'accusation nous impute à ce moment-là l'état d'esprit de « capitulation ». En lisant cette page des 11-13 juin 1940, on prendra conscience de l'énormité du mensonge dont on veut nous éclabousser.

C'est dans le dernier seulement de mes articles de Poitiers que, averti de l'avis du général Weygand et de la décision du maréchal Pétain, dans ma consternation profonde, je déclarai pourtant faire confiance aux plus compétents et aux plus glorieux des experts. Il eût été stupide et ridicule, en effet, de superposer notre compétence à celle du vainqueur de Verdun. Il eût été anarchique de substituer notre volonté à la volonté du Chef ; il eût été insensé de ne pas mettre au premier rang de tous les impératifs la volonté de salut public par qui peut en connaître les conditions.

Nous étions surpris de la rapidité avec laquelle le Maréchal faisait écouter l'autorité de sa parole. Nos pronostics sur la fureur barbare du vainqueur étaient un peu contredits sur ce point ; l'armistice entrevu ne nous dépouillait pas de tout, il allait nous laisser, avec une zone libre, la flotte, l'Empire, la souveraineté juridique et morale. Cet armistice du Maréchal nous laissait dans la condition de traiter avec le vainqueur, condition qui n'appartenait alors, observa une revue anglaise, à aucun autre des peuples vaincus jusque-là par Hitler. L'armistice du Maréchal, signé dans l'honneur, entre soldats, créait une situation qu'il fallait utiliser pour le bien de la France.

Cela valait mieux qu'une guerre à outrance comme celle de Gambetta dont M. de Gaulle a lui-même fort bien signalé les erreurs.

Cela pouvait avoir le même résultat heureux pour la France qu'eut pour l'Allemagne l'armistice du 11 novembre 1918, celui qui permit au vaincu d'alors de se relever, de se renforcer.

IV. Prise de position au lendemain de nos désastres

Telles sont les raisons irréfutables qui dictèrent la déclaration du 26 juin 1940[78], rédigée à Villefranche-de-Rouergue, où nous étions repliés et que nous confiâmes à l'agence Havas repliée à Bordeaux.
Voici le texte de cette déclaration :

> À la première rumeur de l'armistice, *L'Action française* élevait à Poitiers, où elle paraissait, le cri qu'elle répétera en reprenant sa publication : « Fou, et fou à lier serait n'importe quel Français qui voudrait substituer son jugement à celui qu'ont émis les compétences militaires des Pétain et des Weygand. Ces deux grands Français avaient sous les yeux tous les renseignements sur ce qu'il importait de savoir. Absolument personne ne pouvait en juger comme eux. Que des spécialistes aigris élèvent leur murmure, ce n'est qu'une offense au bon sens. De tous ceux qui voudraient poursuivre la lutte à outrance, pas un n'ignore maintenant qu'elle est impossible sur le territoire de la métropole ; ils veulent la réfugier dans nos colonies. Cela équivaudrait à abandonner la France et à la livrer tout entière. Quand la reverrait-on ? Peut-être jamais.
>
> Ce point militaire réglé, tout est dominé par la question nationale. Ceux qui ont le sens de notre passé se demandent si nous ne sommes pas tombés au degré le plus bas de l'Histoire de France. Eh bien, nous en remonterons si nous gardons le sentiment essentiel et vital de notre unité.
>
> Unité française d'abord ! Dans l'unité tout peut revivre. Mais si nous avions le malheur de nous diviser, même avec l'illusion de faire face à l'adversaire victorieux, cette division ne profiterait jamais qu'à lui.
>
> Nous n'avons d'autres chances que dans le maintien fier et fort de l'unité nationale incarnée par le maréchal Pétain et ses collaborateurs.
>
> Pour triste et dure que soit la situation, une chose peut l'aggraver et c'est la déchirure de la tunique de la Patrie. Or ceux qui tendent à

---

[78] Cette déclaration fut reproduite par presque tous les journaux.

ce crime sont précisément les responsables de cette guerre mal préparée, ceux qui nous ont fait perdre en dix mois l'effort de dix siècles. Contre les nécessités douloureuses auxquelles la raison solide et le cœur fidèle sont bien contraints de se résigner, les mêmes responsables font un déchaînement de patriotisme verbal dont il n'est pas difficile de comprendre le sens...

Je pensais à M. Mandel et à ceux qui se trouvaient sur le pont du *Massilia*.

Il s'agit de servir des causes fort peu nationales : l'oubli de leurs erreurs, les intérêts de leurs partis et les manœuvres de l'Étranger.
Unité française d'abord ! C'est le seul axe et la seule colonne de l'espérance. Nul Français digne de ce nom ne peut perdre de vue cet axiome fondamental. Tout notre avenir de peuple en dépend.

Charles Maurras.

L'ARMISTICE DE 1940

Le souci de l'avenir et de cette condition d'avenir : l'unité française, est ce qui dominait en effet dans notre esprit.
Nous pensions, comme Galliéni, comme Foch, qu'il fallait se battre jusqu'au bout, c'est-à-dire jusqu'au dernier point de l'utilité pour la victoire et la puissance. Nous ne pensions pas qu'il fallût pousser toujours cette guerre à outrance. Là, répétons toutes les explications nécessaires.

La guerre à outrance de 1870 consistait à chanter en septembre qu'on ne céderait pas un pouce de territoire ni une pierre des forteresses, à rejeter les conditions, en somme modérées, proposées par Bismarck (cession d'un morceau de l'Alsace et contribution de deux milliards), tout ce tapage pour devoir, cinq mois plus tard, céder toute l'Alsace, une partie de la Lorraine et payer cinq milliards. Quant à l'honneur ? L'honneur, d'abord, avait été sauvé à Saint-Privat et à Reischoffen. L'honneur n'a rien gagné au siège de Paris, au campement des Allemands aux Champs-Élysées ni à la Commune de Paris et au second siège qui en est sorti.

Si les adversaires européens de Napoléon Ier avaient fait la guerre à outrance sur ce modèle, il ne leur serait pas resté un soldat ni un canon pour prendre leurs revanches de 1812, 1813, 1814 et 1815.

Si les Allemands de 1918 avaient fait la guerre à outrance, ils auraient été encerclés et faits prisonniers par Foch, Pétain et Castelnau, pendant que Franchet d'Espèrey serait entré à Berlin. Ils n'auraient pas pu se réorganiser et préparer leur revanche de 1940.

Un armistice conclu à temps, même une paix désavantageuse, permettent, en réservant l'honneur, de sauver l'avenir. L'armistice de 1940 sauvait l'avenir avec de larges morceaux du présent.

Là-dessus, Messieurs, je vous demande la permission de répondre en quelques mots à l'étonnant *factum* lu hier par M. le greffier. On me reproche une « confiance folle », une « confiance mystique » dans le maréchal Pétain. On me dit : Vous avez parlé du « miracle Pétain », vous avez parlé d'un « homme providentiel » !

Messieurs, je ne suis pas un plagiaire ; j'ai l'habitude de laisser à chacun ce qui lui appartient.

Eh bien, le « miracle Pétain » n'est pas de moi, mais de quelqu'un de beaucoup plus compétent pour parler de miracles, il est du Pape lui-même. C'est le Pape Pie XII qui, avec son expérience des choses surnaturelles, mais aussi avec sa grande sagesse naturelle, l'a dit. Le Pape Pie XII sait, lit, parle, écrit sept langues vivantes ; il a parcouru dans sa longue vie de diplomate le monde entier ; il a été nonce dans les deux Amériques. Dans cette culture magnifique, le Pape Pie XII possède une expérience de la langue française peut-être inégalée ; pour extraordinaire que cela soit parmi les théologiens romains, il aime Bossuet malgré son gallicanisme. J'ai été très content, très fier de me trouver d'accord avec lui sur Pétain. Le « miracle Pétain », c'est un terme du Pape.[79]

Maintenant, quant à « l'homme providentiel », il faut descendre d'un degré, ce n'est pas non plus un mot de moi ; il est du doyen du corps diplomatique, c'est-à-dire du nonce du Pape qui a dit au Maréchal : « Vous êtes l'homme providentiel. »

Il y a d'autres propos, d'autres formules que l'on a appliquées à Pétain et que j'ai souvent répétées ; ce fut notamment au moment où le président Roosevelt commençait à dessiner clairement la tendance de sa politique qui

---

[79] À la reprise de l'audience, M. Maurras tint à préciser : « Je voudrais compléter ce que j'ai dit tout à l'heure au sujet du mot pontifical sur le *miracle Pétain* en vous disant ma référence. Le mot a paru chez notre confrère *Le Nouvelliste*, de Lyon, dont vous savez les sentiments catholiques, et celui qui l'a rapporté ne sera pas inculpé de maurrassisme, puisqu'il est à la fois bergsonien et démocrate. » (Note des éditeurs de 1945.)

était l'alliance complète avec l'Angleterre. À ce moment-là, Roosevelt envoyait quelqu'un au maréchal Pétain pour le féliciter de son « œuvre magnifique ».

Enfin, au banquet de Clermont auquel nous avons assisté, Pujo et moi, dans l'hiver 1941–1942, banquet présidé par l'ambassadeur des États-Unis, l'amiral Leahy. L'amiral, après avoir écouté les discours français, a remercié le Maréchal et a conclu en buvant — à la santé du Chef de l'État ? Pas du tout ! Il a dit : « Au maréchal Pétain, votre héros national. »

Vous pensez bien, Messieurs, qu'après Roosevelt, l'amiral Leahy, le nonce du Pape, le Pape lui-même, j'aie pu m'abandonner très tranquillement, en toute sûreté, à mon admiration naturelle, profonde pour le maréchal Pétain ! N'oubliez pas Verdun, n'oubliez pas son rôle dans la victoire finale, son intervention dans le Rif, son ambassade à Burgos et Madrid. C'est un homme qui a toujours réussi parfaitement, et la magnifique parole par laquelle il faisait don de sa personne à la France m'avait profondément ému de la part d'un vieillard de quatre-vingt-trois ans.

Voilà le secret de mes adulations pour le Maréchal.

Sens de l'armistice : les deux armistices

Mais il faut que je vous apprenne une chose qui n'est pas un secret, mais qui est un peu trop ignorée : il y a eu deux armistices.

Ceux qui ont suivi le 26 juin 1940 le maréchal Pétain pensaient avec Danton que « l'on n'emporte pas la Patrie à la semelle de ses souliers ».

Les concessions du Maréchal étaient celles que font tous les vaincus. Mais il gardait, en sus des réalités substantielles, la possibilité de toutes les réorganisations à l'intérieur. On n'a pas assez remarqué, en outre, qu'en sauvant l'honneur national, le Maréchal gardait aussi le respect de nos alliances. À Bordeaux, au fort de la crise, l'ambassadeur d'Angleterre, Sir Ronald Campbell, demande dix fois à nos ministres : « Et votre flotte ? Elle n'est pas livrée au moins ? — Non et non ! » On lui en renouvelle dix fois au moins la certitude. Elle fut confirmée par les faits : la flotte ne fut pas livrée, la flotte nous resta, et, deux ans et demi plus tard — novembre 1942 — pour ne pas être livré à l'Allemagne, ce qui restait de cette flotte s'est sabordé.

Tel a été le double honneur de l'armistice. Tels en étaient les profits qui eussent été durables s'il eût été respecté par d'autres comme il l'a été par le Maréchal, qui lui a conservé sa valeur de pacte devant les Anglais comme devant les Allemands.

Le Maréchal a toujours refusé à ceux-ci la collaboration militaire contre l'Angleterre. Il leur a toujours refusé les points d'appui méditerranéens, Bizerte, Toulon, qu'ils demandaient, et prétendaient même exiger. Il a fallu qu'on l'en eût dépossédé lui-même pour que les Allemands puissent s'y établir.

Or, à peine conclu, cet armistice trouva immédiatement devant lui deux ennemis : l'Angleterre et le parti franco-allemand.

L'ANGLETERRE

La position des Français ralliés autour du Maréchal, vis-à-vis de l'Angleterre était bien nette.

Le soir même du jour où fut lancée notre dépêche à l'agence Havas, je me trouvais chez un homme politique républicain qui avait réuni à l'occasion de mon rapide passage chez lui un certain nombre d'adhérents de L'Action française. Comme j'ai eu plusieurs occasions de le raconter, l'un d'eux me posa une étrange question. Il me dit (je reprends ses termes authentiques) :

— Si l'Éternel vous donnait le pouvoir de choisir entre l'Allemagne et l'Angleterre, de quel côté pencherait votre balance ?

— Pour l'Angleterre, répondis-je sans hésiter. L'Allemagne reste l'ennemi numéro 1.

Nous étions, redisons-le, au 26 juin. Huit jours après, le 3 juillet, la flotte anglaise venait canonner nos vaisseaux ancrés, presque désarmés, à Mers el-Kébir, tuait plus de quinze cents matelots français, sans raison, sans utilité ; la flotte ne devait pas être livrée, il n'y avait aucun sujet de présager qu'elle pût l'être et, en tout cas, les Allemands ne pouvaient venir la chercher là où elle était.

Eh bien, Mers el-Kébir n'a rien changé à l'armistice du Maréchal.

Le Maréchal n'a pas livré la flotte.

Il n'a pas fait la guerre à l'Angleterre.

Il n'a pas fait de collaboration militaire avec l'Allemagne.

Mais quelque chose a été changé dans nos rapports moraux avec nos anciens alliés.

La balance, qui était pour l'Angleterre, n'a pas été infléchie pour l'Allemagne.

Elle a été en équilibre entre eux, il y avait un ennemi numéro 1, il y a eu *ex aequo* un ennemi no 1 bis.

On répond à cela : c'était la guerre. Oui... mais la guerre à la France.

L'Angleterre a cru devoir continuer cette politique, qui lui aliénait beaucoup de Français.

Elle attaqua Dakar. Elle attaqua la Syrie, l'Afrique équatoriale française, plus tard Madagascar. Elle organisa une guerre coloniale qui prit bientôt les proportions d'une guerre civile. Et l'Angleterre organisa à la radio une prédication quotidienne de propagande injurieuse contre la France continentale, et l'État, et le Maréchal.

C'était pour notre bien, diront ses amis. D'autres continuent à penser que notre bien apparaissait étrangement subordonné au sien. On admire qu'elle ait fait un si grand tour pour attaquer l'Allemagne, sa voisine dans la mer du Nord ! On est également surpris que notre bien comportât tant de maux pour nous.

Avant la transformation de notre territoire métropolitain en champ de bataille, la ruine de Toulon et de la Normandie, le bombardement de tant de nos villes, l'incendie de vastes pays, le grand circuit de notre empire colonial (qui a pris beaucoup de temps, et nous a ravi beaucoup de possessions lointaines) était propre à éveiller les plus légitimes défiances. Cependant, jamais les fidèles de l'armistice du Maréchal n'ont demandé, ni le Maréchal n'a fait, comme il eût été possible, la guerre à l'Angleterre. On s'est borné partout à la défensive locale pure et simple. Ce dont la presse proallemande de Paris se montra toujours irritée.

Ni ces outrages d'un côté, ni ces brutalités de l'autre, ne sont parvenus à nous repousser du côté de l'Allemagne.

Dans la presse, la même défensive était aussi pratiquée, en réponse à la radio. À ses diffamations quotidiennes, il fallait des réfutations appropriées. C'était un devoir, Nous n'y avons pas manqué. Nous ne sommes jamais allés au-delà de notre droit, soit que nous maintenions la qualité d'indépendance et de souveraineté de l'État français dont le Maréchal était le Chef, auprès duquel l'Amérique même fut longtemps représentée, soit que nous ripostions aux calomnies des émigrés par les qualificatifs juridiques que leur infligeait l'autorité légitime de notre pays.

Et (refrain) ni ces polémiques, ni les coups matériels et sanglants portés par l'Angleterre n'ont fait livrer ni la flotte, ni les points d'appui naval que réclamait l'Allemagne. Quant à la défense de l'Empire, elle tenait dans le mot de Weygand : « Ni aux uns, ni aux autres. » Il est impossible de concevoir un programme plus loyal d'une part, plus patriotique de l'autre. C'est celui auquel s'est tenu strictement le Maréchal et nous derrière lui : observer l'armistice envers et contre tous.

V. Le parti Laval
Le parti allemand
L'armistice pour tout livrer

Mais nous parlons de l'armistice du Maréchal, de l'armistice national, de l'armistice destiné à sauver ce qui pouvait être sauvé.

Il y avait un parti pour qui l'armistice devait consister à tout livrer.

Il est impossible d'avancer dans cette direction sans nous arrêter sur celui qui a tout faussé et tout perdu : M. Laval.

M. Laval est un homme d'une rare habileté dans tous les cas où ses intérêts personnels directs sont en jeu. Il était sans le sou, il s'est acquis une fortune. Il était inscrit sur le carnet B comme anarchiste en 1914, il est allé à Kienthal[80] pendant l'autre guerre, il s'en est tiré au point de devenir l'idole des conservateurs et même d'un certain nombre de nationaux. Son avant-dernier chef-d'œuvre fut, en juin 1940, de surprendre pendant quelques mois la confiance du Maréchal et, grâce à son expérience des milieux parlementaires et à son bagout politicien, de se faire confier la deuxième place de l'État. Son dernier chef-d'œuvre est de s'être, en fin de compte, un peu refroidi avec le parti franco-allemand représenté par Déat, de manière à se ménager un bon alibi d'anti-germanisme.

M. Laval est un pilote excellent pour sa barque, détestable pour le vaisseau de l'État.

Dès que l'intérêt personnel immédiat ne l'aiguillonne plus, M. Laval est réduit aux ressources de sa cervelle, ignorante et bornée. On n'a jamais vu se donner carrière une pareille incapacité politique. Sa retenue des 10% à la veille des élections suffisait à coaliser contre lui les fonctionnaires et à faire élire le Front populaire. J'ai donné plus haut l'esquisse de sa politique anglo-franco-italienne et n'ai pas dit tout ce que je pourrais dire de sa stupidité. Sa politique allemande de 1935 était plus stupide encore. Il venait, pensait-il, d'ébaucher les éléments d'une alliance défensive contre l'Allemagne. C'était, disait-il, l'excuse de son accord avec Moscou, qui devait lui permettre d'aller jusqu'à Berlin... Et il y est allé, l'animal !

---

[80] Kienthal est une station touristique de l'Oberland bernois où s'est tenue en avril 1916 une réunion internationale de socialistes opposés à la guerre, pour la plupart dissidents de leurs partis nationaux. (n.d.é.)

D'où notre parabole de la battue au sanglier. *Le chef de la battue, M. Laval, a recruté les meilleurs fusils du canton. Ils ont donné leur accord. Alors, M. Laval court à la bauge dire :*
— *Voulez-vous être de la battue, Monsieur du Sanglier ?*

Tout 1938-1939, il s'est empêtré dans ses contradictions. Elles étaient si fortes que le parti franco-allemand n'eut aucune peine à le mettre sur son triste pavois.

En 1940, il prit la tête du parti de l'armistice. Non pas pour tout sauver ; je rappelle que nous avions deux armistices. Mais du parti de l'armistice pour tout livrer.

À notre premier voyage à Vichy, 11 ou 12 juillet 1940, Laval nous fit de grandes avances, à Pujo et à moi. Nous fûmes froids. Il nous dit : « Donnez-moi vos hommes, je travaillerai avec eux. » Nous nous bornâmes à répondre que nous pouvions mettre à sa disposition un grand juriste qui pourrait l'aider dans toutes les questions de droit national et international, le marquis de Roux. Ce nom le mit en fuite. Il nous recommandait de ne plus parler des Allemagnes, de peur qu'on ne parlât des *Frances*, comme si c'était la même chose ! Il nous raconta que, dans les trois mois, les Allemands allaient jouir dans la zone occupée d'une popularité irrésistible et que c'était le plus grand danger que la France courait ; qu'il fallait se mettre à la botte des Allemands à tout prix... Ces bêtises, ressassées, achevèrent de nous faire juger l'homme.

En septembre 1940, nous communiquâmes au général Weygand, qui la lut en conseil des ministres, une lettre admirable de la baronne François de Lassus dont le mari, président de la Ligue d'Action française, était tombé trois mois plus tôt au champ d'honneur. Cette lettre protestait contre la radio de Laval qui faisait pression en faveur des Allemands. En riposte, la censure de M. Laval voulut nous frapper pour notre attitude, mais la mesure prise contre le journal provoqua un incident au conseil des ministres, et sur la protestation personnelle du Maréchal, la suspension fut rapportée ; M. Montigny, secrétaire général à l'Information, nous téléphona par ordre ses excuses de l'erreur.

Quelques jours après, au terme d'une discussion avec Maurice Pujo, il nous autorisait à arborer notre manchette permanente : « La France, la France seule ».

Et *L'Action française* la garda pendant quatre ans, en dépit des fureurs qu'elle provoquait dans les deux partis de l'Étranger, le pro-anglais et le pro-boche. Mais c'est avec ceux-ci qu'il fallait en découdre tous les jours, car le parti pro-allemand, par Laval, tenait toutes les commandes.

Aucun doute n'était plus possible. Le parti d'un armistice qui livrait tout s'était organisé auprès de M. Laval et de ses journaux.

Cette presse avait deux pôles. L'un, officieux, patelin, « modéré », représenté par l'*Inter-France* de M. Dominique Sordet ; l'autre, tapageur, excité, véhément, par *L Œuvre* de M. Déat. L'entre-deux était garni, comme il convient, des dupes ou des complices. Un trait commun les marquait tous : faire litière de tout sentiment d'honneur français. M. Montigny pouvait dire dédaigneusement que la politique de la dignité valait ce que l'on appelait la politique de la fermeté, en août 1939 !... Mais ce que l'on rebutait nommément, à tout coup, c'était l'idée que l'on peut revenir de cette défaite. Elle était définitive, acquise, éternelle.

L'armistice du Maréchal, l'armistice sauveur, réservait particulièrement l'avenir. Il emmagasinait et conservait précieusement des forces. Or, c'était celles mêmes dont on faisait fi ouvertement. Non seulement l'armistice était une « fiction », la ligne de démarcation, un mot, l'empire, la flotte, des termes sans réalité, mais toutes les conditions étaient tenues pour révocables « *ad nutum* », la bonne volonté du vainqueur étant tenue pour règle de tout ; mais on se précipitait au-devant de l'Allemand pour lui faire les offres de services qu'il ne demandait pas ou qu'il ne songeait même pas à demander. L'armistice n'était pas conclu pour éviter de tout perdre ; d'après ces gens c'était le don total du pays à ses vainqueurs du jour.

N'était-il pas stupide, aimait à dire M. Laval, de se battre tous les vingt ans entre voisins ? D'abord, l'on ne s'était pas battu tous les vingt ans !... Et le moyen aussi de toujours se battre était de mendier un servage humiliant, donc exaspérant, donc générateur de nouveaux conflits !...

On a vu plus haut quelle importance ma jeunesse et mon âge mûr avaient accordé à l'idée de revanche, qui avait été, vingt ans, une « reine de France ». Le mépris qui lui était ainsi prodigué suffisait à éveiller mon attention. Dès que j'eus pris connaissance du numéro d'Inter-France du 1er août 1940, c'est-à-dire à la mi-août, j'écrivis à son directeur, M. Dominique Sordet, la lettre suivante :

Limoges, le 15 août 1940.

À M. Dominique Sordet. Monsieur,

En traversant Vichy, j'ai lu votre *Inter-France* du 1er août.

J'ignore absolument quand *L'Action française* sera à même de reprendre la publication de la chronique musicale dont vous étiez le titulaire, mais une chose est bien certaine : l'auteur de ce numéro d'*Inter-France* ne remettra plus les pieds chez nous, on n'y retrouvera plus une signature déshonorée.

La page affreuse que vous avez signée est-elle de vous ? Je voudrais en douter. Les termes que vous employez à l'égard de l'Allemagne, ceux dont vous croyez accabler les « patriotes jaloux », ou encore des « super-patriotes impénitents », tout cela ne fait que rappeler le mot du prince de Bülow :

— Nous n'avons pas demandé la tête de Delcassé, on nous l'a offerte.

Vous voilà donc, Monsieur, en 1940, à peu près comme Rouvier en 1905 : un de ces Français qui offrent à l'Allemagne ce qu'elle ne demande même pas.

Au bout de quelques semaines, Rouvier se repentit ; il disposait de ce délai. Vous a-t-il été laissé à vous, Monsieur, et à vos misérables inspirateurs ? Ou bien le mal, qu'en des circonstances critiques, vous aurez fait délibérément à la France, ne sera-t-il pas devenu définitif et sans remède ?

Non content de courir au-devant des vœux du vainqueur, non content de porter vos offres au-delà de ses exigences, vous voulez encore, Monsieur, que l'on coure et que l'on offre comme vous. Vous osez même accabler de sarcasmes prétentieux les Français qui refusent de rien imiter de votre bassesse ; ils ne comprennent pas, dites-vous, ils ne connaissent pas... Et vous, qu'est-ce que vous comprenez ? Qu'est-ce que vous savez, misérable ?

Vingt fois, ces dernières années, j'ai été tenté de souligner quelques-unes de vos niaiseries ou de vos platitudes.

J'ai cédé aux instances des amitiés qui intercédaient en votre faveur.

J'étais trop bon !...

Cette fois, il s'agit de patriotisme et d'honneur, autant et même plus que d'esprit politique. On ne saurait se contenter de sourire et de laisser faire.

Adieu donc, Monsieur, soyez heureux et, comme vous le dites, confiant sous l'étendard de votre collaboratrice et de votre protectrice, l'Allemagne victorieuse.

Vivez avec elle, dans un « accord » sans « réticence », enivrez-vous de tous les élixirs de son « bon vouloir ». Nous nous honorons de nous tenir à l'écart, pour rester entre Français dignes de ce nom.

Il est impossible de vous saluer, croyez-moi.

Signé : Charles Maurras.

Voilà la lettre, et voilà comment, à *L'Action française*, on écrit aux partisans de l'Allemagne.

En même temps, *L'Action française* annonçait à ses lecteurs le renvoi de M. Dominique Sordet. Pour que l'on ne crût pas à une exécution de pure forme, je demandai le remplacement immédiat du critique musical. Objection : il n'y avait guère de comptes-rendus musicaux à faire à ce moment-là à Limoges. Le successeur de M. Sordet, l'éminent musicographe Joseph Canteloube, fut prié de faire une chronique musicale régulière des « Chansons populaires de France ». Cette intéressante série s'est prolongée durant plus d'une année.

Après M. Dominique Sordet, ce fut le tour de M. Déat. Voici le document qui le concerne : c'est une lettre écrite, le 2 septembre 1940, à M. Tixier-Vignancour, chef de la Radio nationale, sur ses écrits politiques, en réalité en réponse à une lettre d'excuses du 27 août où il confondait mes positions avec celles de M. Déat.

Limoges le 2 septembre 1940.

Cher Monsieur,

(...) Cette lettre apportait une bonne nouvelle : vous changiez de place les citations Déat, et vous en modifiiez le volume qui était scandaleux. Malheureusement, ce scandale a recommencé avant-hier 31 août, midi.

En vérité, tout ce qui réfléchit se demande ce que c'est que cette politique de suicide. Comment pouvez-vous laisser un adversaire évident de la France et de l'ordre social prendre cette licence publique de tout remettre en batterie contre vous : vous, État français, vous,

État non marxiste, vous, adversaire de la lutte des classes, de l'antipatriotisme et de l'antimilitarisme, et vous aussi, Tixier-Vignancour.

(C'était un patriote.)

Par la plus grosse des ruses, cousue de fil rouge, on dénonce les « survivants d'un régime quelque peu bousculé », et vous ne voyez pas que c'est ce survivant qui mène le bal contre vous ? Sait-on lire à la Radio ?

Ce que vous me dites de la convergence des thèses de Déat et de moi en 1939 est obligeant, conciliant, et petit être pris pour de la politique. Ce n'en est pas, parce que c'est faux. Le refus de « mourir pour Dantzig » est d'un homme qui songe à des mouvements publics, à des « remous », comme il dit, tendant à des refus de services et à des mutineries militaires pouvant tourner à la révolution devant l'ennemi. Les termes qu'il emploie le montrent tout à fait dépourvu du sens de la dignité de la France et du respect de soi.

Nous ne convergions nullement avec lui lorsque nous disions, nous, la simple vérité objective : que pouvions-nous pour la Pologne ? Rien. Nous subissions un cas de force majeure, mais sans contester qu'il fallût mourir pour Dantzig si on eût pu mourir utilement et puissamment, sans abdiquer, comme Déat, tout esprit de prévision politique, sans nous aveugler, comme lui, sur l'évidence énorme du péril européen constitué par les progrès de l'Allemagne hitlérienne. Jaurès s'y était montré déjà résigné en 1913 ; rappelez-vous sa conversation avec Barrès retour du Levant. En 1939, Déat s'y était résigné comme son triste maître.

Notre position, seule politique, seul digne d'un national comme vous, Monsieur Tixier-Vignancour, maintenait toutes les précautions et toutes les mises en garde, armement, réarmement, surarmement, alliances, tout ce que la position Déat refusait, explicitement ou non. C'était donc le jour et la nuit. Nous pensions à l'avenir en même temps qu'au présent, au lieu qu'il niait puérilement le danger ou se figurait pouvoir le conjurer par des figures de rhétorique. En fait, il le remplaçait par un autre ; celui d'une guerre intérieure, non moins perdue pour l'ordre et l'intérêt de la France. La manière dont M. Déat disait « Pas de guerre » était exactement celle de ces Jaurès et de ces

Caillaux qui, entre 1902 et 1914, cédant tout, les colonies et l'armement, rendaient inévitable la grande guerre.

Refuser de distinguer entre deux pensées aussi opposées que celle de M. Déat et la nôtre, sous prétexte qu'elles aboutissent aux mêmes conclusions verbales, ne représente qu'un réalisme tout fictif et, encore une fois, verbal. Si vous regardiez un peu attentivement les choses, soyez sûr que vous y verriez très distinctement les idées.

Je ne reproche pas à M. Déat de venir de Genève, ainsi que vous semblez le croire, c'est son affaire. Je reproche à l'ancien ministre de l'Air du cabinet Sarraut, de faire perpétuellement abstraction de la France, en tant que Nation, et de s'en f... littéralement. Ne me dîtes pas qu'à une autre époque de sa vie, il a porté les armes avec honneur ; M. Gaston Vidal[81] aussi. Tous les deux ont su se débrouiller pour se faire payer *cash and carry*. Vous avez le devoir de ne pas être dupe de ces marchands.

Mais il se trouve que notre polémique est exploitée et amplifiée par l'ennemi, ce qui, dites-vous, a les conséquences les plus désastreuses à l'intérieur et à l'extérieur. Eh !... croyez-vous qu'il fût besoin de mes répliques pour donner à l'ennemi les moyens d'amplifier et d'exploiter les thèses de M. Déat ? Elles étaient faites sur mesure pour son intérêt, son plaisir, son utilité essentielle. Et à qui la faute ? À vous d'abord. Vous aviez la censure, vous pouviez arrêter au passage les infamies pro-boches de M. Déat. Ce n'est pas à mes répliques, trop modérées encore, que le mal a pu commencer. Votre police, vos services d'information auraient dû vous faire entrevoir le double effet du scandale de M. Déat ; il donne raison aux calomnies de la radio de Londres, il recrute à la douzaine des partisans à M. de Gaulle. Ce n'est pas tout ; le peuple français, moins bête qu'on ne le croit, se montre sensible aux carnages publics que font les marxistes de son honneur et de ses intérêts vitaux. Il a donc ressenti une angoisse qui lui fait dire : Alors, le Gouvernement n'a pas changé en France ? Le nouveau vaut l'ancien et la seule différence est que M. Déat le livre aux Boches, alors que M. Mandel le livrait aux *Angliches ?* Injustice ? L'injustice de la douleur ! Elle serait impardonnable si vous

---

[81] Gaston Vidal (1888–1949), député de l'Allier, secrétaire d'État à l'enseignement technique et promoteur des Jeux olympiques de Paris en 1924, avait fait une brillante guerre puis fut condamné en 1935 pour son rôle actif dans l'affaire Oustric. (n.d.é.)

n'aviez si malheureusement pardonné tout à M. Déat. Vous pouviez écraser dans l'œuf sa récente manœuvre, et vous le deviez. Vous ne l'avez pas fait. Le seul coup de frein efficace est venu de nous. Parce qu'on nous savait amis du Gouvernement, la rude opposition faite à Déat a permis de conclure que ce révolutionnaire mal repenti n'était pas toujours aussi maître du nouveau jeu qu'il l'apparaissait tout d'abord, et qu'il restait possible que son briandisme fut écrabouillé à temps.

La collaboration avec l'ennemi, me dîtes-vous, n'est pas seulement, comme je vous le disais, possible, vous la déclarez nécessaire et inéluctable. Eh, mon Dieu ! Ne nous attribuez pas des sottises pour les réfuter plus commodément. Personne, parmi nous, n'a jamais empiété sur les terres du nécessaire et de l'inévitable. L'*ananké*[82] n'est pas en cause, ni son acceptation loyale. Vous devriez le voir. Reportez-vous aussi aux lignes qui précèdent. Je ne reproche pas à M. Déat de donner ce que nous ne pouvons pas refuser, mais bien de livrer ce qu'il nous appartiendrait de réserver et de défendre. Je lui reproche d'ajouter à la nécessité subie les offres d'une immonde et stupide liberté, la sienne, qui vaut celle de M. de Gaulle. Le malheureux met tout sur le tapis, et il l'y jette, il l'y précipite, voici-voilà, comme une marchandise qui lui appartiendrait. Il court au-devant de l'occupant, le tire par les basques pour mieux faire prendre la mesure de ses espérances, de ses larges vues, de ses intentions, dignes du plus cocu des libéralismes internationaux. Tout cela, d'ailleurs, de la force des ruses de Gribouille, des mathématiques de Calino et de la portée d'esprit d'un pédagogue à grand bagout.

Ce Kérillis pro-boche fait donc illusion ? Vraiment ? À qui ? Et qui peut en être dupe ? Il suffit de le lire. Et l'on se convainc du volume de ses maladresses. En admettant, ce que n'admet aucun Français honnête, qu'à la politique du clan des « *yes* » doive succéder celle du clan des « *ja* », la raison suffit encore pour établir qu'il faut distinguer cette politique en soi d'un programme publié, étalé, affiché. Il y a une différence ! Autre chose est faire, autre chose parler. Je sais bien que ces Roumestan ne peuvent avoir une idée sans monter à la tribune sans vociférer ou sauter sur leur stylo pour la gribouiller. Et cela joue le réalisme !

---

[82] Transcription du grec : la nécessité. (n.d.é.)

Il n'est pas un maquignon de village pour ignorer qu'annoncer des concessions a pour immanquable et immédiat effet de gonfler les exigences du partenaire averti. Il est idiot de supposer qu'il va se contenter de ce qu'on lui offre. Il sautera dessus, il s'en emparera, et, comme déjà sien, s'y établira solidement, pour s'élancer de là et demander autre chose. Cela est une évidence si monstrueuse que j'ai honte de vous l'écrire. Votre Déat et ses amis sont d'abominables gâte-métier.

Leur campagne dont il semble que vous soyez dupe et victime réunit les quatre caractères :

– *de l'indignité morale,*

– *de l'imprudence politique,*

– *de l'imprudence diplomatique,*

– *et de la plus énorme faute de psychologie qui puisse être commise sur le caractère allemand.*

C'est coquet, c'est complet, c'est de quoi nous demander si le programme de la Radio française est d'apporter une belle eau bien claire, bien limpide, au moulin des deux radios ennemies.

Voilà l'essentiel de ma réponse. Je ne demande pas mieux que d'aller la compléter de vive voix à Vichy. J'y serai vers la fin de cette semaine. Les explications orales peuvent aider à dissiper tous les malentendus. Mais ce qui précède doit vous être évident. Les fautes commises sont encore réparables. Il ne faudrait pas s'y enfoncer, ou gare la fin ! Vous aurez abouti à tout ce que vous ne voulez pas et vous en pleurerez des larmes de sang, ce qui, croyez le bien, ne sera pas pour consoler quelqu'un qui a donné beaucoup d'avertissements de ce genre, que l'on n'a pas voulu écouter, et que l'événement n'a que trop cruellement approuvé, au grand malheur de notre Patrie.

Au moment de vous dire que j'ai l'honneur de vous saluer, il me tombe sous les yeux une véritable image d'Épinal dont la grossièreté devrait tout régler. Lisez le commentaire incroyable que les gens d'*Inter-France* viennent de donner au projet de reporter sur notre frontière pyrénéenne le contrôle postal qui s'était installé à Moulins. Ce projet est ce qu'il est. Il peut avoir des avantages ou équivaloir à la situation présente. Mais les malheureux ont imaginé de superposer à ce dispositif matériel, qui est quelconque, des *motifs* désastreux.

Savez-vous ce dont argue *Inter-France* ? De ce qu'il appelle la fiction de l'indépendance de la zone libre ! Soit. Et de vous à moi, c'est une fiction. Hélas, nous le savons autant que ce crétin, le Boche peut y faire ce qu'il veut, on ne nous l'apprend pas. Mais ce n'est pas à nous de l'écrire, ce n'est pas à nous de dire publiquement au Boche que l'Armistice est chose qu'il puisse transgresser à son gré et à son aise, et que ce seuil légal ne sera pas défendu. Le bon sens dit au contraire que notre rôle doit être de nous accrocher à toutes les moindres stipulations de l'armistice, sans laisser croire un seul instant que nous ne les prenions pas au sérieux et que ses clauses puissent être contestées et minimisées. C'est le *b-a ba* de l'affaire. Sans quoi leurs négociateurs auront beau jeu de répondre aux nôtres : « Eh mais, vous le savez bien, puisqu'une agence officielle l'a dit et écrit chez vous. »

Pourquoi dit-on ainsi ce qu'il ne faut pas dire ? Est-ce donc pour faire ce qu'il ne faut pas faire ? Devant l'énormité de la faute commise, on est tenté de se demander s'il n'y a pas là une ébauche de trahison. J'espère que non. Pour expliquer ces traits de catastrophique stupidité, il suffit de cœurs gâtés par l'ignorance, l'irréflexion, la fatuité, la présomption, le pédantisme, le manque d'éducation et d'instruction, les habitudes d'esprit du marxisme et du briandisme, l'inhabitude totale de concevoir les intérêts objectifs de la Patrie.

Mais, ici, permettez-moi de vous dire, Monsieur, que s'il paraît tout naturel de voir un Déat déatiser, avec l'appui de tous les Montigny caillautisants de la Censure, il nous est pénible qu'un Tixier-Vignancour le soutienne par la voix de sa Radio.

Hier encore, 1er septembre, à midi, cette Radio nous a largement répercuté l'article ridicule où M. Déat se proposait comme négociateur de la Paix...

Est-ce assez... ? Ces trois points couvrent un monosyllabe de sens très fort. J'ai toujours désapprouvé l'emploi péjoratif d'un terme qui ne signifie rien que d'agréable, mais je vois comment il peut être appliqué à une politique insensée. Cela veut dire une passivité absolue et l'aptitude à se laisser manœuvrer au plaisir du tiers et du quart. J'ai le droit et même le devoir de ne pas désirer ce destin pour un État français revenu à ses fins nationales qui, lui, doit tenir et agir ferme, jouer serré, et se donner la peine de songer aux conséquences des choses, des actes et des mots...

Ces pages, déjà longues, n'ont pas à être étendues d'une demande d'explication sur un mot de vous qui m'a étonné. Il ne suffit pas de dire qu'on vous a bien mal renseigné, il n'y a jamais eu de kérillisme autour de moi, il ne peut donc en rester.

Veuillez agréer, cher Monsieur, l'expression de mes sentiments les plus distingués et dévoués.

Signé : Charles Maurras.

P.-S. Je lis L'Œuvre d'aujourd'hui lundi.

« Il y eut le plan incliné de la victoire. »

Vous m'effrayez par ce plan incliné de cette nouvelle défaite dans quelque folie suicide.[83] Je fais ce que je peux. Vous devriez y réfléchir en toute objectivité. Hélas !

Par la date (été 1940) et par leur sens, ces deux lettres sont capitales. Dans la seconde, toute la tactique du parti pro-allemand est déjà résumée. Dès août 1940, M. Déat est accusé de livrer et *à offrir ce qu'il faudrait réserver et défendre*, et de tout précipiter sur le tapis voici-voilà, de tirer l'occupant par les basques pour faire le contraire de ce que sait et fait le moindre maquignon de village, offrant plus que le Boche ne demande et invitant le Boche à élever encore ses prétentions.

– *Indignité morale.*

– *Indignité politique.*

– *Indignité diplomatique.*

– *Énorme faute de psychologie sur le caractère allemand.*

Ma polémique contre M. Déat et son parti a reposé sur ces quatre chefs.

Toute la polémique de *L'Action française* excitait beaucoup de sympathie à Vichy dans l'entourage du Maréchal. Mais la thèse de M. Déat avait la caution de M. Laval qui le protégeait, au grand scandale du général Weygand dont les sentiments étaient connus.

Déat finit par lâcher pied. Il quitta Vichy pour Paris. Mais le clan Laval, soutenu par l'Allemagne, fit envoyer Weygand en Afrique du Nord. Cela ne changea pas d'une ligne la politique du Maréchal. Même, cela la fortifia, car Weygand pratiqua à Alger, la formule « Ni les uns, ni les autres », qui gardait tout à la France. Il ne livrait rien.

C'est pourquoi, Monsieur le Président, Messieurs les jurés, nous nous adressâmes directement au Maréchal lui-même.

---

[83] *Sic.* (n.d.é.)

Le 11 octobre 1940, nous fîmes, Pujo et moi, une course à Vichy pour remettre au Chef de l'État une note exposant ce qu'il y avait d'insensé, peut-être de pire, dans un système où l'armistice, méthodiquement dénigré, était traité de « fiction », où les avantages que nous nous étions conservés étaient offerts à l'occupant, comme de nul intérêt pour nous. Des Français n'avaient pas le droit de plaisanter la zone « nono »[84] ; autant dire aux Allemands qu'ils feraient mieux de l'occuper. Nous avions été bien obligés d'exécuter ce que l'armistice avait de dur ; il ne fallait pas affecter le décri pour ce qu'il avait d'avantageux. Il fallait, au contraire, faire là de la procédure à la Poincaré, se cramponner aux moindres clauses, comme dans tout pacte avec plus fort que soi.

Le Maréchal nous avait autorisé à lire cette note. Il nous demanda de la conserver, la fit dactylographier et la relut longuement. Dès le lendemain, il dit à son secrétaire :

— Ces messieurs ont raison.

Ainsi se dessinait la différence entre son armistice de salut et l'armistice de trahison.

Nous avons tout lieu de penser que cette dénonciation motivée ne fut pas étrangère au renvoi de M. Laval le 13 décembre suivant. M. Laval le savait si bien, qu'à la veille de sa défaite, il avait essayé de nous accuser, au conseil des ministres, mais sans aucun succès. Nous fûmes couverts par la majorité, puis par le Maréchal.

Quand l'Allemand Abetz, venu à Vichy au secours de M. Laval, jeta un coup d'œil sur les journaux, il s'arrêta à *L'Action française :*

« La France, la France seule. »

Il ajouta : « La France seule paiera. » Cela a été avoué par *Inter-France*.

LE PARTI FRANCO-ALLEMAND ET MONTOIRE

Nous avons hâte de venir à cette première chute de Laval, tombé du second poste de l'État à celui de prisonnier et d'accusé, prison et accusation n'étant tombées que sur l'intervention des occupants. Mais il faut maintenant aborder deux questions. D'abord, la collaboration.

---

[84] Pour « non-occupée », appellation plaisante et alors fort répandue pour désigner la zone libre où s'exerçait l'autorité du gouvernement de Vichy. (n.d.é.)

On ne comprendra rien à la collaboration si l'on ne se fait pas une idée nette de la frénésie du parti franco-allemand, de ses passions et de ses intérêts.

Comment s'était formé ce parti ? Il dut avoir pour noyau primitif les débris des anciens admirateurs de Briand, où l'on était pro-allemand à force. Berlin dut répandre beaucoup d'argent. On recruta un certain nombre de sots et de fous qui croyaient à l'internationale blanche, vieille chimère que Bainville, Pujo et moi, nous avons toujours combattue. On dut y faire entrer, en grand nombre, des Cagoulards que nous avions chassés de l'Action française en raison de l'absurdité de leurs plans de complots et de leur collusion policière visible à l'œil nu. Enfin, le petit clan mondain des Gobinistes et les financiers du parti des « *ja* » était complété par un grand nombre de communistes ; le nombre considérable de poursuites, perquisitions et condamnations prononcées en 1939 sous Daladier, montre que par leur propagande ces alliés des Russes alliés des Allemands mettaient le désordre dans les fabrications ouvrières et dans l'organisation militaire. Cela concourait, par une faction puissante, à rendre des services à l'Allemagne, cela pendant la drôle de guerre, pendant l'invasion, et depuis.

Seulement, à la victoire allemande, ce joli monde a voulu se faire payer ; payer en argent, bien entendu, mais aussi en places, en influence auprès de l'occupant, en part de puissance au Gouvernement français. Les Allemands ont cru cet instrument utile, sans voir que leurs alliés publics de la veille deviendraient plus odieux au peuple français au fur et à mesure qu'ils apparaîtraient comme les serviteurs de l'occupant. Les Allemands commirent donc la forte sottise de prendre les partis de l'Étranger pour des répondants et des porte-paroles légitimes de la nation vaincue. Ils auraient pu ne négocier qu'avec le Maréchal, mais sa résistance dans la dignité et dans l'honneur les impatientait et les irritait. Ils trouvèrent commode de s'appuyer sur ces incendiaires décidés en essayant d'imposer un armistice qui livrait tout.

C'est ce qui ajouta beaucoup aux malheurs de la France. Les intérêts, les passions, les habitudes politiques des hommes du parti complétèrent les ruines de la guerre étrangère par une petite guerre civile sèche, faite à l'ensemble de l'opinion française, à sa résistance, à ceux qui l'incarnaient, et nommément au Maréchal et à ses fidèles, tels que nous, telle que, plus tard, la Légion, quand la Légion, dans son immense majorité, eut compris la situation et eut fait adhésion au signe de « la France seule ».

Nous sommes fiers d'avoir servi, pendant quatre ans, de tête de turc au parti franco-allemand.

Voulez-vous savoir ce qu'il disait de nous à ce moment-là ?

Il y a là treize pages que je vous épargnerai. Cependant, permettez-moi de vous citer quelques petits extraits et de m'en délecter.

On lisait, dans la presse boche de Paris :

> Il ne peut pas ne pas y avoir accord profond et total entre Maurras et Churchill... La collusion est évidente. Tout ce qui est contre l'Allemagne et la révolution européenne est dans le camp maurrassien... Les Juifs de Vichy ont certainement répondu avec un sûr instinct et un sincère enthousiasme aux appels de fonds de *L'Action française*. Quant aux maçons d'outre-Manche, ce sont des gens très bien... Les foudres de Maurras ne sont pas pour eux.
>
> *(Déat, L'Œuvre, 21 mars 1941.)*
>
> Le slogan de *L'Action française* : « La France, la France seule » est la couverture de l'anglophilie, rien de plus, et personne n'est dupe.
>
> *(Déat, L'Œuvre, 9 avril 1941.)*
>
> Charles Maurras et ses suiveurs procéderaient à retardement, mais avec une joie sauvage, à quelque Saint-Barthélemy, mettant hors d'état de nuire ceux-là mêmes qui ont été les pionniers de la collaboration.
>
> *(Déat, L'Œuvre, 8 mai 1941.)*
>
> Voyez comme il se trompait, si nous en croyons l'accusation !...
>
> La manchette de *L'Action française*, « La France, la France seule... » qui a fourni les prétextes patriotiques au refus de toute coopération européenne...
>
> *(Déat, L'Œuvre, 24 novembre 1942.)*
>
> Charles Maurras condamne la Légion des volontaires français contre le bolchevisme, à croire qu'il ne veut faire à Staline nulle peine, même légère.
>
> *(Déat, L'Œuvre, 26 juillet 1941.)*
>
> Maurras a travaillé fébrilement au torpillage de toutes les négociations franco-allemandes.
>
> *(Rebatet, Notre Combat, 27 mars 1941.)*

Etc., etc.

C'est une littérature que j'aime autant vous épargner pour le moment.[85] Notez que nous avons également la contrepartie, c'est la même littérature, mais de Londres. Je n'ai pas la patience de la passer en revue.

Telle fut l'intensité, on peut dire l'énormité, de l'effort donné par le parti franco-allemand. Il faut s'en souvenir si on veut comprendre l'entrevue avec Hitler à Montoire.

Cette entrevue a été offerte au Maréchal, nullement demandée par lui. Elle pouvait recouvrir un piège, mais ce piège fut déjoué par les termes mêmes par lesquels le Maréchal annonça cet événement à la France.

Son premier mot y était pour saluer ce que le parti franco-allemand voulait sacrifier à tout prix : c'est-à-dire la dignité, l'honneur, l'avenir. Le Maréchal prenait toutes les responsabilités de la collaboration, il s'en réservait la direction détaillée, il n'admettait pas d'autre juge que l'Histoire. Il disait : *suivez-moi*, excluant par-là les agitations des volontés individuelles. Il devait ajouter peu après : *Suivez-moi, ne me dépassez pas.*

Nous entrâmes à pleine voile dans cette conception unitaire et personnelle, prudente et réservée. Voici notre commentaire de l'entrevue de Montoire, tel qu'il a paru, dès le lendemain, dans notre journal qui venait d'être transféré de Limoges à Lyon :

La collaboration

— Êtes-vous partisan de ce que le Maréchal appelle la « collaboration » ?

— Je n'ai pas à en être partisan.

— Adversaire, alors ?

— Non plus.

— Neutre ?

— Pas davantage.

— Vous l'admettez donc ?

— Je n'ai pas à l'admettre ni à la discuter.

Et je cite la suite de l'article :

---

[85] Un cahier de vingt pages ronéotypées des *Documents nationaux* a été entièrement consacré à « La presse germanophile contre *L'Action Française* ». On en lira de larges extraits aux Annexes. (Note des éditeurs de 1945.)

Nous sommes, grâce au ciel, sortis de ce régime de la discussion dans lequel tout allait à vau-l'eau parce qu'il ne pouvait recevoir aucune direction continue ; rien ne tenait à rien, ni autorité, ni responsabilité. Puisque nous avons changé tout cela, il faut bien que le pays en ait le bénéfice.

Autrefois, on ne pouvait pas hésiter un seul instant à prendre des responsabilités globales et tragiques dans la carence absolue de tout gouvernement et de tout État. Là où l'État existe, où il fait son métier, notre devoir est double : d'abord le lui laisser faire, et puis le lui faciliter.

Pour le laisser faire, sachons ne pas nous mêler à ce centre essentiel de son activité qui est le libre choix d'une politique entre les systèmes divers qui s'offrent ou ne s'offrent pas ; afin de le lui faciliter, multiplions les efforts pour ramasser autour de lui le plus grand nombre possible de bons citoyens, créer une atmosphère de confiance absolue, lui apporter la force énorme qui provient de l'adhésion positive des multitudes quand elles sont organisées et dirigées par un souffle puissant.

Mais il n'y a pas à délibérer sur le fond de son action, ce serait de l'anarchie pure.

Le plus grand malheur de la France serait qu'on prît parti pour ou contre la « collaboration » et que des factions contraires se forment là-dessus ; cette dispersion et cette diversion nous seraient funestes. Tout doit aller au retranchement et au resserrement.

Le Maréchal est responsable. Il l'a admirablement dit. Comprenons...

Alors, mon interlocuteur futur disait :

— Mais si...

— Il n'y a pas de si. D'abord, concentration. Ne penser qu'à *la France, la seule France*... C'est pour elle qu'il faut travailler.

L'action saine et utile de l'esprit public doit, en conséquence, se donner pour objet de contribuer à fortifier le mécanisme du pivot sur lequel tout roule et tout tourne, la tendance politique étant elle-même mise hors de cause.

Puisqu'elle est son affaire propre, nous devons, nous, songer à faire que la manœuvre de l'État, quelle qu'elle soit, soit pourtant la plus forte, la plus souple possible, son rendement aussi heureux que possible. Si la direction choisie par le Chef de l'État est parfaite, ses bons résultats seront accélérés et accrus par le concours du pays. Si quelque erreur s'est glissée au point de départ, la souplesse et la solidité de la machine de l'État sauront l'atténuer et la compenser, grâce au même concours.

Tout peut avoir des inconvénients, ou de graves défauts. Les uns pires, les autres moindres. Et le temps souffle là-dessus. On pouvait hésiter et stagner, ou se recueillir indéfiniment, avant Mers el-Kébir. Là, les dés sanglants nous furent jetés aussi insolemment qu'un gantelet par le Gouvernement de Londres, et les coups de la furieuse campagne poussés droit à la tête et au cœur de la France, à son gouvernement, manifestaient la volonté de nous assener une nouvelle révolution française. Il n'y avait plus qu'à marcher contre Londres, contre sa radio, contre sa malfaisante et perfide sottise. Un genre de choix nous était donc retranché de ce côté-là. D'autres courants se sont produits d'autre part et d'autres réactions dont il a fallu tenir compte.

— Mais que pensez-vous du parti adopté ?

— Je n'assistais pas aux délibérations, je n'ai pas vu le dossier ; je ne pense rien. Et cela ne me prive pas, attendu que, premièrement, j'ai quelques autres petites choses à penser par ailleurs, et, secondement, qu'il me serait odieux de penser de travers, sans les éléments nécessaires pour penser juste ; troisièmement, que nous avons le devoir d'appliquer toute notre pensée à des choses immédiates, nécessaires et urgentes où elle peut rendre de bons et utiles services, tels que l'effort et l'art de donner au Gouvernement responsable tout l'adjuvant matériel et moral pour soutenir ses hautes responsabilités. La France entière doit être autour de lui. Ce grave labeur de ralliement reste, pour le moment, la première et l'unique chance de salut.

Principe vital : que le chef puisse faire sa politique, dans les conditions optimes constituées par l'attitude et le mouvement du pays. Soutenons-le, acclamons-le, il n'est point d'autre méthode pour aider à maintenir fermement le vaisseau de la France entre la zone de son plus grand bien qui reste attingible, et celle du moindre mal dans laquelle il peut toujours se sauver.

Voilà pourquoi, parlant hier en père, le Maréchal s'est résolu à parler en chef, un chef et un docteur, dont la suprême leçon aboutit à la confiance dans la France éternelle.

L'Action française, *1er novembre 1940*.

Nous ne nous sommes jamais départis de cette ligne : la collaboration était l'affaire du Maréchal. Nous n'avions ni à la discuter, ni à l'appuyer, ni même à nous déclarer neutres. Nous suivions le Chef de l'État, juge compétent saisi de tous les dossiers.

Or, il faut toujours y revenir, cela ne faisait pas l'affaire du parti franco-allemand, ni de M, Sordet, ni de M. Déat, ni de M. Laval. Ils déchaînaient alors leur système qui était d'organiser et d'étendre une propagande écrite et orale en faveur de la collaboration, qui mettait sur les tréteaux forains, dans les cafés et dans les rues, les problèmes de politique étrangère de la France. Nous nous élevâmes violemment alors contre ce qu'il fallait bien appeler le « *collaborationnisme* ».

Des esprits habitués à tout voir, à tout mettre sur le plan électoral, parlementaire, journalistique ou tribunitien, avaient peine à comprendre cette différence. Il suffisait d'un moment de réflexion pour la saisir ; laisser faire au Maréchal ce qui était de son ordre, mais ne rien faire pour travestir ou caricaturer en entreprise de démagogie internationale ce qui était article de politique nationale et de défense nationale. Le Chef seul pouvait limiter la collaboration à l'enceinte de l'intérêt national. Le Chef seul pouvait empêcher qu'elle ne dégénérât en campagne de subordination volontaire française à l'hégémonie allemande. Des volumes d'explications ont été donnés par nous en ce sens, et dominés par cette nécessité de ne pas laisser partager la France en deux clans : parti d'un Étranger et parti d'un autre Étranger.

La France se devait de souder très rapidement ses intérêts quand les partenaires étrangers cachaient leur jeu et ne disaient rien de leurs intentions. L'essentiel de cette politique de L'Action française est vérifié par deux faits. Deux de nos anciens amis sont venus faire du collaborationnisme à Lyon. Nous avons fait savoir tout de suite ce qui nous séparait d'eux.

Le 8 juin 1941, *L'Action française* publiait la note suivante :

À propos d'une conférence

Nous avons été sollicités d'insérer l'annonce d'une conférence sur « l'Europe nouvelle et la France » qui doit être faite à Lyon, par un homme éminent qui a été notre grand ami.

C'est Georges Claude.

Nous n'avons pas cessé d'estimer chez lui, avec la haute valeur du savant, un patriotisme généreux.

Nous avons cependant refusé l'insertion demandée d'abord parce que le conférencier a partie liée, dans la campagne qu'il poursuit aujourd'hui, avec des Français pour qui nous ne pouvons avoir aucune estime ; puis, parce que, dans l'état actuel, nous jugeons que nos moyens ne nous permettent pas de faire des plans sur l'Europe, alors que la seule France nous réclame ; enfin, parce que nous sommes, aujourd'hui comme hier, les adversaires de l'appel à l'opinion, de la diplomatie de la place publique, le plus clair résultat devant en être de provoquer dans les esprits la contradiction et le désordre.

Le plus grand malheur de la France serait qu'il se forme des partis sur des questions de politique étrangère. Tel est le grand péril. Le silence nous parait seul convenir aux citoyens, dans la matière où le Gouvernement compétent a seul voix au chapitre. C'est ainsi que sera assuré à ce Gouvernement la plus entière liberté d'action.

A. F.

Le 18 février 1942, *L'Action française* donnait la note suivante :

Réponse à une question

À l'occasion d'une conférence annoncée, quelques personnes nous ont demandé quels étaient nos rapports avec M. Brasillach, qui fut le collaborateur de notre page littéraire et qui, prisonnier de guerre libéré, a repris à Paris la rédaction en chef de *Je suis partout*.

Comme nous avons déjà eu l'occasion de le faire au sujet de son journal, nous répondons que nous n'avons plus aucun rapport avec M. Robert Brasillach.

A. F.

On peut encore se faire une idée plus claire de notre position par ces trois lettres échangées entre le président d'une de nos sections et un ligueur de son obédience, qui dut être rayé :

Ce 13 juin 1942.

Monsieur le Président,

J'ai l'honneur, et je me fais un devoir de vous informer qu'à la demande du groupe « Collaboration » de Paris et en tant que membre actif de ce groupe, j'ai accepté de présenter M. le professeur Grimm...
— Un Boche !
... lors de sa conférence, le mardi 16 courant.

Je ne doute pas d'être en plein accord avec vous, puisque la nécessité de cette collaboration a été précisée par le Maréchal et qu'elle entre dans une phase active de réalisation avec le gouvernement actuel de la France.

Je vous prie de croire, mon cher Président, à l'expression de mes sentiments les meilleurs et dévoués.

— Réponse du président des « Amis de *L'Action française* » de... :

Le 25 juin 1942.

Monsieur,

En réponse à votre lettre du 13 juin, j'ai l'avantage de vous adresser sous ce pli une coupure du journal *L'Action française*, en date du 1er novembre 1940, où Charles Maurras a clairement défini pour ses lecteurs la ligne de conduite sur le point précis que vous mettez en cause.

Il est suffisamment net ; s'en écarter est s'écarter automatiquement du groupement de nos amis.

J'ajoute que de même que cet article nous oblige tous en tant qu'Amis de *L'Action française*, il m'oblige en particulier en tant que Président. Je serai contraint de m'y conformer.

Veuillez agréer, Monsieur, l'expression de mes sentiments distingués.

— Réponse de M. X..., furieux :

Le 20 juillet 1942.

Monsieur le Président,

J'ai bien reçu votre lettre du 25 juin, m'apportant comme réponse à la mienne du 13 l'article de M. Charles Maurras du 1er novembre 1940, paru dans le journal *L'Action française*.

J'avais lu en son temps ce surprenant article qui me frappa, par son manque de conclusions positives.

À ce moment-là, j'avais déploré, avec certains de nos amis, la position prise par le maître contre l'idée de la collaboration.

Si l'expectative pouvait se concevoir comme un système pouvant être utile au pays au lendemain de l'armistice, les événements, depuis, ne permettent plus ce repli facile de l'action.

L'attentisme irresponsable et anonyme n'a pas servi les intérêts de la France pendant cette période vide des quinze derniers mois (l'absence de Laval).

Le Chef vénéré de l'État a redonné au pays son témoignage de la nécessité de cette collaboration.

Vous radiez ceux qui, courageusement, essaient de la rendre possible s'il en est temps encore.

Au temps glorieux de l'A. F., où beaucoup d'enthousiasme et d'espoirs furent, hélas, sans lendemain, l'équivoque n'était pas permise. J'ai peine et regret de constater que cette qualité essentielle ne semble plus être admise maintenant par le parti auquel j'ai eu l'honneur d'appartenir et de croire.

Veuillez agréer, monsieur le Président, l'assurance de mes sentiments distingués.

Vous voyez, ce ligueur nous excommuniait nous-mêmes, parce que nous n'étions pas collaborationnistes !...

Inutile de remarquer que l'auteur de cette lettre n'avait su lire ni les écrits et discours du Maréchal, ni les miens. Il s'arrogeait le droit de dépasser le Maréchal en prenant notre discipline et notre confiance pour de l'équivoque ! Nos relations avec nos anciens amis de *Je suis partout*, quand ils ont passé au collaborationnisme, font la preuve de l'altitude invariable de l'Action française.

Dans les tout premiers jours de juin 1940, lorsque, pêle-mêle avec des pro-boches comme Serpeille de Gobineau et Fabre-Luce, MM. Lesca et Laubreaux avaient été arrêtés par ordre de Mandel, sous une inculpation imméritée de trahison (on n'avait à leur reprocher que des propos vifs contre le gouvernement), j'avais protesté contre cet abus de pouvoir. Malheureusement pour les rédacteurs de *Je suis partout*, la victoire allemande les détourna de leurs devoirs, ils se mirent à faire de l'Internationale blanche et à préférer l'idéologie naziste aux réalités de la Patrie blessée ; tout aussitôt nous les plaçâmes sur le même pied que ceux qui avaient abandonné la France pour suivre l'idéologie démocratique. Pendant l'été de 1940, M. Rebatet et M. Laubreaux, répandus dans les cafés de Vichy, déblatéraient violemment contre les « illusions » de *L'Action française* et les petites perspectives de sa petite politique. Ils faisaient de la grande, eux ! Rentrés à Paris, ils voulurent relancer *Je suis partout*, mais, nous craignant encore, le directeur Lesca envoya un messager à Lyon pour me demander mon avis sur cette réapparition. Ma réponse fut catégorique et violente :

« Il n'y a pas de possibilité pour un journal de garder l'honneur à Paris en ce moment. Ce journal sera aux mains des Allemands. Adieu, Monsieur. » Le messager rapporta la réponse et, en ce qui le concerne, se retira de ce journal.[86] Les autres passèrent outre et se déchaînèrent contre *L'Action française* et contre moi. L'immonde ouvrage de Rebatet, intitulé *Les Décombres*, me fit l'honneur de me traîner dans les mêmes boues que l'Armée et que la Patrie. La Censure de Laval ne me permit point de répondre sinon par un article qu'elle mutila (novembre 1942).

Suivant la presse parisienne vendue à Berlin, l'insuccès de sa campagne pro-boche nous était dû tout entier : maurrassisme égalait attentisme, qui égalait anti-collaborationnisme.

Il n'y avait pas de maurrassisme. Charles Maurras se conduisait comme il le devait, en bon Français, absolument fidèle au Maréchal, mais n'ayant aucune raison de le dépasser au profit d'une puissance étrangère.

---

[86] Lire à ce sujet la déposition de M. André Nicolas au procès. (Note des éditeurs de 1945.)

Le renvoi de M. Laval, le 13 décembre 1940

Comme on l'a vu plus haut, nos réactions avaient rejoint les sentiments du Maréchal sur la politique de Laval quelques semaines avant qu'il ne fût renvoyé. Sur les modalités de ce renvoi, on a beaucoup discuté ; nous n'eûmes pas de réserve à formuler, car nous ne résidions pas à Vichy, mais nous saluâmes comme un bienfait public l'éviction d'un homme dangereux.

Demeuré dans le pays, y multipliant les intrigues, il put préparer, avec l'appui boche, son funeste retour de 1942.

Dans l'entre-deux (décembre 1940 à avril 1942), la presse allemande de Paris, fidèle à Laval, poussa contre moi les attaques les plus injurieuses et les plus violentes. Pour ne pas causer un surcroît de difficultés au gouvernement du Maréchal, je m'abstins de revenir à Vichy périodiquement comme je le faisais dans le premier semestre. Au commencement de 1941, le général et la générale Huntziger, avec qui j'avais des relations personnelles marièrent leur fils ; ils me firent l'honneur de m'inviter à la cérémonie de Saint-Louis de Vichy. Je les priai de m'excuser en raison de ces campagnes. Je portais allègrement, quant à moi, les injures boches et pro-boches, je ne voulais pas y exposer le Ministre de la Guerre, non plus que le Chef de l'État. Le Maréchal avait été prévenu des motifs de mon abstention par un chef militaire de nos amis et m'avait fait savoir son approbation.

Je conservais ainsi la liberté totale de mes mouvements, n'y engageais personne et pouvais servir la cause de l'Unité française, sans invoquer d'autres responsabilités que celles que je prenais.

Dès le début de l'État nouveau, nous avions posé le principe que nous servions librement. Nous ne demandions rien, ni pour nous, ni pour les autres. Nous donnâmes la preuve tangible et matérielle de cette liberté plus tard, en 1941, quand le gouvernement fit accepter des journaux repliés une mensualité de 275 000 à 300 000 francs, leur permettant de faire leurs frais. Nous la refusâmes ; nos lecteurs, nos abonnés, notre publicité, la générosité de nos amis, le désintéressement de nos collaborateurs, nous permettaient de faire honneur à nos engagements, sans nul secours officiel.

Et cela ne nous empêchait point de soutenir énergiquement toute la politique de refonte sociale amorcée alors par le Maréchal et des ministres dévoués, hommes de talents et d'expérience, qui s'occupaient du statut de la Famille et du Métier, de la Charte du travail, de la Corporation paysanne, et de toutes les reconstructions d'une nouvelle France. *Travail, Famille, Patrie*, il est vrai que cet effort utile et sensé était très moqué dans la presse de Paris. Que voulez-vous ? C'était français, ce n'était pas allemand !

Tout se passait d'ailleurs à Paris comme si M. Laval eût continué d'être le chef du Gouvernement. C'était sa grande pensée de juillet-août que l'on mettait en circulation, son mythe de l'Europe future, faux nez de l'Europe allemande.

Alors éclatèrent nos discussions quotidiennes avec le journal allemand de Lyon, *L'Effort*, qui ne cessait de caresser de vagues plans pour le jour où le continent serait fédéré, ou confédéré à Berlin. Nous raillions cette hypothèse, nous en montrions l'inanité, et, autant qu'il était possible, le danger.

À l'hiver 1941–1942, eut lieu à Lyon le banquet d'une revue amie, *Frontières*.[87] Je le présidais. On me demanda de dire quelques mots à la fin de cette réunion, dont le caractère était privé (une trentaine de personnes) mais où l'on pouvait craindre des fuites involontaires. Il me semble y avoir expliqué, une fois de plus, la différence entre une collaboration vue et conduite par le Maréchal, seul responsable devant l'histoire, et le dangereux collaborationnisme forain auquel des étourdis ou des misérables nous conviaient. Ce dont je suis sûr, c'est de mes dernières paroles. Les voici dans la clarté de leur ironie :

« Une Europe dominée par une grande Allemagne ! Messieurs, si je connaissais un homme raisonnable, instruit, réfléchi, au courant de l'Histoire, renseigné sur le caractère des Allemands, et qui crût que cette grande Allemagne pût être un facteur d'ordre et de paix en Europe, eh bien, Messieurs, cet homme, s'il existait, je l'accablerais des témoignages d'une admiration où il y aurait, comme le veut l'étymologie, beaucoup d'étonnement. Mais cet homme, je ne le connais pas, et je ne crois pas qu'il existe... »

Et tel était l'avis général de ce milieu homogène d'amis qui pensaient comme nous.

Au moment dont je parle, discussions, réserves, railleries sur la prétendue « Europe nouvelle », ou différences faites entre le « Collaborationnisme » et la « Collaboration », pouvaient filtrer sous une forme ou une autre dans notre journal. La censure chicanait sur des détails, l'essentiel passait. Il suffit de se reporter à nos collections pour le constater.

---

[87] Lire à ce sujet la déposition de M. André Nicolas au procès. (Note des éditeurs de 1945.)

Cela devint un peu différent, du fait des Allemands, à partir de la déclaration de guerre à la Russie par l'Allemagne en 1941. Au mythe de l'Europe allemande s'ajouta la fable de la Croisade contre le communisme. Nous n'acceptâmes pas de la prêcher, non plus que d'enseigner que l'Allemagne était devenue le champion désintéressé de la civilisation contre la barbarie ; nous la critiquâmes très directement lorsque la Légion des volontaires français contre le bolchevisme (L. V. F.) pénétra dans la zone Sud. *L'Action française* put marquer tout de suite une hostilité absolue. Au nom de *la France seule*, elle blâma cette entrée en ligne de volontaires, aux côtés et sous l'uniforme de l'occupant. Ce blâme, exprimé tant que la censure le laissa passer, irrita surtout les partisans de Doriot. L'un d'eux, Maurice Giffard, dans un numéro de *Notre Combat*, qui m'est consacré tout entier et où je suis insulté à toutes les lignes, écrivait, le 27 mars 1943 :

> Lors de la création de la L.V.F., il y a dix-huit mois, nous ne fûmes qu'un petit nombre en zone non-occupée pour nous associer à cette initiative. *L'Action française* nous fit aussitôt l'honneur de nous taxer de francophobie. Le Grand-Maître de l'Occitanisme en personne *(il paraît que c'est moi)* tint même à nous traiter élégamment de volontaires de la mort et à nous révéler que ce n'est pas en Ukraine qu'on défend la France, mais sur le Rhin et nulle part ailleurs.

Naturellement, cela nous valut aussi les attaques violentes de *L'Émancipation nationale*, qui avait pris la croix allemande et dont la presse boche de Paris vantait chaleureusement l'héroïsme.[88] Là encore, on en appelait à nos idées de politique intérieure et on essayait de nous embaucher dans une Internationale blanche à la marque de la Croix gammée : — Vous êtes pour l'ordre, pour la propriété, pour le respect des croyances, et vous ne voulez pas que l'on combatte vos pires ennemis. Nos réponses constantes furent : — Ce n'est pas dans l'extrême Est européen qu'il faut combattre le communisme, c'est chez nous. Balayons devant notre porte ; que l'État, ses polices, son administration donnent la chasse au communisme intérieur, qu'ils y surveillent les agents de Moscou, l'or de l'Oural, ils feront leur devoir. C'est seulement sur ce plan que nous comprendrons ce débat et ce combat.

---

[88] Ancien journal communiste de Saint-Denis, *L'Émancipation nationale* était devenu l'organe du P. P. F. de Jacques Doriot. (n.d.é.)

Nous ne l'avons jamais compris autrement, et souvent nos attaques contre le communisme intérieur étaient un détour pour éloigner les Français de la fausse Croisade. Ni les instances de rares conservateurs affolés, ni, plus tard, celles du gouvernement de Laval, quand celui-ci fut remonté au pouvoir, n'y firent changer une ligne. En décembre 1942, étant de passage à Vichy quand on tentait d'engager le Maréchal sur je ne sais quel plan incliné qui aboutît à une collaboration militaire étroite avec l'Allemagne en Afrique, je me permis de demander au Maréchal ce qu'il y avait de vrai dans ce bruit. *Rien*, me fut-il répondu. On ne recommencera pas la faute commise dans l'Est... Je ne pus contenir l'expression de ma joie.

En février 1943, M. Bonnefoy, Secrétaire général de l'Information, vint exposer aux Lyonnais les beautés de la Croisade entreprise contre le bolchevisme qui menaçait l'Europe centrale ; il fit devant les représentants de la presse lyonnaise une conférence qui nous invitait à montrer nous-mêmes aux Français quel immense service l'Allemagne nous rendait là, et quel gré il fallait lui en avoir. Mon collaborateur Auphan, près de moi, recueillait par écrit les paroles de M. Bonnefoy. J'en ponctuai les phrases de la même exclamation à mi-voix : — *C'est idiot ! C'est idiot !* Quand il eut fini, je demandai la parole, et, m'excusant auprès de nos confrères lyonnais, nos hôtes, en invoquant mon âge et ma qualité de doyen, je réfutai M. Bonnefoy ; je lui répondis que le danger bolcheviste, tout réel qu'il fût, n'était ni immédiat, ni inévitable, que les Français y seraient toujours moins sensibles qu'au mal qu'ils subissaient actuellement et qui était l'occupation, avec ses humiliations, ses exactions, ses rapines, ses rigueurs de toutes sortes. Vous dites à un enfant qu'il y a derrière la haie un gros chien enragé et qui le mordra ; mais le chien n'est peut-être pas enragé, la haie ne sera peut-être pas franchie, ou le chien ne mordra pas. Mais, ce dont l'enfant est sûr, c'est qu'il a des poux sur le corps, qui le font se gratter, et que le grand ennemi pour lui ce sont les « totos » *(les « totos », c'est-à-dire les occupants).*

M. Bonnefoy, ayant aussi parlé de la relève, j'ajoutai qu'au lieu de vouloir dorer la pilule au peuple français, mieux vaudrait lui dire la vérité, à savoir que c'était une servitude nouvelle que le vainqueur exigeait du vaincu.

Nos confrères présents approuvèrent mes paroles, plusieurs intervinrent pour les appuyer. M. Bonnefoy, déconfit, ne sut que répondre assez piteusement que les peuples étaient bien difficiles à gouverner ! La séance fut levée. M. Bonnefoy, qui avait parfaitement entendu mes « c'est idiot » retint

Auphan pour lui demander si c'était à lui que le mot s'appliquait. Notre cher ami et co-accusé vous en reparlera.[89]

LA QUESTION AMÉRICAINE (1941)

La logique de l'exposé m'a obligé à anticiper sur les faits. Mais l'année 1941 fut en grande partie traversée par le souci de l'Amérique.

Il paraissait déjà certain qu'elle allait intervenir aux côtés de l'Angleterre ; elle l'aidait déjà de toutes façons. Le problème était de faire que la France n'eût pas à en souffrir. Le Japon, allié à l'Allemagne, n'était pas en guerre avec la Russie. Pourquoi l'Amérique, alliée de l'Angleterre, se fût-elle mise en campagne contre la France ?

C'était la raison dominante de toute la politique alors suivie par les patriotes de bon sens comme par le Gouvernement (alors libre) du Maréchal. À ce titre, nous nous rendîmes, Pujo et moi, au banquet offert par France-Amérique à l'ambassadeur américain, amiral Leahy. Telle fut la raison de nombre d'articles où la politique américaine fut examinée et appuyée avec liberté d'esprit et sympathie pour la personne de M. Roosevelt, et où j'exprimai la gratitude méritée par Mme l'amirale Leahy, généreuse contributrice au ravitaillement français. Ces divers articles de moi furent même sévèrement censurés en raison de la surveillance allemande.

La sage politique du Maréchal ne fut pas sans fruit puisque, fin décembre 1941, quand l'Amérique entra dans la guerre, elle ne rompit pas avec la France, et laissa son ambassadeur à Vichy, où il demeura plus de six mois encore. L'Action française reconnaissait, dans cette politique du Chef, notre intérêt général exclusif : *la France seule*.

Mais toutes ces nuances, ces précautions, ces réserves, tous ces points de replis successifs durent être sacrifiés par le retour au pouvoir d'un gouvernement pro-boche brutal, celui de M. Laval, en avril 1942.

---

[89] Lire la déposition de M. L.-F. Auphan au procès. (Note des éditeurs de 1945.)

Le retour au pouvoir de M. Laval

Il serait ridicule de perdre notre temps à débattre si ce retour a été imposé par les Allemands. M. Laval est assez habile, quand il ne s'agit que de lui, pour s'assurer de tous les masques et de tous les alibis. Lorsque, à ce moment, *Le Temps* annonça que de grandes modifications de politique « étrangère » étaient en vue, « laissez-nous tranquilles », lui répondis-je, car nous avions vent du projet, « et ce n'est pas la politique étrangère, c'est la politique intérieure qui va changer ». Et l'exclu, le triste exclu du 13 décembre 1940 ne tarda pas à témoigner de la grâce de qui il bénéficiait. Un de ses premiers actes, un de ses premiers mots fut son affreuse, sa honteuse déclaration qu'il croyait à la victoire des Allemands et qu'il la désirait. Peu après, il obtenait les pleins pouvoirs, la plénitude des responsabilités gouvernementales. La position du Maréchal, qui avait déjà pris acte de sa « demi-liberté », devenait simplement celle d'un souverain constitutionnel, qui régnait, mais qui gouvernait de moins en moins.

Citoyens disciplinés, dans une circonstance affreusement critique pour le pays, nous n'avions pas à ajouter du mal au mal. Mais, d'autre part, notre fidélité au Maréchal n'a jamais oscillé ni défailli, nous n'avons jamais cessé de marquer, avec une force croissante qu'il était le drapeau de l'unité française et que c'était autour de lui qu'il fallait se grouper ; d'autre part, nous replacions M. Laval sous le régime auquel nous l'avions soumis avant, sa chute de 1940, une espèce de quarantaine où nous nous appliquions alors à l'ignorer, comme M. Bergeret ignorait Mme Bergeret dans le conte d'Anatole France, et nous nous remettions à faire comme s'il n'existait point. On trouverait bien peu de cas où, en dehors des communiqués insérés par force, le nom de M. Laval fut cité dans la partie du journal qui nous était personnelle ; il ne le fut que dans les cas où il était important de lui laisser les responsabilités des mesures discutées. Nous ne connaissions, pour le saluer, l'approuver, l'applaudir, que l'État, c'est-à-dire son Chef, le Maréchal.

À partir du retour de Laval au pouvoir se sont déchaînées les nouvelles catastrophes.

L'Amérique faisait l'acte d'hostilité dont elle s'était gardée jusqu'alors. Ensuite, la frénésie pro-allemande de Laval, et sa politique conforme aux divagations parisiennes, exaspéraient de plus en plus l'opinion française, et, malheureusement, celle-ci, au lieu de faire corps au centre, sous le drapeau national autour du Père de la Patrie, se précipitait au pôle opposé, et compensait le collaborationnisme lavalien par une faveur de plus en plus marquée pour les dissidences. Nous avions tout tenté pour conjurer cette calamité. Elle se précisait et s'aggravait. Il y avait partage de la France en deux clans de l'Étranger et cela de plus en plus ; le mal qu'ils firent l'un et l'autre est inimaginable, car c'est un mal fait à la Patrie tout entière.

Jusqu'au bout, nous nous sommes raidis contre cette erreur, fille directe de toutes les erreurs de M. Laval et de ses complices parisiens, erreurs qui devaient aboutir à la livraison de l'Afrique du Nord, et, par conséquence inéluctable, étendre l'occupation allemande à tout le territoire, supprimer la petite armée de l'armistice, contraindre notre flotte à se saborder, bref anéantir presque tout ce que nous avait laissé de puissance matérielle la débâcle de 1940. Nous y avons perdu toutes les semences de libre avenir qui étaient incluses dans les positions de juin 1940.

Jusque-là, ces positions avaient fait dire à tous les esprits réfléchis qu'il était immanquable que la France eût son mot à dire et qu'elle pourrait le dire quand les belligérants se seraient affaiblis et peut-être épuisés. J'avais exposé cette thèse dans une réunion à Cannes ; le lendemain, j'avais eu la grande satisfaction de voir une de nos plus hautes autorités militaires, qui ignorait mon sentiment, venir me confier la même conviction personnelle. L'automne suivant, à Marseille, dans une conférence aux « Amis de *L'Action française* », je développai cette idée qu'il nous restait, de ce côté-là, un avenir diplomatique ou militaire, peut-être même diplomatique et militaire, dont nous assuraient les sanglants sacrifices subis par l'Allemagne sur le front oriental, côté russe, et sur le front africain, côté anglais. Une heure après, rentrant à Martigues, le texte d'un téléphonage arrivé pendant mon absence m'apportait les premières rumeurs de la reddition algérienne.

C'en était fait des plus grandes lignes de la politique du Maréchal. Et pour quoi ?

Le lendemain, 11 novembre 1942, je remontais tristement vers Lyon par la route, croisant les convois et les trains allemands qui venaient occuper la zone sud, sans qu'il eût été possible de leur opposer le moindre barrage. Quelle amère leçon pour la France ! me disais-je. Leçon de force militaire, leçon de cohérence politique. À la violation coloniale de l'armistice, l'Allemagne avait répondu (hélas, trop facilement) par une violation métropolitaine. Ces régions du Lyonnais, du Dauphiné, du Languedoc, de la Provence ont été bienheureusement reconquises depuis ; il aurait mieux valu ne pas commencer par les perdre sans coup férir. Et devant l'étalage de l'armement ennemi reparaissaient à ma mémoire nos longues années de désarmement volontaire, ou de négligence, ou d'ignorance de l'ennemi. À la logique irrésistible de sa riposte avaient préludé, aux années 1937, 1938, 1939, l'imprudence et le décousu de nos mouvements offensifs. Le moins que l'on puisse dire des opérations africaines de 1942, c'est qu'elles n'ont été ni subordonnées ni coordonnées, ni même ordonnées du point de vue national ; la politique politiquante s'en est affreusement mêlée.

Pour que les opérations puissent être subordonnées, il aurait fallu opérer de concert avec le Maréchal, et que celui-ci eût jugé le moment favorable et les temps mûrs. On s'en est bien gardé.

Pour que les opérations fussent coordonnées, il aurait fallu que les exécutants fussent d'accord entre eux ; et ceux qui ont suivi dans les journaux anglo-américains l'histoire des rapports Murphy-Giraud-Darlan[90] savent bien que cet accord a manqué à la veille, au milieu et à la fin de l'opération.

Pour que l'opération fût ordonnée selon l'intérêt national, il aurait fallu que la force allemande n'en fût pas encore à ce point d'intégrité où elle demeurait maîtresse de traiter la métropole comme elle put le faire à partir de ce moment-là.

Pendant de longues saisons des années 1942-1943-1944, les Allemands ont pu resserrer à leur guise leurs exigences, redoubler leurs rigueurs sans aucune limite que ce bon plaisir, qui, jusque-là, rencontrait devant lui les termes du pacte conclu avec le Maréchal. Et le Maréchal ne manquait jamais de les rappeler énergiquement. Il savait se faire écouter. Ce n'est pas lui qui a perdu cette partie ; les événements qui la lui ont enlevée sont ceux pour lesquels il n'avait pas été consulté ni obéi.

Le dommage fait à la France est donc allé croissant, et, cependant, jamais on n'a obtenu du Maréchal ce que l'on désirait à Berlin et dans la presse berlinoise de Paris : ni la coopération militaire, ni la déclaration de guerre à la Grande-Bretagne. Comme il avait été fidèle aux devoirs prescrits par l'armistice envers l'Allemagne, il a observé les devoirs qui nous défendaient de livrer notre flotte et de nous battre contre nos anciens alliés anglais. La persécution allemande n'a rien obtenu, soit qu'elle s'assurât de la personne

---

[90] Seul dans la presse, M. Charles Maurras cita de larges extraits d'un article de M. Demaree Bess paru dans le *Saturday Evening Post*. M. Demaree Bess vient de publier aux *Œuvres libres* (no 228) une étude sur le même sujet. (Note des éditeurs de 1945.)

de Weygand, soit qu'elle attentât à la liberté du Maréchal, comme elle l'a fait le 20 août 1944. Il a été inflexible, l'honneur a été sauf.

On a résisté même, toujours pour l'honneur et la fidélité aux assurances données, aux provocations et aux dégâts les plus douloureux : bombardement de villes, sac de la Normandie, offensives répétées sur la capitale de la France, réduction de Toulon à l'état de Pompéi, ravages variés du littoral méditerranéen. Le Maréchal avait dit en 1940 : Je ne marcherai pas contre les Anglais ; il n'a pas marché contre l'Angleterre et ceux qui le suivaient ont soutenu le même principe que lui.

Par exemple, nous ne nous sommes pas fait faute de joindre nos voix aux malédictions, chargées de rappels au droit des gens, qu'élevaient sous les obus le bon sens, la justice, l'intérêt national. Il est trop facile de dire que ces malheurs étaient causés par la libération et que la fin voulait les moyens ; ce sont des cris de survivants. On n'a pas consulté les morts ; on n'a pas demandé l'avis des autres victimes, blessés, habitants des maisons démolies et cultivateurs des champs dévastés. Beaucoup de ceux qui ont eu la joie et le bonheur de revoir enfin flotter le drapeau français conservent néanmoins le droit d'avoir préféré des méthodes de libération moins onéreuses et moins cruelles. L'intérêt national, les égards dus aux membres de la Patrie auraient pu faire l'objet de calculs plus attentifs et d'efforts moins brutaux. Ceux qui ont à cœur le bien même du pays avant tout, ont le droit de s'arrêter, de réfléchir, et de se réserver ; l'Histoire répondra.

Une question domine tout : pourquoi la guerre a-t-elle été ramenée sur le sol déjà bien endolori de la France ? Pourquoi a-t-on fait un si grand tour par les plus lointaines frontières de son Empire ? Pourquoi l'Allemagne n'a-t-elle pas été attaquée directement par des puissances maîtresses de la mer ? La mer du Nord est plus courte que l'Atlantique et que la Méditerranée. Quand l'Allemagne s'est sentie menacée vers Aix-la-Chapelle, elle a retiré du combat ses troupes de la vallée du Rhône ; elle l'eût fait bien plus vite si l'on avait menacé dès 1942 ou 1943 Brême, Hambourg ou Berlin.

Nous avions toujours annoncé deux choses :

– l'occupation allemande deviendrait plus rigoureuse au fur et à mesure que la puissance allemande aurait à subir plus de revers ;

– le gouvernement de Laval deviendrait plus plat au fur et à mesure de l'accroissement des rigueurs allemandes.

Un exemple de l'un et de l'autre. Dans l'hiver 1943–1944, nos amis d'Espagne réclamèrent des conférences de moi. Je ne demandais pas mieux que d'aller bien servir la France là-bas, comme je l'avais fait en Suisse. Je fis une demande de passeport au Gouvernement français. À mon vif étonnement, le Gouvernement Laval me fit répondre de m'informer moi-même auprès des Allemands si, oui ou non, ils m'accorderaient leur visa. Je répondis que ce n'était pas mon rôle et qu'il appartenait aux autorités françaises de préparer mon passeport si elles n'avaient pas d'objection et de l'envoyer au visa des occupants qui l'accepteraient ou le refuseraient à leur gré.

L'étrange procédure offerte fut maintenue malgré les instances diverses faites à Vichy. Malgré l'étonnement du Préfet Régional, M. Angeli[91], l'administration Laval voulait m'obliger à une démarche personnelle auprès des Allemands. Je m'y refusai formellement et renonçai au voyage en Espagne. Laval avait-il voulu me tendre un piège ? ou seulement, par peur et bassesse, se subordonner davantage aux Allemands ? ou ceux-ci avaient-ils accru leurs exigences ? Tout est possible. Une chose est certaine : Laval distinguait de moins en moins entre un sujet français et un sujet allemand.

Départ des travailleurs français pour l'Allemagne

Or déjà, du fait de leurs revers orientaux, les Allemands, outrés du petit nombre de nos « volontaires contre le bolchevisme », menaçaient de nous imposer l'envoi de travailleurs civils dans leur pays. Au premier mot, la réaction de *L'Action française* avait devancé même celle des cardinaux qui avaient protesté au nom du droit des gens. Nous voulûmes imprimer deux ou trois fois que c'était du rétablissement de l'esclavage qu'il s'agissait. La censure nous traita comme les princes de l'Église et nous dûmes nous borner à discuter des modes de l'iniquité.

Là se posaient de graves questions de fait. Ou l'Allemagne prendrait d'autorité les hommes dont elle aurait besoin, ou elle les obtiendrait du gouvernement français contre des prisonniers qu'elle relâcherait. L'Allemagne disposant de la force publique, mieux valait échanger nos hommes que de les donner pour rien. Nous fîmes pourtant observer qu'il était indigne de la France d'admettre que trois ouvriers français ne fissent délivrer qu'un seul prisonnier. Un autre que Laval eût peut-être obtenu une

---

[91] Lire la déposition de M. Angeli au procès. (Note des éditeurs de 1945.)

proportion moins dédaigneuse de l'honneur français et de la dignité de la classe ouvrière. Il n'était pas moins certain que mieux valait délivrer un seul prisonnier que n'en point délivrer du tout.

Autre point de vue : les jeunes Français qui se dérobaient à l'appel de leur gouvernement ôtaient-ils un seul travailleur à l'Allemagne ? Non, puisqu'un autre était pris à sa place ; et souvent, à la place d'un jeune homme libre, ayant l'avenir devant lui, on prenait un père de famille laissant les siens dans la détresse. Nous avons salué les héros qui se sont substitués à des défaillants ; nous avons blâmé ceux qui, pour se soustraire au joug, le rejetaient sur l'épaule de leurs frères. Dans les deux cas, nous faisions tristement notre devoir au nom de l'intérêt et au nom de l'honneur français. À ceux que nous voyions partir, nous ne disions pas qu'ils allaient servir la civilisation allemande contre la barbarie russe, ni se mettre au service d'une magnifique population de maîtres et de rois, nous leur disions que c'était une épreuve et dure, mais qu'il fallait la subir pour éviter au reste de la France des maux plus durs.[92]

INSTIGATEURS, MILICE, RÉFRACTAIRES, COURS MARTIALES

Il est vrai, nous avons été contre ceux qui, sans risques personnels, couverts par leur condition ou leur caractère, se faisaient les instigateurs de ces défaillances.

---

[92] Dans son mémoire au juge d'instruction, M. Charles Maurras ajoutait :
    Une dernière conséquence nous paraissait devoir résulter de l'immense afflux de travailleurs et de prisonniers européens en Allemagne. Des millions et des millions d'étrangers dans un pays assiégé du sud, de l'ouest et de l'est, pouvaient, peuvent encore faire éclater cette marmite de sorcière ou, peut-être, la transformer en un véritable cheval de Troie. Nous nous étions rappelé le rôle actif et heureux des prisonniers français pendant la révolution allemande de 1918. Nous nous demandions si, prisonniers de 1940 et travailleurs de 1942 ou 1943 ne pouvaient pas apporter la même aide précieuse aux convulsions probables de l'Allemagne de demain. Là aussi, une élite de Français aurait lieu de préparer et de faire du bon travail contre l'ennemi no 1. La presse française et la presse étrangère s'accordent à dire le rôle insurrectionnel joué par les travailleurs déportés, à Berlin notamment.
Sur ce point-là encore, les prévisions de Charles Maurras ont été réalisées. (Note des éditeurs de 1945.)

Ces instigations étaient souvent accompagnées de sales calomnies contre des Français qui n'étaient ni pro-boches, ni collaborationnistes : les Français antisémites. Les antisémites français ont été notamment en butte à ces diffamations mensongères. Quand les Juifs va-t-en guerre de 1939 avaient précipité la France dans cet abîme de douleurs, il était déjà bien osé de solidariser leur cause et celle de la civilisation nationale ; en tous cas, il était absolument mensonger d'assimiler l'antisémitisme au nazisme. L'abbé Barruel, qui vivait au dix-huitième siècle, Bonald, Gouguenot des Mousseaux, Toussenel, qui vivaient au début du dix-neuvième, Drumont et La Tour du Pin, qui vivaient à la fin du même siècle, l'école de l'Action française et son *antisémitisme d'État*, juridique et humain, ne doivent absolument rien à l'antisémitisme allemand, ce féroce *antisémitisme de peau*. Les confondre était une mauvaise action, contraire à la vérité, à la gloire de la Patrie et à la paix publique.

Mais qu'étaient-ce que ces premiers froissements en comparaison de l'immense désordre, le désordre terroriste qui suivit ?

Les excitations à la haine civile et à l'indiscipline civique ne pouvaient avoir d'autre effet : le vol à main armée, une véritable épidémie d'assassinats, l'insécurité qui affolait les villes et les pays. Était-il possible de le tolérer ? Nul État ne l'eût permis. Nulle opinion ne l'eût supporté. Aussi avons-nous demandé toujours et partout le respect de l'ordre. Mais, avions-nous soin de stipuler, par les moyens d'État, sous la responsabilité de l'État, et non sous des formes privées. Il n'était naturellement pas possible à M. Laval, ni à ses conseillers ou fonctionnaires de prendre d'une main ferme la direction et l'autorité de la répression. Ils préféraient des combinaisons, où les responsabilités seraient partagées selon la méthode parlementaire ; s'en remettre à des bandes plus ou moins volontaires les dispensait de prendre en mains la police et la justice, de les organiser et de les épurer, s'il y avait lieu. C'est de quoi nous n'avons cessé de les blâmer, tantôt ouvertement, tantôt à mots couverts, en disant que la lutte de volontaires de l'ordre contre les volontaires du désordre sur la face de la Patrie s'appelait la guerre civile.

Du moins, fallait-il préserver ces bandes et ces partis de toute contamination avec les forces allemandes.

Notre dossier montre quelles ont été les positions de *L'Action française* au sujet des différentes « polices supplétives », comme on disait en 1940, tirées de la Légion (Volontaires nationaux, Service d'ordre légionnaire) ; elles nous parurent mal utilisées, mal commandées, trop dominées par Laval et par ses hommes. Un de ceux-ci, Darnand, fut mis à la tête de la Milice à peine fondée. Quand il vint à Lyon, à l'automne de 1943, il prononça un discours où il s'abstenait de toute politique extérieure, en déclarant que le but de la nouvelle organisation était exclusivement la défense de l'ordre intérieur, par des moyens français. J'appuyai, dans mon article du lendemain, sur cette dernière condition, et félicitai Darnand de ce programme.

Nous n'engagions pourtant pas nos amis à adhérer à la Milice. Trois ou quatre d'entre eux nous ayant fait dire ou écrire que, sollicités d'y prendre un commandement local, ils avaient accepté pour ne pas laisser en d'autres mains, dangereuses ou suspectes, un groupe de jeunes gens de bonne volonté, nous répondîmes que c'était leur affaire, mais qu'ils devaient au moins profiter de leur activité pour parler haut à leurs chefs, ne pas accepter tous les ordres qu'ils recevraient, et refuser formellement ceux qui dépasseraient leur engagement. Nous savions que plusieurs d'entre eux étaient très hostiles à la tendance pro-boche et lavalienne. À ce moment, la lutte contre les terroristes n'avait pas encore commencé ; la Milice n'était pas encore armée, ni acceptée en zone Nord. D'autres, sans nous consulter, avaient adhéré à la Milice, sachant que, par là, ils se séparaient de nous. D'autres croyaient rester quand même des nôtres.

Nous apprîmes bientôt que Darnand, manquant aux promesses de Lyon, avait fait de la politique extérieure, de la politique allemande. Il s'était abouché avec les Waffen-SS et avait conclu un accord d'après lequel il leur fournissait des hommes et en recevait des armes. Dès lors, personne ne pouvait hésiter. La Milice devenait un organe international, incompatible avec le principe de *la seule France*.[93]

---

[93] Dans son mémoire au juge d'instruction, Charles Maurras précise :
> À partir de la contamination de la Milice par les Allemands nous déclarâmes à nos amis qu'il fallait choisir entre la Milice et l'Action française. J'en ai le souvenir d'autant plus net qu'un jour j'ai failli être la victime d'une confusion à cet égard. Revenant de Provence, j'ignorais les récentes compromissions de la Milice avec les Allemands et, des visiteurs étant venus me consulter, je leur fis une réponse conforme à nos anciennes instructions. Une heure après, Pujo et un autre collaborateur m'apprirent le scandaleux échange survenu entre Allemands et Miliciens. Je m'empressai de rattraper mes premiers interlocuteurs pour les mettre au courant et je n'y suis parvenu qu'au bout d'un certain temps.

(Note des éditeurs de 1945.)

On nous disait, à Pujo et à moi : « Mais, tous les jours, des Français, des anciens combattants, blessés, cités, décorés, sont assassinés, des fermes sont pillées, des moissons incendiées, de pauvres secrétaires de mairie tués pour ne pas avoir voulu livrer les tiquets d'alimentation de leur commune. Ne faut-il pas nous défendre ? »

Nous répondions :

– Pas avec des armes allemandes.

– Impossible d'en avoir autrement.

– Ce n'est pas la seule impasse que présente la situation. Si la police régulière est impuissante, il vaut encore mieux ne pas vous substituer aux Allemands. Tout plutôt que la guerre civile.

Mais nous apprîmes alors que la Milice avait partie liée avec Déat et les pro-boches. On commençait à dire que certains miliciens se faisaient les auxiliaires et les tortionnaires de la Gestapo. Nous fîmes savoir à ceux des nôtres qui avaient adhéré à la Milice d'avoir à la quitter le plus tôt possible. Beaucoup l'avaient déjà fait spontanément ; d'autres en avaient été les victimes. En toutes circonstances, nous refusions de participer à la guerre civile qui s'ouvrait, nous nous réservions pour la réconciliation et l'unité des Français.

Ainsi, dans tous les cas, ne manquions-nous d'insister sur la nécessité morale et politique de rendre à l'État ce qui était à l'État.

Nous ne pouvions admettre les assassinats sans motif, sans prétexte, sans excuse, comme ceux de nos amis Pierre Médan, Deloye, La Fléchère, le commandant de La Roque, le colonel de Boysson, le docteur Top, Français irréprochables, soldats valeureux, souvent combattants des deux guerres ou prisonniers évadés. Nous ne pouvions tolérer le massacre des enfants dans leurs berceaux, des vieilles femmes à leur foyer, comme à Voiron, de blessés dans leurs lits comme ce fut le cas de M. Verdier dans son lit d'hôpital, sous les yeux de sa femme et de sa belle-sœur, qui y passèrent aussi, les uns purs innocents, les autres seulement coupables de n'avoir point voulu sacrifier l'intérêt de la Patrie à des intérêts de factieux ou d'étrangers.

On nous accuse follement de dénonciations. Mensonges ! Nous n'avons jamais élevé que des plaintes. Nous avons demandé une juste protection contre toutes les formes du pillage et de la dévastation, mais nous n'avons jamais manqué d'insister pour que de simples réfractaires n'eussent pas à subir des traitements de criminels. Nous avons toujours fait la part des erreurs nobles et généreuses, des sentiments égarés, qui ont tourné des patriotes contre la paix intérieure de la Patrie. Il suffit de nous avoir lu pour savoir que nous avons toujours fait, pour nous, et recommandé aux autres, ces distinctions. Nulle société humaine, même française, ne résisterait au régime de terreur que l'on a tenté de lui imposer. Nous avons réclamé l'usage de tous les moyens propres à éliminer ces extrémités.

Dans la mesure où elles suppléaient aux tribunaux réguliers défaillants, les Cours martiales étaient à leur place pour réprimer certains forfaits. Dans la mesure où elles poursuivaient des passions de vindicte pure ou de lutte civile, les Cours martiales étaient les produits de la même anarchie d'où avaient germé les assassinats. Certains excès commis nous faisaient préconiser le retour aux procédés réguliers ; on en trouverait l'expression dans un de nos derniers articles de 1944.

Mais ne nous laissons pas hypnotiser par les effets, M. le Président, MM. les Jurés. Ne quittons pas des yeux les causes et la cause supérieure : cette affreuse anarchie est sortie tout entière de la défaite française, donc de cette guerre non préparée, donc de la volonté de l'entreprendre de ceux que j'avais si vainement essayé d'arrêter et de mettre en garde contre leurs passions, leur entraînement et leur ignorance.

Cette anarchie, née de la guerre, a été indiscutablement aggravée par les menées du parti franco-allemand substituant à un armistice de salut son armistice de trahison, l'armistice qui devait nous supprimer toute revanche et tout avenir. J'ai été vilipendé dès le début et pendant quatre ans, sans arrêt ni relâche, par le parti franco-allemand. C'est mon premier honneur. Mon second honneur est de pouvoir ajouter que j'ai fait à ce parti de traîtres tout le mal que j'ai pu.

La même anarchie, née des Allemands et de leur parti, a été aggravée encore par l'absurde ambition du plus incompétent, mais du plus retors de nos hommes publics, M. Pierre Laval. Sa faiblesse, son incapacité, la naïve façon dont il a confondu la politique de couloirs et la politique des nations, ses trahisons successives, avaient fait de lui l'homme à tout faire de l'Allemagne, et il s'était assuré, d'autre part, il ne faut pas l'oublier, la complicité de beaucoup d'anciens administrateurs de la IIIe République, opérant du dedans et du dehors, pour Laval contre le Maréchal, auquel l'appui allemand lui permit de se substituer peu à peu dans l'action politique. Mais le journal a pris toutes les précautions pour que personne ne pût le croire capable d'accorder le moindre crédit personnel à M. Laval. Aux naïfs qui demandaient parfois de vive voix ou par écrit pourquoi je ne nommais jamais M. Laval, je me contentais de rire au nez, en leur disant « apprenez à lire ». Ceux qui savaient apercevaient, malgré la censure, le filigrane qui le montrait la créature et le fantoche des Allemands.

Entre les fauteurs de la même anarchie pro-allemande, il y avait comme la monnaie de M. Laval, et nous l'avons toujours traitée comme son maître, et pour la même raison, M. Doriot et les autres. L'occupation plus rigoureuse rendait notre langage moins libre ; il n'était ni moins net ni moins motivé. Lorsque, en avril 1944, M. Doriot et les siens vinrent manifester à Lyon, j'écrivis l'article suivant :

Manifestations et exhibitions

Nous nous sommes souvent expliqués sur la question de la défense contre le bolchevisme. Nous avons dit et redit que dans l'état où est la France, dans sa demi-liberté, dans son désarmement presque absolu, la lutte anticommuniste doit être menée à l'intérieur de sa frontière, et menée sérieusement avec la totalité des moyens dont peuvent disposer les pouvoirs publics. Nous avons été les premiers à réclamer cette lutte, nous ne sommes pas suspects de vouloir en diminuer la juste vigueur. D'autres Français pensent autrement que nous. Ils croient que la ligne de défense est à l'Est, au plus lointain de l'Est européen, et qu'il existe une espèce de devoir d'y expédier nos concitoyens. Cette politique, à notre avis, n'est pas à la mesure de nos moyens, elle y est nettement disproportionnée, et elle ne peut nous valoir les résultats moraux escomptés. Quand le roi de Sardaigne envoya en Crimée la petite brigade de *La Marmora* pour y faire figure à côté des armées anglaise et française, il disposait de la plénitude de sa souveraineté dans son royaume, et son « geste » (à peine supérieur à un geste, en effet), pouvait être porté au crédit de la jeune Italie renaissante. Cette souveraineté pratique n'appartient plus à la France, et le mérite que prétendent accumuler sur leurs têtes un certain nombre de Français qui sont des volontaires ne peut être étendu à l'ensemble de la nation ; il appartient aux seuls Français pro-allemands. Alors, à quoi bon ? On pourra éternellement distinguer entre eux et leurs frères, et cela ne servira qu'à accentuer la division et la séparation. Je ne crois pas que l'on puisse désirer cela pour le bien de la France.

Telle est notre opinion. Nous ne prétendons pas l'imposer. Elle se défend par sa raison. D'autres en ont une autre. Ils sont venus la proclamer et la manifester hier et avant-hier à Lyon. C'était leur affaire. Non la nôtre. Mais il doit être permis de dire que leurs paroles ont dû dépasser leurs pensées, et leur action leurs intentions. Un des orateurs s'est écrié qu'une tête de Français fidèle valait bien dix têtes de Français infidèles. Le patriote de sang-froid qui m'a rapporté ces paroles (notre ami Auphan) s'est contenté d'ajouter que cela faisait onze têtes de Français sacrifiées et qu'il eût mieux y valu les conserver sur leurs onze paires d'épaules.

Telles sont nos objections à la formule lancée de Lyon dans la soirée de mercredi, nous ne croyons pas qu'elles puissent être facilement résolues.

Nous avons des objections plus graves peut-être contre l'attitude publique prise par les manifestants dont je parle. Hier je suis allé les voir de près, dans la rue qu'ils tenaient et qui est notre rue. Vieux spécialiste et participant de toutes sortes d'émeutes, je n'ai jamais vu d'attitude plus cruellement et plus honteusement provocatrice envers une multitude silencieuse et froide qui n'avait rien de menaçant. Les manifestants se trouvaient sous le patronage moral et matériel des forces énormes de l'occupant. Ils disposaient aussi de la protection matérielle immédiate, et d'ailleurs tout à fait naturelle, de la police française. Que redoutaient-ils ? Que pouvaient-ils redouter ? Et que faisait là, dans cet espace dégagé et nu, que les trams seuls pouvaient traverser, cette demi-douzaine de jeunes garçons en chemise bleue allant, venant, se prélassant, se démenant, faisant les grands bras pour la garde de ce large vide, tout en brandissant des espèces de grosses seringues appelées « mitraillettes » qu'ils braquaient très exactement dans la direction du plus inoffensif des publics ? Les curieux ne circulaient pas, ne se dispersaient pas (car les curieux ne circulent ni ne se dispersent jamais, même sous les bombes), et ce double jeu, « tarasconnade » des uns, passivité entêtée des autres, pouvait déterminer des incidents plus que graves s'ils se fussent produits (il n'en a heureusement rien été), à qui aurait été la faute, sinon à l'étalage superflu d'instruments de guerre civile ?

Et j'invitais en conclusion le Pays à réfléchir sur le « fossé moral » ainsi creusé entre « les menaçants et les menacés », les « spectateurs fixes ou mobiles dont beaucoup serraient les poings indignés et la parade des fanfarons ». Je pressais « MM. Laval, Henriot et Darnand » d'y prendre garde, et même d'essayer de le « faire comprendre à l'occupant »... C'était à la condition qu'ils le comprissent eux-mêmes ! Jusqu'à la dernière heure, je ne cessai donc pas de multiplier les efforts. Ils étaient tellement redoutés du côté allemand que la Censure régionale de Lyon différait cet article le 7 avril 1944 et que la Censure centrale le refusait le 10 avril suivant. Là, en effet, l'on ne se contentait pas d'être cause d'anarchie. On était devenu volontaire de l'anarchie.

Et je continuai de m'y opposer envers et contre tous.

VI. Le « parfait accord avec le Maréchal »

Mais une autre cause d'anarchie ou de confusion volontaire subsistait : c'était la savante identification entre la cause du Maréchal et celle de MM. Laval, Doriot et consorts. Le Maréchal restait comme il le fallait, à son poste pour épargner de plus grands maux, des maux incomparablement plus grands à la France. Raison de plus pour refuser d'attribuer le moins du monde au Maréchal et à sa politique nationale les responsabilités du parti allemand. Il ne fallait pas que l'on pût les confondre, et c'est pourquoi nous resserrions notre défense de la France seule autour du Maréchal, en maintenant aussi étroitement qu'il était possible, notre distinction entre l'État dont il était le Chef et le Gouvernement que détenait Laval. Aux derniers mois de l'occupation, on ne trouverait peut-être pas une seule fois le substantif « Gouvernement » pris en bonne part chez nous.

L'État, l'État, c'était le refrain ; le Chef de l'État était qui nous savions et la tactique des ennemis publics était de capter sa personne et son autorité. Laval, de plus en plus discrédité auprès des Allemands eux-mêmes, était peu à peu remplacé par leur Marcel Déat. Ils le lui avaient imposé dans son propre ministère. Le problème allemand était de faire croire que le Maréchal était pour Déat. Mais notre problème à nous était de montrer le contraire, et nous le montrions !

Nous le montrions malgré la censure, et notre action personnelle le précisait. Je ne parle pas seulement des paroles qui s'envolent ; il subsiste des témoignages écrits. J'avais pu, le 26 juillet 1944, signaler certaines manœuvres diviseuses de Déat. Je reçus le lendemain, de son représentant lyonnais, cette lettre :

Lyon, le 27 juillet 1944.

Monsieur,

La campagne de presse contre Marcel Déat, amorcée par le *Nouvelliste*, se poursuit avec *L'Action française* qui, n'ayant jamais compris qu'on pouvait adopter une autre ligne de conduite que la sienne, n'a rien de plus pressé, à l'imitation de *L'Humanité*, que d'insulter méthodiquement les gens qu'elle prend à parti.

Je sais bien que lorsqu'on écrit, cela donne au style un petit air vigoureux, mais vous savez bien que Marcel Déat n'est pas un « misérable pêcheur en eau trouble », qu'il aime penser nettement et le dire (et c'est bien ce que lui reprochent certains milieux de Vichy) ; qu'il n'est pas davantage « un exploitant des malheurs publics » et qu'il mène une lutte épuisante pour essayer de réduire ces malheurs dont vous ne vous êtes occupé que pour pousser des incantations *(?)* et des exhortations *(?)*. Il comprend les intérêts de la France d'une autre manière que vous, voilà la seule question. Reste à prouver que la sienne ne vaut pas la vôtre. Et si, comme gage de votre sincérité, vous aimez rappeler le temps que la République vous a fait faire en prison, M. Déat pourrait (mais il a d'autres chats à fouetter) rappeler qu'il risque sa vie tous les jours à être sincère. Les attentats auxquels il a échappé le prouvent.

Vous passez à la question du cumul par M. Déat de son portefeuille et de la direction de *L'Œuvre*. Aucune vertu supérieure n'a valu à M. Déat « ce privilège exorbitant ». Mais, en tant que journaliste, j'espère que vous êtes renseigné là-dessus, et que vous savez que M. Déat avait renoncé à *L'Œuvre* en devenant ministre, mais étant donné que maintes promesses qu'on lui avait faites à son entrée au ministère ont été aussi trahies *(!!!!)*, il n'a pas cru devoir tenir la sienne en ce qui concerne son activité de journaliste. Il ne s'agit donc pas de l'exercice d'un privilège, mais d'une réponse.

Entre temps, sans avoir l'air d'y attacher d'importance, vous traitez M. Déat de « Ministre dissident ». Là est le but de votre papier et celui du *Nouvelliste* : faire passer M. Déat pour un dissident. Comme, jusqu'à preuve du contraire, je vous suppose de bonne foi, je me permets de vous informer sur ce point.

Si, plus haut, j'ai dit « faire passer », c'est que cela n'est pas. Le plus parfait accord ne règne probablement pas entre MM. Laval et Déat, au sujet de la politique intérieure. Et l'astuce consiste à faire croire qu'il s'agit de politique extérieure, ce qui n'est pas le cas. Mais il n'est pas seul, et des ministres comme MM. Bichelonne et Bonnard ont pris une position identique à la sienne. De plus, il est en parfait accord avec le Maréchal. Autrefois, de bonnes âmes avaient représenté au Maréchal M. Déat comme un croquemitaine. Mais, comme entre gens de bonne foi il y a toujours moyen de s'entendre, la glace a été rompue à la première entrevue et, à la suite de l'assassinat de M. Philippe Henriot, un manifeste a été rédigé par des journalistes et hommes politiques de Paris, par ceux dont vous détestez l'état d'esprit. Ce manifeste, présenté par l'amiral Platon au Maréchal, a été approuvé par ce dernier. Il y a, en effet, scission entre Paris et Vichy. Mais outre qu'elle date de quatre ans bientôt, il se trouve que le Maréchal est entièrement d'accord avec ce que demande Paris.

De plus, est-ce diviser que de ne pas accepter la carence de Vichy et, cela, au seul point de vue de la politique intérieure, alors que c'est précisément cette carence qui crée l'effervescence et la désunion ?

Veuillez agréer, Monsieur, mes salutations les plus distinguées.

Le Secrétaire Départemental.

Le « parfait accord avec le Maréchal », c'était la grande prétention de Déat ! C'est ce qu'il voulait faire valoir, faire mousser auprès des Allemands, mais aussi la grande calomnie ! Mes renseignements étaient sûrs. Je répondis au secrétaire départemental du parti Déat, le 31 juillet, dès que j'eus sa lettre :

Monsieur,

J'ai bien reçu votre lettre du 27 juillet 1944.

Les informations que voulez bien me donner m'étaient connues. Elles faisaient partie des instructions données par M. Marcel Déat à sa faction. Vous seriez sage de ne pas en être dupe ; ce sont des histoires.

Vous vous plaignez d'insultes à votre Déat ! Vous tombez bien mal, Monsieur. Si vous lisiez *L'Œuvre* avec plus d'attention ou s'il vous en souvenait mieux, vous ne pourriez ignorer que M. Déat n'a cessé de m'insulter, de me diffamer et de ma calomnier depuis quatre ans ; que, par moi poursuivi, il a fui de prétoire en prétoire depuis 1941 et que, en 1944, une cause matérielle (la mort de mon avocat) m'ayant empêché de me rendre à son appel, il a écrit mensongèrement que je le fuyais. Libre à vous, Monsieur, d'estimer que M. Marcel Déat comprend mieux que moi l'intérêt français en 1944. Ce qui est certain, c'est que je le comprenais mieux que lui en 1938, au temps où il était le plus frénétique, le plus enragé, le plus systématique sectateur de l'Angleterre.[94] Mais le savez-vous ? Et savez-vous aussi quels ont été les premiers débuts de M. Déat ? Dès son adolescence ? Après ce crime[95], un homme normal serait allé cacher sa vie.

Mais les criminels n'ont jamais eu cette pudeur.

Monsieur Déat constitue un danger public, je ne cesserai pas de le dénoncer.

Agréez, vous aussi, Monsieur, mes salutations les plus distinguées.

Signé : Charles Maurras.

Il me parut que « les instructions données par Marcel Déat à sa faction » dépassaient la zone d'une correspondance privée et même d'une polémique de presse. Je fis parvenir à Vichy copie des deux lettres qui précèdent et, par retour du courrier, j'eus la confirmation expresse et formelle de ce que je pensais. M. Déat s'était vanté auprès de sa faction ; on me dit que M. Déat s'était prévalu d'un crédit qu'il n'avait pas et que, dans la réalité des choses, le Maréchal le connaissait à peine et n'avait aucune espèce de contacts avec lui. Je fis savoir cette vérité aux partisans lyonnais de Déat. Je ne sais ce qu'ils ont fait ; moi, j'ai fait mon devoir.

Ainsi, en juillet 1944, se poursuivaient nos violentes accusations contre M. Déat et les siens. Elles se sont aussi continuées plus tard ! Le 8 août, nous écrivions encore de cet ami de l'ennemi et de sa politique étrangère :

> ... toute les mesures sont dépassées par le charlatan qui vient de poser ce principe qu'avant d'être un État, avant d'être lui-même, cet État doit avoir une politique étrangère. Qu'avant de s'être constitué une force suffisamment consciente, résistante, agissante et réalisante, il doit s'être fabriqué, noir sur blanc, le programme de son choix sur les rapports extérieurs avec ses voisins ! Plutôt que de nous exclamer, comprenons.

---

[94] Cela apparaît nettement dans l'article qu'il donna à la revue maçonnisante *Axes* à l'occasion de la venue à Paris des souverains anglais. (Note des éditeurs de 1945.)

[95] Alors élève de la classe de troisième au lycée de Clermont-Ferrand, il joua un rôle important dans le suicide de l'un de ses condisciples en sommant celui-ci de mettre à exécution un projet où il entrait beaucoup de fanfaronnade, en lui fournissant le revolver qui lui permit de se donner la mort en pleine classe, en faisant ensuite disparaître l'arme, avec le plus inconcevable sang-froid chez un garçon de cet âge. (Note des éditeurs de 1945.)

L'olibrius à qui j'emprunte cette vue puissante est un habitué, un professionnel de la matière électorale et parlementaire. On lui déchire le cœur lorsqu'on lui dit que le Parlement et l'élection ont manqué de tuer la France en cent cinquante ans. *(Je rappelle à Déat les invasions subies par la Démocratie depuis 1789 : 1792, 1793, 1814, 1815, 1870, 1914, 1940.)* Il s'est fabriqué une espèce de monstre, qu'il appelle sa doctrine, d'après laquelle la révolution européenne, tout en étant le contraire de la révolution de 1789, y est cependant identique au fond. La démocratie, le libéralisme, le jacobinisme, la juiverie, la boîte à voter lui sont, secrètement, aussi chers que cette révolution à laquelle il doit (comme toutes les nullités à langue bien pendue) son ascension sociale ; dès lors, un État et sa politique sont devenus choses incompréhensibles pour lui s'il leur manque un programme à afficher sur les murs et à mettre aux voix des partis.

Ne lui dites pas que les États étrangers n'affichent rien du tout ; qu'ils ont leur politique, qu'ils la tiennent secrète, et, comme des joueurs, en serrant les cartes sur leur poitrine. Le pauvre ne comprendrait pas, il ne pourrait comprendre. Il faut, dit-il, crie-t-il, que la France, au lieu de se choisir elle-même et de suivre son intérêt au mieux des événements choisisse « une destinée entre les attractions des empires », sous peine de se disloquer et de « tendre au néant ». La France doit procéder comme un « chef de partisans », qui les groupe derrière lui en affirmant son plan d'action, avec la promesse et la récompense qu'il y attache ! La « prise de position », voilà le salut ! Attitude, cocarde, plumet, c'est le défilé des pompiers. En disant bien haut ce que nous avons l'intention de faire devant un monde qui fait sans dire, nous résoudrons tous nos problèmes ; en abattant toutes nos cartes, nous les sauverons.

On eût bien étonné, en leur lisant ces fariboles, l'un ou l'autre des grands ouvriers de la création et de l'accroissement de notre Patrie. Ils se fussent demandés comment on peut subordonner l'être à l'action, et l'action politique parlée, criée, à l'action tout court. Ce programme de gambades et de déclamations les eût certainement ahuris. Ils en fussent restés pantois. Mais, d'autre part, Déat n'eût rien compris à leur stupeur. Pas plus qu'il ne comprend quand on lui met sous les yeux les évidences qu'il ignore. Lui est-il impossible de les voir ? Je viens de le dire, et j'ai dit pourquoi.

Charles Maurras.

Comme on le voit, ceux qui favorisaient l'entreprise ennemie ont eu affaire à nous jusqu'à la fin. Nous ne leur avons épargné ni l'objection raisonnable, ni le brocard fouaillant. Nous n'avons jamais arrêté de leur tenir tête et de les dénoncer comme pires auteurs de l'anarchie, de la débâcle et des catastrophes françaises.

Comment, dès lors, a-t-il été possible de nous reprocher, un seul instant, même du bout des lèvres, d'avoir « favorisé les entreprises de l'ennemi ? » Nous les avons, au contraire, attaquées, critiquées et contrecarrées tout le temps. Ceux qui les favorisaient ont été nos ennemis mortels. Nous n'avons jamais cessé de les dénoncer et, quand ce n'était pas possible de manière ouverte, c'était, comme avec M. Laval, de façon couverte et en évitant, à tout prix, de nous laisser compromettre avec lui. M. Laval, chef officiel du Gouvernement de la France, était traité chez nous comme un suspect parce que nous le savions, et tenions que l'on sût que nous le savions, le représentant officieux que l'Allemagne avait placé entre elle et le Maréchal.

Notre manière de favoriser les entreprises de l'ennemi consistait à les déjouer et, quand ce n'était pas possible, à les faire connaître et à les dénoncer. C'est ainsi qu'à peine avons-nous appris le traitement honteux dont a été victime le Maréchal de la part des Allemands, quand ils ont forcé sa résidence, violé sa maison, crocheté son cabinet de travail et sa chambre à coucher, avant de l'emmener captif en Allemagne, nous nous sommes empressés de le publier, et, comme la Censure s'y opposait, de faire circuler des feuilles qui rapportaient les faits, en même temps que de conseiller à tous nos amis de le redire de bouche à oreille. Comme c'était un mois après l'arrestation et la détention de Maurice Pujo et Georges Calzant au fort Montluc, nous savions ce qui nous attendait en cas d'indiscrétion. Cela ne nous a pas plus arrêtés qu'à aucun autre moment de notre action politique.

L'*INTERVIOUVE* AUX JOURNALISTES AMÉRICAINS
L'ARRESTATION

Il est triste d'avoir à dire : ce que la Gestapo n'a pas osé réprimer, l'a été par la police française !

Je rapporte ici des faits ; je suis mieux placé que personne pour les connaître.

Le lundi 4 septembre, mon collaborateur Auphan vint me dire que quatre journalistes attachés à l'armée américaine qui venait d'entrer à Lyon, désiraient avoir une conversation avec moi et me prendre une *interviouve* sur les événements. Bien que caché dans Lyon, à cause des communistes, je me suis mis à la disposition de ces confrères d'outre-mer. Il me fut objecté que l'on saurait ainsi que j'étais encore en ville, alors qu'on me croyait parti. Le devoir de renseigner le peuple américain était bien supérieur à ces soucis de sûreté personnelle. Une heure après, j'étais à mon domicile rue Franklin. Nos confrères me rejoignirent ; la conversation s'engageait.

Nos confrères, dont celui qui portait la parole appartenait au *Times* de New-York, me posèrent les questions que voici, dans l'ordre où ils les avaient mises, d'après leur texte par moi conservé :

1. À votre avis, la France de l'avenir aura quelle sorte de gouvernement ?
2. Croyez-vous qu'il y a encore la possibilité d'une monarchie en France ?
3. Le gouvernement de Vichy était-il vraiment pro-allemand ?
4. Croyez-vous qu'il y a chance d'une guerre civile en France ?
5. Quel jugement portez-vous sur la politique américaine à l'égard du gouvernement de Vichy ?
6. Quels sont vos projets personnels pour l'avenir ?
7. Est-ce qu'il y a quelque chose de particulier que vous voudriez dire au public américain pour exprimer voire position politique ?

Dès le questionnaire lu, je demandai à mes interlocuteurs de me permettre d'intervertir l'ordre pour répondre d'abord sur le cas du Gouvernement de Vichy, c'est-à-dire, comme ils en convinrent, du Maréchal. Alors je protestai de toutes mes forces qu'il était calomnieux de le croire pro-boche. Non, le Maréchal n'était pas pro-allemand, il ne l'avait jamais été. Et j'en donnai toutes les preuves surabondantes que je possédais. Je montrai, comme l'avait fait Pujo devant ses co-détenus de Montluc, que le Maréchal avait toujours été le plus résistant des Français, l'incarnation même de la résistance, puisqu'il n'avait jamais voulu rien céder à l'Allemagne au-delà des clauses de l'armistice, lui avait toujours refusé la collaboration militaire, les bases navales de la Méditerranée, avait approuvé le sabordage de la flotte et, s'il avait accepté, par patriotisme, tant d'avanies et d'outrages, s'il avait subi des hommes comme Laval et Déat, c'était pour éviter à sa Patrie de plus grandes calamités.

Je savais que mes interlocuteurs étaient en possession de feuilles dactylographiées portant :
1. le Message du Maréchal à la France ;
2. sa lettre de protestation à Hitler ;
3. le compte rendu, heure par heure, des outrages que lui avaient fait subir les Allemands le 20 août.

Je me contentai de montrer que ces documents, s'ils manifestaient bien la politique de l'Allemagne envers le Maréchal, contenaient aussi, sanctionnaient et solennisaient la politique *seule France* du Maréchal envers l'occupant.

Tout en répondant à nos confrères sur leurs autres questions dans le sens qu'il est facile d'imaginer, j'ai dû montrer quant à celle-ci une certaine animation, car le rédacteur du *Times* dit à Auphan, quand ils m'eurent quitté : « Il est vif, le vieux ! » Mon insistance l'avait frappé.

Le martyre infligé au Maréchal par l'Allemagne a donc été connu grâce à moi dans l'Amérique.

Grâce à moi, le monde n'aura pas pu croire qu'il n'y ait eu, à la tête de l'État Français de 1940 à 1944, que des complaisances devant l'ennemi. La cause du Chef qui tenait le drapeau aura été distinguée de ceux qui le trahirent. Ce qui eût le plus favorisé la cause de l'occupant et de sa propagande, c'est-à-dire la fable de leur entente avec le Maréchal et les bons Français qui le suivaient, cette fable était dissipée, grâce à nous.

Comment me reprocher d'avoir favorisé ce que nous avons, au contraire, combattu, déjoué, démoli, littéralement annulé !

Mais ce n'est pas fini, il y a un épilogue et beau !

Un quart d'heure après les Américains, je quittai, de nouveau, mon logement de la rue Franklin pour réintégrer une retraite moins connue ; j'y ai passé les journées du mardi, mercredi, jeudi et vendredi suivants. Mais le vendredi 8 septembre, à huit heures et demie du soir, mon collaborateur Auphan sonnait à la porte, suivi de plusieurs policiers. Ces messieurs lui avaient dit que M. le Commissaire de la République à Lyon avait à me parler au sujet de l'*interviouve* américaine.

Je jugeai, en effet, que le Gouvernement pouvait avoir intérêt à être renseigné par moi là-dessus. Je ne fis donc aucune difficulté de suivre mes visiteurs, pris ma canne et mon chapeau et descendis sans autre bagage que mon pardessus. Mes deux collaborateurs et amis Pujo et Auphan descendirent avec moi.

Les policiers étaient armés jusqu'aux dents. Je les plaisantai. Ils me répondirent que c'était pour les communistes, au cas où nous serions attaqués. Nous arrivâmes à la Préfecture. Le Commissaire de la République, M. Yves Farge, était, nous dit-on, en conférence avec l'autorité militaire. Il nous recevrait dans la nuit ou le lendemain matin. Nous passâmes la nuit sur trois chaises. On nous demanda à Auphan et à moi un résumé écrit de l'*interviouve* américaine. Nous le rédigeâmes aussitôt. Les deux documents n'ont jamais été retrouvés, paraît-il. Deux ou trois heures après leur remise, notre arrestation nous était signifiée sans autre motif.

Ainsi cette arrestation, au moins singulière, me retrouvait-elle, encore et toujours, en action contre l'Allemagne ; et, encore et toujours, très précisément en vue de desservir, de défavoriser l'entreprise de l'ennemi.

Récapitulons

Ainsi, tout ce qui avait précédé cet acte final de septembre 1944, comme notre activité politique de juin, juillet et août suivants avait-il consisté à lutter contre l'homme-lige de l'Allemagne, ce Marcel Déat qui, de tout temps, avait voulu faire combattre la France aux côtés de l'Allemagne.

« L'Allemagne n'attendra pas toujours, elle n'attendra pas longtemps », écrivait-il le 11 janvier 1943, le même Déat qui, en juin 1944, voulait que la France assistât l'Allemagne dans la bataille de Normandie.

Pour déjouer l'action de cet agent de l'ennemi, nous avons fait encore tout ce qui dépendait de nous.

Ainsi encore, dans les saisons et les années précédentes, nous étions-nous appliqués à maintenir les deux grands refus du Maréchal : pas de mobilisation française au service de l'Allemagne, pas de déclaration de guerre à l'Angleterre.

Et l'on ose nous inculper d'un accord quelconque avec l'ennemi !

Remontons plus haut pour tout voir :

– dès 1939, nous nous étions opposés violemment à cette guerre que l'ennemi voulait se faire déclarer ;

– nous nous étions prononcés énergiquement pour l'armistice de salut contre l'armistice de trahison ;

— et, dès l'armistice, nous avons pris une position ferme et claire contre la faction allemande de Vichy et de Paris ;

— et de même à Montoire, contre toutes les fausses interprétations contraires à la double consigne du Maréchal : *suivez-moi, ne me dépassez pas ;*

— nous qui avons traqué Laval autour du Maréchal, devant le Maréchal lui-même ;

— nous qui avons fait une guerre de quatre ans aux transfuges parisiens du patriotisme français ;

— nous qui nous sommes opposés en toute occasion au collaborationnisme, à ses orateurs, propagateurs et conférenciers, à la fable de la « bonne Europe allemande », fable que soutenait la presse de Paris et le journal allemand de Lyon, *L'Effort*, mais que *L'Action française* de chaque jour discutait et ridiculisait, et à l'autre fable boche de la Croisade de l'Est, attaquée dans *L'Action Française* à la grande fureur des doriotistes, et que j'ai également discutée contre M. Bonnefoy devant tous nos confrères lyonnais ;

— nous qui avions attaqué et continuions d'attaquer ces billevesées antifrançaises pour mieux appuyer, étayer et consolider la résistance du Maréchal.

Car le Maréchal était le résistant par excellence ; alors même qu'il semblait céder sur quelques questions de personne, il restait d'autant plus ferme sur les principes et les réalités.

S'il était obligé de rappeler Weygand de l'Afrique du Nord, il ne bronchait pas sur l'affaire dont Weygand portait le drapeau ; il refusait les points d'appui méditerranéens, Toulon, Bizerte, que Berlin réclamait.

Le Maréchal pratiquait et professait le respect scrupuleux de tous les termes de l'armistice en ce qui concernait nos anciens alliés. Quand ceux-ci l'obligeaient à se défendre contre leurs violences, ils ne parvenaient point à lui arracher rien de ce qu'il s'était interdit en signant l'armistice.

Telle était, invariable, invariée, sa ligne. Telle était la nôtre à sa suite.

Il est absurde et mensonger de la méconnaître ou d'en ignorer l'opposition radicale aux désirs, aux passions et aux intérêts allemands.

L'ALLEMAND ROULÉ : SON AVEU

Que se serait-il passé si le Maréchal eût été moins ferme, ou s'il n'eût pas trouvé dans l'opinion française des concours moraux comme le nôtre, sur lesquels sa haute autorité a pu s'appuyer ?

Que fût-il arrivé si le parti franco-allemand, qu'il a toujours tenu en échec, l'eût emporté sur le Maréchal ? si les Laval ou les Déat avaient pu accorder à Hitler les ports méditerranéens qu'il ambitionnait ? si la guerre avait été déclarée à l'Angleterre et que des centaines de milliers de jeunes paysans français, habillés en gris vert, eussent été mis à la disposition de l'hitlérisme ? On ne calcule pas ces éventualités. On ne veut plus voir ces périls.

Ils existaient. Il était possible de mettre en mouvement les indignations causées aux Français par les ruines et les massacres des bombardements pour émouvoir ces nouveaux secteurs de l'opinion.

Qui a dit non, toujours non ? Le Maréchal, et nous à la suite du Maréchal. C'est une résistance comme une autre. Moins romanesque, peut-être, mais aussi puissante, aussi efficace que l'autre, plus précieuse peut-être. Mais cette résistance n'eût pas été possible sans une lutte de tous les instants contre la presse allemande de Paris, Lyon, Marseille et d'ailleurs. Cette lutte eut ses risques. Nous ne nous en sommes pas vantés. Mais puisque tout le monde se vante aujourd'hui, pourquoi ne pas dire ce qui est et ce qui fut ? Le traitement final subi par le Maréchal montre qu'il ne fut jamais sur un lit de roses. Quant à nous, sans parler de l'envoi de Maurice Pujo et de Georges Calzant où l'on sait par la Gestapo, il ne faudrait pas oublier les bandes plus ou moins révolutionnaires assemblées à Paris par Déat et consorts qui nous menaçaient de leur visite. Dénoncée chaque jour par la presse embochée, cette résistance fidèle avait cependant la vertu d'échapper en quelque mesure au Boche lui-même par la simple finesse du jeu français.

Il s'en est étonné, le Boche, depuis ! Parmi les papiers abandonnés par la *Propaganda-Staffel*, on a trouvé une brochure, datée de novembre-décembre 1943, intitulée *Spiegel der Französischen Presse* (*Miroir de la Presse française*). Son origine n'est pas douteuse elle porte en sous-titre « Rapport du groupe presse de la section de propagande en France ». Le document est confidentiel ; en haut de la couverture, il est spécifié « Les destinataires sont responsables de la conservation et de la destruction des exemplaires numérotés » et « Confidentiel, uniquement à l'usage du service ». Le grand intérêt du document est qu'il établit l'opinion des Allemands sur *L'Action française*, non pas pour leur propagande, mais pour ce que leurs services doivent penser de *L'Action française*. Le document, dont nous avons la photographie, éclaire ainsi les attaques de la presse germanophile contre nous. Il est capital.

Voici un passage de l'article du *Sonderführer* A. Thiersch qui concerne *L'Action française* :

Entre les lignes. – Coup d'œil sur la presse de zone sud

La résistance passive contre la Nouvelle Europe, que mettent en lumière les textes précités, devient opposition dans une feuille qui, par sa violence, a pris depuis longtemps une place toute particulière dans la presse française, la royaliste *Action française*. Sans doute, Charles Maurras se répand aujourd'hui en paroles véhémentes contre l'Angleterre, contre Moscou et contre la juiverie ; mais toute l'argumentation qu'il dresse contre ces puissances est également dirigée contre l'Allemagne et l'Europe, car elle est liée au postulat d'une autarcie politique et spirituelle de la France que Maurras revendique jour après jour avec la dernière intransigeance. « La France, la France seule », telle est la devise qui, chaque jour, s'étale à la manchette du journal et l'avenir retiendra sans contredit, comme le signe d'une extraordinaire tolérance *(boche, oh ! la, la !)* le fait qu'après avoir, cinquante années durant, combattu l'Allemagne comme pas un, cet homme auquel on reconnaît une influence déterminante sur le cours « attentiste » de la politique vichyssoise, ait pu poursuivre, sans être inquiété, son activité dans un pays occupé par l'armée allemande.

« La France, écrivait Maurras dans *L'Action française* du 24 septembre 1941, n'a pas à se sacrifier pour des intérêts étrangers, car l'Étranger (spécialement la Russie, l'Angleterre et l'Amérique), par la force des choses et en raison même des sacrifices qu'il a faits et qu'il continue à consentir à la guerre, est contraint de penser avant tout à lui-même. Ce serait la plus ridicule des rêveries que de lui prêter je ne sais quelles intentions généreuses ; il lui faut se soucier de sa propre existence, chercher à survivre à des efforts inouïs... Nos prétendus sauveurs et libérateurs sont de féroces créanciers... Il n'y a qu'un moyen de durer et de vaincre, et c'est l'inébranlable volonté de ne nous laisser duper ni dépouiller par quelque ennemi que ce soit, ancien ou nouveau. »

Le lecteur devinerait sur-le-champ que les phrases ne visent pas seulement les puissances désignées entre parenthèses, même si le mot « spécialement » n'y figurait pas.

Voilà l'aveu de notre résistance et comme son brevet. Voilà l'aveu de l'utilité de l'appareil administratif français interposé par l'armistice du Maréchal, l'armistice sauveur ; il y avait encore moyen de passer entre les mailles de l'occupation. Mais c'est aussi l'aveu de la balourdise boche trompée, roulée, dupée par nos soins. Notre intention était remplie, nos buts étaient touchés toutes les fois que, sur un point ou sur un autre, nous avions fait échouer son entreprise ennemie.

Et l'on ose nous accuser de l'avoir servie !

Je ne serai pas dupe

Monsieur le Président, Messieurs les Jurés,
Monsieur l'Avocat de la République,
Je ne serai pas dupe de cette accusation.
Je vous ai fait savoir, dans mon mémoire écrit, comment je l'interprète. Je vous dois, je me dois de le rappeler de vive voix.

Pas une personne au courant des Lettres contemporaines ne me contredira si j'affirme qu'il n'existe pas un écrivain français qui ait manifesté par toute sa carrière, au même degré que votre serviteur, une semblable horreur de l'esprit allemand et de la domination allemande. Le fait matériel n'est pas contesté jusqu'au mois de juin 1940 ; et l'accusation veut qu'alors, à soixante-douze ans, j'aie changé de pensée, d'esprit et de langage ! Il faudrait qu'elle nous expliquât ce revirement.

D'où viendrait-il ?

Des bontés que les Allemands auraient eues pour moi ? De leurs avances ?

De leurs promesses ?

Je m'étais énergiquement opposé au clan parisien des amis de l'Allemagne.

À l'approche des armées allemandes (juin 1940), j'ai quitté Paris, pour continuer à publier librement une pensée française.

Aussitôt que j'ai eu la certitude que Paris ne serait pas défendu, nous nous étions réfugiés à Poitiers.

J'ai quitté cette ville hospitalière dès qu'elle s'est trouvée sous la menace allemande.

À leur arrivée à Paris, le troisième jour, les Allemands avaient mis les scellés sur mes domiciles personnels, rue de Verneuil, rue de Bourgogne.

Ils se sont mis à piller et à repiller, rue du Boccador, le siège de *L'Action française* dont nous sommes, Maurice Pujo et moi, les directeurs. Ce fut d'abord un déménagement graduel et, au bout de deux ans, lorsqu'ils s'approprièrent nos locaux, ils emportèrent tout ce qui restait pour des destinations inconnues, collections, registres, meubles, sans négliger les livres, bibelots, autographes, reliques et souvenirs précieux dont mon cabinet personnel, entre autres, était garni.

Pendant ces quatre années les Allemands ont interdit et traqué mon journal dans toute leur zone nord. Quiconque en détenait un numéro était puni ; en avoir un paquet exposait à des pénalités graves.

Depuis plus de quatre ans, les Allemands retiennent prisonnier mon neveu et fils adoptif, le lieutenant Jacques Maurras. Malgré les propositions et les tentations dont il a été l'objet, ce brave enfant a refusé de devenir travailleur libre chez eux ; mes dernières volontés le citeront à l'ordre du jour de *L'Action française* en raison de ce refus bien français.

À Martigues, les Allemands ont occupé ma maison, sillonné mon jardin de leurs tranchées et miné ma colline. On m'a proposé une indemnité ; je l'ai refusée, ne voulant ni toucher de l'argent boche, ni, si l'indemnité est française, ajouter, si peu que ce soit, une charge à mon pays.

À Limoges, les seuls panonceaux de leur « *Kommandantur* » apposés sur l'hôtel que j'habitais me l'avaient fait quitter.

À Lyon, ce sont les Allemands qui m'ont chassé d'hôtel en hôtel. Avant de me réduire à vivre en meublé, une de leurs perquisitions au « Grand Nouvel Hôtel » avait arraché le nœud de rubans tricolores qui décorait une belle image de la cathédrale de Strasbourg au-dessus de ma table de travail.

À Lyon encore, leurs bons amis les Miliciens nous ont chassés, par réquisition, d'une partie de l'appartement que nous avions loué au *Progrès* ; à Lyon toujours, les Allemands ont, on ne saurait trop le dire et le redire, emprisonné, pendant dix-neuf jours, au fort Montluc, mon admirable codirecteur, co-détenu, co-accusé Maurice Pujo et mon cher collaborateur Georges Calzant.

À Lyon enfin, en guise de bouquet d'adieu, le souffle de la bombe destinée à faire sauter l'un de vos ponts, failli nous tuer, Maurice Pujo et moi...

Vraiment, Monsieur le Président, Messieurs les Jurés, Monsieur l'Avocat de la République, est-ce la liste de ces bienfaits qui auront bien pu me retourner dans le sens allemand et me conduire à les favoriser dans leurs entreprises ?

C'est une absurdité qu'on ne soutiendra pas. Alors ?

Alors, je vous propose une explication raisonnable. Les reproches qui me sont faits, les accusations dont je suis l'objet se fondent sur ceci :

La longue suite de mes campagnes contre l'influence allemande en France, la longue liste de mes avertissements au peuple français, cette série de mises en garde antérieures même à la naissance de *L'Action française* et qui s'étend sur un espace de plus de cinquante ans, forment un corps de souvenirs et un monument de services qui se voient de loin.

Il se voit d'assez loin pour gêner ceux qui ont fait campagne pour que je ne sois pas écouté, ceux qui n'ont pas voulu ou n'ont pas su *armer, armer, armer,* ceux qui ont voulu, et voilà les vrais traîtres, voilà la véritable intelligence avec l'ennemi, ceux qui ont voulu, dis-je, faire cette guerre après qu'ils nous avaient désarmés.

Les Français qui me rencontrent me disent volontiers : « Ah ! quel malheur qu'on ne vous ait pas écouté, nous n'en serions pas où nous en sommes ! »

Les mêmes Français peuvent et doivent dire à mes accusateurs : « Nous sommes là par votre faute. Quel malheur qu'on vous ait écoulés ! »

Mes états de service font donc à mes accusateurs un reproche vivant. Alors, ils ont essayé d'intervertir les rôles. Ils entreprennent de transférer à eux-mêmes, à leur propre compte, eux, anciens négateurs de la Patrie, anciens désarmeurs de la France, anciens boute-feux d'une guerre perdue, le mérite et l'honneur de mes doubles campagnes pour la paix et pour les armements, pour la défense de la Nation et pour la victoire de la Patrie.

Le sentiment national que ces messieurs étalent aujourd'hui peut tromper sur leur passé. Je ne conteste pas ce que leur patriotisme a de très sincère, mais il est récent. Il n'a surgi qu'après l'échéance des malheurs que nous avions annoncés, prévus, prédits et voulu empêcher. Il a fallu défaite sur défaite, il a fallu quatre ans d'occupation tyrannique pour réveiller dans les bons cœurs français les idées, les lumières que l'anti-patriotisme et l'antimilitarisme avaient obscurcies. Le cœur, ou le bon cœur, le sang ou le bon sang français ont enfin senti qu'il n'y a point de vie privée tranquille et sûre sans une vie nationale forte et sans un esprit national puissant. La maison a besoin du Rempart. Il n'y a ni classes sociales, ni corps sociaux heureux, établis, durables, sans la ceinture du Rempart. Le travail des hommes paisibles est toujours exposé aux pillages de guerre, à l'agression, à l'invasion, si un Rempart solide ne les protège point. Autrefois, le Rempart de la France était assuré par la monarchie. La démocratie n'a pas su le maintenir. Pendant les cent cinquante ans qui avaient précédé la démocratie, nous n'avions pas été envahis une seule fois. Depuis, je le répéterai jusqu'à ma mort, depuis, sous les nouveaux gouvernements la grande invasion, l'invasion profonde a mordu sept fois notre territoire : en 1792 et 1793, en 1814, en 1815, en 1870, en 1914, en 1940. Ceux qui se montrent très justement, très légitimement irrités de l'occupation allemande avaient-ils pensé à elle, l'avaient-ils seulement conçue avant de la subir et de la souffrir ? Eh bien ! c'est à quoi je pensais toujours : à l'attaque possible, à l'invasion possible, à la défense nécessaire contre ces invasions, dont la menace est toujours pendante sur nous.

Voilà à quoi l'on ne songeait jamais, ou presque jamais, que sous le coup de l'événement. Cela me donne le droit de dire que, si quelque chose a été fait pour favoriser l'entreprise de l'Étranger, ce fut bien par cette négligence, cette imprévision, cet aveuglement, contre quoi j'ai tant milité !

On favorisait, on servait l'ennemi allemand en refusant de prévoir la guerre qu'il préparait.

On le favorisait et on le servait aussi en lui déclarant la guerre à l'étourdie.

On servait Hitler en lui déclarant une guerre qu'il lui fallait, la même guerre qu'Émile Ollivier avait déclarée à Bismarck en 1870.

Pendant tout le premier semestre de 1939, je ne cessais d'écrire :

— Daladier ! Daladier ! votre nom, qui s'écrit Daladié dans notre provençal, signifie olivier sauvage. Prenez garde à l'homonymie. Méfiez-vous des astres. Les astres disent qu'Émile Ollivier étant fils de Marseille peut attirer dans son destin un fils de Carpentras comme vous.

Daladier et ses pareils servaient l'ennemi en ne m'écoutant pas, quand je disais : *Armons !*

On servait l'ennemi en ne faisant rien de ce que nous disions.

On servait l'ennemi en faisant tout ce que nous déconseillions de faire. Tous les jours qui précédèrent la fatale déclaration, nous disions à Daladier :

— Que pouvez-vous pour la Pologne ? Vous ne pouvez rien !

Il ne répondait pas, mais il s'entêtait avec son parti. Ainsi sont-ils tombés dans le piège tendu, qui était cependant bien visible ! Nous aimions la Pologne, nous, nous détestions l'Allemagne, nous, bien plus que Daladier n'aimait l'une et ne détestait l'autre. Mais nous croyions qu'avant de partir en guerre, il fallait connaître ses forces et les forces de l'ennemi ; le peuple français ne doit pas être conduit à la boucherie comme un pauvre bétail. On servait l'ennemi quand on se faisait de la multitude française une idée aussi dégradée !

Et tous les jours nous répétions aussi qu'il était fou d'engager une guerre offensive lorsque, depuis des années, on n'avait prévu ni organisé qu'un appareil militaire défensif. On rendait un service puissant à l'ennemi, on favorisait l'entreprise de sa victoire en négligeant ces objections du patriotisme et de la raison. La vraie trahison, la voilà. Et les traîtres sont parmi vous.

Oh ! comme je comprends que les responsables de la hideuse aventure ne puissent pas penser à nous sans avoir à rougir d'eux-mêmes !

Et comme je comprends qu'ils désirent me passer les responsabilités qu'ils sentent peser sur eux lourdement !

Il leur serait très agréable de se dire qu'aux temps où ils croyaient les Allemands inoffensifs, je disais la même bourde qu'eux. Sans doute aussi, seraient-ils enchantés de pouvoir dire que nos pronostics de 1939 étaient vains et faux. Malheureusement, ils ont été vérifiés par les sombres et tragiques événements qui, pour être devenus des souvenirs, ne cessent pas de nous accabler de leurs conséquences.

Alors, il ne leur reste plus qu'à s'obstiner à répéter ce bobard : j'avais eu raison autrefois, j'aurais changé depuis !

Au moment où tout vérifiait, où tout confirmait mes deux campagnes parallèles contre l'Allemagne et contre la démocratie, je serais passé à celui des deux ennemis que j'avais le plus combattu...

— Mais oui, ose-t-on dire, vous exprimiez ainsi à l'Allemagne votre reconnaissance d'avoir causé la chute de la démocratie.

— Encore une grosse bêtise !

Si j'avais pu souhaiter la chute de la démocratie au prix de la ruine de la Patrie, est-ce que je me serais donné tant de peine pour renverser la démocratie ? Il m'aurait suffi de la laisser faire, au lieu de m'efforcer de limiter ses dégâts en la combattant. Il aurait suffi de la laisser courir là où elle courait d'elle-même : au désarmement, à la démilitarisation et à la dénationalisation de la France, qui sont les voies directes, les pentes verticales à la défaite et à la débâcle ! Au lieu de m'opposer de toute mon âme à cette guerre perdue d'avance, j'y aurais poussé, comme, dans le même cas, j'aurais dû pousser à d'autres guerres en 1936, en 1938, guerres que j'ai empêchées, avec mes amis, parce que nous mettions la France au-dessus de tout.

Et maintenant, ce sont les hommes qui chantaient l'hymne de Pottier, « Crosse en l'air et rompons les rangs », ce sont ceux qui criaient à la « folie des armements », ce sont ces hommes-là qui voudraient me coller au visage leurs doctrines et leur action. Cela s'explique ! Ils veulent barbouiller de leurs mensonges leur passé et le mien. Mais si j'admire leur impudence, je les trouve assez imprudents. Il existe des évidences plus brillantes que le soleil. Ils n'en viendront pas à bout sans difficultés, je le leur promets !

Ce n'est d'ailleurs pas la première fois que l'on essaie de me manœuvrer ainsi. Cette tentative est bien la plus effrontée et la plus grossière que j'aie eu à subir, mais on a déjà essayé de me donner pour autre que je suis en m'affublant d'erreurs contraires à l'esprit de ma vie, au cœur de ma pensée. Sur le terrain social, sur ce terrain où l'on m'a si souvent représenté comme un « défenseur des trusts » ou un partisan du libéralisme économique oppresseur du peuple, comme favorable aux doctrines que j'ai combattues depuis que j'existe. À dix-huit ans, j'entrais à *La Réforme sociale*, la revue fondée par le grand Frédéric Le Play, l'auteur de la fameuse enquête sur les Ouvriers européens qui domine son siècle. J'avais trente-cinq ans lorsque je composai mon *Avenir de l'Intelligence*, qui est un réquisitoire contre cette ploutocratie que vous appelez le capitalisme. À quarante ans, lors de la répression inhumaine des émeutes populaires de Draveil-Vigneux, je prenais dans *L'Action française* le parti du peuple ouvrier trahi par la bourgeoisie républicaine, j'accablais Clemenceau (à son premier ministère) d'invectives cinglantes, à la suite desquelles des syndicalistes patriotes, conduits par notre ami Émile Janvion, pendaient le buste de la République sur la façade de la Bourse du Travail. En même temps, je développais une campagne doctrinale sur la nécessité d'incorporer le prolétariat à la société, suivant la formule de mon maître Auguste Comte, de donner à l'ouvrier de la grande industrie des garanties sérieuses qui fissent partie du statut national. Dans ces études qu'a recueillies mon gros *Dictionnaire politique et critique*, je montrais que, si le paternalisme était nécessaire, il ne suffisait pas, et je répondais à ceux ou à celles des jeunes bourgeois ou bourgeoises qui, à bon droit, vantaient la bonté, la générosité, la philanthropie de leurs pères ou de leurs maris envers les ouvriers de leurs industries, que ces bons patrons avaient raison, mais qu'ils n'étaient pas éternels, pouvaient être remplacés par de moins bons patrons, et qu'il fallait reconnaître et inscrire le droit ouvrier dans les lois.

Ce n'était point là, de ma part, l'effet d'un choix arbitraire de ma pensée. Cela était lié à l'ensemble de ma doctrine. Le libéralisme économique amenant la toute-puissance de l'argent est un fléau issu de la Révolution dite française. La réaction dont nous prenions la tête exigeait que nous commencions par rétablir des conditions humaines dans le travail national et chez les travailleurs français. Conditions naturelles, conditions nécessaires que l'ancienne France a connues. Si nous repoussions absolument les fausses devises de liberté et d'égalité, faiseuses d'anarchie, de jalousie et de haine, nous gardions le précepte de la fraternité, dérivé direct de l'idée de nation qui exprime un lien de famille, l'état de naissance commun à tous les nationaux. Ce programme social se tenait, et il tenait à l'âme de notre politique. Eh bien ! toutes les fois que l'on a redouté d'avoir à en parler, on a commencé par le travestir avec une rare insolence.

Je n'oublierai jamais le jour où, devant le jury de la Seine, l'immonde assassin d'un héros de la guerre de 1914, *le Decius français*, notre cher et grand Marius Plateau, une fille de police, Germaine Berton, osa m'appeler le plus grand ennemi du prolétariat. Je lui répliquai, l'on s'en doute ! Je lui lançai au visage ce que je viens de redire aujourd'hui. Mais le lendemain, tous les journaux officieux reproduisaient l'injure et le mensonge, sans dire un mot, un seul, de la rectification. Pourquoi ? Quel intérêt y avait-on ? L'intérêt, commun à nos démocrates révolutionnaires ou bourgeois, de bien tenir le peuple ouvrier à l'écart de ses véritables amis, de ses amis désintéressés, de ses amis dévoués ! L'ouvrier français, intelligent, ardent, toujours prêt à marcher, constituant une « valeur » électorale et parlementaire précieuse, les partis de gauche et d'extrême-gauche en faisaient leur chasse gardée. Il ne fallait pas que notre parole sincère pût pénétrer jusqu'à l'ouvrier ; il fallait établir une cloison étanche entre les ouvriers et nous. Pour y parvenir, on se servait surtout de l'anti-patriotisme et de l'anti-militarisme, dont on les avait gorgés et littéralement saturés ; car, pendant que l'ouvrier allemand, l'ouvrier anglais, l'ouvrier américain, l'ouvrier italien, étaient élevés dans le respect et dans la foi de leur Patrie, l'ouvrier français, sevré de cette sève naturelle, rencontrait et heurtait dans notre nationalisme un élément qui devait l'éloigner de nous.

Les mandataires qui s'étaient imposés à lui faisaient ce qu'ils pouvaient pour exprimer leur indifférence à l'idée de Patrie ; on disait couramment, il y a trente ans, que mieux vaudrait devenir allemand que de laisser faire trois ans de caserne aux enfants de la France. En pleine guerre de 1914– 1918, de prétendus chefs du prolétariat français allaient à Kienthal traiter de paix blanche ! Lorsque nous voulions mener la guerre jusqu'à la victoire, nous étions étiquetés buveurs de sang ouvrier ! Ces précautions calomnieuses ne parvenaient pas toujours à dissiper tout risque de contact entre les travailleurs et nous. Alors, un seul remède était possible, le grand, le beau, le décisif : dénaturer, défigurer cette doctrine juste et fraternelle qui était la nôtre et nous imputer celle que nous avions toujours combattue.

Sous le couvert de ces mensonges, les mauvais bergers de la démocratie sociale pouvaient gaiement se mettre à table, à la table du grand capital ; ils se faisaient les avocats de grandes firmes ou mendiaient pour leurs enfants des postes lucratifs auprès des tripoteurs du régime, le fameux Oustric, par exemple.

L'innocent suffrage ouvrier était de bon rapport, on le voit ! Ses profiteurs avaient un intérêt croissant, l'ayant capté, à le retenir. Ils nous imputaient donc leurs pratiques et dénaturaient nos idées. Plus tard, quand il se fut formé sur le flanc droit du parti socialiste une aile démocratique, dite chrétienne, le même intérêt joua pour faire jouer les mêmes mensonges ; les orateurs et les écrivains de cette faction n'avaient pu perdre de vue la vieille devise de leurs tournées électorales : « Je mets ma conscience dans un tiroir, je la reprendrai au retour ! » La retrouvaient-ils jamais ? Ce printemps dernier encore, en Suisse, un journal de la secte qui paraît à Fribourg donnait à ce qu'il appelait le maurrassisme la couleur odieuse d'un esprit anti-social, anti-ouvrier, anti-prolétaire. Seulement, cette fois, la calomnie tombait dans un milieu réfléchi et, qui plus est, informé des lecteurs que nous avions en pays vaudois, les rédacteurs de *L'Action*, de Lausanne, rétablirent spontanément la vérité, telle qu'on vient de l'entendre, et ils terminèrent la rectification en disant qu'ils la soumettaient « à l'appréciation des honnêtes gens de droite et de gauche ». Belle pensée, mais qu'il faut compléter par cette vérité d'expérience : il n'y a point d'honnêteté chez les politiciens quand on les menace dans leur pain quotidien. Avec eux, il faut s'attendre à tout.

Les politiciens qui étaient en place au moment de l'immense ruine de la Patrie, les politiciens qui ont fait cette ruine, soit par malice ou par maladresse ou par incapacité, estiment aujourd'hui qu'il serait heureux, utile, commode et confortable de me faire prendre pour eux et de se faire prendre pour moi-même. Ainsi seraient-ils bien tranquilles. Leur passif, je le répète, les gêne, ils voudraient me l'attribuer. Mon actif les tente, ils veulent se l'approprier. On me permettra de redire que je les comprends. Pour un peu, je les louerais ! Après tout, ils occupent en 1945 la triste position morale qu'occupait, après 1870, l'empereur Napoléon III, son ministre des Affaires étrangères Gramont, son premier ministre Ollivier, son ministre de la Guerre le maréchal Lebœuf. Ma position est celle des avertisseurs prudents et sages comme M. Thiers, des informateurs sérieux comme le colonel Stoffel. Pareil à ceux qui voulaient empêcher l'empereur de se jeter sur l'épée tendue de Moltke et de Bismarck, je faisais ce qui dépendait de moi pour détourner nos politiciens de l'épée tendue par Hitler. « Non, disaient-ils, ce n'est pas une épée, c'est un jeu de cartes. Hitler bluffe. Hitler joue au poker. » Ils ont foncé et se sont embrochés, ou plutôt ont fait embrocher leur pays que leurs conseils trompaient et perdaient. Ce sont de mauvais souvenirs pour ces messieurs. Calculez comme il serait agréable aux profiteurs de la « femme sans tête » de dire, appuyés sur de solennels arrêts de justice populaire : « Ce n'est pas nous ! ce n'est pas nous ! Ce n'est même pas le chat ! C'est Maurras ! »

Eh bien ! Maurras ne se laisse pas faire. Peut-être s'en doutent-ils déjà un peu, maintenant.

Oh ! ce n'est pas que j'aie une envie particulière de sauver ma vieille personne mortelle !

À mon âge, la vie est peu. L'honneur ? Je défie qu'on souille le mien. Tout ce que je viens de dire parle haut. Ni la plus étonnante des arrestations, ni plus de quatre mois d'une prison assez resserrée, ni quelques minutes de menottes bien symboliques, ni le rapport charentonnesque d'un informateur dégradé dont nous vous parlerons, ni l'inculpation qui voudrait être infamante mais qui retombe sur ses auteurs, rien ne peut résister au paisible rayon de lumière que je viens de projeter jusqu'à vous. Oh ! je n'ignore pas ce que sont les factions, ce que peuvent les factieux en temps de crise et de révolution. On s'attend à tout avec elles.

Mais qu'est-ce que cela fait ? Je ne m'intéresse, pour ma part, qu'à la Vérité, à la Justice, à la Patrie.

La Vérité, elle est. Je défie que l'on puisse contester sérieusement ni, certes, l'ensemble, ni le moindre détail de ce que je viens d'exposer. Je suis en règle avec la Vérité.

La Justice ? Elle ne peut voir sans un sourire d'amère ironie les boutefeux de 1939, cause de tous nos maux, un Champetier de Ribes[96] par exemple, vouloir exonérer leurs augustes épaules des effroyables conséquences de leur gestion, afin de s'en décharger sur quelqu'un qui les avait avertis, un par un, de leurs malfaçons. Je ne crains rien de la Justice.

Quant à la Patrie, je connais ce que je lui dois, mais mon respect filial m'empêche de penser que le nom d'un de ses bons serviteurs s'efface de son sein, ni qu'il y soit mêlé à d'indignes contacts. Les très rares erreurs de l'Histoire de France eurent toujours le privilège d'être compensées par des réhabilitations éclatantes et généreuses. Plus encore que de la Vérité et de la Justice, je suis sûr de l'affection maternelle de ma Patrie et du fidèle souvenir de tous les vrais Français.

Je m'asseoirai tranquillement, ayant dit ce qu'il fallait dire et prêt à répondre sur toutes les plates histoires plus ou moins déformées que vous me reprochez.

Venez donc, faux informateurs, faux transcripteurs ou mauvais lecteurs des textes les plus clairs ! Venez, mauvais inventeurs d'intentions qui pourraient bien vous convenir à vous, mais qui ne sont pas dignes de moi ! Venez messagers, serviteurs, instruments de factions et de factieux ! Venez, faux témoins ! Je tiens prêt mon mot sur chacun. Chacun de vous recevra le jet direct du Vrai, les éclats irrésistibles du Juste, comme un dernier surcroit de services que, vieux et usé, j'aurai ainsi pu rendre encore à la mère Patrie. Il y a quatre mois que je place ces audiences sous deux grandes invocations : Jeanne d'Arc, et André Chénier.[97]

---

[96] Auguste Champetier de Ribes (1882–1947), parlementaire démocrate-chrétien, fut l'un des 80 députés à refuser les pleins pouvoirs au maréchal Pétain. Fondateur du réseau Combat, homme de confiance du général de Gaulle, il fut brièvement président du conseil en fin 1946. (n.d.é.)

[97] Le Président reprend alors la parole :
— Je vous ai laissé parler longuement. Il y a encore une question que je voudrais vous poser...
Il s'agira de l'affaire de Roger Stéphane. Le Président reprend donc le fil des accusations tel qu'il était préparé la veille, sans commenter en rien la longue déclaration de Maurras.

Tragi-comédie de ma surdité

1945

Ma surdité compose une bonne moitié de ma vie. Je dis bonne pour en mesurer l'importance ; très mauvaise quant aux effets. La grandeur d'âme des hommes de la Renaissance en a pu juger autrement ; le magnifique Ronsard prenait tout en bien, même une infortune pareille ! Son ami et disciple, Joachim du Bellay renchérit : affligé des mêmes disgrâces, il composa une ode en l'honneur de la surdité. Ses sophismes chantés ne m'ont pas convaincu. On m'a souvent dit, pour me consoler, qu'en m'éloignant des vains bruits du monde, une admirable Providence m'avait fait des loisirs pour réfléchir et méditer. Mais la matière à réflexion et méditation est portée à l'esprit par les bruits du monde ; ils ne sont pas si vains ! Et, pourrais-je ajouter, je ne réfléchis, ni ne médite jamais aussi bien qu'au débouché de ces bruits-là ! Il resterait à écouter l'ingénieuse poétesse (russe, si je ne me trompe) qui, certain soir du début du sombre été de 1939, m'assura en public que si les dames me voulaient parfois quelque bien, c'était que la nécessité de se faire entendre imposait déjà l'obligation de supprimer beaucoup d'espace entre leurs douces lèvres et mon malheur. Cet argument serait supérieur à tout s'il se fondait sur quelque chose de réel. Ce n'est, hélas ! qu'un « si » de pure invention, de féerie ou de leurre. *Quod gratis asseritur... gratis negatur.*[98]

Il serait oiseux de compter tout ce dont la surdité m'a séparé et privé, ou les efforts incroyables qu'elle a exigés de moi. Ne parlons même pas du deuil de la musique ! Oublions mon rêve d'enfant, et grand enfant déjà : l'appel à l'École Navale d'où je devais sortir marin, comme le père de ma mère et comme tous les siens. Retenons un seul fait : un enchaînement bien involontaire et inattendu de mes aptitudes d'esprit m'a conduit à devenir écrivain politique et, de là, quelque chose comme homme politique. Dans la vie politique, il n'est pas de plus sûr médiateur que la parole ; s'il se trouva que j'avais la langue bien pendue, l'organe récepteur me fut ôté avec l'ouïe ! L'ouïe, cette moitié du sens des rapports sociaux ! Que l'on calcule ici l'effet de son absence ! On accorde, en général, à mes avis politiques un peu de crédit ; il m'est arrivé de les faire écouter d'un grand nombre. Est-ce que ce nombre n'aurait pas été multiplié si l'ouïe ne m'avait manqué ? N'aurais-je pas pu être alors le petit atome errant et parlant qui aurait épargné de grands maux à notre patrie ? Mais, dans cette carrière qui ne fut que mon pis-aller,

---

[98] Principe de scholastique : *ce qui s'énonce sans preuve n'a pas besoin de preuve pour être rejeté.* (n.d.é.)

j'étais mis en état d'infériorité par le premier rhéteur venu pouvant tenir le coup sur la planche d'une tribune !

I. Caractère du mal physique

Comment ce mal m'est-il venu ?

Il n'était pas héréditaire. Mon frère n'était pas sourd. Ni mon père. Ma mère n'a mal entendu que dans sa vieillesse extrême. Les souvenirs de ma petite enfance sont très clairs : si bas que l'on voulût parler devant moi, la fine oreille guettait et surprenait tout. C'est vers quatorze ans révolus que j'ai senti brusquement l'audition se dérober. Non pour les sons proprement dits : j'ai longtemps entendu toutes les voyelles. Les articulations ont manqué les premières. Par quelle cause ?

L'année 1882 est celle où, laissant notre jardin de Roquevaire, nous sommes venus passer les vacances d'août et de septembre à Martigues, où j'ai commencé à prendre des bains de mer. Ces bains sont-ils les premiers coupables ? Je plongeais beaucoup, et nageais beaucoup sous l'eau. On attribue à l'eau de mer ainsi aspirée par les narines un mauvais effet sur l'oreille. Je crois néanmoins que le mal couvait depuis les trois ou quatre années précédentes.

J'avais eu la coqueluche en 1877, et ce bobo m'avait laissé des embarras de nez et de gorge absolument nouveaux pour moi : de fins grumeaux en chiffreneurs[99] me faisaient souffler par le nez comme une petit phoque : l'ouïe devait s'en ressentir déjà un peu. Ce qui me le fait croire, c'est que, entre 1877 et 1882, il me souvient de quelques circonstances où, écoutant de toutes mes oreilles un prédicateur ou un conférencier peu en voix, je ne distinguais plus qu'une partie de son discours. Mais cela n'était jamais arrivé dans mes classes avec mes professeurs.

Or, un jour, en troisième, on dictait une version latine, exercice où je n'étais pas mauvais ; d'ordinaire, le texte dicté, au fur et à mesure que je le prenais, me dévoilait les grandes lignes de son sens. Cette fois, non seulement la signification générale m'échappait, mais je ne reconnaissais plus les mots du vocabulaire, qu'ils fussent rares ou familiers. Le lendemain, je fus appelé au tableau noir pour y poser des chiffres à la dictée. Ce fut un désastre. Pas un qui fût exact. J'entendais si mal qu'il fallait craindre de ne plus entendre du tout.

Ma mère me conduisit immédiatement chez notre médecin, excellent praticien de quartier qui nous soignait tous et fort bien depuis notre arrivée

---

[99] C'est bien ce mot, inconnu des dictionnaires, qui figure dans le texte imprimé. (n.d.é.)

à Aix, le docteur Gouyet, homme d'expérience et de bon sens. Il regarda ma conque au moyen du petit entonnoir usuel et s'écria : « Pas étonnant ! c'est bouché ! » prescrivit des lotions d'eau savonneuse tiède pour rouvrir le conduit en fondant et expulsant cette croûte de cérumen : « Revenez dans un mois ». Au bout du mois, la croûte de cire avait disparu, l'oreille externe était devenue libre, j'étais aussi sourd que devant.

Alors commencèrent nos visites aux spécialistes les plus variés de Marseille et d'ailleurs. Je n'ose me prononcer sur le sérieux de plusieurs d'entre eux. Les maladies de l'oreille étaient exploitées alors par bon nombre de charlatans qui avaient le champ libre par l'extrême retard de la thérapeutique de l'oreille, en province du moins. J'ai cependant gardé un très beau souvenir du docteur Chargé, que nous allions consulter d'abord à Balaguier, près de Toulon, puis, quand il eut vendu sa belle villa de Tamaris, à Sant-Nari (Saint-Nazaire, que les imbéciles écrivent « Sannary » et prononcent comme « Canari »). C'était un très beau vieillard, dont les longs cheveux blancs couvraient, à flots, les hautes épaules. Son masque impérial convenait à sa qualité d'ancien médecin de Napoléon III. Il employait l'homéopathie. L'échec que lui fit subir ma surdité contribue à m'inspirer un certain scepticisme pour une méthode aujourd'hui si courue ! Nous retournâmes aux allopathes qui ne firent pas mieux ; le mal dura, il s'aggrava même un peu, jusqu'à notre installation à Paris.

À Paris, un grave risque fut couru, j'y échappai par miracle. C'était le moment où florissait, en laryngologie, rhinologie, otologie, une méthode de bouchers. Tout y était donné à la plus aventureuse des chirurgies. Par grande chance, je tombai d'abord sur un ancien médecin de la Marine, un des plus jeunes amis de mon grand-père, qui s'était spécialisé sur le tard dans les affections de l'ouïe, le docteur Bonnafont. La sagesse de l'âge lui inspirait une extrême prudence. Ce qu'il pratiquait avec moi, c'était le cathétérisme, injection de vapeur de goudron au moyen d'une sonde de caoutchouc s'ajustant par le nez à la trompe d'Eustache. Il ne se vantait pas en disant qu'il lui suffisait de toucher le bord d'une narine pour se représenter la forme du conduit. Je n'ai jamais senti de main plus légère. Sa médication améliora, et beaucoup, mes embarras de gorge et de nez sans décider de grands progrès pour l'entendement. Peut-être mourut-il trop tôt.

Peu après, un ami me conduisit chez un jeune médecin qui usait, avec la même prudence, de la même méthode. Il s'appelait le docteur Boucheron. Je me trouvai également bien de ses soins. En me cathétérisant, il s'aperçut que j'avais une déviation de la cloison nasale gauche... « Qu'à cela ne tienne ! dit-il, je vais vous en débarrasser. Et sans vous faire mal. » Aussitôt fait que dit. Sans le moindre mal, en effet ! À ma grande merveille, je sentis les cracras d'acier de la petite scie coudée montant et descendant, qui grinçait sur l'os nasal de gauche ; je voyais en découler de beaux petits filets de sang vermeil et je n'éprouvais pas la moindre douleur. La sensation cognitive était parfaitement dissociée de l'affective, et ce chef-d'œuvre de l'analgésie m'apparut, en plus d'une belle leçon de psychologie appliquée, la plus étonnante des conquêtes de la science. Je me revois encore, par cette matinée d'hiver, revenant du cabinet du docteur à notre rue Cujas, crachotant de mon nez, sur la neige, à travers les compresses d'ouate hydrophile, de petites mousses de sang et méditant sur ces nouveautés non pareilles de l'art humain. C'était l'année de l'Exposition universelle. Ce mode raffiné d'insensibilisation me semblait l'emporter encore en beauté sur mes deux autres admirations du moment : les fontaines lumineuses et la danse passionnée d'une certaine Espagnole qui répondait au très beau nom de Soledad, ou la solitude !

Le cathétérisme me fut donc continué dans de meilleures conditions. Ses effets ne varièrent pas. On peut redire qu'ils atteignirent, non le mal, mais sa marche, et pour longtemps. De ma vingt-unième année à la soixante-dixième, il est resté presque stationnaire, et n'a empiré que très lentement, bien que, peu à peu, j'eusse cessé toute espèce de médication. « Croyez-moi, m'avait dit un jour le poète Raoul Gineste, qui était à la ville le docteur Augier, provençal de la bonne souche, touchez-y le moins possible et n'y laissez plus tripoter. »

Ce principe hippocratique du *quieta non movere* pu être observé cinquante ans. J'étais plus que septuagénaire l'année de l'exode, à partir de laquelle le poids de l'âge s'est fait sentir durement de ce côté-là. Les deux docteurs Bonnafont et Boucheron doivent être remerciés de m'avoir rendu le service immense de mon stade à cinquante ans dans une surdité moyenne qui m'a permis des relations et des amitiés que je n'ai point trop fatiguées. De plus, l'expérience de leur médication m'a apporté en quelque sorte le diagnostic approximatif de mon mal. Je le rapporte ici dans l'intérêt des familles où se produiraient des cas accidentels analogues au mien :

1. Embarras de gorge et de nez causés par les bains de mer, ou par une coqueluche, ou, comme le disait avec son admirable divination Léon Daudet, par un simple rhume de cerveau ;

2. Ensuite, par des grumeaux accumulés ou engendrés et régénérés dans ces voies délicates, obstruction plus ou moins temporaire de la trompe d'Eustache, déterminant un affaiblissement graduel de l'ouïe, mais affection très curable par le cathétérisme, si l'on s'y prend à temps ;
3. La fréquence, puis la durée habituelle de cette obstruction empêchant l'air d'arriver à l'oreille moyenne, raréfiant, puis arrêtant la vibration de la chaîne des osselets dans la caisse du tympan ;
4. Paralysie complète de la chaîne des osselets, sclérose progressive de l'oreille moyenne ; c'est le moment où le cathétérisme ne peut plus rien pour l'audition, certaines destructions irréparables étant consommées ;
5. Le mal chemine de l'oreille moyenne à l'oreille interne, à son tour sclérosée, et les osselets paralysés ne pouvant plus rien apporter des vibrations aériennes du son.

Ces choses sont dites en termes fort grossiers, populaires ou périmés. Mais on peut changer les mots, non le fait, et le fait est qu'il faut veiller sur la trompe d'Eustache et la déboucher, la désinfecter, en temps voulu au moyen du cathétérisme ou de quelque chose de meilleur, si cela se trouve.

Telle est l'utilité pratique à tirer des leçons de mon mal.

II. Fable d'un malevolus poeta

Chose singulière, je n'ai jamais eu l'ombre d'un mal d'oreille, en dehors de légers dépôts de cérumen comme celui qu'avait observé en 1882 notre médecin d'Aix. C'est donc tout à fait à faux qu'un poète, *malevolus poeta*[100], eut de grandes qualités de métricien et de rhéteur, se fit une spécialité de célébrer en vers et en prose une prétendue « otite (ou rhinite) purulente », dont je n'ai jamais eu à souffrir, ni à faire souffrir mes semblables. C'est une chimère lyrique, à laquelle les Lettres françaises devront un certain nombre de ballades où j'ai l'honneur d'être vilipendé avec Maurice Barrès, Paul Bourget et Jean Moréas, et qui sont toutes également vides de vérité. Leur auteur, Laurent Tailhade[101], tenait-il beaucoup à sa fable ? S'il y est beaucoup revenu, on a des textes successifs du même poème où, selon la rime et le rythme, Barrès devient Maurras ou Maurras Moréas, et réciproquement ; tant que le compte s'en retrouve, l'auteur se soucie peu de ce qu'il lui fait porter. C'est dire quelle confiance le fond de la diatribe peut mériter !

Mes relations avec Tailhade avaient commencé par être excellentes. Il avait quatorze ans de plus que moi. Je l'avais rencontré en compagnie de camarades du Midi dont il était l'aîné, mais qui étaient encore les miens, et dont le plus connu était l'héraldiste poète qui signe Norbert Lorédan. On se voyait le plus souvent dans le sous-sol du café du Soleil d'Or, Saint-Michel, où s'écoutait et se disait beaucoup de vers de toute sorte. Un certain soir qui mérita de faire époque, Laurent Tailhade récita son *Hymne à Aphrodite*, brillant il m'en souvient, mais dont le murmure et le beau mouvement me restent seuls en mémoire. Il le fit suivre d'une autre pièce, *Vitraux*, chef-d'œuvre, dont je me rappelle deux beaux versets néo-catholiques :

> Bernard dans le vallon, Benoît sur la colline,
> La Sibylle qu'Arnaud de Moles attesta,
> Et le Roi-Christ féru du coup de javeline,
> Et plus haut, en plein ciel, un chœur d'enfants porte à
> Notre-Dame, sur le vélin des banderoles,

---

[100] *Poète malveillant.* (n.d.é.)
[101] Poète d'abord catholique, ami des félibres, donné comme disciple de Léon Bloy, il devint après l'échec de son second mariage anarchiste, franc-maçon et farouchement anticlérical. 1854–1919. (n.d.é.)

Ces mots d'amour : « *Ave, felix Cœli Porta !* »

Les compliments enthousiastes que je lui en fis n'étaient pas d'admiration vaine ; ces vers, que je connaissais, dits par lui, dans leur ordre et dans leur mesure, avec un accent de piété presque médiéval, revêtaient une véritable splendeur. En remontant avec lui, ce soir-là, vers les hauteurs du Quartier, je lui dis que la petite secte des « Magnifiques » que venait de fonder le Marseillais Roux, dit Saint-Paul Roux, n'aurait jamais qu'un chef légitime, qui serait lui. « Vous êtes, dis-je en propres termes, Laurent le Magnifique. » Le lendemain, il reçut à l'hôtel Foyot qu'il habitait, au coin des rues de Tournon et de Vaugirard, face au palais de Médicis, une ballade de mon cru chantée à sa gloire, dont je ne suis pas incapable de retrouver encore l'envoi :

> Prince au plat d'or gisent les clés
> À vous, Florence se trafique
> Ou se donne, si le voulez :
> Êtes Laurent le Magnifique.

Quelques mois plus tard, Laurent Tailhade, assez fier de cette échappée d'admiration juvénile, me demandait de l'autoriser à publier soit la ballade, soit l'envoi (peut-être l'un et l'autre, il ne m'en souvient plus) dans le texte d'une notice qui lui était consacrée aux *Hommes d'aujourd'hui* qu'éditait alors le bibliopole du quai Saint-Michel : Léon Vannier. Bien entendu, j'autorisai. Tout ou partie de la pièce parut au lieudit. Les chercheurs l'y trouveront sans difficulté.

Nous ne nous rencontrions pas seulement au café. Il existait alors, à la croisée de la rue Vaugirard et de la rue de Rennes, une maison délicieuse et savante, la même où, vers ce temps, je saluais pour la première fois la future Mme Léon Daudet, notre future collaboratrice Pampille, alors toute petite fille, et ses père et mère, M. et Mme Allard, celle-ci propre sœur d'Alphonse Daudet. Les Allard voisinaient dans le même immeuble avec deux Provençales de Paris, la mère et la fille, dont Laurent Tailhade était depuis longtemps le commensal assidu, et qui depuis peu me faisaient aussi l'honneur de me recevoir avec beaucoup d'amitié. À vrai dire, l'heure approchait où l'étoile du poète de *Vitraux* commençait à pâlir un peu par sa faute : déjà précédé d'une solide réputation de coureur de dots ou de douaires, il avait imaginé de faire simultanément la cour à ses deux hôtesses.

Elles étaient plus fines que lui. La plus jeune, qui en fut la moins flattée, prit en grippe « Laurent » et j'eus la confidence de courroux gracieux qui montraient le poète sous un mauvais jour et le découronnaient.

Lui, cependant, vérifiant un axiome de Maurice Barrès, ne demandait pas mieux que de trouver du génie à qui lui reconnaissait du talent, et j'étais de sa part l'objet d'une admiration si confiante et si chaleureuse qu'il voulut bien m'accueillir dans le secret de l'atelier de ses nombreux succès, en qualité d'assistant, et même quelque chose de plus. En ce temps-là, comme plusieurs de ses confrères et comme le fit encore, beaucoup plus tard, le poète Auguste Angellier[102], Laurent Tailhade aimait à faire circuler ses poèmes à l'état d'ébauche ou d'esquisse en demandant conseil et secours à des camarades admirateurs et jeunes amis. Ayant droit à l'un de ces titres, je reçus de lui, un beau jour, le brouillon des deux premières strophes de sa ballade à la gloire de la *Sainte Pauvreté*. En voici le début que je crois me rappeler assez bien.

On excusera les faiblesses d'une réminiscence vieille de plus d'un demi-siècle. Les unes sont dues à ma mauvaise mémoire, les autres aux perfectionnements qu'y aura apportés le poète :

> Dans le sentier où croît l'épine affreuse
> La vierge au maigre sein, la Pauvreté,
> Malgré Douloir qui sa paupière creuse,
> Et Malefaim debout à son côté,
> Gravit sans peur le mont ensanglanté,
> Car elle sait, la vierge tutélaire,
> Quel vêtement de gloire et quel salaire,
> Et quels joyaux faits de pleurs anciens,
> Attend l'Époux que son amour éclaire,
> Lors que Jésus reconnaîtra les siens.

Sans répondre de tous les mots, voilà l'essentiel du premier dizain. J'ai totalement oublié le second. Tailhade me demandait de lui faire un projet pour le troisième ; il se chargeait de l'Envoi. Je n'étais pas assez individualiste pour m'étonner de cette ébauche de coopérateur bénévole. Cela me parut normal, et honorable, en somme. Il est bon que les jeunes travaillent pour leurs Anciens, car cela leur apprend à œuvrer pour eux-mêmes. Je me mis au

---

[102] Surtout connu comme professeur de littérature anglaise, 1848–1911. (n.d.é.)

travail et accouchai d'un projet-monstre, qui ne manquait pas de la qualité des monstres. Tailhade l'eut sans délai. Quelques jours plus tard, comme nous dînions ensemble rue de Vaugirard, il se mit à lancer de sa belle voix de gorge l'un des décasyllabes dont je lui avais fait présent :

Le sang doré de l'agneau jubilaire

non sans exprimer en termes sibyllins que, tout en faisant partie d'une ballade à lui, ce vers était pourtant de moi ! Quand on se leva de table, la jeune fille de la maison m'empêcha de suivre le mouvement et me pressa de questions. J'avouai tout. Oui, le vers était de moi. Oui, j'en avais fait cadeau à Laurent. Oui, je le lui avais abandonné en toute propriété, sans esprit de retour... Je ne crois pas avoir jamais été grondé avec plus de gentillesse ni plus de rage. Quel benêt ! Quel nigaud ! Fallait-il être bête ! Le sot ! Le daim ! D'abord, quand on avait fait un beau vers, on le gardait pour soi. Par-dessus tout, on ne le donnait pas à Laurent, à un coureur comme Laurent, à un... comme Laurent. *L'adorable Furie !* aurait dit le contemporain de Cinna. Elle ne consentit à s'apaiser que moyennant la promesse formelle de me racheter en lui envoyant, dès le lendemain, un quatrain de réparation, de désaveu, de repentir et surtout de vengeance... Comment me dédire ? Le lendemain, dès potron-minet, Melle Xxx recevait la rançon, libellée en ces termes :

> Laurent colloque à ses amis
> De bonnes ballades à faire,
> Au bas desquelles il a mis
> La signature du notaire.

Toujours tiré à quatre épingles, précieux et compassé, Laurent donnait assez bien l'idée d'un tabellion[103] de province. Le bout d'épigramme sans pointe emporta ma grâce. C'était beaucoup, et pas trop cher, même pour la victime. La propriétaire de la petite pièce était évidemment incapable d'en parler. Fut-on moins discret dans un entourage ? Laurent la soupçonnait-il ? Je ne crois pas. Ses affaires étaient trop mal en point pour qu'il bénéficiât d'une fuite.

---

[103] Officier civil qui délivrait les actes notariés et faisait office de notaire dans les juridictions subalternes, par extension : notaire de peu d'importance. (n.d.é.)

Mais, vers le même temps, il s'était élevé entre Laurent et moi un bien autre orage : Moréas ! Il y avait eu le succès de Jean Moréas. Il y avait eu le fameux article d'Anatole France, que je passais – à tort – pour avoir inspiré. Il y avait eu la fondation de l'école romane, dont Moréas était le chef, et dont j'étais membre, et surtout, eh ! surtout, ma brochure à la gloire de ce Jean Papadiamantopoulos-Moréas, que Laurent poursuivait déjà d'une jalousie âcre et folle ; car il avait raison d'envier la science, le goût et le génie de Moréas, le très grand talent très réel de Tailhade ne lui permettant pas de se comparer sérieusement à lui. Ses décors d'histoire sans race et de mysticisme sans foi ne faisaient tout juste que rassembler les suprêmes lueurs de l'automne parnassien. Avec un peu plus de verve que ses maîtres, sans doute, il pratiquait un art de mots, où le mot avait perdu sa signification et l'image son sens, dans un pittoresque éclatant et sonore auquel manquait également la profondeur et l'intensité. Ses ballades satiriques valaient mieux, mais c'était encore artifice et grimace, jeu verbal déjà bien usé, vaine tendance sans issue. Le soleil levant de Moréas apportait une renaissance : style, composition, ordonnance, tout en était renouvelé. Il rafraîchissait notre poésie en la ramenant à ses sources romanes, médiévales, ronsardiennes, raciniennes, lamartiniennes même, unissant la jeunesse à l'antiquité, la tradition à la nouveauté, l'étude des vrais maîtres à l'horreur des mauvais.

L'Athénien, honneur des Gaules, Moréas !

Sans voir qu'il se figeait dans des moules vieillis, Tailhade devait me tenir pour une espèce d'apostat, il me traita comme tel, écrivit de moi pis que pendre, en prose et en vers. Quand ce fatras fut écoulé, je voulus voir ce qu'était devenue ma collaboration à la *Sainte Pauvreté* fis rechercher le texte de la ballade achevée.

On me la retrouva. Fut-ce dans un volume ? Ne fut-ce pas plutôt dans une revue ? Le *Mercure de France*, je crois ? Toujours est-il que je lus, parfaitement à sa place, dans la seconde ou la troisième strophe, le décasyllabe venu de moi :

Le sang doré de l'agneau jubilaire,

L'otite purulente ne lui ayant rien enlevé de son charme, la signature du notaire n'y devait pas manquer.

J'avais perdu de vue Tailhade, quand il se rendit célèbre par son mot sur « les vagues humanités » qui pouvaient avoir à souffrir des bombes anarchistes ; quelques mois plus tard, une de ces bombes l'éprouvait cruellement.[104] De longues, longues années passèrent encore, et voici qu'un jeune homme, se disant le fils de Tailhade, raconta, bien après la mort de son père, que le poète se flattait de m'avoir fait prisonnier dans une émeute du temps de Dreyfus et, magnanime, m'avait laissé aller sans sévices. Ce rapport inexact contient un gros bobard à rectifier. Une rencontre avait eu lieu, en effet, avec Tailhade, dans une manifestation dreyfusarde : à l'enterrement de Zola. Mais le long cortège des zolistes avait défilé aux boulevards extérieurs, entre deux haies de peuple parisien qui, malgré son respect de la mort, était peu favorable aux manifestants. Nous étions là, quelques-uns des premiers fondateurs de *L'Action française*, Lucien Moreau, Léon de Montesquiou, Vaugeois, appuyés d'un bon nombre d'étudiants nationalistes ; il ne pouvait être question d'y faire aucun de nous prisonnier. Je vis Tailhade, et il me vit, nous nous reconnûmes échangeant des regards dépourvus d'amitié. Mais comment le malheureux garçon eut-il rien osé ni tenté dans l'équipage où il défilait avec ses compagnons : bras dessus, bras dessous, liés les uns aux autres aussi étroitement que ces barbares qui se chargeaient de chaînes pour s'empêcher de fuir. Malgré l'importance de la garde et de la police, malgré leur nombre, ils appréhendaient clairement les humeurs d'une foule plus nombreuse qu'eux. Si l'un des deux était en état de donner un assaut à l'autre, ce n'était pas Tailhade et sa troupe. Le fils a donc été trompé par les gasconnades du papa. Sa piété n'a pas eu tort de les recueillir ; elles n'en étaient pas moins contraires à la vérité.

Voilà donc enterrées deux légendes du *malevolus poeta*, seconde m'a bien éloigné du conduit auditif. Pour en reprendre l'histoire, il faut revenir aux années de collège en Provence.

---

[104] Le 4 avril 1894, Tailhade se trouvait au restaurant Foyot où explosa une bombe anarchiste, et il y perdit un œil. (n.d.é.)

III. Mes bons anges

J'avais écrit tout de travers au tableau noir les chiffres d'un problème. J'étais resté indécis, dérouté, devant les termes d'une dictée latine. En ce point se perdait tout mon bagage d'écolier, ou il allait se perdre, quand tout fut sauvé par bonheur. En même temps qu'elle s'occupait de ma guérison, ma pauvre mère était allée demander à mon professeur de me donner des leçons particulières. Celui-ci, excellent homme, qui est resté notre ami jusqu'à sa mort, à l'archiprêtrie de Saint-Sauveur d'Aix, avait dû s'excuser tristement sur l'état lamentable de ses cordes vocales qui lui permettaient tout juste de faire à demi-voix sa classe une petite heure par jour. Grave embarras à la maison ! C'était l'embarras d'un choix délicat plutôt que difficulté réelle : il fallait opter sur des maîtres également bien disposés, mais entre lesquels on ne pouvait choisir sans risque de froisser ou de fâcher quelqu'un. Par chance, il y avait à mon collège catholique d'Aix un maître, jeune encore et déjà fameux, avec qui nous n'avions jamais eu aucun rapport, mais qui ne put entendre parler de l'inquiétude de ma mère et de mon désespoir sans y prendre un vif intérêt : l'abbé Penon alla de lui-même demander à M. le Supérieur si Mme Maurras consentirait à lui confier son fils. Il passait à juste titre pour le premier latiniste et le premier helléniste du diocèse, pour le plus éloquent et le plus entraînant des initiateurs à la vie de l'esprit. Son offre spontanée fut la grande bénédiction de ma vie. Trois fois par semaine, l'abbé Penon venait à la maison, ou je montais dans son logement du Petit Séminaire ; ici ou là me fût ouvert le monde des idées, de leurs rapports, de leurs conflits. Sa voix distincte et mesurée, facilement haussée à l'enthousiasme, montrait parmi les livres autre chose que des ressemblances d'époques, ou des différences d'auteurs : leur esprit et leur âme ; en marge des programmes d'écoles et d'examens, j'étais exercé au plaisir de voir, comparer, juger ; de quelle utilité me furent ces premières études parallèles qu'il suggérait entre une fable d'Esope, d'Horace, de Phèdre et une fable de La Fontaine ! Et son Virgile ! Et son Homère ! Et son Lucrèce ! Et son Sainte-Beuve ! Et son Taine ! Ainsi, à la lettre, éveillait-il chaque faculté de penser. À partir de ces entretiens, car c'étaient des entretiens, non des classes, s'organisa ma vie mentale, sauve de tout ennui, toujours occupée et tendue. Après dix-huit mois de ce régime, au terme de l'année qui représentait la fin de ma seconde, il me dit : « Vous pourriez passer votre bachot... — Mais, je, je n'ai pas vu les auteurs latins et grecs de rhétorique (la Première d'alors), comment ferai-je pour les expliquer ?... — Il répondit tranquillement : vous le ferez à livre ouvert, vous en savez assez pour cela. » Sa bienveillance exagérait, mais qu'elle fut encourageante !

Je me présentai l'année suivante, fus premier en français, aux langues anciennes, reçu avec mention. Ce succès matériel eut pour effet de dissiper le reste du nuage sous l'ombre duquel je vivais encore. Ma pauvre mère me l'a souvent redit ! De ce moment je lui parus cesser de penser que ma surdité barrât mes études et ma vie.

Mais jusque-là ! Dans les premiers temps, il me semblait marcher au milieu des décombres de tout ce que mon adolescence avait remué d'ambitions. Je revois encore ces soirées, ces nuits presque entières passées sur la terrasse du chemin de Paradis ; tous les nôtres étaient couchés, sous le grand ciel d'été, je récapitulais avec amertume l'effondrement total de mes songes. Pas un qui subsistât ! Le mistral, si fréquent, et si vif, dont les durs claquements m'étaient encore sensibles, m'apportait les odeurs de la « Grand Mer » voisine, la liberté de son espace, avec le sentiment de l'éternelle inutilité de mon sort, depuis que mes escadres de ballons et de voiles avaient fait le même naufrage ! Quel chant de deuil, et dans cette détresse nocturne, nulle ouverture favorable n'y répondait ! Né et formé à toutes les merveilles de l'espoir et n'espérant pourtant plus guérir, à ces heures-là, je ne le désirais même plus ; il était trop tard, me disais-je, la limite d'âge de « Navale » serait passée, et je n'aurais pas fait les études de sciences spéciales qu'il y fallait. Je n'étais plus qu'un fruit desséché, noué pour toujours... Telle est l'épaisse brume de nihilisme qu'une heureuse composition, devant un jury universitaire, avait suffi à dissiper à peu près complètement ! Tel a été l'effet direct des leçons de M. Penon et de ses hautes vibrations intellectuelles !

Mais ma bonne mère avait songé à me pourvoir d'un autre dérivatif. Elle avait resserré autour de moi des amitiés solides et sûres. L'obligation d'assister comme un absent à des conversations qu'on tenait devant moi me causait une pénible humilité et le recours perpétuel à des interprètes répétiteurs exigeait de ma part beaucoup de confiance en eux. Mon frère y excellait. Depuis notre enfance, il m'aimait au point de me marquer une espèce de vénération. Mais un enfant de douze ans est plus différent d'un garçon de seize ans qu'un jeune homme de vingt d'un adulte de trente. Le malheur qui m'arrivait le trouvait d'ailleurs indigné et révolté presque autant que moi. Il me fallait d'autres secours ; ils furent savamment et très patiemment mis en train. Bien qu'étudiant hors des classes, je prenais ma part des récréations et des promenades du collège. Là se jouèrent, comme apostés, dressés, stylés par ma mère, avec la complicité de nos maîtres, les amitiés des deux camarades avec qui je me plaisais le mieux : ils mirent tout leur cœur à tenir leur rôle dans le complot de me divertir. L'un était exactement de mon âge. J'ai parlé longuement de lui dans la préface de *La Musique intérieure*, c'est à la nouvelle de sa fin prématurée, au fond de l'Algérie, que j'écrivis, en 1918, le premier *Colloque des Morts* : mon cher René de Saint-Pons ; vingt ans plus tard encore, j'ai visité sa tombe à Milianah ! Non plus que René, mon autre ami Signoret[105], notre aîné de deux ans, n'a pu donner sa mesure. Il était hautement doué. Les mauvais hasards de la vie le firent entrer plus tard, non sans un coup d'épaule de moi, dans l'administration préfectorale, à laquelle son extrême indépendance d'esprit et de caractère le rendait fort impropre. Son grand-père maternel, M. Baudillon, était à La Couronne, aux environs de Martigues. Sa mère avait été l'amie de pension de la mienne, Comme René, il s'ingéniait à tout ce qui pouvait alléger ma solitude, la peupler et la réjouir. Par leur esprit naturel, ils entraient de plan pied dans le monde des pensées désintéressées auquel l'abbé Penon m'avait introduit. La discussion des idées, l'enthousiasme des grandes œuvres découvertes ensemble ajoutèrent à notre amitié. Nous avions fini, tous trois, à ne pouvoir plus vivre l'un sans l'autre ; quand Signoret alla faire une année de mathématique au lycée de Marseille, nous nous trouvâmes désemparés. Ainsi passaient les années scolaires.

Pour les vacances, ma mère ne fut pas prise de court. Deux camarades dévoués se chargèrent de moi dans les mêmes conditions que mes amis du collège. C'étaient deux « séminaristes » (le séminaire, contigu au collège, avait en commun avec lui ses classes, non les études, non le réfectoire, non le dortoir, non les cours de récréation), deux élèves ecclésiastiques du pays. Tous deux sont devenus chanoines, l'un curé de Saint-Julien à Arles, mon cher abbé Boulat, l'autre, au chapitre métropolitain de Saint-Sauveur d'Aix, mon cher abbé Sabatier. Nous étions déjà bons amis ; dès lors, ils m'entourèrent d'une assiduité affectueuse de frères. Pas un jour ils ne me laissèrent seul. Promenades, baignades, longues courses à pied ou en barque, études, lectures, tout fut en jeu, tout préposé à la surveillance de ma tristesse, consolateurs fidèles que ne fatiguèrent jamais les caprices de mon humeur et ses brusques ressauts, ni les crises de dépression, auxquelles il m'arrivait

---

[105] Il ne faut pas confondre avec le poète Emmanuel Signoret, mon cadet de beaucoup, avec qui mes relations furent très médiocres.

quelquefois de céder. L'important était de donner aliment à mon activité d'esprit et de parole. Comme l'abbé Penon, comme Signoret et Saint-Pons, MM. Sabatier et Boulat s'y entendirent fort bien.

Cependant un jour vint où ces agréables facilités, nées des plus tendres artifices, manquèrent brusquement. J'avais été recalé à la seconde partie du baccalauréat de juillet 1885, pour ma composition de philosophie (trop philosophique), ce qui ne m'avait pas découragé du tout ; j'avais pris revanche en novembre suivant, premier à la philosophie, premier aux sciences, un malentendu matériel avait seul fait changer mon « très bien » en simple « bien ». Tout aussitôt l'abbé Penon donna à ma mère le conseil pressant de m'arracher aux délices de mes jeunes compagnonnages et de nous emmener, mon frère et moi, à Paris, au salubre et bienfaisant désert de Paris. Il fallait, pensait-il, car je le pouvais désormais, me donner tout entier au travail, et tout seul. Elle comprit et n'hésita point. Nous partîmes. Dix ans entiers (de 1885 à 1895) elle endura le dur exil, m'acclimata et me rendit la solitude supportable, avec un foyer, un centre, une garde de tous les jours. Des excellents avis que nous dûmes en tous temps au futur évêque de Moulins, il n'en fut pas, je crois, de meilleurs, et je lui en sais d'autant plus gré qu'il se privait lui-même de ce qu'il appelait notre collaboration, dont il prétendait tirer autant de fruits que moi-même. Je ne quitte jamais son tombeau de Simiane, où je vais plusieurs fois par an, sans lui rendre l'hommage que Jacques Bainville était bien moins fondé à m'adresser : « Hors le jour, je lui dois tout. » Que dire de ma mère ? En plus du jour physique, tout ce chœur de bons anges qu'elle avait unis près de moi !

IV. Paris

À Paris, la plaie se renflamma, puis à Paris la même flamme fut doucement et puis délicieusement amortie.

Non que, d'abord, j'y aie subi de graves déboires. Au contraire. Quelques études publiées sur des sujets très spéciaux avaient été lues avec faveur par des personnes compétentes, qui n'avaient pas voulu croire à mes dix-huit ans à peine sonnés. Ces succès d'un caractère très sérieux avaient contribué à raffermir ma confiance, non en moi (elle était retrouvée), mais dans le succès de l'effort pour une carrière assez indécise. Seulement Paris me soumettait à un régime de Tantale. Tant de cours ! de leçons ! de conférences ! et de si grands maîtres ! Ces vastes institutions d'enseignement et qui enseignaient tout ! N'importe qui pouvait s'y désaltérer à longs traits, moi seul ne pouvais y asseoir qu'un fantôme de corps, dissocié de sa pensée ! Tout ce que j'aurais pu apprendre ! Tout ce dont j'étais laissé ignorant ! Alors que tant d'esprits médiocres, connus et méprisés de moi, n'allaient y prendre que d'insanes breuvages d'arrogance et de présomption !

Un seul refuge pour tromper cette boulimie : les bibliothèques. C'est là que se sont consumées mes premières années de Paris : le matin et le soir à la bibliothèque de l'Université, sous les combles de la vieille Sorbonne et, quelquefois, le samedi, je ne sais plus pourquoi, à la bibliothèque de l'Arsenal, pour laquelle je passais le pont, saluais Notre-Dame, la Morgue, et revenais par le Jardin des Plantes. Mais là, dans ces cathédrales de livres, au cours de ces lectures dont quelques-unes décidèrent de moi, une autre amertume me reprenait. Que de recherches difficiles, que de débats, que de combats la claire voix d'un maître m'eut épargnés ! Que de tâtonnements ! Que de tours de force d'interprétation ou d'investigation ! Combien d'ouvertures me manquaient sur des problèmes essentiels, par le seul fait que souvent j'en ignorais la bibliographie et qu'il fallait la découvrir par un morne labeur. Il ne servait de rien de me dire que ces tables de livres existaient, qu'elles étaient toutes dressées. Encore fallait-il savoir où les prendre ! Qui m'en aurait instruit ? Des camarades ? Je n'avais pas de camarades. Bien qu'instruit à la Sorbonne, je m'étais bien juré de ne pas aller perdre mon temps à faire tapisserie pour des leçons que je n'entendrais pas ; je n'ai jamais mis les pieds dans une salle de cours. Aussi seul que possible, il me fallait trouver tout seul. Ce qui d'ailleurs finissait par arriver. À quel prix ! Je ne regrette plus ces mélancoliques travaux d'autrefois. Ils m'ont été surpayés du fruit de leurs peines. Mais c'était dur. Le dur tournait à l'atroce si je me remettais à mesurer de l'œil l'espèce d'océan sans rivages, formé de longues perspectives toutes semblables qui s'étendait au-devant de chacune des volontés de savoir que je n'avais pas encore éprouvées, mais que je pressentais dans un avenir plus ou moins éloigné. En attendant, je luttais de mon mieux contre les obstacles dont mes curiosités immédiates étaient hérissées. Ce n'est pas le lieu d'exposer comment je les surmontais ni quelle méthode, peu à peu consciente et définie, j'inventai pour suppléer au fil conducteur et donner à tant de lectures chaotiques la forme et le tour, l'ordre et la règle d'études suivies. Cela pourra être conté ailleurs, je l'espère.

J'étais pourtant délivré de l'incertitude de ces commencements lorsque après quatre ou cinq ans de Paris je rencontrai un premier camarade digne de ce nom, Frédéric Amouretti, fils de Cannes, étudiant de Lyon et d'Aix. Nous nous connaissions par nos communs amis du pays. Il vint à moi. Je le reconnus au premier mot. Nous ne nous séparâmes plus. Si ses études particulières ne pouvaient être secourables à mon goût passionné de la philosophie et même de la poésie, il m'apportait en histoire, en géographie, en économie, en politique, ce que j'appellerai une rose des vents, de ces vents du large qui s'agitaient en moi, et qui m'agitaient de leur grondement continu, contrariés et combattus, mais toujours en présence. Son érudition, que tout le monde autour de lui exploitait, sa mémoire immense, sa charité, son droit d'aînesse (il était né en 1863), servirent à m'orienter sur beaucoup de sujets. Nos longues promenades diurnes et nocturnes se passaient non à causer, mais à discuter de toutes choses connaissables, souvent en provençal, pour ne pas être entendus des passants parisiens, et toujours avec un souci minutieux de la méthode, de l'objet, de la conclusion.

Ce n'est pas tout. Grâce à ses indications, je pus reprendre et compléter quantité d'études précédemment amorcées ; par lui, je sus où m'en aller quérir et découvrir les matériaux infinis qui manquaient à la mise au point ou à la mise en ordre de bien de mes idées flottantes, ou encore et surtout pour nourrir de quelque substance des schémas qui n'étaient qu'en voie de s'ébaucher. Grâce à lui, mon esprit n'aura plus fonctionné à vide, il aura *informé* les réalités désirées.

Mais vers la même époque, Paris me dispensait une autre richesse : la conversation de ses femmes. Je dirais, si j'étais vrai, leur douce éloquence. Les Françaises ont ce talent ; les Parisiennes, ce génie. Et sans doute toute femme parle comme elle vit, comme l'oiseau vole et chante. Mais la parole féminine prend à Paris une force d'épanchement, une liberté, une autorité qu'elle n'a pas toujours ailleurs. Chez la Parisienne, dans tous les mondes, en haut, en bas, au milieu, le goût et l'esprit de société, donnant un vol supérieur aux jolies bouches et aux jolies langues, ne m'y parurent jamais retenues, modérées, ralenties, par la disgrâce et par la misère du sourd. Elle parle au sourd comme elle parlerait à la borne, pour l'ample joie de lui verser ce qu'elle a dans l'âme et pour épanouir son monde intérieur en perpétuel mouvement. Les hommes, à Paris comme ailleurs, disent ce qu'ils ont à dire par volonté, amitié, intérêt. Les femmes, pour le dire, et que cela leur fait plaisir. Et, bien mieux, leur souci d'être comprises est tel qu'il ne leur coûte presque pas de se donner beaucoup de peine ; leur voix monte naturellement où il faut pour toucher la plaque sensible. Je pourrais citer telle ou telle maison où, durant des années fort longues, le sentiment de mon infirmité a été littéralement annulé ou rendu si léger qu'il ne m'était presque plus permis d'y penser. Ainsi fut construite la passerelle, en pente douce, qui alla de mes amertumes et de mes demi-solitudes d'adolescence à la phase seconde où ma mutilation si réelle faillit coïncider avec l'illusion du normal.

Pour en voir l'importance, il faut d'abord tenir grand compte des qualités de la voix féminine. Quoiqu'en dise Villon, ce n'est pas seulement à Paris que la Dame a bon bec. Le débit parisien est même quelquefois un peu rapide pour les oreilles paresseuses et c'est pour ce débit que les essais de cornets, ou de tout autre appareil acoustique, ont toujours échoué brillamment : la force du son y est augmentée, non sa distinction ; plus la parole va vite plus elle se rejoint, se recouvre, s'écrase elle-même, crée une sorte de continuité sourde et d'irisation, qui accroît le brouillamini, et qui ne fait plus que du bruit. Au contraire, en délaissant ces ustensiles vains, les pointes aiguës restent claires, avec je ne sais quel accompagnement de douceur, qui fait entrer en vrille tout l'essentiel et esquisse le reste, en favorisant la divination. Je peux dire que le principal de mon salut moral est venu par cette espèce de réhabilitation physique où se raffermissait un courage instinctif que l'infirmité aurait pu énerver. Ainsi me furent rendues la conscience et la liberté du va et vient de ces réciprocités qui sont le tout de notre vie. J'avais toujours voyagé sans être accompagné. Après la bienfaisance du généreux Paris, la difficulté de l'étranger ne m'arrêta plus : Espagne, Italie, Angleterre, j'allai partout.[106] À la qualité de la voix parisienne, à son jaillissement et bondissement spontané, il faut donc

---

[106] Voir la préface des *Vergers sur la mer*.

ajouter, si l'on veut être juste, la bonté de l'esprit et du cœur féminin : *Cœur féminin, qui tant es tendre*. Sans faire de tort à Villon qui dut en éprouver la tendresse, on peut mettre ici cœur pour corps.[107] Peut-être qu'autrefois cette pitié naturelle du cœur féminin fit-elle concevoir à ma fausse fierté d'homme une dégradation mal placée. Maintenant, à recueillir et raccorder tant de souvenirs, je dois me déclarer heureux et même fier du puissant bénéfice de ces miséricordes.

Paris est peut-être la seule ville du monde où il ne soit jamais arrivé que les commis ou les commises de bureau, de boutique ou de magasin, aient marqué d'aucun signe d'impudente et grossière risée la découverte ou l'aveu de ma surdité. Comment ne pas noter ce trait d'une heure inoubliable où Paris m'a assuré qu'il me voulait guéri. C'était un soir, parvis Notre-Dame, j'avais l'honneur d'accompagner l'un des écrivains féminins les plus affinés et les plus savants de notre âge. Je ne sais de qui ou de quoi nous causions, et par force un peu haut. Tout à coup un passant qui avait les dehors d'un assez bas ivrogne, vomit je ne sais quel propos qui n'était assurément ni ami, ni courtois, je m'en doutais suffisamment pour contracter tous les muscles de mon visage dans ma face la plus féroce, suffit à mettre en fuite le misérable. J'avais réagi au hasard : « Voyez, je à ma compagne, je n'ai même pas pu le remettre à sa place à coup sûr ! Je n'ai su vous protéger comme il le fallait... » Une certaine tristesse avait dû passer dans ma voix. « Oh ! dit-elle, avec une inflexion que rien n'effacera, vous en souffrez encore ! » Elle savait si bien me parler que, d'elle à moi, cette souffrance avait cessé d'être présente ni imaginée. Et nous n'étions pourtant qu'amis. Nous le sommes toujours restés.

---

[107] Maurras reprend un vers de la dernière strophe du *Testament* de François Villon :
    La mort le fait frémir, pallir,
    Le nez courber, les veines tendre,
    Le col enfler, la chair mollir,
    Joinctes et nerfs croistre et estendre.
    Corps femenin, qui tant es tendre,
    Poly, souef, si précieux,
    Te fauldra-t-il ces maux attendre ?
    Oy, ou tout vif aller ès cieulx. (n.d.é.)

V. Les voitures

Toutes les fois que j'annonçais mon départ pour Paris, un vieux berger de la campagne hochait la tête tristement. Au retour, je lui faisais figure de réchappé.

« Y a-t-il à Paris tant de voitures comme à Marseille ? » me dit-il un jour. « Peut-être un peu plus... — Alors, il, comment faites-vous ? » Sous-entendu : pour être là, pas écrasé encore ?... Je ne sus que répondre. Dans la réalité, je faisais attention ; j'avais pris l'habitude de ne pas quitter le trottoir sans un coup d'œil sur la chaussée. Inconsciemment, d'ailleurs ; c'est à Jacques Bainville que, plus tard, bien plus tard, je dus de *prendre garde que je prenais garde*. Jusqu'au début du vingtième siècle, les autos se mirent à courir, j'eus une heure de découragement. Elles étaient trop ! Leur nombre, leur vitesse me semblaient contenir la certitude mathématique de finir sous leurs roues. Deux polytechniciens amis[108] me rassurèrent par a + b. Par la suite, l'expérience dit comme eux. J'eus, comme tout le monde, mes accidents d'auto, mais à titre de voyageur, jamais de piéton. C'est un carrosse à traction animale qui faillit me faire expier cette immunité insolente.

L'histoire remonte encore au XIXe siècle, exactement au temps de *La Cocarde* Barrès. Le journal était installé sur la rive droite, j'y allais tous les matins. Le reste de ma vie se passait rive gauche. Nous habitions 7, rue Guénégaud[109], la quatrième maison à partir du quai de Conti. Par instinct de Provençale, et goût de lettrée, ma pauvre mère avait choisi ce lieu unique : le haut étage dominait les vieilles murailles de la Monnaie, éparses et dorées, comme d'un aqueduc romain ; la vue s'étendait par-dessus les arbres de la Seine, les pavillons du Louvre, du côté de l'Arc de Triomphe, vers les couchants vermeils du beau ciel de Paris,

La merveille du monde après celui d'Athènes,

---

[108] Je puis nommer ces deux polytechniciens amis : c'étaient les futurs colonels Larpent et Delebecque, déjà membres secrets des Conseils directeurs de l'Action française. Ils n'étaient encore que capitaines d'artillerie ; ils venaient de publier leur *Joseph Reinach, historien* et, sous le même pseudonyme – Henri Dutrait-Crozon – leur monumental *Précis de l'affaire Dreyfus*. Par exemple, j'ai été tout à fait incapable de retenir le raisonnement par a + b qui sert à me rassurer. Mais ce fantôme mathématique a bien existé, comme tout ce que je rapporte.

[109] *[Ici, Maurras insère la note suivante, une mise en garde sans grand intérêt aujourd'hui.]* Pas de confusion : c'est au numéro 9 de la même rue que s'établirent les Souday, mais un peu avant l'autre guerre, c'est-à-dire vingt ans plus tard.

a dit, pour toujours, Moréas.

J'avais établi mon quartier général au café Procope, rue de l'Ancienne Comédie, après la rue de Buci, en retrait du boulevard Saint-Germain et du carrefour de l'Odéon. Bien que la rue Mazarine y menât tout droit, je manquais rarement de faire un crochet par la Seine, pour revoir Henri IV sur le Pont-Neuf, saluer du coin de l'œil la flèche de la Sainte-Chapelle, les tours de Notre-Dame, et, ces dévotions accomplies, en faire d'autres rue Dauphine, en un très bon endroit, où, selon l'heure, étaient en vente les journaux de Bruxelles, ceux de Genève et de Lausanne, avec nos parisiens du soir : il m'en souvient, c'était au coin de la chétive rue Mazet, devant le vieux restaurant de Magny, le Magny du Second Empire, des dîners de Renan, Taine, Sainte-Beuve, Gautier, Goncourt ; tout juste en face de l'enseigne historique se dressait, mince et haute, la guérite, l'échauguette ou, disons mieux, l'espèce de petit oratoire, avec sa niche et son maître-autel fastueux, où sur les piles des quotidiens, dans une inimaginable auréole de brochures politiques de toutes couleurs et de chansons uniformément tricolores, trônait, riait et vocalisait la plus piquante enfant de la balle qui fût jamais sortie du pavé de Paris. Jolie, certes, grandelette et bien formée, brune, *les deux yeux café* de Jules Laforgue, elle vivait dans le poudroiement d'étincelles que faisaient son rire et ses yeux, sans compter ses opinions politiques, portées en sautoir, en panache et vol de rubans.

Républicaine, autant que Mimi Pinson[110], mais autoritaire, plébiscitaire et nationaliste : boulangiste fidèle, malgré les deux lâchages du beau général. Elle ne se cachait point d'être la propre fille du chansonnier Louit[111], l'auteur d'*En revenant de la revue*, du *Pioupiou d'Auvergne*, d'*Il reviendra quand le*

---

[110] Du dernier couplet de *Mimi Pinson, portrait d'une grisette*, chanson dont les paroles sont d'Alfred de Musset :
    Mimi n'a pas l'âme vulgaire,
    Mais son cœur est républicain ;
    Aux trois jours elle a fait la guerre,
    Landerirette !
    En casaquin ;
    À défaut d'une hallebarde
    On l'a vue avec son poinçon
    Monter la garde ;
    Heureux qui mettra sa cocarde
    Au bonnet de Mimi Pinson ! (n.d.é.)

[111] Antonin Louis, 1845–1915. Le texte imprimé reprend deux fois l'orthographe fautive Louit. (n.d.é.)

tambour battra, et qui s'était remis à l'œuvre en faveur de Paul Déroulède, le seul capable, chantait-il, de « mettre » des « roulettes » au char républicain pour le désembourber. Du haut de son autel, mademoiselle Louise Louit faisait avec entrain, gaîté, ferveur, la plus aimable propagande ; je finis par la baptiser : Sainte Louise-des-Chansons ! Le surnom l'amusa. Elle s'en fit honneur devant un autre de ses chalands, mon confrère et voisin, Gauthier-Villars, qui n'était autre que Willy, l'humoriste et musicographe Willy, Willy au grand tube à bords plats, encore mari de Colette, une Colette qui, elle-même, n'était encore que Claudine : « il y avait du goût » à voir les longs cheveux nattés qui battaient ses talons, comme elle trottinait au bras de son géant. Bouclons vite la belle boucle : Claudine et Willy collaboraient aussi à *La Cocarde* de Barrès ! Nous nous y rencontrions parfois, ils m'apportaient des nouvelles de Sainte Louise, ou m'en prenaient si je les avais cueillies avant eux ; comme Sainte Louise en recevait par moi des Willy, si elle n'en avait de fraîches. Tant de sujets de confabulations politiques ou privées défendaient d'acheter mes journaux autre part.

Or, un soir qu'une importante réunion de l'École parisienne du Félibrige m'avait attardé au café Procope, je trouvais porte de bois au kiosque de la rue Mazet, autel muré, sainte envolée, et la mauvaise humeur de son joli bonsoir manqué s'aggrava de l'ennui d'aller chercher mon *Temps*, mes *Débats*, ma *Cocarde*, au diable Vauvert, ce qui me fit traîner, moitié rêvant, moitié grognant, jusqu'au milieu de la rue Dauphine que j'avais prise pour la rue Mazarine, celle-ci aussi vide et calme que l'autre l'était peu : soudain, derrière moi, éclata un tumulte de ferraille, bruit de roues, brinqueballements de harnais, et ma nuque sentit souffler l'attelage d'un lourd omnibus qui sortait de la rue de Buci ; il était trop tard pour distinguer le « Ménilmontant-Montparnasse » à bande rouge et coffre jaune, et ses trois grands chevaux qui galopaient de front ! J'étais dessous. Leur épaisse buée très chaude planait sur moi ; comme j'étais en train de traverser la rue en diagonale, il m'aurait suffi de continuer, la première bête me bousculait, la seconde me renversait, la troisième me renvoyait sous la voiture qui ne m'eût pas manqué. Or, pas du tout ! Voici la merveille : un éclair de l'instinct m'empêcha de suivre l'oblique direction commencée, j'appuyai vivement à ma droite, tournai le dos à la guimbarde et me mis à courir devant elle, dans son axe, en avant des chevaux, plus vite qu'eux. Au bout de quelques mètres de ce grand galop, l'avance fut gagnée, je repris mon oblique et bondis au trottoir, dans un état de haute ivresse qu'expliquaient la sûreté brutale de mes mouvements et leur haute complexité. Il y a plus de cinquante ans de cette minute ou demi-minute éternelle, je ne suis jamais parvenu à reconstituer des réflexions par lesquelles j'aurais délibéré de dévier mon pas, de le changer en course dans la direction nouvelle, pour combiner le bond final libérateur : mais qu'un seul de ces mouvements ne fût pas ordonné et exécuté à la perfection, j'étais broyé. Il serait vain de parler de présence d'esprit. L'esprit, ici, n'a fait qu'assister et béer comme un propre à rien. De telles actions lui échappent. Elles feraient plutôt penser aux improvisations et aux ruses rapides inventées par les rats ou les renards de la fable, toutes bêtes point si bêtes, au niveau desquelles ma surdité m'avait sans doute fait déchoir, en me douant d'une sorte de sens nouveau : quelque synesthésie sous-jacente de l'humanité.

Quel sens mystérieux ! Toute occasion de l'exercer m'a été refusée depuis. Il doit survivre, inactif, localisé dans un coin de ma vieille peau, *hospes comesque corporis.*[112] D'ailleurs, aucun faux amour propre ni sot respect humain ne m'a plus fait oublier l'antique conseil d'ouvrir l'œil, et le bon, de voir en quelle rue je marche, d'acheter mes journaux à l'heure, et, s'il s'agit de leur marchande, de ne plus tant muser, comme le poète de Laure, devant les *oratoires des madonnettes du sentier.*[113]

Mais ce chapitre des voitures m'a « détourné » de mon chemin. Je reviens aux prélibations des douces et bonnes choses de Paris, qui, de plus en plus, m'attachèrent à notre pauvre monde.

---

[112] *Hôte et compagnon du corps.* Tiré de l'épitaphe que se composa pour lui-même l'empereur Hadrien. (n.d.é.)
[113] La référence est passablement obscure : Musset a bien écrit un poème *À Laure*, mais c'est chez George Sand, dans *Consuelo*, qu'il faut trouver les « madonettes ». (n.d.é.)

VI. Début de vie publique

Une action de grâce était due en premier lieu à mes anges gardiens, puis à mes amis, puis aux dames, et en particulier aux dames de Paris ; je dois maintenant des excuses à celles-ci pour la mauvaise compagnie où je vais les mettre, en leur donnant pour associés dans ma gratitude une catégorie d'individus situés à leur antipode direct. Qu'y puis-je ? Ceux-là aussi m'ont bien aidé et bien secouru sans le vouloir, ni sans s'en douter : les bons et braves membres de l'auguste Corporation des Raseurs.

Combien de fois l'on m'a plaisanté sur le goût que je marquais pour eux ! Sur le temps dont je leur étais prodigue ! Sur l'attention que je leur prêtais ! Il fallut, un jour, m'en expliquer en pleine lumière. C'est Lucien Moreau qui en eut, je crois, la première confidence, avec Léon de Montesquiou, Jacques Bainville et Henri Vaugeois.

Nous en sommes aux temps héroïques de l'Action française. Matin et soir nos premiers collaborateurs viennent me rejoindre, après déjeuner ou après dîner, au premier étage du Café de Flore, boulevard Saint-Germain. Là, sous le signe de la déesse de la Jeunesse, nous faisions la Revue, nous fondions la doctrine, nous préparions le Journal et parlions de notre grand dessein de l'avenir. Là, nous avions souvent de beaux visiteurs, quelquefois Barrès, plus souvent Moréas, plus souvent encore Bourget, quand il n'était pas dans son ermitage de Costebelle, d'où il écrivait : « Je me languis de Flore ». On imaginerait difficilement des réunions plus animées où l'on mît en cause plus d'idées éternelles et de choses fugaces. Et là, pourtant, était aussi un camarade, excellent homme, qui ne brillait ni par l'intelligence, ni par l'esprit, ni par la passion politique, et l'on se demandait ce qui pouvait le pétrifier dans nos murs. Mais M. de X... était néanmoins toujours là. Le paradoxe de sa présence se compliquait encore de ce qu'après le départ des autres il m'arrivait de tenir de longues séances supplémentaires avec lui. Qu'avait-il pour m'intéresser ? Il fumait lentement une courte pipe. Après chaque bouffée, une voix claire et pure, que j'entendais fort bien, laissait tomber un mot, un seul, dans lequel il n'y avait jamais, très précisément, que du rien. Ce qui s'appelle rien. Le mot vide, évidé encore. Le mot épuré et passé à la plus sévère des pompes pneumatiques. Quelque chose de moins que « il pleut » « il fait beau », « il fait chaud » « froid », de l'extrême désœuvrement.

Comment faisais-je donc pour écouter des superfluités si certaines ? C'était le cri public, au restaurant de Flore. « Messieurs, dis-je enfin, c'est bien par ce dont elle est si vide que cette voix m'est délectable, agréable et utile même. Cela intéresse ma psychologie la plus personnelle. Je suis sourd, vous me le faites oublier. Je n'en suis pas moins sourd. À vous écouter, j'apprends beaucoup de choses de la vie lointaine ou prochaine qui m'enveloppe. Mais vous ne me dites jamais que des choses de grand intérêt. À n'écouter que vous, je serais donc trompé sur le grain, la valeur, la densité des autres propos qu'échange le peuple des hommes. Propos inentendus mais propos réels. Tenez ! Par vous, Messieurs, ces buveurs de chez Lipp, la brasserie d'en face, auraient tendance à se peindre en moi, comme s'ils se donnaient des répliques, dans le goût des nôtres, sur des sujets précis, sur des idées claires, avec des raisons substantielles à l'appui. Or, en fait, j'ai fini par m'en douter, non seulement les sujets de leurs propos sont beaucoup moins définis que les vôtres, je sais aussi qu'ils n'existent pour ainsi dire pas. De ces bouches oisives, de ces têtes inanes, il roule les trois quarts du temps de purs néants. Toutes les formes du rien et du creux, voilà leur domaine, c'est-à-dire tout ce qui, avec vous, m'échappe et me fuit. Le raseur béni qui vous offusque me met seul en état de reconstituer leurs discours : je cesse, grâce à lui, de me représenter la trame de la vie comme une fresque haute en couleurs, peinte de signes énergiques, voyants et chargés d'un sens ; je renonce à l'erreur que me faisait faire votre bonté sur la moyenne d'intelligence et de signification qui est attachée aux dialogues humains. Je les vois tels qu'ils sont. Le raseur que vous censurez bien hâtivement, et en général tout raseur, apporte à ma surdité de quoi l'éclaircir et la détromper : la pelletée de poussière compensatrice ! La truelle grise de cendres épandue et lancée comme une grisaille subtile au-dessus de vos brillantes colorations ! Ce qui était cru et vif s'atténue. Ce qui se détachait avec trop de relief rentre au plat des murailles. Tout redevient plus proche du réel et du naturel. Par notre bon ami de X..., les choses de la vie sont ramenées à leur mesure, et j'imagine l'homme moyen, tel qu'il est et doit être, très inférieur au plan de votre amitié. »

Cette théorie du Raseur eut, comme d'autres théories, un certain succès au pays de Flore. On cessa de me plaisanter sur notre ami de X... Non content de le tolérer, on le considéra, il fut d'utilité publique, on l'alla quérir quand il manquait trop.

La seule réplique, vengeresse il est vrai, en fut tirée par Léon Daudet qui développa la même théorie, un beau jour, jusqu'à soutenir que la passion des raseurs m'avait fait écouter voluptueusement une vieille dame venant me confier son désir de me faciliter l'emplette d'une ceinture sous-ventrière à façon ! Le bel apologue offensait la vérité, mais laissait intact le fabuleux service dont ma surdité profita.

Mais que dire alors du présent de Léon Daudet lui-même ? La voix éclatante, mi-partie tonnerre et clairon, qu'il n'avait pas besoin de forcer pour moi, m'avait fait, à nos premières rencontres, la plus délicieuse surprise, qui ne fut jamais amortie. De mauvaises langues ont dit qu'elle contenait le secret de notre collaboration, de la vigueur et de la durée de notre amitié. Il serait ridicule d'en faire tout dépendre ; cependant tout en a été facilité, aplani et simplifié. Grâce à Léon Daudet, plus d'erreur possible sur les personnes et sur les choses. La même voix qui remplissait la nef du Vélodrome d'Hiver faisait trembler les vitres de ma salle à manger de la lecture d'un beau menu : elle représentait à coup sûr un inconnu ou une inconnue, énonçait un chiffre, jouait plaisamment sur un mot, et toujours avec une telle limpidité que le doute était impossible au malheureux sourd mis sur pied d'égalité avec ses voisins et voisines. Perfection du débit ! Perfection de l'articulation ! Daudet aimait à rappeler qu'en mars 1908, quand nous convînmes de nous atteler ensemble au journal, les bonnes langues nous donnaient de trois à six mois de cohabitation *maxima*. L'attelage a duré trente-cinq ans, coupé par la seule faulx de la mort. Certes, cela tenait au plus vif de nos esprits et de nos âmes, à leur accord profond, au respect non moins profond que nous éprouvions de leurs différences, mais tout commencé par la pleine harmonie complémentaire de cette faible ouïe et de cette voix de stentor. Là fut, j'ose dire, le flambeau lumineux promené par la vie sur toutes les pénombres de nos affinités.

La rencontre de Léon Daudet a été cause, en premier lieu, que j'ai accepté une vie publique, une vie politique où ma parole aura pu tenir quelque place.

Avant de le connaître, il m'était arrivé, à de rares intervalles, d'être moralement forcé de dire quelques mots dans une assemblée où la force d'une évidence put même arracher le succès. Mon début eut lieu, en 1904, dans une réunion du Sillon, où, nos orateurs ayant été empêchés de venir, je dus donner la réplique à Marc Sangnier en personne, et ne m'en tirai pas mal.[114] Hasard pur, mais le péril couru ce soir-là me causa comme un frisson rétrospectif. De ce que, je le répète, j'ai la langue bien pendue ou l'esprit assez prompt pour prévoir les objections qui pouvaient m'être faites, je n'étais pas moins obsédé du *si je n entendais pas ?* ou *si j entendais de travers ?* Double gouffre ouvert à mes pieds. L'habitude de délibérer avec Léon Daudet dissipa la phobie, elle m'enhardit à mépriser les risques. De sorte que mes années 1908-1939 ont été semées et bourrées de discours et de conférences de moi, alors que, avant la fréquentation de Daudet, mes années 1885-1908 furent à peu près complètement muettes par une volonté disciplinaire de silence dérivée des mêmes vues obsédantes de mon infirmité.

De vingt à quarante ans, sur toutes les avances qui semblaient m'être faites, répondait d'abord mon recul. *Je suis sourd* tenait lieu de réflexe constant ; *je suis sourd*, quand Jules Tellier et Raymond de la Tailhède, en 1887, vinrent me prier à dîner avec eux, après un article du nommé R. Amarus sur leur livre dit *Nos poètes* ; *je suis sourd*, lorsque, en 1889, le futur député de l'Ariège Albert Tournier et Maurice Faure, alors député de la Drôme, vinrent m'annoncer que j'avais remporté le grand prix du Félibrige de Paris et insistaient pour m'attirer dans leurs réunions. *Je suis sourd, je suis sourd*, quand trois années plus tôt, à la suite d'études dans les *Annales de philosophie chrétienne*, Mgr d'Hulst me fit l'honneur de me faire convoquer à l'Institut Saint-Thomas-d'Aquin qu'il avait fondé. De longues insistances purent venir à bout de certains de ces uniformes refus ou demi-refus, mais toujours prêts à sortir, ils étaient là et toujours – il m'en souvient bien – un peu honteux, mais forts d'un scrupule honorable en somme ! Le jour où fut question de m'inscrire dans les Comités directeurs de *L Action française*, la même phobie renouvela en plus vif, non sans sujet : jusque-là les effets ridicules, absurdes ou dangereux de la surdité ne pouvaient éprouver que moi et sans tirer à conséquence. Maintenant cela devenait sérieux ! C'était l'action publique et toutes ses suites possibles. Il n'y aurait plus moyen de m'excuser, en disant : *je ne sais pas, j ignorais, j avais mal entendu*. Il fallait savoir, il fallait avoir entendu ce dont j'allais devoir répondre. Nous partions pour un tour de force : vingt-cinq ans de conseils tenus sous la quasi présidence d'un sourd !

---

[114] Il entra dans ce succès de la surprise, l'adversaire en avait connu le désarroi ; à la seconde expérience, ce fut un jeu pour le même adversaire d'employer toutes les ruses du métier, qui me replongeaient dans mes inégalités naturelles. En dépit du premier essai, je continuais donc à me défier de la tribune, et n'eus point tort.

Ce fut le tour de force de l'amitié. Ce qui n'y venait pas de la magnifique intonation de Léon Daudet et de son action personnelle venait des autres, un Lucien Moreau, un Robert de Boisfleury, un Maurice Pujo, dont la voix fraternelle ou le crayon agile me permit de ne jamais rien ignorer de ce qui était dit qui intéressât nos affaires. On se ferait difficilement une idée des trésors de complaisance et de loyale patience qui furent ainsi dépensés. Cela devint si clair, qu'il finit par s'y trouver un moyen de flairer les brebis galeuses d'après leur conduite sur ce point délicat, soit qu'on s'abstînt de me répéter ce qu'il fallait, ou qu'on le dénaturât plus ou moins adroitement. Il me souvient bien d'un mythomane impudent, qui affecta longtemps le zèle de la discipline et de la doctrine[115] ; il tourna ; l'un des premiers indices qui me mirent à la trace de son mauvais dessein avait été sa façon de murmurer, dans certains conseils, de longues messes basses dont je ne captais que des bribes : « Voyons, disais-je, quand vous me parlez, vous parlez pour tout le monde, et tout le monde vous entend, et si vous ne parlez pas pour moi, tout le monde ne vous entend pas ! » En m'obligeant à ces rappels à l'ordre répétés, on me fit sentir la manœuvre qui ne prit jamais. Je veux dire qu'elle n'obtint jamais, comme on le visait, de me mettre pratiquement hors et à côté du débat. Le réseau des amitiés sûres était trop fermement tissé pour que rien fut escamoté, et je ne cessai jamais d'être tenu au courant par un « X. dit que... » énoncé au moment utile.

Si l'on veut réfléchir au temps que notre action a duré, aux campagnes vertigineuses que nous avons entreprises et souvent menées à bien, aux embuscades et aux pièges qu'elles devaient nous procurer, à la gravité des intérêts publics engagés, au sérieux du moindre faux pas, du moindre quiproquo, du moindre malentendu physique, il faudra admirer la scrupuleuse vigilance d'une association ainsi coordonnée ! Nous avons été trahis, certes, c'était écrit. Sans comparer l'humain au divin, il est du fait que, en trois ans de vie publique, le fils de Dieu a rencontré un traître sur douze disciples. Le demi-dieu Mistral a compté un Judas sur les sept « Premiers de Fontségune ».

Notre vie politique[116] aurait dû nous valoir, en trente-cinq ans, dix Judas au moins. Il n'y en eut que deux[117], et ni l'un ni l'autre ne parut invoquer

---

[115] Il s'agit certainement de Georges Valois. (n.d.é.)
[116] Ici le texte imprimé dit « à douze ou à quatorze années », ce qui est incompatible avec les trente-cinq ans qui suivent. (n.d.é.)
[117] Si l'un des deux est Georges Valois, rien n'indique qui est l'autre. (n.d.é.)

pour prétexte cette dureté de mon ouïe, dont ma première vie s'était fait un épouvantail. Cela mesure quel tonus moral, quel degré de respect de soi, d'affectueuse confiance absolue liait les uns aux autres tous nos éléments. Ce point si vulnérable pour moi et si souvent pris pour cible n'aura jamais été touché. Entre cette dizaine d'hommes qui ne se tutoyaient pas, qui appartenaient aux mondes les plus divers, qui, d'humeurs très variées, prenaient leurs résolutions à l'unanimité sans passer au vote, dans ces Comités directeurs de *L'Action française* de 1908 à 1940, il y a pu y avoir comme partout des difficultés, des contradictions de crise ; jamais la surdité de celui qu'on tenait de plus en plus pour le chef n'a déterminé aucun accident.[118]

Au terme de ma vie, les choses de la France ont beaucoup changé, puisqu'elles ont perdu jusqu'aux aspects de l'indépendance et de la souveraineté ; nos affaires à nous[119] sont restées jusqu'au fond ce qu'elles étaient. À cette différence près que, autrefois, menées par un conseil assez dense, elles sont devenues, par la mort, les disparitions et l'exode, une dyarchie, la double direction de Pujo et la mienne. Appuyée de simples conseils administratifs et politiques, *L'Action française* n'a changé en rien jusqu'au moment où elle a été interdite, non interrompue, par la force brute.

Ma surdité avait cependant empiré, comme on le sait, par l'action de l'âge, peut-être par le poids des fardeaux qu'avaient suscité le malheur national des difficultés de l'exode. Le Paris de 1940 qui m'avait vu un peu vieillir de ce côté-là ne me reconnaîtra plus au retour. Cela est devenu si fort que, dans tous les cas qui en valent la peine, je ne me fierai plus à l'organe fatigué, dont les fantaisies pouvaient me faire prendre un plus *pour* un *moins*, un *oui* pour un *non* ; je priai mes collaborateurs de vouloir bien écrire, comme le fit, le premier, spontanément, Maurice Pujo. Il eût été coupable de négliger cette précaution contre moi-même aussi longtemps que je restai capable de souffrir ma part des vieilles fonctions de pilote. Sans le crayon de Pujo, il me faut un interprète dont la voix approche celle de Léon Daudet. Plusieurs ont été trouvées admirables, mon cher filleul François Daudet, chasse de race ; après lui vient Roger Joseph, poète, journaliste, militant,

---

[118] Ici le texte imprimé se poursuit par ces phrases incompréhensibles, certainement victimes d'une typographie défaillante : « Mon *Je suis sourd* de la fin du XIXe siècle n'était pas déraisonnable. Mais cette vue prudente a été son risque neutralisé et maintenue la condition matérielle de l'entente pour la manœuvre collective de la barque entre les patrons qui la conduisaient. » (n.d.é.)

[119] Ici le texte imprimé propose les mots intempestifs : « leur politique, leur État ». (n.d.é.)

dont la voix surabonde de couleurs, d'intensité, d'éclat ; Roger Joseph, l'une des dernières recrues de notre station lyonnaise, mais qui militait avec nous depuis vingt ans dans l'Orléanais. Un troisième, fidèle et parfait traducteur, fut mon vieil ami le docteur de Saint-Rapt, qui voulut bien m'accompagner à la préfecture de Lyon lors du dernier passage du Maréchal Pétain et me répéter tout ce qu'il fallut avec le plus attentif dévouement. Enfin, pour une multitude d'autres cas, j'ai eu la haute chance du concours régulier du commandant Dromard, l'un des hommes dont il m'est le plus facile de saisir la voix et que, pour la pensée, je puis appeler un autre moi-même. En nos premiers jours d'octobre 1944, pendant que j'écrivais le début de cette notice, j'ai été étreint de bien des angoisses sur le sort du commandant que je savais dans Marseille révolutionnée, où trop d'existences étaient compromises ou menacées. Vivait-il ? Était-il libre ? J'ai cru savoir d'abord qu'il n'avait pas été inquiété. Puis, de façon très positive, je l'ai su au contraire emprisonné, menacé, torturé. À l'immense soulagement ont alors succédé les plus graves alarmes et des vœux dont j'ignore encore l'efficacité.[120]

Que le commandant Dromard sache, un jour ou l'autre, que je l'ai toujours connu près de moi comme l'un des volontaires de bon secours, infirmiers sans blouse blanche, qui se sont dressés au-dessus de mon mal incurable et tout naturellement, croient-ils, mais on choisit un peu sa nature ! qui ont tenu un rôle d'assistant héroïque par la générosité de leur miraculeuse amitié.

En leur disant adieu à tous, qu'ils m'aient précédé ou non sur la route mystérieuse, il faut généraliser leur cas et le mien.

Qui lira notre histoire, finira peut-être par concevoir comment, insociable par nature et me privant du premier sens social de l'homme, ma surdité aura établi sur nous, par l'amour de la France, de l'ordre et de la vérité, un genre de vie qui fut le monument de la sociabilité nationale.

---

[120] J'ai connu plus tard l'heureuse issue d'une épreuve dure et pleine d'honneur.

VII. Le geôlier

Il n'y aurait donc plus qu'à dire un bien parfait de ce rude mal, n'était l'appendice limitatif qui s'est imposé juste au bout des bénédictions. Je le dois au Mémorial de notre prison.

La prison de la IIIe Marianne, celle que j'ai faite du temps de Blum, nous permettait courrier, journaux, visites journalières, mais elle était déjà en forte régression sur les sombres cachots de Napoléon III, car la Sainte-Pélagie du Second-Empire était un moulin d'où l'on sortait à volonté. Et celle-ci était elle-même inférieure encore par le confort et l'alimentation à la Bastille des rois Bourbons. Telle est la pente évolutive d'où nous venons. La IVe République lyonnaise a su se dégrader et se diminuer encore. Si elle doit donner, comme le veut Horace, une progéniture plus vicieuse, il faudra plaindre les prisonniers politiques de l'an 1993, pour avoir à subir des rigueurs et des âneries aggravées.

Ma nièce accourue de Marseille pour s'occuper de mes prisons, avait, comme ses pareilles et ses pareils, le droit de visiter son prisonnier une fois par semaine, mais elle devait aussi se tenir derrière une grille qui la mettait à un mètre de lui. Aux entrevues ainsi réglées, tout visiteur et visiteuse avait pourtant la faculté de parler au visité en même temps que de le voir. Non pas elle. Son droit de causer ne pouvait s'exercer, car je n'entends pas à un mètre. Je crus énoncer la plus élémentaire des requêtes, sans rien vouloir que d'égal en demandant que notre dommage physique fût corrigé et que nous puissions nous parler, front contre front, ma nièce et moi, par exemple, dans le parloir des avocats. Une première réaction bien française d'humanité et d'équité me valut aussitôt l'exception, qui me réintégrait dans la règle. Mais presque immédiatement on se ravisa. On s'aperçut que j'obtenais ainsi un « avantage » que n'avaient pas « les autres », sans prendre garde que l'avantage rachetait une infériorité préalable dont les « autres » se passaient bien, l'on conclut qu'il me fallait le payer d'un surcroît de revers ; ma visite n'aurait plus lieu tous les huit jours, mais une fois par mois ; ce que l'on donnait d'une main était repris de l'autre. Je le fis observer. « Mais, dit-on, et l'égalité ? — L'égalité, répondis-je, est rétablie quand chacune de nos entrevues devient entendante autant que voyante. Si vous les rendez plus rares, mes auditions sont diminuées, la sainte égalité est de nouveau lésée, à mes dépens. » J'en fis même une parabole arithmétique : « le monde a quatre sous, je n'en ai que deux, si vous m'en faites donner deux autres, tout est d'aplomb, si vous en reprenez un, l'équilibre est rompu encor... — Non, puisque vous avez quelque chose de plus que les autres. — Non, quand vous m'aviez remis simplement à leur niveau ! Vous me dénivelez donc, voilà tout... » Impossible de faire entrer l'évidence dans la caboche du gardechiourme. Tout ce que je pus obtenir fut deux entrevues par mois où j'avais droit à quatre, et nos égalitaires avaient cru faire descendre la Justice des cieux en m'ôtant leur moitié de décime compensateur.

Dans quel compartiment du Musée des horreurs et sottises démocratiques ferons-nous entrer mon historiette ? Le casier de l'Envie ? Celui de la Bêtise qualifiée et compliquée ? Cela peut toujours dessiner un petit cul-de-lampe monumental où s'inscrira la dédicace de mes lignes à messieurs mes geôliers de 1944, à Lyon :

Moralité finale

Sourd, entendant, à tout le monde
Fait-il bon vivre avec l ami
Et moins bon avec l'ennemi.

Lyon Saint-Paul,
27 Janvier 1945.

Le Parapluie de Marianne

1948

M. Jean-Marie Carré[121], professeur à la Sorbonne, a fait un petit livre, *Les Écrivains français et le Mirage allemand*, qui manquait à nos collections universitaires. Mais il fallait l'écrire exact, impartial et libre, exempt de lacunes scandaleuses. Un tel livre devait être capable de tenir tête aux contradicteurs. Celui-ci est trop vulnérable.

Dès la page IX de la préface, quelle mauvaise querelle cherchée à Mme de Staël ! On n'aime pas cette Germaine ni son livre sur la Germanie, mais comment M. Carré veut-il qu'elle ait connu l'Allemagne de 1812 dans un livre qui était écrit en 1810, ainsi qu'il le dit lui-même page 23 ? L'étourderie est forte. Négligence plus forte, il note dans Chateaubriand le commun préjugé qui courait de son temps sur l'honnête Allemagne des pâturages et des labours. Mais M. Carré ne semble pas se douter que l'auteur de *René* fut, en outre, aussi Prussien que Voltaire et qu'il préféra hautement les princes de la maison de Prusse à ceux de la maison de France comme le peuple prussien au peuple français, attribuant à l'ouvrier et à l'ouvrière de Berlin une « *éducation qui manque à nos hommes rustiques* », et cela parce que « *partout où il y a un piano, il n'y a plus de grossièreté* ». Ce beau principe est posé à la fin d'un chapitre du tome IV des *Mémoires d'outre-tombe*.

À propos des Lettres françaises après 1870, M. Jean-Marie Carré associe assez artificiellement les influences de Nisard et de Fustel de Coulanges, comme si elles avaient joué ensemble. Or Nisard est né en 1808, et Fustel en 1830 ; celui-ci devant mourir en 1889, l'autre disparu des discussions bien avant sa mort survenue en 1888. Il n'existait entre eux que des convergences lointaines quant au « préjugé latin contre les Barbares ». Pourquoi tant rajeunir Nisard ou tant vieillir Fustel ? À quelle utilité obscure cela correspond-il, si ce n'est pour diminuer le plus neuf au profit du plus usagé ? M. Carré convient qu'About[122] avait changé « brusquement » d'avis en 1868 sur cette unité allemande qu'il prêchait en 1860. Eh ! Bismarck avait subventionné About, puis lui avait coupé les vivres, précisément en vue d'irriter le journaliste parisien, afin qu'il poussât à la guerre, telle qu'elle était désirée à Berlin. M. Carré évite de mettre ce point sur cet *i*. Pourquoi ? Il

---

[121] Jean-Marie Carré, 1887–1958, auteur de nombreux ouvrages, notamment sur Goethe et Rimbaud, assura la direction de la *Revue de littérature comparée* à partir de 1935. (n.d.é.)

[122] Edmond About, 1828–1885, n'était pas seulement le romancier qu'on connaît mais aussi un journaliste politique. Bonapartiste sous l'Empire, ce franc-maçon anticlérical était très hostile à l'Autriche catholique, et par effet de balancier, favorable à la Prusse. C'est ce qu'il exprime dans son livre *Napoléon III et la Prusse*, paru en 1860. (n.d.é.)

reproche à un de ses confrères, M. Reynaud[123], de trop systématiser et d'expliquer des coïncidences par des complots ; mais, lui, il désystématise et même désorganise bien des choses avec un parti pris qui ne peut provenir que d'un autre système, lequel pourrait tenir à un autre complot. L'action des fonds reptiliens, sans être invocable en tout, ne mérite pas qu'on l'élimine de tout. Nous l'avons payée assez cher.

Le nom de Pierre Lasserre[124] est mentionné par M. Carré, mais non son admirable opuscule Le Germanisme et l'esprit humain, ni cette thèse du « Schisme humain » qui qualifie si bien la structure de l'Allemagne moderne. M. Jean-Marie Carré ne se dispense pas de citer plusieurs fois les quatorze *Discours* de Fichte, mais il ne traite pas une seule fois de leur essentiel, qui donne la clef de tout : une volonté de barbarie se superposant au naturel d'un peuple barbare ; où M. Carré ne veut voir que des cas fortuits et discontinus, on distingue, à l'œil nu, depuis 1808, un même courant de narcissisme conscient et voulu dans l'éducation, dans l'opinion, les idées, la culture du peuple allemand. Qu'est-ce donc que nous refuse au juste M. Carré : est-ce l'occasion, est-ce le moyen de comprendre l'histoire qu'il raconte ?

Il connaît fort bien M. Gabriel Monod[125], il sait l'ignorer à propos. Quand il décrit quel fut le retour à peu près général du patriotisme dans nos Lettres après Sedan, Metz et Francfort, l'élan de nos poètes, de nos historiens, de nos philosophes, de nos savants, il n'inscrit même pas à sa bibliographie la monumentale dérogation que se permit une certaine brochure, *Allemands et Français*, écrite par M. Gabriel Monod pour contester les cruautés de l'occupation prussienne et prendre une offensive plus indécente encore que celle de Gobineau contre le prétendu chauvinisme français ; on y salue avec stupeur ces mots immortels : « *L'Allemagne est la seconde patrie de tous les hommes qui étudient et qui pensent.* » En 1872 !

Mais ce n'est rien ; moins de dix ans plus tard, l'auteur de cette déclaration s'efforçait d'ameuter le monde de nos professeurs d'histoire contre la méthode et la doctrine de Fustel, tant sur le volume de l'influence

---

[123] Louis-François Maximilien Reynaud, né en 1871, diplomate de carrière. Il publia en 1914 une *Histoire générale de l'influence française en Allemagne*, et en 1922 son symétrique, *L'influence allemande en France aux XVIIIe et XIXe siècles*. (n.d.é.)

[124] Voir notre édition de la préface à *La Musique intérieure*. (n.d.é.)

[125] Voir notre édition de *Kiel et Tanger*, note 74. (n.d.é.)

germanique dans notre haut moyen âge que sur le farouche nationalisme des historiens allemands de nos jours.

Ce n'est encore rien ; moins de vingt-cinq ans plus tard, le même Monod était devenu l'arbitre de l'agrégation d'histoire dans l'Université républicaine !

Si l'on estime ces choses-là naturelles, si l'on juge que ce fut très bien comme ça, et tout à fait exempt d'intentions et d'interventions suspectes, pourquoi M. Carré n'en souffle-t-il mot ? Cela ne fait-il pas partie d'un certain « mirage allemand » ? Cela n'a-t-il pas dépendu, dans une certaine mesure, des volontés et des directions de l'État français ? Tout s'est passé comme si l'on avait voulu nous germaniser à fond, mais de l'intérieur, mais à l'aide d'un appareil officiel construit expressément à cet usage, sous l'œil attentif d'une administration bien résolue à transgresser son devoir national.

Il n'était pas sans intérêt d'en prendre acte.

Mais il n'était pas sans intérêt non plus de savoir que ce Monod, en train de refouler ainsi l'esprit français et d'aspirer l'esprit allemand, était, de sa personne, un Néo-Français dont les pères et les oncles s'étaient félicité d'avoir prospéré à Paris, sous le premier Empire, sans avoir à servir dans les armées françaises ni à courir le risque d'être changés, disaient-ils, « *en chair à canon* ». Le propos, écrit de leur main, est textuel. M. Carré doit le connaître. Mais il ne le rapporte pas. Veut-il éviter des questions indiscrètes ? Craint-il qu'on lui dise qu'une doctrine de la France et de l'Allemagne enseignée par de tels maîtres et sous de telles disciplines pouvait, devait déteindre sur l'esprit des élèves, dans les lycées, collèges, facultés, instituts, payés par l'argent de l'État, mais fourni à l'État par l'épargne ou le travail français ? Ce phénomène, qui nous est montré sans ses racines, s'explique pour peu qu'on suppose qu'il a été produit par un régime ou un parti contre la Patrie.

Les organisateurs du nouvel enseignement (et surtout de la morale indépendante à l'école primaire) ont été, avec M. Monod, MM. Sée[126] et Buisson.[127] M. Carré n'en discute pas ; il oublie de citer quelqu'un qui est

---

[126] Camille-Salomon Sée, 1847–1919, ardent républicain, connu pour avoir ouvert l'enseignement secondaire aux jeunes filles (Loi Sée, adoptée après de longs débats parlementaires le 21 décembre 1880). (n.d.é.)

[127] Ferdinand Buisson, 1841–1932, disciple de Jules Ferry, fut de tous les combats pour la laïcité et le pacifisme. Fondateur et président de la Ligue des droits de l'homme, il fut aussi président de la Libre pensée et prix Nobel de la paix en 1927. (n.d.é.)

inséparable de ces trois messieurs : il s'appelait Jules Steeg[128] et était né Prussien. La *Germania mater*[129] de Victor Hugo était pour Jules Steeg d'une vérité littérale. On se demande ce qu'il y a de plus singulier dans le cas de ce grand manitou de l'Université républicaine, sa naissance prussienne ou le pieux mystère dont M. Carré l'enveloppe. Quand on reprochait à Fustel de Coulanges de construire des systèmes, ce grand esprit répondait qu'il y avait souvent de l'ordre dans les choses et qu'il ne se reconnaissait pas le droit de les remettre en désordre pour les exposer. M. Carré fait mieux. Il les tronque et il les mutile.

Quand il enregistre les nobles désaveux que Charles Andler[130] s'est donnés à lui-même sur ce même sujet des rapports franco-allemands, M. Carré évite de noter d'où vinrent les prémonitions décisives. À leur retour des pays annexés, les étudiants que leur professeur avait induits en erreur rencontrèrent dans la rue, dans les salles de cours, d'autres étudiants, ceux que l'Action française naissante avait formés et armés des idées et des documents rectificateurs. Après s'être battus, ces jeunes gens discutèrent. Le parti officiel fut collé ; M. Carré n'est pas disposé à en convenir. Mais la suite des événements intellectuels du Quartier latin se déroula selon le témoignage d'Albert Thibaudet ; vaincus politiques de l'affaire Dreyfus en 1900, nous étions, en 1913, devenus les vainqueurs intellectuels dans les Facultés et les grandes Écoles. Preuve : il n'a pas été possible à M. Jean-Marie Carré d'échapper à l'évidence accablante du crédit obtenu alors par les justes prévisions de Jacques Bainville. Mais il passe sous silence celles de Léon Daudet, dont *L'Avant-Guerre*, titre qui dit tout, a paru deux ans avant 1914 ; il se tait semblablement sur celui de leurs collaborateurs qui, aux mêmes jours de 1912, annonçait, en expiation des erreurs dreyfusiennes, socialistes et démocratiques sur l'Allemagne, « cinq cent mille jeunes Français couchés froids et sanglants sur leur terre mal défendue ».[131] Il y en eut 1 200 000 de plus que ne disait Charles Maurras. Mieux valait cependant se tromper ainsi que de soutenir, comme d'autres, qu'il ne pouvait plus y

---

[128] Jules Steeg, 1836–1898, fut pasteur de 1859 à 1877. Passé du protestantisme à la laïcité militante, il fut la doublure de Ferdinand Buisson. (n.d.é.)

[129] *Le Rhin* (1842), lettre vingtième : « ... les trois jeunes gens sourirent et le plus âgé s'écria : — *Vivat Gallia Regina !* Je répliquai : — *Vivat Germania mater !* Nous nous saluâmes... » (n.d.é.)

[130] Charles Andler, 1866–1933, germaniste, professeur au Collège de France, auteur de nombreux ouvrages et traductions, notamment sur Nietsche. (n.d.é.)

[131] Voir *Le Nouveau Kiel et Tanger*, chapitre III, écrit par Maurras en 1912–1913. (n.d.é.)

avoir de guerre avec l'Allemagne, sinon par l'action des buveurs du sang du peuple ou des marchands de canons.

D'où viennent, chez M. Carré, ces abstractions d'évidentes réalités ? D'où sa passion de séparer l'effet de la cause ? Et cette flegmatique résignation au retour automatique des mêmes maux, malgré le faux semblant de vouloir y parer ? Les coups d'estompe répétés sur les erreurs comme sur les services trahissent le même désir de faire épargner le délinquant réel et d'accuser le criminel imaginaire. De savantes confusions sont manifestement destinées à faire oublier des services nationaux supérieurs pour noyer le meilleur dans la cohue du médiocre et même du pire. Un jeu de citations perfide dénature l'histoire des états d'esprit de Barrès. L'auteur du *Culte du Moi* n'eut pas à dépasser « ce point de vue primitif » pour trouver le culte de la patrie, petite et grande. Un témoin qui a connu le Barrès de 1888, quand celui-ci avait 26 ans et qu'il en avait à peine 20, peut assurer M. Carré qu'en dépit de Wagner, de Fichte, de Burdeau[132] et de Wyzewa[133], l'auteur d'*Un homme libre* avait déjà élaboré et mûri son nationalisme fondamental ; il n'avait donc aucun besoin d'évoluer pour écrire *Le Roman de l'énergie nationale* ; bien plus anciennement, dans *Les Taches d'encre*[134], Barrès pouvait critiquer, avec une dure justice, l'épaisseur, la vulgarité d'un barbouilleur naturaliste s'exprimant sans décence sur un philosophe de l'importance de Kant, il n'était point kantien pour cela ! À la même époque, Barrès raillait les excommunications saugrenues que nos pontifes de collèges lançaient contre Schopenhauer ; c'était pour leur faire vergogne de n'avoir pas su démêler sous l'écorce du Boche la moelle pure de La Rochefoucauld, de Voltaire et de Chamfort. Barrès avait toujours fait preuve de la même lucidité généreuse. Ne l'en croyons pas trop quand il nous conteste l'universalité de la raison. Barrès n'est pas un système. C'est la pensée vive d'une âme et le jet d'un esprit. M. Carré se montre un peu trop satisfait de le croire en défaut. On eût mieux attendu d'un compatriote, car n'est-il pas Lorrain ?[135] J'en voudrais douter.

À plus forte raison M. Carré jubile-t-il de découvrir pour la dénaturer cette phrase de Charles Maurras : « Nous n'avons pas à marcher contre

---

[132] Voir notre édition de *L'Idée de la décentralisation*, note 83. (n.d.é.)
[133] Téodor de Wyzewa, 1863–1917, traducteur de Tolstoï et fondateur de la *Revue wagnérienne*. (n.d.é.)
[134] *Les Taches d'encre* est le titre d'une éphémère revue fondée par Maurice Barrès, publiée entre novembre 1884 et février 1885, qu'il avait entreprise de rédiger à peu près seul. (n.d.é.)
[135] En fait, Jean-Marie Carré était Ardennais, d'où son intérêt pour Rimbaud. (n.d.é.)

Hitler avec les Soviets, nous n'avons pas à marcher avec Hitler contre les Soviets. » C'est, conclut notre auteur, de la « neutralité bienveillante » pour le dictateur de Berlin ! M. Carré oublie de voir ou de dire pourquoi Maurras écrivait cela ; en mars 1936, nous avions intérêt à nous battre le plus tard possible, faute d'être prêts ; nous étions, ce mois-là de cette année-là, sur le point de nous ruer, de par la Loi, la Constitution et la Démocratie, aux plus violentes et aux plus vaines chamailleries électorales, elles nous défendaient d'appliquer ailleurs ni nos forces ni nos faiblesses ; enfin, enfin, moins que jamais, après ce que nous avait coûté l'autre guerre, nous était-il possible de faire des guerres de magnificence, des croisades d'idéologie et de religion, pour le soviétisme ou contre l'hitlérisme ? Il suffisait assurément à M. Carré de trouver en deux lignes isolées quelque indice qui accusât Charles Maurras de complaisance pour Hitler ! On plaint un écrivain, un pédagogue professionnel, de s'être condamné à ignorer ou à fausser ce dont il parle à son public. Toutefois le fait est, un fait qui se passe d'être autorisé par lui, un fait qui existe sans lui, que l'un des rares, des très rares Français qui se sont inquiétés des tout premiers mouvements d'Hitler, lors de sa première sortie bavaroise en compagnie du quartier-maître-général Ludendorff, a été Charles Maurras, à la suite d'un voyage en Belgique où l'on avait été tenu de très près au courant de ces mouvements ; Maurras alla en aviser tout droit M. Poincaré, alors au quai d'Orsay. Les faits et gestes de Hitler lui causèrent dès lors une espèce d'obsession. Pendant tout l'hiver 1929–1930, Maurras alerta chaque matin l'opinion française contre l'évacuation de Mayence et, en avril 1930, son collaborateur, co-inculpé, co-condamné et co-détenu Maurice Pujo publiait dans *L'Action française* des avis venus de Hollande sur la rapide extension de la propagande hitlérienne et, dix semaines plus tard, après l'évacuation de Mayence (le 30 juin), à peine le canon français cessait-il de menacer la ligne du Main, les élections de la mi-septembre envoyaient cent dix hitlériens au Reichstag qui n'en comptait alors que dix ! Les lecteurs de *L'Action française* étaient les seuls de nos compatriotes qui ne fussent pas stupéfaits de ce résultat. Durant les deux ou trois ans qui suivirent, où M. Blum n'avait pas honte de répéter que la *Sozial-democratie* ne ferait qu'une bouchée de Hitler et de ses nazis (alors en train de gagner les 99% du vote allemand), Maurras et ses collaborateurs redoublaient leurs diagnostics et leurs pronostics sur la crue régulière de l'inondation ; leur seul tort sur ce chapitre aura été, quelle que fût leur claire insistance, de rester, comme en 1912–1914, encore au-dessous de ce qui devait arriver. Ce que craignaient

Bainville et Maurras était que Hitler ne travaillât pour les Hohenzollern ; ce fut, hélas ! bien pis.

La campagne de *L'Action française* ne cessa pas un jour. Jamais. Sur la prière d'Hitler, la République chère à M. Carré avait prohibé la mise en vente de la traduction de *Mein Kampf*. Inspirée d'un mercantilisme littéraire et artistique assez vil, cette interdiction provoqua les protestations répétées de Maurras au nom du salut public. Avant et après sa phrase de 1936, dont M. Carré abuse sans pudeur, Maurras soutenait que l'on ne pouvait pas laisser notre peuple dans l'ignorance des menaces que lui faisait la Bible nationale-socialiste. Cette ignorance n'en fut pas moins instituée et maintenue par autorité de justice. Le peuple français a été retenu ainsi dans l'ignorance de ce qui s'organisait contre lui ; comment pouvait-il être en garde ? Comment son moral ne s'en fût-il pas ressenti ?

Quand Maurras recueillit ses principales études « *Devant l'Allemagne éternelle – Chronique d'une résistance* », sa préface de 1937 rappela de quelles horreurs avait été marquée l'occupation de la Roumanie en 1918 et prévit quelles pires horreurs nous destinait Hitler si ses Boches nous occupaient un jour. L'une des pages y étaient particulièrement violente et vraie quant à l'inhumanité foncière de l'Allemagne. Trois ans plus tard, à la mi-juin 1940, quand *L'Action française* se replia de Paris et fit paraître son journal à Poitiers, où vint la talonner l'avance allemande, Maurras reprenait et republiait cette même page afin de bien spécifier à ses lecteurs qu'il était vain d'espérer aucune condition d'armistice et que tout notre espoir devait se concentrer dans la bataille de notre armée. Telle était la « *neutralité bienveillante* » de Maurras. M. Carré lui doit là-dessus de graves excuses.

Il en doit quelques autres. Depuis la conclusion miraculeuse de l'armistice sauveur, obtenu par le maréchal Pétain, jusqu'aux premières lueurs de la tardive Libération, Maurras a lutté pied à pied, jour par jour, contre tout ce qui était capitulation, « collaborationnisme », résignation à la défaite, abandon à l'ennemi et, particulièrement, contre tous ceux qui, au lieu de « *suivre* » le Maréchal, comme ils en avaient le devoir, le « *dépassaient* ». Quatre années durant, Maurras a été la bête noire d'Abetz, de Laval, de Déat, de Doriot ; chacun de ces Proboches l'a assailli quotidiennement d'insultes honorables ou glorieuses, mais, il faut leur rendre cette justice que, à la différence de M. Carré, ils n'offensaient pas la vérité en le qualifiant d'*efficace et constant ennemi* de leur ignoble pacte d'alliance avec l'Allemagne et de l'absurde projet d'une « *Europe à direction allemande* ».

Maurras soutenait une polémique journalière avec le socialiste *Effort*, proboche de Lyon, avec *L Union* prétendue *française* de la même ville et avec les organes de Doriot à Marseille et à Paris. Ceux-ci lui reprochaient de s'obstiner à placer nos « frontières » sur le Rhin et non sur le Niemen ! En pleine conférence officielle de presse donnée par M. Bonnefoy (le second de Laval), Maurras traitait les occupants de « totos », c'est-à-dire de poux. Il rayait des contrôles de l'Action française les rares transfuges passés au camp collaborateur. Ce n'était point là seulement une banale « *résistance* » à l'Allemagne. Il faisait une *opposition* régulière à visage découvert. Le premier effet en avait été de chasser l'abject Déat de Vichy à l'automne 1940. Son résultat suprême fut, en août 1944, d'agir publiquement sur les déatistes de Lyon pour leur démontrer que le même Déat pouvait être ministre de Laval sans avoir le droit de se réclamer d'aucune confiance du Maréchal. Privé de son journal, Maurras militait encore. Au début de septembre 1944, il contestait les mensonges allemands, quand il sortait de sa cachette et bravait l'arrestation pour révéler à quatre confrères américains le traitement infligé par l'Allemagne au Maréchal et les sentiments vrais du Maréchal sur l'Allemagne. Les dernières actions de Maurras contrecarraient encore une imposture de Hitler. Comme toutes les autres, elles illustraient son hostilité fondamentale au dictateur allemand comme à la nation allemande. Et c'est en marge de ces états de service que M. Carré ose écrire (Introduction, XIV) :

> *Dans sa haine de la république, Maurras aveuglé oublia la France, et l antifascisme des Malraux et des Jean Cassou ralluma en eux la flamme des patriotes de 1793.*

Pascal aurait ri de cette fausse fenêtre pour la symétrie. Tout le monde voit sans difficulté qu'elle cache une grossière volonté de diffamation.

Mais comprenons M. Carré. Un patriotisme qui a besoin de l'antifascisme et de l'invasion pour se retrouver lui aurait paru d'une qualité peu sérieuse s'il se fût senti bien difficile en ces matières-là. Il avoue sans le vouloir qu'à la place de Maurras il aurait commis l'action criminelle qu'il impute à Maurras ; la haine du roi lui aurait sans doute fait oublier la France ; homme de parti, il aurait suivi n'importe quel étranger arborant les idées, cocarde et drapeau de son parti. Mais peu informé de ce qu'il raconte, M. Carré ignore que le propre des idées de Maurras est de ne marcher qu'avec son peuple, son armée, son drapeau. Maurras n'a jamais oublié la France en attaquant la République ; il a servi cette dernière toutes les fois, les rares fois, où elle était avec la patrie. Maurras a critiqué ou dénoncé l'Internationale blanche comme une folie aussi absurdement criminelle que l'Internationale rouge. Quand il y eut des hitlériens de droite, il leur cracha au nez son mépris, son dégoût. Son « Nationalisme intégral » ne s'est jamais démenti. « *La France, la France seule !* » Il n'eut jamais que sa patrie pour *principe*. Car l'usage de ce dernier mot n'a rien d'impropre ; un aussi bon écrivain que Sainte-Beuve a écrit que la patrie française « *était aussi un principe* ».

Des excuses peuvent être exigées de M. Carré sur un troisième point. Prudemment, pour faire absoudre son aveu des incontestables divinations de Bainville, M. Carré considère que « Maurras a empoisonné la France » (p. 179). Entendu ! Disons-lui comment. Vers 1894, quand Maurras était presque seul, sans Action française, sans autre appui, presque sans allié, mais déjà soucieux du mirage allemand et de l'invasion intellectuelle de l'État prussien, les hasards de la vie et de l'étude lui ayant laissé ignorer le texte des *Discours* de Fichte, vers 1894, disons-nous, un officier de notre armée coloniale, le capitaine Philippe, traduisit ces discours dans un petit volume paru chez Delagrave. Maurras le lut. Il y trouva les lumières qui lui avaient manqué, jusque-là, pour bien poser et traiter le problème allemand. Il le résuma dans un article de la *Revue encyclopédique Larousse*, il eut ainsi la chance d'émouvoir le Conseil municipal de Paris, alors radical bon teint, au point de le faire souscrire à 200 exemplaires de l'opuscule du capitaine qui le remercia dans une lettre que Maurras conserve précieusement.

Vers le même temps, une brochure du romaniste Édouard Koschwitz[136], de Greifswald[137], *Les Français pendant la guerre* (de 1870), traduite, je crois, par son auteur, vint permettre de mesurer en outre quels dégâts la doctrine de Fichte avait fait depuis quatre-vingts ans dans les meilleures têtes d'Allemagne. Ce double flambeau allumé à la fin du XIXe siècle aida

---

[136] Édouard Koschwitz, linguiste allemand, 1851-1904, bien connu de Maurras pour ses études sur la langue et la grammaire provençales. (n.d.é.)

[137] Ville universitaire de Poméranie, sur la Baltique. Fondée au XIIIe siècle autour du monastère d'Eldena, ce fut en son temps une prospère cité hanséatique. Du temps de Koschwitz, elle ne comptait plus guère d'activité économique ou commerciale, mais brillait par son renom intellectuel. (n.d.é.)

Maurras à exercer sa profession d'avertisseur et de metteur en garde, dont M. Carré se mêle un peu tard. Ainsi Maurras est-il le seul écrivain français qui ait mis l'accent sur certaines nuances.

Personne, exactement, que l'école de l'Action française, n'a marqué la curieuse coïncidence de l'espionnage intensif pratiqué par l'attaché militaire Schwartzkoppen, utilisant l'extraterritorialité de son ambassade, et des conversations diplomatiques engagées entre Berlin, Petersbourg et Paris pour nous attirer dans la rencontre de Kiel. Cette rencontre eut lieu le 18 juin 1895, la capture du bordereau à l'ambassade de la rue de Lille avait fait juger Dreyfus en novembre 1894. Et c'était aussi le moment où l'on procédait en grand secret à la construction du canon Deport (le canon de 75) que venait de choisir le général Mercier. Si donc l'autorité militaire française d'alors ne rejetait pas a priori l'idée d'avoir à en découdre avec une Allemagne candidate à notre alliance, l'autorité militaire allemande n'avait pas renoncé non plus à nous espionner lorsque son empereur nous tendait les bras.

Quand l'annonce de la condamnation de Dreyfus fit mettre en cause l'ambassade allemande, Berlin n'hésita point à lancer un véritable ultimatum qu'un démenti diplomatique adressé aux journaux suffit à calmer ; le même pas en avant, suivi du même pas en arrière, se répéta en janvier suivant à propos de la dégradation du traître et de ses aveux ; nos journaux avaient reparlé de l'ambassade, il s'en suivit que plusieurs ministres et le président de la République veillèrent fort avant dans la soirée, de nouveau prêts à lancer le cas échéant l'ordre de mobilisation.

Telles furent les deux « nuits historiques ». Et tels les accidents de la lune de miel négociée entre le tsar, le kaiser et la France. Leur premier caractère avait été un essai d'intimidation, le second la reculade quand le premier eut rencontré la fermeté. Ce jeu alternatif avait instruit l'Action française. Elle en avait déduit la nécessité urgente de se « durcir » et de se méfier, mais de se fortifier à proportion. Tout son programme de politique étrangère en était sorti.

En mars 1905, nous avions célébré le soixante-quinzième anniversaire de Fustel de Coulanges comme maître de la prophylaxie anti-allemande ; tout le pays légal se coalisa contre nous, depuis les libéraux bourgeois des *Débats* jusqu'aux socialistes de *L'Humanité*, sous l'impulsion du super-patriote Gabriel Monod déjà nommé et de tous ceux avec lui qui ne voulaient pas que la France fût sur ses gardes ni augmentât ses forces de terre et de mer, ni enfin se livrât à la « *folie des armements* ». Quelques jours plus tard, l'utilité des armements et de la défense apparut au sinistre bruit d'armes que répandit le discours de Guillaume II à Tanger. Ce fut la crise européenne et, comme dit André Tardieu, « l'humiliation sans précédent », la chute de M. Delcassé sur un froncement de sourcils de l'empereur allemand.

Alors et alors seulement commença-t-on à soupçonner de-ci de-là que l'Action française et Maurras ne se trompaient peut-être pas. Là commença la réaction nationaliste. « Temps confus », gémit M. Carré. En effet, le pays légal se rendormit. Seul M. Carré ne le fait pas voir. Pour 1907, il constate que le général Bailloud[138] fut mis à pied pour avoir parlé de nos provinces perdues. Il ne dit pas qui le révoqua : Clemenceau... Ce grand patriote, perdu d'esprit démocratique, abolissait en même temps les décrets de Messidor et leurs préséances militaires destinées, depuis cent ans, à faire respecter l'armée française, notre unique bouclier contre l'invasion. En train d'humilier l'armée, le même Clemenceau mit aussi en mouvement toute sa police contre les premières manifestations du culte de Jeanne d'Arc dans les rues de Paris, et ce fut la justice de Clemenceau qui nous distribua, pour le même motif, quelques 10 000 jours de prison.

Confusion ! Oui ! Et même inversion ! Indubitablement, l'Action française et Maurras avaient empoisonné la France de ces *Jeannolâtries*, comme disaient les officiels. Il fallut l'avènement du Lorrain Poincaré en 1912 pour permettre aux Parisiens et aux Parisiennes de porter leurs bouquets à la Sainte de la patrie sans être bousculés ni emprisonnés. Ainsi fut préparée la température morale des quatre ans de l'autre guerre. Daudet, Bainville, Pujo, Maurras versèrent ce breuvage au pays. Pionniers de l'union sacrée, avec Poincaré, Barrès et de Mun, promoteurs de la Censure, ils furent les soutiens de tous les ministères, Steeg y compris, compris Briand, et finalement ils menèrent contre les défaitistes et les traîtres la campagne que termina victorieusement Clemenceau, mais qui avait été héroïquement commencée par le seul Daudet.

M. Carré voudrait-il en douter ? Il ne peut pas. Il est lié. Et de quel lien ? Le 26 janvier 1945, l'accusateur public de la Cour de Justice de Lyon, à propos de ces actions de l'autre guerre, ne put se défendre d'appeler Maurras « *un grand citoyen, un grand patriote et un grand Français* ». Cela peut paraître excessif ; moins toutefois qu'*empoisonneur*. Sans vains superlatifs, Maurras

---

[138] Maurice Camille Bailloud, 1847–1921. Nommé général de division en 1901, il commande le 20e corps d'armée au moment de sa révocation. (n.d.é.)

n'a voulu être qu'un bon serviteur de la France, comme il l'a été, sans défaillance, de ces débuts de 1894 à 1918, de 1918 à 1944. Ses censures du « *mauvais traité* », ses critiques de l'évacuation de la Ruhr, de la Rhénanie, de la Sarre, ses appels au réarmement, avec les pages militaires de son journal où l'on préconisait les mêmes nouveautés que M. De Gaulle (sans le nommer pour ne pas le compromettre auprès de la démocratie), l'appui indirect que Maurras a donné à ce réformateur par ses amis du Cercle Fustel de Coulanges, qui, Henri Boegner en tête, organisèrent des conférences en faveur de *l'armée de métier* et des *divisions blindées*, voilà de quoi Maurras intoxiqua la France. On a bu la ciguë à moins.

Si M. Carré n'avait pas, suivant l'antique adage, oublié le vrai nom des choses (*vera rerum amisisti vocabula*), il qualifierait d'antidote une prédication et une propagande qui n'a manifesté aucun amour à la République, mais qui a fait toucher du doigt tout le poison que Marianne nous a versé.

De tout ce qui a fait vivre le parti de M. Carré, la France se meurt lentement, peut-être pour en venir à une fin plus brutale encore que celle de 1940.

Déjà sept fois depuis cent cinquante ans, le fléau de l'invasion s'est abattu sur le territoire, parce que l'État (impérial ou républicain) n'a pas fait son métier de garde-frontière et de veilleur sur le rempart. Cinquante-cinq ans ont couru de 1815 à 1870, quarante-quatre ans de 1870 à 1914, vingt-deux ans de 1918 à 1940. L'aggravation, l'accélération sont formelles. Depuis 1945, qu'est-ce que la paix extérieure ? Car la guerre intérieure n'a pas cessé, depuis les deux invasions surérogatoires, quoique amicales, de 1942 et de 1944 !

Devant ce spectacle, le livre de M. Carré ne trahit aucun étonnement. Peut-être qu'il ne le voit pas ! Il ne comprend certainement pas. On se demande s'il n'y a pas quelque chose de cassé ou de faussé en lui ; nerf de la connaissance ? instrument de la réflexion ?

À propos de Jacques Bainville et de ses prévisions splendides accompagnées d'explications éblouissantes, M. Carré emploie une épithète que notre ami n'eût pas manqué de ponctuer d'un sourire. Ces prévisions, dit-il, sont « bouleversantes ». Mais non, c'est tout le contraire, elles ne bouleversent pas, elles rassurent, raffermissent, remettent en place et d'aplomb, rendent la confiance dans la solidité des nœuds de la vie, elles raccrochent le fait à sa loi et à sa raison ; ainsi agissait le rayon bainvillien.

Au moment des absurdes concessions d'Agadir, il n'y eut rien de « bouleversant » dans le calcul très rationnel que l'appétit de Teutobochus lui viendrait en mangeant. Bainville connaissait la malefaim de l'Allemand, et voilà tout. Au moment où l'on adopta la politique de la Barrière et des palabres de Genève, il n'y eut rien de « bouleversant » à présumer qu'une meute, même nombreuse, d'épagneuls et de carlins tiendrait mal contre une panthère, fût-elle seule de son côté. Bainville savait comparer les forces et les tailles des animaux.

Devant l'institution du couloir polonais et ses répercussions certaines, Bainville ne fut nullement « bouleversé », il ne prétendit bouleverser personne en faisant prévoir le jeu naturel des lois de contiguïté en histoire et en géographie ; cette renaissance de la Pologne allait être le « *trait d'union* » des deux grands partageurs de l'ancien royaume. Aiguisée des intuitions du génie, aucune de ces vues de l'avenir européen ne s'était démunie de la lumière diaphane de leurs causes génératrices, chacune apparaissait avec ses raisons et ses preuves. Aussi bien ni M. Carré ni ses amis d'alors ne les contestaient. Seulement ils les couvraient et les dissimulaient, parfois à eux-mêmes, afin de pouvoir passer outre en toute commodité.

Ayant ainsi masqué ces vues de haut bon sens, ils voudraient leur donner aujourd'hui une couleur de découverte sensationnelle et dramatique qui leur est naturellement étrangère. Le pommier a porté ses pommes, et la vigne a donné son vin. Miracle, si l'on veut ! mais le miracle de l'ordre ! Cet ordre aurait été saisi si des volontés et des intérêts ennemis ne l'avaient pas voilé. Jacques Bainville aurait été écouté sans les manœuvres qui n'appartiennent pas au seul passé de M. Carré et de ses compagnons. Ils les emploient encore très largement, et c'est ce qui les prive de donner un regard utile à l'esprit et au sens du modèle bainvillien.

Un problème s'est cependant posé à eux, ils en conviennent. Les Français font sur l'Allemagne des erreurs qui étonnent M. Carré par ce qu'elles ont de profond, de durable et de renaissant. M. Carré les voit, il les montre même. Comment les résout-il ? Mieux vaudrait le silence que sa réponse en l'air. Au lieu de tenter de trouver, sous les faits qu'il vient de produire, leur raison, il les répète sous une autre forme en termes abstraits. Il y aurait selon lui entre l'Allemagne et nos intellectuels « un décalage, un retard de plusieurs années. Notre vision a été perpétuellement anachronique... nous ne sommes jamais à la page. Nous n'arrivons pas à suivre la marche du temps. Entre la réalité et l'image que nous en avons, le temps glisse, et il laisse devant nos yeux un écran... » (page IX). Et puis après ? Que nous vaut ce bavardage métaphorique ? *Quia est in eo virtus dormitiva.*[139] Il en a été ainsi. Peut-être en sera-t-il toujours ainsi ? « L'Allemagne change, mais nous vivons toujours ainsi sur la première image. » (page X). Ce n'est pas sérieux, car de Blücher en Bismarck, de Bismarck en Guillaume II, de Guillaume II en Hitler, si l'Allemagne a changé, ç'a été en allant toujours dans le même sens, elle a abondé de plus en plus en elle-même selon son type fichtéen de 1808. Mais nous ? « Nous vivons sur cette image parce que nous y tenons. » (page X). Si Jaurès a tenu à « son » Allemagne, cela n'est pas difficile à concevoir, mais la question n'est pas là. Elle est de savoir pourquoi, de toutes les Allemagnes imaginées par les Français, la vraie et la constante a toujours été écartée par tels et tels professeurs, par tels et tels orateurs démagogues, maîtres ou esclaves de l'État. Inutile de dire qu'à la vue de la vraie question, M. Carré se sauve au galop.

Il reste donc sans voix quand il se trouve en présence de faits contradictoires et patents qui attestent la clairvoyance définie d'un certain nombre d'esprits ; ils auraient dû convaincre leurs concitoyens, ils ne les ont qu'ébranlés. On n'a pas écouté Quinet. Pourquoi ? Il parlait avec compétence et beaucoup de lecteurs de gauche avaient confiance en lui. Heine et Musset[140] avaient la grâce d'état des poètes, avec leur charme conquérant. Ce qu'ils disaient de parfaitement juste sur l'Allemagne n'a pas assez agi non plus. Leur action s'est produite mais s'est arrêtée ; ou elle a été arrêtée... Or ceci, qui est clair, mériterait attention. Arrêtée, devant qui ? Quel public ? Quelle autorité ? Que leur manquait-il pour lui plaire ? Il aurait été utile de savoir quelle opposition, quelle contradiction nominative rencontrèrent Quinet, Heine, Musset. Qu'on relise les néants écrits et parlés de M. Carré. On n'y trouve rien qui mette sur la voie d'une demande d'explication un peu nette ; des mots, de pauvres mots. Pour avoir la mesure de leur inanité, il faut les comparer aux termes de psychologie et de mécanique lumineux par lesquels Bainville jugeait le traité de 1919 « trop faible pour ce qu'il avait de dur » ou, de façon tout aussi lucide, le ramas de

---

[139] « C'est parce qu'il y a en lui une vertu dormitive. » Référence au 3e interlude du *Malade imaginaire* de Molière. (n.d.é.)

[140] M. Carré conte l'historiole de la composition du *Rhin allemand* de Musset sans prendre garde que c'est une fable. Elle a été forgée par le vicomte de Launay (alias Mme de Girardin). Paul de Musset l'a rectifiée dans la Biographie de son frère, parue en volume chez Charpentier-Fasquelle, 11 rue de Grenelle, à Paris. Le magasin de vente est au fond de la cour.

trente-six pays victorieux et discordants face à « l'Allemagne d'autre part ». C'est que Jacques Bainville n'a pas rejeté le procédé intellectuel dont il semble que M. Carré ait perdu même le soupçon ; la nature des choses, leur composition, principe de leur recherche et de leur découverte, leur causalité, leur raison ; raison thomiste, ou cartésienne, ou voltairienne, mais appliquée à l'expérience pour la déchiffrer, la contrôler, l'orienter. Cela ne ressemble en rien aux images peintes ou sonores, également vides, qui n'apprennent rien à M. Carré et achèvent de dérouter ses lecteurs. Pas d'idéologie, dit-il. Mais pas d'idées non plus. Ayant trompé son public sur les faits, il le démunit de toute explication cohérente. Les Français ont subi le mirage allemand. Et ils l'ont ressubi. C'est comme ça parce que c'est comme ça. Ce sera probablement toujours comme ça à moins que les Français ne mettent leur cœur à gauche ou s'appliquent « méthodiquement », comme il dit, à changer d'humeur. *Sic volo, sit pro ratione voluntas...*[141]

Le livre est donc manqué. Mais n'a-t-on pas voulu le manquer ? Il se pourrait en effet que l'infirmité de la thèse ne tînt pas au seul jugement de M. Carré mais surtout à la faiblesse, à la pauvreté de sa bonne foi, non plus seulement sur des points de détail ayant trait aux personnes, mais sur l'essentiel de l'ouvrage. Le sujet était de ceux qui devaient être traités. Il fallait qu'un livre osât l'aborder du sein du monde officiel. Mais il fallait aussi que, pour faire le moins de mal aux frères et amis, ce livre, conçu tout de travers, frappât tout à côté. C'est fait. Pas très bien fait. Même jugé du point de vue de la sûreté et des autres intérêts d'un parti, la réussite n'est pas brillante. Ne se fût-il agi que de garder et de couvrir tels pères et docteurs des trois ou quatre Mariannes ! *Les Écrivains français et le mirage allemand* ne composent qu'un parapluie des plus modestes. La vérité le crève déjà un peu. Il a suffi de quelques annotations rapides, imposant, en les motivant, des corrections auxquelles un historien loyal ne se fût jamais exposé.

---

[141] « Je le veux ; que ma volonté tienne lieu de raison », locution latine. (n.d.é.)

Pour un réveil français

1948

*L*e texte est daté dans son édition originale du 25 juin 1943. Or il ne peut avoir été imprimé en 1943, puisqu'il fait notamment allusion aux débuts de la quatrième République et aux onze enfants du Comte de Paris qui n'étaient pas au nombre de onze avant 1948. Le tirage n'a donc pu qu'être postérieur. Nous avons choisi de le dater de ce terminus post quem.

Maurras aurait effectivement prononcé en 1943 une conférence sous le titre « Pour un réveil français », qu'il aurait reprise ensuite plusieurs fois. Certains passages du texte pourraient donc bien avoir été rédigés en 1943, conservés puis repris tels quels quelques années plus tard.

I

Comment se réveille la France ?

Jusqu'à quel point avons-nous eu raison d'accepter cette locution toute faite et de parler de « réveil français » ?

Ce n'est certes pas à un sommeil que nous avons affaire. Pas même au sommeil du chloroforme sous le couteau de l'opérateur. Après notre chute lourde, la plus lourde de nos chutes, nous serions bien misérables, plus misérables que nous ne sommes, si elle nous avait endormis.

Mais, en disant : *réveil français*, la pudeur de la langue veut entendre et veut désigner les actions et les mouvements par lesquels, au cours de ses épreuves, la France a su en finir avec l'oubli d'elle-même et est rentrée en possession de son être réel, de sa personnalité véritable, des biens physiques et moraux qui font partie de son destin. Au juste nous parlons des relèvements de notre Patrie. Nous demandons : comment faisons-nous, comment avons nous fait, comment avons-nous l'habitude de faire, et comment ferons-nous pour sortir de cet abîme de maux ?

Nous essayerons de l'entrevoir d'après les caractères et les conditions de nos relèvements d'autrefois. Il s'agit de distinguer quel avenir peut être déduit de nos renaissances passées.

Cette question est aiguë et poignante. Elle suppose d'autres questions éclaircies et résolues : quel est donc le type et le style des chutes de la France ? Quelles en sont les causes habituelles et constantes ? Et ceci, à son tour, suppose une idée claire de l'être collectif qui s'est laissé tomber et qui s'est relevé ainsi. Prenons d'abord cette idée claire de la France. Tout sera clair, simple et même facile ensuite.

Qu'est-ce donc que la France ?

Quand on veut savoir quel est un tel, une telle, que fait-on ?

— On nomme leur famille : telle ou telle,

— on désigne leur père, on désigne leur mère,

— et le père de leur père, et le père de leur mère,

ainsi qu'il était demandé dans le fameux examen des archontes d'Athènes après leur tirage au sort.

Faisons ainsi pour notre nation. Dans quelle famille de nations faut-il ranger la Nation française ? De quel mariage historique est-elle sortie ? À quel temps de l'histoire faut-il faire remonter sa naissance ?

Je ne vous apprendrai rien en disant que l'on s'accorde à nous reconnaître pour commune aïeule principale la race d'anciens habitants de la Gaule, la race dite des Gaulois. Leurs survivances physiques sont assez apparentes encore pour qu'on y reconnaisse la souche de notre fond de population, pour nos régions les plus variées, au centre comme à l'Ouest, et même au Midi et à l'Est. « Oui, je me sens Gaulois » disait gaiement Mistral à Le Goffic.[142]

Cela ne dispense pas de rechercher s'il y a identité complète entre ces Gaulois primitifs et les Français de notre longue histoire.

Le type Gaulois est parfaitement défini dans les tribus qui suivirent (ou ne suivirent pas) Vercingétorix, vers l'an 80 d'avant notre ère. Son type ressemble beaucoup au nôtre, mais il en diffère en quelques traits profonds.

Mais, cinq cents ans plus tard, on se trouve en présence d'une nation un peu pareille, un peu différente, pourvue de tous les caractères fondamentaux d'une nouvelle nation. Comme l'a fort bien dit Gabriel Hanotaux[143], à cette entrée de l'armée franque dans les Gaules, vers 420, « La France est prête, il ne lui manque plus que son nom ».

Sauf son nom, la France avait donc alors, tout ce qu'elle devait avoir. Elle préexistait à l'arrivée des Francs ; elle ne préexistait pas à l'arrivée des Romains. Il est donc faux de nous représenter, ainsi qu'a osé le faire Jean Gottlieb Fichte[144], l'ancêtre du Germanisme et du Nazisme, comme des Germains ayant renié leur idiome natal. Il est tout aussi faux de nous tenir pour des Gaulois purs, ayant seulement abjuré les idiomes celtiques. Nous sommes des Gallo-Romains.

Et cependant, tâchons d'en garder un sentiment très net et très fier. Avant César et ses légions, quelle belle et noble race couvrait déjà l'hexagone français !...

Et quel sang magnifique cette race Gauloise nous a légué ! !

Je n'ai pas besoin de rappeler les vertus et les qualités du Gaulois classique :

---

[142] Charles Le Goffic, 1863–1932, que son régionalisme breton rapprocha de l'Action française à laquelle il collabora régulièrement. Élu à l'Académie française en 1930. (n.d.é.)

[143] Historien, diplomate et homme politique, 1853–1944, plusieurs fois ministre des Affaires étrangères. Voir l'article *Deux témoins de la France* (1902). (n.d.é.)

[144] Johann Gottlieb Fichte, 1762–1914, philosophe allemand chantre de la nation, de l'État et de la régulation économique centralisée. Il a fallu attendre la décennie 1970 pour que l'influence de Fichte sur le communisme soit reconnue, ce qui explique que Maurras ne le rattache qu'au nazisme. (n.d.é.)

— sa bravoure surhumaine, son goût des choses de l'esprit et celui de l'éloquence : « *Rem militarem et argute loqui.* » L'art de batailler et celui de bien parler[145],

— la générosité, l'enthousiasme, l'ardeur, la promptitude au risque, l'instinct de l'entreprise et de la conquête,

— une philosophie mystérieuse, mais initiée aux plus hautes spéculations des grands Sages de l'Égypte, de la Grèce et de l'Étrurie,

— une religion pleine de poésie,

— une poésie pleine de rêve,

— des rites farouches et gracieux ou sublimes qui allaient du sacrifice humain à la cueillette solennelle du gui sacré par la prêtresse en robe blanche armée de la faucille d'or,

— et, dans l'ordre naturel, un sérieux effort de défrichement à travers une vaste étendue de forêt, l'agriculture déjà savante et les industries primitives poussées fort loin.

Pour tout dire, le génie des races celtiques alliant aux charmes de l'imagination la plus riche et la plus apte au merveilleux, des puissances incantatrices du cœur, avec l'énergie héroïque, le sentiment et la science de quelques arts et des métiers subordonnés.

Bref encore, la vie osée hardiment, laborieusement par toutes ses voies, la mort affrontée sans trembler, les expéditions, les courses lointaines d'hommes généreux et violents, si braves qu'ils affectaient de ne craindre que la chute d'un ciel contre lequel ils épuisaient toutes les flèches du défi.

Comment, nous-mêmes, évoquerions-nous de si grands souvenirs sans les entendre qui résonnent, nous parlent ou nous chantent dans l'intimité de nos profondeurs ?

Cette furie gauloise, c'est déjà la furie française. C'est l'enthousiasme français. C'est l'emportement des découvertes, des conquêtes, des colonisations, du miracle : Afrique, Asie, Extrême-Levant, Canada. Reconnaissons ce que tout cela recouvre de fâcheuses infirmités.

Car il nous faut mentionner aussi ce que les Romains appelaient : *tumultus gallicus*, le tumulte, l'effervescence des peuples des Gaules. *Tumor*

---

[145] De nouveaux érudits lisent autrement, aujourd'hui, cette phrase de Caton, mais on l'a lue et traduite ainsi pendant 2000 ans. C'est l'indice qu'elle ne manquait pas de quelque vérité. [La citation est de Caton l'Ancien, dit le Censeur, il s'agit de l'un des fragments fameux qui ont subsisté de son ouvrage majeur, *Les Origines*. (n.d.é.)]

multus, un énorme bouillonnement, quelque chose comme la montée d'une soupe au lait. Cela monte souvent très haut, puis s'aplatit lamentablement !

On peut écouter là-dessus le vainqueur de la Gaule. Jules César se montre impartial et désintéressé quand il avoue que son plus puissant allié contre les Gaulois, fut, en Gaule même, la discorde de grands enfants. Il disait que le déchaînement des opinions contraires y avait trahi le commandement et paralysé l'action.

Quot capita tot sensus. Autant de têtes, autant d'opinions.

Comment, dès lors, trouver ou garder la direction commune ?

L'ennemi, bien uni, avait toujours raison de ces amis ou alliés si souvent séparés ou flottants, habituellement peu sûrs, parfois se haïssant les uns les autres !

Qui sera chef d'abord ? Un Éduen ? Un Arverne ? Quel Éduen ? Quel Arverne ? Les Éduens négocient avec un ennemi du dehors ? Les Arvernes conspirent contre leur général. Mais que font les autres Cités, ou pour mieux traduire *civitates*, les autres États ? États bien désunis ; les uns très pacifiques, attendent tout de l'abaissement des rivaux ou d'un pacte avec l'Étranger, les autres, tellement occupés à se déchirer ne peuvent même concevoir une idée du bien public de leur Gaule...

De là cet adage qui doit nous enfoncer plus profondément aux replis de nos réflexions sur nous-mêmes : *Gallus Gallo lupus.* Le Gaulois est comme un loup pour le Gaulois. Ce qui s'est traduit trop souvent : le Français est comme un loup pour le Français.

Donc, entre Français et Gaulois, quelle double série de ressemblances... En bien, en mal, en beau, en laid. Les unes menant à tous les sommets, les secondes, tragiques et branlant sur tous les abîmes. En laid, ce peut être la violence nue, la véhémence désordonnée, ce qu'un autre latin appelle « *vis consili expers* », la force sans raison. En beau, c'est Roland, le preux, le magnifique, c'est le jeune Gaston de Foix, c'est le chevalier sans peur et sans reproche, notre Bayard, c'est en redescendant la même noble histoire, notre admirable Lamartine, domptant la multitude à la manière de l'hercule Gaulois, par les chaînes d'or qui sortaient de sa bouche, l'harmonie de la parole, terrassant la révolution. Il n'est rien de plus Gaulois ni rien de plus Français.

Mais hélas !... Que de misères historiques à ranger auprès de ces gloires ! Que de capitulations effarantes !... Que de faiblesses qui tramèrent nos révolutions ! Surtout que de malheurs nés de la haine des citoyens les uns contre les autres, Français contre Français, véritablement loup à loup.

Mais il y a autre chose que des ressemblances et des dissemblances historiques à relever ici. Il y a de nouvelles formes de visage, des natures d'esprit, des expressions, des airs qui ne sont ni romains ni gaulois, ils ne sont que gallo-latins, ils sont français, type d'hommes puissants aux dures et fortes pensées, têtes carrées à la Colbert, ou triangulaires à la Richelieu, résolutions fermes, calculs profonds, nés de raisons robustes qui équilibrent la violence des cœurs en la multipliant.

« *Vis consili expers mole ruit sua : vim temperatam di quoque provehunt in majus...* »[146]

Les évêques des temps mérovingiens sortent déjà du caractère du pur héroïsme gallique et de la « Rômê Amathés » ou force ignorante. Ce sont aussi des savants et des sages. Ils sentent mais ils pensent. Ils se dévouent mais ils prévoient. Enthousiastes, généreux, entreprenants, aimant le risque comme des joueurs nés, ils savent s'arranger pour gagner à force de sagesse et de persévérance infrangible ; ces claires lumières ont manqué à la Gaule primitive et l'histoire autorise à dire que tel fut, proprement, au naturel, l'apport romain : ordre et raison. Autre apport du même élément : à la différence des autres grands peuples antiques, nos Gaulois n'écrivaient pas, ils se contentaient de la parole et du chant. Je ne parle pas des Gaulois cisalpins où brillent de bonne heure Virgile et Tite-Live ; mais pour nos pères transalpins, à peine Rome s'était-elle jetée sur eux, ils se mettaient à rivaliser avec elle dans tous les arts de l'éloquence écrite, rhétorique, jurisprudence, philosophie, poésie. Et là, depuis Gallus[147] et Pétrone[148] à

---

[146] Horace, *Carmina* III, 4, 65–68 :
Vis consili expers mole ruit sua,
Vim temperatam di quoque provehunt In majus ; idem odere vires
Omne nefas animo moventis.
Soit : « La force sans l'intelligence croule sous sa propre masse ; la force bien réglée les dieux eux-mêmes la font avancer toujours plus haut ; et ils ont en haine ceux dont la force ne médite qu'actions défendues. » L'ode est consacrée à Calliope et destinée à montrer que la force n'est rien si elle n'est guidée par la sagesse. Le propos est illustré par la lutte remportée par Jupiter contre les Titans révoltés, c'est un écho à la huitième des *Pythiques* de Pindare. (n.d.é.)
[147] Cyprianus Gallus, poète du début du Ve siècle, auteur d'une traduction du *Pentateuque* en hexamètres dactyliques. (n.d.é.)
[148] Il existe une tradition qui fait de Pétrone, l'auteur mal connu du *Satyricon* et victime de Néron, un gaulois : elle est basée sur un texte de Sidoine-Apollinaire, du reste insuffisamment clair, qui semble le faire naître ou au moins le faire vivre à Marseille, et sur une conjecture de

Ausone[149] et à Favorin[150], on peut dire qu'il y a continuité parfaite entre les Gallo-Romains et nos Français durant près de deux millénaires ; ils ont écrit autant que parlé et ce n'est pas peu dire !...

Nouvel apport du mariage romain : à la différence des Égyptiens, des Grecs, des Étrusques, des Romains, en général, nos Gaulois se contentaient de huttes rondes faites de bois, à la lisière de leurs forêts. Ils ne bâtissaient guère ; notre maladie de la pierre pointait à peine chez eux. À peine formés, les Gallo-Romains rejoignaient les Français d'aujourd'hui : architectes, et, comme eux, constructeurs et maçons dans l'âme : théâtres, temples, arènes, églises, châteaux, maisons de ville ou des champs, palais, ponts et ports, remparts et couvents, notre terre vue à vol d'oiseau atteste cette manie congénitale dont nous rions bien mais qui nous enchante. Le paysage natal a dû être fort beau dans sa sauvage nudité, mais son revêtement de pierre et de briques lui aura composé sa magnifique parure Romaine, notre architecture. Dès le premier contact du Romain et du Gaulois, celui-ci déploya l'originalité de l'œil et de la main ; nos Provençaux qui ont quelque expérience du produit gallo-romain, y savent distinguer autre chose qu'une imitation servile et plus ou moins heureuse. Regardez seulement du haut de la voie ferrée, à Saint-Chamas, notre Pont Flavien sur la Touloubre.[151] Le Gaulois romanisé se souvient parfois de la Grèce et même de l'Attique, mais aussi de lui-même, de son goût et de son génie. Plus tard, cela n'est plus

---

Bouche, dans sa *Chorographie et Histoire de la Provence* (Aix, 1664), qui fait sortir l'auteur du *Satyricon* du village de Petruis, aux environs de Sisteron, parce qu'une inscription découverte en 1560 a révélé que cette localité portait dans l'antiquité le nom de Vicus Petronii. Reste qu'aucun élément ne permet de relier le *Satyricon* au monde gallo-romain dont il est question ici. Il pourrait aussi s'agir dans l'esprit de Maurras de saint Pétrone, né en Avignon, évêque de Die, mort en 463. (n.d.é.)

[149] Haut dignitaire romain du IVe siècle, né et mort à Bordeaux. Précepteur du futur empereur Gratien, puis son protégé, il occupa de multiples fonctions dans diverses provinces de l'Empire. Il composa notamment plusieurs poèmes à la gloire du vin de Bordeaux, et un des deux premiers crus de Saint-Émilion porte aujourd'hui son nom. (n.d.é.)

[150] Philosophe né et mort en Arles, célèbre sous les règnes de Trajan et d'Hadrien. Son œuvre elle-même est perdue, mais on en connaît l'existence par Aulu-Gelle, qui fut son disciple, et qui en reprend de nombreux extraits dans ses *Nuits Attiques*. Après avoir professé à Athènes et à Rome, Favorin est nommé pontife de sa ville d'Arles par l'empereur Hadrien. Il refuse, ce qui entraîne sa disgrâce. (n.d.é.)

[151] Sur la route de Marseille à Arles, au nord de l'étang de Berre. Une des deux arches de cet ouvrage du premier siècle sera détruite en 1944 par l'armée américaine, puis reconstruite à l'identique pierre par pierre. La manière dont la phrase est tournée laisse entendre qu'elle a été rédigée en 1943 et non retouchée depuis. (n.d.é.)

discuté, la transformation totale de traditions plus ou moins apprises est opérée par l'homme français ; il a la bonhomie d'appeler « romanes » ou « gothiques » des inventions qui sont de lui, ces idées autochtones vont à l'extrême pointe de ce que l'esprit humain conçut de libre et réalisa de hardi.

La nouveauté est toute semblable dans les Institutions. La Gaule, à l'état pur, ne nous offre, essentiellement, qu'une mosaïque de clans. C'est tout ce qu'elle peut opposer à l'étatisme impérial des Césars centralisateurs. Seulement, la Gaule romaine élabore, en même temps, quelques linéaments d'un nouveau statut aristocratique, hiérarchique, monarchique : l'ordre féodal.

C'est pour cela que les âmes mêmes ont été graduellement transformées et que s'est fait en elles une synthèse de l'émotion et de l'intelligence, de la conscience illuminatrice et du mouvement généreux. Ce n'est pas le Gaulois, c'est le Gallo-romain, c'est le Français qui se définit par l'harmonie de ses deux grandes dominantes :

– l'extrême vigueur de l'élan naturel, cet élan ordonné, éclairé, raisonné ;
– les puissances du cœur magnifiées par la pensée qui les oriente.

Cette définition permet d'identifier notre France à la civilisation éternelle et universelle, telle que la pressentait le vieil hellène Anaxagore, pour exprimer le genre humain : « D'abord toutes les choses étaient emmêlées et confuses, l'esprit est survenu, les a distribuées dans leur ordre. » Mais ces « choses », ces ingrédients du chaos gaulois, formaient déjà une magnifique richesse et l'œuvre de l'intelligence n'a pas été de les dessécher, de les rabougrir ; la raison les a rendues plus utiles et plus fécondes quand elle les a mises à leur juste place.

Force gallique, ordre romain, tel est, selon moi, l'état-civil de notre patrie. « *Sian gau rouman et gentilhoume* » disait Mistral, « Gallo-romains et Gentilshommes » avec quelque chose de plus : des Gallo-romains baptisés.

II

Mais avant de venir à ce dernier point, posons bien qu'il ne s'agit cependant pas de réduire la France à deux termes, car elle est bien plus riche que cela, notre patrie française : la France contient bien d'autres apports nationaux qui, sur l'axe gallo-romain, s'enroulent comme des feuilles et des fleurs variées à l'infini autour de la double hampe d'un même thyrse.

Il y a dans notre sang, dans notre nature profonde, les Grecs de Marseille et d'ailleurs.

Il y a les Ligures, il y a les Ibères que l'on distingue quelquefois des Gaulois.

Il y a les Francs romanisés et les Francs non romanisés, Goths de l'ouest et Goths de l'est.

Il y a le Gallo-Franc de l'Alsace, il y a les Maures, il y a les Burgondes, il y a les Basques, il y a les Scandinaves de Normandie, il y a les Kimris de la Flandre.

Mais soit en des enclaves très strictes, soit dans des échancrures de territoire ou sur de larges bandes figurant des trajets de conquérants, de pèlerins ou de migrateurs qui sont souvent venus sans femmes comme ceux de Neustrie, c'est malgré tout sur le rameau central gallo-romain que se sont greffées ces précieuses vertus qui ont porté leurs propriétés adventrices particulières et locales.

Les variétés ainsi réunies comportaient naturellement des dosages variés eux-mêmes. Mais leur union s'établissait et se resserrait d'autant mieux et d'autant plus vite que toutes leurs dissemblances les plus éloignées ont été également recueillies au sein d'une même religion plus unitaire, religion (notez bien ceci) qui parlait à Dieu et aux hommes en latin, priait et chantait en latin.

Maures et Grecs, Scandinaves et Germains, Basques et Kimris se sont appropriés la religion des Gallo-romains, à la suite de Clovis, seul roi barbare qui fut catholique en Gaule, ont été baptisés catholiques romains : il en est résulté un égal maintien, un égal respect de leurs différences en même temps que l'institution d'une convergence, la naissance et le progrès d'une sympathie presque naturelle, ayant été contractée à la longue, éprouvée par le temps et qui menait de l'oubli des antagonismes lointains à la réminiscence d'affinités plus lointaines encore et, par le bon voisinage, aux approches de la fusion. Des caractères très distincts et même contrastés ont fini, en effet, par se combiner dans le français normal. Ils ont même si bien concordé et communié en lui que les contrastes sont devenus harmonie, les oppositions complément.

Cela est bien sensible dans les exemplaires les plus fortement caractérisés de notre nation. Le grand Français, en qui le Gaulois prédomine montre, malgré tout, une forte part d'héritage latin. Le grand Français, en qui c'est Rome qui l'emporte, est presque toujours animé du souffle violent de l'énergie gauloise. Rappelez-vous comment un Louis IX excellait à manifester son empire sur lui-même et la fougue et l'éclat de ses indignations épiques. Un Henri IV si aimable, courtois et bonhomme, mais tout à coup si rude et si dur. On ne voit Bossuet que dans l'équilibre supérieur des forces de la terre et du ciel ; ses lettres de direction adressée à des femmes ont toutes l'onction et la douceur évangéliques, souvent déviées et cherchées en vain dans celles de Fénelon. Chez tous ces aînés de la race, les nerfs et le cerveau, les mûres réflexions et les brusques réflexes impérieux se comprennent en se fécondant. Mais, si l'on descend un peu plus bas, si l'on vient au portrait du Français tel qu'on le trouve dans les petits journaux et les menus théâtres de l'Europe et de l'univers, brave et galant, martial, étourdi et léger, dissipé et spirituel, ce Don Quichotte au rabais, caricaturé par Madame de Staël ou par Jules Verne selon les mêmes procédés, ce Français-là comporte aussi sur le même niveau, un Sancho Pança pour le compléter.

Lisez, je vous prie, un Anglais que je tiens pour le seul Anglais qui ait bien connu la France, M. Courtenay Bodley[152], homme important dans son pays, qui a surtout vécu dans le nôtre. Cela est mieux vu que par Madame de Staël et Jules Verne ensemble.

> Malgré le côté bouillant du caractère français qui, dans les temps troublés, éclate avec férocité et qui prend dans les divertissements la forme d'une gaieté excessive... il n'y a pas de créatures humaines plus ordonnées que les Français. Leurs économies, le soin qu'ils apportent à tenir leurs comptes, leur habileté à organiser des plaisirs simples qui leur font oublier leur fatigue, la toilette soignée des femmes, la bonne

---

[152] C'est en 1902 (voir *supra* note 2) que Maurras analyse pour la première fois les écrits de Courtenay Bodley. Il en tirera une brochure en 1928, *L'Anglais qui a connu la France*, puis en reprendra de longs extraits en 1937 dans son ouvrage *Devant l'Allemagne éternelle, Gaulois, Germains, Latins*. (n.d.é.)

ordonnance des repas, même dans les intérieurs humbles, tout, dans la vie privée du peuple, atteste un tempérament prévoyant et systématique, s'accommodant mal avec l'improvisation.

Il s'en va de même de leur façon de penser. Ils sont accoutumés instinctivement à classer et à formuler leurs idées, et leur éducation à tous les degrés développe cette tendance.

Un prêtre anglais, attaché jadis au diocèse de Paris, me raconta combien il avait été frappé du contraste qu'offraient dans les deux pays les confessions qu'il avait reçues des jeunes filles, à l'âge où le sacrement n'est pas encore une révélation psychologique ou une pratique dont on s'occupe par routine.

La jeune pénitente anglaise lui débitait des histoires sans queue ni tête, embrouillées et irréfléchies ; la jeune Parisienne, au contraire, développait un thème tranquillement préparé, modèle d'ordonnance lumineuse et de clarté, où tout ce qui devait être dit était rangé en bon ordre et classé en catégories assez distinctes.

Les Français aiment assez à voir cette même disposition, cet esprit d'ordre et de méthode dans leur gouvernement.

Leur profession n'est pas d'improviser, mais de hiérarchiser. Ils aiment voir chaque chose méthodiquement rangée à sa place, aussi bien dans leur gouvernement que dans leurs cahiers de comptes ou dans leurs armoires de ménage : et c'est cette même nation qui doit continuellement accepter l'imprévu, où les formes extérieures du gouvernement s'improvisent et se renouvellent constamment, où l'aventure inattendue est toujours imminente. Ainsi le côté passionné et énergique du caractère national qui, bien dirigé, a maintes fois conduit à la victoire la France sur le champ de bataille ou sur le terrain pacifique, est maintenu dans un état perpétuel d'irritation.

Paris renferme les éléments de la société la plus agréable du monde ; mais ces éléments sont malheureusement si désorganisés, si émiettés, si adultérés par l'élément cosmopolite, uniquement avide de plaisir, que la brillante ville est en train de perdre le caractère sociable qui convient à une grande capitale. La classe élégante n'a presque pas de rapport avec la classe gouvernante ; les intellectuels de génie ou d'esprit ont peu de relations avec l'une et l'autre. Çà et là, la ligne frontière reste un peu indistincte avec ces divers groupes, mais, en règle générale, l'élégance, la politique et la culture se rencontrent rarement sur un terrain commun. Si un étranger exprime ses regrets de cette situation, on lui répond qu'elle est inévitable ; les mondains frivoles réprouvent la moralité des politiciens ; les politiciens dénigrent la faculté mentale des gens à la mode ; les travailleurs et les penseurs qui maintiennent le prestige de la France ont un dédain tranquille pour ces deux catégories, qui ont détruit la gloire de la société française : le salon.

La vie des Françaises de la classe soi-disant aristocratique forme souvent un admirable contraste avec celle des hommes. Leurs vertus sont celles généralement attribuées aux femmes de la bourgeoisie ; ce sont des mères dévouées, des femmes d'intérieur excellentes, des modèles de piété. La régularité de leur existence, l'exacte observation de leurs devoirs et leurs qualités solides contrebalancent l'irrégularité de la vie de leur époux. Dans beaucoup de ménages, la femme est, moralement ou intellectuellement, supérieure à son seigneur et maître.

On voit par ce qu'il dit des femmes que M. Bodley a jugé sa compatriote : l'anglaise est une enfant, même vieille épouse, ou grand-mère. Chez nous, l'esprit gaulois, dans ce qu'il a de féminin, de sensible, de généreux aura obtenu que les hommes se laissent mener par le bout du nez, et qu'en dépit de la Loi salique et de son hypocrisie salvatrice, la Française est, en France, la reine partout : au salon, à la ferme, à la boutique, au grand magasin. Il n'y a pas de femme à l'Académie française mais elle en est la grande électrice. Et, il faut avouer d'autre part, que l'esprit romain a pris une belle revanche par ce qu'il a de mâle dans l'extrême fermeté du « génie féminin français » comme dit Madame Marthe Borely.[153]

Cette étroite compénétration de la Française par l'esprit viril, et de l'homme français par la sensibilité féminine n'est nulle part mieux marquée que dans la religion de la France. La religion de notre pays est sérieuse ; l'orthodoxie rigoureuse du dogme y est comprise, entendue, défendue avec netteté et vigueur. Comme dit Verlaine :

Haute théologie et solide morale[154]

---

[153] Femme de lettres, 1880–1955, auteur notamment de *La Femme et l'Amour dans l'œuvre d'Anatole France* (1916) et du *Génie féminin français* (1917). (n.d.é.)

[154] Paul Verlaine, *Sagesse*, première partie, *Non. Il fut gallican, ce siècle, et janséniste !* (n.d.é.)

C'est le pays des grands ordres défricheurs, définiteurs, constructeurs, enseignants et prêcheurs. C'est en France que le Moyen-Âge a eu ses puissantes universités, ses doctrines souveraines, directrices de la Chrétienté. Mais voyez aussi le sublime accès d'ardeur prosélytique qu'accuse l'effet de ces prédications dans des âmes portées à tous les paroxysmes du beau et du bien, dignes incarnations du mystère gaulois sous-jacent qui explique la large place faite à la sainteté du génie féminin. Il n'en pouvait être autrement pour un peuple ainsi né de mère gauloise et de père romain.

Je reprends donc ici, ce que sous la coupole du Palais Mazarin devant les grandes ombres de Richelieu et de Louis XIV, j'apportai comme un témoignage à la continuité spirituelle de notre Patrie. C'était quelques mois avant la funeste débâcle, c'était presque un an jour pour jour avant l'échéance de nos défaites. Ce qui avait été dit le 8 juin 1939[155] à Paris a pu être relu à Marseille, à Nice, à Cannes en 1943 comme un acte de foi à la France éternelle :

> L'homme français s'unit si aisément à la mère nature que rien ne lui fait peur, sable, forêts, glaciers. De longues fondations prospères, ainsi faites de main d'ouvrier, expriment clairement une race inventive et persévérante, et le creux des beaux songes ne lui a jamais fait négliger les lois du réel.
>
> Restent la promptitude de l'esprit, la liberté ou la politesse du goût, l'élégance du mouvement : faut-il les lui compter pour des fautes ? Ou cela exclut-il méthode et réflexion ? Le Français n'étale point ses dons d'application et de diligence : est-ce qu'il en est dépourvu ? Nullement : il remise cette carapace à l'intérieur. La volonté de construire et de durer n'a jamais soustrait le Français au feu des passions, même corrosives. Pendant qu'il fondait ses empires, royaumes, seigneuries, que chantaient ses poètes ? Sans doute sa guerre et sa foi. Mais de toute part fusait aussi le lyrisme des plaisirs et des peines d'amour. Surtout des peines. Au point que nos troubadours disaient de leurs émules trouvères : *La cansoun de Paris, la plus grande piéta doù mounde.* « La chanson de Paris, la plus pathétique du monde » : racinienne déjà !
>
> Un caractère si marqué a fait faire à la France un très beau compliment, on l'a appelée « la nation femme ». Mieux vaudrait la

---

[155] Discours de réception à l'Académie française. (n.d.é.)

dire « le peuple androgyne ». C'est l'androgyne de Platon, l'être mâle et femelle qui accorde alternativement le sceptre à l'esprit et au cœur, quand il ne confère pas, comme il arrive souvent, la souveraineté à la synthèse simultanée de l'un et de l'autre.

Cet esprit est l'esprit d'analyse et de critique rationnelle qui sait et qui veut tout approfondir.

Ce cœur est nourri de ces ardeurs d'introspection et de psychologie vivantes qui se développent depuis le confessionnal et la chaire chrétienne jusqu'au théâtre et au roman, à la plus haute poésie.

Ce cœur et cet esprit ont le goût des vérités internes, de l'expérience morale surprises et dépistées par leur « délectation morose » c'est-à-dire prolongée et non pas chagrine par la scrutation attentive des cas de conscience, par un examen des idées-mères, la discussion acharnée des mérites et démérites propres aux personnes vivantes et de leur rendement effectif.

En dernier lieu, inscrivons et ne négligeons pas de lui associer une logique de fer, les nuances d'un jugement subtil qui choisit et exclut, qui tranche et qui rejoint.

On ne peut donc faire la somme d'un trésor historique des Français telle que nous la désirions au commencement de cette étude difficile sans conclure à deux caractères qu'il faut situer sur le prolongement l'un de l'autre :

— Abondance et variété de tous les esprits animaux, richesse de sang, de nerfs, du cœur, et celle-ci toujours capable de renoncements et des sacrifices qui la multiplieront indéfiniment ;

— souveraine perfectibilité de ces dons parce que leur nature est d'aspirer à s'élever par les hauts lieux de l'intelligence à la sphère sublime de parfaite illumination.

Et voilà, je l'avoue, des qualifications qui ne sont pas modestes. Pourquoi ferais-je le modeste pour ma Patrie vaincue ? Je n'éprouve, à aucun degré, cette modestie. Mais aucun chauvinisme ne m'emporte. Je laisse parler la géographie, la chronologie, l'histoire, les lettres, la poésie, les arts avec cette philosophie qui, sans système, essaie de réfléchir les ordres du monde.

À l'apogée de Rome, Virgile disait sous Auguste : « *Rerum pulcherrima Roma.* » *Rome, la plus belle des choses*, et, cinq cents ans plus tard, sous l'extrême Augustule[156], devant la ville abattue, proie des flammes, Rutilius Numantianus, le dernier poète romain, s'écriait de nouveau : « *Rerum pulcherrima Roma* », non par entêtement brutal, ou enthousiasme voulu, mais parce que Rome était promise, en ces termes, à l'éternité : c'est de ce même point de vue de la longue durée d'un temps presque infini qu'il est possible d'évaluer ce destin français, qu'il dépend en partie de nous de prolonger ou d'éterniser. Par rapport à ce vœu passionné d'une vie nationale équivalente à la carrière du genre humain, nous considérons les facteurs de la fortune et de l'infortune françaises. Qu'est-ce qui fit l'un ? Qu'est-ce qui fit l'autre ? Qui écartera ceci pour nous ramener à cela ? Les réponses que l'on va voir ne viennent pas d'un cœur trop facile à satisfaire et à rassurer. Nous ne nions pas la menace, et pas plus que l'effroi nous ne repoussons l'espérance.

III

La flore du thyrse français, le double rameau de son axe, leur qualité, leur prix ont donc été vus. Mais qu'est-ce qui les rapprocha et les enlaça ?

Cette unité française ne s'est pas faite seule, elle n'a pu sortir spontanément de tant de différences et de variétés logiquement diversificatrices : fussent-elles juxtaposées par un bon hasard, leur nature ferait qu'elles se repoussent et s'éloignent. On soutient alors que l'unité française est fille de son terroir : elle était inscrite sur la carte.

Non, la carte montre combien l'unité française était possible : l'Océan, la mer, la montagne du Sud-Est et du Sud-Ouest, frontières naturelles, favorisaient bien la naissance de notre unité ; elles en protégeaient et en fortifiaient les progrès ; elle n'était, cependant, rien d'autre qu'un cadre. Si bon fut-il, il ne fermait que cinq des six côtés de l'hexagone, puisque le Rhin n'en est pas encore. (Patience ! il en sera.) En attendant, certains craquements et percements, certaines dislocations du cadre, ont mis en péril le tableau. Il a fallu d'autres causes antérieures, intelligentes, humaines, pour le dessiner ou le peindre, l'enceinte étant utilisée comme une occasion fortuite et une précieuse matière.

---

[156] Romulus Augustulus, dernier empereur romain d'Occident, qui abdiqua en 476. (n.d.é.)

L'unité française est apparue trois fois dans l'histoire ; deux fois de dehors par la force étrangère ; une fois de dedans par l'action et la volonté des Français.

La première unité fut imposée par Marius et César, au moyen de forces militaires partiellement empruntées à la Gaule cisalpine et même à nos cités transalpines. On peut tenir compte de nos profondes affinités de sang et de langue avec les populations de l'Italie ; les nôtres ne parlaient-elles pas une espèce de prélatin ? Les chefs romains n'en ont pas moins été des conquérants extérieurs.

L'unité franque, née aussi de la conquête, s'est affermie par l'action de grands hommes comme Clovis, seul roi barbare qui ne fut pas arien, et comme Dagobert, Pépin et Charlemagne. Ces germains plus ou moins romanisés se réclamèrent de l'Empire puis en portèrent la couronne : du baptême de Saint Rémi au sacre du pape Léon, la monarchie se donna pour collaborateur et pour lieutenant perpétuel de l'épiscopat Gallo-Romain. Notre seconde unité n'en porte pas moins un sceau de puissance étrangère. Pour une large part, ces deux unités dépendirent de l'autorité de ces chefs-fondateurs. Sa force et sa faiblesse réfléchissaient les leurs. Les Césars, en s'abandonnant, faisaient péricliter l'unité de leurs Gaules. Quand les rois Francs partageaient le royaume ou manquaient au devoir de le défendre et de le tenir, des divisions naissaient qu'ils n'y avaient pas mises et l'anarchie féodale coïncidait avec des pénétrations étrangères, bulgares et normandes. Ces expériences de l'unité ont donc été positives et négatives avec des variations significatives. Chacune a tenu son demi-millénaire ; la première comprenant plus d'un demi-siècle avant notre ère et finissant vers notre année 400, l'autre partant de 400 et tenant jusque vers 900. La troisième s'est donc dessinée il y a plus de douze cents ans. Elle ressemble aux autres en ce qu'elle s'est faite par en haut, est née, a grandi, a duré par la vertu des fondateurs, et non de bas en haut comme un archipel de corail ; elle a également subi la grandeur et l'éclipse de ses générateurs. Mais, plus longue et plus durable que les autres, elle s'en est distinguée sur un point capital : les chefs, par qui elle s'est faite, n'ont pas été des conquérants étrangers.

Tout au contraire. Les Ducs de France robertiniens, capétiens, valois et bourbons, ont joué un rôle exactement inverse ; ils ont été du dedans au dehors des défenseurs et des fédérateurs. Surgis du cœur de la Patrie, ils se sont développés et ont rayonné des bords de Seine et de Loire vers le moment propice où les langues d'oïl et d'oc prenaient forme et où les petits

Normands, nés de Neustriennes, apprenaient de leur mère le parler roman. Ces nouveaux princes se rendaient indispensables à la population en repoussant les nouvelles invasions et en rendant des services de police de plus en plus marqués. Ainsi prenaient-ils de plus en plus au sérieux le rôle de suzerains, de suprêmes arbitres, de grands juges que leur attribuait théoriquement la hiérarchie féodale, romaine en cela, ce qui ne les empêchait pas de s'appliquer à arrondir, par tous les moyens diplomatiques et matrimoniaux, ecclésiastiques et juridiques, leur propre domaine. Ce fut un beau travail, un travail de force et d'adresse, un travail d'art. Que ne puis-je en faire suivre le détail avec Auguste Longnon ![157] Que ne puis-je citer la très belle page de La Réforme intellectuelle et morale[158] (tout vrai Français devrait la savoir par cœur) où l'on touche du doigt la différence entre ce qui a été et ce qui aurait pu être si le Capétien n'avait pas été là, et où l'on voit, par conséquent, ce qui a tenu, dans l'être de la France, à l'intelligence, à l'habileté consommée, à l'industrie savante de ces grands artistes politiques dont l'action s'est étendue de l'an 860 à 1789 et encore de 1815 à 1848 ! De tant d'outils excellents dont ils se servirent, le plus efficace, surtout aux origines, aura été l'outil juridique : leur justice, plus active que toutes les justices seigneuriales fut reconnue pour la meilleure ; sa combinaison du droit féodal et du droit romain leur permettait d'évoquer, et, pour ainsi dire, d'aspirer sous leur sceptre et sous leur épée, toutes les contestations importantes ; de la sorte, jouait du centre aux extrémités, ou des derniers barreaux au plus haut de l'échelle, l'attrait puissant d'une volonté permanente, qui appréciait, fixait, classait les droits, rétablissait ainsi la justice, et par la justice, la paix entre les groupes et les individus. Paix du labour, paix du chemin, paix du marché.

Paix du métier, paix du savoir et de la prière. Tous ces bénéficiaires de paix générale étaient conduits à sentir de mieux en mieux le prix de l'ordre et la bonté de celui qui le procurait. À l'autorité bienfaisante correspondait volontiers alors cette obéissance généreuse où le vrai citoyen trouve bénéfice et honneur, où la puissance d'en haut emporte la confiance d'en bas. À l'unité politique, cette confiance ajoutait comme son accord naturel et l'union volontaire de personnalités capables de résistance et de refus. Ainsi était faite, du gouverné au gouvernant, la moitié du chemin.

---

[157] Archiviste, 1844–1911, auteur des *Noms de lieux de la France* (1920). (n.d.é.)
[158] Œuvre majeure d'Ernest Renan en 1871. (n.d.é.)

« J'aime assez dans un Français, (disait M. de Bonald) ce mélange d'indépendance républicaine et de fidélité monarchique »… On n'aime pas « assez », on aime beaucoup la généreuse vitalité organique de ce système de républiques (provinces, villes, corps, compagnies et communautés) qui gravitaient nombreuses, innombrables sous le Roi, un peu embrouillées parfois et se chevauchant dans leur complexité infinie, mais dans l'ordre approximatif de très longues accoutumances ; l'individu y trouvait son air nourricier, tandis que le souverain exerçait franchement, puissamment et toujours très modérément son autorité générale. De temps en temps, il fallait bien qu'un certain émondage mît fin à des enchevêtrements excessifs ; l'essentiel était maintenu.

L'harmonie stable ainsi créée ne pouvait résulter d'à-coups occasionnels ni de seuls effets d'une dure impulsion continue. Il faut faire la part de facteurs plus anciens qui aimantaient ou cimentaient les matériaux de l'unité, y ajoutaient probablement, tantôt les effets composés de lointaines identités d'origine, de la parenté de beaucoup de langages ou de confuses et profondes amitiés nées de l'unité de la foi. Cependant, quelque robuste que fût l'appareil, il ne manquait pas de se ressentir de l'action, de l'inaction ou de la moindre action du centre royal. Avec elle, montait ou descendait le taux des forces unitaires. L'histoire ne permet pas d'en douter. Tant que cette action s'exerçait, pas de troubles ni d'ébranlements. Était-elle suspendue ou s'arrêtait-elle, ou fléchissait-elle, l'union d'abord, puis l'unité elle-même était compromise.

Toute crise française a commencé par la tête de l'État. Les minorités, les régences, fléaux de la Monarchie, ont été fléaux de la nation. Sans faire à la troisième unité des brèches comparables au démembrement mérovingien, ou à l'émiettement carolingien, la prison de Jean le Bon lui infligeait des États-Généraux anarchistes, une cruelle Jacquerie, sa répression non moins cruelle, les déchirements de Paris avec le roi de Navarre à la clef. La folie de Charles VI détermina les mêmes insurrections populaires, la même crise de parlementarisme révolutionnaire, et l'étranger ne se contenta pas d'envahir, il s'installa.

Qu'est-ce que cela signifie ? La carence ou l'absence de roi doit-elle être entendue comme le retrait ou l'arrêt d'une compression ? Non, notre état royal n'était pas tyrannique, il était émancipateur, faiseur d'ordre, et, encore une fois, fédérateur. Que s'était-il donc passé ? Quelque chose que l'on comprendra mieux si on l'appelle une régression gauloise : les forces diviseuses ont repris le dessus, les baguettes du faisceau se sont mises à s'isoler et à jouer toutes seules. La vigueur des organisations et des individualités composantes, une fois déliées de leur serment et rompant avec leurs coutumes, s'appliquent à dilacérer la nation : il n'est pas jusqu'à l'énergie même de la raison française qui, précipitant aux outrances de la discussion, ne concourût aux pires discordes : a fortiori la violence des caractères et des passions.

Le bien public français sous-entend la foi au chef l'autorité du chef. Ôtez-le, la France perd deux organes d'auto-défense contre elle-même, contre les parasites étrangers. Elle en est châtiée durement, elle s'est châtiée elle-même, et les invasions, les occupations mordent sur sa xénophobie naturelle, sur un amour inné de l'ordre public, sur son deuil croissant de l'unité. Et c'est alors le même phénomène de retour au roi, Charles V, Charles VII, qui n'ont pas oublié leur fonction native, grands apaiseurs, qui s'appliquent à la remplir. L'hérédité de la couronne était une grande commodité. Le grand personnage était mis en vue par la loi de succession, il centrait, culminait les vœux et les espoirs, chacun se disant que l'on ne ferait rien qui vaille sans le roi ou le fils du roi qui, lui-même, amassait ce qu'il fallait pour le succès : ce qui avait fait la France, la reconstituait en éliminant les causes qui l'avaient défaite ; ce n'était pas plus difficile que cela ! Et comme Bainville l'a si bien marqué, la réforme de la royauté s'en suivait naturellement : « C'est la grande vertu des monarchies héréditaires de porter leur renouvellement dans leur propre principe, de suivre les mouvements du temps, et, à chaque génération d'hommes, de se renouveler elle-même. »

Cette vérité serait mieux comprise si l'on donnait une attention plus libre à l'histoire de Jeanne d'Arc, qui est le drame de l'hérédité légitime, condition de la renaissance et de l'unité. On a voulu le transformer en un « mistère » d'intuition démocratique : la fille du peuple ! la bergère ! la bergerette analphabète ! On veut exclure toute réflexion, tout effort patricien de l'intelligence dans l'opinion d'alors.

Mais la bergerette menait paître les troupeaux de son père et sa famille possédait de la terre avec ces troupeaux. L'érudit Siméon Luce[159] évaluait, vers 1890, le revenu des Darc à 5 000 francs, chiffre qu'il faudrait au moins décupler dans notre monnaie. Les petites bourgeoises d'alors n'allaient pas au pensionnat mais elles participaient à l'esprit public de leur temps, comme les jeunes filles royalistes d'aujourd'hui. Si charitable et humble que fut

---

[159] Historien de la guerre de Cent Ans, 1833–1892. (n.d.é.)

Jeanne d'Arc, on l'eut beaucoup étonnée en interprétant les inspirations qui lui venaient du ciel comme des souffles sans raison, émanés d'un peuple ignorant.

« Faut-il que nous devenions Anglais ? » disait-elle dans son village ; et l'on était anglais, pour elle, quand on avait un roi anglais, ce qui n'est pas si mal pensé. Il s'ensuivait que le salut était sur la route de Reims. Ni l'action ni le bon sens ne donnèrent tort à la mystique de la Sainte : à quoi bon les dissocier ?

L'unité ainsi rétablie par Jeanne d'Arc et par le Ciel reçut un nouvel assaut au XVIe siècle. Cette fois la religion divisait au lieu d'accorder. Les minorités, les régences ayant refait leur œuvre, la révolte des nouveaux croyants, l'insurrection des anciens se firent des guerres plus féroces encore que l'acharnement d'Armagnac contre Bourgogne et vice versa. Corollaire : l'intervention de l'étranger ; les Anglais sont au Havre, les Espagnols à Paris et quelquefois les Allemands un peu partout. Peu à peu l'inévitable arrive. On ne se sent plus huguenot sans s'inféoder à l'Angleterre, on ne se sent plus catholique sans s'accrocher aux Espagnols. C'est le fruit amer de tout interrègne : « La République en France est le règne de l'étranger. » Les croyances profanées rongent la patrie, la déchirent, elles dissolvent la nation dans leur fanatisme. On reçoit de l'argent de Philippe II ou d'Élisabeth qui reçoivent en échange des places, Paris, le Havre, des provinces, des armées, jusqu'à la promesse sacrilège du trône par les factions ainsi soudoyées. Il en résulte un malaise humilié, gros du regret de la nationalité aliénée et de l'unité perdue : les Français se remettent à rechercher la France, et, comme toujours, ils trouvent le Roi. Son panache mène à la victoire, à la réconciliation et à la grandeur. Il le dit, il le crie. Mais, au-devant de lui, se sont portés, en même temps, ces bourgeois de Paris, politiques d'instinct et de raison, émus des nécessités convergentes que rétablira seule la légitimité royale. Seulement, la légitimité sera catholique ou boiteuse, Henri IV le sait bien et il en est récompensé, lui et sa race. Quand il souhaitait bon voyage à la garnison espagnole qui quittait la grande ville, il ne pouvait prévoir que de progrès en progrès l'arrière-petit-fils de son propre fils allait monter sur le trône de Madrid un peu plus de cent ans plus tard. Dans l'intervalle, il s'est bien produit quelques offenses à notre unité ; elles sont dûment matées par Richelieu, appuyé sur son Roi et, la double secousse révolutionnaire des Frondes, malgré de nouveaux appuis étrangers, ne parvient même pas à ébranler les traités de Wetsphalie, qui sont écrits de la veille. L'unité, incarnée dans Louis le Grand, règne sur le siècle et fait régner la France sur le siècle suivant. S'il est banal d'en souligner les magnificences, on oublie trop d'en remarquer la sécurité. « La sécurité, dit Spinoza, est la vertu de l'État. » Pendant le siècle et demi qui va de 1696 à 1792, la sécurité a duré, l'étranger n'a pu faire de sérieuses échancrures au pourtour d'un royaume que sa topographie découvre et prédestine à toutes les barbaries de l'histoire. Il n'y a plus de grande invasion.

Mais voici 1792, et la première république ouvre l'ère de sept invasions de plus en plus profondes pour le siècle et demi qui va suivre. On n'a jamais tant parlé : Unité, Indivisibilité, Nation, Patrie, Union et Fédération.

Tout cela n'a jamais tant manqué. En supprimant le fédérateur, en rouvrant l'interrègne, en coupant la tête du Roi, on a libéré toutes les tendances diviseuses : moyennant les ressources réunies par les derniers Bourbons, on a pu résister d'abord, repousser, châtier l'envahisseur par de glorieuses victoires, mais cette première guerre, qu'a déclarée la république, dure vingt-quatre ans, elle se règle par la Bérésina, Leipzig, Waterloo, deux entrées de l'ennemi dans Paris, et cela inaugure une longue série de disputes intérieures, de guerres civiles larvées ou non, une décadence caractérisée par la dénatalité, la stagnation ou le retard économique jusqu'à la débâcle de 1940.

On a coutume de noter un état de grand redressement à l'époque du Consulat. C'est un préjugé. Il y a bien un arrêt momentané du mal, dû à la présence d'un chef, et quel chef ! avec les conséquences propres au commandement unique, mais le chef s'est toujours vu entouré de compétiteurs. Nommé, acclamé, suivi par ses sujets, il dépendait d'eux ; il représentait le principe de cette dépendance qui le laissait à la merci des premières batailles.

« Ah ! disait-il, que ne suis-je mon successeur. »

Il ne pouvait fonder de dynastie parce qu'il ne pouvait représenter qu'une idée fausse du gouvernement de la France ; avec tout son génie, il en savait moins long que les bourgeois de la *Satire Ménippée*, et faute de le savoir, il a dû imposer au pays une législation et une administration centralisatrices qui devaient entraver ses fonctions vitales et rapidement l'épuiser. Sa réaction superficielle contre l'anarchie n'en supprimait pas les causes, elle les aggravait en les dissimulant et en les rendant plus malignes.

L'exemple de Pichegru au début de l'épopée, celui du général Malet à la fin, montre que le génie compétiteur et diviseur n'était jugulé qu'en apparence.

— Avez-vous des complices ?

— Vous tous, si j'avais réussi !

Il n'y avait plus de loi reconnue. Le pays était livré au plus fort, au plus intrigant, à celui qui aurait la langue la mieux pendue. L'unité se perdait faute d'un chef qui fût le Roi.

Objectera-t-on que la restauration royale subit un échec entre les années 1815 et 1848 ? L'échec, si c'en fût un, était presque fatal. Trop d'idées fausses circulaient dans l'opinion d'alors, elles étaient surtout obsédées par le mauvais rêve d'une souveraineté à deux têtes égales en pouvoir. Le Parlement et le Roi étaient destinés à s'entre-détruire, l'un devait manger l'autre immanquablement. Mais à tous prix on voulait imiter l'Angleterre. Seulement l'Angleterre est une île. Sur le continent, dès que l'étranger voit que nous nous battons, il entre nous mettre d'accord. Les Bourbons successeurs de Louis XVI ont mieux aimé ne rien céder sur leurs prérogatives. On les a renversés, on les a exilés, mais jusqu'au bout, ils auront fait le principal de leur métier, ils auront monté la garde sur le rempart et, tant par la sagesse et la modération de leur diplomatie que par la solidité de leur armement (parti de rien en 1815), nous n'avons été envahis ni sous Louis XVIII, ni sous Charles X, ni sous Louis-Philippe. Leur régime, entre tous les régimes modernes, a été le seul exempt de la tare de l'invasion. On ne peut plus sous-estimer le privilège de cette immunité et c'est pourquoi nous hésitions, tout à l'heure, à parler de l'échec de leur expérience. Elle a eu cet incomparable succès de tenir l'envahisseur à l'écart.

Chef démocratique plébiscité, Napoléon III se distingua par une politique extérieure folle : en même temps, il s'appliqua à gaspiller sur les champs de bataille les forces militaires que lui avaient amassées et léguées la Restauration et le gouvernement de Juillet : cela nous valut Sedan, la perte de Strasbourg et de Metz, le tribut de cinq milliards et pis encore que tout cela, l'établissement de la république démocratique car Bismarck empêcha toute restauration monarchique. Le chef unique fut donc remplacé par deux assemblées de 8 à 900 chefs divisés entre eux. Elles vont répéter sans les améliorer les vaines agitations qui se développaient autour de Vercingétorix, d'Étienne Marcel, des Guise, du Cardinal de Retz. L'État n'y fut pas seulement partagé, mais anéanti. « Nous n'avons plus d'État » disait Anatole France en 1897.

Dissous dans les intérêts particuliers, l'intérêt général était si bien perdu de vue que dès 1886, il avait fallu essayer de fonder un parti national autour d'un général populaire. Mais c'était impossible et contradictoire. Qui dit parti dit partie et partage, qui fait faction, fractionne le tout et lui soustrait la propriété de l'unité. Le parti national était nécessaire, il devait être insuffisant, il ne pût empêcher un certain nombre de malheurs qui annonçaient déjà les pires. Ainsi, (sans parler des scandales, des trafics et des pilleries, des persécutions religieuses, de la ruine politique et de l'appauvrissement des particuliers, sans parler d'autre chose que des plaies nationales), ainsi, dis-je, notre défaite de 1870 nous avait subalternisés à l'Allemagne : on nous tourna vers la Russie, qui nous tourna contre l'Angleterre ; celle-ci, en 1898 nous asséna l'éclatant revers de Fachoda ; on nous retourna vers l'Angleterre, qui nous aida à faire face à l'Allemagne, et celle-ci nous asséna à son tour, en 1905, une autre humiliation qui fut jugée « sans précédent » (A. Tardieu) car nous dûmes renvoyer notre ministre des Affaires Étrangères pour faire plaisir à Guillaume II. Le parti national eut alors un beau rôle, il entreprit et il obtint un puissant réveil de l'opinion publique. Le culte public de Jeanne d'Arc, la mobilisation enthousiaste de 1914, l'union sacrée, quatre ans d'extrême endurance guerrière, ce qui permit la victoire de 1918. « Nous avons gagné la guerre, nous perdons la paix » écrivit alors le prévoyant Paul Cambon.[160] Ainsi fut fait : faute d'État ! Le parti national fut d'abord désuni aux élections de 1919 et 1924, puis, chassé de tous les abords du pouvoir et de l'influence, il fut de nouveau réduit à prêcher dans le désert : sans frais mais sans effet ! Dans cet « entre-deux guerres » effarant, la république démocratique en vint à ce degré de gâtisme, qu'elle se mit à désirer la guerre, puis à la déclarer, aussitôt qu'elle eut perdu les moyens de la faire : ce qui détermina l'inévitable défaite qui fut la plus grande de notre histoire.

Les suites en furent pires encore, les rapines de l'occupation allemande nous ayant mis tout nus, les dégâts matériels et moraux de la libération aggravés de guerre civile portèrent le chiffre de nos pertes à cinq mille milliards, mille fois plus que l'exigence de Bismarck en 1871, et les chefs du gouvernement qui pendant deux ans et plus, avaient dû concilier leur étiquette provisoire avec la stabilité des colères dirigeantes, durent confesser

---

[160] Préfet, puis ambassadeur, 1843–1924. (n.d.é.)

que la valeur du capital français avait baissé de 52 pour cent. Pourquoi ? Comment ? On le leur a demandé. Leur ministre des finances a répondu : par les dépenses excessives du train de l'État. Ainsi, coupable d'économiser en des circonstances cruelles, Marianne IV a vaincu Marianne III sur le chapitre de la gabegie. Et nous ne lui comptons ni les morts, ni les blessés, ni ses malades, ni ses prisonniers.

Dans les 75 ans qu'a duré ce développement dégressif, n'ont été vérifiés, on le voit, que les pronostics les plus sombres : la Restauration et la Réparation royales avaient été mises pratiquement hors de jeu : avec elles toutes les facultés de redressement.

Mais ses prédictions vérifiées mandatent et accréditent le parti national. Il a le droit et le devoir de parler haut avec une autorité d'autant plus ferme qu'il ne propose pas une vue d'aspect personnel. La solution du nationalisme intégral, objectif, telle que le montre l'histoire de la France, résout ses crises d'anarchie gauloise, par ses retours à la normale, de l'unité française.

IV

Avant d'en venir à l'étude directe de cette solution, assurons-nous d'être bien d'accord sur le mal auquel nous avons affaire. Portons au maximum la conscience de son désastre. Le gouvernement populaire est connu et reconnu pour cause directe et commune de nos liquéfactions. Et, pas seulement la démocratie parlementaire, la démocratie plébiscitaire à titre égal. Il ne s'agit pas d'incriminer une vague démagogie électorale due à la perversité morale des hommes qui entendaient de travers une réforme excellente en soi : il s'agit de savoir que tout ce qui mène au gouvernement de tous par tous, tout ce qui prétend y ressembler ou y pousser détruit le gouvernement et tue les nations.

Il ne s'agit donc pas de renoncer à la république et de déférer le pouvoir à un seul chef, ce pouvoir doit cesser d'être élu, pour ne plus dépendre de ses impuissants électeurs. Mais il doit, en outre, cesser d'être entouré d'une nuée d'ambitieux, de rivaux et de remplaçants éventuels : il doit gouverner à vie. Plus qu'à vie : il ne doit pouvoir éveiller aucune compétition légale qui rendrait le sort de la France tout aussi incertain que le fut celui des anciennes Allemagnes, quand leur empereur était élu, bien que les électeurs ne fussent qu'au nombre de sept. Il faut qu'à la mort du chef, tout le monde crie :

« Vive le chef déjà désigné et connu ». Le chef dont l'héritier est ainsi prévu se nomme le Roi.

Mais, on nous arrête, on nous dit : « La monarchie est morte. »

Qu'entend-on par là ? Ce sont des mots. Une institution, un régime, ne sont pas un monsieur ou une dame que l'on met dans la bière et qui n'en sort plus. Sans doute, il existe bien, dans le magasin des doctrines un système appelé « organicisme » et qui veut que les peuples ou les gouvernements naissent, croissent et meurent comme des végétaux ou des animaux. Cette métaphore fait les délices et le profit de tant de rhéteurs qu'on a scrupule et honte de les en priver. Mais nul esprit réfléchi ne les prend au sérieux. Qu'il s'agisse d'une nation, d'une loi, d'une collectivité de lois ou de coutumes, il est toujours possible de les reconstituer l'une ou l'autre si l'on a sous la main ce dont elles sont composées avec leur plan de composition.

La Monarchie est morte ! Mais quelque chose n'est pas mort. C'est le besoin que la France a de la Monarchie pour vivre elle-même. Dès lors, il suffit que ces matériaux existent, on pourra recomposer le gouvernement sauveur, on le rétablira, comme Auguste le fit à Rome, de longs siècles après le départ de Tarquin, et le général Monck en Angleterre quelques années à peine après l'échafaud du Stuart.

Pour que la France redevienne un royaume, il lui faut :

– D'abord un territoire. Abîmé, ruiné, ravalé, hélas !... Mais enfin, il est là ; il ne s'est pas effondré sous les flots.

– Il faut encore un peuple vivant. Diminué, trompé, traîné de misère en misère. Mais il est encore là, Dieu merci !...

La royauté suppose, de plus, un premier élément moral qui consiste en deux principes vécus, vivants, pratiqués : un commandement et une observance.

Pour l'obéissance ou la disposition à recevoir un commandement, elle est en germe dans notre immense lassitude d'être mal gouvernés, notre désir de l'être bien et aussi dans l'expérience de tant de malheurs, dans notre extrême facilité à vomir (le mot n'est pas trop fort) toutes les formes démocratiques, une par une... C'est un des états d'esprit contemporain les plus fortement accusés. Ce n'est pas le seul ! Non, dit-on ! il en est d'autres !... Mais celui-là existe, très répandu et très puissant. On s'efforcera, en vain, à le dissimuler car il se découvre et se manifeste de lui-même, et, chose capitale, il prend une conscience de plus en plus nette de ses raisons d'être, il donne des « parce que » durs et vifs aux « pourquoi » assez mous dont il est assailli. Pourquoi nous ne devons plus nous gouverner nous-mêmes ? Hé ! parce que c'est une fumisterie : nous nous gouvernons mal, nous ne nous gouvernons même pas. Pourquoi nous ne voulons plus de république ? C'est couru, connu, compris, parce que c'est « le gouvernement des pires », disait Jules Lemaître en 1904. On dit aujourd'hui : c'est le gouvernement de la dernière racaille, tantôt bassement cynique, tantôt tellement hypocrite qu'elle ruisselle d'eau bénite sanguinaire et sanglante dans l'un et l'autre cas. Quand on a obéi aux stupidités de Marianne IV, quand on a respiré le dégoût de ses abjections et qu'on est écœuré d'avoir à payer toutes ses malfaçons, on n'est plus très porté à faire grande difficulté d'obéir à des gens normaux. Qu'est-ce qu'on leur demande ? D'être honnêtes et pas trop bouchés. Voilà pour l'obéissance. Reste à trouver qui nous commandera. La royauté héréditaire exige le chef d'une famille. Mais, question préalable, pourquoi celle-ci plutôt que celle-là ? Réponse : l'unité française n'est pas tombée de la lune. C'est, on l'a vu, une œuvre d'art, d'art politique. Le produit de ce beau travail, l'exercice, l'administration, la gestion de ce droit au commandement, il appartient aux héritiers de ceux qui l'on fait, s'il en reste : leur famille demeure notre famille-chef, et son chef naturel se trouve être notre chef-né. L'élection n'est pour rien dans sa désignation (et c'est bien heureux !), l'intrigue non plus, on peut dire : ni le mérite personnel. Il n'y a là qu'un mérite historique. Mais celui-ci parle très haut. Quelque chose murmure au fond de nous en faveur de nos Rois. Tant qu'ils ont été là, cela a marché. Ils sont partis : cela n'a plus marché. Ils sont revenus, cela s'est remis en marche. Rendons-leur donc leur poste de commandement pour lequel tout a été essayé inutilement. Si l'on y insiste : leur droit est le même qui nous fait les propriétaires de notre ouvrage ou qui nous fait commander aux enfants que nous avons engendrés, nourris, élevés.

Il faut s'accommoder de ces vérités premières ou se brouiller avec tous les grands principes qui président au train du monde ou qui composent la nature des choses ; en ce dernier cas, nous pouvons être certains de perdre à tous les coups. Du temps de Saint Louis, la Sorbonne enseignait déjà ce qu'elle avait appris d'Aristote, les choses se conservant par les moyens qui les ont fait naître. Ces formules sont simples mais dures comme le diamant. Le mieux est de n'en pas démordre. À partir de là, plus d'incertitude. Plus de vaines rivalités de personnes ou de clans. Les disputes des hommes, leurs antagonismes d'intérêt sont déjà assez nombreux, il ne s'y ajoutera plus le fatal déchirement démocratique ou la farouche dispute gauloise ; le corps social cessera d'être mis en branle et en fièvre pour savoir qui tiendra la première place et qui occupera un siège de roi fainéant ou de chef impuissant. Nous nous en remettrons, comme le voulait la sagesse de nos pères, à un arbitre né dans une neutralité placée hors des débats et mise au-dessus des conflits. Immortel comme sa fonction, il incarnera la paix parmi nous, par les moyens les plus simples et les moins discutés. Aucune affaire d'amour-propre n'y sera mêlée : le seul hasard de la naissance, oui ! mais accrue d'une tradition et perfectionnée par l'éducation.

Cela se tient. Mais nous n'avons pas achevé le tour des composants d'une royauté à replacer. Cette famille nécessaire, où est-elle ? Où son chef ? L'un et l'autre pourraient n'être plus là. De grandes familles s'éteignent, pas celle dont nous avons besoin : elle est vigoureuse et florissante. Son chef à quarante ans, onze petits princes ou petites princesses du même lit ont grandi autour de lui en quinze ans de mariage. La belle famille ! Mais elle aurait pu déroger, oublier l'art, le métier, les destins royaux et se fondre dans une vie de pure aristocratie, ou bourgeoise ou populaire, cela s'est vu. Rien de tel ici. Le rang princier a été gardé dans la fréquentation de l'internationale des rois : aussi, revendique-t-elle toujours et sans relâche sa place légitime au gouvernement de la France et se passionne-t-elle pour tous les problèmes qui touchent à ce que Platon appelle « l'art royal », la science du gouvernement, de la durée et de la prospérité des États. La Maison de France vit en union étroite avec les grandeurs, les périls, les misères de la Patrie. À la dernière guerre, une barbare loi d'exil interdisant à son chef les armées régulières de la France, il n'a pas hésité à s'engager sous un pseudonyme dans la Légion étrangère. À l'autre guerre, son père, moins heureux, put néanmoins rendre à l'arrière ou près du front de précieux services de diplomatie et de charité pour lesquels l'État républicain le cita et le décora. Son oncle, le prétendant antérieur, avait en 1915 multiplié les démarches pressantes pour obtenir de servir au front, à n'importe quel rang ; cette justice put lui être refusée par un Viviani[161], autant dire un Français de la veille ou de l'avant-veille ; le Duc d'Orléans n'en avait pas moins donné à ses fidèles les consignes les plus fermement loyalistes, qui contribuèrent à l'union sacrée et à la victoire finale !

Si haut que l'on remonte dans la lignée bannie, et depuis son bannissement, ces « dignes serfs de la couronne » ont toujours rempli

---

[161] René Viviani, 1863–1925, président du conseil au moment de la déclaration de guerre, était violemment anticlérical et farouche idéologue républicain. *(n.d.é.)*

quelques devoirs et ressenti les responsabilités magnanimes ; ils se sont toujours ressemblés à eux-mêmes par les deux vertus essentielles des chefs nationaux : le patriotisme, un patriotisme de feu, et, ce qui n'est pas la même chose, un sens aigu de l'intérêt national. En 1860, comme Napoléon III venait de faire tuer des milliers de Français pour les beaux yeux de l'unité italienne, le Comte de Chambord (celui qui aurait dû régner sous le nom d'Henri V), écrivait : « Et tout cela, pourquoi ?... pourquoi ?... » L'interrogation contenait déjà la vue claire de nos pires abaissements. En 1865, le même Prince, en exil, publiait, sur la question ouvrière, des avis qui devançaient celui des Papes et qui devaient inspirer le mouvement social de la Tour du Pin et du Comte de Mun. De même, après être venu en 1890 réclamer son numéro de conscrit et avoir pris, en 1899, la défense de l'armée française contre une émeute d'anarchie internationale, le Duc d'Orléans, oncle du prétendant actuel, et qui aurait dû régner sous le nom de Philippe VIII, donnait-il un pronostic sensationnel de la question juive, et caractérisait-il l'immense danger social contenu dans la « fortune anonyme et vagabonde ».

Tout y est donc, rien ne nous manque des matériaux d'une royauté nationale : voici, de chair et d'os, un Prince « dans le milieu du chemin de sa vie », voici sa descendance. Et voici sa haute lignée, animée de l'esprit politique qui a fait la France, symbole et drapeau des possibilités et même de l'assurance d'un commandement compétent pour succéder à l'incompétence démocratique. Il sera bien agréable, aux Français, de n'être pas contraints d'aller demander leur Roi à des familles étrangères, comme y furent bien obligés, depuis un siècle, les Grecs, les Belges, les Roumains, les Bulgares, les Norvégiens, toutes les fois que la république leur causa de justes alarmes : nous restons, avec les Serbes, le seul peuple d'Europe qui possédons une dynastie autochtone. Tout cela est de fait. De fait comme nos 550 000 kilomètres carrés de territoire ou nos 40 millions de concitoyens ou nos 80 millions de coloniaux. Qu'est-ce donc qui n'est pas de fait, qu'est ce qui reste à faire pour avoir notre royauté en règle, en plein essor vital ? Cela va dépendre de l'activité éventuelle des Français présents et futurs : mais quoi ? Exactement ceci : donner plus d'étendue, de profondeur, d'intensité, de clarté, d'influence à ce que nous avons constaté d'un état d'esprit légitimiste déjà existant sous une forme ou sous une autre ; pour cela, accroître le nombre des Français légitimistes, unitaristes, pour cela, les mettre en rapports suivis, réguliers, intimes, cordiaux avec leur Prince légitime, et, ces trois devoirs une fois remplis, faire ce que dit Saint Ignace, recommencer.

N'imaginez pas que cet effort laborieux doive limiter à cette fonction nécessaire de propagande la vie et l'œuvre du bon citoyen. Elles en seront chargées mais non encombrées, peut-être en seront-elles allégées. La tâche du bon citoyen est amère dans un état républicain qui n'est qu'une absence de « prince » comme disait Anatole France.

Notre interrègne nous contraint à aggraver tous les travaux du civisme. Mais, royalistes, nous ne sommes du moins pas sans espoir. En même temps que nous nous appliquons, véritables sisyphes, à rouler en vain le rocher qui retombe toujours sur nos têtes, nous avons la satisfaction de nous dire que notre royalisme prépare un nouvel ordre de chose dans lequel les vertus patriotes auront fini d'être annulées par l'instable et incohérente direction de Démos. Les vigueurs de cet ordre royal s'ajoutent à notre dévouement particulier ; sa liaison, sa permanence, son indépendance, son pouvoir personnel et responsable, agissent même sur les forces centrifuges de notre anarchie historique pour les faire converger au bien et au beau. Voilà ce que pourra se dire le nationaliste intégral en remplissant les différents offices de Français en république, c'est-à-dire orphelin et déshérité. Voilà quelles perspectives il aura devant les yeux pour l'encourager, le stimuler et, le cas échéant, le soutenir et le raffermir. Alors que ses autres compatriotes sentent passer à chaque instant les *à quoi-bon* dévaluateurs ou corrupteurs d'une « regaulisation » imminente, toujours prête à faire éclater la France en morceaux, le militant de la Restauration monarchique sait bien que, son but une fois touché, l'esprit public remontera, le pays politique reprendra la fermeté et la consistance qui lui sont naturelles, et les hauteurs perdues seront promptement regagnées.

Aussi bien, quoi qu'il s'agisse d'organiser l'ardente propagande nécessaire avec le maximum d'ordre, d'activité, de rapidité, il ne s'agira pas de créer un parti. « Je ne suis pas un parti » disait le Comte de Chambord. Tous les Princes l'ont redit après lui ! La preuve en est que les partisans du nationalisme intégral, n'ont jamais eu besoin de former un parti ; quelque reproche intéressé qu'on leur ait fait. Ils ont milité sur la même ligne de la « France éternelle » dans les sens les plus différents, avec les partis les plus opposés : en 1899 avec les nationalistes républicains, contre le parti des juifs de Dreyfus ; en 1906 avec les catholiques, contre M. Combes et ses successeurs à propos des inventaires du mobilier des églises ; en 1909 pour les syndicats ouvriers contre M. Clémenceau qui leur avait tendu l'ignoble piège sanglant de Draveil-Vigneux ; en 1912–14 avec M. Poincaré pour la préparation morale à la guerre imminente contre la germanophilie de M. Jaurès ; de 1914 à 1918 dans le ferme espoir de la victoire que nous avions osé annoncer dès septembre 1913, cet espoir soutenu en plein accord avec les gouvernements successifs qui ont tenu alors le drapeau de la France, spécialement avec notre vieil ennemi Clémenceau ; ces alliances d'intérêt public ne nous avaient pas empêchés d'avoir notre champ spécial qui fut bien à nous, où nous bataillions tout seul contre tous, pour la France et le Roi, le champ de la longue bataille pour le culte public de Jeanne d'Arc, conquis de haute lutte et payé de dix mille jours de prison. Les quatre années de l'occupation allemande 1940–44 furent le triomphe de cette liberté d'esprit et de mouvement, où chaque jour s'affirmait notre fidélité au Maréchal Pétain, « l'homme de la France », et notre hostilité inflexible contre les « hommes de l'Allemagne », imposés par l'Allemagne comme ministres au Maréchal, Pierre Laval et Marcel Déat. Cette conciliation quotidienne de la préparation de l'avenir royal et de la défense nationale du jour, n'était pas toujours très facile ; elle a toujours été réalisée par le nationalisme intégral.

Cependant il s'adresse à tous les Français, et s'est toujours adressé à tous sans distinction d'origine. Il y a beaucoup d'éléments de fidélité historique dans nos factions ; nous naissons souvent blanc ou rouge comme on naît blond ou brun, tant la Réforme, la Révolution, l'affaire Dreyfus, la Juiverie et la Maçonnerie nous ont ensemencés de conflits divers !... Sans doute la possession d'état, l'apparence de l'affermissement des institutions ont quelquefois déterminé des « ralliements » à un régime, à l'Empire de 1869, à la république de 1892, et cela a pu déclasser un certain nombre de citoyens. Mais nous n'avions rien d'un régime établi, nous étions même tout le contraire. Or, dès 1900, le Nationalisme royal fit des recrues dans tous les partis, dans tous les mondes, toutes les traditions et les hérédités. L'Action française a été fondée par le petit-neveu d'un conventionnel régicide, Henri Vaugeois et le petit-fils de « Maman Quiou » la gouvernante du Roi de Rome, Léon de Montesquiou ; elle a rallié des Cavaignac et des Carnot avec ce militant syndicaliste Émile Jansion qui, le 3 août 1908, pendit le buste de la république sur la façade de la Bourse du Travail.[162] Elle eut avec elle, dès les premiers jours, Maxime Real del Sarte, aussi petit-fils d'un membre de la

---

[162] Voir la série d'articles *La République et la Question ouvrière*. (n.d.é.)

première commune de Paris ; et, plus tard le libéral Charles Benoist, le biographe de Canovas. Sept ou huit ans avant que ce mouvement ne fût commencé, un député socialiste et un général ministre de la guerre avaient vidé à la tribune de la Chambre un conflit de principes très âpre et très délicat : l'un et l'autre sont morts adhérents de l'Action française ; ils s'appelaient Léon Mirman et le général Mercier, réunis dans la même vérité politique et le même amour de la France.

Ainsi s'est développée une propagande à visage découvert pour une idée claire « démontrée toujours démontrable ». L'adversaire lui-même étant conduit à la confesser et à la propager, elle n'avait d'autre limite que les frontières du pays réel et les fortifications chancelantes du pays légal, chasse gardée des politiciens intéressés au désordre et à la pillerie. Naturellement, les partis rituels qui ont été ainsi fondés pour la conquête de l'État, l'usufruit de ses capitaux, le partage de ses dépouilles devaient détester un parti qui n'en était pas un, et d'une haine proportionnée à la faiblesse ou à la confusion de leur propre doctrine, à leur puissance d'intrigue, à leur soif du pouvoir. La démocratie chrétienne, qui s'est distinguée sur les trois derniers points, nous devait une bonne compensation pour la honte que nous faisions à cette benjamine de la démocratie, quand elle nous voyait aspirer au pouvoir, non pour nous, mais pour le Roi, nous garder de toucher au trésor moral et matériel du pays si ce n'est pour y ajouter notre dévouement, enfin, nous appliquer à écarter le pays de toute aventure, notamment LA GUERRE, LA GUERRE, LA GUERRE que ces misérables P.D. et M.R.P.[163] ont précipitée de tout cœur.

Mais, leur mauvaise chance les en avertit, ils sont condamnés à coopérer à notre œuvre en aggravant le discrédit de leurs misérables idées et de leurs infâmes produits. Leurs fautes criminelles rendent et rendront une république de plus en plus haïssable, de plus en plus indésirable leur démocratie. Au fur et à mesure qu'ils font plus de mal à la France, le nationalisme intégral, sa règle d'or en main, leur dit froidement : « Vous n'êtes pas au bout de vos destructions. Vous en ferez d'autres. Vous allez encore ajouter des ruines aux ruines... »

Et comme ce surcroît de malheurs ne manque pas d'arriver, les grincements de dents et les cris de fureur deviennent plus nombreux et plus

---

[163] Le Parti démocrate populaire (P.D.P.), souvent dit simplement P.D., parti démocrate-chrétien fondé en 1924. Le Mouvement républicain populaire (M.R.P.) fondé par Georges Bidault en 1944 en apparaît comme l'héritier après-guerre. (n.d.é.)

ridicules ; on s'en prend au baromètre d'avoir annoncé l'orage et à l'imperméable par lequel on se serait garé de la pluie si on ne l'avait pas rejeté ! Le prévoyant nationaliste est alors accusé d'avoir désiré ou préparé ce qu'a engendré leur démence et l'on croit très malin de l'emprisonner !... C'est ce que l'on m'a fait en 1936-37, ce qui n'a pu que donner plus d'éclat, de force morale à mes avis de 1938 et 1939. Mes prisons de 1944 aident encore à faire voir l'extravagance et l'ignorance, l'impotence et l'indifférence au bien public et au salut public dans cette bande d'égarés qui ressemblent à des pilotes cramponnés à un gouvernail mais qui ne savent pas le tenir... De toutes parts, la même enseigne lumineuse chante leur incapacité et proclame l'alternative tragique : quelque catastrophe nouvelle ou la mise à la porte de ces gens-là, quelque comble de calamités ou le contraire de leurs nuées.

La fin de ce carnaval politique, démocratie chrétienne, démocratie laïque, est annoncée comme un lever de soleil.

V

Il ne peut plus manquer d'arriver, le jour prochain où, sauf exception négligeable, chaque Français verra son sort immédiat directement suspendu au sort de la France et où ce dernier sort sera senti tellement menacé que le moindre petit fonctionnaire, le moindre chef d'exploitation industrielle ou rurale, le moindre prolétaire, père d'une famille, se connaîtra pris à la gorge par une double et même nécessité : maintenir, pour lui et les siens la condition d'une vie française, ne pas se tromper sur cette condition-là.

La nation apparaîtra à chacun comme son pain quotidien, chacun en cherchera, de toute la force de ses yeux, le père, le chef, le gardien.

En délibérera-t-on ? Devant ces affreuses ténèbres, flanquées des plus claires lumières, voudra-t-on élaborer la décision de choix ? Fera-t-on quelque chose qui ressemble à voter ?

À proprement dire, je ne le crois pas.

Un des caractères de la situation sera d'envelopper dans les mêmes termes le problème et sa solution.

Quand on nous disait, autrefois, que la monarchie « n'était pas possible », il était répondu à ce pauvre poncif, qu'elle était nécessaire, que tout l'art politique était de rendre le nécessaire possible et réel : la monarchie, disions-nous sera là toute faite et vivante, dès demain si la France de demain veut la monarchie. C'était vrai. Ce l'est encore. Au point où nous voilà, il ne doit pas être très difficile de faire vouloir ou désirer par l'unanimité, ce qu'Auguste Comte, le républicain Auguste Comte appelait en 1855 « la condition de salut la plus extrême ».

Mais cette situation est dépassée ou débordée ; maintenant il ne s'agit déjà plus de désir ni de volonté ! Affaire d'intelligence plutôt !... Simple chef-d'œuvre de l'esprit, « des puissances de l'esprit » mais d'un esprit qui ne fait que de recouvrer l'usage de sens endormis et de facultés suspendues. Nous hésitions, en commençant, à parler d'un réveil national. Arrivés à ce point la comparaison devient juste ; nous voyons le Français se frotter les yeux, lever une paupière, puis l'autre, et que voit-il ? Mais non ; il ne voit rien parce qu'il ne croit pas ce qu'il voit. Puis il regarde de nouveau. Les termes visibles et lisibles sont clairs, ils s'imposent, et, tels qu'ils sont déchiffrés dans leur texte simplifié qui ne varie pas, il ne s'agit plus du tout de savoir ce qui, d'après la solution qui s'offre, plaît ou déplaît, séduit le caprice ou rebute l'humeur, flatte un désir ou sollicite le fiat des volontés d'un peuple ou celles d'une élite... Non, non, il ne s'agit plus de cela, tout est très différent : ce qui se fait ne ressemble qu'à la ratification pure et simple donnée par le cœur, par le corps, par la voix à la conséquence pratique et comme mécanique de ce que les yeux de l'âme ont lu sur l'éblouissant et funèbre tableau de la chose publique, ce qu'ils ont tiré, si l'on veut, de ses sombres fulgurations.

La volonté s'émeut à peine. C'est tout notre être humain qui fait retour à la nature. C'est l'existant qui prend garde à son essence, loi de sa vie, une vie menacée de près et que son instinct va défendre : il enregistre, avoue, confesse tout ce que lui chantent les lumières de sa raison sur l'extrémité à laquelle le voilà parvenu... Oui... oui... C'est « l'oui » sauveur, réaction qui ne lui coûte ni démission ni renoncement, l'abdication de rien de réel, car les frictions et les nuées de la démocratie se sont évaporées : notre substance morale, notre avoir personnel, ne sont jamais plus intéressés ni mieux mis à contribution que lorsqu'on les prie de consentir que deux et deux font quatre ou sont quatre (je ne dis pas soient ni fassent) ou que d'un point pris sur une droite on peut élever une perpendiculaire et l'on ne peut en élever qu'une. Je ne dis pas : puisse, le subjonctif supposerait quelque condition ou réserve ou doute matériel, contre l'évidente splendeur absolue. Non seulement notre liberté n'y laisse rien du sien mais elle y gagne la vérité. La vérité politique. La liberté nationale de vivre. La liberté nationale de ne pas mourir.

Tout cela est sur le simple petit écriteau lumineux auquel on adhère dès qu'on l'a lu.

Peut-être, au risque de me faire répéter tout ce qui a été déjà dit, feindra-t-on de vouloir savoir tout ce qui a pu être écrit sur cette enseigne si pressante, et ce sont bien des choses du même degré de certitude en caractères étincelants.

Par exemple, que la république est le gaspillage des bonnes volontés : les peines que l'on se donne pour servir le bien public y sont totalement annulées, alors que le chef unique, héréditaire, fécondera ces services, les rendra actifs, positifs.

Par exemple encore, le salut des frontières, de l'ordre inférieur, rencontre en monarchie un gardien perpétuel : s'il faut le chercher longtemps en république, on finit par tomber de candidat en candidat sur « le trou par en haut » de Marcel Sembat.

Par exemple, le Roi est tellement en vue qu'il est presque trop responsable de tout : la république, collectivité qui ne peut répondre de rien, sert à surnommer tout le monde et personne, anonymat fainéant et destructeur.

Mais l'exemple le plus familier, le plus souvent lu et relu au beau milieu du tableau est celui-ci :

1636–1792 — Quatre règnes de Rois, princes très différents, et, durant leur siècle et demi,
PAS DE GRANDE INVASION ÉTRANGÈRE
1792–1944 — Trois républiques, deux empires, des chefs géniaux ou ineptes,
SEPT GRANDES INVASIONS
dans le même siècle et demi
(1792–1793–1814–1815–1870–1940–1944)
1815–1848 — Trois autres règnes de rois remontés sur le Trône de leur Famille,
PAS D'INVASION NON PLUS
dans ces trente-trois ans.

Alors ? oui, alors ? Non, on ne votera pas là-dessus. On ne pourra plébisciter personne. Aucun débat n'en peut sortir, Mais sans avoir besoin de rien dire, on voit... on se dit que le souhait de « Vive la France » n'est plus que la semence d'un autre souhait : « Vive le Roi ». Dans l'illumination mathématique de l'âme, tout ce qui a le goût de la vie de la France ne peut plus se défendre de voir (j'évite le mot conclure, trop actif à mon goût) de voir, dis-je, que sentir national, c'est sentir royal ; la France n'a pas à redevenir un royaume ; dans les grandes lignes de ses nécessités, de ses directions, elle en a toujours été un. Mais elle l'avait oublié !... Mémoire ! Mémoire !

Une promotion de Judas

1948

> « *Erat enim latro* », c'est bientôt dit...
> Paul Claudel, *La Mort de Judas*

On ne fait pas exprès de lire du Claudel.

Pour sa *Mort de Judas*, que s'est infligée un de nos amis, le hasard est seul responsable.

Ayant entre les mains l'étude remarquable du Révérend Père de Lubac, *Le Drame de l'humanisme athée*[164], il est tombé sur un extrait de quelques lignes de ce Judas, citées de confiance par le religieux philosophe, et il a reculé non d'horreur, mais d'étonnement, devant cette image imprévue :

— Ça, Judas ? première nouvelle !

Oui, jusqu'ici, et de tout temps, l'on s'était appliqué à montrer un individu ignoble, un cœur immonde ; voilà qu'en style goguenard lui étaient décernées des ambitions hautaines, des prétentions au bel esprit. Du corps de ce sale pourceau s'échappait comme un composé de Monsieur Prudhomme et du docteur Faust. Et la figuration était reçue argent comptant. Le faux Judas tout neuf passait comme lettre à la poste. Telle est la fausse gloire. Celui qu'elle couronne y gagne un crédit sans mesure, qui inspire d'effarantes crédulités.

Ne voulant pas juger ce Judas sur un spécimen de vingt lignes, notre ami s'enquit du contexte. On finit par le lui trouver. Ce qui l'avança peu.

Car c'était bien ça ! Un Judas gradué en philosophie et déguisé en patriote nationaliste par les soins de M. Claudel ! Un Judas qui nazarde, en les invoquant, les principes de la raison, les bonnes coutumes locales, l'ordre, le sens commun, la tradition, l'intérêt national, pêle-mêle avec l'État et la Religion... En vérité, l'extrait auquel on n'avait pas voulu se tenir était sans reproche, et le Père de Lubac méritait toute confiance, hors en celle qu'il avait prodiguée à M. Claudel ; sa coupure, parfaitement choisie, taillée et limitée, ne laissait guère de côté que broutilles et broderies.

Mais, en lisant de bout en bout cette caricature universitaire du patriotisme, de l'esprit critique et du désir de savoir ou de comprendre, notre ami dut encore admirer combien tout y tranchait sur le Judas de l'Évangile.

Que disent de Judas les Évangiles, les Actes, les Épîtres et, si l'on veut, la révélation, bien postérieure, de la sœur Catherine Emmerich ?[165] Les sources

---

[164] Œuvre publiée en 1944. (n.d.é.)
[165] Anne Catherine Emmerich, 1774–1824, religieuse allemande célèbre par ses stigmates et ses visions. Voici quelques extraits de sa *Vie de Notre Seigneur Jésus-Christ* concernant Judas :

sont toutes d'accord : il fut traître et avare, traître par avarice ; un point, c'est tout.

Notre ami a voulu tout revoir pour s'en assurer, bien que le compte de Judas soit réglé par saint Jean en quelques lignes souveraines.

Le quatrième Évangéliste, si sobre sur les choses, tout aux sentiments et aux idées, ne veut pas pousser l'analyse plus loin que la carapace du dégoûtant personnage. Marie vient de verser sur les pieds sacrés la livre odorante d'un nard pur et très cher, la maison tout entière embaume, mais, dit Jean, « Judas l'Iscariote, celui qui devait le trahir, dit : " Pourquoi n'avoir pas vendu ce parfum trois cents deniers qu'on aurait pu donner aux pauvres ? " S'il parlait ainsi, ce n'était pas qu'il eût grand souci des pauvres, mais c'est qu'il était voleur et que, ayant la bourse, il faisait des détournements » XII, 4, 5, 6, 7. Dans deux synoptiques, Mathieu, XXVI et Marc, XIV, la même scène est enrichie de deux détails : Judas n'a pas été le seul à murmurer, l'onction de Madeleine a déplu à d'autres disciples ; mais c'est tout de suite et comme par un déclic, mû par la prodigalité de la sainte femme, que Judas a couru chez les Princes des Prêtres, engager les pourparlers de la livraison de Jésus ; l'œuvre du traître s'enchaîne à l'émotion rapace du voleur. Qu'un scrupule d'économie étroite ou de fausse prudence ait affleuré d'autres disciples, cela n'a point de conséquence ; mais violent, puissant et dominateur, le même sentiment précipite Judas à sa damnation. Son centre est là, il n'est que là, et se révèle aux objets de son aversion.

La générosité de cœur touche les simples qui sont droits, mais irrite les bas et les vils. Le vase d'albâtre de Marie-Madeleine déchaîna les premiers réflexes qui mirent Judas hors de lui. Or, voici que, plus large et plus généreux encore, Jésus va distribuer aux apôtres sa chair et son sang. Il va même tendre à Judas une suprême bouchée de son pain mystique. Judas va sortir du Cénacle, plus irrité encore que de la maison de Béthanie. C'est un

---

« Dans ses entretiens, il s'appliquait à faire croire qu'il avait des rapports intimes avec de grands et de saints personnages, et parlait avec outrecuidance là où il n'était pas connu. Mais si des personnes mieux informées venaient à le démentir, il se retirait tout confus. Ambitieux, avide d'honneurs et d'argent, il avait toujours cherché à faire fortune, aspirant vaguement et sans trop se l'avouer à quelque dignité, aux distinctions, à la richesse. La vie publique de Jésus avait fait grande impression sur lui. Il voyait les disciples nourris, et le riche Lazare dévoué à Jésus ; on croyait que le Sauveur établirait un royaume. Judas avait donc grande envie de devenir son disciple et de participer à sa gloire, qu'il pensait devoir être de ce monde. » La bienheureuse décrit ici un genre de personnage qu'on voit souvent frapper à la porte des partis politiques, et dont l'Action française a dû voir passer un certain nombre... (n.d.é.)

trait capital. On se fût attendu ici à quelque arrêt de la pensée de M. Claudel. Rien. Lui qui, nous a-t-on dit, a « pillé amoureusement la Bible » ! Lui qui n'a été « sollicité » que de ce « seul livre », de ce « seul sujet » !

Lui qui a, paraît-il, élevé « la seule grande voix humaine au service de la parfaite foi étreignant la parfaite évidence » (car, on le lui a dit en pleine figure « un poème claudélien non pénétré de grâce divine est inimaginable »). Lui, enfin, n'a pas lu ce chapitre XIII de Jean, ou bien il ne l'a pas compris ! On voit le diable entré dans Judas, et ce diable y mettant le dessein de trahir : « À peine a-t-il pris la bouchée de pain », il quitte la table, s'en va, on ne le revoit plus que dans l'acte de la prodition. Tout semble se passer comme si la succession des phases de la Pâque aboutissait à faire de Judas l'antagoniste direct et l'ennemi parfait de l'Amour. Ainsi en déposent la Foi, la Grâce, l'Évidence, acolytes habituels de ce grand scrutateur de la Bible : en aurait-il été abandonné misérablement ? Les filigranes sont à peine voilés ici : il n'en a rien lu. On ne peut dire qu'il ait raté la scène à faire de son Judas, il ne l'a pas vue. Pourquoi ? Comment ? Ce n'est qu'un tout petit problème de littérature. Il nous convient de le poser dès maintenant.

Les autres Évangélistes relatent le baiser du jardin, la pendaison du Champ du Sang. Saint Mathieu recueille ce que l'on pourrait appeler la seule parole humaine de Judas, quand le traître va éructer aux Princes des Prêtres son borborygme : « J'ai péché en versant le sang innocent. » Ensuite, nous disent les Actes, « il tomba la tête en avant », et qu'est-ce qui se répandit ? Sa cervelle ? Non : ses boyaux ; « il a crevé par le milieu ». Signe nouveau qu'il serait sage de s'en tenir au rude procès-verbal de saint Jean : ni idées, ni sentiments, ni passions, en dehors de l'ignoble quadrille : garder, gagner, voler, trahir.

En proie à ces quatre démons, Judas ne peut être un croyant, mais n'a rien de commun, non plus, avec quelqu'un qui douterait ou chercherait. Il ne laisse pas entrevoir la plus pâle des fausses escarboucles dont M. Claudel a cru devoir consteller son mannequin : non, pas le moindre « intérêt » pour « l'aventure » évangélique, ni « profond », ni « sérieux », ni superficiel ; aucune « espèce de curiosité scientifique ou psychologique » (qui aurait été « toujours en lui » !) Nul évangéliste ne lui attribue de « goût » pour la « spéculation » religieuse, et nulle part Judas ne dit ni ne fait rien qui vise soit l'ensemble, soit un détail de la prédication de Jésus. M. Claudel lui accorde de l'instruction, de la distinction avec la connaissance des Écritures. Il est bien bon, il est bien large ! Cette érudition n'est décelée à aucun mot, à aucun geste qui soit historique. M. Claudel lui enfourne des arguments d'école. On n'en trouve pas l'ombre dans le texte du « rôle » authentique. Ce traître et ce voleur a certainement possédé une tête ; les documents ne font rien présumer de ce qu'il y eut dedans, ils ne mettent en cause que son mauvais cœur.

Mais M. Paul Claudel en a vu plus long que saint Jean, saint Luc, saint Marc et saint Mathieu ensemble, de ce qui s'est joué sur le théâtre intérieur de ce misérable. De la plaidoirie personnelle qu'il lui prête, voyons la fleur, celle que le Père de a recueillie, c'est le cas de le dire, comme parole d'Évangile :

> *Tout mon malheur est qu'à aucun moment je n'ai pu perdre mes facultés de contrôle et de critique. Je suis comme ça. Les gens de Cariotte sont comme ça. Une espèce de gros bon sens. Quand j'entends dire qu'il faut tendre la joue gauche ou payer aussi cher pour une heure de travail que pour dix, ou haïr son père, et laisser les morts ensevelir leurs morts et maudire son figuier parce qu'il ne produit pas des abricots au mois de mars, et ne pas lever un cil sur une jolie femme, et ce défi continuel au sens commun, à la nature et à l'équité, évidemment je fais la part de l'éloquence et de l'exagération, mais je n'aime pas ça et je suis froissé. Il y a en moi un appétit de logique ou, si vous aimez mieux, une espèce de sentiment moyen qui n'est pas satisfait. Un instinct de la mesure. Nous sommes tous comme ça dans la cité de Cariotte. En trois ans, je n'ai pas entendu l'ombre d'une discussion raisonnable.*

D'où nous pleuvent ces belles choses ? On nous le dit plus loin. Elles sont dégoisées de « positions hautement philosophiques » et M. Paul Claudel fait déclarer à sa marionnette, le plus goethiquement qu'il peut, la tirade « philosophie, philologie, sociologie et toi, triste théologie » du premier Faust. Cet invraisemblable docteur de la comédie claudélienne est une seconde mouture de Monsieur Homais, rehaussé de criticisme ou requinqué de positivisme. Le Père de Lubac paraît bien aise d'apparenter Auguste Comte à ce néo-Judas. Mais M. Claudel, en train d'énergie, est allé plus loin. Il a inséré dans le même passe-partout Goethe, Kant, Renan, qui encore ? Il aurait pu y mettre don Juan, Napoléon, Renouvier et M. Bergson. Tout est dans tout. Seulement, rien n'est à sa place ici, et une chose est absolument sûre : les « facultés de contrôle et de critique », revendiquées par le Judas revu et embelli sont de pures inventions de M. Claudel. De même, et non moins gratuits, le « gros bon sens » de son héros, ou sa nostalgie d'une « discussion raisonnable ».

« L'argent seul préoccupait son esprit », décrit la sœur Catherine Emmerich de l'homme-loup défini par saint Jean. Il a les instincts de la bête. La grâce ou la vertu le troublent, il répond par les soubresauts de la colère. S'il fallait lui trouver des points de comparaison à sa taille, on irait chercher dans l'échelle animale : la fourmi avare, la pie voleuse ou quelque anthropopithèque assez malin pour jouer et mimer « ce souci des pauvres » que saint Jean refuse de prendre au sérieux. Tout ce qui fut du vrai Judas se passa sur un plan infra-intellectuel.

Quant à désirer de comprendre Jésus, à regretter de n'y pas réussir, à déplorer ou à blâmer l'ambiguïté de ses paraboles, et, pour les contester, rétablir l'ordre des saisons de la figue et de l'abricot, réclamer un salaire proportionné à l'horaire du travail, c'est encore et toujours par les seules fantaisies et faveurs de M. Claudel que Judas exécute tous ces beaux tours. De semblables soucis n'ont jamais habité les obscures méninges du trafiquant déicide. Cet oblique front bas n'a jamais été visité d'une angoisse sur le renoncement sublime au plaisir, aux affections, à certains devoirs naturels. Pendant des années, des lustres, des siècles, l'on pourra compulser les Écrits qui font foi, on ne trouvera pas un mot qui puisse déceler en Judas aucun « appétit de logique » ni de « mesure ».

Le dernier petit coup de patte au MHDEN ARAN[166] de l'ordre athénien est tout aussi plaqué et manqué que le reste : Judas n'a jamais connu « rien de trop » dans son art de gripper, de voler, de trahir, il en a toujours subi la brutale YBPIE[167], aussi immodérée que possible, puisqu'elle attente à l'Infini.

Nulle part non plus, le Judas de l'histoire n'a invoqué, sérieusement, ou pour s'en gausser, les coutumes de ses ancêtres de la cité de Kerioth.[168]

L'Évangile nous fait assister au conflit perpétué de l'esprit prophétique et de la vie civile dans Israël, au point où le portaient les infidélités pharisiennes. Mais ce conflit existe à Nazareth, à Bethléem, à Jérusalem,

---

[166] « Rien de trop » l'une des maximes attribuées aux sept Sages de la Grèce antique, dite athénienne par Maurras puisqu'elle est généralement attribuée à l'athénien Solon. (n.d.é.)
[167] En grec : l'excès, la démesure. (n.d.é.)
[168] Cariotte, Kerioth, Iscariot ; d'après Catherine Emmerich, il s'agissait d'un village d'une vingtaine de maisons, situé aux abord de la ville de Méroz. Pas de quoi en faire l'objet d'un nationalisme de clocher ! (n.d.é.)

partout. Rien de spécial à la ville ni à la gens de Judas. Les Juifs, s'ils sont entre eux, regardent de travers ce qui vient de Galilée. Ils subissent la réalité du gouvernement romain, ils ruminent leur dogme héréditaire du Messie-roi charnel. Mais ceux qui veulent glorifier Jésus l'appellent « fils de David ». Il est venu naître dans la ville de David. Il pleure en patriote sur la mort de Jérusalem. Pour tout dire d'un mot, les quatre récits sacrés font apparaître une pensée tout aussi légitimiste que celle des auteurs d'*Athalie* et de la *Politique tirée de l'Écriture Sainte*.[169] Ni le nationalisme intégral, qui est synonyme de ce légitimisme, ni l'empirisme organisateur, qui juge l'arbre par le fruit, n'ont absolument rien à craindre d'aucun Évangile bien lu.

Quant à Judas, l'Écriture ne lui donne jamais la parole sur ce sujet qui le dépasse.

> Tout ce secteur de la vie des hommes lui est fermé.
> Son royaume est d'un monde infiniment plus bas.

Mais, en exhaussant et surélevant les tréteaux sur lesquels il a fait grimper son bonhomme, en attribuant à Judas soit des curiosités « insatisfaites », soit des jugements ou des sentiments qui auraient « froissé » le compagnon de Jésus, M. Claudel n'offense pas seulement la vérité de l'histoire.

L'ascension injustifiée vaut à Judas des qualifications qui n'ont pas l'unique défaut de ne pas lui convenir. Elles conviennent, et appartiennent à d'autres. Elles leur ont été appliquées. Et à quelques-uns comme de véritables couronnes d'épines, épreuve ou châtiment. Les plus honnêtes apôtres ont eu à les subir. Ils n'ont jamais eu à souffrir la honte supplémentaire de se voir associer le traître dans quelqu'une de leurs nobles fautes ou de leurs erreurs désintéressés.

Ces hommes simples sont des illettrés, non des imbéciles. À chaque instant, nous est exposé leur effort méritoire pour contenter leur raison « insatisfaite », vaincre leurs préjugés rebroussés à vif, donc « froissés ». Voilà des mots qui leur ressemblent ; ils ne sont pas à la ressemblance de Judas. Les apôtres qui travaillent à concilier leur jugement et leur foi, n'y parviennent pas toujours. Leur réflexion poursuit énergiquement la lumière, la trouve, la manque, la retrouve, mais chancelle de nouveau dans une incertitude qui finit par former leur état ordinaire ; saint Jean écrit rondement : « *Neque enim fratres ejus credebant in eum* ». Ses cousins ne

---

[169] L'ouvrage de Bossuet. (n.d.é.)

croyaient pas en lui. C'est au chapitre VII. Au précédent, Jésus vient de prononcer un de ses discours difficiles dans la synagogue de Capharnaüm et le fameux murmure court : « ces propos sont durs, qui pourrait les admettre ? » Jésus redouble de duretés inadmissibles. Beaucoup le quittent, Jésus dit alors : « il y a parmi vous quelques-uns qui ne croient pas » et Jean met l'apostille : « Jésus savait, dès le commencement, qui étaient ceux qui ne croyaient pas *et* qui était celui qui devait le trahir. » Ainsi sont désignées deux équipes, ou plutôt l'équipe qui doute *et* l'individu qui va trahir. La conjonction unit et distingue : Judas n'est pas confondu dans le premier groupe, bien qu'il en soit logiquement ; il est compté à part en toute occasion. Quelques lignes plus bas, le classement est le même : le cours des défections s'est accentué, Jésus demande aux Douze s'ils veulent aussi le quitter. Simon répond par un acte de fidélité sans réserve, et Jésus poursuit : « Je vous ai choisi tous les Douze, et pourtant l'un de vous est un démon. » Ce que Jean commente aussitôt, « il voulait parler de Judas Iscariote, car c'est lui qui devait le trahir, un des Douze ! » Même insistance dégoûtée dans l'annonce de la trahison et de sa cause inférieure, de sa source infernale, démoniaque, sous-humaine. Aucune trace d'un logicisme quelconque imputé à Judas ; on peut dire : au contraire, car c'est ce qui est visiblement exclu de l'incroyance de Judas. L'ignoble brute disposait-elle seulement de termes distincts pour poser une question de dogme ou de foi ? Était-elle en état de dessiner la figure d'une pensée ?

Autour du Christ, tantôt l'un, tantôt l'autre, presque tous, à la seule exception précise de Judas, connurent une crise, où ils purent se dire « froissés », « insatisfaits » ; cette maladie de l'esprit que M. Paul Claudel prête, de sa grâce, à Judas, n'a en fait épargné que lui.

Voici l'un des plus dévoués et des plus ardents : au premier bruit d'une rencontre de Jésus avec la mort, la mort de Lazare, cet apôtre n'écoute que son bon cœur. Il s'écrie : « Allons, nous aussi, et mourons avec lui ». Qui parle ainsi ? Tout bonnement, Thomas, surnommé Didyme ; c'est le douteur par excellence, qui veut marcher, qui veut mourir... À mauvaise tête, bon cœur.

Presque toujours, avec une bonté miséricordieuse, une fois très sévèrement, Jésus réprimande ceux qu'il estime le plus. L'un des Douze vient de confesser clairement sa divinité. Jésus vient de le déclarer bienheureux, et droit, illuminé du feu céleste ; il sera pierre d'angle de l'Église future, ce qu'il aura délié sur la terre sera délié dans les cieux. Mais le grand cœur ainsi couronné va connaître un fléchissement : l'idée de la Passion, en ce qu'elle a d'indigne et d'inintelligible pour une personne divine, lui fait oser en contester la possibilité, ce qui lui attire ce mot foudroyant : « Satan, arrière ! » Mais ce Satan est de ceux qui portent figure d'homme et non de bête, on le lui dit tout de suite : « Tu n'as pas le sens de Dieu, mais seulement celui de l'homme. » C'est précisément ce que M. Claudel a voulu représenter dans son Judas, un courant de pensée trop humaine, mais ce n'est pas du tout Judas que Jésus vient d'apostropher ainsi, ce n'est pas à Judas qu'il a fait l'honneur de le trouver trop humain. Il est à peine besoin de le dire, il faut le dire tout de même : ce reproche, qui garde sa haute noblesse, est fait au Grand Chef qui vient d'être sacré, à Simon, à Pierre en personne.

Les incompréhensions entre le bon Maître et les bons disciples, continuées jusqu'à la fin, font la grande mélancolie de la vie du Christ : « Nous ne savons pas ce qu'il veut dire », répètent-ils en s'interrogeant l'un l'autre sur des figures qu'Il ne consent pas toujours à leur expliquer. S'ils font parfois des questions saugrenues quant à leur position sur les trônes du ciel, ces querelles de préséance où les emporte la faiblesse de la chair sont beaucoup moins fréquentes que les plaintes de leur pensée sur les difficultés de la sienne : le Thabor les éblouit, le Calvaire ne les éclaire qu'à moitié. À une question de Philippe ont répondu ces mots d'inflexion si pénétrante : « Depuis si longtemps que je suis avec vous, tu ne me connais pas, Philippe ! » « *Si cognavisses !* » dit-il à Jérusalem, « si tu avais connu ! » « *Et quod non cognaveris* » « parce que tu n'as pas connu », lui répète-t-il. Même accent sur Didyme : « Si vous me connaissiez ! »

Les doutes de Didyme l'ont rendu immortel. C'est un point qui mérite d'être vu de plus près.

Bien que Jésus ait conseillé d'arracher, de brûler l'organe ou le membre qui scandalise, sa réponse à Thomas ne renferme point le conseil de renoncer à l'esprit critique ou d'abjurer les curiosités de savoir. Le contresens tolstoïen sur *Heureux les pauvres d'esprit !* n'est appuyé ni excusé en rien par l'ensemble de l'enseignement de Jésus. Quand on ferait abstraction de toutes les profondes vues de philosophie générale développées d'un bout à l'autre de l'Évangile de saint Jean, on rencontrerait fréquemment ailleurs de vigoureuses invitations à comprendre. « Écoutez-moi tous avec intelligence » (Marc, VIII), c'est le sens du texte grec ; la Vulgate traduit : « Écoutez et comprenez », mots qui distinguent et bénissent deux opérations de l'esprit, l'attention et la compréhension. Plus loin, l'exclamation impatiente : « Et vous ne comprenez pas encore ! » est de l'original grec, mais la Vulgate dit : « Comment ne me comprenez-vous pas ? » Autant se proclamer l'Intelligible essentiel. « Qui peut comprendre, comprenne » dit enfin saint Mathieu, qui sous-entend quelques inégalités antidémocratiques entre les esprits. Toutes ces paroles ont le même aspect d'un dialogue entre Dieu et l'Homme, celui-ci invité à se dresser sur l'extrême pointe de ses facultés afin de voir cette lumière pour laquelle il est né ; qu'il y échoue, qu'il n'y parvienne que trop mal, il ne cesse d'y être appelé, convié et comme aspiré. Aucun des quatre évangélistes ne fait de brocard ou ne cisèle d'ironies contre l'homme sincère et douloureux qui a subi les défaites naturelles de son esprit : « L'esprit est prompt ! » L'usage habituel de l'instrument de travail qui lui a été départi ne donne lieu à aucun reproche, et voici même que l'*on* s'offre ou que l'*on* se prête en silence à la vérification désirée. Si Thomas se sert de ses yeux pour examiner, et regarde pour y voir clair, s'il approche et touche du doigt, Jésus ne recule pas, mais accorde cet innocent examen où se déploient les sens et l'intelligence qu'Il a créés. Il eût mieux valu croire sans voir, dit-il, mais le courageux et ardent apôtre n'est pas rejeté pour cela, ni puni, ni grondé, ni convaincu d'aucun péché, ni induit en aucune tentation nouvelle, et son esprit scientifique ne l'empêche ni de recevoir le Saint-Esprit à la Pentecôte, ni d'aller conquérir la palme du martyre au bout du monde, dans les Indes, dit-on, ni de devenir par la suite le patron du plus grand docteur de l'Église, ce qui doit bien avoir un sens.

Le cas de son chef n'est pas différent ; Pierre n'a pas eu une simple défaillance de connaître, il a été troublé dans sa pensée, il s'est trompé sur sa foi : il n'y a pas perdu les insignes de la primauté, il a gardé l'autorité du témoignage épistolaire avec la gloire de sa croix.

Bref, M. Paul Claudel est laissé seul à insulter ou à faire insulter les incertitudes ou les illusions de l'homme pensant ; il n'a pas le droit d'y associer un personnage de l'Évangile.

De toutes les pensées inférieures qui ont pu assaillir de saints personnages, l'Évangile n'en estime aucune assez basse pour être imputée à Judas. Pécheresses ou criminelles, encore étaient-ce des pensées. Elles passaient à mille piques au-dessus de lui. M. Paul Claudel s'est vainement évertué à en couronner la rugueuse pelure de ces temps de brute. Mais pourquoi s'est-il donné cette peine ? En vérité, dans quelle vue ? Contre tous les récits, contre les vraisemblances, contre les convenances, d'où cela lui est-il venu ?

Après avoir déguisé son sinistre homuncule en nationaliste de Kérioth, ce qui ne rimait à rien, pourquoi lui a-t-il ajusté ce manteau et cette barbe philosophiques ? L'imagerie universelle fait reconnaître le vrai Judas à ces deux attributs parlants ; pour voler, la sacoche, et pour s'aller pendre, la corde. Cette iconographie résume sa dialectique. Voleur, avare, traître, ce qui sort de ce cadre guindé l'affreux individu à d'inaccessibles hauteurs. La promotion est trop absurde, et on revient toujours à en demander raison à son artisan responsable. Comment M. Claudel l'a-t-il conçu et pourquoi l'a-t-il fabriqué ?

La petite lumière finit bien par briller.

Le courageux ami qui a lu *La Mort de Judas* s'est même astreint à la relire pour se rendre mieux compte d'une définition de l'avarice sur laquelle il avait légèrement tiqué : ce péché capital y tournait en péché mignon. « La racine de tous les maux c'est l'amour de l'argent », dit saint Paul (Tim. I, IV, 10).[170]

Mais, dit prestement M. Paul Claudel, « qu'est-ce que l'avare, sinon celui qui *essaie* de garder pour lui seul ce qui lui *appartient ?...* » Essaie ? Mais l'avare ne se contente pas d'essayer, il garde. Et, de plus, son magot ne lui appartient pas toujours ! Ce n'est pas un simple essai que vingt siècles catholiques ont imputé au mauvais trésorier des Douze, ce n'est pas non plus la conservation de son bien patrimonial : « il volait », nous dit saint Jean. Le sens courant de notre mot d'avarice ne traduit qu'à moitié l'*avaritia* des Canons ; outre la sordide épargne qui se défend, elle comporte quelque chose d'offensif, fureur non d'accumuler, mais de rapiner, de prendre, brigandage au-delà du gain ; il faudrait dire avidité pour le jeu d'un traître voleur.

---

[170] La sagesse helléno-romaine avait déjà qualifié l'avarice « le souverain mal » :
   In mare proximum
   Gemmas et lapides, aurum et inutile
   Summi materiem *mali*,
   Mittamus, scelerum si bene poenitet. (Horace, III, 24)
[n.d.é. : ce sont les vers 47 à 50 de cette ode dont le titre est *Contre l'avarice*. Ils sont en fait à cheval sur les deux strophes 12 et 13, dont voici la traduction de Henri Patin en 1860 : « Au Capitole, où nous appellent les acclamations et la faveur de la foule, ou bien *à la mer la plus prochaine, hâtons-nous de jeter nos perles, nos pierreries, tout cet or inutile, aliments de notre misère ; montrons-nous par ce sacrifice vraiment repentants de nos crimes*. Mais il nous faut d'abord extirper les germes de nos passions dépravées, former par une plus mâle discipline notre jeunesse amollie. »]

M. Claudel n'y aura pensé que pour l'oublier en vitesse. Mais il ajoute un mot à son indulgent et latitudinaire portrait de l'avare, un mot qui peint le peintre, car son avare, exceptionnel, « essaie » en outre, de garder « tout ce qu'il a d'esprit et de souffle et, aussi, pour employer une expression un peu démodée, tout ce qu'il a d'âme... » Pour le coup, notre ami n'y a pas tenu ; il a éclaté de rire et a même un peu crié son plaisir :

— Vraiment, au pays de l'avare, il ne s'agit, tout d'abord, ni d'esprit ni de souffle, ni d'âme. Il s'agit de sous, Paul Claudel ! Sous à gagner, sous à voler ! Ce que Judas détournait de la caisse évangélique ne participait aucunement d'un pneumatique moral abstrait, c'était du concret, Paul Claudel, et, au lieu de souffle, très exactement de sous ! Comment fait M. Claudel pour nous configurer un avare si réservé sur l'article des sous ? Et comment fait-il lui-même pour l'en croire si détaché ?

Une troisième lecture de *La Mort de Judas* a été la bonne. Notre ami a pris garde à quatre petits mots dont il ne s'était pas méfié. Page vingt, au texte de Jean « *erat enim latro* » (car Judas était un voleur), « c'est bientôt dit », objecte M. Claudel. Mais plus vite encore, lui-même cesse d'en rien dire. Il court, il court M. Claudel, comme le furet, sur les voleries de Judas. Regardons-les, nous autres, d'un peu près : Judas volait, quoi ? Judas volait, qui ? Une confiance sacrée était surprise et abusée. Ce n'est pas de quoi « vénialiser » son péché, comme s'y applique son dramaturge et metteur en scène, dont la plume rapide écarte les griefs bi-millénaires de l'Église chrétienne. Après avoir mis dans son Judas quantité de choses qui n'y furent jamais, voilà qu'il en ôte ce qui y est : les sous, les uns grippés par avarice, les autres salement chipés ou gagnés par la trahison. Cette accusation n'étant pas « distinguée », M. Claudel a costumé son grippe-et-chipe-sous en honorable administrateur de sociétés qui a eu des malheurs. Il le fait se plaindre et le plaint. On croit entendre un membre de la majorité républicaine minimisant ou expliquant par les calomnies de la Réaction le trafic du ruban de la Légion d'honneur dans la maison du président de la République, ou l'achat des 104 parlementaires par les chèques du Panama, ou les tripotages financiers et les stupres judiciaires de Rochette[171],

---

[171] Henri Rochette, émetteur d'obligations en bois du Crédit Minier, arrêté en 1908 après avoir provoqué la ruine de milliers d'épargnants, avait bénéficié de complicités actives dans le monde politique. (n.d.é.)

d'Oustric[172] et de Stavisky. Ces peccadilles doivent être « bientôt dites » elles aussi ! Hé ! Hé ! d'après M. Claudel, l'on ne sait pas tout. Dans la maison de Béthanie, ce qui a fait dresser les « cheveux sur la tête » à Judas, croit-on que ce soit seulement la folle profusion de Marie-Madeleine ? Non. Cette riche donatrice lui avait promis l'argent de son parfum. Pour le répandre en vain, elle avait manqué de parole à Judas. Pauvre Judas ! Il a été floué par une mauvaise. Voilà le nouvel Évangile. La drôle d'invention ! Ajoutons-la aux définitions idéalistes de l'avare, à leur petit accent de tendresse complice, au silence supérieur gardé sur les sous, aux impossibles raisons intellectuelles proposées en faveur de la trahison... Ces singularités vont toutes dans le même sens. Notre ami a voulu se faire une idée claire de leur auteur. Qu'était-ce donc que ce M. Claudel ? Montrait-il en toute occasion la même ingénieuse indulgence et les mêmes ménagements ? Était-il coutumier d'égards systématiques envers les personnes humaines ?

— Il est très fort en gueule, lui a-t-on répondu, envers les personnes humaines qui ne lui plaisent pas : « Parricide de la France ! » « Le plus grand des scélérats ! » vociféra-t-il au procès Maurras. Il faut que le Judas de l'histoire courante ne lui ait pas trop déplu : ce doit être pour lui garder les sentiments d'un bon chrétien que M. Claudel l'a décoloré et le rebarbouille à sa fantaisie...

— Drôle de fantaisie, se redisait notre ami. Mais il a fini par apprendre ce qui est de notoriété publique. L'auteur de *La Mort de Judas* est un ancien « ministre plénipotentiaire » au Brésil, dont la mission fut marquée par des affaires de sous, de sous et de café, que l'on n'a jamais éclaircies. Après une carrière très discutée et des services rendus à la seule diplomatie dada de l'époque, cet ambassadeur en retraite profita de son titre ; il se fit élire membre du Conseil d'administration de la société Gnome et Rhône[173] où il gagna beaucoup d'argent à ne rien faire. Ses jetons de présence lui font une rente de 125 000 francs. Sa part des tantièmes lui a valu six à sept millions

---

[172] Albert Oustric, né en 1887, commence sa vie comme garçon de courses et chanteur amateur, puis s'improvise banquier. En fait il ne connaît que la cavalerie et parvient à développer ses affaires grâce à la complicité d'hommes politiques qu'il sait corrompre. Ce sera en particulier le cas du garde des Sceaux Raoul Péret, également président de la Mutualité française. Le scandale provoqua la démission du gouvernement Tardieu, le 4 décembre 1930. (n.d.é.)

[173] Société née en 1915 de la fusion des entreprises Gnome et Le Rhône, spécialisée dans la construction de moteurs d'avion et de motocyclettes. Elle fut nationalisée après la Libération pour devenir la SNECMA. (n.d.é.)

en douze ans. De ces mœurs de cupidité aux abords de la trahison, il doit exister une pente vive et glissante. On a remarqué, en 1943, lors de la représentation du *Soulier de satin* à la Comédie française, les scandaleux sourires adressés par M. Claudel au souvenir de Bismarck et à l'État-major de l'Occupation parisienne. On s'est souvenu d'égales risettes adressées à toute l'Allemagne pour la première d'un *Christophe Colomb* de M. Claudel, à Berlin même, douze ans auparavant. La société Gnome et Rhône qui ravitaille abondamment M. Claudel, a travaillé quatre ans pour la guerre allemande.

On se demande si le vrai Judas n'a pas conquis M. Claudel en lui montrant dans un miroir quelque ressemblance trop vive, et faut-il le ranger dans la même classe de délinquants ? Et Dante leur prépare-t-il dans le prochain *Inferno*, des *bolge*[174] limitrophes où voisiner en bons compères et sympathisants ? Pas plus que Harpagon, Shylock et Dreyfus, Judas n'avait à craindre de M. Claudel une peinture poussée au noir. Pour échauffer sa bile et sa verve, il a voulu trouver quelque chose de mieux qu'un simple avare, un simple voleur et le pauvre diable de traître, cela nous a valu une figure de Judas qui est à peine traître, à peine avare, à peine voleur. Les traits communs du modèle et de l'artiste se trouvant ainsi estompés, force est bien de prendre garde à la confession indirecte qui nous livre l'embarras de l'auteur, en même temps que sa vraie nature. Par exemple, plus M. Claudel en dit, et plus le Judas « bientôt dit » s'évapore du monologue fallacieux, mais c'est pour courir s'agglomérer au type moral de M. Claudel.

L'Histoire est une opération mineure de l'esprit humain. Elle n'est que servante de la Philosophie, de la Poésie, de la Religion, de la Politique et de l'Art. Mais cette servante fidèle est digne de respect. Gardons-nous de rabaisser son noble service. Craignons de la laisser corrompre. Personne n'a le droit d'arracher aux figures importantes du Passé humain cette honorable ressemblance à leur exacte vérité. Un écrivain ou un artiste qui, sans raison valable, ose contredire à ces données de fond altier, vicie et gaspille le trésor des générations. Il contribue à des désordres qui mènent loin. On ne touche pas à Socrate. On ne touche pas à Judas. Dans cette direction les sectes ont

---

[174] Le huitième et avant-dernier cercle de l'*Enfer* de Dante est réservé aux fourbes, classés en dix catégories qui sont les *bolge*, chacun d'entre eux correspondant à un supplice différent. Les dix *bolge* reçoivent respectivement les séducteurs, les flatteurs, les simoniaques, les astrologues, les prévaricateurs, les hypocrites, les voleurs, les calomniateurs, les hérésiarques et les faussaires, catégories qui, on l'imagine bien, se recouvrent largement ! (n.d.é.)

beaucoup gagné, même sur l'Évangile, et la mystagogie des démocrates, tolstoïstes et roussiens, en a tiré d'absurdes confusions qui n'ont rien valu pour le monde.

Aucun signe ne permet de juger que le laborieux effort de M. Claudel se soit inspiré d'un intérêt de petite Église, autre que la chapelle des dévôtes et dévôts de ce grand Mage. On peut me dire avec raison qu'il a voulu mettre ses adversaires « intellectuels » ou nationalistes sous le patronage d'un Judas, et qu'il a cru les affubler de cette défroque. Mais le coup est manqué, ce n'est qu'une étiquette arbitraire, comme celle de Gorenflot[175] : *je te baptise Judas*. Ce sobriquet ne fera de mal à personne.

M. Claudel a subi sans doute aussi la réminiscence passive des médiocres propos de Goethe. En acceptant le point de vue, en se plaçant sur ce terrain de l'ennemi, il s'est fait faire prisonnier, les dégâts ont été portés dans son propre jardin. Ces vagues ironies suppléent mal à la censure de la rapacité, du vol et de la trahison ; elles ne peuvent atteindre en définitive personne ni rien que la Foi cherchant sa Raison ou la Raison cherchant sa Foi… Rien n'excuse un pareil gâchis, et rien ne l'explique fors certains goûts profonds de M. Paul Claudel. Il déteste l'intelligence, hait sournoisement sa patrie et aime l'argent. Ce sont les trois clefs de cette *Mort de Judas* qui n'est que la promotion du traître, ou, si l'on veut, sa résurrection glorieuse.

---

[175] Allusion au moine Gorenflot, personnage de Dumas père dans *La Dame de Monsoreau*. (n.d.é.)

Volume VII – Inscriptions sur nos ruines

Prière à deux voix
Le Lai d'Aristote

1950

Textes parus le 23 novembre 1950 à Aix-en-Provence, sans date ni achevé d'imprimer, sous une chemise protectrice. Le tirage était de mille exemplaires, vendus au profit d'une école privée. Les deux textes ont été repris en 1952 dans la Balance intérieure.

Prière à deux voix

À la chère mémoire du commandant Dromard.

Le Profane — Les étoiles désespèrent
　　　　　　　D'argenter ce noir flambeau.
Le Myste — Noir cyprès, tu te libères
　　　　　　Des mensonges du tombeau.
Le Profane — Ô ténèbres où s'enfoncent
　　　　　　　Nos mortes étonnements
Le Myste — Ô clartés d'une réponse
　　　　　　Qui romprez le Monument !
Le Profane — Quelle nuit couvre ces feuilles !
　　　　　　　Qu'il y pend de fruits amers !
Le Myste — Quel Barbare vous accueille,
　　　　　　Nourriture de l'Éther !
Le Profane — Hors du Temps, du Lieu, du Nombre,
　　　　　　　S'évaporent vos espoirs.
Le Myste — Non. La pointe de votre Ombre
　　　　　　Dit que l'aube naît d'un soir...
Le Profane — L'aventure souterraine
　　　　　　　Vous retranche tous les cieux.
Le Myste — Non. Ses astres nous apprennent
　　　　　　Qu'elle aborde chez le Dieu...
Le Profane — Au revers de votre Terre ?
　　　　　　　Où mugit votre Océan ?
Le Myste — Non. Plus haut vont les Mystères
　　　　　　Qui t'absolvent du Néant.

LE LAI D'ARISTOTE
VIEUX THÈME MÉDIÉVAL

> À mon jeune compagnon Jean Dalou,
> neveu du grand Statuaire.[176]

Quand le Grand Alexandre
De l'Inde outra le cours
Quel sage osa prétendre
Le borner en amour ?

La petite princesse
Dont les yeux sont si beaux
Bouscule la sagesse
Qu'elle pousse au tombeau :

Elle bride, elle bâte
d'œillères, de bandeaux
Le Sage à quatre pattes
Qui lui fait le gros dos.

Elle l'enfourche, et fouette
De rires, de chansons :
Il a ce qu'il souhaite
De la selle à l'arçon !

Au lai qu'elle lui donne
Il trotte et va bon train.
Du suivant qu'elle entonne
Il galope au refrain.

Mais, fou de les entendre
Tournoyer dans sa cour,

---

[176] Jules Dalou (1838–1902), sculpteur naturaliste qui participa à la Commune et s'exila en Angleterre jusqu'en 1879. On lui doit notamment *le Triomphe de la République* place de la Nation à Paris et la tombe de Victor Noir au cimetière du Père-Lachaise. (n.d.é.)

S'est le grand Alexandre
Laissé mourir d'amour.

Volume VII – Inscriptions sur nos ruines

Le Mont de Saturne

1950

Note des éditeurs :

Le Mont de Saturne, conte moral, magique et policier, *a été publié en 1950 par les éditions des Quatre Jeudis. Nous reprenons ici le cœur de l'ouvrage (les pages 23 à 192), constitué par la confession autobiographique de l'écrivain Denys Talon. Le prologue (pages 13 à 22) et l'épilogue (pages 193 à 213), également composés en 1945, seront publiés à part sous le titre* Les Aventures de Monsieur Wladimir et de Madame la Princesse.

Je soussigné, Denys Talon, écrivain de prose et de vers, né à Saint-Tropez, sous les Maures, domicilié à Paris, 20 rue de Poitiers[177], tiens à coucher sur ces feuilles testamentaires un compte fidèle de ce que j'ai été et suis, de ce que j'ai fait et veux faire.

La pure vérité qui en sera connue, sans causer de tort à personne, n'ira pas sans utilité pour un certain nombre de mes pareils, soit qu'elle les corrige ou les améliore, soit qu'elle leur apporte de petites consolations.

Vivre, pour l'homme, c'est entrer en conflit avec la Nature, et résister, comme l'a dit Bichat, à l'ensemble des forces qui tendent à sa mort. Il s'agirait d'être plus fort qu'elles. Mais peut-on être plus fort que sa propre nature ? Et en quoi celle-ci diffère-t-elle de la nature générale, de la Vie, des Astres, du Monde ? Dans quelle mesure peut-elle la vaincre ? Ou se vaincre ? Je ne me flatte pas d'avoir trouvé réponse. Cependant, voici quelque chose qui y ressemble pour mon cas.

Le lecteur est prié de ne point s'étonner de rencontrer ici, en clair langage, en toutes lettres, les noms de quelques confrères et amis connus qui ont été mêlés à certains épisodes de cette histoire. Je n'ai rien dit que le grand bien que je pense d'eux. J'ai même essayé de racheter quelques épigrammes injustes[178] qui appartiennent à mon passé. Cela non plus ne fait de mal à personne, et le récit pourra y gagner en solidité.

---

[177] Pure fiction : la rue de Poitiers n'a sans doute jamais eu de numéro 20. Actuellement, elle s'arrête au numéro 12, où se trouve la Maison des Polytechniciens. (n.d.é.)

[178] Nous retrouvons ici un trait caractéristique chez Maurras lorsqu'il préface ses propres rééditions ; il met un point d'honneur à passer l'éponge sur les formules les plus rudes de sa vie de polémiste. Dans *Le Mont de Saturne*, c'est Paul Mariéton qui bénéficie d'une amnistie posthume, après des décennies de rancœur. Mais il y a des limites à la clémence : Henri Brémond restera voué aux gémonies. (n.d.é.)

Première partie
Le rêve

> « Fais cela ! »
> Emmanuel Kant.
> « Ne fais pas ça ! »
> Ma vieille bonne.

I

Mon nihilisme paisible, mon doux anarchisme moral fut commun à bien des hommes de ma génération, 1870 environ. Ils s'étaient comme moi séparés de la précédente. Nous trouvions derrière nous des exemples, devant nous des principes. Je ne sais pas encore comment ceci et cela fut si rapidement abandonné, ni quel cyclone l'emporta et le balaya.

La question la plus embarrassante qui pût être posée à ma vingtième année était sans conteste — *Pourquoi fais-tu cela ? ou ne le fais-tu pas ?* Cela n'aurait pas fait le pli d'une difficulté pour nos parents. Admirablement équilibrés, leur vie se tenait ordonnée et claire, leur croyance et leurs idées concouraient à motiver de façon très simple les jugements de leur action. Esprit et cœur jouaient ensemble avec les justes amours-propres et les intérêts légitimes. Quant aux points sur lesquels le sentiment et la passion peuvent se dérégler (un digne quant-à-soi pouvant tourner à l'égoïsme), ces risques d'erreur se trouvaient aussi marqués, non moins clairs, à leur conscience, et celle-ci veillait.

Je les revois, oui, consciencieux, mais non conformistes, ne ressemblant en rien aux moutons de Panurge, religieux sans être dévots, bien que ma mère fût très pieuse. Croyants et pratiquants l'un et l'autre. Mon père, ancien capitaine au long cours et propriétaire terrien, elle, sa cousine germaine. Ils vivaient bien, et faisaient le bien, sans apparence d'effort ni même d'application, avec un naturel parfait, souriant chez l'une, un peu bougon chez l'autre, car il était facilement irrité par l'injustice, l'ingratitude ou la mauvaise foi. Je ne les ai jamais entendus échanger un mot aigre, ni se permettre une médisance. Ce bonheur sérieux et solide posait, comme tout, sur des fondations matérielles sûres. Ils avaient gardé à peu près telle quelle la petite fortune des leurs, qu'ils dépensaient avec économie, mais avec charité. Suivant eux, l'ordre social devait, tant bien que mal, correspondre à un ordre moral qui le fortifiât, mais le justifiât.

Quand je n'étais pas sage, ma vieille bonne avait mandat de me menacer du violon municipal. Un jour qu'elle y insistait : « Oui, répartis-je, mais j'ai quelqu'un qui me délivrera... — Tu penses à M. Guirard, dit-elle... » M. Guirard était le juge de paix du canton. Son fils était de mon âge. Nous échangions des politesses. Il venait déjeuner à la maison le dimanche, et j'allais chez lui le jeudi. On me le donnait toujours en modèle : « Regarde Albert ! Comme il est sage !... Albert est soigneux... Albert a du goût... Il ne se ronge pas les ongles ! Il a déjà une maîtresse de piano, quand tu ne sais pas encore tes notes. Regarde-le... » La contemplation mystique de l'idéal Albert m'avait fait bien voir de ses père et mère. M. et Mme Guirard me comblaient de gâteries. C'est pourquoi, dans mes fredaines, j'estimais pouvoir compter sur l'autorité discrétionnaire du juge de paix. « Oui, mais, me dit ma bonne, si M. Guirard n'est pas sage, on le mettra en prison comme toi... — Tiens ! Et qui l'y mettra ?... — Tiens ! mais les autres juges. » Ce jour-là, M. Guirard perdit beaucoup du prestige de sa belle toque argentée, de sa robe flottante et de la ceinture bleu-ciel qu'on lui voyait à la procession de la Fête-Dieu ; il m'apparut beaucoup moins secourable et moins puissant... Autour de moi les simples se satisfaisaient de l'idée d'une hiérarchie judiciaire complète, à laquelle embrancher et arc-bouter les conduites privées. Pour notre âge, des souffles obscurs et violents nous avaient fait rouler au bas de ces justes hauteurs, et quelquefois un peu plus bas, jusqu'à la fosse. L'insolente sauvagerie de l'enfant de la nature avait tourné à une insubordination méthodique, sans doute stimulée par la turlutaine du Progrès et la conséquence que nous en tirions : les jeunes en savent plus long que les vieux, les enfants valent mieux que les parents. Ceux-ci n'ayant connu que les diligences, nous avions les chemins de fer ; à eux la poste, à nous le télégraphe électrique. Le décri de l'autorité, la ridicule diffamation du gendarme et du commissaire, étaient accompagnés de l'apothéose du voleur, du brigand, de l'irrégulier, quel qu'il fût. Un petit ami qui avait bon bec nous disait : « Je viens d'Aix, j'ai vu les Assises ; est-ce beau ! Vous n'avez pas vu ça ? Les juges en robe rouge et toque d'or. Les gardes en soldats. Puis les accusés ! Vous savez, on les met sur une estrade aussi haute que le tribunal. Et si vous voyiez comme ils sont habillés ! — Les accusés ? Mal habillés, n'est-ce pas ? — C'est le contraire. Tout en noir. —

Et même en queue de morue, dit ma bonne, qui avait du sens. — Certainement, en habit noir et queue de morue, répétait l'autre avec aplomb. »

Ainsi courait cette édition enfantine des *Misérables*. Ainsi se préparaient bien des inversions, précédant des convulsions qui devaient venir, sèches ou sanglantes. Ne dites pas que je les tire de trop loin, tout cela se tient et s'appelle quand les idées-mères s'effondrent ou qu'elles s'effacent.

La République conservatrice se mourait et voilà qu'arrivait et se consolidait la République des républicains ; nos juges de paix devaient bientôt cesser d'aller à la procession, puis les processions de sortir de l'église de Saint-Tropez. Comme l'Hier et l'Aujourd'hui, comme la Route et le Rail, ce qui aurait dû se composer s'opposait ; le religieux et le rationnel, le social et le moral perdaient leur cohérence au moment de notre adolescence et de notre première jeunesse. On ne croyait plus guère en rien, et l'on n'y voyait plus très clair.

Vingt fois l'on a repris l'examen de ce qui fut destructeur et démoralisant dans nos classes de philosophie. La vraie cause est plus ancienne pour moi. Elle devait dater d'à peu près toutes nos marottes, depuis le funeste Pascal, qui saturait nos classes d'Humanités et de Rhétorique, comme on disait alors. La Philosophie avait, au moins, l'avantage de mettre un peu d'ordre dans ce capharnaüm. Je ne voudrais pas faire un honneur immérité à la médiocre brigade des poétereaux déclamateurs normaliens qui, assis au bas bout de la table baudelairienne, s'étaient appliqués à des variantes laborieuses de *La Charogne* et de la *Martyre*. Mais leur faiblesse les avait établis juste au niveau de nos quinze ans désarmés. C'est pourquoi, pas plus que l'illustre sonnet des *Larmes* :

> Eau, sel, soude, mucus et phosphate de chaux,
> Ô larmes, diamants du cœur, laissez-moi rire,[179]

tel autre inclyte[180] « blasphème » ne pouvait comporter de grandes puissances de dissolution :

> Tes père et mère, ça ? C'est ça que l'on révère !
> Allons donc ! On est fils du hasard qui lança

---

[179] Ces vers comme les suivants sont de Jean Richepin. (n.d.é.)
[180] Illustre. (n.d.é.)

Un spermatozoïde aveugle...

Pouah ! Oui, la fréquentation de ces néants dénégateurs, la familiarité que nous en prîmes avaient bien tendu, en nous dégoûtant, à leur prêter une espèce d'autorité. Pas du tout sur les devoirs filiaux, qui n'en furent ni négligés ni différés. Mais on en moquait les fondements. On en brocardait les raisons. À la limite de cet état déliquescent, me renaît en mémoire cette déclaration offerte à des parents que je sais ; on les aimait beaucoup, et on les adorait, mais c'est qu'ils étaient bons, gentils, aimables, délicieux, et nullement parce qu'ils étaient les auteurs de nos jours. Comme tels, ils auraient bien plutôt des comptes à rendre. On tenait à honneur de ne montrer aucune gratitude expresse pour le fichu cadeau de cette chienne de vie. Notre jeunesse ne se plaignait pourtant pas de la vie. Elle aimait les bonnes choses, et les autres ne lui faisaient pas peur. Le mauvais ton acquis était surtout extérieur, mais, venu du dehors, il gagnait au dedans. L'Existence mordait de plus en plus sur la Conscience.

Quant aux infortunés maîtres ou camarades qui proposaient encore de dire *il faut*, ou *l'on doit*, la réponse était tenue prête, il ne faut rien, l'on ne doit rien.

II

Dans cette décomposition générale, quelque chose survivait-il ? Peut-être le bon pli d'habitudes saines, devenues un peu moins morales que physiques. Leur puissance tenait à ce qu'elles avaient d'invétéré : entre toutes, la tendance innée au travail.

Non que l'on se fût mis, parmi nous, à aimer le travail à contre-sens et pour lui-même. On appréciait son fruit, les connaissances qu'il donnait, son illumination du monde et de la vie, ses vastes ouvertures aux ambitions de l'esprit, sa réponse aux curiosités éveillées.

Oh ! je ne flânais pas. Cependant, sans flâner, nous ne travaillions plus comme on le faisait avant nous, aux temps où était suivie une règle complexe qui associait la nécessité, le devoir d'état, le dévouement, l'honneur, le plaisir, le profit. *En rustiquant*, disait mon père à la latine, en s'occupant à travers bois, vignes et labours, il donnait un modèle d'activité infatigable. Ma mère se faisait un devoir et une joie de commenter les peines de son mari pour en faire valoir les motifs raisonnables, les mobiles sains et, disait-elle, nous le faire comprendre et imiter.

Beaux exemples ! Douce leçon ! Il ne faudrait pas croire que rien n'entrât, je n'étais pas insensible ni imperméable. Mais, d'ensemble, tout cela glissait parce que le nœud qui en liait les parties me faisait désormais défaut. Défaut dont je ne souffrais pas ; ce qui manquait, en fait, ne manquait ni à ma conscience ni à mon intelligence, attendu que je n'avais aucune conscience, distincte, d'un Denys Talon qui fut moi, et son sujet n'importait pas à mon intelligence qui s'en moquait. Elle était toute à mes objets, j'aurais presque dit : à mes rêves.

Mon intelligence courait bien d'autres choses, autrement belles et bonnes, riches et gaies, que mon pauvre moi ! « Tenys Talon, Tenys Talon », me répétai-je un jour que j'étais bien petit, si petit que je ne savais pas encore prononcer le *D*. En me demandant qui pouvait être ce Denys Talon, je poussais devant moi les galets du port. À chaque coup de pied répond le battement de ma petite robe, qui me faisait penser à moi comme à quelque chose d'un étranger. En revanche, tout ce qui passait à la portée de mes yeux et de ma cervelle, corps physiques, corps glorieux, vagues fumées, nuées brillantes, ou la simple voilure d'un ciel d'azur tendu sur une tête folle se disputaient les forces de mon attention violente. Dès mes premiers moments d'émancipation juvénile, j'avais choisi de travailler d'arrache-pied à tout, hormis peut-être à ce qui s'abstenait de me faire un certain signe d'appel personnel. Comme ma pauvre mère m'avait reproché assez amèrement ma nullité en je ne sais plus quelle branche de mes études : « Cependant, lui répondis-je, tu vois, je travaille... » Elle répliqua par un trait de lumière : « Oui, à ce qui te plaît. » Ce n'était pas « bien » travailler pour elle. Je n'oublierai pas de si tôt la secrète tristesse de ce visage, qui ne parlait qu'en souriant ; la réticence me fit sentir qu'elle lisait en moi beaucoup plus avant que moi-même. Était-ce difficile ? Je n'y lisais rien du tout. De même, on m'avait grondé souvent de ne pas me montrer plus communicatif, plus expansif, plus confiant. Je n'avais rien à confier, répandre, ni communiquer. Ma vie intérieure déjà faible, allait s'atténuant encore et rien ne l'avait remplacée que ce qu'avait démêlé ma mère ; la Toute-Puissance de mon Plaisir, maître et gouverneur de ma vie.

Sans doute existe-t-il des plaisirs sains et d'autres plaisirs malsains.

Je ne connaissais pour ma part que le Plaisir, avec sa contre-partie naturelle : le Déplaisir. Une critique universelle avait mis toutes mes autres distinctions en poussière, et cette cendre fine représentait d'anciens goûts naturels ou acquis, et des traces d'hérédité ou d'éducation qui n'étaient pas destinées à exercer beaucoup d'autorité sur mon cœur.

Un mauvais prêtre, comme je n'en ai connu qu'un ou deux à Paris, m'avait frappé par une curiosité sans pudeur dans la manière de questionner les gens sur eux-mêmes. C'était une espèce d'écrivain bohème, ambigu d'intrigant et de renégat, plus ou moins simoniaque. Il osa me dire un jour : « Quels sont vos buts de carrière ? » Je n'avais pas dix-huit ans. « Aucun », lui répondis-je, plus véridiquement qu'il ne pouvait le croire. Il se mit en colère : « Pas de but dans la vie ? Mais vous devez en avoir un. Quoi ! Pas un idéal ? » Un idéal ? J'en avais cinquante. Sans parler du vague désir de faire de beaux livres (ce qui ne venait pas au tout premier plan), mon premier idéal était de débrouiller, en deux temps et trois mouvements, les sept énigmes du monde que Du Boys Reymond[181] avait couronnées de son *ignoramus, ignorabimus*, dans son discours à l'Université de Berlin. J'avais cet autre idéal de construire un navire ailé qui pût suivre à marche d'étoile le soleil couchant sur nos mers.[182] En quoi cela regardait-il ce clerc interrogant ? J'étais ingénieur, pontonnier, architecte, quand il s'agissait de tracer ou de reformer de nouveaux projets de grande voirie provençale. Est-ce que j'avais à le lui dire ? De quoi se mêlait-il ? Je ne voulus plus le revoir, et suivis en paix mes démons.

---

[181] Emil-Heinrich du Bois-Reymond, 1818–1896, physicien et neurologue berlinois. Originaire d'une famille de Neuchâtel, alors fief du roi de Prusse, il commence ses travaux par l'étude des poissons porteurs d'électricité, puis devient le fondateur de l'électrophysiologie. Il développe sa philosophie de la science et des limites de la science dans son ouvrage *Über die Grenzen des Naturerkennens* (1872) dans lequel il affirme qu'il est des énigmes que nous ne savons expliquer (*ignoramus*) et que nous ne saurons jamais expliquer (*ignorabimus*). Dans une célèbre conférence donnée en 1880 devant l'Académie royale des sciences de Berlin, il en énonce sept :
1. la nature ultime de la matière et des forces ;
2. l'origine du mouvement ;
3. l'origine de la vie ;
4. le caractère apparemment téléologique de l'ordre naturel ;
5. l'origine des sensations ;
6. l'origine de la pensée et du langage ;
7. la nature de la libre volonté ;

les points 1, 2 et 5 relevant selon lui à coup sûr de l'*ignorabimus*.
Emil-Heinrich du Bois-Reymond ne doit pas être confondu avec son frère cadet Paul-David-Gustav (1831–1889), célèbre mathématicien. (n.d.é.)

[182] Cette image d'un navire aérien suivant le soleil a été souvent évoquée par Maurras (n.d.é.)

J'étais zoologiste ou botaniste, et je me prononçais contre l'Évolution si je relisais l'entomologiste Fabre, pour elle si je rejoignais Darwin, Romanès[183] et Spencer.[184] Philologue, à la poursuite du sens des mots avec Michel Bréal[185], je courais sur les pas de Renan vers les tabernacles de Sem, et je n'en rédimais pas moins l'Alsace et la Lorraine avec le général Boulanger, Paul Déroulède et Maurice Barrès. Je rétablissais dans ses droits la nationalité provençale, sa poésie, sa langue, avec Mistral et mon ami Frédéric Amouretti. Naturaliste en littérature, selon la recette de Zola, impressionniste avec Goncourt, symboliste avec Mallarmé, je n'étais pas moins fasciné par la Chimie, l'analyse du Tout devant mener à sa synthèse, et l'on y maniait de si beaux cristaux de toutes couleurs ! J'abolissais le paupérisme, j'incorporais le Prolétariat à la société, je rendais à la France le sens de ses idées et de ses institutions fondatrices. Non moins que l'*Encyclopédie*, la théologie me plaisait, comme aurait dit ma mère, et la religion n'était pas exclue ; quelque mélodieux abbé, dans une église de campagne, entonnait-il l'*Ô salutaris hostia* ou laissait-il tomber les notes diamantines d'*Ave maris stella*, je voyais le ciel et les anges. Seulement, le ciel et les anges ne venaient pas me voir.

Je tournai mes yeux de tous les côtés. Un mien cousin, médecin, m'ayant passé un gros tome d'anatomie, c'est tout juste si je ne décidai une prompte inscription à la Faculté. Cependant, je « faisais » une licence d'histoire : jamais prise, jamais passée ! À la suite d'une longue maladie de croissance, la relecture de ma géométrie d'écolier me tentait d'un retour improbable aux sciences exactes. Quelques mois de rue d'Ulm ne me calmaient pas. J'allais à tout comme la limaille à l'aimant et, s'il est clair que je retournais vite aux deux mêmes pôles préférés, la Philosophie et la Poésie, je me disais aussi : « l'Hébreu ? le Grec ? Pourquoi pas ? » Oui, pourquoi pas ? En un cas comme dans tous, ce qui m'emportait était l'élan de soumission à ce beau savoir convoité ; ce n'était point pour un moi vaniteux ni fier que je suivais, comme des Muses, ces disciplines trop variées ou trop distantes, je me livrais à elles pour leur amour, l'amour de leur grande beauté. Je ne me proposais nullement de les confiner dans quelque sérail personnel ; loin de me

---

[183] George John Romanes, 1848–1894, naturaliste britannique, ami de Darwin. (n.d.é.)

[184] Herbert Spencer, 1820–1903, aujourd'hui surtout connu comme philosophe libéral, défendait une conception organiciste de la société, la sélection des hommes les plus aptes se faisant sur le modèle de la sélection darwinienne des espèces. (n.d.é.)

[185] Michel Bréal, 1832–1915, linguiste français, donné pour être le fondateur de la sémantique. (n.d.é.)

proposer pour centre, pôle ou foyer, c'était moi qui demandais à chacune d'être le mien, ou l'un des miens, et espérais de recevoir l'appel de leurs bouches sublimes. D'elles tout m'attirait, je me sentais leur proie. Proie charmée, subjuguée. Proie indévorée, et proie résistante, car elle subsistait en dépit de mon immense oubli de moi.

Ainsi, allais-je tout courir, tout goûter ou fleurer. Cela durait ou ne durait pas. Cela me bousculait et me recouvrait au point de me noyer ; parfois aussi, ce chaos vivant me laissait émerger et se composait et s'organisait au-dessous de moi, mais cela ne s'est jamais produit sans quelque opération extérieure où je ne fus pour rien, que théâtre ou patient. S'il a pu sortir de moi quelque chose qui ait eu accent, sens, ou figure d'unité et d'utilité, il faut en reporter le mérite total à l'arbitraire du Plaisir et du Déplaisir, mes veilleurs et mes éclaireurs sous-jacents ; eux seuls, de tout temps, conférèrent une libre sécurité à cette suite d'exercices où j'aurais dû me rompre le cou.

Supposé que par l'effet de tant de voltiges, j'eusse été abaissé de beaucoup de degrés au-dessous de moi-même et largement rétrogradé sur l'échelle animale, soyez sûr que j'y aurais mis peu de mauvaise volonté et nulle intention dissidente. Le mal se serait fait sans moi. Ainsi s'est fait aussi quelque bien. Lorsque, en réalité, le poste actif et le bilan positif de ma jeunesse à l'aventure l'ont emporté, de beaucoup, sur le négatif, quelque fussent la dispersion et la dissipation de mes successions de dévergondages, ce résultat heureux ne m'a été, je le répète, ni dû, ni imputable en rien. Simple merveille ! Oui, le miracle ! Les habitudes de mon rêve en ont fait tous les frais ; le classique et vulgaire tour de force du somnambule qui court au rebord de son toit. Mes yeux étaient aussi fermés que les siens sur ma route. Je risquais une chute verticale. Seul, mon plaisir, directeur ou interdicteur, aura su, je ne sais comment, imposer la ligne blanche ou grise de la direction ou des exclusions. Je n'avais que cela pour moi. C'était toujours cela : « Plaît ! Plaît pas ! »

Là, et là seulement, furent orientées dix années de ma vie d'esprit.

III

Et ma vie pratique, donc ! Et ma vie morale, si l'on peut dire ! La mort morale me guettait. Comment me fut-elle épargnée ? Il n'est qu'une réponse : j'ai rêvé ces trois vies au lieu de les vivre.

Aucune des facultés de l'homme éveillé n'y est intervenue. Ni la raison qui règle, ni le jugement qui choisit, ni la volonté qui impose, ni, moins encore, le sens élémentaire de la dignité qui refuse. Sur ce dernier chapitre, l'absence de toute loi connue pouvait me perdre de débauches ou me mener fort bien aux avant-dernières des vilenies. Là aussi, les opérations de sauvetage, faites pour moi, le furent en l'absence de moi, et j'y étais témoin de mes actes sans en être l'acteur.

J'étais venu vivre à Paris. Telle est la diversité de notre beau Paris qu'il est, à coup sûr, un des lieux du monde où sont pratiquées les plus magnifiques vertus. Mais, du secteur où je m'étais placé, on ne les voyait pas, elles ne passaient guère par là où nous campions et, mes amis et moi, n'avions, à peu près, devant nous, que les aspects de la plus confortable dissolution.

Figurez-vous un séjour qui, pour n'être pas sans tristesse, avait aussi son charme, avec son air de friche ou, comme disent les coloniaux, de brousse, et les anglomanes, de jungle, disons, nous, de *forêt dantesque* ; spacieux terrain vague qui n'était à personne et qui était à tous, sur lequel abondait la plus étrange population féminine, véritable nation de mal mariées, de séparées, de divorcées ou de femmes et de filles parfaitement libres, qui, pour n'être point galantes au sens vénal, étaient tout à fait dépourvues de raison de se conduire d'une autre manière que nous. Qui, nous ? Eh bien, des jeunes gens dont les origines sociales étaient bonnes ou excellentes, mais à qui ce Paris-là avait fait donner deux ou trois tours de roue vers leur animalité primitive. Ils n'en revenaient qu'aux vacances...

Les deux moitiés de l'être humain, faites l'une pour l'autre, y trouvaient les facilités nécessaires pour toutes les figures d'une vie très simplifiée.

Autre chose y était facilitée encore : c'était l'éclosion et la culture de ce que j'appellerai, faute d'un meilleur mot, les petites amours. Petites ou moyennes, sans être bien recommandables, elles valaient néanmoins par la loyauté sincère, l'absence de toute comédie. Le train en était naturel et doux. Les graves accidents n'y étaient pas communs, beaucoup de liaisons étaient interchangeables, nouées et dénouées de manière assez indolore et comme à volonté. Et puis, là, tout le monde avait au front le même rayon de jeunesse et sa fraîche merveille de spontanéité. L'on m'aurait étonné en me révélant que tel était alors à peu près mon seul bien moral et, en tous cas, ma seule lumière pour me conduire. Le couple enfant du Paradis terrestre ne savait pas qu'il était nu. L'idée de m'habiller au moral ne se serait pas offerte.

Qu'est-ce que j'en aurais fait ? Que me fût-il resté si ma sincérité avait émergé de ma nuit ?

Tous ceux qui m'ont connu savent combien je fus sensible au charme féminin sous toutes ses formes, à son mystère sous tous les masques. Je chassais de race. Telle avait été la seule faiblesse de mon pauvre père. Il avait bien fini par se surmonter. C'est qu'il l'avait voulu. Pour moi, que voudrais-je jamais ? J'aimais les visages moins que les corps, les corps moins que les âmes. Si la robe est un voile, la chair en est un autre bien plus épais, que seules ont soulevé les libertés de l'amour. Mes yeux, que dilatait presque douloureusement la vue d'une belle fille, n'étaient donc pas, au juste, ce que le divin Michel-Ange a nommé le chemin de l'amour et la source des larmes. Ils ne m'ouvraient d'abord qu'un grand chemin d'admirations éperdues. Le baiser qui venait, s'il venait, n'était désiré, demandé, obtenu, goûté et rendu que pour conduire au terme, là où se découvre le secret de sa fleur, dans l'abandon sublime du bonheur mutuel. Mais que l'on ne s'y trompe pas : il ne s'agissait point du tout de composer un bouquet d'âmes à l'usage égoïste d'un « amateur » quelconque ! Pas plus que d'éblouir les autres ou moi-même en imposant des étiquettes fabuleuses à des vérités de rencontre et de situation où tout était singulier et unique en soi. Je ne gonflais ni ne *soufflais* mes plus chères idoles pour les faire apparaître plus hautes que nature ; de quelque rang qu'elles fussent, l'Objet convoité, possédé, conservait les attraits et les attributs d'un Objet. Loin de prétendre à m'assujettir l'amie de passage, c'est moi qui me formais loyalement sur elle pour me fondre et pour me confondre de mon mieux. Le prétexte d'un Devoir eût été ridicule, mais la plus volante des fantaisies comportait, malgré tout, un désir de servir dans l'oubli de moi et le double goût du bonheur. On me dira que ce fut là beaucoup de servitudes volontaires... Mais si elles plaisaient ainsi ?

C'est de là que suivait et découlait, de façon presque matérielle, cette sincérité dont j'ai parlé et qu'il vaudrait mieux appeler une libre franchise ; ni système, ni règle, mais, de bon cœur, ce qui ne veut pas dire de tout cœur, l'obéissance pure aux décisions suprêmes du Plaisir et du Déplaisir. Chargées ou aimantées de sourdes préférences, plus faciles et plus spontanées les unes que les autres, je ne me mêlais point de les classer comme des odeurs ou des formes. Le voluptueux égoïste veut se faire soleil. Je ne me voulais que planète, et m'appliquais à graviter autour de l'Objet, sans rien demander que d'en être véritablement emporté, ravi et aspiré, pour ne pas dire bu et tari, ce qui est une fin comme une autre.

Je ne fais point un panégyrique de mes objets, tout charmants, ni le mien. Et je ne dissimule pas leur commun et grave défaut d'avoir été successifs, changeants, très mobiles même. C'était le côté faible du régime qui fut naturel à l'extraordinaire « réserve » zoologique où notre sensibilité juvénile prenait forme et figure. Ce pays n'avait rien d'un modèle, je ne le montre ni pire ni meilleur. Mais au moraliste qui condamne ou qui plaint, dans ce manque total d'engagement et de lien, une égale absence de prise sur l'avenir, je réponds que le présent lui-même n'y existait guère, ou n'était point senti, dans le mouvement de son vol.

L'intéressant est de concevoir comment y put être parfois arrêté ou suspendu, ou même réglé, ce train de chaos. Deux ou trois exemples le feront voir, je l'espère.

IV

Durant un laps de jours appréciable, car cela s'étendit sur plusieurs saisons, une charmante fille me fit l'honneur de sauter du lit d'un mari exécré pour me consacrer deux ou trois heures chaque matin. Ce fut un temps bien employé. Elle plaisait par sa fraîcheur, son naturel, son diable au corps et, ce qui ne gâtait rien, son esprit. Une fois contente de moi, comme je l'étais d'elle, elle se mettait d'office au piano et, pour deux ou trois quarts d'heure, presque sans s'accompagner, chantait à pleine voix un répertoire varié, opéra ou romance, airs d'église ou refrains du peuple et des poètes du pays, car c'était aussi une enfant de Provence. Toutes les créations de sa fantaisie, exhalées de sa gorge et tirées de son cœur, avaient fini par vivre en suspens dans mon air ; un esprit volatil me la rendait présente, vivace et même active pour le reste de la journée, le temps que j'allais y vivre tout seul, ou agréablement poursuivi dans mes songes. Dans ces conditions de captivité désirée, je pouvais sortir, flâner, et même courir peut-être d'autres arômes, c'est le sien que je retrouvais à fleur d'atmosphère, dans la musique parfumée d'où je la sentais émerger comme la Néréide de Malherbe, jusqu'à mi-corps, aux sources de ce lyrisme printanier :

> Elle était jusqu'au nombril
> Sur les ondes paraissante
> Telle que l'aube naissante

Peint les roses en avril...[186]

Ainsi se rejoignaient et ne cessaient pas de s'étreindre et de se pénétrer, comme terre et ciel, ces caresses du corps et celles de la voix. Le mélange exclusif de sensualité et de poésie ne laissait plus, tout compte fait, pour la tendresse, qu'une minute, une seule ; sur le coup de midi, au départ, elle me tendait les lèvres, ou seulement la joue, avec ces trois mots : « M'aimes-tu ? » « Je t'aime », était la réponse. Combien de fois ce rite fut-il répété ? Rien d'une routine. Ni rien d'un élan. La plus tranquille des convictions. Et cela fut jusqu'à ce que cela cessât d'être. Un beau ou laid matin, il en fut ainsi : mon « je t'aime » ne put sortir.

Il aurait dû aller de soi d'envelopper quelque refus dans une caresse éloquente. Cela ne fut pas possible non plus. J'étais très désireux de ne pas lui faire de peine, mais, quand elle eut dit d'un petit ton fâché : « Alors, tu ne m'aimes plus ? » une voix qui était la mienne fit entendre, basse, mais nette, que je ne l'aimais plus en effet. Mots nouveaux, étonnant qui les énonçait, lancés de plus loin que ma bouche, avec une vigueur naïve, supérieurs aux volontés de la décence comme aux mœurs de notre amitié !

Je ne m'étais aperçu d'aucun défaut nouveau qui fût né en elle, rien ne ressemblait en moi à de la lassitude. Je ne me connaissais pas l'intention de répudier cet aimable ornement de ma vie, ni de lui contester son droit naturel à l'amour. Elle s'écria donc : « C'est bien ! » la gorge un peu serrée, comme décidée à rompre, ce qu'elle ne fit d'abord point. Elle devint moins régulière. Sans trace de rancune ou d'humeur. À ceci près que, désormais, entre nous, le lit dut tenir une moindre place que le piano. L'enthousiasme du chant était ce qui m'avait conquis beau premier. Essayait-elle une reprise ? Je ne sais quel intérêt refroidi m'empêcha même d'y prendre garde, et la liaison se défit un peu moins vite qu'elle ne s'était faite, mais sur le signal dur et bref qui n'avait pas donné ses raisons.

La seule raison était ici que la limite de ma douce Capoue était sinon touchée, du moins approchée, ce dont mon immense désordre moral m'avait empêché de m'apercevoir... Tous les secrets repaires de l'âme étaient d'accord pour me faire sentir que résistance et rébellion étaient vaines, un pas de plus dans la direction interdite devait probablement suffire à démasquer l'émoussement des sensations, l'enlisement des curiosités, des

---

[186] C'est un fragment inachevé, qui se réduit à ces quatre vers dans les *Épigrammes* de Malherbe. (n.d.é.)

désirs, des ardeurs, le piétinement et l'arrêt sur les *déjà-vus* trop certains. Quelque chose me murmurait qu'une inertie se préparait où je m'étais promis un perpétuel mouvement. Mais d'abord, je n'avais pas éprouvé l'ombre de la moindre de ces belles choses. Rien de tel ; l'annonce m'en paraissait communiquée, plutôt qu'augurée pour prochaine. Un avertissement avait roulé en moi, comme le tambour de la caserne, tinté et retinté comme la cloche du couvent. Or, quel couvent ? quelle caserne ? et quelle sonnerie ? quel tapin[187], digne de quelle foi, était venu cribler de coups ma peau d'âne ou tirer sur ma corde, pour ordonner ma halte infaillible à son juste point ? Il dut y avoir des décroissances, puisqu'il y avait eu des croissances dans la vie de mon cœur, elles furent microscopiques ; qui les mesura ? qui surveilla ces flux et ces reflux invisibles, silencieux, d'une précision sans erreur ? On dit : l'Instinct. Moi, je veux bien. Mais, sous ce mot, je discerne les grands corps couchés du Plaisir et du Déplaisir, et ne puis distinguer grand'chose au-delà.

Assez longtemps plus tard, en une occasion toute différente, je me trouvai contraint par le même démon secret à enfreindre pareillement les mêmes mœurs de l'amour courtois, à l'égard d'une autre personne qui m'honorait des mêmes bontés. À quoi bon la décrire ? Ou définir un lien dont la trame est sans importance ? Il suffira de savoir qu'un soir d'été, ma porte s'ouvrit avec violence, et l'Objet d'alors, dans sa forme splendide, mais la plus orageuse, apparut, bouleversé, et la voix déchirante me jeta dans un flot de larmes :

« Voulez-vous m'épouser ? »

Comme la fleur d'agave lance sa réponse explosive, « Non », fut-il dit avant d'y avoir pu penser, avant que j'aie pu être, consciemment, pour rien dans le monosyllabe inhumain.

Une union civile ou même religieuse n'avait rien d'absurde entre nous. Si rien ne la conseillait, rien n'était pour nous en détourner. Mon amie était fille, libre, portait un nom honorable. Ses ressources ajoutées aux miennes nous auraient fait faire figure ; la douceur de son caractère, son esprit facile, pratique, enjoué, auraient composé un intérieur agréable. L'idée ne m'en avait jamais traversé l'esprit, ni pour oui, ni pour non. Mais, en vérité, sur le plan d'intelligence et d'affection où tout était traité entre nous, depuis que la liaison durait à notre vif agrément, tout aurait dû m'astreindre, non par

---

[187] *Tapin* au sens de « celui qui bat le tambour » est donné pour désuet dans les dictionnaires. (n.d.é.)

devoir, mais par plaisir, par soin de son bonheur, à de moins blessantes répliques. Il eût été facile de laisser à l'Objet le temps de m'expliquer à quelle exaspération l'avait jeté une pénible scène de famille dont elle s'était échappée pour courir à moi. Plus encore que nos égards mutuels, mon goût, mon naturel exigeait toutes les formes dont ne s'était pas soucié le brusque et rogue *non*, que je rougis d'appeler mien, car il l'était fort peu.

Un tout petit peu d'un chloral quelconque, qui aurait pu couler à flots, serait facilement parvenu à dégager les termes d'un refus indolore. Mais mon Plaisir profond avait reçu un choc trop vif, mon Déplaisir avait été trop violemment secoué, et, ma déflagration ayant tout cassé (ou j'en avais grand peur) j'en éprouvai une humiliation plus que mortifiante. Elle le vit. Essaierais-je d'une reprise ou d'un regret ? Elle sentit que non. Mais peut-être aperçut-elle aussi que je venais d'être absent de moi et qu'un sosie intérieur avait fait tout le mal. Elle resta longtemps assise dans la nuit, immobile et cherchant avec désespoir le mot, le signe, le regard atténuant le coup porté. Cela ne vint pas, mais pourquoi ? Avions-nous cessé de nous convenir et de nous désirer ? Nos yeux se consultaient. Nos lèvres s'approchèrent et, sans affecter de la consoler, je la pris dans mes bras, je lui prouvai tout ce qu'elle m'était, en lui faisant subir et goûter les vérités profondes d'amertume et de joie, auxquelles elle ne résista point, bien qu'elles fussent accrues de son trouble et du mien, aux échos prolongés de la double initiation.

Le non ne fut ni retiré, ni enveloppé, ni expliqué.

Et, cette fois non plus, il n'y eut pas séparation immédiate. Même il y eut des reflambées, qui nourrirent de mémorables mélancolies. Sa pensée, qu'elle avait mordante et lucide, malgré sa douceur de cœur, revenait assez volontiers sur cette incroyable et inacceptable aventure et, à chaque retour, elle me protestait (en quoi je la croyais sans peine) que, jusqu'au soir fatal, jamais rien n'avait été rêvé en elle pour l'orienter vers l'offre mal accueillie. Elle était venue me la faire, les mains et les genoux tremblants, toute brûlante de l'insupportable chagrin dévoré chez les siens. Et, encore un coup, le mot dit tout, c'était une « surprise » qu'elle s'était faite à elle-même en me l'apportant...

« À surprise, surprise et demie ! » concluait son triste détachement. Peu à peu, le *non* nous revenait à l'un et à l'autre. Il nous poursuivait comme un glas. Nous ne nous regardions pas sans l'entendre.

Le secret du réflexe me fuyait néanmoins. Ce fut longtemps après, lorsque ce pauvre fruit du petit amour déhiscent se fût enfin laissé tomber de l'arbre effeuillé, une fois la saison courue, et bien courue, la longue saison ! alors, et alors seulement, il me fut donné de saisir à quoi avait tenu ma décharge de brute... L'Objet avait vu juste, le coup ne lui avait pas été porté du milieu de moi. Des êtres plus anciens avaient parlé pour moi. Il leur avait suffi d'infiniment moins que le temps du monosyllabe pour me faire sentir qu'il n'était pas possible de mêler aucun des miens, aucun de ceux dont je sortais, à un être dont je n'avais même pas été le premier amour. Dans leur vieille maison, mon père et ma mère ne s'étaient jamais figuré leur bru autrement qu'en jeune fille intacte. Le nom qui n'était pas à moi seul ne pouvait servir au soin trivial de régulariser une rencontre de Paris. De toutes ces profondes et lointaines raisons, pas une ne m'avait été distinctement articulée, car je les aurais discutées. Ce qui m'en avait été intimé n'était qu'un cri : « Ne fais pas ça », jet péremptoire de mon Déplaisir, autrement radical, inconditionnel, indépendant de tout motif, que les plus catégoriques impératifs du bon père Kant. Mon instinct somnambule avait couru d'autant plus vite et plus droit devant moi, dans le sens des principes, qu'il ignorait tout de la route et des jalons, s'il y en avait ! Quelqu'un le guidait. On le préservait, quand il fallait. Mais qui ? J'y ai beaucoup pensé. Une idée que je croyais éteinte, en même temps que s'éteignaient mes préjugés de classe ou de culte, avait donc persisté en moi. Ou j'étais resté à elle, au point de ne pas demander mon propre avis sur un avenir qui était pourtant le mien ? Des ascendants éloignés, ayant tenu à un certain genre d'honneur dans leur vie, parlaient en moi plus haut que moi, ou tout cas assez haut pour m'imposer tout à trac leur puissant refus collectif...

Nous nous trompons donc bien sur notre Nature ? C'est que nous nous la figurons comme le simple passé, dans le chœur qui nous a fait naître. Ce n'est pas faux. Mais en d'autres cas, la même Nature, bien en avant de nous, occupe notre avenir et le remplit. Car tout autant que l'Origine, elle est le Terme. Ce sens secret est bien élucidé en latin. S'il n'y avait dans la Nature que le point de départ, la langue ne dirait que Naissance, Nation, Nate ou Née ! *Natura* est un participe futur, ce qui naîtra doit naître, mais dessiné avant de naître, ou, peut-être mieux, en vue d'être. Qui voudra penser sa Nature en prononçant ce mot mêlera donc à sa Causalité propre une insondable Finalité. Elle est ma mère ? Oui ! Mais aussi ma règle et ma reine. Et aussi l'attrait de mon Dieu.

Donc, ce Dieu naturel avait eu soin de moi, tout comme mon songe éveillé. Si des noces absurdes m'avaient été épargnées, je ne le devais pas à un autre que Lui.

Le dernier épisode qu'il reste à rapporter, un peu délicat par lui-même, est bien celui auquel il me faut repenser avec le plus de honte. Mais, sans ce nouveau coup de frein qui illustre les autres, l'essentiel de ce que j'esquisse ne serait pas pénétré.

Je ne dirai rien d'inutile.

Le plus grand, le plus cher, le meilleur ami de mon adolescence et de ma jeunesse, seul Parisien que j'aie jamais tutoyé, a bien failli, là, devenir ma victime directe. J'ai manié contre lui et je lui ai presque tendu un stylet mortel. Bien que ce comble de misère m'ait été épargné, je ne saurais me consoler d'en avoir admis la macule, tout au moins le temps d'y rêver.

À douze ans, le Parisien Michel N... et moi nous étions trouvés aux bains de mer qu'il venait prendre sous les Maures. De vacances en vacances, de courses de colline en parties de canot, pour resserrer le lien de ces premiers plaisirs, une étonnante similitude de nos goûts intellectuels s'était déclarée. Il m'apportait les livres nouveaux, les directions connues de maîtres illustres. Nous en débattions avec fureur, mais pour tomber en plein accord. Puis je le rejoignis. Il était d'un Paris plus sain que celui où je me plaisais à me décomposer, mais je l'y attirai sans mauvaise intention, pour la simple commodité de vivre plus près l'un de l'autre. Il s'y fit tout de suite une amie très singulière. C'était une fort belle Anglaise de plus de trente ans, qui, à la différence des filles de son île, conservait sa fraîcheur de fleur. Sous une magnifique chevelure d'un châtain sombre, brillait le plus suave, le plus pur, le plus ambré et diaphane teint de rousse, aux dégradations nacrées et dorées, à la souple peau de reptile qui me l'avaient fait nommer l'Hydre blonde. On ne l'appelait plus qu'ainsi. Sa ligne et son pas étaient serpentins, ne marchant pas, glissant, sinuant, sans jamais défaire sa courbe. J'avais, moi, pour amie, une enfant de la balle, piquante Montmartroise, fruit des amours d'un guitariste espagnol et d'une danseuse napolitaine. Cette dure et douce Gaétane était l'amie de l'Hydre blonde ; amie très amie, trop amie, ni l'une ni l'autre ne s'en cachait. Michel ne pouvait l'ignorer. Il n'en parlait jamais, pas même à moi, mais, je crois, sans cesse à lui-même. Il en souffrait comme de la tare de son amour, qui était grand. Le goût très vif que Gaétane m'inspirait ne l'était pas assez pour me donner aucun ombrage de ses ébats avec son Hydre. Le piment de l'anomalie aiguisant la curiosité, il m'arriva de presser Gaétane sur leur mystère, et le bavardage ne resta pas entre nous. Sans préjugé, sans foi ni loi, l'Hydre blonde voulut savoir jusqu'à quel point un autre type de Français pouvait s'amuser de ce qui rongeait son Michel. Ainsi se forma-t-il un secret circuit de demandes et de réponses entre nous trois. Elles n'étaient ni jalouses ni désireuses des ténèbres, comme c'est le cas d'autres servantes du même rite. Le goût de l'impure lumière les rendit même de plus en plus confiantes et loquaces. Ce qui n'était pas dit était souvent écrit, non sans une ingénieuse élégance. Le jour fut, qui devait être, où l'on proposa de me mettre en tiers dans le jeu ; non seulement je n'y répugnai en rien, mais j'acceptai avidement, ivre ou fou ! L'heure fut prise. Michel faisait un long voyage.

Je n'oublierai jamais la couleur de cette heure, fauve, glauque, un peu pourpre, charbonnant de mes frénésies. Tout n'y respirait qu'impatience. À ce qui aurait pu me modérer, me retenir ou m'avertir s'opposaient, comme un tison qui flambe, la méprisante inattention, l'insensibilité arrêtée. Je ne marchais ni ne courais à cette infamie, j'y volais.

Chemin faisant (et je sais très bien, j'ai su depuis, que, pendant la course, Michel, invisible et présent, courait à mes côtés sans que j'en eusse le soupçon) aucun des souvenirs sacrés qui auraient dû affluer pour s'insérer entre mes images lascives et leur crapuleux accomplissement, aucun ne trouva l'énergie de jaillir et de représenter quelle souillure j'allais braver. Ne parlons pas de scrupules de moralité. Mais qu'avais-je fait de la pensée de mon premier ami ? Où s'était-elle perdue ? Depuis de longues années, on nous qualifiait de Gémeaux de l'Esprit. Pas un poème aimé, pas un système étudié, dont il nous fût possible de parler sans ébranler les mêmes ondes du cœur. Nous avions mêmes maîtres, scoliastes, et intercesseurs familiers. L'Espagne, l'Italie et la Grèce avaient été courues ensemble. Depuis des années, nous nous retrouvions chaque jour, comme dans notre temple, au rez-de-chaussée du Palais de nos Rois, pour arpenter les salles de la sculpture antique, pour y penser ensemble, souvent sans rien nous dire, les yeux à peine ouverts au contact de grands rêves et de formes sublimes, entre Milo et Samothrace, ou dans la petite salle grecque, sous les figures de la frise, ou, dans la galerie latine, devant la longue vibration muette de l'Orateur romain ou sous le faux César, d'une si humaine tristesse ! Moins avides de peinture, nous montions assez souvent revoir quelques Rembrandt, les Rubens de la Grande Galerie ou Vinci, Poussin, Lorrain, Giorgione, Raphaël, au Salon Carré.

Cela nous perçait jusqu'à l'âme. Devant les *Noces de Cana*, « écoute, me chantait Michel, on entend la musique ! » Devant le *Miracle de saint François-Xavier*, il appelait le Christ au ciel un Jupiter tonnant, et la longue jeune femme au voile d'or, pliée sur le cercueil : « Vois, disait-il, comme elle est souple et qu'elle est fine ! Le bel arc que l'on bande et que l'on débande ! C'est la Gauloise et la Druidesse ! C'est notre femme de l'ouest. Elle est la fleur et le feu de l'amour français. »

Nous ne redescendions jamais sans détour vers la vitrine des Tanagres et des Myrrhines, que Michel avait sa façon d'honorer et de saluer :

« Vois sur ce rocher, dans sa cape romaine, ce vicomte René-François de Chateaubriand, mais âgé de deux millénaires. Et voici une petite Écossaise en toque de fourrure, amazone de Walter Scott, Diana Vernon[188] peut-être, quelque deux ou trois cents ans avant Jésus-Christ !

— Mais, Michel, si c'était du faux ? La fantaisie de quelque modeleur ultra-moderne ? Ou la fraude d'un conservateur trop malin ?

— Impossible, Denys ! Tu ne peux récuser ces témoignages certains de l'éternité, de l'identité (si tu veux) de la vie. L'Homme ne cesse pas ses résurrections. Eh oui ! Partout ? Ne le sens-tu pas ?

— Mon cher Michel, on sentira tout ce que tu voudras, mais tu as beaucoup trop d'imagination pour un être d'aujourd'hui !

— Je n'en ai pas du tout, Denys, je n'ai que du cœur, mais « du cœur par-dessus la tête », comme chantait notre Laforgue. »[189]

Et c'était ça ! Le cœur de Michel. Oublier sa figure et jusqu'à son nom, soit ! Pas son cœur ! Pas ce bûcher de l'amitié vibrante et parfaite, se régénérant lui-même comme un phénix. Mais je n'avais en tête que mes deux perverses, je ne sentais plus que le vent qui m'emportait à elles, leurs noms qui m'agitaient comme une paume folle, vers le petit appartement trop parfumé que l'Anglaise habitait rue Blanche. Et grimpant les degrés quatre à quatre, comment seraient-elles vêtues ? me demandais-je. Le seraient-elles seulement ? Rien ne tenait au cœur que cela. Oui, cela seul, ma vérité, ma fureur... Je sonnai. Elles vinrent ouvrir en se tenant par la taille comme deux sœurs, et réunies par la légère écharpe dont chacune tenait un bout. Dans leurs strictes robes de ville qui me réservaient l'agrément de les dévêtir, elles me firent la plus grave des révérences.

---

[188] Héroïne de *Rob Roy*, roman de fiction historique de Walter Scott, publié en 1818. (n.d.é.)
[189] Jules Laforgue, 1860–1887, poète décadent, apôtre du « mal de vivre ». (n.d.é.)

Le petit goûter servi sur une tablette portait son éternelle tisane anglo-chinoise, rehaussée de fruits de Provence, de gâteaux de Paris et d'un flacon de Xérès, comme on n'en trouve plus que derrière la Madeleine. On s'assit pour faire un peu salon, en s'entre-regardant sans trop d'embarras. Gaétane menait grand bruit de sa joie, tandis que l'autre sifflait doucement dans sa langue en murmurant je ne sais quel *sweet, sweet*, douceurs de promesses bien assurées. Mais on ne prit pas l'offensive qu'on attendait de moi. Mon immobilité subite parut les démonter. C'est que, placé devant un portrait de Michel, je l'avais vu se voiler brusquement et céder la place à une ombre noyée de larmes, tandis qu'une lourde chape de glace coulait sur moi et me délivrait des appels de la tentation ; l'ombre de mon ami, qui avait accompagné ma folle course sans se révéler, en était épanouie maintenant de toutes ses ailes pour me faire honte de ce qui m'était apparu si désirable en esprit et me devenait impossible en action. L'Hydre blonde crut à un jeu. Ce n'était pas un jeu. Elle approcha. Je reculai. Ne me prit-elle point aux épaules ? Je fis le mouvement qu'elle n'attendait point. Mon obscure et sincère Nature versa des onctions alternées de révolte et d'horreur sur l'idée d'une joie, la plus douce des joies, qui m'aurait obscurci le visage ému de Michel. La surprise des jeunes femmes s'était accentuée, je la sentis trop vive pour me permettre de les quitter, j'aimai mieux m'en expliquer enfin à demi-voix, et je fis mon aveu comme du plus inavouable péché, ajoutant même une vérité idéale :

— Là, voyez, il est là !

Interdite, l'artificieuse étrangère fut la première à se reprendre. Elle adopta le ton moral de son pays :

— Bravo, Denys ! À votre place, cher, je ferais absolument comme vous.

— Absolument, moi aussi, à sa place !... Un peu penaude, Gaétane faisait l'écho.

Je n'eus pas l'esprit de lui demander, pour l'instant, quelle était au juste sa place. La tragédie trop bien réglée ôtait ses droits à l'ironie. Elles tendirent angéliquement deux belles mains que je baisai avec dévotion. Nous bûmes, grignotâmes, causâmes. La triple loyauté jurée à mots couverts emporta les rites du crime, l'objet de la rencontre était perdu de vue. Je fus un monsieur chez deux dames. Sans accroc, ni signe suspect, nous conversions de nos amis, de nos pays, Côte d'Azur, Île brumeuse, Montmartre aussi ; l'Hydre voulut nous chanter une romance de Shakespeare, que ni Gaétane ni moi n'étions de force à suivre d'un peu près. Elle se rabattit sur l'*Epipsychidion*[190] de son Shelley, qu'elle prit sur une étagère et qu'elle traduisit à livre ouvert, en s'aidant à peine de Rabbe[191], dans la perfection du langage, de la poésie, presque de l'accent de Paris. Le soir était tombé, la nuit venait, le poète touffu présidait au banquet spirituel de l'amitié sauvée, plus douce en son triomphe que toutes les félicités. Un même allégement nous avait conduits plus haut que l'éther. Neuf heures sonnaient. La servante de l'Hydre ayant été congédiée pour notre liberté, je les menai dîner au restaurant italien le plus proche, et, Shelley tintant aux mémoires, on commanda du vin d'Asti en l'honneur du noyé de Boccadarno et de son bûcher tyrrhénien. L'Hydre fredonna la romance des Cenci : « Faux ami, le verra-t-on sourire ou pleurer... » J'en crois être bien sûr, le faux ami n'était pas moi. Ni l'une ni l'autre ne paraissait mortifiée, mais, à la porte de l'Anglaise, Gaëtane se pendit à mon cou : « Dis, laisse-moi cette nuit ! Tu ne veux pas ? Permets ! » Je répondis que Michel ne permettrait pas. Elle se résigna à rentrer avec moi, et je fis de mon mieux pour lui en ôter le regret.

La hideuse et douce journée ! Tout y avait failli crouler, jusqu'à la dernière pudeur, par mon fol amour de l'amour ; tous les crimes étant commis en pensée, ou en rêve, deux biens émergeaient. Rien n'avait été *fait* et rien ne serait *su*, ni *subodoré* de Michel, nos amies ayant fini par comprendre *ce qu'était* notre honte, et même par la ressentir. Il ne sut rien. Mais l'idée fixe le rongeait. Il ne pensait plus à son Hydre sans des crises de désespoir. Ses tortures s'aggravèrent quand peu à peu, dans le rapide oubli de mes prédications, l'on se fut remise à le gaver de confidences assassines. Trois mois à peine se passèrent. Il se tua. L'Hydre blonde me fit horreur.

Un atroce remords n'empoisonna point ma douleur. Je pris du goût et de l'estime pour mon petit sursaut final, trop final. Seulement, je me demande à qui en revenait, en définitive, tout le mérite ? À mon camarade inférieur Déplaisir ou (ce qui est tout comme) Plaisir, car ni ma tête, ni mon cœur, ni ma pensée, ni ma volonté n'auraient été fichus de tenir un instant cet héroïsme à prix réduit.

Avez-vous vu danser un bouchon sur la vague ? L'affaire découvrait, non sans joyeux étonnement, que je n'étais pas le simple bouchon et valais au moins d'être comparé à ces carrés de liège auxquels sont suspendus nos filets

---

[190] Poème autobiographique de Shelley, composé en 1821. (n.d.é.)
[191] Félix Rabbe, 1840–1900, traducteur de nombreuses œuvres de la littérature anglaise. (n.d.é.)

de pêcheurs. Eux aussi dansent sur le flot. Mais sur les hauts et bas de l'onde, d'invisibles petits cylindres de plomb leur sont liés de place en place pour sous-tendre tout le réseau. Où étaient mes lingots de plomb ? Et combien en avais-je ? Je l'ignorais, mais ils étaient bons. L'aventure fut oubliée bien avant d'avoir pris le temps d'en méditer le sens, et je restai bien aise de savoir par expérience que quelque chose me défendait de dériver à n'importe lequel des lieux bas et des points de dégradation. Beaucoup de mes camarades ont dû reconnaître le même bienfait par les tractions du petit métal caché sous l'eau sombre. Ils ont dû se dire comme moi : « Et voilà comment, n'ayant été que dix fois plus faibles et plus mauvais, nous ne nous sommes pas perdus mille fois ! »

On peut prendre en pitié ce prodige d'indifférence en ce qui touche au Ciel des Causes et des Raisons. Mais il me faut bien y saluer un rare état de grâce, maintenant que je sais qu'on en sort, et comment !

V

La mi-été nous ramenait en Provence. Décor bien différent, et milieu contraire. Comme aux ondées de Paris, le beau fixe du ciel et de la mer, nous voyions succéder au tumulte des petites licences et des fortes perversités juvéniles un air spirituel autrement salubre et pur. La grâce un peu sévère des femmes qui nous entouraient ou que nous fréquentions ne livrait rien à l'équivoque. Une débauchée (hystérique, comme on disait par charité) pouvait difficilement franchir la lisière de nos promenoirs ; sinon, déclassée ou dépaysée, elle était retranchée et repoussée, au jeu spontané de l'honneur que voulaient se rendre chacun et chacune. Telle est la menue discrétion ambiante, ou était-elle alors, dans la classe bourgeoise de nos petites villes moyennes. Quoique soumis à des règles moins strictes, un garçon qui s'amusait trop pouvait être mis à l'écart s'il excédait certaines bornes, et l'on n'était pas très bien vu de trop frayer avec un fils X... ou un fils Y..., s'ils n'avaient pas consenti à modérer leur allure. Dès notre retour au bercail, ce coutumier tout matériel rétablissait un style, une tenue, un ordre moral, sans parvenir, je l'avoue, à en renouer les liens avec le for intérieur. L'hypocrisie, alors ? Nullement. Simple fin du cynisme. Cela n'est pas la même chose. Ainsi se rechargeait le premier fond de notre pouvoir éthique, et renouvelions-nous ce capital de virtualités qui n'étaient point de la vertu.

Il y avait encore mieux dans nos retours à Saint-Tropez. La grande ligne littorale, toute proche, nous mettait à courte distance de Cannes. Cannes, notre Mecque, Cannes, capitale de nos idées depuis quelques saisons, Cannes où nous pouvions répéter nos visites et parfois faire des séjours auprès du Chef de file de notre génération : le poète, politique, historien et géographe, Frédéric Amouretti.[192]

On venait le voir en bande, comme un maître à penser et un chef pour agir. Mieux défendu parce qu'il était mieux doué que nous, Frédéric Amouretti était resté croyant. Il avait échappé, sur l'essentiel, à nos grandes défaites. Ah ! ce n'était pas lui qui se fût donné le change sur le vrai nom d'une erreur ou d'une faute, ou se fût raconté qu'elle n'avait pas d'importance, ou qui eût oublié de s'en examiner. Bien qu'il fût de très bon conseil, il ne faisait figure ni métier de Mentor. Il lui aurait déplu de prêcher ou de remontrer. C'est à lui-même qu'il réservait les rigueurs de ses jugements. Son indulgence, belle quoique d'une expérience précoce, lui faisait calculer que nos égarements pouvaient n'avoir qu'un temps ; tout s'arrangerait par le cours des choses, leurs leçons, la propriété médicatrice de notre vie, cette grande institutrice, correctrice et modeleuse de l'homme, la vie qui, disait-il, arrondit les angles, bouche les trous, rabote les aspérités, borne les excès... Ô bel optimisme savant ! Il nous découvrait la volonté du ciel.

On se retrouvait donc nombreux autour de Frédéric. « N'avez-vous pas honte, lui disions-nous, de votre prénom germanique ? — Il a été latinisé par Mistral, nous répondait-il, et par Frédéric II Hohenstaufen, le troubadour païen et more de Sicile », et tout le monde admettait les doctes excuses... Cette année-là, sa maison était pleine. Un rendez-vous précis y avait été donné par deux jeunes Grassois, désireux de fonder une de ces petites revues qui sortaient de terre partout. Que devait-elle être au juste ? Comment la voulaient-ils ? Romane ? Mistralienne ? ils ne semblaient ni fixés, ni d'accord. Ils voulaient y introduire de tout un peu. Joachim Gasquet[193], qui avait déjà fondé à Aix deux ou trois de ces recueils littéraires, était un spécialiste du genre, on avait compté sur ses conseils, il avait répondu à l'appel. Paul Mariéton[194] était descendu de Lyon. De Paris, Louis

---

[192] Né en 1863, mort en 1903.
[193] Né en 1871, mort en 1922.
[194] Né en 1862, mort en 1911.

Bertrand[195] et de Martigues, Charles Maurras[196] apportaient aussi leur accord. J'avais fait comme eux. Les deux Grassois étaient ravis. Pour apposer une signature idéale au pacte de collaboration, ils nous avaient tous invités à dîner dans un cabaret illustre de la Théoule, et, faveur insigne des Dieux, une famille de Parisiens de passage, amie des Amouretti, voulait bien, après toutes sortes de prières et de résistances, d'innombrables recommandations et protestations de sagesse, consentir à nous confier, pour la fin de l'après-midi et toute la soirée, ses deux éblouissantes enfants jumelles, belles comme le jour, claires comme la mer, véritables statues vivantes qui, depuis une petite quinzaine, faisaient l'admiration, l'orgueil, la joie, la gloire, et l'on peut bien dire l'amour, l'amour-passion de tout ce pays de Cannes, pourtant blasé sur les beautés professionnelles des deux continents !

De crainte d'offenser ou d'offusquer des survivances, je m'abstiendrai de donner aux jumelles leurs noms ni les titres de leurs parents. Inscrivons tout court : Dulcinée et Ismène. Ces étranges surnoms nous avaient été suggérés par des analogies complexes, leur détail serait temps perdu.

Avec les deux Grassois, Amouretti et ses cinq amis, les jumelles formaient le dizain.

VI

Elles avaient un peu plus de vingt ans. Sans vouloir coiffer sainte Catherine, l'une ni l'autre n'était pressée. Elles tenaient à choisir, et profitaient du délai de la Vie pour la connaître un peu, se parer et s'armer pour elle. Bien que leurs longues tailles fissent songer à deux nymphes de Jean Goujon, personne ne leur eût désiré une demi-ligne de moins, tant cette majesté donnait de piment à la grâce, mais leur allure en recevait un petit accent de hauteur et d'éloignement. Comme dit à peu près la Chanson de Gaston Phébus[197], qu'Amouretti avait arrangée pour elles :

---

[195] Né en 1866, mort en 1941.
[196] Né en 1868, frappé de mort civile en 1945.
[197] Gaston III dit Phébus, 1331–1391, comte de Foix, vicomte de Béarn, passe pour être l'auteur de la chanson en langue d'Oc *Se Canto*, entonnée dans tout le Midi lors des fêtes et des rencontres de rugby. C'est le dernier couplet qu'aurait paraphrasé Amouretti :
Aquellos montagnos
Tant s'abacharan
Et mas amourettos
Se rraproucharan (n.d.é.)

« hautes elles sont, bien hautes ; elles se ploieront ! D'amoureuses brises, nous les fléchirons ! ». Nous ? C'était beaucoup dire. Marchant comme des reines dans une cour d'hommages, il y avait plus de la moitié de leurs huit compagnons qu'elles avaient oublié de voir. Eux-mêmes, dans la joie désintéressée de les contempler et de les servir, se souciaient à peine d'être vus de si haut ! Tout au plus si Dulcinée avait daigné accorder à Gasquet et à Maurras de menues, très menues faveurs, dont la plus rare était le privilège de leur offrir leurs mains pour gravir une pente à travers un bois d'oliviers, ce qui faisait naître un merci enchanteur, dont les jeunes gens ne finissaient pas de s'extasier. Le partage idéal des mêmes bonnes grâces ne leur inspirait aucun sentiment de rivalité, rites du même culte qui resserraient leur vieille affection. Par exemple, il n'aurait pas fait bon de se mettre entre Ismène et moi ! L'affaire était sérieuse. Elle dorait ma vie d'une lumière neuve ; je n'avais pas connu l'alliage du désir et de la tendresse avec un respect adorant. Depuis les quelques jours que, grâce à Frédéric, j'étais admis à la voir, elle avait bien voulu agréer, de ma main, un sonnet, deux ballades, quatre ou cinq chansons, dédiés sous des voiles à sa divinité. Mais elle me rendait indiciblement malheureux par la pointe de ses questions : qui étaient donc toutes mes dames ?... Il n'y en avait certes qu'une, à qui tout revenait... J'avais beau dire et faire, son doute moqueur me désespéra jusqu'à ce qu'un hardi regard planté droit dans ses yeux lui donnât à lire, comme au Livre, le loyal aveu de mon cœur. Ce qui la faisait s'enfermer dans un gracieux silence, lourd de songe et plein d'attention. La pente sur laquelle nous étions placés ne pouvait sinuer que du côté des fiançailles. Amouretti, consulté, jugeait que je serais bien vu des parents. Tout était d'accord. Nous n'avions, là encore, qu'à nous laisser aller au charme de la vie.

L'après-midi s'avançait, singulièrement belle et pure. Il était cinq heures. Sur le joli petit port de Cannes dansaient cinquante ou cent frais pavillons de bateaux de toute couleur, et la fin du jour les dorait. Entre le kiosque à musique et la rive, nous étions attendus par un somptueux char à bancs à deux étages. Je n'ai jamais compris que l'on éprouvât le besoin de donner un nom anglais à ces sortes de voitures, sous le prétexte que les bancs y sont parallèles à l'essieu au lieu d'y être perpendiculaires. Nous l'escaladâmes, et fouette cocher !

En haut, debout, touchant les cieux de son jeune crâne rose et pourpré, était Mariéton avec sa barbe d'or, roulant aux caprices de l'air ; l'une des nymphes assise à sa droite, l'autre à sa gauche, il prenait une pose rapportée d'Athènes qu'il copiait, nous disait-il, des prototypes de Zeus et de Poséidon. Sa canne oblique, qu'il tenait à bout de bras, formait avec son buste la circonscription d'une harpe. Son hymne intérieur s'était mis à flotter en draperie autour de lui. Il ne tarda point à faire éclater, en provençal, le *Chant du soleil*, vif et riant, puis la *Chanson de la coupe* religieuse et grave ; après la farandole, un psaume de David. Ce poète bègue chantait à ravir. Les indigènes de la bande, cocher compris, reprenaient au refrain, tous applaudissaient. Après les félicitations méritées au soliste, la douceur de l'air parfumé, l'enchantement du paysage aux vastes harmonies solaires et marines aiguillèrent la conversation vers l'art des poètes. Véritable délice, nous avions la fortune d'être présidés par deux jeunes êtres qui n'étaient pas seulement les amies de la poésie (comme toutes s'y croient obligées). Elles ne se contentaient pas non plus d'incarner leur propre poème ; l'affinement de leur esprit les avait ouvertes au culte, à la gloire et à la vertu même du Vers. Ces Naïades d'Île-de-France étaient maîtresses en Gai-Savoir. Au nom de la suavité non pareille de l'heure, et pour le juste amour des dieux de la patrie, qu'il ne fallait pas oublier, elles furent priées et suppliées de mettre notre promenade sous la bénédiction de quelques-uns de leurs chants favoris. Dulcinée choisit le beau *Pin* ronsardien, « Je plante en ta faveur », puis l'odelette « Versons ces roses dans ce vin, en ce bon vin versons ces roses… » Et elle eut soin de dire « *boivons* », comme le veut le dialecte vendômois. L'aimable poème bacchique ne put d'ailleurs placer sa dernière strophe sur ces lèvres de vierge, le Dieu s'étant mis en chemise, mais la coupure faite à point ne rendit la récitation que plus belle. Ismène, alors, nous accorda en premier lieu la modulation verlainienne « Voici des fruits, des fleurs… » à laquelle nul musicien n'avait touché encore ; ensuite, pour se couvrir du reproche d'oubli envers le saint Passé, sa voix nous caressa de l'ingénieuse élégie de Charles d'Orléans sur Bonne d'Armagnac, sa première femme :

> J'ai fait l'obsèque de ma Dame
> Dedans le moutier amoureux…

et la douce lenteur de ma récitante faisait mieux pénétrer ce tendre mystère de vie et de mort :

> Or elle gît sous une lame

> Faite d'or et de safirs bleus
> Mais safir est nommé la jame[198]
> De loyauté et l'or eureux
> Sy or et loyauté pourtraire
> Voulut en la très débonnaire
> Dieu qui la fit de ses deux mains

et le doux refrain déplorait « le trésor de tous biens mondains ! » Nos actions de grâce rendues et bien reçues par les Divines, Ismène, à son tour, nous somma de confesser et de montrer les chansons que nous préférions. Mariéton cita celles de Mistral dont il avait fini par se juger seul dépositaire et droit héritier. Mais il se tint quitte de déclamer, ayant chanté. Louis Bertrand fit entendre comme un cri de guerre : « Prose ! Prose ! et tant pis pour les vers, Flaubert !... À l'appui, il rugit la page célèbre où sont crucifiés des lions... « Hugo ! Hugo ! » cria Gasquet, et Maurras : « Moréas ! » Ferventes et longues disputes ! Elles ne s'apaisèrent que par la motion transactionnelle de l'un des Grassois : l'aimable Cour d'Amour fut priée de se rallier unanime aux deux vers dorés de M. Camille Doucet[199], alors secrétaire perpétuel de l'Académie française :

> Considération ! Considération !
> Ma seule passion ! Ma seule passion !

Les rires échangés du haut en bas du char à bancs étaient coupés par les deux vents de la course et du golfe. Les mots flottants, perdus, rattrapés, épelés, les vers scandés et renvoyés par-dessus les épaules jusqu'aux pieds des Jumelles et de Mariéton, faisaient un tel vacarme, dans un tumulte si vif que le brusque arrêt des chevaux faillit être mal pris, les Grassois protestèrent :
« On allait à la Théoule ! Nous n'y sommes pas.
— Non, dit Amouretti, qui ouvrait une porte au bord de la route. J'ai voulu montrer à nos Parisiens l'un de nos beaux jardins fermés. »
Dissimulé derrière de hautes murailles à la lyonnaise, ce jardin étendait, à perte de vue, jusqu'à la mer, un champ de tubéreuses que de jeunes paysannes ou de jeunes ouvrières récoltaient gousse à gousse pour les grandes

---

[198] Gemme.
[199] Camille Doucet, 1812–1895, auteur dramatique, élu à l'Académie en 1865, secrétaire perpétuel à partir de 1876. (n.d.é.)

parfumeries. La brise du soir se levait : la même, justement, qui évente « la verte allée » de la sultane mistralienne, « la petite brise de mer, la douce brise fraîche, qui, des tubéreuses, épanche l'odeur... » Hardi et capiteux, chaud, insistant et tendre, l'arôme du jardin se communiquait à la route, sans cesser de planer et presque de peser sur les rangées de belles hampes, les unes déjà dépouillées, la plupart encore garnies de capsules blanches aussi pures que du jasmin, mais d'une chair plus dure, élançant bien plus haut des ardeurs plus lourdes que l'air. Notre Gasquet n'y put tenir. Bien que la récolte fût vendue d'avance, son adresse et son éloquence, généreusement appuyées de tout l'argent qu'il eût en poche, lui permirent d'emporter une belle gerbe ; vingt-sept branches haut fleuries ! Remonté en voiture, il en donna neuf à Dulcinée, au chiffre de Ronsard, son chiffre. Ismène en eut neuf autres, au chiffre de Dante. Il garda les dernières sur ses genoux.

« Monsieur Joachim Gasquet doit compter sur une troisième passagère, fit observer Dulcinée.

— Ma foi, non, dit Gasquet. »

Il ajouta d'un ton de foi fervente à quelque déesse inconnue :

« C'est un "en-cas" ! »

Tout le monde éclata de rire, sauf Amouretti :

« L'enfant Joachim n'a peut-être pas tort. Je crois que l'en-cas n'est pas loin. Voici son heure, son endroit. Nous allons le joindre ou le voir passer. »

Personne ne savait comme Amouretti les détails, point par point et heure par heure, de la carte de son pays.

À Paris, sa mémoire magique lui permettait de nous réciter d'une traite des chapitres entiers des trois Bottins. Ce lui était un jeu d'énumérer, pour chaque voie qu'il fréquentât quelque peu, rue ou boulevard, tous les négoces et commerces qui la bordaient numéro par numéro avec leurs enseignes, de la chaussée aux derniers balcons, noms de marchands et de marchandes, sans omettre les plus difficiles à prononcer. Naturellement, il en savait bien plus long sur sa Provence. De Saint-Raphaël à Menton, il eût cité les moindres chemins, sentiers et raidillons, en disant où chacun menait, hôtels, villas, châteaux, oratoires, ermitages, quelles gens y passaient, quand, comment et pourquoi.

« Au prochain tournant, ajouta-t-il, nous allons voir la Menoune avec ses chèvres et son bouc.

— La Menoune ?

— C'est une drôle de sorcière. »

Il riait dans sa jeune barbe qui le faisait ressembler à maître François Rabelais.

VII

Ayant prié les jeunes filles de se boucher un peu les oreilles, ce qu'elles firent gentiment, il put raconter comment la Menoune était née d'un inceste, sa Juive de mère ayant enivré son propre frère pour le conduire dans son lit. Par sa naissance, ou autrement, la Menoune menait un train original. Elle aurait pu passer sa vie à pianoter, papoter, courir les thés, danser. Elle était seule et libre, avec de beaux biens au soleil, champs d'orangers et de citronniers, jardins de roses, de tubéreuses et de jasmins ; tous les grands produits du pays auraient payé ses caprices à la ville. Elle aimait mieux errer dans la campagne avec ses bêtes, sous la conduite d'un grand bouc malodorant, mais puissant et si beau, avec ses yeux de flamme, qu'on le lui donnait couramment pour mari. N'était-ce qu'une calomnie ? Ou pratiquait-elle le vice répugnant que Moïse imputa aux filles d'Israël ? Des paysans affirmaient l'y avoir surprise. Ils l'appelaient Menoune, ou la Femme du Bouc, *menoun*, en provençal. Elle ne l'ignorait pas, ce qui lui était fort égal. Elle était même assez instruite pour savoir que Tragédie signifiait le Chant du Bouc ; l'animal pouvait intervenir honorablement dans sa vie.

Une centaine de pas avant le cabaret promis, ce qui était annoncé se montra : les bêtes noires, fauves, blanches, leur étrange bergère trônant sur le talus.

C'était une fière et belle fille, taillée en cariatide champêtre. Elle était habillée comme une demoiselle. Son ouvrage au crochet était posé sur l'herbe, elle lisait le dernier roman de M. Marcel Prévost[200] et, pour comble de conformisme, elle avait sur les reins, très saillant sous la jupe, comme beaucoup de provinciales d'alors, le petit coussinet que l'on nommait « tournure » et dont l'office était d'accentuer, dans la ligne du dos, les charmes opposés au double fruit de la gorge qu'offrait un corset bien lacé. Modeste survivance, ou demi-revivance de la crinoline, mal vue de nos

---

[200] Marcel Prévost, 1862-1941, polytechnicien devenu homme de lettres, académicien en 1909. Au moment de la scène de la Théoule (entre 1890 et 1895), il connaissait une célébrité naissante grâce à des romans grand public consacrés aux jeunes filles dans la vie moderne d'alors. (n.d.é.)

garçons, les dames y restaient attachées, pour le plaisir d'un petit geste assez coquet : la tape géminée qu'elles administraient de chaque côté du postiche pour le remettre en place quand elles se levaient ou passaient quelque seuil. Et puis, dans l'embarras, pour entrer en matière, si l'on avait à s'expliquer, ce préambule de la tournure accordait la minute de réflexion.

Le char à bancs s'était arrêté devant la Menoune. Elle sauta sur ses pieds joints, en donnant à droite et à gauche les tapes rituelles, d'un air de liberté assez déshonnête.

« Bonsoir, lui dit familièrement Amouretti, bonsoir mademoiselle. Voulez-vous faire grand plaisir à ces messieurs et à ces dames ? Tout en prenant le frais, dites-nous la bonne aventure. On sait bien que personne ne s'y entend comme vous. »

Sans répondre, elle s'étira, parut plus grande d'une tête. Brune comme l'Érèbe, elle se taisait comme lui. Nous nous demandions lequel de ses soupiraux elle nous ouvrirait et quel air sulfureux en allait sortir. Mais la Femme du Bouc s'y prit fort doucement. Elle se contenta de faire aux jeunes filles, dont elle avait saisi les paumes gauches, deux ou trois devinettes qui établirent son crédit. Le ton était poli, le langage très châtié.

« Mademoiselle, disait-elle à Ismène, vous jouez du violon. »

C'était vrai.

Et à Dulcinée :

« Vous lavez des paysages. »

Encore vrai.

Et, comme elles étaient toutes deux en blanc :

« Mais, dit-elle à Ismène, vous préférez le bleu. »

Et, à sa sœur :

« Vous, le rose, mademoiselle. »

Ce qui, de nouveau, touchait deux fois juste.

Les enfants, charmées, fascinées, se firent arracher la grande question féminine :

« Allons-nous être heureuses ? »

La voix de la Devinesse changea, s'étrangla, devint rauque et sombre. Elle-même s'assombrissait :

« Vous ferez un mariage d'amour, dit-elle pourtant à Dulcinée. »

Et, après une seconde d'hésitation, à Ismène :

« Vous aussi, mademoiselle. »

Les dames expédiées contentes, les messieurs s'étaient mis en ligne. Mariéton tendit sa main, qu'il avait large, grasse, ronde, toute sanguine.

La Sibylle prononça :

« Vous aurez des succès !

— Encore ! Mais lesquels ? »

Mariéton croyait avoir décroché son bâton de maréchal : directeur de la *Revue félibréenne*, chancelier du Félibrige, héros comblé d'un magnifique « envoi » de Mistral, à la fin du *Lion d'Arles* : « Mariéton, beau conquérant, toi qui as fait mon pays tien... » De ce zénith, comment imaginer de gravir d'autres cimes ? Il insista :

« Des succès littéraires ? Mondains ? Un mariage ? »

La Menoune n'ajouta rien.

Elle avait pris leurs mains gauches à Louis Bertrand et à Charles Maurras. Au premier coup d'œil :

« Vous serez de l'Académie ! »

Ni l'un ni l'autre n'avaient pris le temps de songer à l'habit vert. Heureux, ils s'éloignèrent bras dessus, bras dessous, en déclamant le vers du secrétaire perpétuel :

Considération ! Considération !

Elle s'était jetée sur la main de Gasquet. Beau comme Apollon, secouant sa crinière et sa barbe de clair soleil, il dévorait des yeux Menoune, qui le lui rendait bien.

« Vous serez poète. Un admirable poète... »

Et, avec des caresses de voix :

« Oui le beau, le très beau poète ! »

Mais Gasquet éclata :

« En serai-je un Grand ? »

Et sans attendre la réponse, il courut au char à bancs, y prit l'en-cas des neuf tubéreuses et revint en charger les bras de la Menoune, comme du frêle corps d'un petit amour nouveau-né.

« Si vous serez un grand poète ? reprit-elle. Mais, monsieur, vous l'êtes déjà. »

Assouplie, adoucie, attendrie par le bel hommage odorant, la Femme du Bouc, en bonne princesse, appela au suivant :

« Monsieur Amouretti, c'est votre tour ! »

Mais elle ne put prendre la main d'Amouretti sans y mettre des formes qui tenaient de la révérence et du recueillement.

C'est que, prophète dans son pays, il y vivait toujours dans la brume dorée de ses futures réussites, escomptées par tous les Cannois. À trente ans, secrétaire de Maurice Barrès, après avoir traversé chez Drumont la *Libre Parole* naissante, il était familier des grandes revues, où il avait plus que ses entrées, déjà de l'influence. Il y faisait écrire ses amis, plus qu'il n'y écrivait, tant par esprit de bonne camaraderie que par le goût de protéger, tendance naturelle d'un cœur de chef, conscience de destins exceptionnels. On n'ignorait pas que, dans les cafés du quartier Latin, le grand poète chef d'école, Jean Moréas, ne l'appelait jamais que « le seigneur Amouretti ». On savait que, sur la place Saint-Sulpice et près de la Madeleine, il faisait un détour pour éviter le marché aux fleurs. « Et pourquoi ? lui demandait-on. — Il y en a à Cannes ! » soupirait l'exilé. Aix, Maillane, Avignon, Saint-Rémy, Martigues, Lyon avaient gardé de ses passages un tracé lumineux, on se redisait ses vues, intentions et plans d'avenir. Ce qui n'empêchait point de faire circuler de subtils et charmants vers d'amour qu'il composait en provençal dans le pur style du meilleur XIIe siècle :

> *La flour qu a flouri dins voste cor*
> *Mai oudourouso que flour dis ort*
> *Meravihous dou mieu païs de Cano...*[201]

Une seule ombre à ces beaux feux : sa fortune n'allait pas assez vite pour le nombre et l'éclat des nobles espérances qui posaient sur sa tête, depuis ses dix-huit ans. Les esprits pointus en rendaient responsables certains traits d'une personnalité très accusée : royaliste ! fédéraliste ! félibre ! Toutes idées de l'autre monde dans un cerveau brûlé. La première fois que l'on avait parlé d'aménager Cannes en station estivale pour les Étrangers qui n'y passaient encore que l'hiver, Frédéric Amouretti était allé partout fulminant. Il avait même osé écrire dans son journal le *Réveil de la Provence :* « Je n'ignore pas que les Étrangers font la fortune de Cannes, mais les cochons font la fortune de Chicago et le charbon, celle de Saint-Étienne. Si l'on proposait à Saint-Étienne et Chicago de les débarrasser pour six mois, l'un de la crasse de sa houille, l'autre du fumier de ses porcs, ce serait accepté avec enthousiasme

---

[201] Soit :
> La fleur qui a fleuri dans votre cœur,
> Plus odorante que fleurs des jardins
> Merveilleux de notre pays de Cannes...

par Saint-Étienne et par Chicago. Et nous, Cannois, qui, de Pâques à Toussaint, n'avons ni charbons, ni cochons, ni Étrangers, nous serions assez bêtes pour en redemander ? » Ce fut un bel esclandre. Hôteliers, cafetiers, magasiniers, patrons de bateaux de plaisance, marchands de biens, jeunes proxénètes et vieilles catins, la mauvaise moitié de Cannes fut debout pour manifester sous les fenêtres du journal, réprouver et conspuer l'intempestif qui avait blasphémé le très fructueux négoce en voie de progrès. Ce jour-là, dit l'Histoire, les dames Amouretti eurent d'amères larmes sur ce caprice d'un fils et frère adoré, qu'elles voyaient déjà menacé d'un mauvais parti. Mais cela ne dura point. Le contre-courant s'était dessiné le soir même. Vers huit heures, la cuisinière hors de souffle se précipita au milieu du salon : « Madame, dit-elle à sa maîtresse, savez-vous ce qu'on vient de dire chez le boucher ? Que M. Frédéric est le plus fort de Cannes ! Qu'il est le plus savant ! » Ce soir-là, dit aussi l'Histoire, il y eut à la maison quelques beaux sourires pour l'enfant et frère chéri. L'opinion se tourna d'une pièce. Le jeune Frédéric fut aperçu sur la Croisette, en promenade et conversation familière, avec le plus grand historien de la France, celui qui est reconnu aujourd'hui pour avoir été le seul national, M. Fustel de Coulanges. M. Fustel s'appuyait sur le bras du jeune homme, en lui parlant d'un air de complaisance sérieuse qui avait ahuri les badauds et fait réfléchir les autres. L'incident se renouvela. M. Fustel avait souvent dit qu'il n'avait pas d'élèves. Cannes admirait, non sans orgueil, qu'il se fût ainsi découvert dans ses murs un disciple préféré. La mort ne permit pas au maître de prolonger l'intimité de ce patronage, mais il avait prouvé sa sollicitude pour le génie adolescent en lui assurant une bourse à la Faculté de Lyon.

Tout cela courait le pays et plus ou moins su de Menoune. Les belles mains, promises à la gloire, étaient donc scrutées, palpées, retournées avec une déférence mêlée de curiosité passionnée. Mais que montrèrent-elles d'inattendu ? Que leur manqua-t-il d'espéré ? Une transe la prit. Elle les lâcha soudain et se mit à bredouiller de vagues oracles, dont l'insignifiance fut contredite sur-le-champ, car, de ses troubles yeux où viraient les planètes du bien et du mal, la sorcière laissa tomber sur les doigts effilés, qu'il ne cessait de tendre, deux lourdes larmes qui coulèrent lentement.

Il essaya de plaisanter :

« Cette Menoune ! Toujours en rêve, donc ? Toujours en lune ! »

Elle n'était pas dans la lune. Ou c'était la lune infernale qui pointait vers nous des cornes sinistres. La Menoune ne pouvait pas nous cacher ce qu'elle voyait : notre ami, saisi du mal qui le guettait, et le caveau qui s'ouvrirait, sur les pentes dorées de Californie ![202]

L'angoisse, qui avait fini par gagner Frédéric lui-même, me tenait aussi à l'écart. Emportée du désir vagabond de régler notre compte à tous, la Menoune sauta sur moi. Mais, dérogeant au premier style, l'étrange fille ne se borna plus à émettre un verdict heureux ou sinistre ; elle l'étoffa de considérants inconnus :

« Le triangle de votre main n'est pas mauvais, dit-elle. Le pouce, le mont de la lune, le doigt du soleil ne sont pas mal, vos lignes sont bonnes aussi et Mercure encore, mais, là, sous le doigt du milieu, cette saillie, ce mont, Saturne, et, à côté dans la plaine, à droite, cette fourche à deux pointes, tournées en haut, c'est ce qui gâte votre affaire, Monsieur ! Vous ne manquez pas de ressources, la tête et le cœur y sont, la force physique même, ça ne vous servira absolument de rien. »

Les jumelles s'étaient un peu éloignées, entraînant Amouretti, pour le tirer des idées noires. Par un reste de chance, ma chère Ismène n'était pas là. En sorte que je ne me sentis pas trop affecté de ces malédictions, au détail desquelles je n'entendais goutte.

Mais la Furie, me secouant comme un poirier, poursuivait la longue chanson malévole.

« Rien, je vous le dis, vous ne ferez rien. Vous ne pourrez rien faire... »

Je n'avais élevé aucun des « pourquoi » de mes camarades, qu'elle avait si bien bousculés ! Aussi me régalait-elle de ses « parce que », de quel ton de courroux hostile !

« Mes signes ne me trompent pas. Ils sont simples, Monsieur, je vois comment vous êtes fait. »

Son regard me parcourut de la tête aux pieds. Ensuite, elle clama mon crime :

« Vous n'en avez jamais assez !

— Cette Menoune ! dis-je à mon tour. »

Elle me laissait moins inquiet que surpris. Ce portrait fait de moi était pour moi nouveauté pure. Je ne m'étais jamais aperçu de n'en avoir jamais assez ! De quoi, d'abord ? Et puis, avoir ou n'avoir pas à soi, qu'était-ce pour quelqu'un qui ne se soucie pas de ce fameux « soi » ou « moi », et qui l'ignore à fond ? Être et avoir, ces deux verbes fondamentaux m'étaient aussi étrangers que leurs illustres pairs : faire ou agir. Encore, quand j'étais agi, le

---

[202] Le quartier de Cannes appelé ainsi, bien entendu. (n.d.é.)

sentais-je ? Être, je n'étais rien ! Avoir ? je n'avais rien ! Alors ? Quelles avidités voulait donc m'imputer notre magicienne ? Fantaisie ? Prise en grippe ? Pour y songer, je m'allai promener de long en large sur le chemin. Mais tout à coup éclatèrent derrière moi, d'autres cris, sur une cadence d'horreur... Ayant repoussé les mains unies des deux Grassois, la Menoune avait ramassé son crochet, son livre, ses fleurs, en plus d'un bâton noueux que nous n'avions pas vu, elle s'enfuyait au galop, sa tournure brinquebalante, et proférait de confuses imprécations. Chèvres et bouc couraient après... « Qu'est-ce qu'elle a ? » disait Gasquet, un peu déconfit. Comptait-il la faire dîner avec les jumelles ?

Il se lança comme un jeune faune dans le sillage odorant du bouc et des fleurs ; il crut les faire revenir en s'emparant d'un petit bicot attardé. Elle revint, le bâton haut, l'injure aux dents et le grand bouc, les cornes basses pour la bataille. Gasquet n'insista point et retourna vers nous, tandis que bêtes et pastoure s'enfonçaient vers la montagne dans une poudre d'or au soleil couchant.

Nous essayâmes de savoir ce qui avait bien pu être déchiffré dans les paumes de nos Grassois. Ils s'expliquèrent fort mal de cette épouvante :

« Elle avait parlé de sang.

— Non, de mort !

— Peut-être de sang et de mort », dîmes-nous, très conciliants. Ils ne s'accordaient qu'à se contredire.

À pas de loup, Gasquet tenta d'approcher Melle Dulcinée. Elle se retourna brusquement, et montra un visage de glace et fermé à sept tours. L'ingénieux en-cas de tubéreuses serait-il jamais oublié ?

Deuxième partie
La vie

> « Notre âme est jetée dans le Corps où elle trouve nombre, temps, dimension... »
> Pascal.
> *Nosto-Damo de Vido...*
> Cantique de saint Blaise à
> Martigues.

I

Tous les dix, nous tenions la tête un peu basse en prenant le sentier qui montait vers le cabaret. Mais le beau soir levé derrière nous, ses grandes ombres transparentes et, déjà, ses larges étoiles ne tardèrent point à chasser le malaise flottant.

Nous devions manger dehors. On avait, pour attendre, servi des apéritifs turinois et marseillais dans le salon assez vaste donnant sur la terrasse et sur la mer. Nous nous prîmes à causer et à plaisanter ; bientôt, personne ne voulut plus croire à de mauvais sorts, chacun apportait en objection le sarcasme ou l'exemple d'un trait de faux augures. Ismène et Dulcinée nous invitaient à leur double mariage d'amour, on supputait le bel avenir de la Revue nouvelle, et l'on pointait, pour rire, les titres à l'habit vert de Bertrand et de Maurras, en leur qualité de moins de trente ans, puis l'on promit d'aller en bande aux séances de réception. La conversation cessa d'être générale, le dizain se défit en deux ou trois petits anneaux qui se rejoignirent, puis s'égaillèrent en nouveaux apartés. Enfin, un brouhaha, des voix, des coups... *Pan ! Pan !* C'est Maurras qui vient de claquer Mariéton, et de le reclaquer, et qui veut en remettre.[203] Qu'est-ce que c'était que ça ? On craignit que

---

[203] Louis Bertrand, dans ses *Souvenirs*, fait allusion à cet incident. Dans *La Riviera que j'ai connue*, où il le rapporte, il l'attribue à cette boutade de Mariéton devant la mer : « Regardez-moi ça !... Une immense friture ! » Et quand la page, publiée par la *Revue Universelle*, fut reprise dans *L'Action française* par M. Bernard de Vaulx, ce dernier nota : « Maurras nous avouait hier qu'après quarante années révolues il n'avait pas encore éprouvé la titillation du moindre remords ».

Mariéton n'eût commis quelque gros impair. Le Chancelier du Félibrige s'était borné à émettre la prétention de lire d'autorité, sinon de force, dans les mains de Melle Dulcinée. Agacée, la jeune fille s'était éloignée de son air de reine. Mais, de son œil « qui voit et entend tout »[204], Maurras n'avait rien perdu de la scène, il l'avait complétée, et sa première violence l'ayant mis en train, il jetait au pauvre Mariéton toutes les réflexions désagréables que la Provence entière murmurait derrière son dos : « Que faisait chez nous cet intrus ? Ce métèque de la Provence ? Cet homme du Nord qui exploitait et ridiculisait le félibrige ? Ici, bien souvent, nous avions eu pour hôtes des Lyonnais, des Montbrisonnais distingués, les frères Tisseur, les Victor de Laprade ! Eux, savaient se tenir et se faire honneur. Leur amitié nous rendait fiers. Mais ce *Mariéton, ton-ton, ton-taine*, comme chantait le bon Roumanille ! »

    Vaqui Marietoun 'me sa cancellarié...

Il faut avouer que Mariéton n'a pas eu de chance avec le félibrige et sa Chancellerie. Vingt ans plus tard, à l'issue d'un banquet à Lunel, si ce n'est à Saint-Gilles, pendant que l'on scandait : « Nous sommes tous des amis, nous sommes tous des frères », Mariéton était assailli par le charretier-poète Laforêt qui le bourrait de coups de poings et de coups de chaise. En quoi Laforêt se montrait aussi injuste que Maurras. Mariéton n'avait pas mérité ces indignités. Qu'il ridiculisât le félibrige, c'était une forte exagération ; qu'il l'exploitât, une erreur. Il était sans méchanceté. Lorsque Moréas écrivait : « Mais je hais plus que tout le stupide indiscret », il se montrait bon moraliste autant que grand poète. Le défaut mariétonesque était un peu d'indiscrétion. Il croyait avoir acquis et même conquis ce qui lui avait été prêté ou donné généreusement. Pétri de bonnes intentions, il avait de quoi les remplir ; de l'esprit naturel, de la verve, un talent de causeur, de chanteur, de prosateur et de poète, comme en fait foi plus d'une strophe de son *Hippolyta*. Il perdait beaucoup par ce petit trait irritant.

 Mais, étant allé plus loin que son droit, Maurras avait résolu de se donner tous les torts. Ayant outragé après avoir frappé, il en était venu à exiger des excuses ou une réparation par les armes. On lui représentait que l'incontestable offensé Mariéton, seul, pouvait demander à aller sur le pré, et le pauvre n'y songeait guère, alors ? Tant pis, tant pis. Maurras n'en

---

[204] Anatole France, préface des *Alpes aux Pyrénées*, de Paul Arène et Albert Tournier.

démordait pas. À force d'en faire un cas de conscience à la chevalerie provençale de Gasquet, à l'amitié parisienne de Louis Bertrand, il les décida à porter son cartel. Les négociations parurent épineuses. Elles ne furent pas très longues. Mariéton arriva de son pas dansant, et les mains tendues :

« Cher ami, tout est oublié.

— Rien du tout, je n'oublie rien. Faites-vous, oui ou non, les excuses que l'on vous a demandées pour moi ? »

On commençait à comprendre que Maurras n'était si exigeant que pour Dulcinée, car Gasquet paraissait, lui aussi, y mettre bien du zèle. Se voulant homme du monde, Mariéton le fit voir ; il revint déclarer d'un ton léger qu'il accordait tout ce qu'il lui était impossible de refuser. Mi-rechignant, mi-ricanant, Maurras donna la main, et l'on alla dîner.

La jeune fête n'en était pas encore gâtée. Face au grand ciel criblé d'étoiles et à la mer ouvrant sa rose de ténèbres, d'où s'élevait un vague murmure onduleux, on s'attablait devant les plus vertueuses langoustes à l'armoricaine qui eussent été cuisinées sur la Côte d'Azur. On voyait arriver de la poutargue de Martigues, en avant de quatre grands loups grillés au fenouil ; on saluait une couronne de pintades et de perdreaux du pays, que l'on mangeait froide avec du pâté de Strasbourg en croûte, arrosé de grands coups de Tavel glacé, de Châteauneuf-du-Pape, couleur de pourpre liseré d'or, amer et chaud comme il convient à sa noble vieillesse, sans compter un mousseux qui, venu de Bourgogne et non pas de Champagne, n'en conduisait pas moins aux septièmes cieux. Les deux Grassois avaient bien fait les choses. Tout d'une voix, Bertrand, Gasquet, Mariéton, Maurras s'écrièrent : « Malheur ! Daudet n'est pas ici ! » On but à sa santé et cette libation de regret à l'ami Léon dut apaiser les dieux jaloux, s'il en rôdait près de la table. Quelle incomparable soirée ! Les dix-huit tubéreuses de Joachim, que les Jumelles avaient couchées dans l'étroit intervalle des lampes long-voilées, faisaient flotter sur un nuage d'allégresses physiques l'âme céleste des parfums. C'est alors que survinrent de noires figues de la montagne niçarde, flanquées de figues-palmes mordorées de Martigues, de grappes de panses muscades de Roquevaire, de roux melons de Cavaillon.

« Les pompons de Ronsard, mademoiselle Dulcinée ! » criait Gasquet, à qui l'on ne daignait ouïr. Puis, des grenades, des jujubes, et des azerolles, composant le plus provençal des cortèges. Quelqu'un proposa de redire des vers... « Non, chantez-les ! » ce fut le cri.

Mariéton, toujours en voix, oublia ses disgrâces et les fit oublier en nous modulant les douces étoiles aubanéliennes, « heureux celui qui pour étoiles a deux beaux yeux... » Gasquet proposa « Magali », puis la détailla versets, répons, jusqu'au dernier, sans arrêter de quêter les beaux yeux lointains mais languissants de Melle Dulcinée, qui promirent de la pitié. L'infidèle Gasquet fit pourtant bien de renoncer pour l'heure à la moindre avance. La jeune fille s'était tournée vers Amouretti : « Ne nous disiez-vous pas, l'autre jour, chez maman, qu'il existait une merveilleuse romance d'un de vos poètes que l'on chante, je crois, sur le petit air à trois notes,

> Que le temps me dure
> Passé loin de toi...

Vous ajoutiez que cette musiquette recevait des paroles provençales de l'ardeur et de la grandeur ?

Dulcinée s'arrêta et, le regardant bien :

« Comme je voudrais les entendre !

— Vous les entendrez certainement, mademoiselle, mais ne serait-il pas permis alors de vous prier de la grâce d'une autre merveille ? Oh ! chantez, chantez-nous : « Mignonne allons voir si la rose... » comme on la chantait du temps de Ronsard, il n'y a que vous pour cela.

Devenue toute rose, Dulcinée menaça du doigt le délateur, l'appela traître et fit ce qu'il voulait. Elle nous confia le grand rythme linéaire et floral qui porte en quelque sorte l'âme de son siècle, en prolongea sur nous la langueur et les pointes dures. Nous remontions chez les Valois, nous marchions dans le sang des luttes religieuses et civiles, nous voyions Cassandre et Marie, Sinope et Hélène illuminer, plus que la Rose, le Sang du deuil et de l'amour. Il s'était fait un long silence au bout duquel Amouretti suivit l'ordre de Dulcinée. De sa voix faible, qu'il avait très juste, il chanta *Palinello* dans les deux langues, il fit sentir combien la sonorité de l'accent, le coloris des voyelles muettes, le flambeau de l'idée, le sens passionné de l'image, élargissaient le halo de cette bluette et demeuraient sensibles jusque dans la traduction :

> D'une étrange flamme
> Au fond de la nuit
> Des étoiles, l'âme

> Allume les yeux.
> Étoiles ni lune
> Ne font tressaillir
> Comme de ma brune
> Les grands yeux pâlis.

Lune, étoiles, beaux yeux... Comme pour obéir au pressant appel d'une voix humaine, il s'opérait au-devant de nous un changement à vue. Un rideau s'était abaissé. Un voile, grand comme le monde, en fut aussi troué, déchiré, mis en pièces ; les puissantes torches stellaires, au-devant desquelles il était tendu, elles-mêmes baissaient sous une lumière majeure qu'attisait, au-delà des chaînes du Levant, des derniers contreforts de l'Alpe, une pleine lune d'or pâle, dont l'orbe épanoui s'élançait à toute vitesse, puis, se modérant, obliquait et tremblait pour se balancer de droite et de gauche, comme une hache claire aux mains d'un sacrificateur fatigué. Le metteur en scène sublime affectait cette lassitude sur le spectacle qui redoublait de grandeur et de majesté. Le golfe, ayant cessé sa longue émotion murmurante, étendait une blanche nappe de gloire sur laquelle couraient, du nord au sud, d'innombrables sillons, d'ineffables sourires, parallèles versets de chants d'ordre et de paix, de concorde et de mansuétude. Nous nous taisions, perdus dans les silences de la complaisance et de l'admiration, vaincus et pénétrés par une sorte de fraternité panique, où chacun se fuyait pour se retrouver dans autrui. Reversement divin des âmes dans les âmes. Comble de leur plénitude dans leur fusion.

Il est toujours redouté par les hommes d'invoquer le nom du Bonheur quand il n'est pas tenu en de fortes mains. Mais nous l'y tenions, nous. Bien ! Pour toujours ! Sans qu'il eût touché à son terme, puisqu'il persévérait dans son mouvement... Or, tout d'un coup, *pan ! pan !* C'étaient les troisième et quatrième claques de la soirée. Tous les yeux se portèrent sur Mariéton et Maurras qui se tenaient sages comme des images à leur place ; loin de recommencer les hostilités, ils s'étaient laissé dompter par l'amitié lunaire et la tiédeur douce de la nuit. Les coups venaient des deux Grassois. Au milieu du recueillement général, sans que personne y eût rien vu, ils s'étaient pris de querelle obscure, et l'on cherchait à quel propos.

L'un des deux jeunes gens avait-il parlé légèrement de mon Ismène, que l'autre passait pour aimer sans se l'avouer ? Alors, simple rallonge à la scène d'avant-dîner ! Mais on soupçonnait autre chose : le premier Grassois entretenait une liaison à Cannes ; le second, qui n'en savait rien, n'avait-il pas médit de cette belle dame ? Troisième version : le désaccord ne procédait-il du partage des attributs directoriaux dans la future Revue, peut-être des parts de capitaux à y engager ? Quel moraliste l'a bien dit ? Tant qu'il y aura entre eux une femme, une idée, ou une pièce de cinq francs, les hommes ne cesseront pas de se battre. Mais la littérature ajoute à la férocité naturelle des hommes. Nos écrivains en herbe avaient fait succéder des coups de poing aux claques, leurs cannes avaient joué, s'étaient brisées, on s'était pris à bras le corps. Pour séparer les furieux, il fallut l'effort réuni des six robustes jeunes gens, en équipes de trois. Encore, contenus, ne se calmèrent-ils point, bien que Mariéton et Maurras eussent essayé de leur enseigner la sagesse avec plus d'éloquence qu'aucun de nous. Ils disaient :

« Quelle déraison criminelle ! Quelle brèche on ouvrait aux béatitudes de l'heure ! À ces plaisirs demi-divins dont les Grassois avaient été les premières occasions et les auteurs directs ! Eux, nos amphitryons ! Nos amis honorés ! »

Leur dialectique puissante n'ôtait rien à l'acharnement. Les adversaires, séparés, ne cessaient de s'apostropher en se menaçant.

On vit alors une belle chose. Dans leurs tuniques blanches, teintes de lune rose et de clair de lune bleuâtre, comparables à deux suivantes de Psyché, ou pareilles à Titania elle-même, les deux belles enfants, s'étant levées de table, quittèrent la zone éclairée, et sous la feuille transparente d'un vieil et vigoureux tamaris, vinrent se placer entre les combattants, et leur voix menée comme un chant, se mit à louanger la paix, la très sainte paix de la Nuit. La belle Nuit qu'ils polluaient. La Nuit, qu'ils abaissaient à la triste taille des contentions bestiales de l'homme. La Nuit supérieure aux colères et aux vanités. Surtout quand elle étend sous la lune divine le chemin argenté, formé de flottilles de songes, qui appelle l'union et l'entente des âmes en lui déléguant ses chœurs d'amitié. L'espace de la Nuit verse au monde un lait transparent qui apaise et console, sous le linceul où se compensent ses jeux de demi-ombre et de demi-clarté. Par la Nuit, dans la Nuit, sur une ligne indiscernable, Terre et Ciel s'entrebaisent, au joint mystérieux que leur offre la Mer, d'un attouchement immortel ! Pourquoi donc offenser le saint sacrement de la Nuit ? Elle réunit tout. Notre cœur la profane dès qu'il décline à la rupture de l'amour.

Improvisé, sous la pénombre, ce lent duo dépassait de beaucoup les mesures de la querelle. L'anathème explicite atteignait, foudroyait, et pulvérisait tout principe contraire à ce que l'Heure provoquait de naissances bénies ; la communion nocturne nous délivrait insensiblement de nos maux, de l'excuse des maux de l'Homme, quand il s'est vu chassé de son « Un », le berceau natal.

Devenues à peu près invisibles, manifestées uniquement par les gloires de leur douceur, les deux incantations redoublaient le progrès de la prière aveugle, anxieusement appliquée en cadences propices, par lesquelles toucher les dures natures humaines, en ce denier degré où raison et folie, tendresse et fureur cohabitent cruellement ! Aussi les belles mains se faisaient mendiantes, les beaux yeux s'unissaient au secret des ténèbres, aux larmes de la voix. Il pleuvait de l'éther un vol d'esprits aériens pour implorer l'accord désiré de toutes les sphères. Comment fût-il resté une macule tolérable à ce monde purifié ! Quelques heures après que la Femme du Bouc nous eût fait respirer les brandons de l'Enfer, le ciel de l'innocence abaissait sur nos cœurs le double pavillon des Justices et des Pitiés.

Nous nous faisions l'application magnifique de ce mystère. Nos Grassois, un peu oubliés, avaient graduellement cessé de se débattre, où nos remontrances n'avaient rien obtenu, sans doute saisis par le charme ! La raison peut convaincre, c'est le rythme qui persuade, et celui-ci était d'une incomparable beauté. Les sœurs revinrent en silence dans le cercle éclairé, plus rayonnantes que nous n'avions cru les voir jusque-là, car elles éprouvaient, épanchaient, recevaient encore, non la surprise, mais la joie des combattants rendus à eux-mêmes qui se mettaient à exprimer des regrets de bon goût et même à s'embrasser pour trouver une contenance. « Ne croyez-vous pas, me dit Amouretti, que Mistral a raison, tout doit arriver pour un bien ? Comme c'était beau ! — Oui, dis-je. Non malgré eux, par eux, cette affreuse bataille nous demeurera, surmontée de cet étincelant diadème lunaire et de cette couronne de pierreries chantées. »

Maurras conclut selon sa mode que ça *valait bien ça...*

On avait prudemment convenu de ne pas toucher, après le café, aux flacons de liqueurs servies en grand arroi. Les gentils Grassois s'éclipsèrent pour aller régler. Quand ils revinrent, leur visage durci recommença de me déplaire. Quand on eût regagné le char à bancs, ils annoncèrent d'une voix timide qu'un léger souper nous attendait à l'hôtel. On leur rit au nez ; nous sortions de table ! Au dodo ! Ce refus parut les soulager ; mais, sous le clair de lune qui nous pâlissait tous, l'un comme l'autre était livide.

Minuit sonnait quand nous passâmes devant l'église du Suquet. À peine arrivés, les Grassois saisirent le prétexte des mauvaises rencontres nocturnes pour quitter le gros de la troupe et escorter Amouretti, qui accompagnait les jumelles chez leurs parents, un peu hors de la ville. À leur porte, Amouretti entra. Eux, prirent congé et restés seuls, marchèrent côte à côte dans l'ombre, baissant la voix et puis l'élevant peu à peu. Quatre bourgeois qui maraudaient en rupture de foyer passèrent par là. Ils surprirent dans le vent quelques mots échangés :

« Entendu !

— Entendu !

— Derrière le kiosque à musique.

— À six heures.

— Six heures... »

Les clairs de lune d'été allongent nos veillées. Les cafés de Provence ferment tard ; les jeunes gens purent courir et fouiller nombre de salles où l'on buvait encore.

Ils mirent la main sur deux anciens quartiers-maîtres de la flotte, qui se donnaient aussi pour d'anciens prévôts d'armes, et sur deux rastaquouères dont le linge valait mieux que la réputation. Cela suffisait bien pour ce que voulaient nos Grassois. Comment purent-ils se procurer à cette heure les deux paires d'épées restées indispensables ? On trouve ce qu'on cherche. Chacun cherchait la fin de l'autre. Ils y accoururent tout droit.

À six heures et demie du matin, vers l'entrée de la Croisette, un facteur en bécane allait prendre son service à la poste, lorsqu'il aperçut, dans le fossé, entre des touffes de joncs marins, deux jeunes corps parfaitement embrochés, ne respirant plus, encore tièdes. Les quatre témoins, entrevus de-ci de-là, s'étaient volatilisés comme autant de sylphes. Ils n'ont plus été retrouvés. Feu leurs clients avaient dû avoir la main large.

Lorsque, à midi, les survivants de la Théoule se rencontrèrent au nombre de huit sur le port, ils n'eurent qu'un nom à la bouche : la Menoune. Était-elle forte ! Comme elle avait flairé en bête, douze heures en ça, le sang frais de deux jeunes corps ! Trop délicat et trop sensible, comme toujours, Amouretti trouvait le moyen de se tourmenter de reproches. Au départ des deux sombres fous, n'avait-il pas entendu ou rêvé d'entendre une menace qu'ils se murmuraient, comme un morceau du verbe tuer à la première personne de son futur ? Les Jumelles protestaient n'avoir rien saisi de pareil. Mais lui, avait-il été sage, se répétait-il, de laisser ainsi la colère et le crime cheminer en liberté dans la nuit ? N'aurait-il pas eu le devoir de les suivre pour s'interposer à tout prix ? On finit par l'obliger à convenir qu'il n'y aurait rien pu. La Mort est la plus fine quand elle nous veut bien. Son coup double était arrêté, la Menoune l'avait bien lu.

Il est vrai que, depuis ce jour, la même lecture fatale avait fait entrer plus loin que ma tête, au profond de mon cœur, les deux syllabes qui n'y avaient jamais bourdonné jusque-là :

« Et moi ? Et Moi ? »

Y ont-elles assez résonné, depuis !

II

Ce fut à partir de ce jour que le train de mon existence commença de se retourner. Somme toute, du songe où l'on m'a vu errer, vagabonder, ai-je couru tout droit à la cruelle initiation du principe delphique, Connais-toi, et comment ! Par ses cris de demi-sauvage, d'une moyenne prise entre l'Homme et la Bête, la Femme du Bouc avait dardé sur moi le trouble de son œil. D'elle seule date cette naissance en moi d'un personnage conscient et pourvu d'un naturel défini (ou à définir, puisqu'il se recherche) doté d'un avenir utile ou inutile, lié de la chaîne d'un Sort.

Du même coup, m'avait été nécessairement retirée la grâce de l'Âme légère :

> Divin Tityre, âme légère comme houppe
> De mimalloniques tymbons,
> Divin Tityre, âme légère comme troupe
> De satyreaux ballant par bonds...[205]

L'âme légère qui ne connaît pas de souci de soi ! L'âme au pouvoir magique de côtoyer l'abyme[206], d'en mépriser le risque, l'âme ivre et tenue droite aux seules lignes de son pas... Tous ces biens d'autrefois étaient restés à la Théoule, d'où je rapportais deux flèches aiguës, l'une pour me percer, l'autre pour empoisonner ma blessure. D'une part, j'existais, j'étais moi, et de moi je ne ferais ni ne tirerais rien qui vaille, quelque chance ou moyen que m'en eût départi le ciel. Et d'autre part, fatale raison de la catastrophe,

---

[205] *Églogue à Paul Verlaine*, de Jean Moréas.
[206] *Sic*. Déjà l'on n'employait plus guère cette orthographe, simple variante d'*abîme*, que dans l'expression « mise en abyme ». (n.d.é.)

cette avidité sans mesure m'était découverte ou prêtée, de mon désir de tout, de n'en avoir jamais assez...

J'aurais souri gaiement de Mme Freya[207] et ri de la dame de Thèbes. Leurs vaticinations auraient glissé sur moi. Mais la Menoune ! C'était sérieux. Comment fanfaronner après les vérifications lumineuses de la Croisette. Qu'elle se trompât sur mon compte, je n'avais aucune raison de le penser. Elle avait pris la peine de me détailler le nom, l'emplacement et la valeur des signes manuels qui réglaient tout. Avant le dispositif, les motifs, comme au tribunal ! J'avais été même le seul à jouir de cette faveur !

Ces motifs m'intriguaient comme ils m'obsédaient. Que pouvaient bien être des figures d'astres attachées à des mains humaines ? Ce Saturne, et son Mont, ce Mercure, ce doigt du Soleil ? Et le trait double et fourchu tourné en haut, qu'elle avait décrit ? Il fallait bien me rappeler aussi avec quelle facilité elle avait deviné les goûts des Jumelles, après leurs talents. Puis, quand elle avait abordé le thème de leur avenir, même heureux, nous l'avions vu changer de visage, elle montait sur le trépied. Qu'est-ce que tout cela voulait dire ?

Les lumières que je cherchai et trouvai alors me feront ouvrir une parenthèse.

Je m'étais plongé dans Desbarolles[208] et les autres auteurs qui connaissent de ces mystères. Je lisais les écrits juifs, demi-juifs, pseudo-juifs, car pour mieux relier leur doctrine à la Gnose et à la Cabale, il y a des chrétiens du genre Éliphas Lévi[209] qui se sont déguisés en Juifs, ce qui fait que beaucoup de leurs éclaircissements ressemblent à ceux de l'abbé Bremond sur la poésie ; ils obscurcissent tout, compliquent et confondent tout. Mais certaines distinctions s'y laissent entrevoir.

D'abord, il y a deux sciences de la Main. L'une ne concerne pas mon affaire. C'est celle qui étudie la main comme le pied ou comme le visage ; sa structure, son expression élégante ou rustaude, sa forme vive ou lente, sa légèreté ou le poids de son jeu, qui en définit le sens esthétique ou moral, au

---

[207] Valentine Dencausse, 1871-1953, célèbre chiromancienne, pratiquant sous le nom de *Madame Fraya*. Maurras se permet un anachronisme ; elle était encore parfaitement inconnue au temps de la scène de la Théoule. (n.d.é.)

[208] Adolphe Desbarolles, 1804-1886, auteur d'ouvrages sur la chiromancie. (n.d.é.)

[209] Alphonse-Louis Constant, 1810-1875, d'abord séminariste, devient après une longue période d'errance une des grandes figures de l'occultisme. À partir de 1854, il publie sous le nom d'Éliphas Levi de multiples ouvrages sur la Kabbale, l'ésotérisme et les arts divinatoires. (n.d.é.)

jugé de l'œil qui la voit et de l'esprit qui la comprend. Cette physionomie de la main compose une science très profane qui porte aussi le nom de Chirognomonie.

La Chiromancie est tout autre chose. Elle ouvre notre paume, et de préférence la gauche. Là, comme d'un pays dont on lève la carte, elle démêle les sillons, les dépressions, les éminences, lignes, plaines et monts, lesquels ont des significations très diverses.

Car tantôt ils me disent ce que je suis, et tantôt les mêmes signes sont prétendus me révéler ce que je serai. Nous préjugerions de l'essentiel en commençant par admettre que de mon caractère dépend mon avenir, car il n'en dépend qu'en partie. Ma naissance fait ma nature, c'est-à-dire ce que je suis prédestiné à être, caractère profond qui ébauche ma destinée, une destinée à laquelle je suis apte ou promis, mais, pour qu'elle soit réalisable, il faut l'aide de circonstances, stimulantes ou nourricières. Or, celles-ci sont hors de moi. N'étant plus dans mon corps, elles ne peuvent être dans ma main. Notre vie coule au confluent de notre moi et d'un non-moi immense formé des choses et des personnes dont nous avons besoin pour nous maintenir ou nous compléter. Les rencontrerons-nous ? Ne les rencontrerons-nous pas ? Ce n'est pas de nous que cela dépend. Nous pouvons les connaître et les appeler, il ne peut être inscrit en nous que nous les trouverons. Ma main annonce-t-elle l'art de bien placer une balle, comment pourrait-elle prédire que mes partenaires ne la placeront pas mieux que moi ?

Donc, pas de confusion. La question du futur doit être réservée sans être résolue, nous le verrons bien. Occupons-nous d'abord de voir s'il est vrai que la main puisse être dite le miroir de l'âme, que mes dispositions les plus secrètes y soient réfléchies, qu'on puisse y lire mon caractère comme à l'œil nu ? Si cela est vrai, une autre question se pose : comment cela l'est-il ? De nombreuses expériences renouvelées, vérifiées, établissent sans doute qu'une ligne ou un mont révèlent avec constance et régularité l'existence d'une aptitude qualifiée ; il reste à comprendre que ces vertus incorporelles soient distribuées dans tel ou tel coin de cette partie de mon corps, plutôt que dans tel ou tel autre. En termes savants, le fait de leur localisation n'explique pas de quel droit tel canton de ma main correspond à tel canton de mon caractère ?

Nous écartons de trop ridicules réponses. L'esprit de domination et d'ambition serait exprimé dans le développement du mont de Jupiter parce que ce mont est placé sous l'index et que l'index est le doigt qui commande, le doigt du chef. L'index ne se borne pas à commander. Il indique, il enseigne, il devrait signifier les talents du maître d'école. Il juge, il condamne, il dénonce. Ce serait alors le doigt du délateur ? ou du magistrat ?

On dit encore : la colère, l'esprit de querelle et de guerre se révèlent au Mont de Mars, parce qu'il est placé à la percussion de la main, avec quoi le coup est frappé ; en quoi ce coup est-il belliqueux plus que justicier ? Si l'on voulait rire, hors de saison, l'on ajouterait à ces vues pénétrantes que le sens des sciences occultes appartient au mont de Mercure parce qu'il est logé sous le petit doigt, qui sait tout à la Comédie.

Ces grossières analogies sont des escamotages. Elles ne disent toujours pas pourquoi une ligne et un mont placés sous l'annulaire, servant à désigner les artistes et les poètes, usurpent ou méritent le saint nom du Soleil ; comment les monts et lignes placés sur le poignet, révélant des tendances à la rêverie et à la tristesse, reçoivent les influx de Notre Dame la Lune ; comment l'intensité de la vie physique a fixé son siège dans le trait qui circonscrit la base du pouce et comment il est dédié à Vénus ; comment, dans le plus haut des plaines de la main, la ligne horizontale naissant entre Mercure et Mars, cheminant des racines du petit doigt vers celles de l'index, est chargée d'exprimer nos affaires de cœur ; comment la ligne qui se développe entre Cœur et Vie signifie les capacités de l'intelligence... Pourquoi, ceci ici et cela là ? Là et pas là ? Où est la cause de ces liaisons ? À quoi cela tient-il ? Aucune relation n'apparaît entre ce compartimentage physique et les distributions des facultés de notre moral. Que, pourtant, en fait, la chose soit sûre, que la répartition soit certaine et réelle, j'ai dû m'en apercevoir tout de suite, il faut s'y résigner ! Sur l'épreuve de l'examen que chacun peut tenter, la répartition ne varie pas. Un grand vivant étale une plantureuse ligne de vie ; un intellectuel se fait reconnaître à sa ligne de tête ; un sentimental à sa ligne de cœur, droite ou en chaîne, selon qu'il est fidèle ou changeant. Telle est la chose, abstraction faite de la cause. Le doute cartésien simulé tout à l'heure n'est point soutenable. On est heureux d'affirmer le phénomène comme sûr, malheureux de ne pouvoir en rendre raison ; cela nous touche de si près ! Comment ce Réel, très réel, et qui l'est si bien, peut-il ainsi se déceler mystérieux à ce point ? On ne sait rien que par sa cause ou sa raison. Mais il les faut bonnes ! Les esprits de mon type ne supportent pas que l'on explique l'obscur par l'obscur, et qu'on se divertisse à surcharger la nuit d'un lourd supplément de ténèbres.

Nos Mages offrent leurs lumières. Ils sont bien aimables ! Comme nous voudrions qu'ils fussent dans le vrai quand ils nous racontent que l'organe manuel de la préhension et de la fabrication n'a qu'à s'ouvrir pour nous épanouir le ciel des étoiles ! Mais il ne suffit pas de donner des noms d'astres à des bosses ou à des creux ! Ou l'on déplace la question sans l'éclairer. Quand bien même les stations du Soleil dans ses maisons du ciel seraient reflétées dans un microcosme de chair, il resterait toujours à savoir d'où vient leur concordance avec notre psychologie, et vos belles interprétations sidérales piétinent ou tournent en rond. Les hiérarchies comparées de l'ossature du squelette et des satellites célestes procèdent d'arbitraires équivalents. Mieux vaut ne pas aller chercher midi à quatorze heures, car on ne ramène rien de si loin !

Mais redisons-le : l'inexpliqué, l'inexplicable ne nous délivrent pas du réel constaté, et voilà qui fait réfléchir dans un autre sens. Nous avons tout à l'heure suspendu notre jugement sur l'interprétation chiromancique de l'avenir. Nous l'avions exclue comme déraisonnable. Mais si elle revient à nous fortifiée des attestations du Réel ? Contre toute apparence ou vraisemblance, contre toute logique ou raison, ne se peut-il que les circonstances extérieures de notre avenir soient en fait, elles aussi, manifestées, gravées, dans nos lignes et dans nos monts, au même titre que nos secrètes idiosyncrasies ? Tout annonce que l'extérieur et l'intérieur sont deux choses. Et pourtant, si notre main et notre avenir n'étaient qu'un ? S'il était déjà possible de lire dans ce triangle fatidique le prénom de la femme que vous devez épouser dans dix ans, celui de votre meurtrier et la forme de l'engin qu'il manœuvrera ? Il est impossible d'expliquer comment de tels présages puissent préexister ? Soit ! S'ils y étaient tout de même ? Il faut bien qu'ils y soient de temps à autre ou qu'ils y aient été au moins une fois. La Menoune ! Sa réaction vociférante et sa fuite à la prévision des coups sanguinaires qui ne furent portés que le lendemain matin, et par de jeunes inconnus qu'elle avait lieu de prendre pour de bons amis ! Là encore me revenait le petit problème latéral suggéré par les attitudes de la visionnaire, égale et naturelle quand elle lisait les caractères, appliquant et m'expliquant avec un tranquille sourire les règles d'un petit Manuel portatif ou appris par cœur. Mais parlait-elle d'avenir érotique ou tragique, nous l'avons vu trembler et écumer comme la Sibylle. Il y a bien du vague ou du biscornu, parfois de grandes balivernes, dans les meilleurs livres des Chiromans, aux chapitres qui sont censés annoncer des accidents, des morts, des héritages, et la précision du signe allégué contraste avec la latitude et les fantaisies des cas nombreux auxquels il s'applique. Mais là, une question nouvelle peut surgir encore : avons-nous toujours affaire à un simple fait de chiromancie ? D'autres facteurs peuvent intervenir, d'autres arts plus secrets, d'autres sources d'information, d'introspection et d'intuition, dans le cas d'une pythonisse supérieure telle que la Menoune. Nos paumes ouvertes ont pu la mettre sur la voie de certaines éventualités subjectives, et par-delà ce premier avertissement, par d'autres moyens à nous cachés, n'a-t-elle pas suivi et saisi, sur des plans inférieurs beaucoup plus ténébreux, ses clartés personnelles et sous-jacentes ?

Abordons toute la difficulté de front.

Il existe d'immenses provinces de pressentiments, que tout le monde a eus ou aura, et dont les caractères sont extrêmement variés. Il existe en pointes vives ou obtuses les approches, les avant-goûts de tel ou tel des biens ou des maux destinés à affecter l'homme, et ces signes lui rendent le lointain ou le futur comme présents, alors même qu'il n'est point doué d'une sensibilité anormale. Les distances du temps disparaissent, celles de l'espace sont abrégées : que des êtres chers soient frappés, nous pouvons en être instruits à la vitesse de l'instant, fussions-nous séparés par des milliers de lieues.[210] Par quels fils et par quelles ondes ? Certains de ces agents de transmissions ou de suggestions merveilleuses forment un défi au bon sens. Les cartes ! Le marc de café ! Ou les simples rencontres suscitées par des coïncidences de noms d'hommes ou de lieux ! Cependant quelques-unes sont historiques, elles font trembler. L'une des plus connues est l'intersigne de Briand dénoncé par Maurras le 14 juin 1931, jour où le prétendu Pèlerin de la Paix, Aristide Briand, resservit aux combattants du Lot le gâteau empoisonné de son pacifisme homicide et massacreur, qui fut le même jour où le vieux maréchal Hindenburg, avec M. Treviranus et M. Loebe, lancèrent de deux villes allemandes[211] les propos de guerre les plus menaçants. Ce même jour, bourré des visées du destin, le positiviste Maurras avait frémi des pieds à la tête en lisant le naufrage du Saint-Philibert, dont

---

[210] Ici, Maurras renvoie ici le lecteur à un texte publié en appendice dans lequel il raconte comment, pendant la grande réunion publique de l'Action française à Luna Park en novembre 1924, il eut le pressentiment d'un malheur arrivant à son frère cadet, alors médecin en Indochine. Le lendemain, il recevait un câble de Saïgon annonçant le décès du docteur Maurras. La mort était survenue, compte tenu du décalage horaire, au moment même où Charles Maurras en eut la pensée. (n.d.é.)

[211] Marienbourg et Gleichwitz. (n.d.é.)

la catastrophe marine préfigurait, lui semblait-il, les sanglantes calamités attirées sur la France par *celui qui allait à la guerre sous le drapeau de la paix*.[212] Car, *primo*, ce coup de mer s'était produit en vue de Saint-Nazaire, pays de l'enfance et de la jeunesse de Briand ; *secundo*, six cents coreligionnaires et amis politiques de Briand y étaient engloutis ; *tertio*, l'un d'eux ajoutait à son nom le sobriquet de « pèlerin » ; *quarto*, le capitaine était un Olive, nom bien insolite en Bretagne, comme ce vrai arbre de vraie paix devait l'être partout en 1931 ; *quinto*, le navire avait sombré par une espèce de coup de majorité, les passagers s'étant portés tous à la fois du même côté ; *sexto*, le porteur du sobriquet « pèlerin » répondait en outre au patronyme « Briand ». Au scandale de beaucoup, Maurras revint trois fois sur cet événement, non sans se demander ce que devait présager au juste pour la patrie cet engloutissement subit de centaines de briandistes sur un bateau que conduisait un Briand. Quelques-uns en rirent. D'autres insinuèrent que l'intention de Maurras avait été de causer à Briand des inquiétudes sur sa propre destinée. Ils se trompaient. N'empêche que, moins d'une année plus tard, Briand s'en allait de ce monde ; moins de huit ans plus tard commençait la plus grande débâcle de notre destin.

Ces petites prouesses de hasard sont à la portée des observateurs ordinaires. Maurras avait dû s'inspirer de quelque souvenir de l'antiquité ; rien ne l'a préparé à l'esprit des prophètes, non pas même un agnosticisme connu. Mais l'inégalité des personnes humaines crée des individus singuliers, infranormaux ou supra-normaux, qui en savent plus long que les autres sur nos lendemains comme sur nos lointains, et ces originaux sont maintenant étudiés de près avec une certaine méthode. Il s'en forme, dit-on, quelque chose comme une science, qui essaie d'éclairer de ses faibles lumières la crypte des nerfs et du cœur. Mais elle en est à son aurore pleine de nuages. Il serait bon de la laisser à la troupe des sages, des mystes et des médiums. Pour le moment, c'est l'inconnu, presque l'inconnaissable et l'incommunicable. En attendant que nous soit ainsi construite, si nous ne savons le faire nous-même, une échelle de normes, distinctes et classées en ces vagues matières, bornons-nous à vérifier chaque prédiction chiromane d'après les faits ; s'est-elle oui ou non accomplie ? Le triple naufrage du Saint-Philibert, de Briand, de la France est un de ces faits. Les transes de la Menoune à la Théoule en est un autre. Cela nous réduit à peu. Nous ne saurons qu'un présage est juste qu'après la sanction de l'événement ; il

---

[212] Termes de Millerand au Sénat, en 1928.

s'agirait de la devancer, car après c'est bien inutile. Est-ce tout à fait impossible avant ?

Les profanes ne voient qu'un jeu de hasard là où paraissent s'affirmer au contraire les certitudes de la promesse et du rêve. Il n'y a qu'à prendre des notes, à les dater et à suspendre le jugement. Je rédige les miennes. Ici est mon calepin.

Le pronostic de mes défaites dans l'oracle de la Menoune sera donc vrai ou ne le sera pas. Je l'apprendrai à mes dépens. La vie me le dira. D'ici là ma raison désintéressée ne voudra tirer de l'analyse de ma main que des renseignements sur ma psychologie, que je n'attendais pas. Ce n'est pas rien. Et même, que le cadastre de mon âme et celui de l'âme d'autrui se dessinent sur ce parterre de dépressions et de renflements, c'est encore assez beau et bon pour m'instruire et me divertir ! Dans cette connaissance qui peut être importune et stérile mais qui peut avoir son emploi, je vais, j'avance et je me perfectionne selon l'art qui peut s'affiner. J'interroge les mains des gens connus ; toutes confirment ce que je sais déjà de leurs maîtres. Je scrute des mains d'inconnus, elles me valent des réponses dont une brève enquête me confirme la vérité.

Seulement par la force des choses, mon principal client et outil est moi-même ; sur le miroir de ma main il n'est pas très aisé d'être perspicace et lucide, faute d'être impartial ! Mes volontés, mes désirs, mes appréhensions latentes, mes vœux secrets sont là qui travaillent tous en travers du rayon de mes yeux et ni l'assistance des classiques de l'Art, ni même la résolution de m'en tenir au diagnostic pur et simple de m'interdire tout pronostic de mes lendemains, rien ne me satisfait pour délimiter certains points de fait, par exemple un tracé exact des présentes avidités de mon cœur. C'est pourtant cela que la Menoune a vu et nommé, du premier coup d'œil. Avec des explications circonstanciées.

« Vous ne pourrez jamais rien faire. Vous n'en aurez jamais assez ! »

Je puis me répéter mot pour mot ses paroles. Depuis notre rentrée, j'ai médité très sérieusement sur le trait bi-fourchu contigu à Saturne. Je crois en avoir découvert le sens précis : dégât de forces qui divergent au lieu de converger. Elles s'écoulent et s'épuisent sans pouvoir se satisfaire ; donc désir éternel, irrassasié, c'est bien cela. Oui, c'est cela, mais en quoi est-ce donc tellement mien ? Y a-t-il rien au monde de plus humain ? Telle n'est-elle pas la constante de l'universalité des êtres sentants ?

Mon ami Maurras ne s'en faisait pas pour si peu ! Notre grand Mistral lui avait envoyé un de ses livres qui portait en dédicace le calembour « *té ! maurras, manjo e bèn !* » *Tiens, mal rassasié, mange et bois.* Il en riait de très bon cœur. Ainsi peu à peu l'anathème de la Théoule m'apparaît sans doute plausible mais anodin, et je m'acoquine à cet aspect naturel de mon mauvais génie. En revanche (et j'avais beau l'exclure de mes raisonnements) je n'oublie pas l'érosion de l'*angor futuri* ; cette angoisse de l'avenir, rapportée de là-bas, me mord profondément chaque jour.

III

Cet hiver-là, je me suis mis à fréquenter une maison agréable et gaie. Elle appartient à l'un de ces Parisiens d'aventure qui, nés à Soliès-Pont ou à Saint-Jean-de-Luz, ont fait en Amérique une fortune qu'ils ne dépensent qu'ici.

Je ne désignerai pas trop mon amphitryon si je me borne à dire qu'il appartenait à l'aimable et curieuse tribu des Barcelonnettes, originaire de nos Alpes, qui a fondé à Mexico de vastes bazars florissants et qui se les conserve de génération en génération ; l'âge venu, et leur plein fait, ils convoquent des neveux et des cousins à les remplacer, et rentrent, avec des fils et des filles, dans la petite contrée alpine qu'ils enrichissent, décorent, embellissent, la couvrant de maisons et de jardins magnifiques. En général, c'est là qu'ils fondent leurs retraites pour n'en plus bouger. Quelques-uns se contentent d'y passer au bon air frais le gros de l'été. Ils hivernent au bord de la Seine jusqu'au Grand Prix, pour y revenir dès octobre. Mon Barcelonnette avait fait bâtir près de l'Étoile un petit hôtel assez spacieux, où recevoir les élites du haut commerce et de la moyenne industrie, et celles-ci, selon l'usage, y traînaient leurs grands amuseurs, ceux du Théâtre, ceux du Livre et du Journal, avec leurs acolytes habituels.

Je ne voyais pas les Barcelonnettes au titre de littérateur, mais en qualité de pays ; j'avais été avec leurs fils pensionnaire aux basses classes du lycée de Nice. Parents et enfants étaient fidèles au souvenir provençal. Le *Chansonnier* du félibrige était sur leurs tables. Les jeunes femmes et les jeunes filles de la maison ne chantaient que la vraie Magali, qui n'est pas celle de Gounod. Pourquoi faut-il que l'obsession qui ne me quitte pas m'ait fait parler, dans un dîner, des mystères de notre main ? « Vous lisez dans la main ! Vite ! Vite !... » Mes voisines de table étaient en l'air... C'est tout juste si tout le monde ne s'était pas levé pour venir tâter du sorcier. C'était le temps où la *Christian Science* américaine faisait fureur à Paris ; mes Barcelonnettes appelaient spiritualisme certain spiritisme ingénu. L'immersion mexicaine les avait préparés à mes diableries. À peine rendues au salon, une quinzaine de jeunes et jolies mains m'assiégeaient et me défiaient. J'officiai de mon mieux, et mes portraits moraux eurent quelque succès. Lorsque ces dames se hâtèrent de me demander l'avenir, j'eus la vaillance de refuser net : « Me prenait-on pour un charlatan ? » Je n'étais qu'un modeste psychologue au courant de quelques mystères. La réserve déçut, piqua, donna du poids à mes autres consultations, puis à certains avis pratiques dont il m'arriva de les faire suivre. En deux ou trois jeudis (c'était le jour des dames Barcelonnettes), je fus promu l'oracle de la maison et de ses parasites. L'un de ceux-ci, jaloux, voulut me susciter un rival. Il amena je ne sais quel élève de Papus.[213] L'outrecuidance de ce mage, son caquet et ses grimaces d'hiérophante, l'emphase qu'il y mettait, les sentences qu'il tirait, en râclant le fond de sa gorge, afin de mimer une manière d'hystérie, enfin ses prédictions, qui ne ressemblèrent pas à celles de la Menoune, me firent, somme toute, plus de bien que de mal. Il jouait un personnage, et faux. J'étais simple et sincère. J'étais prudent. Il dût quitter la place après une gaffe un peu forte, qui me laissa le champ de bataille. Cela me valut même quelques pointes dans des maisons amies où les Barcelonnettes me convoyèrent.

Ils restèrent mon centre d'opération. Un petit salon était réservé à mes études et à mes conseils. Les séances ordinaires avaient lieu devant tout le monde. Les mains examinées appartenaient pour la plupart à des personnes que je voyais pour la première fois ; je savais à peine leurs noms, rien de leur vie. Ayant mes auteurs bien en tête, tout à fait maître d'une expérience fraîche, il était rare de ne pas tomber à pic sur la vérité. Je ne restais jamais bien loin de ses environs. L'attitude ou le visage du témoin le mieux renseigné m'en rendait vite compte. Car l'on éclatait en bravos : épatant ! Comme c'était ça ! Le murmure favorable s'élevait aux cris de prodige. Mais le prodige n'était pas de moi. Il était dans la confession involontaire et naïve de ces petites mains, divinement vraies, qui tremblaient au bout de la mienne. Le prodige tenait aussi à cette science secrète, mais exacte, dont je

---

[213] Le docteur Gérard Encausse, 1865–1916, fut sous le nom de Papus le chef de file de l'occultisme en France. Il publia quantité d'ouvrages et fonda, entre autres, l'ordre martiniste. (n.d.é.)

n'avais que la demi-clef. Enfin, peut-être aussi, était-il méritoire, autant que prodigieux, d'avoir résisté de toute ma vertu aux tentations de vaticiner le futur...

Il m'arrivait de demander un huis-clos lorsque certains points délicats venaient à se poser, de manière ou d'autre. Le verrou était poussé. Seul à seule, je m'expliquai tant bien que mal, non pour exposer à la pénitente qu'un homme brun on blond était dans sa vie... J'ignorais tout d'une vie que l'on avait point sujet de me confier, mais j'avais entrevu, signifiés par des monts formels et des lignes patentes, tels sentiments, tels goûts, tels penchants, dont pouvaient user ou abuser, dans une conjoncture inconnue, des écornifleurs dangereux. Fallait-il m'en taire ? En le donnant à distinguer d'un peu loin, j'y mettais un accent de prémonition fraternelle, discrète, en quoi j'étais soupçonné de simulation. Plus d'une se disait que je savais tout, j'avais tout deviné ! D'autres, au sortir du même confessionnal, se demandaient si je n'avais pas voulu les faire parler. Comme je ne savais ni ne devinais rien, et ne me souciais de ne rien savoir, l'incuriosité dont on me savait peu de gré affermissait ma liberté. Que l'une me quittât presque courroucée, ou simplement fâchée, ou délicieusement émue et troublée du frôlement de quelque mystère, aucune n'était jamais tout à fait mécontente de s'être si longtemps et secrètement entendu parler de soi par un confident qui était le premier venu.

J'ai mis ceci au féminin. Car voilà un article où les hommes se font gloire d'être mieux en garde que leurs compagnes. Voire ! Quand j'avais très bien lu les grands traits du caractère de Madame ou de Mademoiselle, un sceptique de père, un frondeur de mari m'apportait de guingois une patte à expertiser : — Après tout, moi aussi ! Qu'est-ce que vous lisez là-dedans ?... Ma technique de l'économie et de la finance modernes n'était pas assez sûre pour en éclairer les recoins avec la même promptitude que je débrouillais les halliers et fourrés naturels des lieux communs de l'Éternel et de l'Universel féminins. À d'autres points de vue, c'était beaucoup plus simple ; il suffisait de tenir un vague compte dc certaines échéances. Là non plus, je ne fis pas de grosse erreur, et, le Dieu aidant, à égale distance de plaire ou d'irriter, je voyais la même approbation errer avec la même constance sur les sourires compétents des voisins, des voisines, des amis et des ennemis.

« Je vous prends à témoin, disait déjà Montaigne, si par cette science un homme ne peut passer en réputation et valeur parmy toutes les compagnies »[214]

L'excellent Barcelonnette me couvait d'yeux inquiets. Enfin, il éclata. Un jeudi, je prenais congé. Il me pria de lui donner quelques minutes dans son cabinet, où nous suivirent ses deux grands fils, mes anciens camarades : « Cher ami, dirent-ils ensemble, cette plaisanterie a assez duré. Voilà des mois, nous vous exploitons. Ma femme en est confuse. Vous nous sacrifiez vos heures précieuses, ainsi qu'à nos amis et aux amis de leurs amis qui ne vous en sauront aucun gré. Vous refuseriez un cachet, mais nous avons fait le compte ; mes fils, moi, quelques amis qui vous aiment beaucoup, voulons former un petit comité, de patronage si vous voulez, qui réunirait un tout petit capital. De quoi vous louer un pied-à-terre de ce côté de l'eau, faire face à quelques débours de publicité, payer un secrétaire-teneur de livres... Pour ouvrir la porte, André (un de leurs domestiques) vous serait prêté deux fois par semaine. Le premier cabinet de chiromancie psychologique de Paris doit être bi-hebdomadaire ; cela suffit, qu'en pensez-vous ? Et puis, on ne prétend pas vous enlever à votre carrière. Mais cent francs la consultation (c'est peu payé) et cent visites par semaine (c'est peu prévu) feraient dix mille francs. Il y a cinquante-deux semaines, cinq cent vingt mille francs au bout de l'année ; à la fin de la seconde, sans frais, bénéfice net, vous auriez le million tout rond. Et c'est nous, cher ami, qui serions contents de vous avoir rendu un tout petit peu de l'immense plaisir que vous nous avez fait !

L'offre saugrenue eut un résultat sur lequel je ne comptais plus, car il y avait beau temps que je n'avais ri. Il fallut rire encore en voyant comme mon refus était trouvé dur. J'avais beau répéter que le plaisir fait m'avait été rendu, largement, et que nous étions quittes, ou protester que passer deux après-midi calfeutrées dans un cabinet d'affaires ne serait jamais de mon goût, et que j'avais besoin de temps libre pour mes travaux et mes plaisirs. De plus, il me fallait essentiellement échapper à toute fixité d'horaire... « Enfin, finis-je par leur dire, me voyez-vous, attendant que le Monsieur ou la Dame dépose au coin de la table, et pas toujours sous enveloppe, mes bienheureux cent francs ?

Les hommes d'affaires se récriaient sur l'amour-propre mal placé.

« Comment faisons-nous ? Et comment font les avocats ? les médecins ?...

---

[214] *Essais*, II.

— Ils sont sur leur plan, ce n'est pas le mien. »

Leur mauvaise humeur très marquée finit par m'éloigner d'excellentes gens qui ne voulaient que faire mon bonheur malgré moi.

IV

Je crus le regretter. Il m'était de moins en moins sain de me replier sur moi-même, je n'y trouvais que tristesse et abattement. La flèche empoisonnée adhérait, s'enfonçait d'elle-même, et je faisais ce qu'il fallait pour en rafraîchir le venin.

D'abord, le cœur m'avait manqué pour reprendre les jeunes habitudes de vie rêvée d'antan. Je n'avais certes pas revu l'Hydre blonde. Il faillit en être de même pour Gaétane. J'avais laissé venir l'affaire d'Ismène à un ridicule point mort.

Nous nous étions d'abord écrit bon train. Mes longues lettres hymniques ne tendaient d'abord, je l'avoue qu'à prolonger, sans les faire varier d'un trait, les brèves délices cannoises. Cette année-là, les Jumelles passaient l'hiver en Provence avec leurs parents, et mon regret de ne plus les trouver à Paris, comme j'y avais compté, fut trop vite adouci et même compensé parce que je ne parvins pas à cacher tout à fait l'évidence du plaisir que je prenais à caresser la pensée de rejoindre Ismène là-bas, au même endroit, aux mêmes paradis embaumés et, osais-je dire : « bientôt. — Bientôt ? » Elle s'informa : c'était pour le retour des vacances de Pâques, autrement dit, dans six mois ! Elle avait pardonné cette gaffe monumentale. Mais de telles galanteries, dont il fallait toujours rattraper la stupidité, avaient fait de mes lettres un fatras sans queue ni tête. Deux ou trois sonnets bien frappés m'auraient mieux servi ! Mais, comme il arrive aux rimeurs, l'éloignement, l'arrêt de toute nouveauté stimulante avaient ralenti, sinon refroidi ma veine. Cela ne chantait plus, et les réponses que je recevais, bien plus courtes, tendaient à se dessécher, sans perdre néanmoins un accent assez tendre. C'étaient les billets d'une fille droite et sensée. Ils revenaient à dire : « Mon cher monsieur Talon, j'aime à croire que vous êtes libre. Libre et fidèle. Ma sœur épouse Maurras, c'est arrangé.[215] Vous voyez que je ne vous mets pas dehors. Alors, c'est simple, dites-le. Ouvrez-vous à mes père et mère, ou envoyez les vôtres. On dit que les convenances y sont. Ils s'entendront. Je ne vois rien qui

---

[215] Ce fut dérangé. *(Maurras attribue sentencieusement cette « note » à son éditeur.)*

accroche. À moins que ce ne soit vous, mon ami. Alors, voudriez-vous que j'accroche aussi ?... Ces vivacités inécrites filtraient fort bien sous l'affectueuse ironie. Et je ne me décidais pas ! Mes parents auraient accepté, d'enthousiasme, n'importe quel bonheur régulier pour moi. Mais ce que je voulais était de ne rien changer à la lente, longue et complète dégustation de ces ombres de fiançailles afin de n'en point laisser perdre la moindre douceur. Ismène était d'un autre avis... N'avait-elle rien su de ce que la Menoune m'avait chanté hors de sa présence ? Cela put achever de la décourager. Elle m'envoya au diable et fit bien.

Quelle claire avant-preuve d'inaptitude universelle ! Je me le répétais à toute heure. Et cela précipitait encore la triste mue ! Moi qui n'avais vu de difficulté à rien, j'en voyais à tout maintenant ; et l'idée de l'obstacle, celle des ronces du chemin se levaient au moindre propos devant moi. Moi qui avais toujours pris la vie comme elle venait, et ne m'étais, pour ainsi dire, jamais distingué d'avec le chœur des choses, voilà que je passais de longues journées à requérir contre mon être, à le plaindre de ce qu'il était ou devait risquer d'être. C'est un fameux négrier que l'idée de soi ! J'étais mon esclave tremblant. Rien ne me détournait, moins encore ne m'arrachait, du tête-à-tête monotone où je me contordais les yeux et l'esprit.

V

Il était un aspect de ma vie sur lequel la plainte eût été peu juste. La Femme du Bouc l'avait spécifié, je ne serais dépourvu ni de chances ni de moyens. Ce qu'on nomme le cours de la vie ou son jeu ne m'était pas contraire, si on l'observait du dehors ; mes premiers essais d'écrivain avaient été bien accueillis, les seconds connaissaient une manière de vogue, en dépit de leur sérieux. Des maîtres, et même de grands maîtres, me couvraient d'une sympathie indulgente. Sans intention de me griser, plusieurs parlaient d'admiration.

C'est, je crois, la claire faveur de l'un d'eux qui me poussa beaucoup plus haut et plus loin. Il me tomba du ciel une offre inouïe. Le directeur d'une très grande maison d'édition vint me proposer, simplement, de publier chez lui, dans un nombre indéterminé de volumes, un Corps, le corps entier des poètes de France, depuis la Cantilène de sainte Eulalie, qui est du IXe siècle, jusqu'aux derniers disciples de Verlaine et de Moréas à la fin du XIXe : *dix siècles de poésie nationale*, dirait l'orgueilleux frontispice. — *Voulais-je prendre cette direction ?* Une aile de la maison-mère me serait affectée, une bibliothèque y était réunie, on la compléterait comme je voudrais, on me promettait en particulier les photos de manuscrits précieux concernant nos Lyriques du moyen âge, injustement sacrifiés aux Chansons de Geste, comme je m'en étais plaint tant de fois ! Et puis, je pourrais prospecter tout à l'aise, et faire prospecter ce grand seizième siècle que j'aimais tant ! La librairie serait flanquée de ce côté, d'une revue trimestrielle. Pour ceci et cela, le choix des collaborateurs ne reviendrait qu'à moi. Ils seraient en tel nombre raisonnable que je le voudrais. Je serais maître de mon temps, sans aucune astreinte. Je présiderais seul à l'autonomie complète de cette branche ; une maîtresse branche entée sur le grand arbre opulent qui la soutiendrait et la nourrirait. Situation matérielle plus que décente, brillante, garantie sur bons traités. Droits d'auteur calculés largement sur mon travail personnel, un fixe annuel non moins large, part aux bénéfices dès qu'il y en aurait, et il y en aurait, vite ! car le succès s'annonçait ; les frais de la première édition courante seraient en partie supportés par le puissant produit de l'édition originale, déjà souscrite par l'État, les départements, même les plus pauvres, beaucoup de grandes et moyennes villes, sans compter bon nombre de bibliothèques des deux continents. Pourquoi les Français ainsi conviés, entraînés, ne finiraient-ils pas par s'intéresser à leur poésie, qui est unique au monde, malgré de mauvais bruits qui sont intéressés ?

Jamais oreille d'auteur n'a été caressée de semblable musique. On ajoutait qu'il paraissait que j'étais le seul homme capable de mener à bien un si ample projet ! Il me suffisait de poser le pied sur ce pont d'or pour marcher à la gloire, à la fortune, à la puissance, dans ces conditions exceptionnelles d'un travail beau et bon, exécuté dans la joie.

Je soulevai des difficultés :

« La langue d'oc aurait-elle sa part ?

— Certainement, tout doit y être, l'oc et l'oïl, ce sont les deux langues françaises, à chacune son dû, y compris un petit air de basque et de breton, de flamand, d'alsacien, de corse, et de tout ! »

Bien. Mais autre difficulté : « Sera-t-il entendu, bien entendu, que personne d'autre que moi ne pourra toucher au XVIIe siècle ? Les plus belles exhumations, les plus splendides découvertes (et l'on en fera) ne doivent entraîner ni pousser au décri, direct ou indirect, à la diffamation, ouverte ou sournoise, de ce que la France et le Monde possèdent de plus haut de plus beau, la digne et parfaite coupole de tous nos trésors ! Bas les pattes à tout chinage et débinage du Grand Siècle. La Fontaine sera tabou ! Et Racine, Corneille et Molière ? — Mais oui, d'accord ! puisque vous serez le maître ! Tout cela allait bien sans dire ! »

On le disait, c'était encore mieux. J'acceptai donc sur l'heure, pour m'ôter tout nouveau prétexte à tergiverser. De quelles espérances je débordai ! Ainsi je me hâtai au plus funeste revers de ma vie.

VI

On se mit à ce beau travail, et on le mena rondement ; le premier fascicule de la « Revue » avait été lancé pour tâter le monde littéraire, le succès avait répondu. J'avais mis en tête du numéro une flamboyante *Défense et illustration* de notre poésie. Elle comprenait quelques pages pieuses et fières sur la délectation éternelle de notre langue, depuis Brunet Latin[216] jusqu'à Jacques Bainville. Mais, quant aux origines, j'avais cru devoir faire de vives réserves sur l'étroite théorie de nos Latinants, et j'avais essayé de l'étendre un peu ; sans rien casser, j'avais osé demander si nos mots latins venaient bien tous de Rome, nos mots grecs tous d'Athènes ou de Massalie, et si beaucoup des uns et des autres n'étaient parfaitement chez eux en Gaule, autant qu'en Italie et en Grèce : prélatinismes, prégrécismes, absolument indigènes. Pourquoi nos pères auraient-ils, à l'arrivée des Romains, changé les noms naturels du lait, de la terre, du pain ? Les Anglo-Saxons n'ont pas cessé de dire *bread*, *milk*, *earth*, et la conquête normande n'y a rien fait, pour ces termes élémentaires d'une langue où les deux tiers des mots sont franco-latins. Personne ne dérive le *father* anglais d'aucun *pater* romain. Pourquoi notre père ne se serait-il pas déjà trouvé inclus dans le vieil héritage de notre sang et de notre sol ?... Très prudent à l'idée de ce *galou*, emprunté comme on sait, à Granier de Cassagnac[217] et à l'abbé Espagnolle[218], j'avais été un peu moins réservé à l'égard des personnes, et ma jeune éloquence avait tiré la barbe à quelques grands bustes. C'est pourquoi notre directeur s'en vint, en personne, me dire :

---

[216] Brunetto Latini, 1220–1294, érudit et homme politique florentin, que Dante reconnaîtra comme une de ses maîtres. (n.d.é.)
[217] Bernard-Adolphe Granier de Cassagnac, 1806–1880, journaliste et publiciste, ferme soutien de l'Empire autoritaire. (n.d.é.)
[218] L'abbé Jean Espagnolle, 1828–1918, auteur de nombreux ouvrages sur le vieux français, fut sans doute l'inventeur du terme « galou » cité en début de phrase. (n.d.é.)

« Cher monsieur Denys Talon, la plus distinguée de mes *authoress* tiendrait beaucoup à être reçue quelques instants par vous : Madame Guyot-Messimine. »

Cet *authoress*, dit à l'anglaise, m'avait à peine fait grincer ; sur les pas du maître de maison apparaissait une ravissante jeune femme, si gracieuse que l'on ne s'avisait pas tout de suite qu'elle était extrêmement jolie. Sa beauté sans tapage, toute en claires fortunes de justes harmonies, demandait sur l'heure le cœur, comme disait Regnard de sa Provençale, et comme, foi de Provençal ! il convint de le dire de cette fille de Paris.

Elle venait, dit-elle à peu près, à cause de mon bel article de la Revue, pour réclamer quelque chose de ma justice. Non, grands dieux ! pour rectifier ou atténuer. Elle en appelait seulement de moi à moi. Ne lui accorderais-je pas un retour d'examen sur quelques pointes de langage qui l'avaient peinée à vif ? Cela ne regardait pas le public, cela faisait souffrir une Ombre. Elle-même en souffrait aussi. Elle voulait me parler de l'homme qu'elle avait le plus admiré.

L'eussé-je connu et approché comme elle, aurais-je ainsi traité du haut en bas, en dépit de sa doctrine de « latinant », l'admirable Auguste Brachet ?[219] Il était, ajoutait ma visiteuse, de la société de son père et du monde de l'Institut, Inscriptions et Belles-Lettres, comme lui. Ce maître éminent avait été pour elle plus qu'un guide, plus qu'un pilote dans les grands et petits chemins de l'intelligence ; à vrai dire, un père spirituel. Sans pédanterie, en se jouant et presque en jouant avec elle, que ne lui avait-il appris et montré ! Non, à proprement parler, les délicates subtilités de la langue, elle y aurait pris garde toute seule ; mais les raisons, les raisons savantes de ces beaux mystères, qu'il avait l'art d'illuminer. Ceci, disait-il quelquefois, peut vous paraître un peu chinois, mademoiselle, mais vous servira quelque jour. Cela servit en effet à la classer, petite débutante, au meilleur rang de nos écrivains féminins. Et c'est pourquoi sa gratitude avait été fidèle. Elle avait veillé sur Auguste Brachet jusqu'au tombeau et, par-delà, elle accomplissait un acte de piété en venant déplorer qu'un différend de linguistique m'eût induit à ce persiflage profanateur.

Je récapitulai en silence mes vivacités, et continuai à me taire, plus que confus.

---

[219] Auguste Brachet, 1844-1898, auteur d'une *Grammaire historique de la langue française*, préfacée par Littré. Son ouvrage *L'Italie qu'on voit et l'Italie qu'on ne voit pas* date de 1881. (n.d.é.)

Elle accorda alors qu'il avait eu ses travers comme tous les hommes. Et des bizarreries ! Elle n'oublierait jamais son étrange cadeau de noces ; *L'Âne de Lucius*[220] :

— Quoi, madame, du grec !

— Non, je ne suis pas Philaminthe. En français... dans la traduction de Paul-Louis Courier.

— Elle est tout à fait admirable.

— D'une polissonnerie écœurante. Je lui en battis froid cinq semaines, au bout desquelles il se racheta par un nouveau présent magnifique, un beau livre de lui... Tenez ! Je l'ai là. »

Elle s'était fait un devoir de me l'apporter comme un document assez propre à m'illuminer sur l'homme, le savant, le Français.

C'était, magnifiquement reliée, une forte brochure que je ne connaissais que de nom : *L'Italie que l'on voit et l'Italie qu'on ne voit pas*. Brachet, dès le vieux temps de l'Italie crispinienne, y mettait à nu son curieux fond de Gibeline éternelle, toujours encline à oublier sa vraie nature, les intérêts réels de son esprit et de son sang, pour accourir vers les Germains et pour tenter la barbarie de ses envahisseurs millénaires. Ma visiteuse avait coché les pages qui, accusant la perspicacité pénétrante de l'auteur et sa prévoyance patriotique, révélaient le mieux cette pente de mauvaises habitudes italiques dont le génie de Camille Barrère[221] ne devait triompher que plus tard, avec de grandes difficultés, et pour un temps si court !

La jeune femme insistait, cédait, réservait, avançait encore, le mérite de Brachet n'en devenait que plus radieux ; combien la France eût été sage de rester sur ses gardes ! Ma qualité de Provençal voisin de la Ligurie m'aurait rendu particulièrement sensible à ces bonnes raisons ; mais de les écouter, là était le délice, comme de feuilleter l'opuscule, sous un regard qui passait dans la même seconde des sombres verts du soir aux suaves bleus du matin. Il était doux aussi de l'arrêter pour faire reprendre une phrase et sentir retomber en

---

[220] *L'Âne* est un court texte, transmis dans le corpus des œuvres de Lucien, et qui sert de modèle à Apulée pour ses *Métamorphoses*. Il n'est pas clair s'il est de Lucien ou d'un certain Lucius de Patras, dont nous ne savons par ailleurs à peu près rien. Si bien que le texte est parfois appelé *Luciade*. C'est un roman antique qui n'a rien de spécialement pornographique pour son temps, mais sa traduction par Paul-Louis Courier (1772–1825) avait dû être amputée d'un passage leste pour pouvoir être publiée, ce qui ne fit qu'en accroître la réputation de « polissonnerie ». (n.d.é.)

[221] Camille Barrère, 1851–1940, diplomate, représentant la France à Rome, près le Quirinal, de 1897 à 1924. (n.d.é.)

tintant sur mon cœur les cristaux légers de sa voix ! Surtout, voir sa pensée se jouer dans son mouvement, quand sa personne entière se mettait à parler, forme d'âme faite discours, discours étrangement secret, dont pas une nuance, pas une intonation ne quittait, néanmoins, l'objet de la visite, le tout petit mot de regret quêté et mendié avec tant de pudeur !

Il fut facile de la convaincre de mon innocence ; je n'en avais jamais eu à la personne de Brachet, ni à son esprit, je n'avais voulu toucher qu'à un département de sa doctrine qui, là, du reste, jouissait d'une possession d'état universelle. Je savais bien m'être attaqué à l'autorité d'une Puissance. Mais j'avais à cœur d'éclairer tout malentendu et je saisirais l'occasion de rendre hommage à la noble vie.

La juste concession me permit d'exprimer aussi ma gratitude personnelle, en la doublant d'une prière et, à vrai dire, d'un vœu, le vœu timide, que la belle visite nous fût renouvelée. Ce fut promis, ce fut tenu, elle revint plus d'une fois dans les bureaux des *Dix Siècles de Poésie Nationale*, y répandit le même charme, s'intéressa à ce que nous faisions, en comprit la valeur car tant de grâce n'ôtait rien au sérieux de l'intelligence.

VII

À moins de trente ans, Marie-Thérèse Guyot-Messimine avait sa légende. Elle était enchaînée par la Loi et par l'Église à un individu qui l'avait ruinée et la trompait publiquement. Lorsque les trahisons étaient devenues trop voyantes, elle avait rompu sans rompre, en se bornant à lui signifier sa décision en des termes qu'il eut l'inconcevable sottise de colporter mot à mot.

« Écoutez, je ne veux ni divorce ni séparation. Nos deux petits garçons m'ôtent tout droit de les priver de l'autorité de leur père qui, malgré sa conduite, peut m'aider à les élever. Mais, dès aujourd'hui, il n'y a plus de commun entre vous et moi que votre nom, nos enfants, l'appartement où nous vivons, ma table, quand vous en voudrez et, quand vous voudrez aussi, la messe du dimanche à Saint-François-Xavier avec les enfants. Nous ne sortirons plus ensemble. Vous irez, comme il vous plaira, chez vos amis, chez vos amies, et moi, chez les miens, s'il me semble bon, dans la mesure qui me conviendra, mais toute seule, je ne veux pas que Paris me croie votre dupe. Je suis d'ailleurs résolue à ne pas demander un centime de ce qui peut rester ou rentrer de mon bien. Mes gains personnels m'ont pourvue d'un petit trésor de guerre, je vais les augmenter en travaillant d'un meilleur cœur... »

Le malheureux n'eut pas vergogne, il subit ce qu'il avait accepté d'entendre. Marie-Thérèse Guyot, comme elle s'appelait en littérature, avait assez de relations, d'amies, d'admirateurs et, déjà, de lecteurs pour braver les écueils que réserve la vie littéraire à toute femme droite et digne. Un talent brillant et facile, une expérience innée de Paris, de ses modes, de son esprit, une réflexion juvénile et précoce, le sens des épreuves humaines avaient décidé de la prompte réussite qui fui complète. Rien ne fut changé aux habitudes ni au train de la maison. L'éducation des enfants n'eut plus à souffrir. Non pas même les fugues du méprisable mari. On chuchotait qu'elle avait consenti une fois à payer des dettes honteuses. Il avait fini par tirer une secrète vanité les succès croissants de l'abandonnée, dont il restait le pensionnaire et le commensal.

Collaboratrice de notre Maison, bientôt de ma Revue, où le buste d'Auguste Brachet avait reçu les satisfactions désirées, Mme Guyot-Messimine ne devait pas tarder à avoir poste fixe aux *Dix Siècles*. À peine assuré qu'elle n'y répugnait pas, j'avais proposé au grand chef de nous l'adjoindre. La séduction de sa personne, la flexibilité de son langage écrit et parlé nous la rendaient précieuse pour envelopper, auprès de confrères récalcitrants, soit d'inévitables refus, soit des demandes de retouches indispensables, ce qui eût dévoré mon temps. Elle devait s'en tirer en un tournemain, ferait saisir ce que l'on voudrait le moins comprendre, sans choquer, sans déplaire, et les gens s'en aimeraient plus, ils se plairaient mieux à eux-mêmes après l'avoir entendue et même quittée. En sus de ces hautes fonctions de sirène, j'avais voulu lui confier la partie de mon grand Corpus qui avait trait au XIXe siècle, dont elle connaissait admirablement les poètes, y compris les moins notoires, qui ne furent pas les moins bons.

VIII

La nouvelle venue fut installée dans le bureau qui touchait au mien. Mais les trois quarts du temps, ce fut à ma propre table de travail que nous nous mîmes à dépouiller les auteurs, non d'un ou deux siècles, mais de tous. Conférences interminables, qui occupaient entièrement sa journée et la mienne, en toute bonne foi.

J'avais pris, comme elle avait dû le faire, de grandes résolutions là-dessus. Malgré le prodigieux effet de sa visite, l'idée de rien laisser se glisser d'équivoque, de personnel, dans notre beau travail, nous paraissait injurieuse pour l'enthousiasme qu'il nous inspirait, oui, injurieuse, et un peu sacrilège aussi. Nous avions mis de côté tout intérêt de nous-mêmes tout se passait comme si nous nous oubliions, personnes, relations, passé, sentiments. Nous étions entrés là comme en religion, la religion de la poésie et des poètes de la France. Seule comptait l'œuvre à mener. Elle absorberait ses ouvriers.

C'est pourquoi nous avions adopté un style particulier. Pas de compliments. Pas de baise-main à l'arrivée et au départ. Nous nous saluions avec quelque cérémonie, et nous tenions équidistants du frôler trivial et de la haïssable camaraderie des sexes qui les neutralise ou les gâte. Ce que nous étions, ou n'étions pas l'un à l'autre, le dire, l'exprimer n'importe comment, importait peu, fort peu, au prix de la commune succession des efforts constants et de leur réussite, pareille à une couronne sans fin que tressait un heureux progrès quotidien. Cela seul devait se sentir dans cette zone austère. Il est très vrai, nous ne nous sentions pas présents dans ce souffle d'intense vie à deux, dans l'accompagnement des regards satisfaits promenés sur la voie courue, dans ces intonations, de recherche et de découverte :

« C'est cela ! Vous trouvez ! vous brûlez ! » et d'autant de cris de plaisir. Les éloges venus de moi, je peux bien l'assurer, ne contenaient, même à l'arrière-pensée profonde, ni volonté ni velléité de faire une cour. Mon esprit tendait à son but qui était le même que le sien, et la merveille d'identification en silence permettait, sans doute, de se déployer aux moires les plus fines de l'esprit et du cœur, au jet de l'allant naturel et de sa plus pure allégresse.

Aux passages d'indécision pratique, sur une ligne à suivre ou à déterminer, il me fallait bien ressentir l'effet direct de son rare bon sens. Nos premiers jours lui avaient dû plus d'une initiative dont on me faisait honneur et j'avais eu l'immense joie secrète de le lui renvoyer en public. La plupart du temps, mes propres idées me revenaient perfectionnées, vivifiées, attendries, et, j'ose le dire, humanisées. Il m'arrivait parfois d'en faire le grognon ou le bourru dans quelque « Vous devinez tout !... », qui, sorti de moi, m'étonnait par le ton. Elle le voyait bien, et elle en riait. Que dirais-je des perles de ce rire moqueur ?

C'est ainsi, peu à peu, que nous fut révélé quel aphrodisiaque supérieur était attaché à notre existence, précisément en ce que nous lui avions voulu d'impersonnel ; par tous les pores de nos êtres était pompée et perfidement aspirée la suprême essence des personnalités renoncées, car là, bien plus qu'ailleurs, nous étaient proposées et même imposées les occasions très fortes d'être le plus nous-mêmes, et de nous le montrer, comme à miroirs égaux, sans y penser, elle ni moi. Le suave poison découlait de la forme qu'une bouche divine donnait au mot le plus commun, de la couleur et de la ligne d'un regard accordé à l'idée la plus générale, d'autant plus que chacun se figurait l'autre plus loin de soi. Insinué petit à petit et nous pénétrant chaque jour, un tel breuvage est assimilé à longs flots, au fur et à mesure que s'étend et se perfectionne cette mise en société de la moindre parcelle de cette vie d'esprit, imprudente avant-courrière du cœur. L'âme finit par y venir, elle y passe alors toute entière. À un certain degré de sévérité rigoureuse, cela peut toucher à quelque sublime prière en commun. Mais si l'homme est jeune, ardent et avide, si, elle, sensible et vibrante, n'a pas été heureuse et se sent débordée par le jeu continu des petites expansions d'une vie abdiquée, et que cette revanche naturelle l'induise et même la contraigne à déployer innocemment les arcs-en-ciel du charme qu'elle oublie ou croit renier, oh ! alors, il faut le prévoir à coup sûr, jamais créatures mortelles n'auront été mieux destinées à s'éveiller un jour ou l'autre plénièrement réunies et presque enlacées. Tel fut, chaste comme il dut l'être, le réveil de ces pures heures où nous n'avions guère existé que pour entendre les battements gémeaux de nos artères, en croyant bien ne suivre que l'essor de hautes pensées.

Il doit en advenir ainsi pour tout travail de grand style, conduit entre homme et femme, abstraction faite de son objet. Dans un cabinet de l'Observatoire, les Voies lactées les plus excentriques ne manqueront pas d'enchaîner les collaborateurs et collaboratrices que l'âge canonique n'a point flétris. À plus forte raison dans notre maison des *Dix Siècles* ! Ce que notre objet avait de distant, de supérieur à la vie, ouvrait un ample vol aux ailes accordées ; un esprit féminin, riche d'autant de profondeurs pleines de ténèbres que d'étincelantes intimités, devait être le plus impétueux, peut-être, à se jeter sur ce qui nous attirait et nous appelait par en haut. Car, là, que trouvions-nous ? Dans un espace intérieur, où s'entrouvraient toutes les étoiles humaines, la sainte Poésie qui nous attendait ! Pour le couronnement de nos deux vies ingrates, comment n'eût-elle été messagère d'amour ?

Comment la Poésie n'eût-elle pas été notre Ville haute, l'Acropole idéale des cieux intérieurs sur lesquels gravitaient nos constellations de Lyriques ? Plus que leurs frères d'aucune race, les poètes français ne peuvent jamais secouer les aromates du flambeau charnel sans répandre, du même train, le lucide rayon sur les suaves raretés de la vie du cœur. Symbolique ou direct, chacun d'eux, s'il ne traduit la chair par l'âme, nous révèle de l'âme dans l'épiphanie de la chair... Avec eux, c'est toujours quelque mariage mystique avant de prendre garde qu'on a échangé les anneaux.

Mais Mystique et Mystère étaient déjà loin !

Un signe avait tout éclairci, un signe qui appartient à la famille des réticences et des silences ; il ne pouvait pas tromper.

Les jours s'étaient suivis, jamais pareils, et enrichis de nouveaux bonheurs. Nous en venions, en fin de compte, à laisser s'échapper quelques-unes de ces paroles réputées indifférentes qui avaient été d'abord éliminées de nos entretiens, et qui, concernant autre chose que les *Dix Siècles*, me surprirent par la déclivité presque fatale où elles me jetaient. Qu'allait-il arriver, si le courant naturel des conversations vers les confidences m'entraînait sinon à confier, du moins à laisser voir quelque chose de ma grande obsession maladive ; si les secrets de la Théoule me remontaient aux lèvres ? Si je révélais les deux plaies de mon cerveau et de ma chair ?

Jusque-là, le Service, le bien exclusif du Service m'avait gardé comme un bouclier de toute tentation de faiblesse. Et, certes, jusque-là, les mots de chiromans et de chiromancie n'avaient pas été prononcés. Je m'étais fait une défense expresse de jeter un regard sur cette chère paume où je présumais que devaient dormir pour moi les plus délicats des biens ! Cent fois, elle s'ouvrait, si franche ! Je m'étais interdit d'en regarder autrement que de loin le galbe très pur... Vous me direz : « Alors, son cœur ! Alors, son caractère ? La connaissance de son être profond ? Tout ce que vous eût livré cette main, cela ne vous intéressait pas ? » C'était ma passion ! Mais la conscience de ma blessure, l'anxiété de la dévoiler, la crainte qu'un faux mouvement ne déplaçât l'appareil et les pansements, tout cela retendait une volonté assez forte pour m'imposer une réserve d'aveugle et de muet car (voilà le point vif !), mon cœur se soulevait à l'idée de me diminuer devant elle et de lui confesser un tel mystère inférieur. Je ne voulais pas m'offrir en fantôme valétudinaire à consoler de soi-même ; non, non, la grâce radieuse ne deviendrait pas l'infirmière de la démence. Je n'en soutenais pas la pensée. L'amour ne vit pas dans la honte. Mais la transe de cette honte et de cette horreur accusait limpidement le point où j'étais : j'aimais ! J'aimais ! Et du fier amour, le grand, le vrai. Celui qui, né d'une admiration sans mesure, se double de l'ardente volonté d'être aimé, comme il faut l'être, d'une vraie femme, et tout autrement qu'avec les organes de la pitié.

La lumière de cette pudeur virile avait fait œuvre de soleil. Certitude ! Certitude ! Joie ! L'ivresse de la joie alterna avec les secousses de l'inquiétude correspondante tant que je me sentis exposé à cet insupportable péril : risquer de travailler à disqualifier et à dégrader, par ma faute, un bonheur dont je voulais la pleine et pure intégrité. Tout mon cœur se jura le facile serment, naturellement inviolable, que jamais, non jamais, celle que j'appelais déjà Marie-Thérèse ne pourrait soupçonner mon débat malheureux ou plutôt ce combat sinistre avec la Fatalité embusquée au creux de ma main ! Convention, cent fois renouvelée entre moi et moi, que jamais Madame Guyot-Messimine, ne fût-elle présente qu'à mon esprit, jamais, devant elle, ou par elle ne serait abordé mon domaine de subalternes fatalités. Qu'hélas il existât en moi, ce personnage demeurerait voilé et moralement aboli, tenu pour n'étant point, au nom et en vertu des plus hautes précautions voulues par l'amour. Et ce fut seulement par ce parti juré que les premiers entretiens soi-disant amicaux auxquels nous descendîmes purent prendre le ton d'une agréable liberté. Libre parce que j'étais attaché, il m'était bien possible de parler au passé d'une lointaine et vague existence de rêverie, et de fantaisie un peu morne ; à l'extrême limite, des petites amours qui avaient dévoré et dissipé une jeune vie. Je pouvais ajouter gaiement que j'étais en bon train de me libérer. Il était facile de donner à deviner comment, et cela n'allait pas loin.

Le point réglé, la sinistre voie d'eau bouchée et calfatée, Marie-Thérèse ne pouvait manquer de confiance dans notre navigation. Qu'est-ce qui l'en eût empêchée ? Tout parlait pour nous. Et puis, nous avions nos yeux pour nous voir : les miens la buvaient. Elle arriva, un jour que, Mars n'en finissant pas sa fraîche toilette d'avril, ce qui rayonnait d'elle fut si fort et si doux que j'irai la féliciter du printemps entré avec elle :

« Je sais pourquoi, dit-elle. Je me suis trouvé mon premier cheveu blanc ce matin. »

Je sautai sur ma chaise. Cela se trouvait bien : là, justement, dans l'auguste édition du temps, était ouvert l'incomparable chant d'amour de François Maynard, disciple de Malherbe, à la belle dame qu'il déclarait vouloir servir « sous des cheveux châtains et sous des cheveux gris ».

« Vous n'en êtes pas au pluriel, vous ! lui dis-je, mais, ne fût-ce que pour un seul, je peux bien vous lire l'ode à *La Belle Vieille*.

Ce qui fut fait, et puis :

« N'aimez-vous pas l'ardeur de cette inflexion ? Il y en a de raciniennes. Est-ce que cela ne préfigure pas la plainte d'Antiochus à Bérénice : *Je racontai ma peine aux deux mers d'Italie*. On n'a pas mieux parlé des longues amours ? »

La question poussée droit au cœur eut pour suite de faire enfin tomber nos masques de Critique et d'Histoire littéraire. Elle rougit rapidement. Puis, après ce premier assaut irréparable, très vite lui revinrent les graves matités du teint, l'enjouement des propos, la vigilante liberté du plus vif des esprits. Mais l'incident accéléra notre course à l'étoile. Ou au précipice. Elle, plus lucide, moi, d'autant plus pressant que ma seule vie était là. Tout le monde m'avait fui et je fuyais tout hormis ma retraite divine. J'avais cru dédier à Ismène une ombre de regrets ; j'étais, je vivais, je veillais, je dormais exactement aux antipodes de toute créature de chair qui ne fût point cette compagne de tous les jours. Le souvenir de la Menoune, sans se dissiper, n'avait jamais été aussi pâle que depuis que l'image persécutrice m'avait servi de révélateur.

Devenir plus hardi avec Mme Guyot-Messimine, je n'apercevais pas d'autre terme sur mon chemin. Mais c'en était plutôt une longue halte vibrante.

Car cela traîna beaucoup ! Longtemps ! Va-t-on me croire ? Plus que des saisons. Des années. Je n'oserais dire combien. Que de choses coulèrent et combien s'engloutirent, entre toutes celles qui auraient dû continuer à former le cœur de ma vie ! La vieille maison de Saint-Tropez, si puissante sur moi, s'était dépeuplée coup sur coup, mes parents avaient disparu. Je fis tout juste les deux absences nécessaires pour rendre les devoirs, régler l'indispensable, repartir, rentrer aux *Dix Siècles*, reprendre mes chaînes bénies ! Moi qu'enivrait la liberté ! Moi qui me croyais incapable d'un horaire de bureau ! Par bonheur, elle aussi s'absentait le moins possible pour de maigres vacances, où je ne vivais plus, bien qu'elle les coupât de nombreux et trop brefs retours. Je ne vivais que dans son air, où se suivaient sans cesse le narcotique et l'aiguillon, l'un enivrant, l'autre déchirant. Il faut avouer aujourd'hui mon lâche regret ; que ne suis-je encore balancé, engourdi et meurtri sur l'escarpolette internelle ?[222]

Oui, oui, pourquoi faut-il qu'un jour entre les jours, comme je rentrais, du seuil de notre porte, toujours battante, d'où j'avais échangé quelques mots avec un collaborateur, mon regard, la cherchant comme toujours, l'eût rencontrée enfin, comme je la voulais, et telle aussi que je ne l'avais pas vue encore ? Elle était assise devant la table commune, dans une pose méditative qui lui était coutumière, celle de Polymnie accoudée, mais, au lieu du vaste drapé à l'antique, un petit tailleur parisien la moulait, et sa propre concentration, très visible, semblait également se mouler sur une pensée. Laquelle ? La paupière allongée ne livrait rien de la prunelle. Au bruit hâtif que fit mon pas emporté vers elle, ce fut un frisson de réveil. Les yeux noirs ou verts-noirs qui n'avaient plus rien d'azuré s'allumèrent félinement. Elle se leva. J'allai droit à elle, elle fit un pas de côté, pour me donner je ne sais quoi que je semblais chercher. Mais je suivis son mouvement. Elle revint à sa place, et, dans ces gestes composés sur les miens, mais décomposés par mes yeux, que venais-je de voir ? Elle ? Encore elle ? Oui et non. Une Elle très nouvelle, reconnue celle de toujours. Cent fois, mille fois, les mêmes pas, les mêmes pauses s'étaient croisés et décroisés d'elle à moi et je savais par cœur (oh ! oui, par cœur) comment se dépliait ce beau bras, et, qu'il se repliât pour prendre un livre et le reclasser, le souple élan qui l'étirait et l'allongeait pour atteindre à de hauts rayons, et comment le buste et la taille savaient suivre, embellir chacune de ces inflexions ; tous bonheurs bien connus, comptés, analysés des mêmes jalouses ferveurs. Or, tous ces biens m'étaient simultanément retirés et rendus, éteints et rallumés, mêmes et autres, nouveaux et pareils !... Ne croyez pas à quelque jeu de lumière, cela ne me venait de rien d'extérieur. Des savants assurent que notre être de chair commence à la formation de son cœur qui crée les premiers tissus dont il vit et qu'il fera vivre ; il me semblait que le cœur de Marie-Thérèse eût repris son ancien labeur et l'eût reformée tout entière de quelque substance inconnue, brillant du même style, mais plus libre et plus pur. Ce regard que je ne soutenais pas, ce clair visage, ces délices de l'épaule à la hanche, toujours voilées, qui revivaient et reflambaient très fidèlement, au degré de beauté ignoré, dans un complet accord de sveltesse et de plénitude et, pour tout

---

[222] Internelle : *Profonde, intime* dirait-on sans doute sans s'appeler Denys Talon. Cet adjectif, rare, n'est plus utilisé que dans la description de la vie morale ou religieuse. (n.d.é.)

dire, au point de leur achèvement. Le moment qui ressemblait à tous les moments en devenait unique. Et c'était, avec une précision absolue, le moment strict, le battement de cette seconde où, mes yeux me l'offrant dans cette fleur de vie, je délibérai aussitôt de choisir, en pleine connaissance, en liberté totale, de m'engager à elle, en la priant de recevoir mon premier et dernier amour. Ainsi fut répandue à ses pieds la strophe empruntée de l'hommage rendu par le plus grand des Barbares, le Barbare rhénan, à ma notion héréditaire du point de perfection et de maturité des fruits de l'amour.

« Arrêtez ! Vous êtes parfaite. Si vous ne voulez ni ne pouvez vous arrêter, je m'arrête, moi. Je m'arrête à vous, pour ne dire qu'à vous : je vous aimerai pour toujours. »

Sous le déguisement de poésie faustienne, cette déclaration bizarre ne parut la surprendre ni la gêner. Elle dut lui paraître le plus haut et le dernier de tous les nœuds qui s'étaient formés d'elle à moi et même d'elle en moi. Elle ne rougit plus. Elle pâlit mortellement, décolorée jusqu'à cette commissure des belles lèvres que sa vie florissante teintait d'un sang si beau ! Puis, à plusieurs reprises, très lentement, elle secoua la tête sans arrêter de me regarder en face, afin de m'enfoncer, le plus loin qui se pût dans l'âme, les sombres dénégations que dictait à sa volonté l'Impossible, l'Incoercible, l'Insurmontable de nos deux sorts. Et, pour qu'il n'y eût plus de doute, elle reprit en sens inverse le mouvement du refus, et elle le refit encore une fois, sans parvenir d'ailleurs, autant que j'en pouvais juger, à rien ajouter de distinct et d'audible au roulement muet de l'antistrophe qui me repoussait.

Après quoi, elle se remit au travail, en me faisant signe de l'imiter. Comme si le travail qui avait tant aidé au mal pouvait devenir son remède !

Jusque-là, revenu, chaque soir, dans ma garçonnière, après y avoir fait une lettre ou une dépêche (c'était tout ce dont j'étais capable), j'avais coutume de sortir quêter de vagues distractions de moins en moins efficaces qui, néanmoins, m'avaient rendu l'ombre d'une existence physique. Dès ce moment, j'arrêtai ces dernières sorties. L'espèce de consécration désespérée où j'entrais me fit renoncer aux suprêmes habitudes de libertinage, une chasteté inconnue acheva de tendre tous mes ressorts vers le retour de la belle heure du matin, des vives et limpides journées où compulser près d'elle les plus chauds des plus jeunes ou des plus vieux poètes, où refaire avec Elle le suave périple de nos préférences innées de toute éternité, substance de ma vie et souffle de mon âme, ma ZOÊ KAI PSUCHÊ [223], auraient si bien dit nos Anciens !

IX

En nous infligeant à tous deux son muet supplice, cette parfaite amie s'était mise en peine de compenser, tout au moins pour ma part, la douleur des refus subis. Son œuvre, et presque sa mission, furent de combattre les perpétuels rien sans vous et rien qu'avec vous qui faisaient le fond de tous mes propos. Elle me prenait à témoin de la croissance ou de la renaissance ou de l'ascension régulière de ma vie d'esprit, telle qu'une amitié supérieure l'avait réglée. Elle m'avait entendu reprendre, en termes vagues et lointains, les menaces de la Menoune ; elle les réfutait : « Vous, noué ? Vous, raté ? Vous, frappé d'aucune impuissance ? Vous, enchaîné au sort d'une pauvre femme ? Regardez seulement la mine de quelques confrères ! »

En effet, la prospérité des *Dix Siècles* aidant, mon œuvre personnelle était en train de déchaîner, à torrents, cette envie littéraire que Bourget a nommée la plus forte des passions. Quels yeux torves rampaient sur tout ce que je publiais de neuf ! Quel fiel chargeait les plumes dans les lettres de remerciements ou les comptes rendus des envois ! Toutes les encres verdissaient, comme jaunissaient les visages. Aussi ne m'étais-je jamais senti mieux maître de mes idées, de leur cours et de leur discours. Le don que je tenais de naissance était de voir, de décrire, de définir un objet dont je recevais la lumière ; faculté presque purement intellectuelle. Ce froid rayon de l'esprit se mêlait, depuis peu, l'afflux d'une chaleur qui venait du cœur de mon cœur. Marie-Thérèse en moi soufflait à ma parole la vie, l'énergie, la couleur, presque la grandeur. On ne m'avait jamais tant lu, ni mieux marqué le désir de me comprendre et de me suivre dans les sphères un peu ambitieuses, mais étincelantes, d'une Esthétique universelle qui allait,

---

[223] *Zoê kai psuchê* : expression grecque de tendresse qui signifie « tu es ma vie et mon âme ». On la trouve en particulier chez Juvénal (*Satires*, VI) où elle sert d'exemple de formule galante mise en grec, mode contre laquelle la satire s'emporte. Dans le contexte de la rencontre avec Marie-Thérèse, érudite qui reproche à Talon sa position sur une question linguistique avant d'en tomber amoureuse, c'est sans doute ce souvenir de Juvénal qui revient à Maurras. Certaines références néo-platoniciennes à l'expression permettraient peut-être d'y voir un sens plus philosophique. (n.d.é.)

espérais-je, suppléer quelque peu à tout ce dont le monde moderne portait le deuil. Les synthèses de l'esprit juif et germain sont toutes fondées sur des *placita* de psychologie arbitraires ; mon esprit latin leur opposerait des analyses plus profondes, capables de remettre au jour le beau visage de l'Unité. Tels étaient les *tempi passati* de mes ambitions.

Plus ou moins aptes à se couronner, ces ambitions ne m'intéressaient plus guère que pour me donner un peu plus de réalité et de vérité dans l'esprit de Marie-Thérèse. De quelque titre que fût mon or, de quelque gemme que l'eût rehaussé mon heureux labeur, j'étais sûr d'une chose : je ne lui ferai rien changer à sa décision de ne vouloir ni divorce ni séparation d'avec un indigne. Elle ne lui rendrait pas les trahisons méritées. Il me faudrait vivre sans elle. Alors ? qu'était le monde ? Que me voulait la vie ? Qu'est-ce que j'y faisais ?

Marie-Thérèse essaya d'autres diversions. Nous nous étions épris, mais elle la première, d'un de ces grands poètes mineurs du siècle écoulé qui, pour la hauteur de l'âme, la qualité de l'art, la rareté de la matière, valent dix fois les plus glorieux : Louis Ménard[224] lui plaisait, disait-elle, « parce qu'il était homme et femme ». Que c'était vrai ! Nous le fîmes ainsi servir à nos salutations du matin et du soir. D'abord, elles étaient simplement murmurées. Peu à peu elle prit l'initiative d'une mélodie assez haute, et pour laquelle il lui vint deux voix : une extrêmement grave pour le moment de l'adieu qui nous séparait, la voix qu'il fallait pour scander Crematius Cordus, et sa plainte de désespoir stoïcien : « Ce n'est pas ici que je renaîtrai » ou « Grande nuit, principe et terme des choses » ; mais haute, mais légère, murmurait l'autre voix, celle du matin, quand s'ouvraient les jours d'annonciation et de nativité, le « petit coin bleu du ciel d'autrefois ». Il m'en venait alors une joie enfantine, donnant des rayons et des ailes à cet esprit de bienfaisance qui la traversait. Je lui disais parfois quelque merci plus appuyé, pris au *Sylvio* de Musset :

> Le son de votre voix est comme un bon génie
> Qui porte dans ses mains un vase plein de miel...

---

[224] Louis Ménard, 1822–1901, poète et helléniste. Maurras lui consacra un article dans la *Gazette de France* du 9 janvier 1902, repris plus tard dans le recueil *Barbarie et Poésie*. Maurras joue sans doute sur l'homonymie avec François Maynard (1582–1646) auteur de *La Belle Vieille* dont il est question un peu plus haut. (n.d.é.)

Elle n'avait pas les travers de l'esthète mâle ou femelle qui affiche l'indifférence à la matière de la poésie. Elle en savait le prix puissant. Elle savait aimer Racine en chrétienne, comme chrétienne. L'importance qu'elle donnait à cet élément religieux en tout, la conscience qu'elle en faisait sentir parfaisait son magnifique entendement du rythme lyrique. Ce qui n'empêchait que celui-ci n'emportât tout ; un poème nihiliste ne perdait rien pour elle de sa vérité anxieuse, elle n'y laissait pas un atome de sa foi qu'elle avait simple et ardente. Quant au paganisme exubérant que je professais, c'était toujours le même sourire : « Ça passera ! »

Amères délices, et refrain qui ne variait : « Travaillons ! »

Seulement, une fois séparés, il ne me restait plus qu'un emploi de mes heures : courir le quartier de Marie-Thérèse, pour y errer sans but ni volonté tant que je n'étais pas rendu sous la corniche de son balcon.

Les absences de M. Messimine étaient devenues fréquentes. Il voyageait plus qu'autrefois, pour ses affaires ou sous leur couvert. Je m'approchais alors de la petite croisée de l'entresol. Elle aimait y passer de longs instants quand la nuit était belle. Comme ses yeux du lendemain ne refusaient pas d'admettre que j'avais été vu, je multipliai ces pèlerinages de *Vita Nuova*.[225] Elle avait refermé la croisée depuis bien longtemps ; il m'arrivait de demeurer un quart ou un tiers de la nuit à regretter la pause de sa silhouette légère ou bien à méditer sur le reflet de veilleuse qu'une glace heureusement placée n'eût pas mieux demandé que de renvoyer jusqu'au matin.

Cela ne composait pas une très bonne mine pour le jour qui suivait. Il faudrait dormir, disait-elle. Le sommeil lui eût convenu autant qu'à moi, je la trouvais tendue et languissante aux mêmes matins, jamais fripée. Les réactions subites des fraîcheurs de la vie lui étaient naturelles.

Je m'avisai aussi d'aller le dimanche à Saint François-Xavier la voir entrer et sortir, avec son mari, ou sans lui, toujours avec leurs deux beaux petits garçons, huit ans, neuf ans. À force de circuler dans ses parages, je fis une découverte : tous les jours, ou bien peu s'en fallait, avant de venir à notre travail, elle s'arrêtait quelques minutes dans cette église. Je l'y suivis en me cachant. Il était beau de la voir prier. Non pas la tête dans ses mains, comme tant d'hommes et de femmes qui descendent les marches de leur degré intérieur vers des cryptes mystérieuses. Elle s'agenouillait la tête haute, comme elle la portait naturellement, ses yeux et son front pur partis pour le ciel, à la recherche de la lumière, mieux qu'élancée, offerte, blancheur de

---

[225] Recueil des premiers vers de Dante, où il chante son amour pour Béatrice. (n.d.é.)

neige, feux dorés des fins de printemps, pour la sollicitation et la réception d'une grâce, et je croyais voir celle-ci, de l'abîme supérieur, d'abord planer, puis s'épancher et surabonder. Mais il y avait un double malheur ; le céleste aimant qui l'attirait en haut me tirait plus encore à elle, c'est miracle que je n'aie pas fini par me jeter étourdiment sous son pas, et je dois avouer que rien, absolument rien, n'était passé en moi du superbe courage qu'elle puisait aux arches mystiques ; le seul élan qui suivît ces contemplations était de sauter en voiture afin d'être aux *Dix Siècles* avant elle, et courir m'y gorger de l'anxieuse félicité de l'attendre, m'enchanter de frémir de son pas, recueillir son souffle de voix : « Suis-je en retard ? » Elle ne l'était point. Jamais. Son équilibre personnel et l'ordre de sa vie pratique ne permettaient rien de tel. Le Philosophe aurait pu dire à cet être exemplaire qu'il était « aussi régulier que le ciel ! » Et alors, sur-le-champ, se renouait le fil des *duos* unis de la veille et des *soli* éloignés du matin. Les réponses aux problèmes et aux soucis laissaient couler leur fruit dans nos corbeilles d'or, et je les entendais, je les recueillais, mais rien n'atténuait le mugissement continu : « Toi ! Toi ! Toi ! » Elle l'écoutait comme moi, sans que rien changeât de nos peines.

Je ne voulais toujours rien tenter qui baissât ma fierté pour tenter sa miséricorde. Rien n'aurait été plus facile. Mais le beau résultat, de me diminuer ! Alors, quelque coup de tête de désespoir ? J'en étais venu à le méditer sans arrêt, mais avec la conviction de me perdre dans son estime et de devenir son bourreau. La sage objection ne m'empêchait pas, s'il faut tout avouer, de la contraindre parfois à penser ce dénouement sordide et cruel qui amenait sur son visage de soudaines blancheurs de mort. Traversé, moi aussi, d'une pointe froide, je parvenais à me haïr, mais n'en valais pas mieux pour elle, asservi au plus démoniaque des moi.

C'est ainsi que nous en venions à partager, de plus en plus, avec nos bonheurs d'autrefois, les plus âpres de mes misères. Elle suivait, et sans doute à son rythme, elle suivait pourtant les progrès de ma maladie. La compassion que je n'avais pas voulu provoquer était née toute seule et m'était accordée d'elle-même. Quelle douceur ! N'était-ce point là cette « merci d'amour » dont tout notre moyen âge a rêvé ? On est peut-être surpris que, grand rimeur, je ne l'aie point demandée formellement et dans les règles et en vers. On oublie que, dans le temple des *Dix Siècles*, dans la maison des cinq cents grands poètes français, il aurait été ridicule de prendre mon luth et de me mettre sur les rangs. Ridicule et dangereux ! à quelles comparaisons m'exposer ! Devant ce grand esprit, pour cet usage incomparable, je craignais d'en rester à la virtuosité assez pauvre dont je connaissais les limites. Qu'est-ce qui serait assez beau pour elle ? Et puis, cela n'avait-il pas servi pour Ismène et pour quelques autres ? Je n'y pouvais plus guère voir qu'une espèce de truc. Enfin, si cela avait pu et dû lui plaire, comment ne s'était-elle pas arrangée pour me demander ou me commander son plaisir ? Elle ne l'avait jamais fait. Par haute raison. Comme elle s'était interdit dans sa production personnelle ce qui pouvait sembler faire allusion à nos deux destins. Elle ne voulait pas nous creuser de fosse commune. Certes, malgré moi, malgré elle, l'herbe d'encens sacré s'était quelquefois enflammée toute seule à ses pieds ; j'avais essayé de rythmer ce qui vivait de plus vrai en moi, mais j'en avais fait des feux rapides, feux de joie, feux de peine, sans oser jamais le montrer.

Pourtant, notre Gallehaut[226] approchait, avec sa charge inéluctable, messager de la plus parfaite des communions, écrite avec des encres que rien n'efface. On peut dire que, non content de l'écouter, Marie-Thérèse lui fit signe. Voici comment. D'une façon très incidente, j'avais parlé de je ne savais plus quel sonnet du cycle dantesque, peut-être de la main de Dante, ou d'un de ses amis, ou de ses amies, dont l'intérêt était de se terminer par la déclaration qu'une dame bien née serait fière d'être aimée de celui qui l'aurait méritée.

« Oh ! dit-elle, donnez-moi ça ! »

Je cherchai. Le beau texte fut retrouvé, sans mal, tout simplement dans la *Vita Nuova* et non dans le *Canzoniere*[227] comme j'avais d'abord craint. La pièce n'était pas tout à fait conforme au lointain souvenir gardé, mais plus appropriée à la situation, une fois lue, relue et traduite à demi-voix entre nous deux : « *Amor e cor gentil sono une cosa...* »

> Amour et noble cœur sont une même chose,
> suivant que le sage poète l'a dit en sa chanson
> et non plus sans amour noble cœur n'ose vivre
> qu'âme raisonnable sans raison.
>
> Nature, quand elle est aimante, prend
> l'amour souverain, le cœur pour son palais

---

[226] Personnage des romans Arthuriens, Galehaut sert de truchement entre Lancelot et Guenièvre et leur ménage une rencontre après une longue séparation. (n.d.é.)

[227] De Pétrarque, la crainte est probablement celle d'avoir pris un auteur pour l'autre. (n.d.é.)

dans lequel, dormant, il repose
quelquefois peu de temps et parfois pour un long séjour.

Beauté paraît alors dans la gracieuse dame,
qui si fort plaît aux yeux que dans ce cœur
naît un désir de l'objet qui plaît tant.
Et il arrive que si fort ce désir s'empare de lui
qu'il fait s'éveiller l'esprit d'amour
et pareillement l'éveille dans la Dame un homme de valeur.[228]

Marie-Thérèse Guyot-Messimine répéta seule les quatorze vers en français et redit le dernier en italien : « *E simil face in donna uomo valente.* »

Elle se tut longtemps, puis prit le livre et l'emporta. Le lendemain, elle le rapportait interfolié de la double copie du sonnet. Elle l'avait transcrit dans les deux langues, de sa haute et fine écriture, avec le paraphe ailé concentrant les trois initiales M.-T. G...

« Prenez, dit-elle, le merci de *La Belle Vieille*, c'est de sa part (elle avait un an de plus que moi !), mais il faut vous en contenter. »

Content, moi ? Rassasié ? Qui me renvoyait là ce mot ? Je ne le connaissais que trop ! Il revenait me persécuter depuis le très vieux temps de la Femme du Bouc, et voilà que, le matin même, il m'en était revenu un nouveau son funèbre : Joachim Gasquet m'écrivait que la Menoune avait été assassinée par deux vagabonds piémontais, qui s'étaient d'abord mis en devoir de la violer. Ce sang, ce stupre m'ayant frappé d'hébétement, je ne vis d'abord point l'héroïque présent de Marie-Thérèse, et ne compris pas, sur le coup, sa prière touchante pour mon contentement.

Le soir, sous sa fenêtre, je m'agitais, possédé enfin par tous les sens nombreux, tendres et pieux, inclus dans son message et dans son merci. Le rude poème italien lui avait labouré sur le cœur ! Cette version osée avait été transcrite, et signée hardiment ; clair apport du frisson d'une pitié pudique, d'un aveu sans détour. J'avais beau me cogner à la double cage des choses et des mots, c'était bien l'offre du cœur vierge ! Il se dénudait, il s'ouvrait. Il

---

[228] Cette traduction est quasiment celle de Louise Espinasse-Mongenet dans sa *Guirlande sur douze sonnets de Dante*. Doit-on en inférer que certains traits de la traductrice de Dante que Maurras a préfacée se retrouvent dans la description de Marie-Thérèse Guyot Messimine ? (n.d.é.)

reprenait le texte et l'offrande de Gallehaut, *Noi leggevamo*... Non les amours de Lancelot[229] ; celles, autrement nobles, de Dante.

Seul, dans la rue, face au balcon désert (mon silence l'avait meurtrie), puis au faible petit rayon de la veilleuse éloignée, quelque chose ou quelqu'un d'inconnu se levait du milieu de moi, faisait honte à mon injustice :

« Tu es plus riche que beaucoup d'autres ! T'en contenter, tu le devrais.

Et pourquoi pas ?

— Parce que je la veux.

— Tu ne peux la vouloir autre qu'elle n'est.

— Elle m'aime, pourquoi se refuse-t-elle ?

— De son refus comme de tout ce qu'elle est, n'as-tu donc pas fait ton amour ?

— Mon amour est ce qui la veut.

— Eh ! bien, sacrifie-le à lui-même ou à elle-même.

— Je ne sacrifie pas mon amour...

— C'est ce qu'il te reste à faire, mon pauvre ami : veux-tu la garder ? »[230]

---

[229] On se souvient que Lancelot séduit la reine Guenièvre, épouse d'Arthur. D'où la remarque qui suit. (n.d.é.)

[230] Il y a dans tout le passage précédent un jeu précieux autour du passage de Dante, *Enfer*, V, v. 127 et suivants, où Françoise de Rimini s'adresse à Dante, évoquant la Table ronde afin de raconter la naissance de son amour pour son beau-frère, Paolo Malatesta, amour qui conduira son mari Giangiotto à tuer les amants :

    Certain jour par plaisir nous lisions *(noi leggevamo)* dans le livre
    De Lancelot comment Amour le prit :
    Nous étions seuls sans nous douter de rien.

    À plusieurs fois cette lecture fit
    Que, relevant les yeux ensemble nous pâlîmes.
    Mais un seul passage a triomphé de nous :

    Lorsque nous eûmes lu, du désiré sourire,
    Qu'il fut baisé par un si bel amant,
    Lui, qui jamais de moi ne sera retranché

    Il me baisa, tout en tremblant, la bouche.
    Le livre, et son auteur, fut notre Galehaut :
    Pas plus avant ce jour-là, nous n'y lûmes.

Le passage est l'un des plus célèbres de la *Divine Comédie*, et avait en particulier été utilisé par Chateaubriand au chapitre XIV du *Génie du Christianisme*. (n.d.é.)

Ces paroles glissaient comme celles de quelque bon ange. Et puis, leur son s'affermissait. Elles argumentaient, trouvaient des leçons, des exemples :

« Est-ce que tu te crois le premier à souffrir ainsi ? Te penses-tu le seul à devoir aimer dans le sacrifice ? D'autres le font ou le feront. D'autres l'ont fait. Crois-tu que Michel-Ange n'ait pas désiré sa merveilleuse amie, à peu près comme toi la tienne ? Il l'a dit en des vers divins ; ce grand homme ne songeait qu'à remplacer « le ruban à pointe d'or qui lui semblait jouir de toucher et de presser la belle poitrine dont c'était le lacet ». Au même poème, il se rêvait aussi devenu « la ceinture qu'elle nouait à sa taille et qui semblait dire : je veux toujours la serrer là ». Et, ajoutait-il, « comme la serrerait mieux l'étreinte de mon bras ! » Mais le grand poète se résigna, ajoutait mon bon ange, fais comme lui ! Pour l'amour d'elle, pousse aussi haut que tu pourras ton œuvre, elle est la sienne, et ta gloire, sa gloire... Ton heureux talent n'a souffert aucune des déconvenues de carrière dont le génie du Buonarotti fut empoisonné. Tu respires la bonne brise du succès ; utilise-la pour vous deux et ravis-toi dans sa pensée, comme elle dans la tienne, par les magies du même charme supérieur. Tu peux, tu dois, puisqu'on le peut, transvaser ton désir en quelque éther digne de vous... »

À quoi je me répondais, et peut-être à l'Ange lui-même :

« Hélas ! si j'avais la puissance de monter aussi haut pour conclure de tels arrangements surhumains, il s'en suivrait que je pourrais me satisfaire, et c'est précisément ce que me contestera le destin. Tu ne feras jamais rien qui vaille, a dit la Menoune : tu n'en auras jamais assez ! »

Plus que vivante, la sorcière, raide morte, me répétait son cri, du talus de la route obscure, par les bouches saignantes du beau corps profané.

Marie-Thérèse reparut à ce moment sur le balcon. Et je sentis aussitôt recommencer entre elle et moi le long règne d'un silence nouveau et béni.

Pourtant, rentré chez moi, je lus dans l'éternel Montaigne :

> Un galant homme n'abandonne point la poursuite pour être refusé, pourvu que ce soit refus de chasteté et non de choix. Nous avons beau jurer et menacer et nous plaindre, nous mentons, nous les en aimons mieux ; il n'est point de pareil leurre que la sagesse non rude et renfrognée. C'est stupidité et lâcheté de s'opiniâtrer contre la haine et le mépris, mais contre une résolution vertueuse et constante, mêlée d'une volonté reconnaissante, c'est l'exercice d'une âme noble et généreuse. Elles peuvent reconnaître nos services jusqu'à une

certaine mesure et nous faire sentir honnêtement qu'elles ne nous dédaignent pas.[231]

Aurait-on pu me faire sentir cela plus honnêtement ? Et me rendre plus malheureux ?

X

Ni pour elle, ni pour moi, ni même contre moi, il ne fut plus rien fait.
Dans les alternatives de l'agitation et de la révolte, la vaine vie continua de disposer de nous. Un troisième personnage y entra.

Messimine se mêla de venir faire des scènes à sa femme. Il avait flairé que ce coin de Paris procurait à Marie-Thérèse, à défaut de bonheur, un calme voisin d'une paix qui n'était plus la solitude. Il n'aimait à se la figurer qu'en Ariane un peu dolente, chantant sur son rocher de fiers chagrins ou rayonnant quelque succès de lecture et de vente. Aussi arrivait-il la bouche pleine de sottes plaintes sur leurs enfants abandonnés (ils allaient au collège) ; les domestiques laissés sans ordre (elle réglait tout avant son départ, et tout allait sur des roulettes). Il osait parler argent. Le mufle imbécile alla jusqu'à dire : Vous portez mon nom...

Sa première arrivée faillit tourner au tragique. Marie-Thérèse avait tenu les dents serrées jusqu'à ce qu'il eût claqué la porte. Puis, étranglant et contractée, elle s'effondra. Ses collaboratrices l'avaient secourue et défaite. J'arrivai quand sa robe montante était encore dégrafée, juste à temps pour entrevoir, sous les ruches dont la mode la surchargeait, les petites merveilles d'une gorge de jeune fille, du même grain uni et fin que le visage, avec un éclat de chair plus doré. Elle se voila précipitamment et, comme pour couvrir la hâte, me conta de point en point sa faiblesse, sa rage, qu'elle essaya tout aussitôt de rattraper en me priant de tout oublier par pitié pour le grand remords d'avoir laissé fuir ses secrets. Je promis, je jurai, tout cela était loin. Et quel autre secret pouvait bien être en moi depuis que, grâce aux Dieux, je venais d'en surprendre plus long que jamais de sa perfection idéale ! Autre sujet de nouvelle obsession douloureuse ; cris de mêmes refus sur les mêmes enchantements.

---

[231] III, V, page 835.

Cette révélation fut suivie d'une démarche que je fis, sans que rien m'y poussât, et à ma propre surprise extrême.

Je demandai rendez-vous à un très vieil ami, mon aîné de vingt ans, brillant officier colonial, qui était entré dans les ordres et que la vénération universelle entourait pour son expérience et sa connaissance des âmes. Il m'accueillit à bras ouverts. Il ignorait tout des causes, vivantes ou mortes, de mon chagrin. Je ne lui en désignai aucune ; ni la nature des circonstances, ni l'être des gens ne furent effleurés par ma confidence très générale. Je précisai mon désespoir dans sa ligne la plus abstraite, ce dont la vie me comblait, ce qu'elle me refusait, ceci nécessaire et cela vain ! Il m'écouta sans m'interrompre, sourit d'une pitié tendre et finit par lever les bras au ciel en disant : « Mon ami, vous n'êtes pas raisonnable ! »

Et, merveille, il ajouta : « Vous voulez donc tout avoir ! »

Il parlait comme la Menoune. Pourquoi ? Et pourquoi pensait-il aussi comme avait pensé Marie-Thérèse quand elle m'avait souhaité content ?

Cependant, il ajouta, je dois le dire : « Prenez garde ! Prenez garde ! »

À quoi ? Je ne prenais plus garde à rien, sinon qu'il me semblait que Marie-Thérèse changeait un peu. La contagion de mon mal mordait, de crise en crise, sur l'admirable créature. Plus que la communauté du labeur, celle de la douleur inscrivait son empreinte. La cantharide aux ailes d'or battait à notre entour en bourdonnant la charge de nouvelle influence victorieuse. Unes en deux, nos vies doublées, marquées du même accent, suivaient au même chœur les harpes angéliques et les lyres apolliniennes. N'eût-elle en rien faibli, elle laissait voir ce combat, elle s'en montrait parfois lasse jusqu'à la mort.

Je l'emmenais alors sur un petit siège à trois places, dont notre accord commun laissait vacant tout le milieu, espace sur lequel pendaient son bras droit, mon bras gauche ; ils ne se touchaient point. Nos épaules ne s'effleuraient pas. Mon regard seul longeait et aspirait, désespérément, le brillant de ses ongles, le pâle azur de ses veinules, sa paume retournée traînant une caresse sur le velours du meuble. Je regardais ma propre main pleine de mes destins... Marie-Thérèse était femme sensible à tout ; comment me fit-elle une fois la surprise de mouvoir, d'elle-même, la main qu'appelait mon regard, et de la couler, et de la glisser par degrés vers la mienne, de la poser sur elle et de la recouvrir, doigt pour doigt, ligne par ligne, mont par mont, j'en ai frémi longtemps ! Demande sans parole du rafraîchissement qui n'était plus trouvable que là où il était cherché. Mais qui sait si l'inverse n'aurait pas pu être possible ? Ce qu'elle en vint à demander, que ne l'avais-je, moi, sollicité de son cœur ?... Ici, je fus tenté, mais en vain. Quand j'y ressonge, cet instant aurait peut-être convenu pour m'ouvrir, pour montrer, avouer les secrètes fatalités déchirantes. J'étais Oreste, poursuivi des Chiennes de ténèbres. Nul Aréopage ne m'avait accueilli, mais Elle en Pallas Athéné, pouvait juger entre la Vie et moi, et me préférer à la Vie. L'hésitation dura à peine. Je vis quel contre-sens était imminent ; à coup sûr, Marie-Thérèse entendait et concevait autre chose que mon humble paquet d'aveux, et la fièvre de mon désir, dont elle brûlait elle-même, lui fit arrêter, comme trop dangereux, cet attouchement fugitif de la main ; elle venait de s'entrevoir telle que, à aucun prix, elle ne se voulait près de moi, et moi, telle aussi que je la voyais et la voulais de plus en plus, vraie et une, dépliant fleur à fleur tous ses beaux mystères. Mon tremblement l'avait avertie. Elle se leva avec une lenteur solennelle comme si elle tarissait les suprêmes possibles de sa pensée. Un jet de sang farouche qui partait de toutes les extrémités de mon être m'assura que je ne me contenterais plus de la vouloir toute ; beaucoup plus qu'elle, c'était son bonheur qu'il me fallait saisir avec cet impossible et inimaginable amour, quand elle aurait bondi par-dessus toutes les autres barrières, de manière à les surmonter et à les surpasser sans rien rêver d'autre que nous, enfants, mari, vertu, foi et rang social, qu'elle oublie tout. Ainsi, et ainsi seulement, serait comblée mon ancienne passion, multipliée par les hurlements ou les aboiements de tendresses revenues à l'état sauvage.

Peu après, à l'issue d'une nouvelle et absurde scène de M. Messimine, qui, de vil, devenait tout à fait méchant, Marie-Thérèse revint vers moi d'un pas véritablement fantômal. On eût dit que, cessant d'exister pour elle, elle voulût sortir de sa propre vie. Dès qu'elle m'aperçut, elle se hâta. Interdite, muette, bientôt éperdue, elle laissa rouler sur mon épaule droite un visage bouleversé. Deux fois, elle gémit, gémit, et une troisième : « Mon ami ! » Rien de plus. Ni personne, plus personne. Ni elle ni moi ! La prompte volupté de cet abandon sollicitait l'aveugle instinct. Je ne pouvais plus que chercher la place d'un baiser dans l'odeur de sa chevelure. Mais je ne perdis point cette sainte occasion d'élever l'enchère en me faisant de l'opposition à moi-même. Mes nouvelles ambitions s'en mêlèrent pour m'interdire de rien conquérir ni prendre ni surprendre. Il fallait maintenant que tout fût consenti, offert et presque mendié par la plus explicite capitulation de l'honneur, quelque chose qui approchât les *oui* de l'église et de la mairie !

Marie-Thérèse dut interpréter tout cela, à sa noble et haute manière, comme les signes d'un respect insensé, mais sauveur.

Alors, pour la première fois de toute notre vie, je lui pris les mains et, dans un regard à la paume, mes yeux coururent, en éclair, à la racine du poignet sur les trois sillons parallèles que les chiromans qualifient de triple bracelet royal, parce que là sont triplées les perfections et les félicités inscrites au reste de la main. Un brusque élan me prit au cœur, qui se desserra dans la joie. Je murmurai un cri :

« Vous valez donc trois fois ce que je vous sais valoir, ô mon Neuf ! »

Le Neuf dantesque[232] s'imposait. *Ô mio nono !* Je ne lui pus dire davantage. Ses yeux, si vastes, s'agrandirent, demandant si je devenais fou.

Aussi, à la toute dernière de nos crises, celle qui devait un peu tarder, qui tarda beaucoup, mais qui trancha tout, fut-ce bien autre chose ! Elle entra, dans une auréole. La lumière la précédait, la ceignait et la traversait. Je dus regarder mieux. Marie-Thérèse n'était si brillante que pour avoir pleuré. Elle pleurait encore. Je me pris, je ne sais comment, à faire comme elle, sans doute pour m'unir aux âpres douceurs qu'elle rayonnait. Contrairement à sa coutume et à son goût de baisser ses yeux sous les miens, comme si elle eût aimé recevoir mon baiser sur le voile de sa paupière, elle en ouvrait, tant qu'elle pouvait, le très bel espace où affleurait son cœur. J'en tremblais, j'en mourais, j'en savais tout d'avance, la communication qu'elle m'apportait fut presque accomplie sans parole ; ce qui s'était formé dans la vapeur des larmes et chauffé et glacé dans les mêmes souffles du sacrifice consenti ! Le sacrifice, oui ! Celui que je n'avais pas su faire ni empêcher qu'elle ne fît, elle le faisait. Marie-Thérèse me le dit rapidement, elle donnait enfin sa démission des *Dix Siècles*, elle déménageait de son entresol, non pas demain, le jour même, c'était presque fait. Demain, sans faute, elle dormirait dans un appartement qui ne donnait pas sur la rue. « Vous me fuyez ! — Je ne vous fuis pas (sa paupière battait, elle m'en couvrait pour toujours), c'est une occasion que je fuis. »

L'occasion du catéchisme ! Nous ne nous verrions plus. Elle se rejetait de la vie comme elle s'arrachait de la mienne... Mais allait-elle se borner à l'acte de son salut ? S'en tiendrait-elle là ? Elle voulait me sauver aussi et comme elle savait vouloir les choses, me laisser un peu de quoi vivre. Le bel arc des lèvres chéries me lança donc, en six petits mots, ce baiser :

« Adieu, non, je vous aime trop ! » Elle était sortie en courant.

---

[232] Pour Dante, le chiffre neuf symbolise Béatrice. (n.d.é.)

Je n'aurai pas couru plus vite qu'elle ! Je ne l'aurai pas retenue dans mes bras !

Je ne lui aurai pas imprimé, par toute sa personne, les sept sceaux du couple éternel, embrasé d'une foudre plus courte que l'instant, plus durable que toute vie !

Je n'aurai pas remué ciel et terre pour entraver ce fol exode au désert ! Je ne serai pas allé provoquer l'imbécile odieux qu'il fallait balayer de devant le cœur de mon cœur !

Ou, si tout cela était irréalisable, absurde, interdit par l'honneur, la nécessité ou l'amour, eh ! bien, comment n'aurai-je pas rendu grandeur pour grandeur, holocauste pour holocauste ? Je devais avoir le cœur d'accepter, et même de demander d'y être associé. C'était lui rendre son bonheur et lui faire présent d'un cœur digne du sien.

Non, rien de tout cela ! Je n'ai fait rien de tel.

Car j'aurai triomphé dans toutes ces manières de me trahir.

Ayant mon compte et mon content de ce désastre universel, je demeurai comme perclus devant la manifestation de tant de merveilles. Tout venait de m'être montré, proposé et presque donné ; le Bien, le Beau, sur l'heure même, le Sublime, et, tout ayant été repoussé, j'étais plus seul et nu que ne pouvait l'être aucune âme. Ni en haut, ni en bas, ni aux intervalles, non, rien !

Et c'était justice. À vouloir tout, on n'a plus rien. La *Némésis* écrit la loi ; l'inflexible *Ananké* la scelle.

XI

Ce soir-là, je ne sortis point, je ne le voulus pas. Je tenais, sous prétexte de vérité, à revêtir devant moi-même la plus fausse cuirasse, celle d'une sèche rancune.

Marie-Thérèse allait m'attendre, certainement, sur le balcon, dans l'air doux du beau soir d'été. Elle avait allumé sa veilleuse pour notre dernière nuit, pure comme les autres et qui pouvait être divine. Elle comptait sur un chaste adieu espéré, échangé de loin. Qui sait si elle n'aurait pas rapproché, de quelques lignes, la discrète lumière ! Innocent appareil de fidélité et de deuil... J'ai persisté à ne rien vouloir savoir. Comme une brute. Ainsi devait être dévasté et perdu l'immatériel après le charnel, cette goutte d'éther après cette pincée de la cendre terrestre. Qu'avais-je à perdre ? Pourtant, non. Rien.

Il pouvait bien me convenir et me délecter d'être nourri et abusé, jusqu'au fond, de ce dénuement. Mais elle ? Là, j'ai joué sur le velours, hélas ! Quoi que je puisse faire, ma honte durable sera que ma parfaite amie est et demeurera immortellement incapable d'imaginer mon réel état d'esprit, le vrai et le vil. Rien ne pourrait le lui suggérer, tel que je le connais. Et, le lui montrerais-je, elle n'y croirait pas, j'en étais absolument sûr. Raisonnablement, elle avait commencé par se dire : « Il ne viendra peut-être pas », ou : « Très tard. » Lorsque j'aurai beaucoup tardé, elle aura dit : « Il souffre bien ! » et quand tout espoir aura fui : « Il souffre trop, il n'a pas pu. »

Avec qui et à quoi avais-je donc passé la nuit ?

Ma foi, à piocher mon vieux Desbarolles. À scruter, encore une fois, face à tous les ratés d'une vie perdue, les creux et les saillants de la triste main qui l'exprime. Tout ce qui fut prédit ! Tout ce qui s'est produit ! De la tête, du cœur, de l'énergie ! Le tout appuyé par de très bons certificats chiromans, mis en valeur par des jeux de circonstances très favorables ! Et tout cela flétri ou annulé par la seule influence du terrible Mont, de sa plaine, du trait fourchu garni des pointes divergentes par lesquelles, selon la vieille loi, toute mon électricité morale doit couler au même néant ! Éparse et divisée dans les sens contraires, noyée dans mon inaptitude à me modérer, à me contenter, à m'ordonner pour choisir et agir : échec ! échec ! échec ! Et pour toujours. Je suis un condamné à vie !

Mais à quelle longue vie suis-je condamné ?

Non moins évidente et terrible que le trait fourchu, ma ligne de vie fait bien foi, par sa vigueur et sa longueur, de l'extrême endurance de ma vitalité. Le sillon qui l'atteste fait le tour de la base du pouce ; c'est la racine qui enserre le mont de Vénus, et ses insolentes raies concentriques font succéder, du départ à la cime, comme une suite indéfinie de lacs et de chaînes, unis ou manqués, brisés ou disjoints, de nouvelles tendresses, d'aspirations, de fois, d'espoirs ou trompés ou le plus vainement du monde exaucés... Le vénéneux Saturne ôte ainsi au Bien son meilleur. Il ajoute le pire au Mal, chez les êtres qu'il s'est choisis,

> Leur avenir était dessiné ligne à ligne

Par la logique d'une influence maligne[233],

comme dit le poète saturnien, lui-même, afin de décrire le genre de vie qui se solde identiquement par un bilan d'insatisfaction.

Ainsi je veillais, je veillais, ne pensant presque plus à la lointaine Marie-Thérèse Guyot-Messimine.

Puis, me laissant tomber dans une espèce de sommeil, je rêvai, d'un rêve barbare, comme d'un membre sur lequel on avait tiré durement et qui était arraché tout en sang.

À qui ? À elle ? À moi ?

Je m'éveillai dans une espèce de vapeur de chloroforme, avec l'idée d'une blessure chirurgicale que je ne parvenais pas à situer sur mon corps.

Après tout, elle m'avait abandonné la première, et je n'y pouvais rien. Je cherchais mon refuge en ce que j'avais de plus triste que tout : mon Moi, pour y boire et reboire à pleines lampées le franc désespoir.

Sur quoi, je m'assoupis encore, la fenêtre ouverte.

L'aube m'a réveillé. Elle m'apportait une idée.

---

[233] Le texte de Verlaine est « leur plan de vie étant » en lieu et place de « leur avenir était ». (n.d.é.)

Troisième partie
La mort

> Ah ! la mort, ah ! n'est-ce
> Une menteresse ?...
> JEAN MORÉAS.
> *Più lunga scala convien che si saglia.*
> DANTE, Inf. XXIV, 55.

I

« Pure en vêtements blancs comme un ange de Pâques, l'aube est debout sur les collines qui ceignent l'horizon... »[234]

Cette stance du vieux petit conte-poème de Charles Maurras m'est revenue à l'esprit. Mon aube vaut mieux que la sienne. Sous l'écharpe de rose, sous la robe de safran pâle, vient de battre l'aile d'or d'une Idée.

J'en retire un nouveau bien-être physique et, tout en relisant et coordonnant ce mémorial que j'ai eu l'heureuse inspiration de mettre à jour ces semaines-ci, je respire l'air de la vie à pleins poumons, dans une liberté qui semblait perdue hier soir.

Je vois clair et je marche droit, sais ce que j'ai à faire et retourne à la grâce du bon sommeil réparateur au fond du sopha.

À la prochaine nuit, je renvoie les soucis de la journée qui va s'ouvrir.

II

Sorti vers dix heures, j'ai fait en trombe le tour de mes trois éditeurs pour les prier de me régler, *grosso modo*, mais sur l'heure, tout ce qu'ils savent me devoir. J'ai allégué sans suite l'obligation d'un long voyage inopiné, un brusque resserrement de trésorerie, une crise de famille qui m'aurait obéré... Les deux premiers m'ont souhaité bon voyage ou meilleure chance et ont fait ce que je voulais. Quand j'ai présenté ma requête au grand chef des *Dix Siècles de Poésie Nationale*, il a froncé le sourcil et

---

[234] *La Bonne Mort*, début de la quatrième et dernière partie. (n.d.é.)

grogné : « Cher ami, vous n'allez pas partir avec Madame Guyot-Messimine ? » Je grognai à mon tour et le rassurai, mon petit embarras n'avait rien de commun avec la déplorable démission de la veille, je voulais seulement être en fonds. Il m'a versé ce que j'ai voulu, offrant plus que mon dû, ce que je me suis gardé d'accepter. Et je me suis remis à courir mon vieux et bon et beau Paris.

Des souvenirs trop négligés se sont abattus sur moi, ils m'ont accablé de reproches. En vérité, la longue retraite auprès de Marie-Thérèse m'a retranché du monde entier et de tous les mondes ; habitudes légères, affections plus ou moins superficielles, vieux attachements cordiaux. On ne m'a plus vu nulle part, ma vie littéraire ou mondaine a été mise de côté, elle aussi. Ceux qui ne m'oubliaient pas disaient : « Le vilain ours ! » ou bien : « Il s'est terré dans ses *Siècles*. — Terré et enterré... » Il me paraît convenable de me ressusciter tout au moins par quelques signes d'adieu, aux amies et amis sans lesquels, pendant de longs jours, j'avais cru impossible de vivre et même de penser. Ma légèreté d'âme, reconquise en partie, me replace dans tous ces états d'esprit périmés. Et c'est pourquoi j'ai parcouru quelques-uns des endroits les mieux pourvus des brimborions et des colifichets que l'on destine aux archives de l'amitié, aux présents de l'amour, minces boutiques parisiennes regorgeant de tout ce qui amuse et pare les femmes, en fait de sacs, de ceintures, de cadres à tableaux, de bottes en cuir ou vieille étoffe, et j'en ai fait une large distribution à celles que je regrette de ne pouvoir aller saluer, en particulier la femme et les filles de mon Barcelonnette, et leurs innombrables nièces, cousines et petites amies. Chacun et chacune devant avoir sa juste part, j'ai impatiemment dévalisé confiseurs, fleuristes, joailliers, même libraires et relieurs. Il m'a beaucoup intéressé d'établir des listes et d'en rajeunir les nombreuses adresses. Mes vieux camarades verront que je n'ai pas oublié de leur donner le bonsoir. D'ici quelques mois (car il faudra du temps) Louis Bertrand possédera la grande édition de Flaubert et les Mémoires de Louis XIV en maroquin plein, doublé de soie, à son chiffre. Même vêtement d'apparat pour un Hugo complet, qui ira à Joachim Gasquet, pour le beau Virgile du XVIe siècle destiné à Léon Daudet, pour le radieux Ronsard de Decaris, que Maurras recevra[235] ; car il l'a tant guigné ! Quant à Mariéton, il m'a dit regretter de ne pas posséder sous la vêture convenable la belle *Mireille* illustrée par le dessinateur genevois Édouard

---

[235] Ce rare livre d'art a effectivement été retrouvé dans la bibliothèque de Charles Maurras. (n.d.é.)

Burnand. Il l'aura. Tout cela coûte assez cher. J'ai tout payé sur l'ongle, sans épuiser mon fonds de poche de la matinée. J'ai pu régler de même tout ce qui était en instance d'arriéré dans mes comptes. Tout est à jour. Et bien.

Mon agent de change, chez qui je suis passé, m'a donné de bonnes nouvelles des valeurs dont je ne touchais pas les revenus. Mon travail suffisant à me faire vivre, j'aurais peut-être songé à les remployer en immeubles quand je me serais marié. Encore un rêve d'écarté ! Mais la longue et prudente capitalisation aura fait merveille ; grossi du surplus annuel de ma production, de plusieurs héritages, et surtout de ce que je n'avais à peu près rien changé au train de vie de mes beaux vingt-cinq ans, ce dépôt faisait de moi un petit nabab. Mes gens de Mexico seraient bien étonnés de me voir plus que millionnaire, sans avoir eu à me faire payer mes regards dans la main des gens. N'avoir pas désiré d'argent peut être le moyen de s'en acquérir.

Me trouvant sans famille (car j'ai omis de dire qu'après la mort de mes parents, mon pauvre frère, ma pauvre sœur, presque aussi bien lunés que moi, étaient disparus sans enfants) ce petit capital ne m'embarrasse point. J'ai écrit tout de suite à mon vieux cacique, l'excellent Georges Goyau[236], pour le prier d'accepter ces quatorze cent mille francs dont les annuités donneront pour le moins, s'ils sont bien placés, 50 à 60 mille francs, mais ils ne devront être distribués par l'Académie que tous les deux ans, de manière à former une masse de 100 à 120 mille francs, beau denier dépassant le prix Osiris[237], pour la prime d'un vrai talent. Ce prix ne porterait pas mon nom. Il s'appellerait *Rome et la France* et devrait couronner soit un poème, soit un livre de critique ou de philosophie générale d'un sens catholique romain et français. Car Maurras n'a pas tort ; sans être plus croyant que lui, j'estime que la paix du monde dépend de l'Église, de « l'Église de l'Ordre », de « la seule Internationale qui tienne », et d'elle aussi la paix des âmes, parce qu'elle est « le temple des définitions du devoir ». Ces trois viatiques à retrouver sont les seuls qui puissent permettre aux sociétés modernes de s'ordonner, aux esprits et aux corps de se régénérer. Il faudra bien que la France y revienne, elle ne pourra vivre indéfiniment de l'ombre d'une ombre

---

[236] Georges Goyau, 1869-1939, écrivain et historien catholique, élu à l'Académie en 1922, secrétaire perpétuel en 1938. (n.d.é.)

[237] Le prix Osiris, triennal, est attribué par l'Institut de France depuis 1899. Au moment de l'écriture du Mont de Saturne, en 1945, il se crée effectivement un prix Georges Goyau, biennal et réservé aux ouvrages d'histoire. (n.d.é.)

et du parfum d'un vase vide, comme disait le vieux Renan. Je suis bien sûr que Georges Goyau va plaider chaudement ma cause auprès des Quarante. S'ils ne veulent ou ne peuvent pas, tant pis ! Mon pauvre argent ira aux Tout-à-l'égout d'un Étatisme qui n'a rien de commun avec un État français.

En mettant la lettre à la poste, j'ai éprouvé un repentir. Il m'est apparu que, entre tous les mémentos laissés à de belles amies, j'avais fait bien modique la part de ma petite Gaétane, si longtemps ma compagne de lit, et qu'Ismène avait été mise à la portion congrue. Pauvre Ismène ! Malheureuse victime de son mariage d'amour ! Elle avait suivi en Indochine un magnifique fonctionnaire qui l'avait rendue veuve au bout de six mois. C'est sans doute pour cela que la Menoune avait hésité dans son augure favorable. Ismène a ramené le pauvre cercueil, en France, seule, sans l'espoir d'un enfant. J'ai repassé chez le joaillier. Il a bien voulu substituer à mes deux mauvais choix des parures étincelantes qui donneront à ces deux têtes si distantes une lumière plus conforme aux rayons qu'elles ont étendus sur ma vie.

Mais Marie-Thérèse ? J'avais différé de prendre un parti... Lui écrire ? Quoi ? En quels termes ? Je me suis, hier, exclu de toute conversation possible avec elle. Sa vie et la mienne n'ont plus de mesure commune. Que lui offrir qui ne soit dérisoire, alors que l'Identique absolu avait ouvert entre nous sa fleur ? Je pensais à la brève et profonde prière bouddhique : « ô le parfum dans le lotus » : *om mani padmé oum !* Je n'avais pas le moindre lotus sous la main, et elle n'aurait d'ailleurs pas voulu tenir de moi une de ces diableries d'Extrême-Orient qui portent un malheur fou, m'a-t-on assuré. Je me suis décidé pour le simple envoi de deux gerbes, sans carte, l'une sera portée à l'ancien domicile, l'autre au nouveau, que m'a fait connaître le commun éditeur. Ces fleurs sans avenir ne rappelleront nos passés flétris qu'avec la prudence de l'éphémère.

III

Midi et une heure ont sonné, deux heures approchent, que faire qu'une séance de hammam ! Le bain turc a fut la joie de mes vingt ans. J'avais cessé d'y aller, car l'excès de l'élimination avait causé une petite crise de cœur. Aujourd'hui, que la voici guérie, ou tout comme, je pourrai transpirer mon soûl. Je reviens donc, joyeux et nu, à mes salles d'exsudation effrénée ; la première dont la température est déjà très haute, la seconde pareille, éventée par des aromates qui vous font inhaler plusieurs collines de Provence, la troisième torride où quelques secondes suffisent pour volatiliser les ruisseaux qui s'écoulent de la nuque aux talons. Enfin, selon le rite, j'arrivai à la grande douche tiède, savonnages, frictions, suivis d'effusions d'eau froide, et le plongeon dans la courte piscine de glacier, dont l'autre bord est atteint en quelques brassées. J'en ai fait le tour jusqu'à cinq fois. Un nègre, haut de deux mètres, m'a pêché et reçu, étrillé du gant de crin, plié dans des draps chauds et rudes, bordé dans un lit de repos où j'ai dormi comme un bienheureux. Réveil. Collation rapide. Nouveau sommeil. Il est cinq heures. Où tuer le reste du temps ?

Faut-il courir jeter un dernier *œil du maître* sur les besognes en train aux *Dix Siècles* ? Qu'y ferai-je sans Marie-Thérèse ? Tout y est désespérément loin de moi ; poètes d'oc et d'oïl, cher XVIe, cher XVIIe, chères idées, vous roulez au barathre[238], et par force majeure, adieu ! J'ai de même congédié toute pensée d'aller revoir l'ancien balcon de mon amie ou croiser entre les deux logis, de manière à la rencontrer par quelque bonté du hasard. Non, non, j'ai défendu la liberté conquise. Porterai-je mes pas du côté de quelque habitude d'autrefois ? Traînerai-je chez Gaétane ? Nausée, nausée ! Je me suis arrêté à la salle d'armes du Cercle, dans l'intention de voir tirer. Mais, au feu de l'exemple, j'ai, moi aussi, tiré : pas trop mal, l'épée bien en main, poignet ferme et souple jarret. Le plaisir de suivre d'autres assauts m'a conduit jusqu'au-delà de sept heures. Très heureusement, on m'a laissé dîner seul et vite, dans le coin qui avait été le mien. Après, que faire ? Cette fois, point de doute ; assuré que Madame Guyot-Messimine ne sera plus là, ne pourra plus y être, j'ai perdu, sous l'ancien balcon, tout ce qui restait d'heures, en évocations spacieuses et vides. À quoi bon ! Mais à quelque chose ! À revenir sur ce que j'aurais pu faire et que je n'ai pas fait, au faible et au fort d'une même tension de l'âme qui se sait à jamais vaincue !... Minuit sonne. J'ai pris le dernier autobus de la rue de Poitiers, et m'y voilà rentré, frais, dispos pour la délivrance car il y a des tours de cage d'écureuil qu'un homme sensé ne voudra pas recommencer ! Les cercles vicieux m'horripilent sur le papier d'un raisonnement, est-ce qu'ils sont meilleurs dans la pratique d'une vie ? Je les crois plus humiliants dans ce domaine, car il faut plus de force et de temps pour les mettre debout.

---

[238] Précipice où l'on jetait les criminels à Athènes. (n.d.é.)

Je suis fixé sur les fortunes de ma vie depuis que les schémas essentiels de ma nature m'ont été clairement montrés à fleur de main et corroborés par tout le fruit d'expérience que j'en ai tiré. Je répète, comme à l'école :

« Au cours d'une existence commandée par *cette ligne de vie extrêmement longue*, tout vouloir et ne rien pouvoir, une fois comme en mille, désirer, entreprendre, échouer, entreprendre, échouer, et rééchouer encore. Les demi-réussites ne peuvent compter, car leur fond signifie un insuccès très pur. La gloire qui venait n'était rien sans Marie-Thérèse, ni le cœur de Marie-Thérèse sans son corps, ni son corps sans une volonté d'abandon sans réserve à toutes les transverbérations de ma destinée, et sans l'abolition intégrale de tout le reste. »

Donc, rien en moi ni rien hors de moi. Et ce rien m'est montré à reprendre indéfiniment, ce rien m'est imposé à revivre pour un nombre illimité de semblables recommencements, voués à de mêmes coups nuls, toujours ! Un *toujours* qui devra durer plus que la meilleure moyenne des toujours humains !

Un de mes livres chiromans ouvert près de mon écritoire porte en vignette une ligne de vie, grandeur nature, où des graduations marquent les décades d'années à vivre. Une ouverture de compas permet de reporter ces mesures sur ma ligne de chair. Il en ressort qu'il m'est assigné un peu plus de sept décades et demie, soit près de quatre-vingt ans, dont j'ai vécu la forte moitié. Il reste une quarantaine d'années à tirer. Huit nouveaux lustres des mêmes chagrins calqués sur ceux qui précédèrent, mais, cette fois, sans avoir à profiter de la vingtaine d'années du plein rêve ; d'un bout à l'autre, donc, travaux forcés de la dure vie consciente et corvées aux flambeaux d'un Moi trop connu ! Voilà ce que me veut la divine Nature ! À moins que ce ne soit ma Nature à moi, cette Nature que je dis mienne et qui ne peut être qu'à moi ; à qui serait-elle sans moi ?

Oh ! oh ! Et si celui à qui elle est, si moi, ne voulais plus ce qu'elle veut ? S'il voulait autre chose ? Si, d'une ardeur profonde, ce que j'appelle moi en moi voulait mettre cette nature hypocritement mienne en échec ? Qui donc pourrait me l'interdire ? Qui peut m'empêcher de détruire l'inepte, le cruel et l'injuste commandement d'une providence à rebours ? Je n'en puis tenir les ressorts ? Mais si je les cassais ?

À mettre les choses au pis, il reste en moi de quoi arrêter l'affreux abus que veulent faire et ont fait de moi d'inconnaissables Prépotences. Ma volonté, pensée et claire, doit être plus forte que les grossières machinations et les sales embûches que me propose et que m'annonce l'affreux gribouillis de ma main ! Ça, s'imposer à moi ? Non ! non contre ça, la bataille !

IV

Ce matin, à mon réveil, je me suis reporté au conte-poème que Maurras a appelé *La Bonne Mort*.

C'est ma bataille qui m'y a fait repenser... La bataille de mon Moi lumineux et supérieur contre le moi fatal, l'inférieur, l'inconscient charnel et manuel n'est pas sans quelque analogie avec l'historiette du petit Octave de Fonclare quand il se tue pour être sûr d'échapper à l'enfer éternel qu'il voit suspendu sur son rêve luxurieux. Ce que je vais faire ne s'en distingue pas essentiellement. Mais le pauvre gamin voulait damer le pion à Dieu. Il se battait contre la Lumière des Lumières et la Force des Forces. Cet enfantillage n'est pas tout à fait idiot parce qu'il rentre, à quelque degré, dans le cas traditionnel des bons chevaliers médiévaux qui, pécheurs endurcis, ne se sauvaient qu'en se pendant au ruban bleu de Notre-Dame, et leur pieuse fraude était rachetée par la foi. Octave a retrouvé l'équivalent du ruban bleu dans le noir scapulaire de saint Simon Stock, moine du Carmel. Le thème reste absurde en soi parce que, par définition, l'on ne vainc pas Dieu, on ne ruse pas avec Dieu, on ne se bat pas contre Dieu.

Je me bats, moi, contre la Nature, une Nature diabolique et démoniaque. Je n'en ai qu'à cette figure du Mal, à l'immense monstre isiaque, bigarré d'entrelacs des ténèbres et des couleurs qui sont imprimées dans ma main. D'après un axiome, on triomphe de la nature en lui obéissant ; j'applique l'axiome inverse, je me ferai son vainqueur en lui désobéissant. Après tout, n'est-ce pas le procédé du héros qui se détourne d'elle et la laisse accabler par les énergies du devoir et de la vertu ? Je lui oppose et lui applique la puissance explosive du plus sage des désespoirs. Contre sa folie, ma raison. Elle veut m'imposer les horreurs d'une longue vie. Je ne veux pas les vivre, moi, je le lui prouve, je me tue.

Qui sera quinaud, elle ou moi ?

V

Mais ici, je voudrais que Madame Marie-Thérèse Guyot-Messimine me fît la grande grâce et l'honneur de me croire si je lui dis et lui écris qu'elle n'est désormais pour rien là-dessous. Heureux et fier que mon amour, mon grand amour, ait été assez fort pour lui laisser ignorer le tragique mystère de mon angoisse de tous les jours, j'affirme que ce n'est donc point d'elle, à aucun degré, que je meurs ; ce n'est point contre les sublimes rigueurs de sa vertu que me voilà armé et debout à présent.

Quel malheur que mon sacrifice ne vaille pas le sien ! Mais que parlé-je de sacrifice ! Et pourquoi parler comme ceux que lie ce dont je suis délié ? Ce que je fais n'a rien de sacrificiel. Combat, je le répète. Simple combat ! Il est livré entre le plein jour des volontés rassemblées qui descendent du ciel et la colonne des fumées qui sont vomies de mon abîme.

Je viens de poser sur le lit mes deux mains.

De l'une à l'autre, mon regard va et vient. Ce regard s'arrête sur ma main gauche.

Elle est à plat, retournée sur le dos, ouvrant sa nudité, l'impudente ! sa sincérité, l'impudique ! Elle étale une face où rampent les traîtresses complications de ma triple fatalité : Naissance, Nature, Destin ; Être, Devenir, Avenir ! Là, le mont de Saturne ; là, le trait bifourchu ; là, la ligne de vie me signifiant les volontés élémentaires d'un cyclope qui travaille au fond de ma chair. Elles y sont inscrites comme elles sont incluses dans mon âme, mais sans mon avis, sans ma permission. Ces démons impriment leur sceau, qui me livre au dispositif arbitraire d'un piège inférieur, dans un accord étroit avec mes malheurs du dehors. Insolente main gauche, main sinistre, antithétique, antinomique, opposante, tu saurais, si je laissais faire, imposer tes bassesses à l'Esprit déchaîné, à la Volonté dissoute !

C'est pourquoi mes yeux se détournent de toi avec haine, terreur et dégoût.

Au même plan du même lit, mes yeux se reportent sur ma main droite et se posent sur elle avec une douceur qui ressemble à de l'amitié.

Car elle a, elle, de l'esprit, de l'action, de l'humanité. Elle est mobile par essence, elle est mouvante et ouvrière ; elle se change, sur mon vœu de la changer de place, d'attitude ou de jeu utile. Comme pour une montrer de quoi elle est capable, quel rang elle mérite dans la gradation des valeurs, cette droite a saisi la petite arme à feu que, tout à l'heure, je lui ai fait charger et, docile à mon ordre, elle vient de l'élever au niveau de ma tempe. Ainsi me semble-t-il que je gagne moi-même, comme elle-même, du côté des hauteurs, d'inimaginables hauteurs :

« Ô Droite, ô *Dextera*, lui dis-je, Signe et Agent de la Dextérité universelle, industrieuse, artiste ingénieuse, inventive, Main droite, favorite et privilégiée de l'*Homo Sapiens*, outil cher à l'*Homo faber*, c'est toi qui vas faire comprendre à ta sœur, la Sinistre, la Brute et la Barbare, comment tu rétablis, compenses et rachètes ses indignités. La servante, l'auxiliaire, la grande ministresse de ma libération, un petit mouvement de toi, à peine perçu, va me rédimer ; tu conduis jusqu'à moi le millénaire effort des travaux de l'armurerie depuis Prométhée, les siècles d'art et de pensée depuis Orphée, Apollon et Pallas, car tu agis comme eux, tu domptes en passant toute Nature impure, et tu la soumettras à la claire pensée, à l'ordonnance, au choix que mon cerveau à moi, que mon cerveau et Moi élaborons à présent pour notre salut. »

Chère Droite, les chiromans ne t'aiment pas. Ils se plaignent de toi. En toi, d'après eux, les signes de leurs grimoires restent peu lisibles ou moins distincts, quelquefois effacés. Mais effacés, pourquoi ? Tu es fatiguée, disent-ils. Non, tu as travaillé ! Tu fais un merveilleux travail volontaire. Ces labeurs enivrants de gloire, ils osent te les reprocher. Ils te prétendent déformée et déchue par la vertu de tous les ingénieux mouvements dont ta sœur est l'ignare et l'inerte témoin, louée de sa paresse, de sa stérilité ! Leur éloge lui fait un honteux mérite d'être revenue à l'état primitif, alors que tu traduis, ô Droite, les précieuses transformations dues au génie de l'homme et incarnes l'effort de ses initiatives sacrées. Si le Mont de Saturne et le Mont de Vénus, si la ligne du Soleil et celle de la Lune sont, sur ta paume, diminuées d'apparence et d'éloquence, tu l'emportes, ô Droite, par l'aptitude aux opérations de l'esprit, les conscientes, les volontaires, et à leurs stigmates d'honneur. Ô, il faut le redire comme une antienne, ô ouvrière, ô artiste, ô motrice et promotrice perpétuelle du peuple humain, tu es également son élève perfectionnée, qu'il forme et qu'il désigne à de sûres méditations entre lui et le monde, entre sa sagesse et sa vie. Tu es donc, ô Main Droite, ce qu'il faut que j'appelle mon bien, l'unique bien, contre cette Gauche, miroir et médiateur de mon mal ; le mal longtemps subi que rejettent, d'accord, l'intelligence et la vertu.

Mais, tu as eu tort, tout à l'heure, ô chère Droite, quand tu levais ton arme au-dessus de ma tempe. Non. Je ne te commande pas de casser cette tête bien faite et qui vient de penser, juger et décider d'une façon digne de moi. Ce n'est pas elle qu'il faut fracasser, non, non ; tire droit à mon cœur où siègent les principes du corps, initiateurs de mes maux. Détruis-les !

Deux heures sonnent. Il y a une demi-journée, j'entrais donc au bain turc ? Le moment est venu d'une Entrée ou d'une Sortie plus sérieuses. Je me suis commodément assis sur mon lit, et je m'arrange pour pouvoir tracer de là deux ou trois lignes de plus... Donc, allons-y, puisque nous le pouvons, ayant conservé assez de la clairvoyance et de l'énergie qu'il y faut. Ça va y être. Plus qu'un petit instant, juste celui du moindre déclic ; l'index droit est sur la gâchette, le millionième d'une seconde, ça y sera...

Les aventures de Monsieur Wladimir et de Madame la Princesse

1950

Texte paru en prologue et épilogue au Mont de Saturne, *en 1950.*

I

« C'est lui.
— Ce n'est pas lui.
— Je te dis que c'est lui !
— Je te dis que non... »

Le concierge faisait une voix plus grosse que la concierge. Mais cette belle fille de Bourgogne vineuse avait son cri, qui valait l'autre, pour pénétrer portes, cloisons, murailles, d'un suraigu « ce n'est pas lui ». Toutes les loges des rues de Poitiers, de Verneuil, de Lille, de l'Université avaient fini par déléguer quelque représentant dans le joli petit entresol où gisait le mince cadavre contesté.

Près de la main raidie, sur les draps rosés de sang pâle, un revolver de nacre paraissait dire, un peu confus : « Voici que j'ai tué. »

Mais la concierge s'expliquait. Elle articulait :

« Ce n'est pas notre locataire. Ce n'est pas le monsieur du 20 de la rue de Poitiers. Je le connaissais bien ! Je faisais son ménage, je le raccommodais, je cirais ses petites bottines.

— Eh ! non, qu'est-ce que tu veux ! Nous n'y pouvons rien ? C'est lui, répliquait l'obstiné.

— Mais tu l'as bien vu comme moi, hier, quand il nous a payés. Il avait les yeux clairs, les paupières propres, les cheveux bien peignés, son air qui faisait jeune. Trente ans ? Trente-cinq ? Pas beaucoup plus. Ça, c'est un vieux, chauve, avec des yeux bordés de rouge. On l'aura déposé, ici, à la place de mon Monsieur...

— Qui, *on* ? Personne n'est entré ni monté... Pour le déposer, qui ça ?

— La cambriole...

— Pas de porte forcée, dit-il. La serrure intacte...

— C'est malin, quand on a la clef !

— Et Azor, tu l'oublies ? il ne peut sentir un étranger.

— Les chiens dorment comme les gens.

— Pas lui ! Il aurait jappé.

— Il est comme les autres. Et puis, vois cette barbe... Il la portait en petite pointe très bien : la barbichette de tout le monde, il y a quinze ans. Vois sa photo de cet hiver. Ça n'a pas de rapport avec les longs poils qui coulent sur la chemise, et ces frisons, comme aux bohémiens à la foire. En voilà une qui n'est pas poussée d'hier soir ! »

Et les mains dans les poches de son tablier, elle n'arrêtait pas :

« Sa barbe à lui n'avait pas deux travers de doigt... Et celle-ci...

— Elle est peut-être fausse, dit l'homme.

— Va donc la tirer, tu verras. »

Il se met en marche. Un grand diable de sergent de ville se lève pour crier les paroles sacramentelles :

« Ne touchez rien. On est allé chercher Monsieur Wladimir. »

II

Ce grand nom fit une espèce de paix : du silence. Bien qu'il en fût aux modestes fonctions de chien de commissaire (ou secrétaire du commissaire de police), Monsieur Wladimir n'était pas le premier venu au quartier Saint-Thomas d'Aquin.

Son prestige s'étendait aux Invalides et au Gros-Caillou. Actif, allant, serviable, toujours prêt aux explications claires, aux renseignements précis, il ne se faisait pas prier pour donner un conseil. Les ménagères lui savaient gré de sa complaisance autoritaire, certains bourgeois huppés s'en étaient bien trouvés, et de belles dames aussi. Il soufflait dans sa voilure une popularité de bon goût, comme il convient dans ces quartiers. On avait perdu son nom de famille. Le prénom distingué faisait flotter sur son berceau d'agréables pans de mystère : honnêtes bâtardises de grand-duc, d'archiduc, ou d'ambassadeur. De vieux Parisiens renseignés en souriaient avec réserve ; parler n'eût fait ni bien ni plaisir à personne.

Mais enfin, il n'était pas tout à fait ignoré que le futur chien du commissaire avait été vu, faubourg Saint-Honoré, dans la maison d'une haute princesse de France, en la simple qualité de valet de pied. Autant que bonne et généreuse, Madame d'X... était un esprit de vaste culture et de très haut bon sens. Le hasard avait fait qu'elle employât particulièrement Wladimir à retenir et à garder ses places aux grandes conférences dont elle ne manquait pas une : Sorbonne, Notre-Dame, Académies, Collège de France, institut d'Action Française, elle y trouvait satisfaction pour son goût des idées, de leurs rapports, de leurs conflits.

Elle avait remarqué, à plusieurs reprises, que cette perle des valets s'arrangeait pour ne jamais quitter une salle, fût-elle comble ; le bras chargé de l'imperméable ou de la pelisse, il se tenait debout au fond sans perdre un mot du professeur ou du conférencier. Un jour, s'étant retournée par miracle, que vit-elle ? Son Wladimir ouvrant une bouche de four, l'œil plus grand que nature, et béant tout entier, avec une expression de félicité qui n'était point du tout d'un bêta. Quand on fut de retour, elle voulut en avoir le cœur net et se mit à le questionner. Wladimir récita de bout en bout le cours auquel il venait d'assister, sans faire grâce d'une acrobatie du maître. Avait-il aussi bien compris que retenu ? Ses réponses le classèrent à l'égal de ce qu'auraient donné les philosophes mondains et les agrégés de passage dans les dîners de la princesse. Elle sauta sur son stylo :

> Mon cher Préfet, écrivit-elle à Jean Chiappe[239], savez-vous qui nous a ramenés, hier, vous et moi, de Bergson ? Un phénomène ? Non ! Un prodige ? Non ! Un phénix ! Me voyez-vous faire ouvrir mes portières par un phénix ? Je n'aime pas qu'on laboure avec un diamant. Donc, acceptez-en le cadeau. Tirez-le d'ici, vite ! Empêchons ce coulage ! Il faut que ce garçon fasse son chemin. Prenez-le donc dans vos bureaux ! Un tour de faveur au besoin, pour qu'il y ait un peu de justice en ce triste monde !

Wladimir dut porter le poulet à Jean Chiappe, qui aimait aussi le talent et la justice. Il avait la princesse en vénération. Un interrogatoire délicat et bienveillant fit apparaître que Wladimir, ayant amorcé de bonnes études, les avait interrompues trop tôt par un gros revers de fortune. De place en place, il avait dû accepter celle qui l'obligeait à mettre ses mollets à l'air.

Après un stage favorable au cabinet personnel du préfet, les chances et les risques de la vie parisienne surent organiser pour Monsieur Wladimir de petites missions suburbaines ; ses enquêtes fort bien menées firent valoir ce qu'il avait dans l'esprit de rigoureusement déductif et logique. « La veine ! » disaient les uns. Et les autres : « le flair ! » Que ce fût par logique, sens critique ou bonne fortune, il réussissait à passer des concours et à décrocher des grades qui permirent de le nommer dans le centre de Paris, où

---

[239] Jean Chiappe, 1878-1940, préfet de police de la Seine entre 1927 et 1934, par ailleurs père de l'historien Jean-François Chiappe. Il fut révoqué le 3 février 1934, ce qui précipita l'émeute du 6 février. Accusé par toutes les gauches d'avoir des sympathies pour l'extrême droite, il fut élu député indépendant en 1936. Il disparut en 1940, à peine nommé haut-commissaire au Levant ; son avion fut abattu alors qu'il allait se poser au Liban. Son rôle effectif et sa capacité d'influence ont fait naître bien des fantasmes. (n.d.é.)

l'attendaient d'autres succès. Le mérite de l'homme releva des fonctions restées secondaires. Entre temps, par la protection de son officier de paix, le poète Ernest Reynaud[240], de l'École romane, Monsieur Wladimir publia deux plaquettes de vers. D'un sentiment un peu froid, elles valaient par l'élégance et trahissaient l'amour des disciplines philosophiques. La bonne princesse exultait. Elle était ravie de le rencontrer quelquefois au pied de chaires fameuses, de lui sourire et de l'accueillir. Lui n'avait garde de chercher à reparaître dans la maison où il avait servi ; cette discrétion ajoutait à sa gloire en fleur.

« Signe de tact, disait la princesse.

— De tact et d'amour-propre bien compris, disait aussi Jean Chiappe, qui tenait Monsieur Wladimir pour l'une des espérances de son personnel. »

Il ajoutait :

« Je lui vois un point faible. Homme d'une seule idée. Il n'en a qu'une à la fois. Alors, c'est la cloche pneumatique. Par le vide, l'idée solitaire gonfle, et gonfle à crever. Faute de trouver des complémentaires qui l'équilibrent, cette idée fixe peut conduire à des formes de fanatisme...

— Oh ! fanatisme ! De la politique, alors ? demandait la princesse.

— Heureusement pour Wladimir, il ne fait pas de politique. Je vois un fanatisme de sentiment, d'école, de chapelle... »

Et la princesse faisait taire M. Chiappe, et M. Chiappe ne demandait pas mieux, car il aimait Wladimir pour ses talents et pour ce que son ascension sociale avait d'ancien et de nouveau, encore que de plus en plus rare dans la vie moderne. Il se félicitait de la part qu'il y avait prise, et Monsieur Wladimir n'en faisait que mieux son chemin. Ivre de belle confiance, il ne laissait rien démêler de sot.

III

Dès que le chien du commissaire eut pénétré dans l'appartement, le bataillon des concierges lui rendit les honneurs ; hommes de ci, femmes de là, il fut conduit processionnellement, entre deux haies, jusqu'au pied du gisant.

---

[240] Ernest Reynaud, 1864-1938, poète disciple de Jean Moréas. (n.d.é.)

Ni grand, ni petit, jambé, râblé, musclé, sachant jouer de l'œil, du coude, du genou, c'était un assez beau garçon que Monsieur Wladimir, avec ce soupçon d'importance qui ne prélude pas mal à l'autorité.

Les deux chansons recommencèrent :

« C'est lui !

— Ce n'est pas lui ! »

Mais le concierge mâle fit son rapport en règle. Un écrivain connu, Denys Talon, locataire de l'entresol, s'était donné la mort, cette nuit, ou ce matin. S'il n'est pas mort tout de suite, l'agonie, le mal, la souffrance avaient pu altérer quelque peu ses traits. Mais, foi de gérant de l'immeuble, dont il avait la garde depuis dix ans, il ne pouvait y avoir de doute sur l'identité...

« Ce n'est pas mon avis, monsieur Wladimir, dit la femme. Eh ! regardez-moi cette barbe ! »

L'homme répondit posément :

« J'ai déjà dit que la barbe pouvait être fausse.

— Voyons, » dit M. Wladimir, qui approcha, tira. La barbe tint.

Madame triompha :

« Tu vois bien que ce n'est pas lui ! »

L'homme allait répliquer on ne sait quoi. Mais voici du nouveau : monsieur Wladimir ayant légèrement soulevé le haut du corps mort, l'on entend un bruit clair, comme des billes roulant sur le parquet. Il se baissa et put ramasser, une à une, dix-neuf dents, à la vérité vieilles, jaunâtres, presque noires !...

Nouveau, triomphe de Madame :

« Les dents de M. Talon, ça, ces chicots de vieux ? Il riait comme un petit loup. Je le sais bien ! Je le lavais, le brossais, le voyais tous les jours... »

M. Wladimir demanda s'il n'y avait pas d'autres témoins. Personne ne répondit. La dispute aurait repris quand l'attention du magistrat fut détournée des contestations subalternes. Sur la table de nuit, contre l'étui de l'arme et la grande montre-réveil, se découvrait un assez fort manuscrit dont la chemise brune portait ces mots :

Récit, confession, testament

écrits à main courante. Par-dessous, au milieu du premier feuillet, on lisait en grosse ronde calligraphique le titre suivant :

LE MONT DE SATURNE

suivi de trois sous-titres :

Le rêve, la vie, la mort

et d'épigraphes variées.

M. Wladimir se dit que la clé de l'affaire était là, le moyen de la trouver, ou celui de la fabriquer.

Il congédia l'assistance en ajoutant qu'il allait voir cela tout seul, mais non sans prescrire au planton d'aviser le commissariat que l'enquête le retiendrait tout le jour, on n'avait pas à compter sur lui jusqu'au soir.

M. Wladimir s'assit. Il lut.

IV

M. Wladimir, secrétaire du commissaire de Saint-Thomas d'Aquin achevait la lecture qui allait faire éclater son génie. Aux derniers mots, il avait cru entendre la détonation et voir l'écrivain Denys Talon tomber à la renverse sur l'oreiller.

« Mais, dit-il à mi-voix, s'est-il tué raide ? C'est ce que le concierge semblait penser... »

On frappa :

« Au diable l'intempestif ! »

C'était le médecin des morts. Heureusement, il était fort pressé. Ses premiers mots prirent la suite du soliloque de M. Wladimir :

« Le concierge semble estimer que M. Talon ne serait pas mort tout de suite... Alors, il se serait un peu manqué ? »

L'homme de l'art, ayant tâté sommairement, reprit :

« Un peu. » Il repalpa.

« De peu. Le sang perdu. Le cœur...

— Mais, demanda le policier, à quelle heure peut bien remonter le décès ? »

Nouveaux tâtons rapides :

« Les dernières heures de la matinée, peut-être. Midi au plus tard. Pour l'identité, savez-vous ? La femme criait, contestait... »

M. Wladimir donna au manuscrit une petite tape du dos de la main et dit, d'un ton capable :

« La question ne se pose plus. »

Monsieur Wladimir avait tout vu : la promptitude de son intuition, la rigueur de sa déduction l'avaient fixé. Il murmura :

« La mort n'a pas été instantanée ? Il a agonisé dix heures ? Donc tout s'explique. »

Le médecin partit au trot. Il avait apporté les lumières de la science. M. Wladimir en recueillait pieusement le dernier rayon, mais il l'ordonnait et l'organisait :

« Un peu manqué, longue agonie. Oui, se disait-il à voix haute, tout colle, tout s'enchaîne, tout s'articule et se lie. »

... Où d'autres, à sa place, n'auraient vu que trente-six mille chandelles, il regarde s'étendre devant lui une nappe de clartés qui montent, en s'égalisant vers les paradis de la certitude. Il boit et reboit ces flots purs, il s'en pénètre à fond. Sa conviction qui s'est formée a ce caractère particulier qu'elle est corroborée par ce qui pourrait l'ébranler : désaccord des concierges, silence d'Azor, serrures intactes, les dix-neuf dents jaunâtres détachées d'elles-mêmes, le poil allongé et vieilli. Ce qui ferait difficulté facilite l'explication ou la vérifie. Que la barbe de Denys Talon se soit permis de croître d'une façon démesurée par rapport aux quelques dix pas de l'aiguille sur le cadran, ou bien que les dents aient jailli de l'alvéole au premier mouvement du corps mort, attestant une singulière vitesse de la carie, cela n'importe plus que pour s'interpréter en bonne méthode : les faits sont patents, et leur ombre de résistance s'évanouit au clair d'une saine philosophie.

V

Car M. Wladimir sait une bonne chose qu'il a apprise à bonne école, que le Temps vulgaire n'existe pas ou que ce Temps n'est pas le vrai ! Un grand écrivain du XVIIe siècle a donc été bien fat quand il a prétendu pouvoir fournir aux hommes la bonne heure en disant : « Je tire ma montre ». Ô illusion du vain prestige pascalien ! Le « temps des montres » est un faux temps, tel que l'esprit le projette sur leur cadran :

« Un temps tout mécanique, donc *ir-ré-el !* »

se répétait, en épelant, M. Wladimir, selon le *b-a ba* d'un grand maître ; il lui revenait d'en faire aujourd'hui la toute première application administrative et légale.

« *Ir-ré-el.* »

Quand l'écrivain Denys Talon a mis le point final à sa phrase suprême « Ça va y être, ça y sera », deux heures venaient de sonner. Il a tiré. Il était certainement mort à midi. Entre ces deux termes, « l'heure de l'horloge » avait pu marquer ou sonner leur chiffre artificiel ; mais combien plus de coups, combien plus de pas, lui aurait chantés l'Heure vraie ?...

« L'heure du temps réel, *ré-el*, épela M. Wladimir. Pour ce temps, combien d'heures ont pu tenir dans la vie du cadran ?

« Cinquante ? cent heures vraies ? Mille ? Dix mille ? La marge est élastique, extensible à l'infini, on l'agrandira autant qu'il en sera besoin... »

La parole qu'extériorisait le jeune policier s'arrêtait là, pour le moment. Il s'ouvrit une longue méditation silencieuse.

« Voyons ! voyons ! se disait-il, avec une espèce de chant qui retentissait dans les catacombes de son esprit. Ce Denys Talon était doué d'une vitalité exceptionnelle. Presque toute-puissante. Insatiable. Sans parler du nombre, de la diversité et de la violence de ses peines d'amour, l'énergie de sa conduite une fois résolue, le tableau sans bavure de sa journée d'hier portent le même caractère ; courses, commandes, legs, hammam, assaut d'armes, ronde de nuit, et le soin donné aux dernières pages, à cet exposé final, dramatique et lucide, où les abstractions sont produites en symboles clairs, en voilà un que ses déboires sentimentaux n'avaient pas épuisé ! Les pessimistes allemands interdisaient le suicide comme le coup d'éclat d'une vitalité qui ne s'est pas renoncée, ils y voyaient comme le triomphe du Vouloir-vivre. Ils avaient raison pour le cas que voilà ; notre homme était en pleine forme, ivre de ses chaleurs vitales et des clairvoyances de sa raison.

« Une seule faille apparaît dans cette personne si forte ! Sa pitoyable philosophie. La philosophie classique française des idées claires. Cartésienne ou thomiste, cette idolâtrie de ce qui se fabrique et se définit au grand jour. Ah ! le pauvre garçon ! Et il a cru pouvoir se battre, lui, tout seul, contre ce vrai Moi subliminal que remonte et recouvre, sans le dominer, notre menu Moi conscient ! Il ignorait que ce qui surgit, comme un seuil, de la masse des choses vers leur obscur sommet, ne peut qu'émerger un instant des gouffres de l'Inscruté et de l'Ignoré ! Le pauvre Denys a cru vaincre son grand Moi latent, secret, insondable, avec les débiles élans et la chétive industrie de l'intelligence explicite.

« De quel triomphe inane s'est-il abusé ?

« L'insensé a cuydé avoir également raison de la nature universelle ainsi que de son propre naturel souterrain. La nature invaincue, la nature invincible ! Elle l'a brisé en un temps et deux mouvements, lui et les armes dangereuses qui devaient éclater dans sa main. Abréger sa Durée ! Il prétendait donc à cela ! Raccourcir, mutiler sa réalité essentielle ! Le plus inégal des duels ! Le résultat s'en voit, se touche. Non seulement la mère-nature, autrement forte que lui, a été plus maligne. Elle ne s'est pas laissé battre. Pour parler comme lui, c'est elle qui l'a fait quinaud.

« Ce qui s'est passé est ce qui devait se passer, selon toutes les normes.

« Denys Talon a commencé par se manquer un, peu. *Bien fait ! lui aura sifflé la mère-nature. Je t'avais solidement charpenté. Tu étais, comme on dit, bâti à chaux et à sable. Même ton insensée main droite ne pouvait pas t'obéir, l'index droit devait te trahir, cette volonté d'épiderme et d'écorce devait jouer contre ton futile dessein temporel pour te plier et te ployer à la loi de l'éternité...* »

Monsieur Wladimir, après avoir fait parler la Nature, reprenait pour son compte :

« Denys Talon devant mourir octogénaire, le programme normal de son agonie à quarante ans devait faire tenir dans l'arc d'un demi-tour de soleil ou de lune cette vie forcenée qui lui bourrait la moelle, et les nerfs, les muscles et les os. En ce tout petit espace du temps sidéral et, comme l'a bien dit Monsieur Bergson, du temps mécanique, devait se condenser, se concentrer, se contracter la quintessence des quarante ans qui restaient à brûler de l'élixir vital, des fluides qui l'animaient. Traduisons ce que cela veut dire. Un monde intérieur aux vibrantes images lui a fait sentir et souffrir ce que lui avaient préparé son âme et sa chair. Pour une certaine mesure, et dans cette mesure, il lui a fallu savourer toute la dose de désirs et de déceptions que lui avaient valu ses anciennes amours, ce que devaient lui revaloir d'autres amours futures aux nouvelles saisons : d'autres Marie-Thérèse, d'autres Ismène, d'autres Hydres blondes et d'autres Gaëtane, avec ce mandat exprès de courir aux suivantes sans en être jamais *content*, selon la haute chanson de Menoune, mais en outre, en application de toutes les légalités de sa longue ligne de vie, symbole efflorescent de l'infra-physique fatal.

« Son corps en a reçu les secousses, et donc enregistré les marques. Comment en eût-il été autrement ? Idées, émotions, rêves, actions, déchirures subites ou érosions lentes, ce qui lui ébranlait l'âme dut aussi retentir ailleurs, tout le temps réel qu'il a souffert sur ce petit lit. Et je ne parle pas d'un seul genre de fatigues. Dans son agonie, sans bouger de place, Denys Talon aura voyagé, il aura éprouvé les trépidations des rapides du monde, il a monté et descendu, et aussi redescendu les houles des navires de tous les océans. Partout les peines et les plaisirs inéprouvés le fouettèrent à l'épuiser. Des femmes de toutes couleurs, des drogues de toutes saveurs ! Il a bien fallu que sa fibre vieillisse à proportion de sa prodigieuse capacité de *durée*, ce pur synonyme de l'âme, Monsieur Bergson nous l'a bien dit. La peau de chagrin était large, Denys Talon l'a ratatinée en vitesse, mais vitesse apparente qui n'était pas le train réel de l'écoulement de sa vie. Dans le même demi-tour du cadran, ne l'oublions pas, il a dû faire aussi son métier d'écrivain, sécréter, suer et saigner des livres inédits que nous ne lirons pas ; il les a rédigés en rêve et, comme tout le monde, il enfantait dans la douleur ce qu'il avait conçu dans la joie. Toute cette œuvre prolongée a dû être reprise, corrigée, remaniée, puis défendue devant la critique. Que n'a-t-il pas écrit, et fait ? Sans crever la souple membrane physique, élargie ou rétrécie suivant les besoins, et dont il faisait tous les frais, il exploitait son temps réel, tout en vidant son élastique fourre-tout du Grand Tout...

Le sourire des derniers mots montre que M. Wladimir, comme tout sacristain, savait un peu jouer des vases de l'autel.

Mais il se remit à prier :

« Ô temps réel, que n'aura dû et pu instiller et loger dans tes alvéoles mobiles un homme du ressort de Denys Talon ! Outre ses travaux, n'y eut-il pas ses maladies ? Dans ces dix heures qui auront valu quarante ans, les fièvres l'auront agité qui l'aidèrent à se dégrader corporellement, et voilà les faits rejoints, nous pouvons les affirmer ; comment ces maladies ne lui auraient-elles pas séché, blanchi, allongé le poil, creusé, ébranlé et jauni la mâchoire avec cette apparence de rapidité illusoire qui peut paraître insensée, alors que, très précisément, le contraire l'aurait été !

« Souvenons-nous de ce que peut le rêve sur nos sommeils. Le poète y fait des vers, le savant résout des problèmes, le négociant achète, vend, emprunte, paie, encaisse et ristourne. Si, pour eux, l'usure nerveuse est insignifiante, elle existe, elle ne peut ne pas retentir sur leur organisation. Même à l'état de veille, les bouleversements moraux ont des effets matériels tenant de la magie, la mauvaise aventure blanchit en une nuit une jeune tête de femme, une brusque douleur laboure de rides profondes la lisse paroi d'un beau front. Assurément, par rapport à ces cas extrêmes, celui de Denys Talon peut paraître encore effarant. Soit. Et nouveau ! Soit ! Et, jusqu'à présent, inconnu. Soit encore ! Le vaste sein de la Nature naturante...

(Car M. Wladimir se mettait au beau style.)

« ... le vaste sein de la Nature naturante réserve à nos explorations bien d'autres surprises que l'allongement instantané d'une petite barbe ou la prompte carie de dix-neuf dents. Rien ne peut limiter ce champ mystérieux. À quoi bon déflorer ce qu'Isis voile encore ? Tenons-nous fermement à l'aveu tangible d'un étrange potentiel de cet élan vital, le *Nisus*, l'*Impetus*[241], tout ce qui peut souffler sur le bûcher humain. Étant ce qu'il était, soumis aux courants qui le régissaient, le système pileux de Denys Talon devait subir l'implacable impératif interne de gagner un certain nombre de centimètres en dix heures ; son système dentaire ne pouvait se dispenser de se gâter et de se décoller aux deux tiers, non dans un vain espace de temps mathématique fixe, mais conformément à la mesure de sa vie et de ses esprits. Ainsi des rides, ainsi du teint ! L'invisible chef d'orchestre accélérait la mesure de son bâton ; les esprits animaux centuplaient la rapidité de leur bal, et le quadragénaire cédait ainsi la place au vieillard, comme la concierge l'a fort bien vu quand elle a refusé de le reconnaître. Mais ça a été sans nulle intervention de cambriole, tout simplement parce qu'une certaine lampe qui avait de quoi brûler et flamber quarante ans devait se consumer en une demi-nuit. Cela peut changer les idées reçues, non les idées de M. Bergson, mon maître, que voilà ainsi remarquablement fortifiées et corroborées. »

VI

Telle fut, dans ses grandes lignes, la méditation de M. Wladimir.

---

[241] *Nisus, impetus* : mots latins exprimant l'idée de mouvement et d'effort, utilisés avec d'autres comme catégories par les premiers physiciens, dont Leibnitz, puis repris par les darwiniens avec le sens de forces poussant à l'évolution. Bergson utilisera à son tour ces termes. Maurras cite à plusieurs reprises ces notions en latin : voir le chapitre III du *Nouveau Kiel et Tanger* ou le texte de Maurras sur André Chénier, à propos du *Satyre* et de *L'Aveugle*. (n.d.é.)

Il ne s'en tint point là. Esprit consciencieux, il tira de son imperméable un petit livre[242] paru la veille et dont il avait dévoré déjà plus des trois quarts. Un signet, page 219, marquait ces lignes concluantes, qui cochaient en rouge et de bleu une précieuse interviouve de M. Bergson[243] :

> *La considération de la durée pure me fut inspirée par mes études mathématiques, alors que je ne songeais nullement à me poser en métaphysicien. Elle se borna d'abord à une sorte d'étonnement devant la valeur assignée à la lettre t dans les équations de mécanique. Mais le temps mécanique, c'est celui de l'horloge. C'est celui de tous les jours...*

« Donc, pas le temps d'un type aussi particulier que Denys Talon, remarqua M. Wladimir. »

Il revint à son maître :

> *... Et si je réussis à démontrer qu'il n'est (ce temps d'horloge) qu'une dimension de l'espace, il nous faudra bien conclure que nous étalons sur un espace imaginaire notre temps intérieur, ou durée réelle, qui, lui, est indivisible et se situe absolument hors de l'espace...*

« C'est bien cela. Hors de l'espace, répéta M. Wladimir. Hors du tour ou du demi-tour d'un cadran. Hors d'aucun espace visible. *Ab-so-lu-ment* intérieur. Le seul qui soit vrai !

« L'espace bassement approximatif des horloges peut, cahin-caha, mesurer la lente mue habituelle de notre pauvre corps, son changement insensible "de tous les jours" d'après le cours observé des corps spatiaux qu'il est juste d'appeler irréels comme le soleil ou imaginaires comme la lune, mais cet espace-là ne mesure en rien les mues de l'humain, à plus forte raison d'un humain privilégié comme le client d'aujourd'hui.

« Pour dévorer cette jeune vie et la conduire à son degré de consommation ascétique et squelettique, le feu intérieur ne s'est pas contenté de prendre un bon galop, il a couvert avec des bottes de sept lieues ce que la vie coutumière aurait mis d'infinies années spatiales à parcourir. Tous les organismes ne sont

---

[242] *Bergson, mon Maître*, par Gilbert Maire.
[243] Ce livre parut en 1935. Gilbert Maire, ancien sympathisant actif de l'Action française, quitta en quelque sorte Maurras pour Bergson auquel il consacra un premier livre en 1927. (n.d.é.)

pas aussi magnifiquement doués pour participer à l'incendie universel. Quelques-uns peuvent approcher celui-ci. Mais d'autres peuvent le passer. Après tout, pourquoi une simple demi-heure du même *impetus* du *nisus* bien accéléré ne ferait-il tomber en une pincée de cendres un Denys Talon mieux flambé. »

Ainsi allait, allait le monologue du jeune policier, philosophe anti-mathématicien. Tout à l'enthousiasme de la contribution sans pareille qu'un fait-divers de son ressort et de son quartier apportait à la doctrine des doctrines, au maître des maîtres, il se reprochait encore la modestie et la prudence de son langage. Simple contribution, cela ? Non, une preuve par neuf ! Quelle douche pour les impertinents qu'il avait entendus, à la table de la Princesse, se permettre, jadis, objection ou contradiction ! Ce que le Maître avait pensé et démontré, l'humble disciple en apportait la confirmation par l'expérience, événement non négligeable en matière scientifique, ce bon et brave corps mort qui, par son poil et sa denture, est devenu tel que l'a dû méconnaître l'œil de sa propre femme de ménage et concierge très dévouée.

Le regard de M. Wladimir flottant sur la couche funèbre, baignait aussi dans une douce mer de lait, comme il s'en manifeste dans les aurores de l'Esprit.

VII

Il n'y tint plus. Il expédia les menues formalités de son rite et, d'un pied léger, le manuscrit au bras, petit traité bergsonien en poche, il courut à perdre haleine jusqu'à la haute maison dont il s'était interdit l'accès, par un honorable mélange de tact et de respect humain.

La Princesse était chez elle, et seule, de loisir, elle le reçut sur-le-champ. Il put tout raconter et recueillir les signes d'un sensible intérêt. Elle voulut connaître le texte de Denys Talon. Wladimir en fit l'entière lecture. La sage et spirituelle Française écoutait avec ce sourire des yeux qui n'eut pas son pareil.

Quand il eut achevé par le cantique enthousiaste de sa bergsonite indurée, elle dit de sa voix jeune, où tintait un rire léger :

« Vous êtes sûr de tout cela, mon bon ami ? »

Il répondit, un peu gourmé :

« C'est, Madame, que je ne vois pas où mettre la place d'un doute.

— Moi, dit-elle, je douterais de Monsieur le concierge. Ces fonctionnaires sont un peu formalistes. Et quelle sainte frousse des responsabilités ! Dans l'immeuble, où tout doit être bien, alors tout l'est : tout va bien ! Azor doit aboyer, il aboie, aboiera toujours... Ah ! je connais mon vieux Paname, ses concierges mâles compris ! J'aime mieux leurs femmes. Des reines ! Eux, de simples princes consorts. Le vôtre a eu le tort de ne pas écouter la sienne. Pour le chien, elle avait raison : depuis quand ne sait-on plus faire taire le chien dans une mystification bien montée ?

— Une mystification ! Madame !

— Disons supercherie... ou encore, comment dit-on ? une fumisterie. Un peu macabre, oui. Pendant que vous disiez de si belles choses, je pensais, comme la concierge, à une part possible des moyens de la cambriole !...

— Quelle cambriole ? Où ? De qui ? Pour qui ? »

Les beaux yeux semblaient répondre comme dans Gyp[244] : « Ben ! Bédame ! C'est votre affaire, à vous, messieurs de la Tour-Pointue ! » Lui, sans rien voir, poussait l'argument :

« Et puis, le manuscrit ! Il est bien clair ! »

Mais elle :

« Il est trop clair, je m'en méfie aussi. Et puis, votre monsieur Talon, je l'ai un peu connu, je l'ai même reçu. Il était fort gentil. Nous nous entendions. Peut-être m'aura-t-il comprise, en tout bien tout honneur, dans la distribution de ses souvenirs. Mais personne n'aura aimé comme lui à jeter de la poudre aux yeux. Il se fût fait hacher pour un paradoxe de quatre sous. Ah ! le beau mythomane ! On ne lui ferait pas une grande injustice en supposant qu'il disparait pour reparaître. À moins qu'on ne le retrouve comme le pauvre Jean Orth[245], l'archiduc, dans quelque Patagonie, sur l'Orénoque ou l'Amazone ou bien chez des Papous, qui auront oublié de le manger, comme son pistolet de le tuer... Je suis tranquille. Il reviendra, ne sera-ce que pour respirer le succès du livre posthume. Car ce livre peut en

---

[244] Pseudonyme de la comtesse de Martel, 1849-1932, née Sybille Gabrielle Riquetti de Mirabeau, romancière à succès, par ailleurs boulangiste puis anti-dreyfusarde. (n.d.é.)

[245] Jean Orth : nom d'emprunt sous lequel disparut l'archiduc d'Autriche Jean de Habsbourg-Toscane en 1890, un an après sa tentative ratée de coup d'état contre l'empereur François-Joseph (le complot devint sans objet après le drame de Mayerling). On ne retrouva jamais le corps de l'archiduc, donné comme disparu dans un naufrage en vue de la Patagonie, mais plusieurs personnes affirmèrent l'avoir vu dans les années qui suivirent. Ce mystère fantasmé s'ajoutant à celui de Mayerling a plusieurs fois été comparé à l'histoire de la « survivance » de Louis XVII ou à la survie de la princesse Anastasia après Ekaterinenbourg. (n.d.é.)

avoir. Vous allez le porter tout de suite chez l'éditeur, n'est-ce pas, mon bon Wladimir !

— Mais, madame...

— Ah ! à moins que Talon lui-même n'en ait chargé le concierge qui, sûrement, en a copie. Car il en sait long !

— Le concierge ?

— Bien sûr, mon ami. C'est quelque nouveau truc de lancement en librairie. Nos gens de lettres sont capables de tout. »

Wladimir, montrant ses connaissances, évoqua du Laurent Tailhade[246] : « Venez ici, Gens de lettre et de corde !

— Je retrouve mon Wladimir, s'écria la Princesse, heureuse.

— Cependant, madame, vous avez bien ouï ce que Talon a écrit en toutes lettres, ses *je me tue*, ses *ça y est*.

— Ce qui s'écrit ne peut pas toujours arriver.

— Mais alors ! ce cadavre de remplacement ! Talon l'aurait introduit dans son appartement, mis dans son lit ? Où l'aurait-il trouvé ?

— Mon bon Wladimir, un écrivain fréquente les amphithéâtres, les hôpitaux, la Morgue, les terrains vagues... Là ou ailleurs, si l'on y met le prix, croyez-vous difficile de trouver... comment dit mon neveu le carabin ?... de trouver un macchabée aussi frais que le vôtre ?... On aurait pu l'avoir plus frais ! Pesons les difficultés... avoir ce macchabée doit être plus facile que de faire dépenser dans une seule nuit, au même agonisant, quarante ans de combustible et des carburants vitaux. Quarante ans, Wladimir, combien cela fait-il de nuits ?

— Près de quinze mille, madame la Princesse.

— À dix heures de la nuit, cela fait cent cinquante mille heures ! C'est beaucoup, c'est un peu trop de les faire tenir en dix...

— Je crois avoir dit à madame que l'écart m'avait paru en effet un peu fort.

— Gros, surtout. Si vous voulez mon sentiment, Wladimir, la Philosophie vous a fait perdre une occasion de conduire la fine enquête... Talon a de la chance ! Vous aurait-il flairé, pour aider sa combinaison ? Je crains que vos affaires n'en soient pas avancées à la préfecture. »

---

[246] Laurent Tailhade, 1854-1919, qui, devenu anarchiste, n'en était pas à une provocation près. Maurras raconte l'histoire de ses relations avec ce *malevolus poeta* dans sa *Tragicomédie de ma surdité*. (n.d.é.)

La moitié de la fine enquête était déjà faite d'une très blanche main. La Princesse tenait et tendait le fil d'Ariane ; Wladimir ne le saisit point.

VIII

Piqué au vif, il reprit, non sans amertume :

« Je regrette, madame, je regrette ! Il me semble que vous faites bien bon marché de ce que nous avons appris de M. Bergson. »

Ce *nous* reconstruisait les bancs d'une École idéale et faisait asseoir la Princesse à côté de lui.

Il insista :

« Pouvons-nous oublier la magistrale distinction entre les deux Temps : l'irréel, de l'horloge, le vrai, de notre corps et de notre cœur ? »

Elle rit :

— Croyez-vous que je l'aie oublié ? Nulle femme n'eut à l'apprendre, depuis sa grand'mère Ève ! On me l'a fait chanter quand j'étais toute petite :

Que le temps me dure Passé loin de toi... »[247]

Et elle tapotait quelque clavecin idéal :

« Dans les cinq petits mots du premier vers, la distinction est toute faite. »

Mais Wladimir :

« De qui est cela, madame ? De quel Bergson d'avant Bergson ? »

Ses yeux s'ouvraient plus grands qu'à la leçon du Collège de France. Elle répondit :

« Mais c'est tout bonnement l'air à trois notes de Jean-Jacques. Soyez tranquille. Ce n'est pas lui non plus qui découvrit la différence du tic-tac réglé d'une montre avec le galop varié du cœur qui attend...

— Alors, monsieur Bergson n'a rien trouvé de plus, madame la Princesse ?

— Là-dessus, pour moi, non. C'est d'ailleurs en son honneur, pour sa mémoire, le pauvre cher homme ! que je me suis remise à aimer la tendre petite romance et, maintenant, pour elle, je donne l'*Héloïse*, *Émile*, les *Rêveries*, tout Rousseau.

---

[247] *L'Air de trois notes* (sol la si), qui se compose de 24 vers de 5 pieds, est généralement attribué à Jean-Jacques Rousseau. Cette chanson fut très populaire à son époque, et adaptée depuis par de multiples auteurs. Maurras la cite en exergue de son poème sur *Paris*, dans *La Musique intérieure*. Il y utilise, comme la Princesse, le mot *temps*, alors que le texte de Rousseau serait :

Que le jour me dure
Passé loin de toi,
Toute la nature
N'est plus rien pour moi... (n.d.é.)

— Et tout Bergson, sans doute, madame la Princesse ?

— Vous l'avez dit, mon bon Wladimir ! »

Il la salua et, roide, sortit, se parlant à lui-même et faisant les grands bras.

La Princesse laissa tomber les siens et se murmura tristement :

« Ce pauvre Jean Chiappe avait vu juste. Il ne faut pas placer l'oiseau de l'idée sous une cloche vide. Cela commence par enfler, pour retomber à plat. »

Jarres de Biot

1951

Lettre à mon ancien confrère
M. Georges DUHAMEL.[248]

---

[248] Georges Duhamel (1884–1966) est plutôt à ranger parmi les adversaires politiques de Charles Maurras. Si celui-ci l'appelle son « ancien collègue » c'est sans doute en raison de leur passé commun d'académiciens. (n.d.é.)

JARRES DE BIOT ou *bi-otto* ou seize ou deux fois huit, du nom du village provençal où se fabriquèrent les nobles récipients de l'Huile d'olive et du Blé ; le Blé de ma lettre à Georges Duhamel sur les deux langues françaises et l'Huile des dix petits poèmes.

Charles MAURRAS.[249]

J'ai pu suivre de loin vos quatre interventions publiques contre la loi des dialectes à l'école, les réponses qui vous ont été faites par un ministre, l'adhésion unanime de l'Académie à vos remontrances, celle[250] du chef de l'État.

---

[249] Cette mention n'existe que sur la seconde édition. La première ne contient d'ailleurs que cinq poèmes ; quatre ont été repris dans la seconde, avec six nouveaux. Aucun de ces onze poèmes n'étant en liaison directe avec le texte de la lettre à Georges Duhamel, nous ne les publions pas ici. Les illustrations reprennent celles des deux éditions des *Jarres de Biot* illustrées par Tavy Notton. (n.d.é.)

[250] La première édition porte le pluriel *celles*. (n.d.é.)

J'arrive trop tard après la bataille. Mes objections à vos critiques paraîtront hardies et prolixes autant que tardives. Mais la question est d'intérêt national et même d'intérêt humain, dans la large mesure où l'avenir du monde dépend du peuple et de l'esprit français. Comme au pape mieux informé, j'en appelle à vos réflexions, à celle de l'Académie. Quant au chef de l'État, ce haut fonctionnaire a dû être ravi de vous préférer à ses père et mère. Avec eux, vous dit-il, il a commencé par parler le dialecte ; mais, peu après, ce qu'il oublie de dire, il a chanté et fait chanter pendant quarante ans, au prolétariat languedocien, la chanson « du passé *faisons table rase* ». La *faute*, la voilà.

Pour moi, croyez que, au surplus, j'enrage d'avoir à vous donner tort, et de me voir presque contraint d'acclamer Marianne IV. Me voilà du même côté que mes ennemis personnels les plus directs, mes vils et perfides emprisonneurs, faux témoins et témoins parjures, ces chefs démocrates-chrétiens que je connais pour destructeurs de l'ordre et de la patrie, simulateurs et exploiteurs de tout ce que j'honore et vénère dans le catholicisme. Le nom de Dieu fait, sur leur langue, figure d'hostie profanée, de même le nom de France ; car ils ont été au premier rang de nos désarmeurs, puis les promoteurs de la guerre de 1939, d'où ont procédé tous nos maux. Cependant, il n'importe ! Sur le point qui nous divise, vous et moi, *inimicus M. R. P. sed magis amica veritas*, malgré leurs idées haïssables et leurs abominables personnes, un caprice provisoire de la Fortune leur défère l'honneur indu de voir juste sur le rôle du dialecte à l'école. Ils ont raison, je n'y puis rien.

Je dois dire qu'il est beaucoup de vos principes qui, nous étant communs, devraient nous avoir mis d'accord. Comment différons-nous sur leurs conséquences ? C'est ce que je vous prie de considérer avec moi.

Du babélisme

Et tout d'abord votre cri d'alarme : « Tour de Babel ! » Il n'est rien de plus juste ni de plus opportun. La confusion des esprits, mal du siècle et de l'heure, vient de la confusion des langues. Le dégât est d'autant plus cruel en pays français que notre esprit, notre passé, notre coutume millénaire nous avait plus richement dotés et armés contre ce malheur. Les biens que nous gaspillâmes ayant été plus précieux qu'ailleurs, il devient plus urgent de les recouvrer.

Mais enfin, ce n'est pas de termes bretons, basques, flamands, alsaciens, provençaux qu'est embrouillée la langue courante. Ce sont tous les idiomes de l'Étranger qui pèsent lourd sur notre usage verbal. Il est des coins particuliers où notre vocabulaire, déménagé, est remplacé par de l'anglais et de l'américain. Le jargon des affaires perd son expression française. La page sportive de nos journaux est anglo-saxonne. On dit que la chose est fatale. Elle ne l'est point, l'expérience en répond. Nos frères canadiens ont eu le courage de traduire, mot pour mot, le répertoire entier des jeux de deux mondes dans leur irréprochable français. Mon collaborateur et ami regretté Lucien Dubech, dont les chroniques sportives firent autorité, imita cet exemple des Français d'Amérique, son initiative fut suivie et réussit même à s'imposer quelque temps. Il n'a manqué à son succès que de la durée de sa propre vie. Mais, touché gravement de l'épouvante qui lui causa la déclaration de la guerre en septembre 1939, il est mort le 17 janvier 1940.

Sa course de 1936 aux jeux olympiques de Berlin lui avait fait toucher du doigt l'énorme supériorité militaire ennemie.

L'œuvre du patriote et du lettré n'est-elle pas à reprendre ? On pourrait la faire figurer dans une manière de programme académique fénelonien. On pourrait aussi l'élargir. Nos pères nous ont appris qu'une science était une langue bien faite ; vous savez mieux que moi ce qu'il y aurait à redire aux suprêmes débordements des néologismes en médecine, et dans certaines disciplines contiguës. Là, c'est le grec qui sévit. Quel grec ! Peut-être, je dis en tremblant, peut-être que, dans un certain nombre de cas désignant d'incontestables nouveautés, un bon vieux substantif flanqué d'honnêtes épithètes ferait bien mieux l'affaire qu'un seul terme de trente-six syllabes.

C'est une simple question que je me pose.

Où l'abus me semble certain, c'est sur le plan de l'abstraction métaphysique et du patois de Chanaan que l'on en tire, au grand dam du concret, du vivant, du direct et pour le trouble commun des sens directs comme des intentions latentes. Aux obscurités nées d'un abus des généralités s'ajoutent celles qui procèdent d'un recours excessif à ces spécialités de métier qui seraient si aptes à enrichir et à éclairer la langue s'il était fait avec discernement. Ce n'est pas tout. Dès le temps de Musset, l'imagerie romantique faisait bien voir que « quatre métaphores ont étranglé Barbier ».[251] La profusion de ces figures multipliées jusqu'à la folie rend les asphyxies plus fréquentes. On ne s'entend plus parler, et la parole même échappe à la pensée. Je n'ai malheureusement pas sous la main le curieux rapport où mon ami Henri Boegner montre comment certaines populations de la périphérie parisienne tendent à se satisfaire de vagues onomatopées et même à borner l'expression des émotions les plus diverses dans un lâcher

---

[251] Le véritable terme est « étouffé » et non « étranglé ». Henri-Auguste Barbier (1805–1882) publia son premier recueil de poèmes, *Iambes*, en 1831. Musset le met en scène dans une pochade de 1833, *Le Songe du Reviewer ou Buloz consterné*. Buloz, depuis peu directeur de la *Revue des deux mondes*, y fait un cauchemar, dans lequel chacun de ses rédacteurs lui fait faux-bond pour le prochain numéro :
    (...) George Sand est abbesse
    Dans un pays lointain ;
    Fontaney sert la messe
    À Saint-Thomas-d'Aquin ;
    Fournier aux inodores
    Présente le papier,
    Et quatre métaphores
    Ont étouffé Barbier (...) (n.d.é.)

judicieux du mot de Cambronne. Le même rapporte l'espoir, auprès du mal le remède ; dans les mêmes faubourgs, des institutrices primaires habiles et dévouées ont stimulé l'ambition, le goût, l'esprit naturel de leurs petites sauvages, elles en ont tiré de jeunes Parigotes très sensibles à tous les contacts spirituels de l'air français. Ah ! si seulement, du haut en bas des élites de la nation, l'on voulait s'y mettre avec cœur ! L'Académie pourrait prendre l'initiative d'un effort aussi beau. Mais je parle de ce que j'ignore et de ce qui est probablement ou déjà fait ou en bon train.

Reste la langue politique. Sa révision sérieuse serait d'autant plus nécessaire et bienfaisante que Démos, aujourd'hui roi, sera dieu demain, si l'on s'en tient aux phrases de ses thuriféraires. Il est vrai que personne ne sait plus ce que c'est que la démocratie ; l'O.N.U. et l'U.R.S.S. en ont débattu sans résultat. Les démocraties où le vote est secret porte aux nues leur championnat de la dignité humaine. Celles où le vote est public prétendent être seules à la magnifier. D'égales controverses se sont engagées autour de tous les mots que l'on porte en saint sacrement. Rappelez-vous le sens contraire attaché à l'individualisme parce que individu veut dire, pour les uns, le numéro abstrait partout identique à lui-même (un homme, un vote), et d'autres comprennent par ce mot l'être de chair et d'os, défini par ses propriétés et ses différences, tel celui de Carlyle qui peut être un héros. Mais il ne faudrait pas alors qu'un âne fût un individu, ni le plant de chardon qu'il vient de brouter. Voilà deux exemples pris au hasard. Il y en aurait des milliers, tous propices aux mêmes malentendus massifs. Assurément, un Forum où l'on discute vaut mieux qu'une boucherie l'on se saigne, il est plus sage de parler que de s'assassiner, mais on en vient aux fatalités de l'assassinat quand le « parlage », au lieu de communiquer des idées, n'en tire que des quiproquos. On tremble à penser aux faux sens et aux contre-sens perpétuels que dictent nos textes de circulaires, de règlements, de lois. Des lois de ce style et de ce patois : quelle action voulez-vous qu'elles aient ? On ne saurait exagérer l'effet des puissances et des impuissances du mot, leur valeur inouïe pour le bien et le mal. Leur définition claire ferait partout l'office d'une véritable asepsie. Le plus grand réaliste du siècle écoulé, l'auteur des *Ouvriers européens*, Frédéric le Play, terminant le quatrième volume de sa *Réforme*, jugea que le plus sûr acheminement de son rêve de « paix sociale » serait une table alphabétique et la traduction claire des mots sur lesquels ses contemporains (et les nôtres) se prennent aux cheveux. Il jugeait comme vous, monsieur et ancien confrère, que le monde moderne souffre et meurt principalement de « Babel ».

Mais, outre notre intérêt naturel à ne pas mourir, ni nous laisser mourir, la langue politique française devrait éprouver la très urgente nécessité de faire sa toilette. On va avoir besoin d'elle. Le prodigieux rapprochement des distances va faire désirer au peuple, par-dessus les chauvinismes et leurs rivalités, une langue commune aussi claire que possible tant pour l'interprétation diplomatique des intérêts que pour les messages supérieurs de l'esprit. Quel malheur si nous n'étions pas fin prêts, frais, polis et brillant pour les amphictyonies nouvelles qui nous attendent ! Faute d'avoir bondi hors de ces bornes provisoires, manquerons-nous à la grâce de nos destins ?

Vous le voyez, Monsieur : sur les dommages positifs que nous cause Babel comme sur ses manques à gagner, je cède tout. Si je maintiens que la violence et le volume des désordres immédiats priment de beaucoup les risques et périls éventuels que vous redoutez de l'enseignement des dialectes à l'école, je ne nie point ces derniers, *a priori*, et je crois même qu'ils seraient graves s'ils étaient réels. Mais ils ne le sont pas, et leur image chimérique vous détourne de sentir de devoir le bienfait, le progrès, les hautes promesses de cet enseignement.

Avant de les exposer, un second point d'accord me paraît devoir être touché ici.

LE LÉGISLATEUR À SA PLACE

Il y a quelque chose de choquant, en effet, dans la confection d'une loi de l'État central sur l'enseignement du dialecte local.
Opérations de foi babélique, la forme de cette loi, son objet.
Elle ne devrait pas être loi d'État. Ni ce qu'elle touche, toucher l'État.

L'État national doit avoir le haut contrôle des écoles primaires, non leur gestion. Le programme de cet enseignement ressortit au village, aux villes, provinces et pays. On s'est moqué avec raison du ministre impérial qui récemment disait : « à cette heure tous les lycéens de France font un thème grec. » Le geste n'est pas moins ridicule pour marquer que tous nos écoliers au même moment, écrivent une dictée.

Le préteur, du haut tribunal de sa capitale, ne s'englue pas dans ces minuties.

Seulement, c'est un fait patent : aujourd'hui, le préteur est un personnage collectif, anonyme et irresponsable, qui, des hauteurs de l'État central, se mêle exactement de tout. Sur les petites choses et sur les grandes choses, l'égal débordement de son incapacité et les inondations de son incompétence ne peuvent être arrêtées que d'une manière : il lui faudra promulguer la loi d'État qui le remette dans son lit. Voyez, tel qu'il se manifeste, l'admirable mouvement de réaction des municipalités et conseils généraux contre les abus fiscaux, les folies du dirigisme économique, l'absurde déluge des formalités et les paperasseries des bureaux. C'est à l'État que l'on recourt pour se délivrer de l'État. Il a fait des lois d'uniformité centralisatrice, force est bien de lui demander d'autres lois pour les surmonter.

Ces lois réparatrices seront-elles faites ? Nous en sommes réduits pour la plupart d'entre elles à un pieux désir. Mais en voilà une, toute petite, dont il vient d'accoucher. Elle est là. C'est bien le moins que d'en exprimer notre grand merci.

LE GRAND MAL VIENT D'AILLEURS

Il convient ici d'attirer toute votre attention sur certains caractères peu connus de notre centralisation et du mouvement qui la contredit. Mon propos menace d'être long. Peut-être conduira-t-il à nous mieux comprendre.

En paroles, le mouvement décentralisateur est ancien. Il a commencé, à peu près, avec ce qu'il combat. Au XIXe siècle, presque tous les libéraux, radicaux et socialistes, tous les démocrates, tous les anarchistes, tous les conservateurs ont adhéré à quelque formule de décentralisation. Mais la centralisation effective a toujours gagné sans arrêt. Aux premières années du XXe siècle, dans une brochure intitulée *La République et la Décentralisation* signée de nos deux noms, je faisais prévoir à M. Paul-Boncour[252], qui en témoigne dans ses *Mémoires*, que ni son parti, ni l'autre n'aboutirait à rien de cet ordre-là, et je disais pourquoi. En effet, jusqu'en 1939, on n'a pas cessé de serrer la vis, et il en convient. Mais, a-t-il écrit, vers 1942 ou 1943, on va voir ce que l'on va voir. De 1914 à 1950, on a vu. On a vu la plus complète aggravation de l'étatisme jacobin, consulaire et napoléonien. Si donc on excepte les quatre années de la rémission maréchalienne où la présence de l'Étranger entravait, masquait, viciait des réformes heureuses, on n'aperçoit de 1789 à 1950 qu'une véritable mesure de décentralisation administrative viable et tangible : la suppression des sous-préfets de chefs-lieux de département par le roi Louis XVIII.

Ce n'est pas d'hier ! Cependant le chemin de fer, le télégraphe, le téléphone, l'avion tendaient à contracter et à ratatiner nos départements que voilà réduits aux dimensions morales d'un canton de l'An VIII, et j'entends dire que l'hélicoptère exige le cadre spacieux de la région. Mais la région est la première institution maréchalienne que la démocratie, restaurée en 1944,

---

[252] Joseph Paul-Boncour (1873–1972) fit une très longue carrière politique, dans la mouvance socialiste. Il fut président du Conseil pendant quelques semaines, à cheval sur 1932 et 1933. Les *Mémoires* dont parle Maurras ont été publiés en trois tomes, chez Plon, en 1945–1946. (n.d.é.)

se soit hâtée d'abolir. Elle a établi quelques préfets régionaux, mais en prenant ses mesures pour que la région ne soit pas.

La cause de l'échec des décentralisations est donc bien celle que je disais à M. Paul-Boncour. Elle tient essentiellement à notre régime politique. Il ne faut pas se laisser conter des histoires. La centralisation n'a pas résulté de ce que l'on va plus vite de Paris à Marseille et que l'on communique plus facilement de Paris à Strasbourg. Des pays beaucoup moins centralisés que le nôtre sont autant ou plus dotés que le nôtre des applications industrielles de la science. Et s'il arrive qu'en ces mêmes pays, la Suisse ou l'Amérique, un puissant reliquat de vie locale ait subi des diminutions relativement récentes, c'est par l'action du même facteur politique dont l'opération est limpide chez nous : le Gouvernement des partis électifs, leur démocratie de moins en moins tempérée centralisent fatalement.

Schématiquement, les partis ne se maintiennent au pouvoir qu'en multipliant les fonctions et les fonctionnaires chargés d'assurer leur réélection. Leurs intentions et leurs programmes de décentralisation n'y peuvent rien. Leur volonté de vivre et de durer est la plus forte, elle les oblige à une politique d'intérêts et de salut qui n'a rien à voir avec l'intérêt public et le salut public, c'est de leur salut propre qu'ils se soucient préalablement. C'est ainsi que depuis 1787, en Amérique, en 1848, en Suisse, par les progrès de la démocratie, les villes, cantons, États ont dû perdre du terrain, la confédération centrale en gagner. Chez nous, les révolutions ont facilité le même courant, en brisant tour à tour chacun des freins opposés à la volonté électorale : les monarchies, les aristocraties, les corps militaires et judiciaires dont le dernier sursaut fut liquidé en 1899 par la révolution dreyfusienne, à laquelle succéda un grand élan d'étatisme pédagogique et fiscal. En vain M. Paul-Boncour et ses amis ont-ils pu devenir ministres, la mécanique des partis a fonctionné inflexiblement. On a inscrit dans la Constitution de 1946 de nouveaux textes d'autonomie administrative : il est facile de prévoir que le sacrifice des préfectures et sous-préfectures, s'il est consommé en l'honneur du pouvoir électif, sera soldé à coup sûr par une action plus forte et plus efficace des partis centralisateurs qui, de Paris, mèneront tout de plus en plus.

Le spectacle du même mécanisme nous a été donné dans l'Allemagne de 1919 et de 1945. L'introduction du parlementarisme démocratique et du gouvernement des partis chez nos vaincus y a reconstitué, en l'aggravant, l'hypercentralisation bismarckienne. L'intérêt des partis compétiteurs a centralisé et unifié, malgré nos vertueux efforts en faveur des « pays » et de leur autonomie fédérale. Les bonnes volontés des Allemagnes réelles n'ont rien pu contre la loi vitale de leur pays légal, et des partis artificiels organisés à notre voix : par deux fois à un quart de siècle de distance, les paysans bavarois ont répété en vain leur *loss von Berlin*. L'importation de la machine démocratique annulait ces spontanéités. L'ancien autonomiste rhénan Adenauer a bien compris cela. Nous aurions dû répudier cette politique enfantine, ou prévoir l'automatisme de son retour à la grande Allemagne, alors même qu'elle reste coupée en deux. L'esprit de la démocratie peut bien liquéfier les nations qui sont déjà faites. Le mouvement matériel de ses administrations centralise les peuples qui se font.

Mais il y a un fait nouveau en France. C'est l'explosion du mécontentement des municipalités et des départements, des maires des villages et des villes, des conseillers généraux qui sont membres du Conseil de la République. Aux intérêts de parti s'opposent ces intérêts du pays réel. C'est la vie de ces intérêts qui souffre, se débat et crie. C'est elle qui ne veut pas mourir. Peut-être sera-t-elle assez puissante pour exiger et obtenir des remèdes réels, des concessions substantielles sur le trop-perçu des administrations et des bureaucraties de l'État. Peut-être parce qu'il s'agit de réalités tangibles, celles que leur concentration abusive gaspille et dissipe, celles que sauverait ou que reconstituerait une redistribution judicieuse, peut-être, dis-je, ce curieux mouvement spontané va-t-il déterminer le retour des choses dont on désespérait et qui rouvrirait les portes de l'avenir. Mais attention ! Les partis sont là, ils veillent. Ils savent leur métier, qui n'est que de tromper et de forger des appareils de tromperie ; je ne les crois pas incapables d'inventer et d'adapter les masques et les costumes à la faveur desquels ils sauront cacher, accentuer, perpétuer le douloureux désordre étatiste et étatiseur. Si le malaise du pays est profond, il est aveugle. Sa réaction n'a d'autres guides que les vues très générales et les très généreux sentiments qui ne sont accessibles qu'à une rare élite. Au contraire, la mise en défense de la destruction est inspirée et illuminée par l'intérêt majeur des bandes qui en vivent et qui ne vivent de rien d'autre. Entre le dernier et le premier, la partie paraît inégale.

Cependant, si « ma » loi, une des rares lois politiques dont la découverte m'appartient personnellement, la loi que *toute démocratie est centralisatrice*, si cette loi continue à se vérifier et que j'aie le malheur d'avoir toujours raison contre M. Paul-Boncour, ce régime de partis électifs sur notre malheureuse patrie continuera d'y déchaîner des phénomènes d'inertie et de sclérose, de paralysie et d'ataxie, de délire et de convulsions destinés à passer tout ce que nous avons vu en ce genre. Alors, où va la France ? Où allons-nous ?

Un autre espoir pourrait venir doubler le premier si, parallèlement à la révolte naturelle des intérêts sociaux, il se produisait dans l'esprit public un élan d'intelligence et de réflexion désintéressée et que, par conséquent, la révolte instinctive reçût des directions d'ordre cérébral, nettes et claires, comme pour compenser la cruelle lucidité viscérale inhérente à la défense des partis profiteurs ; en un mot s'il resurgissait une doctrine politique ferme et sensée, servie par de bons citoyens, unis et hardis. J'ai déjà vu cela, qui peut se retrouver. Mais cet espoir no 2 ne prévoit qu'une simple influence. Pour faire ou pour défaire des lois dynamiques, il faut un organe matériel, tel que fut le pouvoir non élu, mais légitime et légal, du maréchal Pétain, ou tel encore que serait l'institution d'une Monarchie plus forte que les factions coalisées. Nous y allons sans doute. Nous n'y sommes pas.

Un bon symptôme, c'est le murmure ou même l'articulation nette d'un mot chargé d'avenir et qui, bien compris, serait un bon guide. Mais on a déjà réussi à le dévier.

C'est le mot *Fédération*.

Fédération est déjà pris dans le sens d'une construction d'États-Unis d'Europe qui ne peut aboutir qu'à la Néphélococcygie[253] de la vieille Athènes. Cette cité des Coucous et des Nuées a déjà débordé le cadre excellent d'une solide coalition militaire, d'une Symmachie qu'il fallait mettre sur pied à la façon de celles qui vainquirent tour à tour Xerxès, Napoléon, Guillaume II, Hitler, et que doit reconstituer de lui-même le stalinisme de Moscou. Au lieu de perfectionner contre lui cette arme de défense, l'équipement et l'armement, on a entrepris la copie juridique de l'Union américaine, et l'on est en train d'instituer des joutes parlementaires, des compétitions ministérielles et présidentielles, comme pour épuiser en vanités tapageuses et tumultueuses les peuples déjà dévorés du *morbus democraticus*[254], alors que d'autres peuples sanglants, durs et avides viendront les désorganiser et les absorber ; comme a été défaite en vue d'une union européenne la fédération habsbourgeoise, ainsi seront dilacérés entre leurs

---

[253] Référence, courante sous la plume de Maurras, à la pièce d'Aristophane *Les Oiseaux*. Voir par exemple la note 77 à notre édition de *L Idée de la décentralisation*, ou la note 47 des *Trois Aspects du président Wilson*. (n.d.é.)
[254] Summer Maine.

voisins les précieux composés belge et helvétique. On ne pense pas à cela. Ça se fera sans qu'on y pense, le plus logiquement du monde, sur la simple aspiration de ces deux unités imaginaires, l'Europe ou l'Occident. Autrement dit : primauté de la barbarie. Ce fédéralisme à l'enseigne strasbourgeoise va réaliser le commun postulat de Guillaume II et d'Hitler, il mettra l'Europe sous la direction des plus industrieux et des plus nombreux de ses peuples. Un concours égalitaire est ouvert entre ceux-ci, mais à un très mauvais moment pour nous, qui en sommes l'enjeu. Il est impossible de nous dissimuler que les chiffres posés à la date de 1950 nous désignent comme perdants ; eux étant plus de 80 millions, nous un peu plus de 40 ! Il était facile de voir dès 1939 la même inégalité funeste depuis que nous avions abandonné en 1923, en 1930, en 1935, nos supériorités de positions militaires sur la Ruhr, le Rhin et la Sarre ; aujourd'hui, l'on veut abandonner cette autre supériorité de position, la dernière, hélas ! qui s'appelle nos tarifs douaniers et nos frontières politiques. Celle-ci abolie, la loi des vases communicants va jouer de façon pacifique et terrible pour rétablir « le juste » équilibre des populations, l'immense espace vital convoité par les pangermanistes et par les nazis leur sera adjugé sans combat à même notre métropole, sans parler du reste de l'empire. Nous n'aurions pas perdu des millions d'hommes aux deux dernières guerres si nous nous étions alors déclarés prêts aux concessions qu'organisent les Schumann, les Paul Reynaud et consorts. L'Empereur et le Führer les auraient acceptées avec un grand merci. Il est vrai que ces sacrifices monstrueux déchaîneront une autre guerre, civile et sociale, celle-là, parce qu'à tout bout de champ français, à tout seuil de maison française, se heurtera la longue file des vingt millions de Germains qui, en excédent sur leur territoire, viendront exiger sur le nôtre d'être abrités, nourris, instruits à nos dépens, non sans nous proposer de nous montrer comment mieux exploiter notre antique bien de famille. En vain répondrons-nous que nous serons déjà bien embarrassés pour loger, vêtir, nourrir les quelques centaines de milliers de gosses que nous a valus notre récente repopulation. Eux, voudront s'installer. Nous, résister. On se battra.

Ce sera une de ces guerres intérieures où excellent les Fédérations, témoin la guerre du Sonderbund en Suisse, la guerre de Sécession en Amérique, les expéditions punitives du Reich fédéral de Weimar contre le Rhin, la Bavière, le Hanovre, la Saxe et même Berlin. Mais celle qui va suivre notre déluge de pénétrants pacifiques sera nécessairement plus violente en raison de l'étendue et de la valeur des proies disputées. Ce sera la pire catastrophe de notre Histoire.

« Pire que 1940 ?

— Oui, pire. »

Et faite en somme des mêmes mains, Reynaud, Churchill, etc. J'ai eu le chagrin de prédire l'autre. Pour la prochaine, j'ai le droit d'ajouter que la présente intrigue fédéraliste et sa manœuvre de Strasbourg est synonyme de trahison. On objecte : l'Amérique le veut. Mais les Américains ne sont pas des brutes. Il doit être aisé de faire entendre à ce peuple ami, ouvert et généreux, que les Français ne peuvent pas vouloir le suicide de la France : fût-ce payé en milliards de dollars, c'est trop cher.

Le véritable fédéralisme est tout autre. Il est même l'inverse. Il ne court pas la prétentaine des nuées extérieures, il renouvelle, en en relâchant la fausse rigueur, les liaisons internes de la patrie.

Fausse rigueur, ai-je dit de ces liaisons purement administratives, et j'en ai bien le droit. Preuve : elles ont été peu résistantes aux poussées de l'Étranger ennemi. Elles l'ont laissé venir au cœur de la Champagne en 1792, l'invasion a recommencé l'année suivante et, quand les ressources de la vieille France eurent été épuisées par vingt ans de guerre aussi pleins de gloire que purs de profit, Paris a été pénétré deux fois, 1814, 1815. Cinquante ans plus tard, l'empire centralisé d'un autre Napoléon a été battu par une confédération de tribus germaniques présidées par le roitelet de Berlin. Nos dix départements occupés de 1914 à 1918, puis la submersion de 1940, suivie des ruées et des ravages en tous sens de 1944 sans compter tout le sang et tout le pus d'une guerre civile, établissent suffisamment que l'asservissement du citoyen à la bureaucratie est une solution bâtarde qui n'a pas raffermi la cohérence du corps ni de l'esprit français. Il y a mieux à faire, et certainement autre chose. Le retour à « *la constitution fédérative de l'ancienne France* »[255] réorganiserait la vie locale d'abord et, de proche en proche, les organes intermédiaires de la vie nationale.

Il faudrait recommencer par le commencement, par reprendre aux fondations, se souvenir d'abord du principe directeur qui est celui de la préséance et de la précellence de la plus petite unité.

Principe bien oublié, bien méconnu, c'est le *b. a. ba* de toute politique réelle. Le hasard d'une même lecture au cours d'un bel après-midi de prison me l'a fait rencontrer par trois fois, coup sur coup, en compulsant des documents pontificaux, en relisant *La République* de Platon et en me mettant en règle avec le livre précieux que venait de publier ou de rééditer M. Philippe Etter, l'ancien président de la République helvétique. La formule de ce dernier était d'ailleurs la plus clairement motivée. L'entité sociale élémentaire, disait-il, la première et la plus petite de toutes, doit assumer toutes les fonctions dont elle est capable, absolument toutes et c'est seulement quand elle a donné au maximum le plein de ses pouvoirs qu'il doit être fait appel à l'entité sociale supérieure. Tout ce que peut la Commune doit être fait par la Commune seule. C'est après l'épuisement de ses compétences et de ses facilités que le Canton devra être saisi de son appel au secours. Et c'est après que le Canton se sera tout à fait consumé à la tâche, que lui est dû l'appoint de la Confédération ou de la Nation. À chaque cellule, à chaque fibre, à chaque organe, la nature des choses chantera à voix

---

[255] Rouchon Guignes : *Histoire de Provence*.

haute le *Quantum potes, tantum aude*[256] de l'hymne angélique, chacun y trouvera la conscience, la clairvoyance, la gloire de son action propre, de son être distinct et de son esprit singulier. Tout au contraire, les récipients démesurément élargis, les cuves immenses de l'État totalitaire, le tout-à-l'égout de son étatisme moral et matériel juxtapose pêle-mêle et confond tous les éléments de l'énergie nationale ; ici, tout au contraire, on les retient selon leurs affinités dans leurs compartiments naturels, ils se différencient et se perfectionnent en se filtrant et en se distillant par les degrés d'une hiérarchie ascendante. Il en est de même pour les ressources. Elles ne se précipitent pas dans une caisse unique pour être bues et dévorées comme l'eau du désert. On les laisse répandre et se diviser sur place, dans de petits trésors bien surveillés, sous le contrôle de qui les utilise et de qui les produit, contribuables et usagers.

M. Etter inscrit au bas de son trinôme l'unité communale. Peut-être faudrait-il prendre la chose à un niveau inférieur encore, celui du foyer, et conférer aux chefs de ces foyers une sorte de grade et de dignité civique, les habilitant à certaines fonctions judiciaires et financières auxquelles ils ne sont pas impropres : le vote plural leur serait utilement conféré, ils auraient autant de suffrages que d'enfants, et peut-être conviendrait-il d'ajouter des votes supplémentaires pour constater leur ancienneté dans le métier, dans le pays, et encore le degré d'instruction théorique et d'activité pratique. On ferait ainsi servir cet enrichissement du régime électif à son amendement, et la démocratie étendue mais tirée de sa sauvage uniformité se résoudrait en aristocratie rationnelle.

Les documents pontificaux de Léon XIII, Pie XI et Pie XII me semblaient aussi converger en ce sens : le foyer, la maison, le couple. Quant au divin Platon, dont la Cité, comme toute cité antique, n'est pas très populeuse, il a bien soin de stipuler à la base de l'État un simple effectif de trente-cinq couples qu'il a chargés de l'immédiat : travaux, jeux, fêtes, mariages,

---

[256] Tiré du second tercet du *Lauda Sion Salvatorem* de saint Thomas d'Aquin :
 Quantum potes, tantum aude,
 Quia major omni laude,
 Nec laudare sufficis.
De multiples traductions en ont été données :
 Tout ce que tu peux faire, tu dois oser le faire,
 car Il est au-dessus de toutes tes louanges,
 et tu ne pourras jamais assez Le louer. (n.d.é.)

relations du premier degré. Là pèsent les responsabilités fondamentales, qui ne sont allégées par en-haut que dans la proportion stricte du besoin urgent.

Après ces théoriciens, écoutons le témoignage d'une expérience française en 1944–1949. Cette France, furieusement et inutilement bombardée, ne se reconstruit donc pas ? Un officiel de l'Épuration, qui en fut le ministre, a même dit un jour que les nouvelles maisons s'useront plus vite qu'on ne relèvera les anciennes. Certes, l'initiative civique, personnelle et collective, a fait sur tel ou tel point du pays plus d'une merveille. L'industrie privée s'est distinguée aussi. Mais quelle disproportion de ces remèdes au mal ! Avec ses lois générales, ses caisses plus générales encore, et sa grande diablesse d'administration, ce que l'on a obtenu le plus en ces cinq ans a été inertie et malfaçon. Tout serait relevé depuis longtemps si la structure administrative et toute sa paperasserie ne s'opposaient à la division naturelle du travail qui serait partie des cellules inférieures, fraternellement réunies, aidées, secondées, promues par les groupes supérieurs, dans la seule mesure des nécessités et des convenances. Il se faut entr'aider, c'est la loi de nature, mais l'entr'aide imposée, l'entr'aide superflue fait plus de mal que de bien. En appauvrissant, en desséchant, en endormant les unités élémentaires, la centralisation a pris le problème à l'envers et par le plus haut bout, en vue de tout résoudre ensemble, et d'aboutir à tout manquer. Ce désordre est particulièrement injuste pour ceux qui vivent sans toit ou que cette carence laisse à la porte de la vie. Ce n'est cependant qu'un désordre entre bien d'autres, depuis que les bureaux s'acharnent à capter, en la refoulant, la vraie vie du pays. Au premier signe de cet engourdissement général, on s'est aperçu que le citoyen tournait à l'administré, selon le mot du comte de Chambord. Le voilà devenu un assujetti, puis un employé. La dégradation qui l'atteint dans sa personne et dans sa race n'en donne pas plus de vigueur à la société, qui ne prospère pas ; il a bien fallu s'avouer le vaste retard économique, la dépression et la régression sociales qui s'observent depuis quarante ans dans notre pays.

Ce que la centralisation avait d'utile et de bienfaisant s'est perdu faute d'une matière humaine à centraliser suffisamment riche, active et productive. Le Français d'élite garde de hautes aptitudes, qu'il a su montrer ici et là, dans la Métropole et l'Empire, avec un éclat exceptionnel. Il reste le Français moyen, qu'on a abruti ou qu'on a laissé s'abrutir. Il faut lui rendre l'air, l'espace, le mouvement, le soin de juger et de choisir, c'est-à-dire, dans la mesure du possible et par degrés, le gouvernement de toutes les choses qui le pressent et qui l'entourent, parce qu'il les connaît ou peut les connaître aisément à moins d'être un malade, un criminel, ou un nigaud, ce qui en général se sait, car on y remédie de toute façon ; entre la Commune et le foyer, le voisinage veille et, un peu plus loin, le quartier ou, dans la grande ville, l'immeuble ou le pâté de maisons. Tous ces points de départ existant, cela peut s'organiser.

Le véritable fédéralisme, constructeur et non destructeur, ne s'arrête pas à la restauration de la plus petite unité ; il s'élève de là à des unités supérieures dans lesquelles le canton, l'arrondissement (ancien district de l'An II) formaient à l'unité municipale le premier contrefort, le plus proche, afin qu'il soit le plus efficace. Toutes les affaires non solubles dans la Commune devraient pouvoir être réglées au chef-lieu le plus voisin, exception faite pour ce qui est d'un domaine extrêmement élevé. On n'a pas réussi à supprimer les sous-préfectures, puisqu'il s'agit de trois cents petites villes que leur déchéance administrative risquerait de frapper gravement ; on verrait disparaître à meilleur compte le rang administratif des chefs-lieux de département qui ne seraient pas promus têtes de provinces. Soixante-dix à soixante-quinze villes ont d'autres cordes à leur arc, et le départ de quelques bureaux préfectoraux serait peut-être même un stimulant pour elles, plutôt qu'une dégradation ; elles pourraient relever leur activité propre au service de leurs arrondissements respectifs, leur imprimer une direction plus vive au point de vue agricole et industriel, et leurs assemblées locales recouvreraient valeur et influence par un contact plus étroit des intérêts et des autorités. Les conseils d'arrondissement, si ternes, si pâles, si vains aujourd'hui, deviendraient l'antichambre vivante des assemblées provinciales ; avec une permanence (ou une fréquence supérieure), sans doute, elles prépareraient activement les sessions des grands États régionaux. Les assemblées des deux derniers types seraient naturellement soustraites (comme les conseils communaux) à la loi brutale du Nombre, par la représentation née des libres activités économiques ou morales propres à chaque cercle, au prorata de l'importance et de l'ancienneté, et aussi par l'action prépondérante de l'élite, au moyen du vote plural de tous les citoyens. Dans les deux cas, on dirait aux numéros deux et trois « Fais d'abord tout ce que tu peux, réunis toutes tes facultés et tes capacités *quantum potes...* » Il ne faudrait pas craindre d'appeler les uns et les autres à l'action dans la mesure de l'étendue de leur compétence, le contrôle suprême s'exerçant au nom du National et non pas du Provincial...

Mais je vous prie, Monsieur et ancien confrère, écoutez mon *qui vous meut ? Qui vous point ?*

Tel que me voilà, vous avez devant vous probablement le plus ancien fédéraliste de France. Le premier manifeste fédéral est sorti de cette pauvre plume en un mois de février 1892, qui tient à ma vingt-cinquième année. Cette *Déclaration des jeunes félibres* se réclamait de maîtres révolutionnaires comme Proudhon et Comte et de réactionnaires comme Bonald et Le Play, parlait de dépêtrer la France des usurpations du pouvoir central, d'alléger le pouvoir, de tirer l'État de l'Étatisme, mais non de diminuer ni d'affaiblir cet État : tout au contraire. Ah ! non, nous n'étions pas « séparatistes » ! Dès nos premiers mots, nous posâmes que la mise en question de notre loyalisme français entraînerait la visite de nos témoins et promenade sur le pré. L'injurieuse réputation faite à l'autonomisme nous exaspérait. Elle nous indigne encore aujourd'hui.

Je vous entends. La confusion vous paraît inhérente aux faits. Vous en citez. Je me demande si l'on ne vous a pas fortement exagéré, par exemple, l'autonomisme alsacien ? Le régionalisme d'Alsace, avec ses particularismes, dialectes compris, rendait de grands services avant l'autre guerre. Songez au docteur Pierre Bucher et à ses courageuses campagnes menées d'accord avec les Alsaciens de France, encouragées de Paris par Barrès et Léon Daudet. L'autonomisme s'est aigri après 1918. Mais comment ? D'abord par la politique incertaine et myope de nos gouvernants, ils ont tâtonné jusqu'en 1924. Que faisaient-ils, ils l'ignoraient. Voulez-vous lire avec moi cette lettre de Paul Cambon (8 janvier 1919, Correspondance, tome III), où ce diplomate consommé et ce grand esprit rapporte une conversation avec Clemenceau, alors tout-puissant.

> Pour l'Alsace, je lui ai demandé ce que signifiait cette constitution d'un nouveau Comité chargé de préparer la législation de l'Alsace et de la faire préparer par nos Chambres. Je lui ai dit que cette idée soulevait tous les Alsaciens, qu'en fait, ils jouissaient du point de vue administratif d'une autonomie complète, qu'ils légiféraient eux-mêmes par leur *Landtag* de Strasbourg sur toutes les matières n'ayant pas d'intérêt impérial, que le gouverneur *Stathalter*, représentant l'Empereur, sanctionnait les lois sans en référer à Berlin. Je lui ai donné quelque indication sur l'organisation culturelle de l'Alsace, très

supérieure à celle de l'An VIII, aujourd'hui surannée et condamnée par tous les esprits libéraux...

« Je ne veux pas reconstituer les anciennes provinces, s'est-il écrié. » Discussion où j'ai eu le bon bout, car il ignore l'administration. À la fin, il m'a dit :

« Vous voudriez donc modeler l'administration de toute la France sur celle de l'Alsace ?

— Oui, ai-je répondu.

— J'y réfléchirai... »

Autant en emporta le vent. Mais voilà tout le mal qu'un ancien préfet, homme d'État, qui fut vingt ans ambassadeur à Londres, pensait en 1919 de nos institutions de l'An VIII, de leur usure et de leur despotisme. Elles ne pouvaient que nous nuire en Alsace. Les cinq premières années passées, on s'est avisé, avec le Cartel, d'élaborer quelques menaces centralisatrices aux libertés spirituelles de ce pays si religieux ! Ni les efforts de la Fédération Nationale Catholique et du général de Castelnau, ni ceux de l'Action Française, avec Daudet, Pujo et nos amis d'Alsace, ne pouvaient compenser l'énormité de la maladresse.

Sans ces deux calamités venues de Paris, l'autonomisme alsacien aurait été inoffensif, bienfaisant et exemplaire pour la patrie. C'était l'avis de Millerand et c'était celui de Barrès, tels qu'ils le manifestaient déjà vers 1916 ou 1917, c'est-à-dire en avance même sur Paul Cambon.[257]

Les déviations de l'autonomisme breton et méridional sont d'un ordre à peine différent. De ce côté, comme pour la cinquième colonne allemande, il eût suffi, aux années 30, d'une police vigilante et bien en main. Mais vous avez vu alors l'incertitude et la division de l'État, peu sûr de ses buts, et de faible sens national, complaisamment ouvert à tout mouvement d'anti-France, lui-même travaillé par de tels mouvements, incapable de les réprimer avec quelque constance, parce que lui-même y avait tendance secrète. De quel front prêcher ou imposer la patrie si l'on n'y croit pas ? Vingt ans avant les manifestations des premiers conscrits anti-patriotes (elles eurent lieu vers 1905), Mistral les avait annoncées comme un effet naturel des directions

---

[257] Leurs idées ont été recueillies à cette époque dans le petit livre d'un poète journaliste, Charles de Saint-Cyr : *Ce qu'il faudra que soit la France de la Victoire* (1917).

scolaires, religieuses, économiques et administratives de la démocratie[258], et cette grave crise se produisit comme il l'avait dit, dans la ligne des recrues déclassées et dépaysées, que la grande ville ou la grande industrie avait rendues insensibles à leur origine terrienne, nullement du côté des paysans trop fidèles aux particularismes de clocher ou du dialecte natal. Les pronostics de Barrès dans *Les Déracinés* avaient également précédé l'hervéisme[259] d'une bonne semaine d'années. Selon les pêcheurs de la mer d'Azov, c'est toujours par la tête que pourrit le poisson. La crise vinicole de 1907, caractérisée par la révolte d'un régiment, n'a été sur place qu'un épisode vite oublié. Mais l'hymne aux « braves soldats du dix-septième », en français, s'il vous plaît, a été diffusé sur tout le territoire par le grand parti centralisé qui s'intitule Section Française de l'internationale Ouvrière, S.F.I.O., et dont le principe est dérivé du « Prolétaires de tous les pays, unissez-vous », ce qui amorce également l'union de tous les propriétaires et par conséquent la destruction de toutes les nations. Les autonomismes locaux ne prirent point de part à ces gentillesses.

Jaurès savait *Mirèio* par cœur. Il en récitait des chants entiers dans les couloirs de la Chambre, son accent quercynois devait les rendre bien curieux ! Mais Jaurès n'est jamais monté à la tribune de la Chambre pour proposer ou soutenir une mesure de particularisme provincial. Cependant, un ministre de Clemenceau pouvait appeler le chef des S.F.I.O. « l'orateur de l'Allemagne au Parlement Français », et celui-ci faisait chanter dans toutes les cérémonies de son parti « crosse en l'air et rompons les rangs » de l'hymne de Pottier. Cette nappe d'anarchistes anti-français n'a pas cessé de s'étendre depuis le début du siècle. Il y eut des rémissions, des reculs, des conversions (comme celle de Gustave Hervé en personne), le progrès du mal a été continu. Les Hervé de l'après-guerre se sont appelés Jean Zay ou Aragon, leur action matérielle a été décuplée. Au mois de juillet 1914, on n'avait abouti qu'à un simple projet de grève générale formulé par Jaurès, repoussé avec horreur par Jules Guesde comme un acte de « haute trahison » contre la nation la plus socialiste, la France ; puis Laval alla bien à Kienthal conférer avec les socialistes de l'empereur ou s'acoquiner d'un peu près au *Bonnet*

---

[258] Singulièrement prophétique à cet égard, son *Rocher de Sisyphe*, inséré dans *Les Îles d'Or*, date du 1er septembre 1871.

[259] Doctrine antimilitariste professée par Gustave Hervé (1871–1944) avant la Grande Guerre, prônant le recours à la grève générale et à l'insurrection en cas de mobilisation, ce qui séduisit Jaurès et Briand. Voir également la note 4 à notre édition de *La Monarchie fédérale*, et la note 8 de « La Politique » du 11 septembre 1921.

rouge, comme Briand à Lancken. Mais devant l'Ennemi, l'État d'alors, reformé à l'union sacrée, s'était retrouvé encore en pleine énergie autour de Clemenceau. Ce fut bien autre chose aux abords et au cours de la dernière guerre ! Ce n'était plus en paroles que l'on refusait le travail à la défense nationale. Un grand parti, allié de la Russie, elle-même alliée de l'Allemagne, minait nos usines, nos casernes, nos administrations. Les tarifs horaires du travail au ralenti étaient homologués au nom de syndicats reconnus officiels, incorporés comme des membres actifs et militants à l'État, l'État « Front populaire », s'il m'en souvient bien ? On n'a pas osé dire encore combien de formations d'armée régulière ont mis bas les armes face à l'envahisseur de 1940. La même invasion a déterminé une large apostasie administrative, collaboratrice et complice de l'exode civil et de ses sept à huit millions de victimes, Nous avons vu pire encore. Nous continuons à le voir : cent quatre-vingt-trois séparatistes à peu près avoués tiennent presque un tiers d'une assemblée qui se dit nationale ; ils prétendent représenter plusieurs millions d'électeurs citoyens égalitaires. Il est difficile de le contester. Nos ports et nos gares sont de temps en temps menacés par ce même parti puissant et vigoureux pour interdire la réception des cadeaux américains et le départ de renfort et de matériel pour notre armée d'Indochine. La plaie est là. Elle suppure au grand soleil de notre État centralisé. Le régime qui nous a ouverts à l'invasion sept ou huit fois depuis 1789 est le même qui laisse se décomposer ainsi le patriotisme. La preuve est donc faite que l'école publique, que l'École de l'État central, si elle sait encore former de bons Français, ne peut plus grand-chose pour empêcher la fabrication en série des mauvais. Le scandale crie, ses causes sont criantes. Devant elles, je me demande comment il vous reste, Monsieur et ancien confrère, le loisir de craindre les effets d'un mal à venir ? Tout le mal possible paraît échu. Le devoir pressant serait de refaire un patriotisme et de recoller les membres déchirés de la patrie elle-même. Vous me direz que, tout de même, vous n'avez point tort de vous opposer à l'ouverture d'une plaie nouvelle. D'accord, mais si vous nommiez plaie ce qui est traitement ? Si vous étiquetiez poison ce qui est antidote ? Voilà la question. Je ne la fuirai pas.

Avant de l'aborder, répétons que les méfaits récents de l'autonomisme breton furent bien peu de choses auprès du champ de ruines que nous venons de parcourir. Ces méfaits ne doivent pas tromper sur le génie et sur l'esprit de la Bretagne. Quelque anarchie qui soit empruntée au fond celtique de sa race, le Breton, paysan, marin, guerrier ou prêtre, tient à sa terre, à sa terre de France, et il l'a prouvé c'est peut-être lui qui, en 1914-1918, et depuis, a fait les plus lourds sacrifices à la patrie, si l'on en juge par le total des morts de la VIe et de la Xe régions militaires de Nantes et de Rennes. Tous ceux des Bretons qui se sont déclarés les premiers et les plus ardents provincialistes étaient d'irréprochables Français, on peut dire aussi des Français forcenés. Personne en France n'a parlé de notre unité comme Renan, fondateur avec Narcisse Quellien du Dîner celtique. Notre ami et confrère Charles Le Goffic, que vous avez connu Français modèle, était Breton bretonnant.

Il y a partout des fols.

J'ai connu pendant l'autre guerre un gentilhomme provençal qui se croyait destiné à gouverner la Provence pour Guillaume de Hohenzollern. Ses deux fils se battaient comme des lions ; personne ne prit sur soi de révéler la démence de leur père. On en rit tristement. La faute extravagante n'en était pas plus à l'esprit provençal que l'éversion du monument de Rennes à l'âme bretonne.

Je n'ignore pas quels pièges lui ont été tendus du dehors. Les manœuvres de l'invasion, et surtout ses prodromes non surveillés par le pouvoir central, ont gâté sur quelques points l'autonomisme breton, mais l'Allemagne n'y a pas été le seul amateur et instigateur du séparatisme. Croyez-moi, l'attentat à la statue du « collaborateur » Duguesclin porte une signature qui n'est pas d'outre-Rhin, mais d'outre-Manche. Je le dis avec certitude. Il y a une vingtaine d'années, certaines communications druidiques ou archidruidiques avec nos voisins insulaires gardaient leur caractère de folklore, pittoresques, parfois d'émouvante poésie. Cela a mal tourné depuis. J'ai lu l'autre année, dans des journaux franco-allemands qui ne sont pas publiés en Allemagne, de curieuses séries d'articles écrits en français, non pas précisément d'Angleterre, mais du Pays de Galles ; la suite du ton, la violence des paroles, la précision et l'âpreté de l'excitation contre la France ne laissaient rien à désirer comme offense caractérisée au droit des gens. Si l'information de M. Auriol eût été aussi complète que la mienne, nul doute qu'il en eût touché deux mots pendant son voyage à S.M. le Roi, ou madame Auriol à S.M. la Reine, afin que la Grande-Bretagne laissât l'Armorique tranquille. S'il était le digne successeur de Paul Cambon ou de M. de Saint-Aulaire, notre ambassadeur à Londres multiplierait en ce sens les démarches et les instances motivées. Il en faudrait beaucoup. Un tel mal n'est pas supportable entre pays amis et alliés, mais la tentation pour nos chers voisins est très forte. Avoir brûlé la Normandie et les trois quarts de la Bretagne en 1944 serait de peu de prix en comparaison de la chance de pouvoir se réinstaller sur ces bords cinq cents ans après Jeanne d'Arc et quatre cents ans après François de Guise. Cela paierait de l'Inde, se disent-ils, même sans le vouloir, même en ayant un peu honte de le dire, parce que ce n'est pas du beau jeu. M. Churchill et M. Spears en ont joué bien d'autres.

À mon avis, Monsieur et ancien confrère, vous ne tenez pas un compte suffisant des négligences et des déficiences de notre pouvoir central. Toutes ces malheureuses histoires bretonnes seraient enterrées depuis longtemps si l'on eût libéralement aidé une noble population à honorer, en même temps que sa patrie française, sa matrie[260] celtique, et qu'une exacte police intérieure réprimât comme il convenait certaines impiétés démentes tandis que l'on eût fait respecter, au dehors, une politique d'État ferme, digne, ni assistée ni asservie.

C'est là, au centre, qu'il faut le plus veiller. Les réformes s'imposent. Dans un milieu de plus en plus anarchisé, tout, y compris le meilleur, peut être retourné par l'anarchisme et employé pour l'anarchie. Qu'un nouvel essor de la vie locale soit indispensable, les mauvais éléments voudront s'en saisir comme de tout ; qu'il faille restaurer les bases de la patrie et du patriotisme, les anti-patriotes feront effort pour organiser leur résistance même sur ce terrain, avec les facilités de hasard qu'ils pourront y trouver. Ne mêlons pas l'accessoire avec l'essentiel, ou plutôt voyons-en le vrai rapport. Nos fédéralistes de 1892 se doutaient eux-mêmes d'un péril éventuel : voulant rétablir les anciens États, ils avaient tout de suite songé au renforcement de l'État central. Voulant désétatiser leurs petites villes, leurs grandes provinces, ou leur *pagus* originel, ils ne voulaient pas démanteler la patrie, ils voulaient le contraire. Beaucoup opinaient que le relâchement du réseau bureaucratique devait être accompagné d'un renforcement de l'Exécutif.

C'est ce qui me rallia pour ma part, en peu d'années, à la formule de Le Play : démocratie dans la commune, aristocratie dans la province, monarchie dans l'État. À ceci près que, déjà convaincu que la démocratie était le mal et la mort de toute société, je ne voulais pas, même pour la commune, de l'absolu du Nombre ; je lui souhaitais un statut populaire, en partie direct,

---

[260] Les Grecs avaient la Patrie et la Matrie. Chateaubriand a relevé le second terme dans notre sens provincial. Il a été repris systématiquement en Provence par M. de Berluc-Perussis, en félibrige A. de Gagnaud, l'érudit historien ami de Mistral.

comme il fonctionnait dans l'ancienne France, avec ses assemblées de paroisses dominicales et des réunions générales de « citoïens de tout estat »[261], en partie représentatifs de tous les corps de la ville, avec, comme on l'a vu, le suffrage plural des chefs de foyers, patriciat nouveau, contrôlé, bien entendu, par le pouvoir central, mais très énergiquement défendu de la gestion immédiate de Préfets ou de Ministre. Plus cette résistance périphérique redevenait solide, ces libertés locales étaient-elles assurées, et mieux elles devaient être équilibrées, tout en haut, par *la liberté de l'État*, c'est-à-dire l'intégrité de sa vie, l'action de sa puissance, la qualité de sa compétence.

Fortement établi dans sa stricte fonction nationale (Affaires étrangères, Armée, haute Justice), un chef non seulement unique et viager, mais héréditaire et traditionnel, supérieur aux compétitions, affermi dans la permanence de son droit historique et la judicieuse division du travail politique, permettait le retour à la grande période française bourbonnienne de 1636 à 1792, où nulle pointe étrangère ne mordit profondément notre sol, où nulle armée ennemie n'est entrée dans Paris, où nul habit vert ou rouge ne souilla la Seine ou la Loire, mais où notre diplomatie ne fut jamais non plus débattue dans les rues, les cafés, les journaux, les Chambres, où jamais elle ne sortit du *Conseil « d'en haut »* et du *Conseil « étroit »* où le Roi seul, avec quelques ministres, pas tous, avaient accès, et d'où cette autorité puissante rendait intangible la première des libertés qui est la sécurité du territoire et l'indépendance de la nation.

---

[261] Voir *L'Étang de Berre*.

Voilà nos précautions de 1892-1897 contre les excès prévus de l'autonomisme. Nous nous demandions encore si elles suffisaient contre le mouvement, l'évolution, si vous voulez, des idées et des mœurs. Sous les Bourbons, les États provinciaux qui avaient subsisté pour un tiers de la France ne furent pas toujours de tout repos. Les conditions de la vie moderne pouvaient aggraver la difficulté. Une vie locale intense peut aspirer à peser indûment sur le centre. Des problèmes réservés à l'échelon suprême pouvaient être usurpés par les degrés inférieurs.

Comment faire ?

Avec nos pauvres conseils de département, ce n'est qu'un jeu : à la moindre incartade, le préfet se lève, se couvre, s'en va, tout est dit. Avec de grandes assemblées de provinces aux riches budgets, aux moyens puissants, traversées par des souffles d'intérêts passionnés, capables de grands biens, mais aussi de méfaits et même de forfaits au cas où l'Étranger réussit à s'y infiltrer, ces menus freins juridiques et formels seraient sans valeur. Les anciens États de Bretagne tournaient parfois au champ clos ou à l'émeute. Les États futurs pouvaient récidiver. Comment régler cette balance des forces ? Environ cinq ou six ans après avoir vu ce que j'appellerai la nécessité mécanique de la monarchie, tout au début du XXe siècle, je débattais la question avec un Breton de la grande espèce, passionné pour la restauration des libertés de sa terre-mère, mais Français cent pour cent, et qui l'avait prouvé : le général de Charrette.[262] Il ne badinait pas sur l'unité française, non plus que sur les conditions du traité de la duchesse Anne.

« Comment voyez-vous cela ? » voulut-il bien me demander un jour dans les bureaux de la *Gazette de France* où j'avais l'honneur de le rencontrer.

À Breton et demi, Provençal et trois quarts ! Ni moi non plus je ne niais la gravité de ce risque. Ni je n'admettais qu'il fût licite de rien entreprendre sur l'État national et royal quand on n'était qu'un État provincial, quel que pût être en théorie juridique l'argument fédératif et confédératif, la vie souveraine de la nation devrait tout primer.

« J'aime mon village plus que ton village, j'aime ma Provence plus que ta province, j'aime la France mieux que tout », disait le catéchisme avignonnais rédigé par Félix Gras. Je n'inventais donc rien quand je répondis qu'il fallait songer à la sauvegarde française d'abord :

« Mon général, dis-je, l'assemblée de province qui empiète sur la nation la trahit. De la part d'un orateur ou d'un chef de parti local, l'usurpation du pouvoir central doit entraîner la même sanction que la haute trahison, une peine *capitale*. »

Le héros de Patay[263] ne fut point étonné de la motion féroce. C'était le plus doux et le plus charmant des vieillards. Haut comme une tour, fin comme l'ambre, gai comme un pinson, il n'aimait rien tant que de conter, au lieu de ses campagnes, sa vie inimitable, d'après Mentana, quand les jolies Transtévérines faisaient leur cour publique au beau jeune Français colonel des zouaves du Pape : « Je te donne cette fleur... Je te donne cette rose... »

---

[262] Athanase de Charette (1832–1911), de son nom complet Charles-Marie Athanase de Charette de la Contrie, s'illustra notamment à partir de 1860 comme commandant du corps des Zouaves Pontificaux, qu'il engage après la prise Rome dans la guerre contre les Prussiens, sous le nom de corps des Volontaires de l'Ouest. (n.d.é.)

[263] Le 2 décembre 1870, après la défaite de l'Armée de la Loire à Loigny, le corps des Volontaires de l'Ouest résiste aux Prussiens à Patay, mais l'ennemi parviendra à investir Orléans le surlendemain. (n.d.é.)

Morceaux d'anthologie qui ont été écrits, je le sais, et qui ont peut-être été réunis déjà. Ils le seront sans doute. J'entends encore pointer le joli chant de l'idylle galante et pieuse. Mais quand j'eus proposé la peine de mort pour tout crime ou délit tangent au séparatisme total. Charette ne sourcilla point, et dit : « C'est cela, c'est ce qu'il faut, le pouvoir local à sa place, le pouvoir royal à la sienne, et tout ira bien. »

Ma pénalité vous paraîtra vive. Les précautions sévères arrêtent au point juste de mortelles déviations.

Refrain, ce n'est tout de même point de là que sortent en ce moment les entreprises centrifuges capables de servir l'ennemi. Nos factions politiques et sociales en font bien d'autres, vous l'avez vu, sans interventions d'assemblées régionales ou d'écoles dialectales. Vous avez trouvé dans votre courrier, avec un juste scandale, des lignes honteuses et stupides : sur les ruines de l'unité, des malheureux y annonçaient qu'ils fraterniseraient avec les Barbares de l'Orient ou de l'Extrême-Orient, au nom des groupes bretons, alsaciens ou provençaux. Mais ces groupes me paraissent plus rêvés que réels. Vous observez même que le vocabulaire et le style uniforme de ces papiers trahit une source de rédaction unique. N'en doutez pas. C'est à quelque faction centralisée et centralisatrice que vous avez affaire, à des sectes de l'anarchisme individualiste ou du marxisme moscoutaire, l'un et l'autre fort bien outillés par nos grands partis au pouvoir ou voisins du pouvoir. Elles sont au travail depuis longtemps et s'accommodent très bien de la centralisation administrative et scolaire pour organiser déchirement et démembrement.

Or, prenez bien garde à ceci : cela est produit par l'impulsion qui leur est propre, en vertu des liaisons *logiques* de leurs négations fondamentales avec leur action anti-française. Cette logique n'existe pas entre les conclusions de vos correspondants et aucun patriotisme supposé basque, breton ou provençal. Car d'abord, celui-ci est un *patriotisme* : il part de la *terre* natale, il implique le sens et le culte homogène des premiers cercles concentriques de cette patrie, les gradations qui lui sont inhérentes le conduisent naturellement du champ au village, du village à la ville, en demandant de place en place le secours, le soutien, le service et l'appui fraternel supérieurs. Que ce patriotisme primaire ou secondaire aspire à des campagnes heureuses, à des villes ou à des villages actifs, vivants, regorgeant de peuple et de liens, cela veut aussi une patrie nationale saine et libre, un État central indépendant et bien défendu : ni Marseille ni Saint-Jean-de-Luz ne sont gaillards quand Paris est pris. Que, par des accidents très accessoires, ces vérités éblouissantes puissent être voilées par des passions ou des ignorances particularistes, que les frénésies puissent l'emporter sur le bon sens, on l'avoue puisqu'on songe à s'en prémunir ; il n'en est pas moins vrai qu'aucune causalité rationnelle ne relie ces erreurs à la restauration du pouvoir local ni au dialecte local. L'esprit de ces derniers objets milite dans le sens opposé, patriote, donc national.

Le véritable Ennemi est campé à la place où sont artificiellement concentrées toutes nos forces, et le mal s'y fait de haut en bas, il va du milieu aux extrémités. C'est à la périphérie que survivent, sans doute grâce aux dialectes et aux autres particularismes, des éléments jeunes, sains, et capables d'un beau service. Mais il faudrait que le Centre se réformât et que l'État, pour revenir de ces absurdités qui le sapent, commençât par apprendre à douter un peu de ses propres abus. Il veut faire croire à sa toute-science et à son infaillibilité, quand il ne sait rien et se trompe à tout coup. Il s'est mis à envahir la philosophie, la morale, le droit, la théologie, la religion, toutes les sciences et les principes disciplinaires entre lesquels il n'a aucun moyen de se prononcer. Les thèmes époustouflants qu'il a tirés de son cru imposent risée et dégoût à tous les esprits réfléchis, soit qu'il vaticine de la liberté ou de la fatalité, de l'avant ou de l'arrière des temps, de l'égalité ou du Progrès, à plus forte raison les opinions qu'il professe à voix plus ou moins haute sur les invasions germaniques, la mission de Jeanne d'Arc ou les morales comparées d'Auguste Comte et de Jean-Jacques, toujours sans en rien savoir ni pouvoir savoir, car tel n'est pas son métier. Cela est si vrai qu'il se garde de proposer ses postulats fantasques aux professeurs de Facultés et même de Collèges, dont l'esprit critique est en état de faire des objections à ces sornettes ; il les impose bel et bien, des hautes cimes d'une chaire qui n'est qu'une mangeoire, aux malheureux maîtres d'écoles primaires, dans les Écoles Normales où ils lui sont laissés sans défense, et c'est là-dessus qu'il se fonde pour invoquer une certaine « unité morale » du « pays », et refuser ou contester la liberté, la puissance, les moyens matériels d'enseigner à ceux qui ont une doctrine ferme, ceux qui possèdent, pour la défendre ou l'étayer, des motifs autrement valables que ces Nuées inanes dites laïques, mais qui sont des croyances religieuses beaucoup plus gratuites qu'aucune foi.

Et cet État-docteur, sommant son chef-d'œuvre d'hypocrisie, de lâche prudence et d'impudence effrontée qu'il juge bien assez bon pour le peuple, mais qu'il n'ose plus trop brandir contre les élites informées, cet État-docteur renseigné sur l'évolution du monde, le sens de l'Histoire, les distributions du bien et du mal moral, mais qui se démontre à tout coup parfaitement empêché d'appuyer d'une seule raison de tels *placita* fantasmagoriques ou sentimentaux, le même État ne possède aucune certitude sur lui-même, sa fonction, sa valeur et son existence. Là, il n'ose rien. Là, sur ce terrain réel et concret, où lui reviendrait quelque compétence, là où il aurait le droit, le pouvoir, le devoir de se définir comme l'organe et le serviteur d'une société dite France, il en ignore tout, il fait preuve d'un creux, d'un vide, d'un néant, d'une absence d'intelligence et de conscience absolus. L'État-docteur ne se sait pas l'armature ni l'armure de cette société, il s'ignore en tant que somme de ses moyens de protection, de conservation, de durée, et qu'expression de sa volonté de vivre, ou ressort essentiel des instruments de sa vie. Sa pratique la plus constante est d'alterner entre le jeu du tyran qui ne connaît aucun frein social pour le modérer, et celui de l'esclave contre qui l'on se permet tout. Sa généalogie, écrite dans l'Histoire, lui échappe. Il ne sait pas de quels efforts collectifs de la société, de quel ensemble de paternités physiques est sortie la première paternité politique. Il ignore encore plus combien le citoyen, fils et père de la Cité, lui est postérieur comme individu, antérieur et supérieur comme membre de la Nation, son cohéritier-né. L'État-docteur a vaguement entendu parler d'une théorie contractuelle ou quasi-contractuelle de son entité, mais cette faribole juridique, étant contradictoire, est inutilisable, il n'en peut rien tirer, hormis dans les cas heureusement imaginaires de la dissolution de la société. Il doit exister pourtant, de façon visible, un statut fondamental qui lie les Français à la France et qui ne peut se transgresser ni se contester sans ingratitude ni obnubilation de l'esprit. Mais l'État-docteur ne peut formuler ce statut, ni seulement le désigner par un nom. Entre ces réalités nécessaires à sa vie et les « grues métaphysiques » (comme disait Paul La Fargue[264]) qui lui ont délivré un bonnet de docteur et estampillé son diplôme, il n'y a ni lien ni rapport. Progrès fatal, liberté native, égalité obligatoire, ces formes sans contenu n'emportent en rien la nécessité pratique de l'Être français. Lira-t-on que l'Être français comportait ces Nuées ? La prétention est fausse. On

---

[264] Paul Lafargue (1842–1911) et non La Fargue, théoricien révolutionnaire, gendre de Karl Marx. On lui attribue généralement cette formule de « grues métaphysique » pour désigner les notions de Justice, de Liberté, de Patrie, qui « font le trottoir dans les discours académiques et parlementaires, les programmes électoraux et les réclames mercantiliques », comme il l'explique en note dans *Le déterminisme économique de Karl Marx*, publié en 1909. L'expression est également parfois attribuée à Karl Marx lui-même, ou à Blanqui.

peut pressurer à l'infini le corps et l'esprit de la France sans en voir jamais sortir aucun de ces monstres. La France et les Français ont donné des vulgarisateurs de premier ordre aux idées révolutionnaires ; celles-ci leur sont venues d'ailleurs, ils ne les ont pas inventées. La même France, les mêmes Français ont fourni à la contre-révolution ses maîtres les plus originaux, comme les réactions de défense d'un vieux pays qui ne voulait pas se laisser tuer.[265] Quoi qu'il en soit, l'espèce de catéchisme spirituel que notre État impose sans conviction à ses disciples, victimes et dupes, du plus bas degré, ne saurait remplacer nulle part cette doctrine d'elle-même que la France doit à ses enfants. Faute de quoi, ce qui est essentiel à la défense de la vie est livré, *ludibria ventis*, à des vents d'aventures contradictoires, rien n'y est primordial ni sacré, rien d'intangible, rien qu'il faille respecter en soi, et bien au contraire ! Ces discussions de principes, ces dénégations, ces mises en doute de l'Obligatoire essentiel ont fini par s'incorporer au bagage des politiciens en mal de parvenir. Cette carence scandaleuse leur assure un bénéfice constant, il entre dans leur usage le plus courant de s'ouvrir le chemin des honneurs en se déclarant contre la concorde intérieure et le travail paisible, pour la lutte des classes, la grève générale et le drapeau dans le fumier. On débute en se faisant inscrire au carnet B des anarchistes, on s'immatricule à la Fédération libertaire de la Haute-Garonne, on va négocier à Kienthal ou à Copenhague avec les socialistes de l'empereur, trahissant ceux des socialistes qui sont au gouvernement de la France, et c'est la porte triomphale dite d'extrême-gauche, porte de gloire qui ouvre sur le bruit, le succès, la première notoriété de carrière ; puis, de façon plus ou moins sensible, on se range des voitures dans la direction du profitariat et l'on s'achemine vers Matignon ou l'Élysée, ou le Palais de la Société des Nations. On a donné de la voix dans un hallali fangeux contre le Président de la République de 1894, on occupe sa place en 1920, pour la quitter quatre ans plus tard selon le même rythme, avec un coup de pied quelque part. Le papier-monnaie qui achète normalement le Pouvoir est au timbre de l'anarchie. Au lieu de la note d'infamie qui aurait dû marquer leurs débuts pour les arrêter net, Briand, Millerand, Laval et tant d'autres ont assuré les

---

[265] Nous devons à l'Étranger l'esprit du *De Monarchia* dantesque, la politique de Saint Thomas, le livre expressif et confus de Burke (dont je n'ai jamais pu voir la fin), une page sublime de Poe, l'œuvre de l'école indianiste, Summer Maine et Lyell, le lyrisme fameux de Carlyle, quelque théologien espagnol, pas un Allemand (toute l'école hégelienne nous contredisant à angle droit), l'Autrichien Vogelsag, le Russe Pobiedonoseff, il faut convenir que c'est tout.

premières prospérités qui leur ont mis le pied dans l'étrier ou l'arrière-train sur la selle, au moyen de quelque coup d'État contre l'ordre ou contre la Patrie.

Erreur de jeunesse bien pardonnable ? Va pour le pardon aux hommes, mais leur acte ? ses effets ? ce qui reste du mal produit subsiste, dure et s'étend, la somme de déficience morale dont le pays demeure blessé, puis infirme ? Le premier scribe ou bavard venu gagne réputation, crédit et clientèle à insulter tout ce qu'il convient d'honorer. De pompeuses funérailles viennent d'auréoler deux hommes, M. Blum, M. Sangnier. Il n'est pas besoin de rappeler par quels défis au moins imprudents le premier a découvert et dénudé notre pays, son désarmement unilatéral qui suffit à sa gloire, résume tout un monde d'hostilités aux organes de la défense nationale. Pour le second, moins connu, on peut douter que les autorités civiles et religieuses qui l'ont inondé d'eau bénite et d'encens se rappellent que le fondateur du Sillon est entré dans la vie en ridiculisant, dans sa pièce de théâtre *Par la Mort* les bons Français qui avaient gardé en 1900 le culte des provinces perdues, le simple souvenir de Strasbourg et de Metz ; il a continué en prêchant à ses premiers disciples : *Tue tes chefs*, en leur affirmant la définitive impossibilité de la guerre, en leur garantissant l'inutilité radicale de l'armée et de l'État. Ces mauvaises notions, dont il aurait dû répondre, ont été sanctionnées à rebours.

L'État français ne paraît plus du tout en souci de faire sentir quel est le prix de la France pour les Français. S'ils ne s'aiment plus entre eux, c'est qu'il a d'abord oublié de leur apprendre à s'aimer eux-mêmes, et comme tels. Faute d'avoir pris les choses à leur humble commencement, c'est-à-dire à la circonférence du pays, à la naissance des premiers devoirs et des préférences élémentaires (sur la Chine ou la Négritie, l'Angleterre ou l'Amérique), cet État a pris l'habitude d'être renié, bafoué, lapidé sans avoir rien su répondre à des détracteurs qui ne vivent que de lui. Un immense capital historique est ainsi offert à une érosion bénévole illimitée. Attaqué de toutes parts, rien ne le protège. Si l'on rêve de le défendre, tout est à refaire, au moins sur trois côtés : la liquidation complète de l'étatisme, la réfection d'un État normal, la rééducation des mœurs sociales.

Autant redire en conclusion que rien n'est possible si l'on ne vient pas à bout de la florissante industrie des politiciens, principale bénéficiaire de nos vices comme de nos malheurs, telle que l'a organisée la révolution de 1944. Son discrédit, ses tares, n'ont pas beaucoup réduit son pouvoir corrupteur.

Ajoutons : la colère des honnêtes gens, l'évidence de l'intérêt public, l'imminence de périls mortels qui nous sont perpendiculaires... Pour combien tout cela peut-il compter devant cette machine à favoriser toutes les fraudes, à les couvrir, à défier tous les contrôles, à garantir les profits indus, à en supprimer pleinement les risques, la belle machine à tenter et à pourrir tout reste de vertu, la machine géante et formée de compartiments si spacieux et de si vastes récipients ? Si uniformément établie à l'échelon national ou international que toute action personnelle y soit pratiquement noyée, perdue, effacée, annulée ! Ni vu ni connu ! Pas une richesse nationale qui n'y soit aspirée. C'est un océan de facilités sans mesure. Rien n'a jamais été monté de si simple ni de si puissant contre la bonne foi, l'honnêteté et la justice élémentaire de chacun. L'ensemble est calculé pour que chacun y soit d'abord perdu, puis perverti. Chacun y est intéressé à corrompre le tout. Désordre social qui équivaut à un parricide permanent et alternatif, le mal du citoyen opéré par le mécanisme de la cité, le mal de la cité par l'intérêt du citoyen.

Cette triste vue de la situation générale ne me fera pas inculper d'optimisme, je n'ai pas d'illusions. Mais enfin, Monsieur et ancien confrère, il y a des fortunes heureuses et des coups de soleil inattendus. N'y comptons pas, mais soyons prêts à les servir s'ils percent nos nuages. Ce long discours n'a d'autre objet que de vous recommander ces deux cas aussi favorables qu'inopinés, l'un de demain peut-être et l'autre d'hier.

1. Une loi qui instituerait ou élargirait les pouvoirs locaux, une loi qui habiliterait communes et départements à gérer directement les intérêts dont ils sont capables, à régler les affaires dont ils ne sont pas inégaux, une loi qui, ce faisant, serait assez prudente pour dire aux partis centralisés : « À bas les pattes ! » et pour conférer une indépendance réelle aux pouvoirs locaux restaurés, cette loi serait bonne dans son essence, tous les bons citoyens qui ne font pas de politique alimentaire lui devraient approbation et concours.
2. Une telle loi, statutaire et constructrice, existe-t-elle ? Non. Le pouvoir local compétent et agissant sur place n'existe pas encore. Eh ! bien, alors, cette autre loi, faite à Paris, mais favorisant un mode d'instruction primaire qui ne peut être expédié tout fait de Paris, cette loi sur l'enseignement du dialecte local à l'école est encore une bonne loi parce qu'elle fait appel à des fonds naturels profonds et anciens de

notre périphérie autochtone. Remercions-en les auteurs, fussent-ils indignes comme le M.R.P.

Elle apporte un concours appréciable à la cause des libertés, des libertés positives, des libertés autoritaires et substantielles, desquelles dépendent le réveil et la régénération du pays.

Un bienfait pour le peuple

Vous me dites : « Non, car l'État y est conduit à manœuvrer contre lui-même, il se diminue et il se déchire. »

Permettez-moi de le redire, c'est la fausse apparence, non la réalité.

Une telle toi travaillant contre l'Étatisme, l'État en bénéficiera beau premier. Cela ressort déjà de tout ce qui a été soumis à vos réflexions sur la nécessité d'en finir avec une machine paperassière et anti-humaine pour la remplacer par des organismes d'action vivante.

Reste à vous exposer le principal en ce qui touche au vif du sujet. Le vif du sujet, c'est le bien du peuple.

J'entends le peuple en sa partie la plus nombreuse et la plus pauvre, celle dont nos démocraties s'instituent les curatrices et les fondés de pouvoir.

Ce qui ne vous paraît peut-être pas devoir aller tout seul.

Je vous ai confié mon anti-démocratisme essentiel. Ne suis-je pas en train de me contredire honteusement ? Pas du tout.

L'on peut s'opposer au gouvernement du peuple par le peuple, et désirer, de tout son cœur, que le peuple soit gouverné pour son plus grand bien.

Si c'est du paternalisme, où est le mal ? Comme il n'y a pas de fraternité concrète sans paternité, le reproche est léger du moment que l'égalité démocratique tue les peuples, vérité qui devrait être acquise au premier examen.

Mon respect du peuple me garde de lui mentir. Mon amour du peuple me défend de lui donner contre lui-même des armes empoisonnées. Mon anti-démocratisme ajoute à ma démophilie[266] profonde un élément de clairvoyance qui n'ôte rien à la chaleur de ma pensée.

De ma personne, j'ai travaillé plus de trente ans, chaque nuit, de la soirée à l'aube, en coude à coude étroit avec le peuple parisien, ce peuple ouvrier

---

[266] Ce néologisme est de l'Action Française de 1899.

du journal (Corporation du Livre) avec qui je n'ai jamais cessé des rapports cordiaux et gais, qu'il s'agît de trimer ensemble dans un cagibi ou sur le marbre de l'atelier, ou d'arroser d'un verre de vin la tranche de jambon confiée au pain frais, en portant de libres santés aux fêtes des uns et des autres. Notre seul ennemi était ma mauvaise écriture. On s'en vengeait par des brocards de bonne humeur. Il ne me souvient pas d'un seul accident de politique ou d'amour-propre avec ces collaborateurs, d'une rare élite, il est vrai. J'ignorais leur opinion. Il devait y avoir des socialistes. Tout aussi socialiste qu'eux, mais je n'étais pas démocrate ! Ils devaient savoir ce que je poursuivais sous ce nom l'exploitation ultra-bénéficiaire de la misère, de l'envie, de la jalousie, de la haine. Notre train de vie faisait un démenti vivant à cette sainte vache à lait de la lutte des classes.

À l'autre bout du territoire, dans ma petite ville de Provence, c'est avec les pêcheurs de Martigues et de mon quartier que j'ai toujours fraternisé sans rien demander. Mais eux m'ont donné sans que je demande. Au bruit de mon procès devant la cour d'injustice de Lyon, ils m'ont adressé un brevet d'amitié si beau que j'ai l'intention de le faire graver sur le marbre si jamais je rentre dans mon jardin ; sinon, mes héritiers seront priés de le faire. En voici le texte :

> Communauté des patrons-pêcheurs de Martigues (tous ces patrons travaillant de leurs mains) — Martigues, le 16 octobre 1944. Nous, Conseil des Prud'hommes pêcheurs du Quartier maritime, représentant sept cents pêcheurs, attestons que notre concitoyen Charles Maurras a, depuis toujours et jusqu'à son incarcération, faisant abstraction de toute opinion politique, fait entendre sa grande voix auprès des pouvoirs publics pour la défense les intérêts de notre corporation. Par la presse, il a attaqué les trusts et autres grands profiteurs, ainsi que certaines administrations qui voulaient nous brimer. Pour le Conseil des Prud'hommes, le Président : Dimille.

Par d'autres campagnes de presse, j'ai demandé que les instituteurs primaires fussent initiés aux humanités classiques, instruits du latin et du grec, dans les collèges et les lycées, ce qui complète ma vue générale du bienêtre des travailleurs et du développement de la culture populaire. Rien ne me paraît ni trop beau ni trop bon pour l'éducation d'un grand peuple, le progrès de ses mœurs et de son esprit. Socrate, qui n'était pas démocrate, parlait aux Athéniens du soin à donner à leurs fils pour qu'ils deviennent meilleurs.[267] Justement parce qu'il faut refuser au peuple la vaine pâture des nuées et celle des mensonges qui nous ont fait tant de mal, il faut s'efforcer de mettre à sa disposition les disciplines les plus hautes et les plus substantielles idées.

La noble discipline, l'idée substantielle sera ici l'enseignement de la langue nationale par sa comparaison avec le dialecte natal. Nos élèves de l'école secondaire en ont éprouvé de tout temps le bienfait, grâce à l'emploi, parallèle au français, du grec et du latin, parfois de quelques langues vivantes.

---

[267] *L'Enfant d'Agrigente*, par le père A.-J. Festugière.

De toute évidence, on ne peut introduire cette méthode sous cette forme dans l'école populaire, malgré l'utopie du citoyen Bracke, le temps manque pour constituer la connaissance, la possession, je maniement du solide point de comparaison qui donnerait une base suffisante à la double étude. Mais, dans les pays à dialecte, ce point de comparaison existe, il est tout fait, tout prêt à être employé, et cela sur une étendue territoriale qui n'est pas médiocre. On a dans une bonne moitié de Bretagne des dialectes celtiques fort évolués ; en quelques cantons de notre Flandre, il circule au même état naturel la variante d'une langue de grande classe, le néerlandais ; en Alsace, le dialecte est germanique, et l'allemand affleure par toute cette belle et vaste province ; enfin, la langue d'oc est courante dans un tiers de la France (trente-trois départements, plus l'arrondissement de Confolens), elle fournit au premier enfant du peuple venu la claire matière d'un point de départ à l'étude des ressemblances et des différences avec la langue d'oui.

Je peux parler particulièrement de cette dernière zone et témoigner que ces leçons parallèles y sont simples, spontanées, lumineuses ; la méthode des langues anciennes y est si parfaitement approchée qu'un grand linguiste, ayant observé le provençal dans l'exercice de cette fonction médiatrice, a pu l'appeler le latin des pauvres. On ne peut réserver le latin aux seuls privilégiés de la fortune et de la naissance, quand on en a sous la main ce succédané accompli, parfaitement propre à rendre le même service aux classes populaires. Je vous crois trop « républicain » ou trop « de gauche », Monsieur et ancien confrère, pour vous supposer insensible à cette objection. Vous avez néanmoins prévenu vos correspondants, professeurs ou élèves de l'Enseignement supérieur, que votre censure n'était pas pour eux : vous n'en avez qu'au primaire ! Vous refusez donc pour celui-ci ce « latin des pauvres » ? Vous en rejetez donc le bienfait et l'utilité ? Si oui, ce serait beau à voir. J'ose en douter.

Peut-être doutez-vous de la réalité que je vous énonce ? Écoutez-moi. *Hypotheses non fingo.*[268] C'est de l'Histoire. À la fin du XIXe siècle, il existait

---

[268] *Je ne formule aucune hypothèse.* Cette maxime aurait été énoncée pour la première fois par Isaac Newton, dans une lettre adressée à Robert Hooke, au plus fort de leur controverse sur la paternité de la découverte du principe de la gravitation universelle. Elle a en tous cas été sacralisée par la suite comme résumant la démarche d'esprit de Newton. Dans la première édition de *Jarres de Biot*, le texte imprimé est *Hypotheses aud fin go*, et dans la seconde *Hypotheses Hand fingo*. Seul *Hypotheses haud fingo*, variante de la citation attribuée à Newton, eût été correct. Nous avons rectifié. Ces errances typographiques ont au moins l'avantage de

à Arles un humble Frère des Écoles Chrétiennes, homme d'ailleurs fort distingué par son savoir et ses talents, qui avait ajouté à son programme des brevets élémentaire et supérieur un cours comparatif où le français s'enseignait par le provençal. Le succès fut brillant, rapide, incontesté, soutenu. Il fallut l'âpre jalousie des pédagogues officiels et la timidité d'esprit des libéraux catholiques pour arrêter et stériliser une victoire qu'il eût été facile d'étendre à tout le Midi. Les élèves du Frère Savinien[269] étaient fameux par la pureté, le naturel et l'aisance de leur français. Plusieurs, que j'ai bien connus, lui firent honneur au premier rang de la presse régionale. Il me souvient entre autres d'un collaborateur du *Petit Marseillais*, Louis Sabarin. Sa langue était d'un classique et d'un humaniste, bien qu'il n'eût jamais fait que les versions et les thèmes franco-provençaux de Savinien. Bien d'autres ont ainsi contribué à la bonne tenue de nos journaux, d'Avignon à Nice. Par eux a reculé l'affreux méli-mélo des deux langues que jargonnaient Tartarin et Tante Portal : « Menicle, va bayer de civade au cival » ; si *bayer* est un archaïsme vénérable, *cival* estropie un mot français, et *civade* couvre et cache complètement le sens provençal d'avoine... « Man ! nous allons s'amuser à la sable... » *La sable*, comme *la lièvre*, n'est féminin qu'en langue d'oc et le pronom réfléchi « se » doit être remplacé en français par « nous ». La méthode comparative met tout cela au net en peu de temps. Un enfant qui n'y est pas formé traduira tout simplement le *Sieu esta*, qu'il a entendu à la maison, par *Je suis été* ; et l'habitude en sera invincible jusqu'à ce que le sentiment de son barbarisme lui ait été donné au soleil de la comparaison avec le terme régulier *J'ai été*. Non seulement Savinien réussissait à faire savoir les deux langues, il les faisait s'entr'aider ; la règle des participes est le casse-tête de nos grammaires françaises, mais nos paysannes, nos ouvrières dont l'idiome sonore marque ses muettes en « a » et en « o », font d'elles-mêmes la liaison correcte de l'attribut avec le sujet ou le complément. C'est un assez joli fil conducteur.

Ce concours spontané de la langue du peuple a été longtemps négligé par nos instituteurs publics. Ils y vinrent. Ceux qui y sont venus s'en sont montrés de plus en plus satisfaits. Très sagement, ils estiment qu'il n'y a aucune raison de se priver d'un tel raccourci vers l'épuration et la correction

---

prouver que Maurras n'a pas eu accès aux épreuves pour les corriger, et que la ou les personnes chargées de cette tâche n'ont guère fait preuve de zèle, ni de culture. (n.d.é.)

[269] Joseph Lhermite (1844–1920), dit Frère Savinien, fut entre autres Majoral du Félibrige en 1886. (n.d.é.)

du langage qui aide à l'éclaircissement du discours. L'État même doit y gagner, car mieux l'homme du peuple entendra le sens des propos qu'il écoute, plus il sera gardé contre les incompréhensions ou demi-compréhensions qui le trompent et le dégradent, quelquefois en le trahissant. Est-il juste de lui refuser ce moyen d'ascension personnelle ?

Les élèves des écoles supérieures, tout harnachés de grec et de latin, d'anglais, d'allemand, ne sont pas sans tirer eux-mêmes quelque profit des comparaisons du bilinguisme dialectal. Ceux d'entre nos méridionaux qui n'ont parlé que français, dans leur maison bourgeoise, ont dû plus tard quelque chose à la culture parallèle de l'oc et de l'oui après leur initiation aux beaux mystères du Félibrige. Les Daudet, père et fils, en sont des exemples assez en vue. Ils en ont témoigné. La prose de Paul Arène en fait foi. Et Mistral lui-même... Vous avez couronné des traductions de ses poèmes. Elles sont belles et pures. Mais ce n'est rien : d'ici une quinzaine d'années[270], à la publication de sa correspondance, je vous annonce la surprise et la joie de découvrir un magnifique et délicieux écrivain français dans l'auteur de *Mireille*, d'après les milliers de lettres qu'il adressa à ceux qui ne savaient pas le provençal, et même à quelques autres comme Alphonse Daudet ou votre serviteur. L'écrivain était grand et spontané dans les deux langues. Il en circule déjà des échantillons. Je citerai, merveille pure, sa réponse à la sœur de son ami Bonaparte-Wyse, madame de Rute, qui lui demandait l'autorisation de faire traduire son « Voyage en Italie » de 1891. C'est une pièce d'anthologie : « Pour vous faire plaisir, Princesse... » À celui-là non plus, la méthode comparative n'aura pas nui, compte tenu des plus beaux additifs du génie et de l'art !

---

[270] C'est à dire, par anticipation, après le cinquantenaire de la mort de Frédéric Mistral. La correspondance complète de Mistral a effectivement été publiée, un peu plus tard, en 1969. (n.d.é.)

Refrain (bis ou ter) : de quel droit refuser plus longtemps aux enfants des pêcheurs, des paysans et des pâtres de nos petites écoles un rapide et simple instrument de culture propre à les affiner et à les perfectionner ? Personne d'informé ne comprend rien à cette brimade. Eux pourraient s'en fâcher.

Le trésor provençal

Une circonstance historique aggraverait l'iniquité de ce refus pour nos pays de langue d'oc depuis le milieu du XIXe siècle.

Là, en effet, le dialecte a été organisé et équipé en langue normale, et sa Renaissance a mis à la disposition de ceux qui le parlent un trésor littéraire dont on ne saurait trop estimer le charme et la splendeur, ni la valeur morale.

À peu près sur les mêmes points d'où s'était élevé, en pleine barbarie, le chant des troubadours qui furent les maîtres de chant de la France d'oui et aussi de l'Angleterre, de l'Allemagne et de l'Italie, ces initiateurs lyriques de saint François (lui-même fils de la Provençale Dona Pica), de Dante et de Pétrarque, quasi citoyen d'Avignon, sur la même aire géographique ainsi consacrée ont reparu en troupe, au bout de sept siècles, après le Gascon Jasmin et le Marseillais Gelu, de véritables populations de poètes qui, menées par un chef égal aux plus grands, comportèrent plus que des talents de premier ordre : qui veut parler dignement d'Aubanel doit évoquer Musset et Heine, Catulle ou Sapho, et, pour qualifier Roumanille, on ne profane pas le souvenir de notre miraculeux La Fontaine. Autour d'eux, avec des mérites singuliers, gravitaient Félix Gras, Crousillat, Anselme Mathieu, Auguste Fourès, Marius André, Perbosc, Estieu. Philadelphe de Gerde, Folco de Baroncelli, Sully-André Peyre et cet admirable Joseph d'Arbaud pour qui, Monsieur et ancien confrère, vous avez sollicité et obtenu de l'Académie un honneur dont il était digne. De ces poètes, il faut l'avouer, aucun, pas même Mistral, n'a exercé sur l'art poétique de l'univers une influence comparable à celle de Bertrand de Born, de Bernard de Ventadour, de Géraud Borneil et de leurs émules du XIIe siècle. En revanche, quel qu'ait été le mérite historique de ces héros qui tirèrent de rien le printemps sacré d'une poésie, pas un n'égala, même de loin, le génie ou l'art de leurs trois grands successeurs du XIXe siècle, ils n'apportèrent pas une couronne de poèmes comparables à celle des félibres, qui a correspondu à toutes les directions de la poésie comme à tous les mouvements de l'âme, lyrisme, épopée, idylle, élégie, tragédie, comédie ou fable, et qui élabora des chefs-d'œuvre d'ordre classique par la hauteur, la clarté, la science, l'approfondissement et la dignité des matières ainsi traitées. Par son sens singulier du bon et du beau, Mistral a entraîné tout son chœur à créer (détail, mais détail à considérer) une littérature de modèles, d'exemples, de perfection, qui multiplie la valeur sociale de l'œuvre esthétique.

Si cela est exact, et ce n'est pas niable, il en ressort que, de Pau à Nice, de Bordeaux à Valence, un enfant du peuple, avant tout dégrossissement éducatif, peut se trouver de plain-pied avec des merveilles de lumière, de joie et de consolation ; il lui suffira de savoir les lire. Mais il lui faudra aussi faire un pas que, jusqu'ici, on ne lui enseignait pas à l'école. L'école strictement française lui montrait bien à lire « ai » tantôt comme dans *travail* et tantôt comme dans *maison*, qu'*au* fait o, que l'o suivi d'un u s'adoucit en *ou*. Grâce à la loi nouvelle, ces avis préalables vont être donnés maintenant pour la lecture du provençal : il sera dit qu'*au*, *ou*, *ai*, se lisent un peu différemment. Rien d'ailleurs de plus simple. Cela peut s'apprendre en vingt minutes. Mettons vingt heures ou vingt jours. Ce n'est rien, comparé au trésor qu'ouvre cette clef. On ne peut chicaner des millions d'écoliers français sur l'avantage qui les fait accéder à la pleine disposition d'une grande littérature.

Car enfin, comme disait Jules Simon, si ce n'est pas le français, c'est une langue française. C'est, dès l'origine, l'intermédiaire du roman et du français, témoins ces formes du serment de Strasbourg et de la cantilène de sainte Eulalie, plus d'oc que d'oui partout où elles ne sont pas toutes latines encore. Nos origines en sont tellement éclairées qu'on les réclame au stade de l'enseignement secondaire et supérieur. Soit ! Va pour la science en chasse gardée. Mais vous ne pouvez pas réserver à la curiosité d'une oligarchie la gloire, l'harmonie, l'enchantement, le rayonnement de beauté et de vie que de très grands poètes apportent aux plus pauvres mortels. Pour que ces nobles outils de perfectionnement puissent aller tout droit à leur public naturel, la graphie provençale a besoin seulement d'un coup d'épaule de l'instituteur primaire. Vive la loi qui permet ou prescrit de rendre ce service ! La République sera large et magnifique puisque, cet obstacle insignifiant écarté, les richesses nouvelles vont pouvoir s'épancher sur des millions d'âmes et les renouveler.

Oh ! l'obstacle n'est pas insurmontable sans cette collaboration de l'État ! Nous nous appliquons tout au moins à le tourner depuis cinquante ans. À défaut de la classe de lecture, il y a la classe de musique. Comme Ronsard et Dante, Mistral et ses compagnons ont fait mettre un grand nombre de leurs vers en musique. La chanson de Magali s'est répandue très vite, grâce à l'air noté qui accompagnait le volume de *Mireille*. Cela ouvrait et indiquait une voie qui ne fut prise que plus tard. Tel que vous me voyez, sourd et ignorant de toute musicographie, j'ai, Monsieur et ancien confrère, fait faire le premier *Chansonnier de Provence* où chaque poème ait été accompagné de sa musique. Il a fait son chemin et le fait encore, Provençaux et Provençales de plus en plus nombreux se sont mis à chanter *La Coupe, L'Aqueduc, Le Renégat, La Race latine, Les Étoiles, La Vieille Chanson, Il pleut et il fait soleil...* c'est un mouvement des voix, des cœurs, des esprits qui ne s'arrête plus. Les paroles énergiques et câlines, ardentes et douces, s'envolent sur l'aile du chant, et l'essence précieuse de cette poésie pénètre de plus en plus la race intelligente et vive qui lui est très parfaitement adaptée. Par-là, je crois, en grande partie, les milieux pédagogiques autrefois hostiles à l'expérience de Savinien se laissaient conquérir à vue d'œil. Il me souvient qu'au rendez-vous de Maillane, le 8 septembre 1935, cent-cinquième anniversaire de la naissance du Maître, le président du Félibrige, monsieur Frédéric Mistral neveu, me fit connaître un instituteur poète de Marseille (d'ailleurs rouge-rouge), qui s'était mis au premier rang des meilleurs serviteurs de notre poésie chantée. Depuis, j'ai entendu parler d'un pèlerinage mistralien conduit entre Arles et Avignon par les élèves-maîtres de l'École normale primaire d'Aix, comme d'un grand succès qui en prépare d'autres. À Montpellier et surtout à Toulouse, les écoles occitanes sont très actives, grâce à un animateur et un organisateur sans rival, monsieur l'abbé Salvat. Elles groupent ainsi des instituteurs privés et publics, vrais pionniers volontaires de la loi qui vient de naître. Puisque vous vous défendez, Monsieur et ancien confrère, de mettre des bâtons dans les roues à l'expansion de nos libertés, pourquoi leur disputer cette modeste consécration de la loi ? Les libertés qu'elle reconnaît seront deux fois libres !

Cette loi vient aussi couronner une très grande chose, qui est un bien national de la France. Je vous ai dit que la Renaissance provençale contemporaine n'avait pas eu l'effet immédiat fulgurant du chant des troubadours au pays du comte Thibaut et de Richard Cœur-de-Lion. Cependant, depuis un siècle que la voix de Mistral s'est élevée, une audience de plus en plus attentive s'est prononcée en sa faveur. Cela a commencé par l'Allemagne (phénomène aussi contrariant pour moi qu'une initiative sensée du M. R. P.) ; après la salutation incomparable de Lamartine et les signes de haute estime prodigués par de grands maîtres parisiens comme Gaston Pâris et Paul Meyer, c'est l'Allemagne qui fut la plus empressée à traduire et à commenter nos poètes. Il y eut tout de suite des chaires de provençal dans ses universités. L'Amérique suivit, enfin l'Espagne et l'Italie, avec des traductions complètes, quelques-unes vraiment admirables. Chez nous, dans la France du nord, les plaisanteries d'Alphonse Daudet, irrésistibles et perfides, ont peut-être égaré, retardé le jugement et le goût. C'est le propre fils d'Alphonse Daudet, Léon Daudet, qui a renversé le mouvement. De lui date un retour d'opinion certain et tel que votre ancien confrère, Jacques Bainville, natif de Vincennes, apprenait le provençal, comme Lucien Dubech, natif de Romorantin, pour le plaisir de lire *Les Olivades* et *Le Poème du Rhône* dans les originaux. Les accusera-t-on de tiédeur pour la langue de Voltaire et de Bossuet ?[271] Il y a dans *Jaco et Lori* une page déjà classique, où, faisant parler les oiseaux de la forêt brésilienne, l'auteur montrait en quoi le Français de Seine et de Loire passe toutes les langues civilisées, en ce qu'il

---

[271] En sa séance du 17 mars 1933, un rapport de la société savante locale a constaté que Mistral « semble s'acclimater, depuis quelques temps, à Orléans », soit en l'un des lieux où le français a la réputation d'être le mieux parlé. Le 26 juin 1938, dans cette même capitale d'outre-Loire, un nombreux concours de jeunesse étudiante, ayant notamment à sa tête un ancien élève de l'École d'Athènes, l'excellent critique Robert Lejeune, accueillait l'auteur de *Mare E Lono* par les sept couplets et le refrain de la *Coupo Santo*, tous chantés de bout en bout dans leur langue mistralienne.

parle et qu'il ne chante pas. Où sera le malheur, s'il existe d'autre part un Français qui chante ? Tout profit pour la France ! Et que ce chant français ait été conduit aux derniers confins du sublime par l'Homère nouveau et par ses homérides. La nouvelle loi en prend conscience. Bravo pour la nouvelle loi !

Je viens, sans y songer, d'écrire le plus grand nom de l'histoire de la poésie. Je ne pouvais ni le retenir ni le pallier. On ne peut trouver de pair à Mistral que sous la plus haute coupole. Voulez-vous un exemple ? Il y a dans les lettres européennes quelques beaux sonnettistes dont l'œuvre m'est particulièrement présente à l'esprit, Ronsard, du Bellay, Pétrarque, Dante. Si je lis un certain sonnet de Mistral « à la fille du peintre Réaltu », il me devient impossible de découvrir chez l'un de ces quatre grands poètes quelque chose à y comparer.

Vous éprouverez peut-être la même hésitation à la lecture même de la traduction.

Les quatrains ont la belle allure du départ d'un chef-d'œuvre, mais voyez les tercets :

> Autant comme autrefois notre reine Hermangarde,
> Tu as personnifié ton grand Arles muet,
> Ton Arles, cette veuve Artémise qui garde,
>
> La gloire des ancêtres enfermée dans la tombe,
> Qui porte les arènes en couronne et regarde
> Sur le Rhône là-bas s'en aller les vaisseaux...

Je ne crois pas qu'il existe un autre poème à forme fixe ouvrant ainsi sur les deux infinis de l'espace et du temps.

Avec l'accent oriental qui donnait une saveur unique à sa phrase, mon maître et ami Moréas me dit un jour :

« C'est un grand poèté, votré Mistral ?

— Oui.

— Un très grand poèté ?

— Très grand.

— Un plus grand poèté qué moi ?

— Certainement. »

Il me regarda et conclut :

« Vous né lé croyez pas ! »

Je le croyais et je le crois, sans faire aucun tort aux rares beautés d'*Œnone*, des *Syrtes*, des *Stances* et de la délicieuse *Ériphyle*.

La grandeur mistralienne a quelque chose d'unique dans l'art français ; lorsque, par un autre exemple, la critique étrangère s'occupe de trouver en France un grand esprit de philosophe doublant le génie lyrique du type de Goethe, notre confrère de Bruxelles, M. Paul Dresse[272], a considéré tour à tour nos classiques, puis Lamartine, Hugo et ses épigones, dont aucun ne répond à ce qu'il cherche, il va naturellement tout droit à Mistral. Cela ne fait aucun mal à la France. Elle en a tout l'honneur. Il est d'intérêt national que le plus grand nombre possible de Français prenne un fier sentiment de ce rayon de gloire nouvelle.

---

[272] Paul Dresse de Lébioles (1901–1987), écrivain liégeois, fut entre autres auteur d'ouvrages sur Charles Maurras et Léon Daudet. (n.d.é.)

Quant à appréhender aucune concurrence entre les littératures ou les idiomes, il faudrait tenir compte de certaines proportions qui sont acquises dans l'étendue et dans la durée. Pas plus que les deux ou trois circonscriptions flamandes de Dunkerque, Hazebrouck et Saint-Omer, ou qu'un arrondissement basque, les deux départements et demi de Bretons bretonnant, ou les deux départements alsaciens ne sont de taille à se mesurer avec les vastes et puissantes possessions d'État du Français de Paris, les vastes secteurs occupés par les dialectes très variés des langues d'oc ne peuvent donner aucun ombrage ; le français d'oui y fait, de Paris, une forte figure de frère aîné. Son droit acquis n'est plus muable. Trop d'intérêts, d'habitudes, de plaisirs même y ont été incorporés. Un Alsacien régionaliste et patriote pouvait dire comme le regretté M. Oberkirch à Maurice Pujo :

« Oui, nous sommes de race germanique, mais nous avons besoin du français comme du signe et de l'instrument du progrès », et tant que la France n'aura pas été la proie d'un européanisme insensé, tant que nous ne nous serons pas abandonnés nous-mêmes, l'élite alsacienne gardera pour prédestination et pour mot d'ordre la formule de M. Oberkirch. Le Provençal et le Gascon ne sont pas d'une autre race historique que le Parisien où le Tourangeau, et eux aussi ont besoin du français d'oui comme de l'expression indispensable d'une large part de leur Histoire et de leur personne. Ils ne se connaîtraient ni se reconnaîtraient sans lui. Louis XIV avait raison de fonder, avec lettres patentes, son Académie d'Arles, où bourgeois, lettrés, savants, magistrats l'aidaient à reculer les confins du français. Mais les justes bornes étaient touchées dès la fin du siècle suivant, comme en témoignent le style et la langue des discours prononcés en 1789 au Conseil de ma petite ville, d'après nos registres municipaux. Ainsi Louis XVIII n'avait-il pas tort de citer des vers de Goudouli[273] à l'oreille de son toulousain de ministre, M. de Villèle, qui ne les reconnaissait pas. Vers 1889, le premier comte de Paris, grand-père du noble prince qui porte aujourd'hui son nom[274], tenait Mistral pour le poète et chef d'une renaissance française, voix du pays et de son fond paysan, interprète lyrique de la famille-souche, de l'héritage des ancêtres et du retour aux antiques prospérités : celui qui eût régné sous le nom de Philippe VI eût certainement fait de Mistral un poète-lauréat, comme dit la vieille Angleterre. Du moins essaya-t-il de le faire élire

---

[273] De son nom francisé Pierre Goudelin (1580–1649), poète toulousain de langue occitane. (n.d.é.)

[274] Ici Maurras écrit trop vite ; il faut bien entendu lire *grand-oncle*. (n.d.é.)

à l'Académie par l'influence de votre confrère le conte d'Haussonville ; si cela ne put s'arranger, c'est que Mistral voulait prononcer son discours en provençal, ce que ne permettaient pas les statuts du grand Cardinal. L'influence du prince ne fut pas étrangère aux distinctions brillantes dont la Compagnie honora l'Altissime. Le comte de Paris dit un jour à son fils aîné, ce magnifique duc d'Orléans qui aurait dû régner sous le nom de Philippe VIII, que le temps était venu pour lui de faire une lecture approfondie de Mireille :

« Je vais la faire, dit le dauphin, mais à une condition.

— Laquelle ?

— C'est que mon père, en même temps, veuille bien lire *La Faute de l'abbé Mouret*, de M. Zola.

— Entendu ! »

Les harmonies de *Mireille* enivrèrent le jeune prince.

Il en témoigna aussitôt.

« Mais, dit-il sans perdre le nord, et Zola ? »

Un nuage se répandit sur le visage du comte de Paris :

« C'est, répondit-il, un grand talent bien mal employé. »

Formule lapidaire, il n'en fut pas appelé.

Une quinzaine d'années plus tard, à Londres, comme il recevait quelques Provençaux provençalisant :

« Ah ! je vous connais bien, dit le duc d'Orléans, vous voulez nous faire parler provençal à Paris.

— Non, Monseigneur, répondirent-ils, nous voudrions seulement qu'il y eût à Paris un théâtre lyrique de langue d'oc à la place de l'ancien théâtre italien, le provençal ayant toutes les vertus mélodiques des langues du Midi.

— Ah ! que vous avez raison, s'écria le jeune prince, et il se mit à fredonner en preuve la chanson de Magali dans son merveilleux texte original, bien supérieur, disait-il (en disant pourquoi) à celui de Gounod.

— Mais, Monseigneur, d'où vous vient tout ce provençal ?

— Du collège Stanislas, de Cannes. J'y ai passé deux ans. C'est ce que j'y ai appris de plus beau. »

L'unité des terres de France n'avait pas à souffrir de la préférence avouée par l'arrière-petit-fils de leurs Rassembleurs.[275]

---

[275] On se demande : *Si Mistral avait vécu sous Louis XIV, les cérémonies chantées de Molière comporteraient-elles tant d'italien et d'espagnol ?*

L'instinct national et royal avait reconnu dans le fondateur du Félibrige un maître du nationalisme français, autant dire d'un patriotisme renouvelé par les éléments les plus concrets de la substance maternelle, l'esprit de son Histoire, l'âme des paysages, le cœur de son cœur. Lui-même sut parfaitement ce qu'il voulait faire et ce qu'il faisait dès les premiers temps de son entreprise. Les vers divins que voici sont vieux de près de trois-quarts de siècle. Ils ont été prononcés à Toulouse, après que le poète s'y fût présenté comme Français baptisé par saint Louis ; ils sont assez beaux pour traverser une traduction qui n'amortira ni la chaleur ni la splendeur :

> Ainsi le Félibrige, enfant de la Provence,
> Réveillait en chantant le Midi endormi,
> Et des brins d'olivier que la Durance pousse,
> Il couronnait gaiement les joies et les souffrances
> Du peuple son ami.
>
> Au peuple il apprenait la grandeur des ancêtres,
> Il lui sauvait sa langue et son nom, il lui faisait
> Respecter les coutumes, honorer les croyances,
> Enfin, de la patrie, il était comme le prêtre,
> Et il la bénissait.
> Pareil au soleil de juin qui adoucit la merise,
> Ainsi le Félibrige tempérait les querelles
> De l'âpre politique où le cœur hait,
> Pour la France faisait croître des patriotes
> Enthousiastes du pays.
>
> *Per la Franço fasie creisse*
> *De patrioto afouga dou pais*

Telle fut bien l'œuvre solaire de Mistral et de sa doctrine. Le poète sacré tint parole. Il suscita une génération d'esprits français passionnément épris de la France. Barrès avait alors quatorze ans ; Léon avait dix ans, moi neuf.[276]

---

[276] La première édition porte le décompte fautif « Barrès avait alors quatorze ans, Léon Daudet, dix-neuf.fg L'événement devait se dérouler en 1877, et *Léon* Daudet avait effectivement dix ans. (n.d.é.)

Oui, toute notre génération des nationalistes de 1900[277], celle qui suscita le réveil national de 1912–1914, a été fortement imprégnée de Mistral. Et ce sont des milliers et des millions de petits Provençaux, Languedociens, Gascons, Limousins, Auvergnats, Dauphinois dont le chant sacré de Mistral a béni et bénira la fidélité.

Une loi qui rapproche du peuple une telle chanson est une bonne loi. L'école bilingue ainsi autorisée et légalisée est une école d'ordre et de patriotisme ; l'esprit civique, si cruellement affaibli, y retrouvera une de ses génératrices supérieures.

Ai-je dit tout ce qu'il fallait pour répondre à tout ?

Peut-être reste-t-il une objection en réserve. Mais elle n'est pas avouable. Vous ne la direz pas de vous-même. Et je ne crois pas que vous partagiez le sentiment d'envie qui la dicterait. En faisant circuler parmi eux cette magnifique coupe de poésie, en mettant à leur portée la méthode comparative de l'enseignement secondaire, l'école bilingue courrait le risque de trop favoriser nos jeunes primaires ; ils en deviendraient trop savants, trop sages, trop cultivés, trop heureux, et bien au-delà de ce que peut permettre l'égalité jalouse de la démocratie.

L'uniforme niveau proposé aux communs enfants de la France doit-il leur être imposé, selon l'avis de Proudhon : *La démocratie, c est l envie ?* Je ne crois pas qu'une pareille tentation puisse entrer dans un cœur bien fait.

Et puis, on peut essayer de la faire taire, sinon de l'apaiser.

Car enfin, tout n'est pas égal entre le midi et le nord de la France. Celui-ci jouit de grands avantages. Et, même régénérées par un mistralisme florissant, nos populations garderaient des faiblesses qui sont de taille. Je ne pense pas seulement au fameux accent. On ne saurait perdre de vue qu'une langue savante et apprise, venue en partie du dehors, ne peut pas charrier avec elle la totalité de ses mots concrets ; de ce fait il subsiste de grands espaces innommés et comme muets dans le champ des objets usuels, noms de plantes, de fruits et de fleurs pour ne désigner que ceux-là.

J'ai vu de grands garçons, non pas même illettrés, mais bacheliers, licenciés, voire docteurs, qui n'ont jamais eu l'idée de *la merise*, ils n'ont connu que *l agriote* parce qu'ils sont nés au sud de la Loire ; pour la même raison, *le pissenlit* a-t-il gardé pour quelques-uns le pittoresque sobriquet

---

[277] Sans exception pour le Lorrain Barrès qui, lors de l'incubation de ses *Déracinés*, avait pour secrétaire le Provençal Frédéric Amouretti, un des hommes qui ont le plus puissamment réfléchi et systématisé la pensée de Mistral.

d'*angi boufaréu*. Que de termes utiles ont le même sort ignoré ! À la Chambre de la IIIe République, il n'était pas rare qu'un député méridional, traitant du *cheptel*, le prononçât comme il s'écrit, au scandale indigné des représentants de l'Ouest.

Le privilège de l'école bilingue, si précieux fût-il, compenserait à peine l'infériorité géographique qui tient à l'éloignement matériel de Paris... Mais je rougirais de prolonger un débat qui serait indigne d'une nation de frères.

La France vit une minute d'Histoire où elle a besoin d'être forte et solide partout, sous tout rapport, et face à tout événement.

Il faut revoir de près toutes nos positions.

Celles qui sont fondamentales ne sont pas le moins menacées.

Ne nous trompons pas sur ce qui doit être renforcé en tout premier lieu, car les pressions de la Barbarie s'accentuent en raison de la circulation des idées ravageuses par le journal, la radio, l'école elle-même ; elles viennent heurter à nos portes et ne les ébranlent que trop. Cherchons, démêlons, désignons les éléments de vraie résistance.

J'ai la spécialité d'un vieux guetteur de tour et reconnais parmi nos assaillants des contemporains de ma petite enfance, d'autres de ma jeunesse ou de ma maturité ; de plus en plus nombreux et de pires en pires, surtout quand ils sont masqués de patriotisme alimentaire ou de civisme profiteur.

Tant de Barbares ne seront mis en échec qu'au moyen d'un redoublement de précautions naturelles, et défensives, d'un puissant développement de conscience et d'amitié nationale. Un trinôme résume les cinquante ans de ma vie politique :

Armons, *armons*, ARMONS, en vue de préserver nos fraternités-nées de peuple historique.

Or, c'est précisément une arme de défense nationale et sociale qui nous est offerte par la loi du dialecte à l'école. Les M. R. P. ne l'ont certainement pas fait exprès ; il n'en faut pas moins l'accepter de leurs mains poisseuses et sanglantes, si l'on veut que vivent, survivent et revivent certaines parties trop mourantes de notre magnifique pays.

Ni peste ni colère...

1951

Ce poème aurait été composé le 19 janvier 1944. Mais il n'a été publié qu'en 1951, dans un cahier de grand format tiré à seulement 120 exemplaires, avant d'être repris dans La Balance intérieure, puis dans les Œuvres capitales.

La date qui figure sur l'ouvrage est celle du 20 avril, jour anniversaire des 83 ans de Maurras.

Le bois gravé est l'œuvre de Michel Jamar.

Ni peste ni colère...

À Chrysès, prêtre d'Apollon.

Silencieux, longeant la mer retentissante,
Ô vieillard, tu t'en vas, sous le poids des destins ;
Ils ne t'ont pas rendu la vierge florissante,
Dorure de l'automne en son rose matin.

Chryséis, ô vieillard, était plus que ta fille,
Sa corolle s'ouvrait au milieu de ton cœur ;
Étant prêtre du Dieu qui réchauffe et qui brille,
Tu te rêvais du Temps le facile vainqueur.

Mais sur un lit lointain t'apparaît le carnage,
Tu vois fuir et pleurer la pourpre de ton sang,
Ô Père ! un pâle lys de cette ombre surnage
Où s'apaise la honte et le bonheur descend.

La vierge entrelacée au maître qui l'opprime
Connaît quelque douceur de son rude ennemi ;
Sous le sceau flamboyant qui marque la victime,
Amour, en Chryséis, ô Chrysès, a gémi.

Lave tes froides mains dans l'écume de l'onde,
Mais ne maudis personne et tiens-toi de nourrir
De nouvelles douleurs les tristesses d'un monde
Où d'eux-mêmes tes maux avec toi vont mourir.

VOLUME VII – INSCRIPTIONS SUR NOS RUINES

LETTRES À M. VINCENT AURIOL

1952

Lettre de Charles Maurras à M. Vincent Auriol

À M. Vincent Auriol, Président de la République,
Palais de l'Élysée, Faubourg Saint-Honoré, 55–57, Paris VIIIe.
                                                    Charles Marie Photius Maurras.

Monsieur le Président,

La levée d'écrou, qui a eu lieu avant-hier mercredi 19 mars, ne peut pas être un vain mot. La liberté physique m'est rendue. C'est grâce à vous, Monsieur. Je vous en remercie. Je tiens même à vous en féliciter, car elle m'était due.

Depuis mon arrestation arbitraire du 8 septembre 1944, je ne cesse pas de réclamer cette liberté, non comme une grâce, médicale ou autre, mais comme mon bien naturel et légal. Les Mémoires que j'ai fait déposer à la Chancellerie font foi d'au moins une demi-douzaine de faits nouveaux qui ne sont pas seulement, comme le veut la loi, de nature à établir l'innocence du condamné, car ils établissent la mienne avec une irréfragable évidence ; la preuve est faite de ma Résistance complète et de mon Opposition totale aux menées comme aux intentions de l'Ennemi, excluant toute intelligence avec lui et démontrant notre mésintelligence constante. On sait même (et l'on ne peut contester) que, pour soustraire l'une de ces preuves au regard de mes juges, M. l'avocat général Thomas l'a mise dans sa poche sans la verser au dossier jusqu'à ce que l'arrêt de condamnation fût rendu.

Il est également prouvé que mes articles n'ont jamais fait arrêter qui que ce soit, en dépit de faux témoignages flagrants, dont l'un a été porté par un magistrat, ancien juge d'instruction à Bourg, M. Guérin, et dont l'autre provient d'un ennemi personnel, M. Francisque Gay[278], qui, avant de venir

---

[278] Francisque Gay (1885–1963), François de Menthon (1900–1984) et Pierre-Henri Teitgen (1908–1997) sont trois des figures les plus marquantes du courant démocrate-chrétien qui prit une part importante aux gouvernements constitués juste après la Libération. Ils vouaient tous trois à Charles Maurras une haine inextinguible remontant aux premières polémiques entre l'Action française et le Sillon pour le premier d'entre eux et à la condamnation de 1926 pour le second. Leurs biographies officielles sont peu disertes sur ce sujet, de même qu'elles minimisent volontiers le rôle, pourtant central, qu'ils jouèrent dans l'épuration. Menthon et Teitgen, les deux Gardes des Sceaux successifs qui eurent à organiser la répression, sont généralement présentés comme des modérés attachés à calmer les ardeurs

rétracter en pleine audience ses dires parjurieux, m'avait lui-même dénoncé à la Gestapo dans une lettre qui a été partiellement recueillie à l'Officiel du 14 mars 1945.

Telle est la double calomnie officielle que je dénonce depuis sept ans. Je ne l'ai donc pas vue sans indignation reparue dans la presse de ces jours derniers. Car enfin tous les fonctionnaires qui ont pénétré dans mes prisons m'ont entendu réclamer (avec la révision de l'arrêt du 27 janvier 1945, qui constitue plus qu'une erreur, un crime judiciaire) les trois réparations adjacentes : des excuses, une indemnité, ce qui va de soi, et la tête de M. de Menthon, ce qu'il faut expliquer par la rigueur des temps.

Suivant les estimations les plus raisonnables, communiquées par un ministre de l'Intérieur, M. Tixier[279], au colonel Passy, chef d'état-major du commandant des F.F. de l'Intérieur, la récente Terreur de 1944–45 a coûté à la France 105 000 têtes. La plupart étaient innocentes et bonnes Françaises. Je suis aussi opposé qu'on peut l'être à des représailles qui en coûteraient 105 000 autres, ce qui ferait 210 000 pertes sèches pour le peuple français. On dit c'est la Justice. Je réponds que ce n'est pas la Politique, une Politique de généreuse fraternité nationale, ce n'est pas l'Art royal platonicien, qu'ont professé tous les pères de la Patrie. Non, pas de représailles ! il n'en faut à aucun prix.

Mais sur ces longs ruisseaux d'un sang très pur, grossis d'une infecte sanie, qui ne peuvent pas être purement et simplement oubliés, une impunité totale aurait pour premier effet de décourager les bons citoyens, le second, d'encourager les mauvais. Il faut au moins un châtiment, le mieux délimité possible. Réel. Sérieux. Il en faut un. Le maximum de la clémence y pourrait même coïncider avec le châtiment d'un seul, qui ferait l'exemple abrégé des égarements et des scélératesses de tous. Seulement, ce responsable exceptionnel, pris pour coupable unique, doit être un délinquant certain, de ceux qui furent dénués de toute ombre d'excuse.

Il serait donc injuste de le désigner parmi ces Juifs cruels qui, chez nous, ont cédé à leurs réflexes d'étrangers, sinon d'ennemis. La même justice scrupuleuse interdira de le choisir parmi les hommes de gauche ; ils peuvent

---

sanguinaires des plus extrémistes — un peu comme Robespierre était un « modéré » par rapport à Marat ou Hébert. *Les notes sont imputables aux éditeurs.*

[279] Adrien Tixier (1893-1946), mutilé de la Grande Guerre, entre en 1920 au Bureau International du Travail dans l'ombre de son mentor Albert Thomas. Il occupe diverses fonctions dans les gouvernements de la France Libre et devient ministre de l'Intérieur en septembre 1944.

exciper très valablement de leur involontaire ignorance de l'Histoire de la France et de la Politique française.

En revanche, cette Histoire et cette Politique sont bien connues des hommes de Droite. C'est donc à droite que l'on a fait le mal en le sachant. Or, qui prendre de ce côté, sinon le co-auteur de l'abominable législation algérienne, M. de Menthon ? Si on le met à part, on ne voit que deux ou trois insignifiantes fripouilles. C'est encore ce qu'ils ont de mieux.

Le choix expiatoire de M. de Menthon offre ce premier intérêt de ne rien coûter à la France. Ce très petit politicailleur bien vêtu peut disparaître sans creuser aucun vide dans le pays. Au moral, au mental, c'est le pur synonyme de rien. L'avis général ne fait point de doute sur la vanité de son verbiage et la mauvaise qualité de son français dont rougirait tout autre Savoyard et compatriote de Vaugelas. Sa tête peut rouler dans le panier à son, la communauté n'en sera pas appauvrie d'une parcelle de valeur, force ou lumière. Mais, second avantage, M. de Menthon porte un joli nom, il semble avoir un beau château, est l'arrière-petit neveu d'un Saint[280], sa famille est très bien posée ; sa toge de jurisconsulte, sa profession parlementaire le mettent à part et en haut. Son faux-nez de super-patriote, son faciès dévot de Pharisien fini lui composent le type achevé de l'exemple éloquent, celui qu'on voit et qu'on entend de loin. Il pourra servir de leçon aux grands bourgeois friands d'aventures démagogiques plus ou moins baptisées. Le procès régulier de son infamie algérienne ne peut manquer de faire apparaître les nombreux assassinats juridiques dont il porte le poids. Aucun jury impartial ne lui refusera la peine capitale.

Écoutez ce que lui chante un poète ami qui me ressemble comme un frère :

> Ô toi qui maculas, empuantant l'Europe,
> Nos Sceaux français, le Saint de ta race et ton Dieu,
> Professeur de Droit qui le Droit salopes,
> TARTUFE DE MENTHON, terroriste pieux,
> Il faut, il faut payer ! Non sous de nobles balles
> Contre un poteau de guerre au froid petit matin ;
> FRANÇOIS, le couperet peint sur ta nuque pâle
> La rainure de Guillotin.

---

[280] Saint Bernard de Menthon, patron des alpinistes, vivait au XIe siècle. La filiation qu'évoque Maurras est donc certainement plus longue, et peut-être plus compliquée.

En vous priant, Monsieur le Président de la République, de bien vouloir accueillir ce petit air de musique féroce, pas plus féroce qu'un article du CODE PÉNAL, infiniment moins féroce que le couplet des balles pour nos généraux dans l'*INTERNATIONALE* et que le *ÇA IRA, les aristocrates à la lanterne* dans l'hymne des grands ancêtres, je veux aussi vous adresser, Monsieur Vincent Auriol, les vœux sincères que forme pour vous, pour les vôtres, pour l'heur personnel de tous et de chacun, l'ex-numéro 2048 de l'écrou de Riom, l'ex-numéro 8321 de l'écrou de Clairvaux, aujourd'hui titulaire d'une grâce qui ne saurait ni limiter l'exercice de ses droits ou la pratique de ses devoirs, devoirs de la mémoire et de la conscience, droits de la personnalité.

Charles Maurras.
Clinique Saint-Grégoire à Tours, le 21 mars 1952.

TOUCHÉS

Drapeau levé, clairon sonnant, cible vibrante, on a touché.

Touchées les feuilles quotidiennes, les hebdomadaires, et entre tous ce *Popu* qui invente et ment, lit de travers et fait lui-même la menace qu'il m'impute. Touché Teitgen qui pose, déclame, fait le beau, mais c'est pour tout confondre et embrouiller. Touchés les comités, touchée l'Assemblée où 160 députés, chiffre rare, et affluence des grands jours, lèvent leurs mains, les réunissent comme pour prier, mais les battent l'une vers l'autre pour applaudir à la défense de la gloriole commune, de l'intérêt de parti et des prébendes à Bibi.

Mais il y a plus touchés qu'eux : ce sont ceux qui se taisent ou parlent d'autre chose, comme M. de Menthon, qui a tenu le crachoir un bon petit moment sans dire un mot de son abominable législation algérienne. En est-il ou non le co-auteur ? Et cette législation fait-elle litière de toutes les lois divines et humaines, oui ou non ? C'était la question. Il l'a fuie. Le rédacteur parlementaire de *L'Aurore* nous montre l'ancien garde des Sceaux immobile et les bras croisés à son banc, comme la statue du grand mime de l'impassibilité. Mais sa fuite devant la question, son silence devant la question peignent assez son désarroi intérieur. Celui-là est touché à fond.

Touchés et bien touchés MM. Gay, Guérin et Thomas. Ils n'ont pas bougé et personne ne s'est dérangé pour contester les trois crimes auxquels ma lettre au Chef de l'État faisait des allusions rapides et précises. Alors précisons-les encore.

En octobre 1944, à Paris, comme en fait foi le procès-verbal de la commission rogatoire, Francisque Gay jura que je l'avais dénoncé à la Gestapo, que ma dénonciation avait été lue par une de ses employées dans un article de *L'Action française* qui se trouvait aux mains d'un policier de la Gestapo en train de perquisitionner dans ses bureaux. Le même Gay, à la même époque, jurait qu'il avait les mains pleines d'articles de moi, articles tendant à démoraliser l'armée et à trahir la Patrie. « Jetez-les ! répondis-je à Gay par le juge d'instruction qui me transmettait la fanfaronnade stupide. Envoyez ces articles qui n'existent pas ! » Francisque Gay n'envoya rien, et pour cause, mais, s'étant transporté, de sa personne, à l'audience de la Cour de Lyon, en janvier suivant, il s'y dégonfla, toujours sous la foi du serment, et conta que ma délation n'en était pas une, que c'étaient de simples souvenirs donnés à de vieux débats politiques, que son employée n'avait même pas pu lire la date de *L'Action française* détenue par le policier de la Gestapo, et que ce policier l'en avait empêchée en la bousculant ; lui-même ignorait si le numéro avait été apporté chez lui par la police allemande ou s'il se trouvait par hasard dans les papiers appartenant à lui, au même Gay, toujours jureur, fidèlement parjurieux... Trois mois après, le député Joseph Denais[281] donnait lecture à la Chambre d'une lettre du même Gay, antérieure de dix mois et datée d'avril 1944, qui me dénonçait fort crûment aux autorités allemandes. Cette délation incontestable, adressée nominalement à son associé M. Bloud[282], était destinée à la Gestapo. Gay a

---

[281] Joseph Denais (1877–1960), politicien de droite à la carrière parlementaire particulièrement longue, fut élu député pour la première fois en 1911 et le resta pratiquement sans interruption jusqu'en 1955.

[282] La maison d'édition Bloud et Gay est au cœur de l'histoire politique et intellectuelle de la démocratie chrétienne française dans sa période « post-sillonniste ». La première société « Bloud et Barral », installée près de l'église Saint-Sulpice, est fondée en 1875 par Benoît Bloud (1843–1904) qui a deux fils, Henri et Edmond. Ceux-ci rentrent dans la société en 1902 et engagent en 1909 un jeune militant du Sillon nommé Francisque Gay. En 1911, celui-ci utilise la dot de sa fiancée pour racheter les parts d'Henri, et les éditions prennent alors leur nom « Bloud et Gay ». Edmond Bloud s'orientera plus vers la politique active, et deviendra maire de Neuilly en 1927, mandat qu'il conservera jusqu'à sa révocation par le gouvernement de Vichy, tandis que Francisque Gay fonde *La Vie catholique* (1924), puis *L'Aube* (1932), enfin les *Nouvelles Équipes françaises* (1938), mouvement qui donnera naissance au MRP en 1944. La maison d'édition cesse ses activités en 1940 et son fonds est repris en 1954 par Desclée de Brouwer.

dû en convenir devant une assemblée de journalistes au Canada, quand il représentait la IVe République dans ce beau pays. Apparemment que M. Gay n'a oublié aucun de ces petits détails qui l'accablent. Il n'a pas pipé.

M. Guérin, substitut lyonnais, ancien juge d'instruction à Bourg, n'a rien opposé non plus à mon accusation de faux témoignage. Voici les circonstances de son forfait : déposant le 5 décembre 1944 devant le juge d'instruction Rousselet, et commentant un article de moi où je citais une lettre qui évoquait la contamination de certaines bonnes familles sous l'influence de juifs devenus puissants, M. Guérin a formellement déclaré que « M. Maurras avait mis en accusation M. Fornier, maire de Reconnas (Ain) ». Quelques jours plus tard, le 14 décembre, M. Guérin écrivit à M. Rousselet ce qu'il lui avait dit en spécifiant de nouveau cette écharpe de maire, cette commune, ce département, et ce patronyme ; or mon article ne les portait pas. On offre un merle blanc à quiconque pourra trouver dans mon article ce que M. Guérin y a mis par deux fois de sa seule grâce. Le faux témoin Guérin a donc surchargé mon texte. Il y a surajouté ce qu'il a voulu. C'est pourquoi, s'étant bien gardé de venir à l'audience de 1945, où il lui aurait été demandé compte d'une « mise en accusation » qui ne contenait ni nom d'homme ni nom de lieu, M. Guérin s'est aussi tenu à l'écart du remue-ménage causé par ma dernière offensive : plier le dos, clore le bec, laisser passer l'orage, il n'avait rien à faire de mieux.

Quant à mon troisième muet, l'avocat général Thomas, son cas n'a été découvert qu'en 1950 par notre avocat Me Georges Calzant ; c'est le plus délicat des trois. Commissaire du Gouvernement à la Cour de justice, Thomas avait reçu de la Chancellerie, qui la tenait du Quai d'Orsay, une pièce officielle allemande, abandonnée dans les archives de l'ennemi en déroute, où j'étais signalé comme m'opposant à toute aide « même indirecte » de la France à l'Allemagne, et m'élevant contre la formation de la Ligue anti-bolchevique destinée à combattre les Russes sous l'uniforme allemand, ce qui établissait, par les doléances mêmes de l'Occupant, tout le contraire de ma culpabilité : l'étendue, la vigueur, la solidité d'un anti-germanisme militant. Au coin supérieur de la pièce était inscrite la mention : « Pour le procès Maurras ». Ce qui n'empêcha point le Commissaire du Gouvernement Thomas de garder ce document pour lui seul. Il ne le rendit au dossier qu'une fois nos condamnations obtenues. La Cour, les avocats, les inculpés avaient été réduits à l'ignorer pendant tout le cours des débats !

Ne pouvant pas nier les faits, M. Thomas a cru se couvrir en disant que la pièce était inutile, du moment que son réquisitoire m'avait reconnu ma qualité « d'anti-allemand ». Mais le même réquisitoire disait plus loin tout le contraire puisqu'il invoquait contre moi le fameux article 75 et m'inculpait d'intelligence avec les Allemands. Entre ces deux thèses contradictoires de l'accusateur, la pièce qu'il dissimulait pouvait rompre l'absurde équilibre et rétablir mon droit. En l'étouffant, Thomas a commis un crime prévu et châtié par l'article du code où se trouve visé tout agent, administratif ou judiciaire, qui altère, détruit ou détourne une pièce à lui confiée. Si l'article 178 du code n'est pas abrogé, si le fait que j'énonce n'est pas contesté (et il ne l'est pas), le procureur Thomas doit prendre la route du bagne. Cela aide à comprendre que, depuis le 28 mars 1952, jour de la publication de ma lettre adressée au Président de la République, M. Thomas, qui n'avait pas été bien flamboyant depuis la découverte de son escamotage, est un peu plus rentré dans le mur ces jours-ci. Il lui plaît de n'être pas vu pour n'être pas pris.

Cette attitude des muets aurait dû éclairer les parleurs.

Contre la liquéfaction dans l'erreur. La Fable et l'Imposture

Les parleurs, surtout ceux de l'Assemblée, M. Teitgen, M. Soustelle et tous ont commis la grave faute de voir et de présenter certaines choses essentielles comme ils veulent qu'elles soient et non comme elles sont. Je les avais mis en garde contre cette erreur, il y a sept ans, quand je répondis à leur commission rogatoire dans le procès Pétain :

> ... L'esprit de parti, disais-je, est un aveugle-né qui souvent, en toute innocence, nous a infligé, depuis deux ans, beaucoup de dégâts. Prenons garde à la tyrannie de cet inconscient. Il rétrécit, il rabougrit misérablement la patrie quand il fait de la résistance à l'Allemagne, qui, en dehors d'une poignée de traîtres, fut universelle, l'affaire unique d'un parti ou d'un clan. Des millions d'hommes et de femmes de France ont fraternisé dans le même esprit, le même cœur et le même énergique effort de libération, chacun dans la mesure et la forme de ses moyens : qu'ils ne soient pas follement repoussés du cœur de la Cité et que, contrairement à la vérité éclatante, il ne leur soit pas répondu comme on a répondu au

> *Maréchal qui les représente tous : « Vous n'êtes pas ce que vous êtes. Vous n'avez pas fait ce que vous avez fait. Rien ne peut compter que ce qui a résisté à notre manière, dans nos cadres et selon nos vues. Nous ne fraternisions qu'avec les camarades, il n'y aura de fraternité, comme de justice, que pour les nôtres et entre nous. »*

Et plus loin :

> *Parce que le VRAI EST, il vient à bout du faux « QUI N'EST PAS ».*

Mais ces parleurs de vendredi, au Palais-Bourbon, pataugeaient tous dans ce qui n'est pas et qui n'avait jamais été.

Ils raisonnaient d'abord comme si tout ce qui n'était pas gaulliste et pro-anglais eût été pro-allemand. Il y avait un entre-deux. Dans l'entre-deux, la France. La France n'était pas déchirée en deux mais en trois lambeaux, la faction pro-anglaise n'était pas seule en face des pro-boches. Entre les gens immatriculés au gaullisme et l'infamie des collabos, il y avait des millions de Français serrés autour du Maréchal qui les couvrait de son « bouclier » : les hommes de « la France seule ». Au lieu de rabâcher l'inepte contre-sens qui faisait signifier à ces trois mots un inepte souhait d'isolement diplomatique et militaire, il était facile de voir qu'ils répudiaient également l'envahisseur du jour et celui du lendemain, cheminaient sur « la ligne de crête », comme disait Pujo, entre les deux versants anglais et allemand, et mettaient au-dessus de tout le salut et l'intégrité de la patrie ; leur patriotisme consistait à la maintenir, non à multiplier ses risques de mort pour obéir au point d'honneur d'un parti ou à l'intérêt de ses partisans.

LES PRO-BOCHES ET NOUS

Dès nos premiers voyages à Vichy, nous avions pris position claire contre le clan Laval et toute sa clique pro-boche d'anciens briandistes et d'anciens jaurésiens formée au culte de l'Allemagne par cent cinquante ans de romantisme et de révolution. Dès lors, deux ou trois anciens normaliens ou universitaires, un instant attirés par *L'Action française* en furent chassés parce qu'ils ralliaient la tradition des Gabriel Monod, des Lucien Herr, des Luchaire et de leurs pareils. Quand le directeur de *Je suis partout*, M. Charles Lesca, alla s'installer à Paris sous le contrôle de la censure allemande, nous rompîmes avec lui. Ce pauvre Brasillach vint à Lyon. Je lui refusais ma porte. Une note explicite parue dans notre journal interdit à nos adhérents les conférences des collabos. Aussi l'écume pro-boche nous traitait-elle en ennemis directs ; leur Rebatet déversait sur nous, comme sur l'armée et la France, les tombereaux de ses « *Décombres* » ; d'août 1940 à août 1944, la presse vendue de Paris, Lyon, Marseille et autres lieux commençait par nous qualifier de revanchards et chauvins et finissait par nous appliquer le répertoire entier du lexique poissard. Tout un numéro de leur revue *Combat* fut consacré à ma misère psychique et à mes tristes origines de « Latin ». Le florilège de ces gentillesses ne tiendrait pas dans un gros volume. C'était l'ambassade d'Allemagne qui tenait, tirait, payait toute cette artillerie d'anti-France parce que, de son propre aveu, notre résistance et notre opposition faisaient avorter ce qu'elle avait le plus au cœur : la cause d'une Europe à direction allemande. Nonobstant cet échec, la presse pro-allemande avait causé de gros dégâts. D'un côté, par ses rapports avec Laval, elle imprimait au gouvernement personnel du Maréchal une fausse couleur d'ami de l'ennemi qui lui fut toujours étrangère, et, inversement, elle minait son autorité, l'affaiblissait devant Hitler qui pouvait crier à « Vichy » : « Voyez ! vous êtes en retard sur votre propre opinion, sur votre presse ! » Ce double mouvement amenait beaucoup d'eau au moulin de M. de Gaulle.

LA DISSIDENCE GAULLISTE

Infiniment mieux intentionné, le courant gaulliste ne valut pas mieux quant à ses effets pour la France. La dissidence et son émigration insensée, qui vida le pays d'un certain nombre de bons citoyens, privaient le Maréchal du contre-poids qu'ils auraient opposé personnellement au troupeau vénal des pro-boches. Leur bataillon sacré fit très cruellement défaut. Par la suite, et de par l'imposture du Chef, l'appel gaulliste en vint peu à peu à guerroyer bien moins contre l'Occupant que contre le Maréchal et les maréchalistes. La radio de Londres traitait le Maréchal de « Père la Défaite » et l'accusait jusqu'à cinquante-deux fois, cinquante-deux fois mensongère, d'avoir livré à Hitler une flotte qui devait se saborder plutôt que de devenir allemande. Lorsque, plus tard encore, on en vint aux actes sanglants, les Français eurent à souffrir, beaucoup plus que les Allemands, d'attentats dirigés par les brigades internationales de faux

Espagnols, de vrais Russes, de vrais Mongols et des bandits sans aveu, munis d'armes parachutées. Comme les Allemands, bien armés aussi, se défendaient cruellement, les bons Français, les patriotes, les résistants réels, groupés autour du Maréchal, ou qui le représentaient furent assaillis sans danger et systématiquement décimés, leur élite décapitée par cette barbarie et cette anarchie conjuguées.

Nos « dénonciations » furent des plaintes

C'est ce second aspect de la réalité que les orateurs de la Chambre ont voulu ignorer : ils se sont tus sur les initiateurs certains des violences et des dévastations.

Or, je parle en témoin, presque en greffier, de ces annales de la férocité. Le malheureux neveu du cardinal Verdier, blessé le matin, était assailli le soir dans son lit d'hôpital et achevé sous les yeux des femmes de sa famille, qui y passaient aussi ; le professeur Médan, l'abbé Sorel, Nadal, le docteur Top, le curé de Vaucluse, le colonel de Boysson, le commandant de La Roque, le jeune La Fléchère, Jourdan, le président Faure-Pinguely, l'amiral Verdun, Lacroix, le docteur Eyraud-Joly, dix mille autres, la plupart anciens combattants des deux guerres, blessés, cités, décorés, parfois inscrits à l'Armée secrète, préparant une offensive en règle contre le Boche et s'armant contre lui. De ce lit de cadavres qui ensanglantait la zone Sud affluaient tous les jours les cris désespérés des veuves, des mères, des sœurs et de orphelins. Les prétendues dénonciations dont j'ai été accusé à l'Assemblée comme à la Cour de Lyon consistaient uniquement dans les plaintes que je faisais de cette boue sanglante, longues plaintes, âpres plaintes, c'est le mot juste, sur tous les massacres commis par les brutes qui erraient en bandes armées. Tous les maquisards ne faisaient pas cette besogne. Tous les maquis n'eurent pas cette ignoble composition. Néanmoins, à l'arrière, il se faisait encore quelque chose de pis.

Pour une grande étendue de la zone Sud, cette terreur fort bien nommée ne trouvait devant elle qu'une police douteuse, une justice molle, timide, hésitante. Nous demandions en vain l'efficace répression protectrice du peuple français contre le magma des aubains, qui entraînait, hélas ! une minorité de concitoyens pervertis. Ces hors-la-loi définis, nous montrions les victimes : paysans réduits à user de leurs fourches contre les mitraillettes, humbles secrétaires de mairie qui refusaient leurs cartes de ravitaillement à la déprédation, pauvres curés de campagne, pillés, molestés, massacrés, petits et gros propriétaires, qu'on abattait pour les voler consciencieusement. Au silence, à la carence, à la prudente abstention de bien des pouvoirs officiels, nous comprenions sans peine ce que voulait dire le Maréchal quand il se déclarait à moitié trahi par une partie des équipes de l'ancien régime républicain qui se faisaient l'alliée sournoise du désordre. Aujourd'hui les assassins se font couvrir du vocable de « patriotes » ou de « résistants ». De tels mensonges n'entraient pas dans notre langage. Nous ne confondions ces massacreurs de profession ni avec l'armée secrète ni, comme on l'a prétendu encore vendredi dernier[283], avec les armées de Leclerc, de Juin et de de Lattre de Tassigny, qui n'avaient absolument rien de ces Grandes Compagnies et qui, d'ailleurs, opéraient fort loin de là. Ce que chacun de nos numéros réclamait c'était, pour l'ordre et pour la paix, une bonne et roide justice. En 1945, devant la Cour de Lyon, j'ai rétabli avec fierté le caractère de notre œuvre de protection presque aussi glorieux que notre opposition à l'Europe d'Hitler et d'Abetz. Je déclarais à mes juges que, telle étant « la situation générale du pays », mon devoir était d'adjurer « les autorités de montrer plus de vigilance et plus d'énergie ». J'ajoutais :

> *Écrivain, j'ai fait mon devoir. Si des magistrats disent à un écrivain qu'il aurait dû abandonner les faibles, les désarmés, les confiants, les bons citoyens à des violences de cette sorte, je n'ai plus rien à leur dire, sinon que TOUTES LES DIFFÉRENCES S'EFFACERONT ENTRE LES BANCS DES GALÈRES ET LES SIÈGES DES TRIBUNAUX. Si la justice est laissée en otage à la violence, il est inutile d'en discourir. Mais, s'il en reste une ombre, si l'on admet que le premier venu n'a pas le droit de vie et de mort sur ses frères, il faut instituer un organe de défense sociale et lui demander d'être actif et rapide autant que juste. C'est exactement ce que nous faisions et avions le devoir de faire contre ceux qui prenaient le droit de nous refuser le minimum d'équité et d'ordre. Car, à laisser aller les choses, comme ils faisaient, que pouvaient-ils gagner ? Je le répète : d'aggraver, d'empirer le mal, DE SUSCITER À UNE TERREUR UNE CONTRE-TERREUR, comme il est arrivé.*

---

[283] Note de Charles Maurras, dont l'article fut publié le 18 avril : « Séance de la Chambre du 11 avril 1952 ».

> *Mais j'y voyais aussi une autre conséquence, celle à laquelle je n'ai cessé de penser pendant ces dernières années, comme à un cauchemar obsédant. Si les juridictions françaises ne remplissaient pas leur devoir de justice, il arriverait ce qui est toujours arrivé dans l'histoire universelle des occupations : l'Occupant affecterait de prendre en main la cause de l'ordre, il remplacerait dans leurs fonctions naturelles les autorités déficientes du pays occupé ; or, c'est purement et simplement ce qui est arrivé dans l'affaire de la famille Fornier (à Bourg) : LA GESTAPO S'EN EST MÊLÉE. Ce que n'ont pas voulu faire, doucement, équitablement, les autorités françaises, l'autorité occupante l'a fait avec une sauvage brutalité.*

Les interpellateurs de vendredi, fidèles à un mot d'ordre, ont tenu à voiler cette offensive initiale de criminels de droit commun et l'épidémie d'assassinats qui s'en est suivie ; présentant nos justes plaintes comme des dénonciations, ils escamotent les procès-verbaux incontestés, incontestables, d'attentats monstrueux que nous publions pour motiver notre plainte. Pas une citation plus ou moins tronquée de M. Teitgen qui ait été éclaircie par une référence à cette atmosphère de brigandage que traversait un continuel, un incompressible cri de justice : le nôtre.

Morceaux choisis

J'ai sous les yeux le compte rendu analytique de la séance où le misérable discours de Teitgen a été misérablement applaudi en dépit des sages réserves de M. Isorni.

D'après M. Teitgen et sa troupe, nous voulons réhabiliter la collaboration et la trahison ou condamner la résistance, nous qui avons fait plus que résister, en faisant à visage découvert une opposition dont l'ennemi a dû confesser le succès.

Nous sommes les assassins de Jaurès, bien que le véritable assassin ait été un disciple de Marc Sangnier, fait reconnu par l'avocat de la partie civile au procès Villain.

Nous aurions eu le monopole de la provocation à la prise et à l'assassinat d'otages, alors que le général de Gaulle, en Afrique, a pris des otages dont un évêque et un général, alors que leurs chers communards de 1871 ont exécuté un assez beau convoi d'otages composé d'un archevêque de Paris, d'un premier président de la Cour de Cassation, d'un curé de la Madeleine, de religieux, de prêtres, de bourgeois. M. Teitgen manifeste son horreur devant notre conseil de répondre aux assassins africains de manière à suspendre l'exécution de leurs arrêts criminels : il ne remarque point que, dans sa propre citation, nous demandons aussi que les otages soient « jugés », ce qui règle tout.

M. Teitgen identifie notre antisémitisme au nazisme et à l'hitlérisme, sans prendre garde que l'antisémitisme d'État de l'Action française fut toujours vilipendé par les « antisémites de peau », pro-boches admirateurs des « fours crématoires et des chambres à gaz », fauteurs de rêveries biologiques, tels le professeur Montandon[284] et d'autres oracles du nazisme parisien. Si d'ailleurs M. Teitgen se figure que ses pauvres confusions de langage pourront empêcher la question juive de se poser, il oublie un passé récent : les Juifs étaient très puissants et très heureux dans l'Allemagne de Guillaume II qui en avait fait ses commis-voyageurs favoris ; il leur manquait certains droits de citoyenneté dans les États secondaires. Le Reich de Weimar les leur donna et cette égalité, à peine acquise, leur fit faire main basse sur tout. Cela déplut. M. François-Poncet, notre ambassadeur à Berlin, a témoigné qu'ils furent à la source de l'atroce réaction qui se fit contre eux. Mieux vaut donner un bon statut national aux Juifs que de les exposer à des pogromes sauvages, et c'est ce que le Maréchal essaya de faire, avec l'assentiment du Vatican lui-même ; c'est la tâche qu'il faudra bien reprendre quelque jour pour le bien de la France et de l'humanité. J'ai protégé assez de Juifs, par ma distinction des Juifs « bien nés » et des autres, pour avoir le droit d'établir ce diagnostic d'histoire future.

LA DEMANDE D'ENQUÊTE

Satisfait de transférer au Maréchal les violences des nazis, au cabinet de « Vichy » les exploits de la Gestapo et des camps de concentration, M. Teitgen a couronné la diatribe en préparant par des statistiques officieuses un bilan officiel aussi « bénin, bénin » que le

---

[284] Georges Alexis Montandon (1879–1944) fut médecin, ethnologue et explorateur, bénéficiant d'une grande aura dans les milieux scientifiques. D'abord proche du parti communiste et du régime bolchévique, ses travaux sur les populations du globe le font progressivement évoluer vers un racisme virulent, surtout à l'encontre des Juifs. De 1940 à 1944, il collabore activement avec l'occupant avant d'être éliminé par la Résistance.

contenu des seringues de M. Fleurant. M. Teitgen produit aussi comme un aspect nouveau de sa belle personne.

Ayant énuméré quelques-unes de ses prouesses terroristes, au nombre de 150 000, il a, le 6 août 1946, lancé à l'Assemblée ces paroles fameuses :

> *On sourit de ces chiffres, en disant qu'après tout, 150 000 condamnations ou à peu près, c'est bien peu. Je voudrais, pour permettre à l'Assemblée de mesurer, comparer ces résultats à ceux d'une autre épuration qu'a faite la France au temps de la grande Révolution...*
> *VOUS PENSEZ SANS DOUTE QUE, PAR RAPPORT À ROBESPIERRE, À DANTON, ET D'AUTRES, LE GARDE DES SCEAUX QUI EST DEVANT VOUS EST UN ENFANT. EH BIEN ! CE SONT EUX QUI SONT DES ENFANTS si l'on en juge par les chiffres... J'ai consulté les spécialistes de cette période, j'ai relevé 17 000 condamnations dont 1 350 frappèrent des femmes. C'est le chiffre total.*

Et, détaille M. Teitgen, sur ce total il y eut 6% de nobles, 7% de militaires, 9% d'ecclésiastiques, 12% de bourgeois, 13% d'ouvriers et de domestiques, et 38% de paysans... L'exposé triomphal qui faisait pâlir les tueurs de 1793 se termine par ce cri du cœur : « Heureusement, il y a tout de même les chiffres »... Seulement, il ne fait pas bon pour une homme politique que de s'être collé au dos de telles pancartes. On les revoit de loin, on les cite, on les recite. Et, si les temps se mettent à changer, leur effet varie. L'excellent, l'applaudi, l'admiré tourne au pire et au conspué. Le jour a fini par venir où M. Teitgen sentit le poids de ce passé d'Hyper-Robespierre et de Super-Danton. Sa gêne visible a fini par lui faire émettre l'excuse pitoyable que l'on prenait trop au sérieux une page d'ironie !

Or, lisez, relisez la page, elle est citée ci-dessous *in extenso* ; il ne s'y trouve pas trace d'ironie. M. Teitgen défendait sa peau de ministre devant une assemblée révolutionnaire, dans un gouvernement où les communistes étaient représentés ; le plus petit grain d'ironie lui eût coûté son maroquin. Il était terriblement sérieux en août 46, mais sa version postérieure suffit à établir la couleur de ses rapports avec la simple vérité.

En est-il complètement responsable ? Tout le monde a entendu parler d'une saison de clinique psychiatrique où l'on dut soigner son cerveau malade.

Quoi qu'il en soit de leur cause, les anciennes contradictions oratoires de M. Teitgen font mieux goûter la page de l'Analytique où le même homme s'évertuait vendredi à réclamer des enquêtes solennelles sur ce qu'il devrait savoir mieux que personne. Les catégories qu'il institue entre les victimes dûment comptées du 10 juillet 40 au 6 juin 44, du 6 juin au 10 septembre, du 10 septembre à l'on ne sait quand font un magnifique défilé de carabiniers... Mais trop tard, ce tonnerre ! Tous les Français démêlent déjà de quelles sollicitations seront torturés les chiffres embarrassants. Il faudra néanmoins prendre acte des 50 000 victimes « sur le seul littoral méditerranéen » que mentionne l'historique de l'État-major américain. On ne pourra pas garder le silence sur cette exécution sans jugement de 130 000 personnes que le *Popu* fait endosser aux seuls communistes et que le journal officiel de la S.F.I.O. rattache également à une circulaire envoyée d'Alger « où se trouvait recommandé l'établissement de listes de traîtres dont l'exécution sommaire pouvait être acceptée par les populations ». M. Teitgen ne s'est pas frotté à ces témoins-là. Il a contredit les miens sans les discuter, mais c'était les chiffres d'un ministre de l'Intérieur, L. Tixier, à un colonel des F.F.I., L. Passy : 105 000 ! Les chiffres qu'il aligne sont beaucoup moindres, mais ses auteurs ont beaucoup d'autorité.

ÉCHANGE DE BONS PROCÉDÉS

Sa comédie d'enquête serait la plus ridicule du monde s'il n'y avait sa production des politesses officielles délivrées au résistancialisme par des Alliés complaisants. Nous n'ignorons pas comment furent payés ces bons certificats, côté Teitgen, côté de Gaulle par les honteux silences que ces messieurs gardèrent sur le bombardement de nos villes, la destruction de nos champs, le fauchage inouï des populations. *La voilà leur libération !* criait devant moi une Provençale éplorée sur le cadavre d'un grand garçon de fils que venaient de broyer, dans une rue de Marseille, leurs sinistres engins qui n'étaient même pas allemands. J'aurai toujours dans l'oreille le cri maternel déchirant.

Ceci n'était qu'un malheur ; il reste les crimes. M. Teitgen a la prétention de séparer, du tout au tout, « les exécutions imputables à la Résistance et celles qui ont été le fait de bandits de grand chemin ». Alors, pourquoi, tout en refusant les mesures d'amnistie sérieuse et sincère pour les « maréchalistes », leurs Chambres ont-elles fait plusieurs lois d'amnistie pour couvrir les crimes et les délits de droit commun commis par Leurs Majestés les Résistants ?

Assassinats, vols, pillages, faux (type Verdenal[285]), la Cause de la libération nationale sera chargée de tout pallier. Elle aura bon dos, bonne mine. Quand ils volaient le pardessus ou les souliers d'un bourgeois de Collonges-au-Mont-d'Or, ou le portefeuille d'une épicière du même lieu[286], les Résistants le faisaient non pour la Cause mais pour leur usage personnel. Maintenant, ils gémissent sur la déconsidération morale de la Résistance, mais si, au lieu de faire leur auto-amnistie, ils avaient épuré leurs propres rangs, on garderait quelque respect pour leur personne sinon pour leur jugement. Trop de scandales montrent qu'ils se sont solidarisés avec leurs fripouilles.

Enseignons M. Teitgen sur la Résistance

Mais puisque M. Teitgen se figure que nous en avions à la Résistance, à la vraie, je dois le prévenir qu'il ne connaît même pas la sienne en ce qu'elle a de plus beau.

M. Teitgen ignore le caractère et la valeur de cette révolte spontanée du peuple français contre l'occupant germanique, et cette ignorance provient du manque de certains organes de conscience et de mémoire qui ne le laisseraient pas dormir s'ils pouvaient vivre en lui.

Rappelons donc à M. Teitgen que le peuple français avait été gorgé pendant plus d'un siècle et demi de tous les ponts-neufs du pacifisme international spécialement favorable à l'esprit prussien. De mauvais chefs, des maîtres indignes avaient induit une forte partie de ce peuple ouvrier et artisan soit à refuser ses armes de défense, soit à les jeter, soit à se croiser les bras pour ne pas en fabriquer. Ces malheureux Français croyaient ce qu'on leur disait : les Allemands étaient des frères, il n'y avait contre nous en Allemagne que quelques méchants aristocrates, princes, rois, généraux, mais

---

[285] Un certain René Verdenal, condamné de droit commun pour escroqueries diverses, et par ailleurs professeur de philosophie, avait remis au parquet de la Cour de Justice du Rhône, le 11 octobre 1944, un « rapport d'information contre Charles Maurras » et vint témoigner à charge contre ce dernier lors de son procès, le 26 janvier 1945. Maurras dénonça dans cette déposition un tissu d'affabulations élaborées dans l'entourage d'Yves Farge, Commissaire de la République pour la région de Lyon à la Libération, et colportées par un homme de paille.
[286] Allusion aux exploits du même Verdenal.

les masses profondes du monde allemand ne consentiraient jamais à nous faire la guerre, ou feraient grève et révolution pour fraterniser avec nous. On dit, on assure que (la leçon de 1914–1918 n'ayant servi de rien) les partis avancés auraient eu certaines tendances complaisantes à laisser entrer en France le brave Germain, allié de Staline. Mais il suffit de cette entrée : l'épreuve fut courte ! À la vue de l'Étranger maître de nos foyers, à l'odeur du sale Boche, « *foetor Germanicus* »[287], au contact du Velu, comme disait Barrès, demi-homme encore mal dégrossi, la réaction ne traîna pas : elle fut spontanée, brutale, générale. Éternelle leçon de nationalisme instinctif ! Les Français, comptés un par un éprouvèrent une grande, une intime horreur du nouveau venu, mais une horreur active et comme punitive, dans des conditions d'élan, de volonté, de foi qu'il n'est pas téméraire d'identifier au départ des Croisades.

Mais les mauvais maîtres veillaient, avec les chefs indignes.

Nous parlions de croisade. L'Histoire nous a montré deux sortes de croisades. Celle de Pierre l'Ermite et de Gauthier Sans Avoir, qui se fit massacrer jusqu'au dernier homme sur les chemins de l'Orient inconnu, et la croisade de Godefroy de Bouillon, et des princes chrétiens, organisée, articulée, munie des plus parfaites armes de l'époque, éclairée par des guides sûrs et des portulans bien établis : elle atteignit Jérusalem, l'assiégea et bientôt la prit parce qu'elle était encadrée, commandée, ordonnée. Les autres n'avaient été qu'une informe cohue où l'héroïsme incontestable eut à consommer des sacrifices démesurés. Aujourd'hui, ceux qui, bien imprudemment, dressent, longue et lugubre, la liste des victimes de leur croisade populaire menée à la manière de Pierre et de Gauthier sont d'écervelés étourneaux, qui oublient leurs très graves responsabilités encourues. À la vraie résistance, résistance ordonnée, résistance réglée, qui tenait compte du possible et qui calculait les représailles imminentes, telle que le Maréchal la conduisait de haut, à cette résistance économe de sang français, ils ont fait (ou laissé) substituer le douloureux tumulte et l'affreux gaspillage qui a coûté à la France tant de héros ! C'est à leur démence que remontent les martyres subis dans les camps de concentration et dans les prisons hitlériennes, à eux, hommes légers, hommes cruels, révolutionnaires

---

[287] En 1915, un certain docteur Edgar Brédillon publia une brochure censée expliquer la « signature olfactive » du soldat allemand par une infection plantaire spécifique, cause de la « puanteur germanique » : *La Bromidrose fétide de la race allemande,* der stinkende deutsche Rassenschweiss, Foetor germanicus.

de la veille, super-patriotes du lendemain, dont la vanité n'a pas su ménager l'effort naïf du peuple de France. Erreur des aveugles qui se font chefs ! Pendant que la patrie devait solder la note écrasante, eux-mêmes y gagnaient tout ce qu'ils sont ou paraissent être aujourd'hui. Mais plus les Partis ont ainsi abusé la bonne foi de la Nation dans ce vaste secteur d'une résistance impulsive, plus la Nation fut belle dans la générosité de son noble élan, dans ses vertus ensanglantées, mais plus trompées encore. Nous avons qualité pour rendre à cette résistance un hommage adéquat et complet. Je dis nous seuls, les hommes de LA SEULE FRANCE, qui, sans blâmer ni désapprouver de saintes folies, avons eu le difficile courage de les déconseiller.

Des résistants pareils n'en faisaient pas métier, n'en tiraient pas leur gagne-pain ; mais, pour les autres, pour beaucoup d'autres, il faudrait essayer de juger jusqu'à quel point cette immense effusion du sang le plus pur n'a pas été désirée par eux, en vue d'un intérêt défini, le palpable intérêt de faire oublier quelque chose. Quoi donc ? Hé ! trois choses qui sont de poids.

Contre un triple memento

A. — Sans battre la campagne autour de faits trop anciens, premièrement n'ont-ils pas à dissimuler la source essentielle et primordiale de TOUS nos malheurs : la décision funeste par laquelle des hommes politiques appartenant au parti de M. Teitgen et à celui de M. Minjoz ont jeté dans la guerre une France qui n'y était prête ni de cœur, ni d'esprit, ni de corps, au lieu d'imiter la réserve de Staline et de Roosevelt, ou celle d'un Poincaré en 1914, qui, tous, mirent de leur côté l'avantage moral de la réaction contre un agresseur évident : insensés, ou sots, ou traîtres, en tout cas dénués de tout jugement, destitués de toute autorité civique, ces coupables suivent la voie de leur plus grand intérêt quand ils s'efforcent d'abolir une mémoire exacte de ce premier exploit. En ont-ils pris le bon moyen : une invasion nouvelle doublée d'une révolution ? Ils pouvaient l'espérer et se le promettre.

B. — Notre malheur numéro deux est venu de la dissidence du 18 juin 1940, cent vingt-cinquième anniversaire de Waterloo, née à l'instigation de M. Churchill et du « général » Spears, dans l'âme ambitieuse et orgueilleuse, dans l'imagination forcenée de M. de Gaulle. Un lot important de force française a été ainsi placé dans l'obédience ou la dépendance indirecte d'autres nations. Nous avons pratiquement perdu la souveraineté maintenue si jalousement dans la défaite et l'occupation par la prudence attentive du Maréchal. Il pouvait s'élever de dures protestations contre les faux sauveurs qui, après nous avoir perdu la Syrie et l'Indochine, ont ébranlé l'une après l'autre les positions impériales de la Patrie. Le bon massacre où furent enveloppés les protestataires éventuels n'était pas non plus un mauvais moyen de congeler des souvenirs trop remuants. Léthé sanglant, Léthé sanguinaire ? Léthé, pourtant !

C. — Enfin le numéro trois, la fameuse législation d'Afrique plus ou moins légitimée par le temps et passée en coutume avait une chance de devenir presque insensible à la conscience française pour peu que le nombre et le choix des assassinats juridiques fissent estomper les figures et les noms des législateurs qui avaient signé cela, rédigé cela, comploté et voulu cela. À la simple évocation du signataire de ces cruelles ordonnances, ses complices ont revêtu précipitamment les faux voiles de la pudeur où se dissimuler. On n'eût même pas essayé ce camouflage s'il eût seulement subsisté en France la moitié ou le quart des 105 000 sacrifiés. On peut être tranquille, les 105 000 morts ne peuvent protester ; ils ont pourtant laissé une postérité. Le problème est d'ôter à ce public en larmes toute espèce de goût pour des commémorations trop gênantes. Là encore, la Terreur a paru la seule solution.

Mais, l'expérience le montre, on ne peut terroriser indéfiniment ce pays. On ne l'a pas pu en 1793. Ni en 1945 ou 6. Alors, la question se repose. Comment assurer la jouissance et la digestion paisible des butins et des proies ? Des menaces ? On nous en fait de très formelles. Et puis après ? Nos os crieront, nos cendres et notre sang crieront, comme crient les os, le sang, les cendres de nos magnifiques prédécesseurs chez les ombres.

Ceux qui ont su me lire (et mon français est clair) ont compris combien, selon moi, tout avenir de représailles serait redoutable pour la patrie. Une succession d'appels sans fin, de contre-appels indéfinis, de causes perdues, gagnées, reperdues, regagnées encore, cet éboulement perpétuel de bases trop friables ne saurait qu'étendre et surélever l'affreux monceau de nos ruines ; il serait de plus en plus difficile d'y replanter les colonnes de l'ordre et les stèles de l'amitié. Cette fausse justice ne ferait qu'ajouter des maux aux maux, à l'infini. Il est, comme dit l'Autre, nécessaire de s'arrêter. Mais, pour s'arrêter avec fruit, il faut les consolations d'au moins un simulacre de vraie justice, celle que ferait UN exemple, exemple qui ne coûterait rien à la France ; exemple significatif pour les Grands de l'espèce de M. de Menthon ;

exemple qui dirait que, tout de même, le crime resté crime n'a pas eu raison de son contraire, l'un des criminels ayant dû expier ; la notion de responsabilité pourra rester inscrite ou revenir s'inscrire dans le cœur des hommes français.

J'ai dit.

Charles MAURRAS.

LA NOTE DE M. ROUGIER

Dans une note courtoise et fine communiquée aux journaux, M. Louis Rougier[288], président de l'Union pour la restauration et la défense du service public, m'a fait part de son inquiétude sur le tort que ma lettre aurait pu faire à la cause de l'amnistie. Les protestations sonores et les serments pieux prodigués à l'Assemblée de vendredi ont dû rassurer notre confrère. D'ailleurs, l'heure qui sonne ne me parait pas favorable à un débat public sur la tactique. Ce n'est pas non plus le moment de nous marquer des fautes les uns aux autres. Ces échanges d'explications ne me gêneraient nullement, j'en vois les inconvénients généraux et majeurs.

Il est possible que j'aie méconnu quelques-unes des différences entre la IVe Marianne et sa tendre mère, la Troisième du même nom. Je n'étais pourtant pas sans en avoir quelque teinture quand j'ai touché ces intouchables ou enfreint ces « interdits » que les ironistes de mon temps appelaient des *verboten*. Peu importe, au surplus, ce qui ne met en cause que moi.

Mais j'ai plaisir à expliquer à M. Louis Rougier pourquoi je me suis « déchaîné » contre M. de Menthon plutôt que contre « Charles le Mauvais ». Il est bien vrai que M. de Gaulle est un grand criminel ; mais il est certain qu'on lui attribue des talents militaires, attestés par une citation fameuse : la France en pourrait bénéficier au jour du péril. Depuis douze ans qu'il a mis son épée au croc pour s'adonner à la politique (et quelle !), l'ancien spécialiste de l'armée de métier a sans doute pu se rouiller un peu ; il lui resterait à coup sûr assez de bonnes habitudes de sa vie d'officier pour commander correctement la compagnie ou l'escouade qui lui serait confiée. La France n'a donc pas le droit de s'appauvrir de ce soldat en le perdant, elle perdrait quelque chose. Elle ne perdrait rien avec M. de Menthon.

M. de Menthon, c'est zéro. Il n'est bon à rien. Exemplaire et symbolique, son expiation n'infligerait pas au capital national le moindre dommage.

M. Rougier m'avertit d'autre part que, sur le plan constitutionnel, tous les forfaits sont permis à la loi écrite depuis la Révolution. Mais, en

---

[288] Louis Rougier (1889–1982) fut un personnage ambigu. Universitaire, libéral et violemment anti-chrétien, il soutint le régime de Vichy tout en conservant des liens étroits avec les États-Unis. Dès la Libération, il s'opposa frontalement au gaullisme. On le retrouve ensuite défenseur de la mémoire du Maréchal, puis inspirateur de divers mouvements de pensée néo-païens.

admettant que la loi révolutionnaire soit irréversible, le jury impartial auquel sera soumis le sort de M. de Menthon s'inspirerait des ordres, de la conscience et de la raison. En outre, si l'on veut restaurer et défendre le Service public, il faut bien y réintégrer la notion qui ne peut en être exclue à jamais : *responsabilité ! responsabilité !* Dans l'opinion d'abord. Puis, dans l'État. Ma lettre à M. Auriol a commencé par ce commencement. Ni pour le présent, ni pour l'avenir, on ne saurait concevoir d'espérance sérieuse si l'on ne crée dans le Pays le courant d'une opinion rédemptrice, pacificatrice, apaiseuse et (dans la mesure de l'ordre et de l'amitié) justicière, même à quelque degré vengeresse « de tant de justes massacrés ».

Le châtiment de M. de Menthon servirait fort bien cela. — Ch. M.

Le 6 août 1946, Pierre-Henri Teitgen, Garde des Sceaux, se vantait de ses crimes en ces termes :

Quelques chiffres d'abord, si vous le voulez bien encore : les cours de justice et les chambres civiques ont été saisies de 125 243 informations. Je ne dis pas 125 243 dénonciations ou plaintes, je dis 125 243 informations ouvertes. 46 997 dossiers ont été envoyés en cours de justice, 21 304 en chambres civiques, 41 000 ont fait l'objet d'un classement.

Après ces mesures d'instruction, les cours de justice ont rendu 44 737 arrêts de condamnation, les chambres civiques 57 582.

Je fais remarquer au passage, pour éviter une observation, que le nombre des arrêts rendus par les chambres civiques est plus considérable que celui des dossiers renvoyés à ces mêmes chambres par les juges d'instruction, c'est que les chambres civiques étaient saisies non seulement par les juges d'instruction mais aussi, et directement, par les comités de libération.

À l'heure actuelle, il reste à la notice des juges d'instruction, dans tout le territoire, 15 852 affaires.

Et voici les décisions qui ont été rendues :

Pour les cours de justice : peine de mort, 4 783 ; travaux forcés à perpétuité, 1 796 ; travaux forcés à temps, 9 577 ; réclusion, 1 820 ; emprisonnement, 19 193 ; acquittements, 6 781 ; au total, 43 950 décisions.

Pour les chambres civiques : dégradation nationale, 40 787 ; acquittements, 10 418.

On sourit de ces chiffres, en disant qu'après tout 150 000 condamnations, ou à peu près, c'est bien peu. Je voudrais, pour permettre à l'Assemblée de mesurer l'énormité de la tâche, comparer ces résultats à ceux d'une autre épuration qu'a faite la France, au temps de la grande Révolution, à une époque où la République bénéficiait de gardes des Sceaux qui étaient de vrais patriotes et des hommes énergiques dont l'Histoire célèbre à la fois l'audace et le courage (sourires, au centre et à droite).

Vous pensez, sans doute, que par rapport à Robespierre, Danton et d'autres, le garde des Sceaux qui est devant vous est un enfant. Eh bien ! ce sont eux qui sont des enfants, si l'on en juge par les chiffres.

M. Copeau[289]. — Alors, vivement Thermidor !

M. Aubry[290]. — Il y avait peut-être moins de coupables !

M. Ramette[291]. — On a fait, depuis, des progrès dans la trahison !

M. le Garde des Sceaux. — Voilà le bilan de la grande Révolution réalisée par la France en 1789 et 1793. J'ai consulté les spécialistes de cette période de notre histoire. J'ai relevé 17 000 condamnations, dont 1 350 frappèrent des femmes. C'est le chiffre total.

Seulement, dira-t-on, à cette époque on ne pourchassait pas les lampistes. On s'en prenait aux grands personnages. Alors, j'ai voulu établir la proportion des lampistes, et voici ce que j'ai trouvé.

Parmi ces 17 000 condamnés à des peines variables il y avait six pour cent de militaires, huit pour cent d'ecclésiastiques, douze pour cent de bourgeois, vingt-trois pour cent d'ouvriers et de domestiques et trente-huit pour cent de paysans. Je me console en pensant que, peut-être, dans ce temps-là, on reprochait déjà au services de la Justice de ne s'en prendre qu'aux lampistes (sourires).

(...) La Commission des grâces dépend de moi pour partie, et si elle ne fonctionnait pas conformément à l'équité je devais prendre, en ce qui la concerne, des dispositions.

---

[289] Pascal Copeau (1908-1982), journaliste engagé dans la Résistance, chef du mouvement Libération-Sud après le départ de son fondateur d'Astier de la Vigerie. Il est ensuite élu en Haute Saône à l'Assemblée Constituante, où il se montre épurateur zélé. Opposé aux gaullistes, il se retire précocement de la vie politique (on a dit, ou on a fait dire, que ce fut en raison de son homosexualité) et redevient par la suite journaliste de radio.

[290] Albert Jules Marie Aubry (1892-1951), député socialiste de l'Ille-et-Vilaine de 1919 à 1924. Déporté, il est élu à l'Assemblée Constituante en 1945 et nommé juré de la Haute Cour de Justice. Il restera député socialiste jusqu'à sa mort.

[291] Arthur Ramette (1897-1988), député communiste du Nord de 1932 à 1940. Il accompagne Maurice Thorez à Moscou et prend à son retour la direction de la puissante fédération du Nord ; élu à l'Assemblée Constituante en 1945, il restera parlementaire communiste jusqu'en 1968.

(...) Heureusement qu'il y a tout de même les chiffres !

J'ai été saisi, la chancellerie a été saisie, depuis deux ans, de 33 349 recours en grâce. Sur ces 33 349 recours, 6 579 ont été l'objet d'une décision. Il s'agissait quelquefois de remettre deux mois de prison sur vingt ans, ou d'imputer la détention préventive, ou de réduire une amende parce que le condamné était notoirement insolvable. Parmi ces grâces, il en est d'une importance infime.

6 000 grâces sur 33 000 recours ! cela signifie qu'il y a eu 6 000 oui, plus ou moins généreux, et 27 000 non.

6 000 oui en deux ans ! Nous allons comparer ces chiffres à ceux d'avant-guerre.

Avant-guerre, pour un volume d'affaires criminelles s'élevant au nombre de 18 000 par an, il y eut, en 1933, 2 500 grâces accordées ; en 1934, 1 419 ; en 1936, 2 200 ; en 1938, 2 076 ; en 1939, 2 800, soit, en gros, 2 500 grâces par an accordées par la chancellerie et le Chef de l'État, pour 16 000 à 18 000 affaires par an.

M. Yves Péron[292]. — Cette fois-ci, il s'agit de traitres, et c'est différent.

M. le Garde des Sceaux. — Depuis deux ans, pour un chiffre de 100 000 affaires pénales, en sus du droit commun, 6 000 grâces ont, en tout, été accordées, soit un peu plus de 3 000 par an.

La proportion entre le nombre des condamnations et le nombre des grâces accordées révèle qu'il n'est pas fait, actuellement, un usage plus large du droit de grâce qu'avant la guerre.

Copeau. — Les situations n'ont rien de comparable.

(*Journal officiel*, 7 août 1946, Débats parlementaires, p. 3012, 3053.)

---

[292] Yves Péron (1914–1971), député communiste de la Dordogne, vice-président de la Haute Cour de Justice. Il sera réélu jusqu'en 1958, date à laquelle il est balayé par la vague gaulliste. Il sera ensuite plusieurs fois battu par Yves Guéna.

L'Avenir
du nationalisme français

1954

Rien n'est fait aujourd'hui, tout sera fait demain.[293]

Il ne reste donc plus au Français conscient qu'à agir pour que sa volonté soit faite et non une autre : non celle de l'Oligarchie, non celle de l'Étranger.[294]

[...] Reste le rude effort d'action pratique et réelle, celui qui a voulu maintenir en fait une France, lui garder son bien, la sauver de son mal, résoudre au passage ses crises. C'est un service trop ancien et trop fier de lui-même pour que l'œuvre amorcée en soit interrompue ni ralentie. Ceux qui sont de l'âge où l'on meurt savent qu'elle dépend d'amis en qui l'on peut avoir confiance, car, depuis plus de quarante ans, ils répètent avec nous : *par tous les moyens, même légaux*. Ayant travaillé ainsi « pour 1950 », ils travailleront de même pour l'an 2000, car ils ont dit dès le début : *pour que la France vive, vive le Roi !*

L'espérance ne se soutiendrait pas si le sens national n'en était pas soutenu en première ligne. Mais là aussi je suis tranquille.

Il est beaucoup question d'abandonner en tout ou en partie la souveraineté nationale. Ce sont des mots. Laissons-les aux professeurs de Droit. Ces messieurs ont si bien fait respecter leur rubrique, *intus et in cute*[295], ces dernières années, qu'on peut compter sur eux pour ajouter du

---

[293] André Chénier, *Épîtres*, II, *Ami, chez nos Français...*
Les notes sont imputables aux éditeurs.
[294] *L'Avenir du nationalisme français* est le titre du chapitre dix (sur douze) de l'ouvrage *Pour un jeune Français*, écrit par Maurras en 1949, en sa prison de Clairvaux. Un extrait en a été repris dans les *Œuvres capitales* en 1954 ; c'est le texte que nous publions ici. Il y a eu une réduction significative de taille entre le texte de 1949 et celui, posthume, de 1954. Les coupures portent sur des incidents diverses concernant l'histoire de l'Action française, dont une longue explication sur l'antisémitisme, ainsi que sur tous les passages polémiques ou évoquant des polémiques passées. L'édition des *Œuvres capitales* ne mentionne pas l'existence de ces coupures et ne comporte que très peu d'ajouts destinés à en faciliter la lecture, ce qui rend parfois celle-ci malaisée, certains paragraphes encadrant les coupures se succédant sans transition évidente. Nous avons pour notre part choisi de signaler les emplacements des coupures par des *[...]*, mais sans donner davantage d'indications sur leur longueur ou leur contenu. Enfin, ce premier paragraphe de transition n'en est pas ; il est emprunté à la dernière page du chapitre neuf.
[295] Littéralement, *en dedans et dans la peau*. Ces mots sont tirés d'un vers du poète latin Aulus Persius Flaccus (*Satires*, III, 30), « *Te intus et in cute novi* », que Félix Gaffiot traduit par « Je te connais profondément et intimement. » Ainsi les deux termes ne doivent-ils pas être vus comme des contraires (à l'intérieur et en surface) réunis pour la circonstance, mais comme deux caractères se renforçant. À laquelle de ces deux interprétations pensait Jean-Jacques

nouveau à tous les plus glorieux gâchis de l'intelligence.[296] Les trésors du réel et ses évidences sont plus forts qu'eux. Ce qu'ils déclarent périmé, ce qu'ils affectent de jeter par-dessus bord ne subira pas plutôt l'effleurement d'une égratignure ou d'une menace un peu concrète, vous verrez l'éclat de la réaction ! *[...]* Preuve que rien ne vit comme le sens de la nation dans le monde présent. Ceux qui voudront en abandonner une part ne feront rien gagner à Cosmopolis : ils engraisseront de notre héritage des nationalités déjà monstrueuses. Les plus grands faits dont nous soyons contemporains sont des faits nationaux : la prodigieuse persévérance de l'Angleterre dans l'être anglais aux années 1940-1945, l'évolution panslaviste ou plutôt panrusse des Soviets, la résistance que la Russie rencontre chez les nations qu'elle a cru s'annexer sous un double vocable de race et de secte, l'éclosion de la vaste conscience américaine, le retour à la vie du nazisme allemand, sont tous des cas de nationalisme suraigu. Tous ne sont pas recommandables. Nous aurions été fous de les imiter ou de les désirer tous. Nous serions plus insensés de ne pas les voir, qui déposent de la tendance universelle. En France, le patriotisme en avait vu de toutes les couleurs après la victoire de Foch : que d'hostilité et que de disgrâces ! De grands partis caractérisés par leurs « masses profondes », étaient lassés ou dégoûtés du vocabulaire français, il n'y en avait plus que pour le charabia marxiste. À peine l'Allemand a-t-il été campé chez nous, toutes ses offres de bon constructeur d'Europe ont été repoussées et le Français, bourgeois, paysan, ouvrier ou noble n'a connu à très peu d'exemples près, que le sale boche ; l'esprit national s'est refait en un clin d'œil. La patrie a dû avaliser la souillure de beaucoup d'hypocrisies politiciennes. L'usage universel de ce noble déguisement est une preuve de plus de sa valeur et de sa nécessité, qui est flagrante : on va le voir.

Le nationalisme de mes amis et le mien confessent une passion et une doctrine. Une passion pieuse, une doctrine motivée par des nécessités humaines qui vont grandissant. La plupart de nos concitoyens y voient une vertu dont le culte est parfois pénible, toujours plein d'honneur. Mais, parmi

---

Rousseau en plaçant ces quatre petits mots en épigraphe de ses *Confessions* ? Les explications de texte penchent généralement pour la première ; mais Maurras pensait sans doute ici à la seconde, la même que celle du *Gaffiot*.

[296] Ce passage polémique vise sans doute et principalement François de Menthon, professeur de Droit et contempteur acharné de la souveraineté nationale, que Charles Maurras poursuivait d'une haine farouche. Mais comme la cible n'est pas nommée, la phrase a été conservée.

les autres Français, surtout ceux du pays légal, distribués entre des partis, on est déjà et l'on sera de plus en plus acculé au nationalisme comme au plus indispensable des compromis. Plus leurs divisions intéressées se multiplient et s'approfondissent, plus il leur faut, de temps à autre, subir le rappel et l'ascendant plus qu'impérieux du seul moyen qu'ils aient de prolonger leur propre pouvoir. Ce moyen s'appelle la France.

[...] Comment l'éviter quand tout le reste les sépare ? Sur quel argument, sur quel honnête commun dénominateur discuter hors de là ? Il n'y a plus de mesure entre l'économie bourgeoise et l'économie ouvrière. Ouvrier et bourgeois sont des noms de secte. Le nom du pays est français. C'est bien à celui-là qu'il faut se référer. Qu'est-ce qui est avantageux au pays ? Si l'on adopte ce critère du pays, outre qu'il est sous-entendu un certain degré d'abjuration des erreurs partisanes, son essentiel contient toute notre dialectique, celle qui pose, traite, résout les problèmes politiques pendants du point de vue de l'intérêt national : il faut choisir et rejeter ce que rejette et choisit cet arbitre ainsi avoué.

Il n'y a certes là qu'un impératif limité. Les partis en lutte feront toujours tout pour s'adjuger le maximum en toute propriété. Mais leur consortium n'est rien s'il ne feint tout au moins des références osant aller plus loin que la partialité collective. S'y refuse-t-il ? Son refus peut donner l'éveil au corps et à l'esprit de la nation réelle, et le point de vue électoral lui-même en peut souffrir. Si ces diviseurs nés font au contraire semblant de croire à l'unité du compromis nationaliste, tout spectateur de bonne foi et de moyenne intelligence en sera satisfait.

Donc, avec douceur, avec violence, avec lenteur ou rapidité, tous ces partis alimentaires, également ruineux, ou périront de leur excès, ou, comme partis, ils devront, dans une certaine mesure, céder à l'impératif ou tout au moins au constat du nationalisme. L'exercice le renforcera. La fonction, sans pouvoir créer l'organe, l'assouplira et le fortifiera. Les doctrines des partis se verront ramenées, peu à peu, plus ou moins, à leurs éléments de Nuées et de Fumées auxquelles leur insuccès infligera un ridicule croissant. Leur foi ne sera bientôt plus qu'un souvenir sans vertu d'efficacité, trace matérielle tendant à s'effacer, car on rira de plus en plus de ces antiquailles, aux faux principes qui voulaient se faire préférer aux colonies et aux métropoles et qui mènent leur propre deuil. *[...]*

Alors pourra être repris quelque chose de très intéressant : le grand espoir de la nation pour déclasser et fusionner ses partis.

[...] Un mouvement de nationalisme français ne sera complet que par le retour du roi. En l'attendant, les partis se seront relâchés de leur primatie et, par l'effet de leurs abus, les mœurs auront repris tendance à devenir françaises, l'instinct et l'intérêt français auront reparu à leur rang.

Il ne faut pas se récrier à ce mot d'*intérêt*. Fût-il disgracieux, c'est le mot juste. Ce mot est plein de force pour nous épargner une grave erreur qui peut tout ruiner.

Si au lieu d'apaiser les oppositions et de les composer sur ce principe d'intérêt, on a honte, on hésite et qu'on se mette à rechercher des critères plus nobles, dans la sphère des principes moraux et sacrés propres aux Morales et aux Religions, il arrivera ceci : comme en matière sociale et politique les antagonismes réels de la conscience moderne sont nombreux et profonds, comme les faux dogmes individualistes sur l'essentiel, famille, mariage, association contredisent à angle droit les bonnes coutumes et les bonnes traditions des peuples prospères qui sont aussi les dogmes moraux du catholicisme, il deviendra particulièrement difficile, il sera impossible de faire de l'unité ou même de l'union dans cet ordre et sur ce plan-là. Ou si on l'entreprend, on essuiera une contradiction dans les termes dont l'expérience peut déjà témoigner.

Ces principes contraires peuvent adhérer, eux, à un arrangement, mais non le tirer de leur fond, non le faire, ni se changer, eux divisés, eux diviseurs, en principes d'arrangement.

Ces principes de conciliation ne sont pas nombreux. Je n'en connais même qu'un.

Quand, sur le divorce, la famille, l'association, vous aurez épuisé tous les arguments intrinsèques pour ou contre tirés de la raison et de la morale, sans avoir découvert l'ombre d'un accord, il vous restera un seul thème neutre à examiner, celui de savoir ce que vaut tout cela au point de vue pratique de l'intérêt public. Je ne dis pas que cet examen soit facile, limpide ou qu'il ne laisse aucune incertitude. Il pourra apporter un facteur de lumière et de paix. Mais si, venu à ce point-là, vous diffamez la notion d'intérêt public, si vous désavouez, humiliez, rejetez ce vulgaire compromis de salut public, vous perdez la précieuse union positive qui peut en naître et, vous vous en étant ainsi privés, vous vous retrouvez de nouveau en présence de toutes les aigreurs qui naîtront du retour aux violentes disputes que l'intérêt de la paix sociale aurait amorties.

On a beau accuser l'intérêt national et civique de tendre sournoisement à éliminer ce que l'on appelle, non sans hypocrisie, le Spirituel : ce n'est pas vrai. *[...]* La vérité est autre. Nous avons appelé et salué au premier rang des Lois et des Idées protectrices toutes les formes de la Spiritualité, en particulier catholique, en leur ouvrant la Cité, en les priant de la pénétrer, de la purifier, de la pacifier, de l'exalter et de la bénir. En demandant ainsi les prières de chacune, en honorant et saluant leurs bienfaits, nous avons rendu grâces à tous les actes précieux d'émulation sociale et internationale que ces Esprits pouvaient provoquer. Si, en plus, nous ne leur avons pas demandé de nous donner eux-mêmes l'accord désirable et désiré, c'est qu'ils ne le possèdent pas, étant opposés entre eux : le Spirituel, à moins d'être réduit à un minimum verbal, est un article de discussion. Le dieu de Robespierre et de Jean-Jacques n'est pas le Dieu de Clotilde et de saint Rémy. Le moral et le social romains ne sont pas ceux de Londres et de Moscou. Vouloir les fondre, en masquant ce qu'ils ont de contraire, commence par les mutiler et finit par les supprimer. Dès que l'unité de conscience a disparu comme de chez nous, la seule façon de respecter le Spirituel est celle qui en accueille toutes les manifestations nobles, sous leurs noms vrais, leurs formes pures, dans leurs larges divergences, sans altérer le sens des mots, sans adopter de faux accords en paroles. Un Spirituel qui ne serait ni catholique ni protestant ni juif n'aurait ni saveur ni vertu. Mais il doit être l'un ou l'autre. Ainsi seront sauvés la fécondité des féconds et le bienfait des bons ; ainsi le vrai cœur des grandes choses humaines et surhumaines *[...]*. Il existe une Religion et une Morale naturelles. C'est un fait. Mais c'est un autre fait que leurs principes cardinaux, tels qu'ils sont définis par le catholicisme, ne sont pas avoués par d'autres confessions. Je n'y puis rien. Je ne peux pas faire que la morale réformée ne soit pas individualiste ou que les calvinistes aient une idée juste de la congrégation religieuse. On peut bien refuser de voir ce qui est, mais ce qui est, dans l'ordre social, met en présence d'options tranchées que l'on n'évite pas.

De l'abondance, de la variété et de la contrariété des idées morales en présence, on peut tout attendre, excepté la production de leur contraire. Il ne sera donc pas possible à chacun, catholique, juif, huguenot, franc-maçon, d'imposer son mètre distinct pour mesure commune de la Cité. Ce mètre est distinct alors que la mesure doit être la même pour tous. Voilà les citoyens contraints de chercher pour cet office quelque chose d'autre, identique chez tous et capable de faire entre eux de l'union. Quelle chose ?

L'on n'en voit toujours qu'une : celle qui les fait vivre en commun avec ses exigences, ses urgences, ses simples convenances.

En d'autres termes, il faudra, là encore, quitter la dispute du Vrai et du Beau pour la connaissance de l'humble Bien positif. Car ce Bien ne sera point l'absolu, mais celui du peuple français, sur ce degré de Politique où se traite ce que Platon appelle l'Art royal, abstraction faite de toute école, église ou secte, le divorce, par exemple, étant considéré non plus par rapport à tel droit ou telle obligation, à telle permission ou prohibition divine, mais relativement à l'intérêt civil de la famille et au bien de la Cité. Tant mieux pour eux si tels ou tels, comme les catholiques, sont d'avance d'accord avec ce bien-là. Ils seront sages de n'en point parler trop dédaigneusement. Car enfin nous n'offrons pas au travail de la pensée et de l'action une matière trop inférieure ou trop indigne d'eux quand nous rappelons que la paix est une belle chose ; la prospérité sociale d'une nation, l'intérêt matériel et moral de sa conservation touche et adhère aux sphères hautes d'une activité fière et belle. La « tranquillité de l'ordre »[297] est un bel objet. Qui l'étudie et la médite ne quitte pas un plan humain positif et néanmoins supérieur. Sortir de l'Éthique n'est pas déroger si l'on avance dans la Politique vraie. On ne se diminue pas lorsque, jeune conscrit de la vertu patriotique, on élève son cœur à la France éternelle ou, vieux légiste d'un royaume qu'un pape du vie siècle mettait déjà au-dessus de tous les royaumes, on professe que le roi de France ne meurt pas. Tout cela est une partie de notre trésor, qui joint où elle doit les sommets élevés de l'Être.

La nouvelle génération peut se sentir un peu étrangère à ces chaudes maximes, parce qu'elle a été témoin de trop de glissements et de trop de culbutes. Elle a peine à se représenter ce qui tient ou ce qui revient ; c'est qu'on ne lui a pas fait voir sous la raison de ces constantes, le pourquoi de tant d'instabilités et de ruines. Il ne faudrait pas croire celles-ci plus définitives qu'elles ne sont. L'accident vient presque tout entier des érosions classiques d'un mal, fort bien connu depuis que les hommes raisonnent sur l'état de société, autrement dit depuis la grande expérience athénienne continuée d'âge en âge depuis plus de deux mille ans, soit quand les royaumes wisigoths de l'Espagne furent livrés aux Sarrasins ou les républiques italiennes à leurs convulsions, par le commun effet de leur

---

[297] « D'après saint Augustin » : explication ajoutée par Maurras dans les *Œuvres capitales*, mais qui ne figure pas dans *Pour un jeune Français*.

anarchie. La vérification polonaise précéda de peu nos épreuves les plus cruelles, et nos cent cinquante dernières années parlent un langage instructif.

Le mal est grave, il peut guérir assez vite. On en vient d'autant mieux à bout qu'on a bien soin de ne point le parer d'autres noms que le sien. Si l'on dit : *école dirigeante* au lieu d'*école révolutionnaire*, on ne dit rien, car rien n'est désigné. Si l'on dit *démagogie* au lieu de *démocratie*, le coup tombe à côté. On prend pour abus ou excès ce qui est effet essentiel. C'est pourquoi nous nous sommes tant appliqués au vocabulaire le plus exact. Une saine politique ayant le caractère d'une langue bien faite peut seule se tirer de Babel. C'est ainsi que nous en sommes sortis, quant à nous. C'est ainsi que la France en sortira, et que le nationalisme français se reverra, par la force des choses. Rien n'est fini. Et si tout passe, tout revient.[298]

[...] En sus de l'espérance il existe, au surplus, des assurances et des confiances qui, sans tenir à la foi religieuse, y ressemblent sur le modeste plan de nos certitudes terrestres. Je ne cesserai pas de répéter que les Français ont deux devoirs naturels : compter sur le Patriotisme de leur pays, et se fier à son Intelligence. Ils seront sauvés par l'un et par l'autre, celle-ci étant pénétrée, de plus en plus, par celui-là : il sera beaucoup plus difficile à ces deux grandes choses françaises de se détruire que de durer ou de revivre. Leur disparition simultanée leur coûterait plus d'efforts que la plus âpre des persévérances dans l'être et que les plus pénibles maïeutiques du renouveau.

---

[298] C'est la seule phrase du texte des *Œuvres capitales* qui ait été refaite pour la circonstance. Elle résume les deux paragraphes suivants qui font partie du texte coupé :

> *Elle se reverra par la force des choses. Notre façon de les combattre sera reprise, par le simple effet de la volonté intéressée de la France, de la nôtre, qui durera en elle et qui sera précisément ce qu'ils ne veulent pas.*
>
> *Nous avons failli leur ôter de la bouche leur sale gagne-pain, le sale butin qu'ils en tirent. Or, si tout passe, tout revient. Leurs précautions ont beau être serrées comme des chaînes. L'espérance est la reine de toute politique ; le désespoir y reste « la sottise absolue ».*

Déjà parus

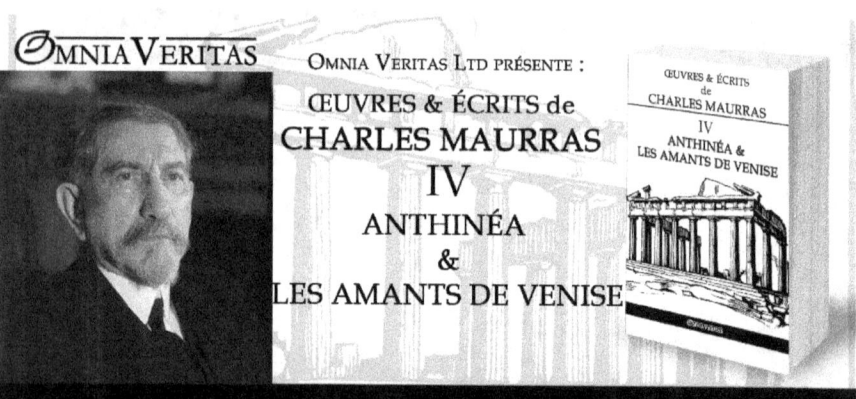

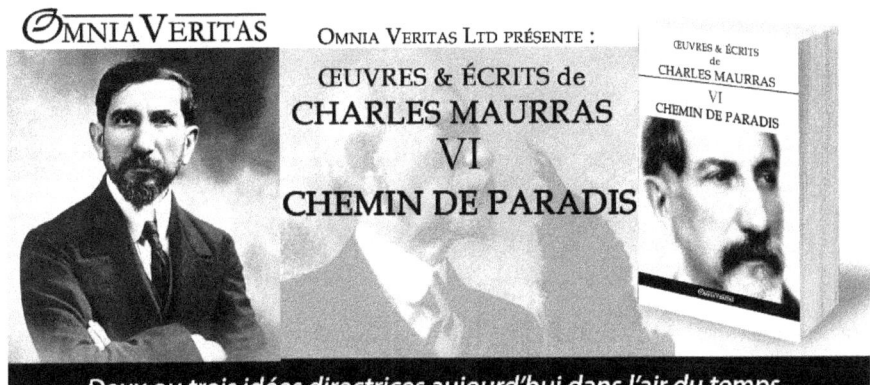

www.omnia-veritas.com

www.ingramcontent.com/pod-product-compliance
Lightning Source LLC
Chambersburg PA
CBHW071613230426
43669CB00012B/1921